复杂地质条件下大直径盾构隧道建造关键技术

——南京燕子矶长江隧道技术总结

南京市公共工程建设中心　著

人民交通出版社股份有限公司

北京

内 容 提 要

本书依托南京燕子矶长江隧道工程,全书共分为六篇,第一篇介绍了工程概况及特点;第二篇介绍了总体设计、隧道结构设计、机电及附属工程设计;第三篇重点介绍了明挖暗埋段及工作井的施工方法及经验;第四篇详细介绍了盾构穿越各复杂地层相应的设备选型方法及施工重难点;第五篇介绍了施工全过程的试验和测量工作;第六篇系统介绍了隧道智慧建养一体化平台的建设。

本书可供隧道设计、施工、科研、监理及工程管理人员参考使用,也可供相关工程技术人员和高等院校有关专业师生参阅。

图书在版编目(CIP)数据

复杂地质条件下大直径盾构隧道建造关键技术：南京燕子矶长江隧道技术总结/南京市公共工程建设中心著.— 北京：人民交通出版社股份有限公司,2023.12
ISBN 978-7-114-18902-9

Ⅰ.①复… Ⅱ.①南… Ⅲ.①隧道施工—盾构法—南京 Ⅳ.①U455.43

中国国家版本馆 CIP 数据核字(2023)第 132688 号

Fuza Dizhi Tiaojian xia Dazhijing Dungou Suidao Jianzao Guanjian Jishu——Nanjing Yanziji Changjiang Suidao Jishu Zongjie

书　名：	复杂地质条件下大直径盾构隧道建造关键技术——南京燕子矶长江隧道技术总结
著　作　者：	南京市公共工程建设中心
责任编辑：	崔　建
责任校对：	赵媛媛　宋佳时
责任印制：	刘高彤
出版发行：	人民交通出版社股份有限公司
地　　址：	(100011)北京市朝阳区安定门外外馆斜街 3 号
网　　址：	http://www.ccpcl.com.cn
销售电话：	(010)59757973
总 经 销：	人民交通出版社股份有限公司发行部
经　　销：	各地新华书店
印　　刷：	北京印匠彩色印刷有限公司
开　　本：	889×1194　1/16
印　　张：	31
字　　数：	939 千
版　　次：	2023 年 12 月　第 1 版
印　　次：	2023 年 12 月　第 1 次印刷
书　　号：	ISBN 978-7-114-18902-9
定　　价：	360.00 元

(有印刷、装订质量问题的图书,由本公司负责调换)

复杂地质条件下大直径盾构隧道建造关键技术
——南京燕子矶长江隧道技术总结

技术专家组

组　　　长：钱七虎
副 组 长：缪昌文　肖明清
成　　　员：梁文灏　史玉新　曹文宏　朱合华　何　川　郭信君
　　　　　　程永亮　徐国平　宋　昱　周　骏

编 委 会

主 任 委 员：武焕陵
副主任委员：卜红旗　章登精　陈玉良　郭志明　刘　宁
委　　　员：戚兆臣　彭安琪　沈　斌　沈　伟　王　超　杨树荣
　　　　　　薛光桥　徐树军　王义盛

审 核 组

武焕陵　章登精　郭志明

编 写 组

主　　编：武焕陵
副 主 编：卜红旗　章登精　陈玉良　郭志明　刘　宁　薛光桥

编写人员：戚兆臣　彭安琪　沈　斌　周　畅　翟存林　古常友
　　　　　鲁志鹏　胡建南　周　昆　赵小鹏　宋长兵　张　雷
　　　　　郑　勇　徐文礼　徐兆凯　喻杨健　赵仲荣　孟娅莉
　　　　　周　望　李　平　陈　研　葛同昊　王庭海　吴铁军
　　　　　桑运龙　张　焱　周　全　李　宁　毛荣骏　程　浩
　　　　　代洪波　张文超　罗　林　陈淮志　赵　凯　吴　艺
　　　　　孟繁超
编辑人员：郭洁涛　韩亚楠

序言

为保护千年古景，南京市"井"字内环东线北延的过江通道，选择采用隧道方式下穿燕子矶及相关景区，名为"南京燕子矶长江隧道"。该隧道采用盾构法施工，需要连续穿越强透水砂层、软硬不均土岩复合地层、全断面硬岩层、岩溶地层和地震断裂带等多种复杂地质，隧道承受最大水压达 0.8MPa，最大水深 53m，是中国已建成的水压最高和水深最大的水下盾构隧道。工程建设面临复杂地质地貌及超高水压的集中挑战，是迄今为止穿越长江建造的技术难度最高的过江隧道工程之一。同时隧道内集成了南京市自来水供水干管与高压电缆、通信电缆，是中国首例集交通、供水、供电、通信功能为一体的过江盾构隧道。

本书基于科技研究成果及一线设计施工的技术资料，结合理论与实践的对比，对复杂地质条件下超大直径盾构建造技术的攻关进行了回顾与总结，项目一次性成功穿越国内代表性地层的施工经验可为今后类似工程的建设提供借鉴。

建设团队秉承精细化管理、不断创新、追求卓越精神，在"人本化、专业化、标准化、信息化、精细化"思想指导下，凝心聚力、攻坚克难，安全优质高效地完成了燕子矶长江隧道的建设任务，整条盾构隧道实现了"不渗不漏"，打造了我国超高水压下的盾构隧道标志性工程，为提升我国超大直径盾构法隧道的建设水平做出了新的贡献。本书是水下隧道领域又一部非常具有使用价值的技术专著，值得领域内建设者用心一读。

中国工程院院士 钱七虎

2023 年 7 月 13 日

前言

南京燕子矶长江隧道是连接长江第三大岛八卦洲与江南主城的第二座跨江通道。路线全长 5.735km，其中跨江盾构段长约 2970m，管片结构外径 14.5m，最大水深 53m，是国内一次性穿越地层最多、最复杂的水下大直径盾构隧道，具有很强的技术代表性，被中国工程院院士钱七虎、梁文灏、缪昌文及多位设计大师誉为迄今为止穿越长江建造的技术难度最高的过江隧道工程之一。

复杂地质、地貌及高水压的特点，给工程建设带来了极大的挑战。本项目在充分总结先期建成的南京五桥夹江隧道盾构施工技术与工程经验的基础上，认真开展了管片结构-接缝协同防水技术、复杂地质地貌大直径盾构安全掘进技术、超高水压大直径泥水盾构机关键设备等科研攻关及应用工作，取得一系列较为突出的创新性成果。

南京燕子矶长江隧道工程于 2017 年 11 月开工建设，2022 年 12 月全面建成通车。为期 5 年多的建设历程，凝聚了众多知名院士、隧道专家，以及工程管理、科研、设计、施工、监理等所有参建人员的智慧与心血，在高水压大直径复杂地质盾构隧道工程建设方面积累了许多具有指导意义的技术和管理经验。为系统总结并介绍这些实用有效的宝贵经验，以期为广大盾构隧道工程建设者提供借鉴，我们组织参建单位认真整理技术资料，在进一步梳理、论证各项技术成果的基础上，凝练总结了《复杂地质条件下大直径盾构隧道建造关键技术———南京燕子矶长江隧道技术总结》一书，系统介绍了高水压复杂地质大直径盾构隧道的设计施工技术与工程管理经验。

全书共六篇，包括项目总体概述、工程设计、明挖隧道施工、盾构施工、测量监测与试验检测、过江隧道建养一体化平台建设。第一篇是项目总体概述，介绍了工程概况、区域地质特征、工程特点及难点、品质工程样板创建的体系及成效和开展的关键技术研究。第二篇是工程设计，介绍了南京燕子矶长江隧道的总体设计、隧道结构设计、机电及附属工程设计。第三篇是明挖隧道施工，从围护结构施工、基坑开挖、主体结构、岩溶处理等方面介绍了八卦洲段富水砂层和江南燕子矶城区硬岩地层深埋明挖隧道施工。第四篇是盾构施工,介绍了南京燕子矶长江隧道管片预制,复合地层大直径泥水盾构选型分析,盾构机监造与验收,富水砂层盾构始发,砂-岩、断裂带、岩溶复合地层盾构掘进,中风化砂岩地层盾构接收和内部结构同步施工。第五篇是测量监测与试验检测,介绍了南京燕子矶长江隧道建设全过程的测量监测方案与分析、试验检测技术体系方法与检测结果分析。第六篇是过江隧道建养一体化平台建设,介绍了全专业全寿命周期一体化编码与数字建模、土建设施数字化建养一体管理、机电设备智能运维与交通智慧管控。

全书编写工作由南京市公共工程建设中心主持,并由中铁第四勘察设计院集团有限公司、武汉桥梁建筑工程监理有限公司、中铁十四局集团有限公司、中交隧道工程局有限公司、中铁隧道局集团有限公司、中交天和机械设备制造有限公司、同济大学、中铁十四局集团电气化工程有限公司、江苏河海工程技术有限公司、苏交科集团股份有限公司参与编写。

感谢项目全体参建单位及人员对工程建设做出的贡献,同时感谢各单位对本书编著出版的大力支持。

由于编者水平和经验有限,不妥之处敬请读者批评指正。

作　者

2023 年 3 月

目录

第一篇 项目总体概述

第一章 工程概况 ········· 003

第二章 区域地质特征 ········· 005
- 第一节 区域地质及稳定性 ········· 005
- 第二节 工程地质条件 ········· 006
- 第三节 水文地质条件 ········· 007
- 第四节 场地和地基的地震效应 ········· 008
- 第五节 不良地质与特殊岩土 ········· 008
- 第六节 河床冲淤与航道通行条件分析 ········· 010

第三章 工程特点及难点 ········· 011

第四章 品质工程样板创建体系及成效 ········· 013
- 第一节 设计品质提升 ········· 013
- 第二节 现代化管理体系创建 ········· 013
- 第三节 技术攻关与创新 ········· 015
- 第四节 工程质量精细化管理 ········· 017
- 第五节 "本质安全"技术保障 ········· 019
- 第六节 绿色环保与工程建设统筹协调 ········· 020
- 第七节 品质工程文化培育 ········· 021

第五章 开展的关键技术研究 ········· 022

第二篇 工程设计

第一章 总体设计 ········· 029
- 第一节 线路设计 ········· 029
- 第二节 横断面设计 ········· 030

第二章　隧道结构设计 ·· 033
- 第一节　明挖结构设计 ··· 033
- 第二节　"分布式凹凸榫+螺栓"管片结构设计 ······································ 036
- 第三节　管片结构健康监测设计 ·· 046
- 第四节　盾构段内部结构设计 ··· 052

第三章　机电及附属工程设计 ·· 059
- 第一节　机电工程总体设计 ··· 059
- 第二节　通风设计 ··· 060
- 第三节　给排水与消防设计 ··· 062
- 第四节　供电与照明系统设计 ··· 063
- 第五节　通信与监控系统设计 ··· 064
- 第六节　机械系统设计 ··· 067

第三篇　明挖隧道施工

第一章　八卦洲段富水砂层明挖隧道施工 ································ 071
- 第一节　概述 ·· 071
- 第二节　围护结构施工 ··· 072
- 第三节　基坑开挖 ··· 082
- 第四节　主体结构 ··· 108
- 第五节　经验总结 ··· 115

第二章　江南燕子矶城区硬岩地层深埋明挖隧道施工 ················· 118
- 第一节　概述 ·· 118
- 第二节　岩溶区地层处理 ·· 123
- 第三节　硬岩、岩溶及淤泥质地层围护施工 ·· 128
- 第四节　开挖 ·· 140
- 第五节　主体结构 ··· 145
- 第六节　邻近老旧建筑沉降处置 ·· 147

第四篇　盾　构　施　工

第一章　预制管片 ··· 155
- 第一节　概述 ·· 155
- 第二节　管片模具组装与验收 ··· 156

第三节　管片钢筋笼加工与安装 ·· 159
　　第四节　混凝土拌和、浇筑与养护 ·· 163
　　第五节　成品检测 ··· 166

第二章　复合地层大直径泥水盾构选型分析 ·· 169
　　第一节　盾构段地质概况 ··· 169
　　第二节　盾构机选型分析 ··· 170
　　第三节　盾构机参数 ··· 175

第三章　盾构机监造与验收 ·· 181
　　第一节　盾构机监造与工厂验收 ·· 181
　　第二节　盾构机组装 ··· 197
　　第三节　盾构机调试与现场验收 ·· 201

第四章　富水砂层盾构始发 ·· 204
　　第一节　概述 ·· 204
　　第二节　端头加固 ·· 207
　　第三节　降水井布置及抽水试验 ·· 213
　　第四节　盾构始发 ·· 214

第五章　砂-岩、断裂带、岩溶复合地层盾构掘进 ································· 224
　　第一节　施工控制基本要求 ··· 224
　　第二节　盾构试掘进 ··· 237
　　第三节　砂层施工 ·· 247
　　第四节　上软下硬复合地层施工 ·· 254
　　第五节　岩层、冲槽段、破碎带施工 ·· 259
　　第六节　岩溶地层掘进与辅助施工措施 ··· 270
　　第七节　管片上浮影响因素及控制效果分析 ······································ 313
　　第八节　刀具选型、使用与分析 ·· 323

第六章　中风化砂岩地层盾构接收 ·· 338
　　第一节　概述 ·· 338
　　第二节　接收前准备工作 ··· 340
　　第三节　接收段掘进 ··· 344

第七章　内部结构同步施工 ·· 348
　　第一节　概述 ·· 348
　　第二节　预制结构生产 ·· 349
　　第三节　预制结构拼装 ·· 355
　　第四节　现浇结构施工 ·· 357

第五篇 测量监测与试验检测

第一章 测量监测 ··· 365
第一节 技术方案 ·· 365
第二节 测量控制分析 ·· 375
第三节 分项工程监测分析 ·· 385

第二章 试验检测 ··· 392
第一节 技术体系与方法 ·· 392
第二节 试验检测结果及质量分析 ·· 402

第六篇 过江隧道建养一体化平台建设

第一章 全专业全寿命周期一体化编码与数字建模 ····························· 409
第一节 地质-土建-机电全寿命周期一体化编码 ····························· 409
第二节 地质-土建-机电全专业融合数字建模 ································ 411
第三节 基于 BIM 的机电深化设计 ··· 415

第二章 土建设施数字化建养一体管理 ··· 419
第一节 管片高精度三维数字检测与 BIM 模拟检验 ························ 419
第二节 掘进安全实时监测与三维可视化预警 ································ 420
第三节 施工质量在线检评与建养多源数据融合 ····························· 423
第四节 数字化监测与巡检、评价 ·· 425
第五节 融合多源数据的隧道结构安全 BIM-4D 推演 ····················· 428

第三章 机电设备智能运维与交通智慧管控 ······································ 430
第一节 基于组态软件的机电系统建设 ·· 430
第二节 基于数字孪生的隧道综合监控系统 ··································· 432
第三节 基于泛在物联的机电设备运行状态全息感知 ······················ 436
第四节 隧道交通运行智慧管控 ·· 441

附　　录

附录一 不同地层盾构掘进参数曲线图 ·· 449
附录二 不同地层盾构刀具磨损特征统计表 ······································ 452
附录三 原材料、半成品检测内容及方法 ··· 468
附录四 盾构隧道结构单点技术状况评价标准 ··································· 478

参考文献 ·· 481

第一篇

PART 01

项目总体概述

第一章 工程概况

南京燕子矶长江隧道,工程建设期名为和燕路过江通道工程(南段),位于长江大桥和长江二桥之间,距离上游的长江大桥约7.4km,距离下游的长江二桥约2.7km,距离长江入海口约305km。工程起点位于燕恒路,沿和燕路向北敷设,下穿长江右汊主江后,沿规划道路布设,止于浦仪公路八卦洲互通。项目建成后与红山路快速路一起将井字形快速路的东线向北延伸到快速一环,对南京形成"快速一环+井字形快速路"的快速路网布局意义重大。

燕子矶长江隧道设计标准为城市快速路、双向六车道,设计时速80km。隧道敞开段长约410m,明挖暗埋段约793m,盾构段长约2970m,管片外径14.5m。

燕子矶长江隧道先后穿越砂层、上软下硬地层、全断面基岩段。在基岩段内,叠加发育了断裂带、断层以及岩溶,是国内一次性穿越地层最多、最复杂的大直径盾构隧道。此外,盾构掘进线路上存在复杂的地形条件,包括极陡的不对称"V"字坡冲槽段水下地形和幕府山山地地形,最大水深达53m、最高水压达0.8MPa,是目前运营水压最高的盾构隧道,隧道最大埋深达约96m(至隧道结构底部)。该工程集合了复杂地质、地貌及高水压的特点,是水下大直径盾构隧道典型代表工程。

燕子矶长江隧道核批概算69.8亿元,于2017年11月8日开工建设,2022年12月28日建成通车。主要参建单位信息见表1-1-1,主要工程建设节点见表1-1-2。

主要参建单位情况　　　　　　　　　　　　　　　　表1-1-1

序号	单位名称	主要建设内容
1	南京市公共工程建设中心	建设单位——工程总体统筹
2	中铁第四勘察设计院集团有限公司	设计单位——隧道土建与机电工程设计
3	苏交科集团股份有限公司	质安中心——工程质量检测与安全管理
4	江苏河海工程技术有限公司	测量中心——工程测量
5	华设设计集团股份有限公司	环保中心——工程环保
6	武汉桥梁建筑工程监理有限公司	监理JL1——(A1、A2、A3)
7	江苏兆信工程项目管理有限公司	监理JL2——(A4)
8	陕西交通科技有限公司	监理JL4——(JD1、JD2)
9	中交隧道工程局有限公司	施工A1标段——八卦洲明挖
10	中铁十四局集团有限公司	施工A2标段——左线盾构
11	中交隧道工程局有限公司	施工A3标段——右线盾构
12	中铁隧道局集团有限公司	施工A4标段——江南明挖
13	中交隧道工程局有限公司与深圳市卓艺建设装饰工程股份有限公司联合体	施工JD1标段——供配电照明,江南及右线盾构装修
14	中铁十四局集团电气化工程有限公司	施工JD2标段——通风、给排水、弱电,八卦洲及左线盾构装修

主要工程建设节点　　　　　　　　　　　　　　　表1-1-2

序号	工程建设节点	时间
1	项目开工	2017年11月8日
2	左线盾构始发	2019年10月25日
3	右线盾构始发	2019年12月25日
4	左线盾构隧道贯通	2021年10月30日
5	右线盾构隧道贯通	2022年4月7日
6	完成全线沥青铺装	2022年11月25日
7	项目交工验收	2022年12月26日
8	项目通车	2022年12月28日

第二章 区域地质特征

第一节 区域地质及稳定性

沿线地质构造主要处于宁镇弧形褶皱西段,近场区规模较大的主要断裂有 5 条,分别为滁河断裂、江浦—六合断裂、自来桥—施官集断裂、南京—湖熟断裂、幕府山—焦山断裂。根据勘察结果,对本工程影响较大的断裂主要为幕府山—焦山断裂(F7)。

除此之外,线路附近存在的影响较大的断层还有 4 条,均为非活动性断裂,分别为 f11、f12、f13 及 f14,其中 f11、f12、f14 与线路相交。现分述如下。

一、幕府山—焦山断裂(F7)

经物探瞬变电磁法探测,线路 ZK2 + 830 ~ ZK2 + 960 段存在较为明显的相对低阻异常带;经地震反射波法探测,该区域波速异常。针对物探探测异常区域,进行加密钻探验证,共布置 7 个钻孔,分别为 Jz-SD27、SD28、SD29、SD30、SD31、ZF4、ZF5。钻探揭示上覆地层为第四系粉土、粉细砂等;下伏白垩系浦口组角砾岩,棕红色夹灰白色,角砾状结构,块状构造,角砾原岩为石英砂岩、灰岩等,角砾粒径 2 ~ 30mm,最大达 120mm,占 50% ~ 60%。基岩面起伏不大,高程❶ − 41.39 ~ − 48.3m,地层岩性没有明显差异,钻孔 ZF4、SD29 强风化层相对较厚,厚度为 5.8 ~ 8.0m,钻孔 SD29 揭示 26.3 ~ 37.0m 段岩芯破碎,钻进速度较快,该段上下均为较完整的中风化角砾岩。参考区域地质资料等既有研究成果,结合本次勘察结果,推测该断裂于 ZK2 + 870 附近与线路近垂直相交,断层带宽度推测为 3 ~ 8m,带内岩体破碎,具有较好的导水性。

二、断层 f11

断层 f11 为钻孔 Jz-S50、Jz-S51 揭示的隐伏断层,地表未见出露,上覆地层为第四系黏性土,厚度 10 ~ 20m,下伏基岩为石炭系灰岩,下为白垩系浦口组泥质砂岩、含砾砂岩。断层位于灰岩与泥质砂岩接触地带,带内岩体破碎,主要岩性为泥质砂岩,部分灰岩亦被卷入,泥质砂岩挤压现象明显,推测该断层为逆断层,断层走向近东北向,倾向西北,倾角 70° ~ 80°,断层带宽度 1.5 ~ 3m,上盘为石炭系灰岩,下盘为白垩系泥质砂岩、含砾砂岩,断层在 ZK2 + 065 附近与线路相交。

三、断层 f12

断层 f12 为钻孔 Jz-C16、Jz-S52 揭示的隐伏断层,地表未见出露,上覆地层为第四系黏性土,厚度 10 ~ 22m,下伏基岩为白垩系浦口组角砾状灰岩、含砾砂岩、角砾岩及石炭系灰岩。断层位于角砾状灰岩、含砾砂岩中,部分位于灰岩与含砾砂岩接触地带,带内岩体较破碎,主要岩性为含砾砂岩,部分角砾状灰岩、灰岩亦被卷入,含砾砂岩挤压现象明显,推测该断层为逆断层,断层走向近东北向,倾向西南,倾角 70° ~ 80°,断层带宽度 0.5 ~ 3m,钻探揭示上盘岩性为角砾状灰岩、含砾砂岩、灰岩,下盘为含砾砂岩、

---

❶ 本处指吴淞高程,本书如未特殊说明,均指吴淞高程。

角砾岩、角砾状灰岩，推测下盘亦存在石炭系灰岩，断层在 ZK2+175 附近与线路相交。

四、断层 f13

断层 f13 出露于线路 ZK2+500 左侧 18m 处，断层总体走向为北西北向，与线路近平行，下盘断层面近直立，微向东倾，上盘断层面倾向东，倾角约 80°，上部断层带宽度 0.5~1m，带内岩体破碎，上盘岩性为白垩系含砾砂岩、角砾岩，下盘为石炭系灰岩。f13 断层为平移断层，由于上、下盘断层面产状的差异，推测随着深度的增加，断层带宽度亦会有所增加。受 f13 断层影响，左线隧道 ZK2+420~ZK2+480 段灰岩、角砾状灰岩岩溶发育。

五、断层 f14

断层 f14 出露于线路 ZK2+640 右侧 135m 处燕子矶北侧陡崖，断层总体走向为东北东向，推测在 ZK2+635 附近与线路相交。断层发育于白垩系角砾岩中，为倾向北西北的逆断层，近直立，倾角超过 80°，断层带宽度约 0.5m，带内发育构造透镜体，岩体较破碎。经物探瞬变电磁法探测，线路 ZK2+600~ZK2+660 段存在明显的相对低阻异常带；经地震反射波法探测，该区域波速异常。针对物探探测异常区域，进行加密钻探验证，共布置 5 个钻孔，分别为 Jz-C25、SD22、ZF2、ZF3、SD23。钻探揭示上覆地层为第四系粉土、淤泥质粉质黏土等，下伏白垩系浦口组角砾岩，基岩面起伏较大，其中 SD23 孔 51.2~54.0m 岩芯破碎，溶蚀现象明显，推测为 f14 断层破碎带，其余钻孔未揭示断层。根据区域地质图，将该断层定义为倾向北西北的逆断层。

研究结果表明，上述 5 条断裂或断层均在第四纪中更新世和中更新世前有过明显活动，尚未发现第四纪晚更新世后明显活动的证据。

综合研究成果，近场区断裂构造均不会对工程场地的稳定性产生直接影响，其余断裂由于分布在距工程场地更远的周围区域，亦不会对工程场地的稳定性造成直接影响。场地范围内无全新活动断裂通过，本工程项目附近属基本稳定区。

第二节 工程地质条件

一、地形地貌

线路依次穿越长江阶地区、剥蚀丘陵区、长江漫滩与河谷区。长江阶地区地形略有起伏，地面高程 12~35m。剥蚀丘陵区地势起伏较大，地面高程 20~68m，线路下穿幕府山边缘。长江漫滩区地势开阔平坦，地面高程一般 5~6m。长江内低漫滩区近长江水域附近，枯水期裸于地表，丰水期被江水淹没，地形微向长江倾斜。

二、地基土的分布

江南明挖段隧道 ZK0+924.753~ZK1+726（YK0+923.746~YK1+732.548）段主要为阶地及坳沟地貌单元，坳谷区浅部土层为第四系全新统（Q4）软塑~可塑状黏性土，下部土层为第四系上更新统（Q3）可塑~硬塑状黏性土，下伏基岩主要为白垩系浦口组含砾砂岩、砂砾岩，局部分布古生界石炭系灰岩；阶地区上部土层为第四系上更新统（Q3）可塑~硬塑状黏性土，下伏基岩主要为白垩系浦口组含砾砂岩、砂砾岩。

盾构隧道 ZK1+726~ZK2+250（YK1+732.545~YK2+256.536）段为阶地地貌单元，局部为坳谷，上部土层为第四系上更新统（Q3）可塑~硬塑状黏性土，下伏基岩主要为白垩系浦口组含砾砂岩、砂砾岩，局部分布古生界石炭系灰岩。

盾构隧道 ZK2+250～ZK2+545（YK2+256.536～YK2+553.980）段为剥蚀丘陵地貌单元，浅部分布薄层的黏性土层，下伏基岩岩性复杂，根据区域地质资料及本次勘察结果，主要为白垩系浦口组角砾岩、角砾状灰岩、含砾砂岩及古生界石炭系（C）灰岩，岩性接触关系复杂。

盾构隧道 ZK2+545～ZK4+690.957（YK2+553.980～YK4+708.454）段为长江漫滩区与河谷区，上部发育厚层的软弱土层，在古河床分布薄层的卵砾石层，下伏基岩为白垩系赤山组泥质粉砂岩及浦口组角砾岩、含砾砂岩、泥质砂岩。

八卦洲明挖段隧道 ZK4+690.957～ZK5+131（YK4+708.454～YK5+148.521）段为长江漫滩区，上部发育厚层的软弱土层，下部分布深厚的砂层，在底部分布薄层的卵砾石层，下伏基岩为白垩系浦口组泥质砂岩、泥岩。

第三节　水文地质条件

一、地表水

沿线地表水系为长江水系，沿线地表水体主要为长江、新生河、双柳河。

长江大堤距离燕子矶长江隧道始发井 430m。长江历史最大流量为 92600m^3/s（1954 年 8 月 17 日）、最小流量为 4620m^3/s，最高水位 10.22m（1954 年 8 月 17 日）、最低水位 1.54m（1956 年 1 月 9 日），常见水位 4～7m，平水期水位 4.43m。

新生河走向大致与隧道线位正交，距离始发井 29～37m，河宽约 25m，河底高程约为 3.3m，勘察期间河水位 4.5～5.3m，水深 1～2m。

双柳河与隧道线位斜交，位于燕子矶长江隧道大里程方向 105～150m，最近距离约 70m，河宽约 30m，河底高程约 3.1m，常水位为 4.9m，勘察期间河水位 4.4～5.5m，水深 1.3～2.4m；其水位受水闸调节和控制。

二、地下水

工程区域气候湿润，雨量充沛，降水时间长，长江等地表水体与地下水的水力联系较好，在丰水期对地下水有补给作用。根据区域资料、勘察成果以及含水层的岩性、埋藏条件和地下水赋存条件、水力特征，可将工程区地下水分为松散岩类孔隙潜水、微承压水、基岩裂隙水、岩溶水。

江南明挖段勘察期间孔隙潜水及微承压水地下水位埋深 0.9～4.8m，水位高程 11.30～14.36m；基岩裂隙水水位埋深 2.9～7.3m，水位高程 10.98～16.38m，在工作井部位水位较高；岩溶水分布于左线 ZK1+565～ZK1+625 段及右线 YK1+635～YK1+675 段，岩溶水水位埋深 3.7～4.5m，水位高程 11.01～13.21m。

盾构段孔隙潜水地下水位埋深 0.6～7.3m，高程 5.05～16.94m，受沿线地形条件和地貌类型影响水位变化较大，长江漫滩区水位高程 5.05～6.82m，阶地及其坳谷区水位 11.30～16.94m。微承压水主要分布在八卦洲段砂土中，勘察期间水位埋深 1.9～3.9m、水位 5.17～5.41m。勘察期间，江南段岩裂隙水水位埋深 2.9～7.3m，水位 10.98～16.42m，在幕府山区域水位较高。左线 ZK2+050～ZK2+490 段及右线 YK2+060～YK2+470 段灰岩分布区，岩溶水水位埋深 7.8～41.2m，水位 7.55～14.99m，水位变化较大。

八卦洲明挖段勘察期间孔隙潜水地下水位埋深 0.4～2.20m，高程 4.64～5.58m。微承压水主要分布在下部砂土中，勘察期间水位埋深 1.9～3.9m、水位 4.39～5.22m。

第四节 场地和地基的地震效应

燕子矶长江隧道为抗震重点工程。根据《中国地震动参数区划图》（GB 18306—2015），燕子矶长江隧道Ⅱ类场地基本地震动峰值加速度值为 0.10g，设计地震分组为第一组，地震基本烈度为Ⅶ度，基本地震动加速度反应谱特征周期为 0.35s。

根据钻孔土的等效剪切波速的实测值及覆盖层厚度，场区等效剪切波速 v_{se} 为 119～316m/s，场地类别为Ⅱ～Ⅳ类。结合沿线地形地貌条件，对沿线场地分段评价如下：

（1）ZK0+924.753～ZK1+726（YK0+923.746～YK1+732.548）段：场区等效剪切波速 v_{se} 为 159～211m/s，覆盖层厚度一般为 15～40m，场地类别为Ⅱ类，基本地震动加速度反应谱特征周期为 0.35s。

（2）ZK1+726～ZK2+550（YK1+732.209～YK2+560）段：场区等效剪切波速 v_{se} 为 176～316m/s，覆盖层厚度一般为 9～42m，场地类别为Ⅱ类，基本地震动加速度反应谱特征周期为 0.35s。

（3）ZK2+550～ZK2+780（YK2+560～YK2+780）段：场区等效剪切波速 v_{se} 为 162m/s，覆盖层厚度一般为 45.8～53m，按不利考虑，取较深覆盖层厚度，场地类别为Ⅲ类，地震动峰值加速度调整系数 $F_a=1.25$，基本地震动加速度反应谱特征周期为 0.45s。

（4）ZK2+780～ZK3+450（YK2+780～YK3+450）段：场区等效剪切波速 v_{se} 为 158～216m/s，覆盖层厚度一般为 5.5～47.2m，场地类别为Ⅱ类，基本地震动加速度反应谱特征周期为 0.35s。

（5）ZK3+450～ZK4+040（YK3+450～YK4+065）段：场区等效剪切波速 v_{se} 为 158～216m/s，覆盖层厚度一般为 52.1～77m，场地类别为Ⅲ类，地震动峰值加速度调整系数 $F_a=1.25$，基本地震动加速度反应谱特征周期为 0.45s。

（6）ZK4+040～ZK4+680（YK4+065～YK4+680）段：场区等效剪切波速 v_{se} 为 119～142m/s，覆盖层厚度大于80m，最大揭示深度为88m，场地类别为Ⅳ类，地震动峰值加速度调整系数 $F_a=1.20$，基本地震动加速度反应谱特征周期为 0.65s。

（7）ZK4+680～ZK4+690.957（YK4+680～YK4+708.454）段：场区等效剪切波速 v_{se} 为 149m/s，结合八卦洲高架 Jz-Q2 资料，该区段覆盖层厚度一般为 65.8～75m，场地类别为Ⅲ类，地震动峰值加速度调整系数 $F_a=1.25$，基本地震动加速度反应谱特征周期为 0.45s。

（8）ZK4+690.957～ZK5+131（YK4+708.454～YK5+148.521）段：场区等效剪切波速 v_{se} 为 129～149m/s，结合八卦洲高架 Jz-Q2 资料，该区段覆盖层厚度一般为 65.8～75m，场地类别为Ⅲ类，地震动峰值加速度调整系数 $F_a=1.25$，基本地震动加速度反应谱特征周期为 0.45s。

总体上，抗震地段划分如下：

（1）江南明挖段属阶地及坳谷地貌单元，阶地与坳沟相间分布，下伏基岩有一定起伏，局部岩溶发育，在平面分布上岩性、状态不均匀，综合考虑，该场地属抗震不利地段。

（2）盾构段沿线地貌类型较多，在坳谷区分布软弱土层，在长江河谷及漫滩区分布软土及液化土层，在剥蚀丘陵区分布石炭系灰岩，局部发育岩溶、岩性、成因复杂、均匀性差；地层复杂，起伏较大，很不均匀，在 ZK2+735～ZK4+260 段隧道下穿长江右汊（主汊），长江南岸地形陡峭。综合考虑，该场地属抗震不利地段。

（3）八卦洲明挖段分布液化土层、软土层，浅部以软弱土为主，属抗震不利地段。

第五节 不良地质与特殊岩土

隧址范围内特殊岩土主要为软土，不良地质现象主要为砂土液化、岩溶。

一、软土

隧址区发育下列软土地层，需采用复合地基、刚性基础等加固处理方法。

(1)江南明挖段(2)2-1层粉质黏土,含水率$\omega=25.8\%\sim40.8\%$、平均31.3%,孔隙比$e_0=0.738\sim1.484$、平均0.931,压缩模量$E_s=2.6\sim6.17$MPa、平均3.94MPa,其地基承载力基本容许值f_{a0}约为80kPa,具有高含水率、大孔隙比、高压缩性、低强度等工程特性,工程性质较差。

(2)盾构段(2)2层淤泥质粉质黏土,含水率$\omega=30.1\%\sim57.5\%$、平均39.91%,孔隙比$e_0=0.850\sim1.596$、平均1.113,压缩模量$E_s=2\sim4.97$MPa,灵敏度为$2.69\sim5.92$,其地基承载力基本容许值f_{a0}约为65kPa,其剪切波波速值v_S在$92\sim136$m/s之间、平均112m/s,具有高含水率、大孔隙比、高压缩性、中~高灵敏度、低强度等工程特性,其工程属性软弱、自稳性较差。

(3)八卦洲明挖段(2)2层淤泥质粉质黏土,含水率$\omega=35.3\%\sim49.5\%$、平均41.59%,孔隙比$e_0=0.920\sim1.424$、平均1.185,压缩模量$E_s=2.3\sim4.3$MPa,灵敏度为$2.75\sim5.92$,剪切波波速值v_S在$95\sim117$m/s之间、平均106m/s,其地基承载力基本容许值f_{a0}约为65kPa,具有高含水率、大孔隙比、高压缩性、中~高灵敏度、低强度等工程特性。

二、砂土液化

应重点关注八卦洲明挖段和盾构段ZK4+380~ZK4+690.957(YK4+400~YK4+708.454)的液化问题。

(1)八卦洲明挖段地面20m以内浅层分布(2)3层粉土夹粉砂、(2)4层粉砂夹粉土、(2)5层粉细砂,单孔液化指数为$1.07\sim5.87$,地基土液化等级为轻微,应采取消除液化的措施。

(2)盾构段埋深小于20m的区段、地面20m以下浅层分布有(2)3层粉土夹粉砂、(2)4层粉砂、(2)5层粉细砂,单孔液化指数为$0.22\sim5.91$,地基土液化等级为轻微,ZK4+380~ZK4+690.957(YK4+400~YK4+708.454)区段应采取消除液化的措施,其他部位距离隧道洞顶较远,不考虑其影响。

三、岩溶

岩溶的勘探分为勘察设计阶段的地质详勘和施工阶段的岩溶专项勘察,采用多种物探手段相结合的勘察方法,精准地探查项目岩溶的发育及分布情况。岩溶勘探体系如图1-2-1所示。

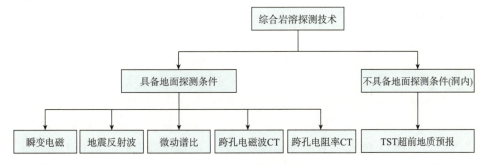

图1-2-1 岩溶勘探体系

根据各次勘探结论,项目岩溶区分布及发育情况如下:

(1)江南明挖段左线ZK1+570~ZK1+640段及右线YK1+595~YK1+665段。

该区段分布石炭系灰岩,溶洞高度0.4~3.3m不等,一般为可塑~硬塑状粉质黏土充填,含风化岩块,部分为空洞。据统计,见洞率为50%,单孔线岩溶率为13.1%~26.6%,总线岩溶率为9.9%。综合判定,该区段岩溶强烈发育。

为探明岩溶发育情况,采用跨孔CT物探技术。依据物探跨孔CT推测,该段岩溶发育区和裂隙发育区具有较强的连通性,易造成坍塌、涌水等,施工时,应对岩溶和裂隙发育区提前进行相应的防范和处理。建议先进行灌浆封堵加固,后施工围护结构及基坑开挖,防止岩溶水大量涌出,形成地下水通道。

(2)幕府山左线 ZK2+050~ZK2+540 段及右线 YK2+060~YK2+510 段。

该区段揭露石炭系灰岩、浦口组角砾状灰岩,揭示溶洞高度为 0.2~4.4m 不等,一般为可塑~硬塑状粉质黏土充填,含风化岩块,部分为空洞,见洞率为 22.7%~27.3%,总线岩溶率为 1.3%。综合判定,该区段岩溶中等发育。

根据 Jz-C17 孔钻孔录像:在深度 61.3~62.2m、37.0~37.5m 共发现 2 处溶洞,54.3~55.6m、44.3~45.9m、34.0~34.4m、32.6~32.9m、16~16.8m 共发现 5 处溶蚀裂隙,50.3~50.4m、46.4~46.5m、45.3~45.5m、39.1~39.2m 发现 4 处溶孔;根据电磁波 CT 推测,在 5 条测线 10 对 CT 剖面中发现岩溶 14 个,节理裂隙发育区 24 个。根据物探跨孔 CT 推测,岩溶在浅部基岩面和深部岩性界线附近较为发育、岩性较为复杂的区域节理裂隙相对发育,易造成坍塌、涌水等,施工时,应对岩溶和裂隙发育区提前进行相应的防范和处理。

(3)江南沿岸左线 ZK2+540~ZK2+740 段及右线 YK2+510~YK2+750 段。

场地内发育覆盖型岩溶,地表未发现岩溶塌陷、漏斗、洼地等。钻探见洞率为 39.5%,线岩溶率为 8.9%。场地内岩溶沿断层、层面等有显著溶蚀,发育小型单个或串珠状溶洞,但未见连续的地下洞穴系统,未见集中径流,常有裂隙水流,综合判定,该区段岩溶中等发育。

受断层 f13、f14 构造作用,岩溶主要发育在左线 ZK2+540~ZK2+565 段、左线 ZK2+620~ZK2+700 段、右线 YK2+650~YK2+700 段。左线 ZK2+591~ZK2+597 段、左线 ZK2+604~ZK2+612 段、右线 YK2+568~YK2+604 段为物探比较明显的异常区。

第六节 河床冲淤与航道通行条件分析

经计算分析,该工程设计最高通航水位为 8.02m(1985 国家高程基准,本节下同),设计最低通航水位为 -0.45m。参照长江南京以下 12.5m 深水航道建设标准,工程河段航道规划水深取 12.5m,燕子矶长江隧道在可通航水域范围内顶部设置深度应在 -16.95m 以下,隧道布置的顶面高程在 -21.7m 以下,满足《长江干线通航标准》(JTS 180-4—2020)关于水下过河建筑物布设为远期规划航道底高程以下 4.0m 的要求。

隧址断面深槽最深点高程多年来基本在 -42~-44m 间冲淤变化,最深点高程为 -43.8m,与隧道顶部最小距离为 7.8m,江中深槽邻近 F7 断裂带。考虑河床可能发生的最大冲刷,隧道顶部覆盖层厚度仍不小于 5.5m,满足《长江干线通航标准》(JTS 180-4—2020)关于水下过河建筑物应埋设在河床面以下的要求。

根据工程河段航道与船舶适航情况,以 5 万吨级海轮作为应急抛锚代表船型、8 万吨级和 10 万吨级海轮作为校核船型,应急抛锚入土深度分别为 1.89m、1.96m 和 2.12m,现状河床条件下与隧道顶部距离分别为 5.91m、5.84m、5.68m,与极限冲刷深度条件下隧道顶部距离分别有 3.61m、3.54m、3.38m 富余,满足航行船舶紧急抛锚情况下的隧道安全要求。

总体来看,燕子矶长江隧道两岸盾构工作井及风塔均位于大堤以外、不涉水,隧道建设未改变水上通航环境,对航道条件及船舶适航安全影响较小,河床冲淤、抛锚等满足隧道运营期安全控制要求。

第三章　工程特点及难点

1. 地质条件复杂

隧道穿越的地层主要为强~中风化砂砾岩、角砾岩和中风化灰岩及粉砂层,且在江中深槽处穿越F7区域断裂,江南岸还需穿越3条挤压型逆断层,属于典型的土岩复合地层,如图1-3-1所示,中风化灰岩区存在中等发育的溶洞,岩层饱和抗压强度可达90MPa。

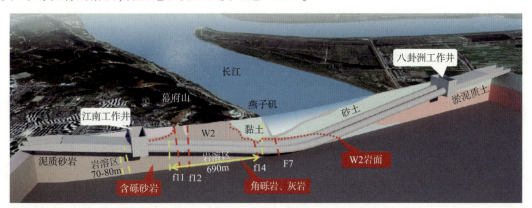

图1-3-1　工程地质示意图

盾构段穿越的地层具有透水性强、强度高、岩溶强发育和断层破碎、上土下岩上软下硬等地质特点,盾构机掘进面临刀具磨蚀性强、刀盘受力不均、江底换刀频繁、刀具异常磨损等技术难点,需准确、有效地开展地质超前预报与不良地质预处理,合理进行盾构设备选型。

江南明挖段局部有强烈发育的灰岩侵入,且存在岩溶和承压水,施工过程中易发生掉钻、承压水喷涌、漏浆等情况,需进行针对性岩溶探测,并采取处理措施。

2. 河势条件复杂

该工程深槽贴近江南段一侧,横断面形态呈深槽偏江南的"V"字,靠近南岸段呈急陡地形,隧道航线最高通航水位9.9m,300年一遇水位11.14m,最大水深达53m,造成隧道承受水压高(0.8MPa),如图1-3-2所示。

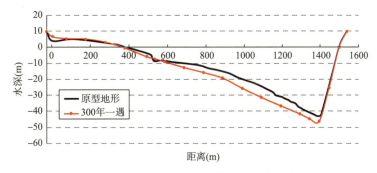

图1-3-2　300年一遇过江隧道断面地形冲淤图

隧址右岸下游有轮渡码头、毓恒建工码头、二热电码头、金燕码头等,与隧址相距分别约282m、531m、1308m、1606m,左岸下游约1934m处有轮渡码头。八卦洲右汊草鞋峡水道布置有锚地2处、服务区1处,该河段航道繁忙,航道条件复杂,钻探工作受限条件多,协调难度大。

3. 环境敏感控制点多

项目穿越八卦洲(主江段)备用水源地二级保护区、燕子矶饮用水水源二级保护区,紧邻燕子矶饮用水水源一级保护区。同时,项目周围重要性建筑以及敏感控制点多,需穿越八卦洲大堤、南京幕燕省级森林公园二级管控区、八卦洲湿地公园等。

4. 明挖段建设环境复杂

江南明挖段位于南京主城区,管线密集,交通繁忙,需要结合临时交通导改和道路扩宽改造,统筹考虑管线迁改及施工组织方案;部分明挖段邻近地铁1号线北延线,要统筹考虑施工影响和建设时序。

5. 品质工程样板创建提出更高要求

作为长江流域建设的规模最大、水压最高、地质条件最为复杂的水下隧道工程,燕子矶长江隧道的修建备受行业关注,被列为江苏省过江通道建设样板和科技示范工程,迫切需要构建先进的水下大盾构隧道设计、施工、运营及管理技术体系,系统形成一套成熟度高、适应性和可推广性强的建管养技术标准,引领国内水下大直径盾构隧道行业科技进步与产业发展。

第四章 品质工程样板创建体系及成效

第一节 设计品质提升

（1）积极开展创新设计。项目设计采用了大量新材料、新技术，以提升工程实用效果和使用寿命，并开展专项科研与测试验证，保障设计方案的合理可靠。例如对土岩界面处的隧道抗震特性进行研究，计算设防地震工况下盾构隧道的环缝最大张开量。对大张开量条件下盾构防水密封垫进行防水能力研究分析，结合地层条件提出超高水压下盾构隧道接缝差异化防水。同时对内衬结构进行创新设计，针对高水压、强透水地层隧道区段增加侧墙，在车道层以下设置全环弧形内衬，增大了隧道衬砌结构刚度，提高了隧道防水安全冗余。落实标准化设计要求，越江盾构隧道管片、箱涵、烟道板等主要结构为预制构件，装配率达85%，为构配件生产工厂化、装配化和施工机械化创造条件。盾构管片采用通用楔形环，可以通过拟合曲线控制线路偏移量，同时所需管片模具最少、拼装质量高、施工便利。

（2）高度重视耐久性、精细化设计。依托工程经验及专题研究，针对结构受力、防水等关键部位，采用更加科学有效、更高标准的构件和材料，并经专项研究提出施工质量通病防治要求。例如采用兼顾防水、抗震和耐久性能要求的管片接缝密封垫，提出高于国家标准的管环错台量指标控制值，采用结构抗剪能力更强的分布式圆端型凹凸榫构造。

（3）深入开展建养一体化设计。结构设计、机电设计充分考虑运营期最大化程度的易检、易修，设置便利性养护管理检修设施；同时设置结构健康监测系统，通过在管片内设置预埋式无损监测系统，持续监测管片的结构受力、螺栓受力、接缝位移、内衬受力、渗漏水等。

第二节 现代化管理体系创建

1. 组建专业化管理团队，提升精细化管理水平

工程招标阶段将品质工程创建目标及项目精细化管理要求纳入招标文件：越江盾构隧道标段项目经理需具有交通运输部要求的相应资质、高级技术职称，且在穿越江（海）等水域、长度不小于1000m的泥水平衡盾构隧道土建施工项目中担任过项目经理（含副职）。同时，设立质安中心、测量中心、环保中心，分别在质量安全与试验检测、测量监控、绿色环保方面代表建设单位进行专业化的管理。考虑到项目高水压、地层复杂多变的特点，为进一步确保两台盾构设备及掘进技术可靠，建设单位还聘请了丹麦科威公司进行盾构选型技术咨询与设备监造，并对试掘进期间设备状况、施工质量安全技术措施的合理性进行检查。

2. 制度先行，全面建立品质工程创建体系

为贯彻落实"精心设计、精心施工、规范监理、科学管理、高效服务、依法建设"的工作方针，开工伊始，建设单位针对项目特点从质量、安全、投资、进度、环保、文明施工及廉政建设等七个方面入手，编制并印发《跨江桥隧工程项目建设管理办法》《工地建设标准化规定》《工程管理基本表格表例及用表说明》，明确了参建单位职责，对质量安全管理、进度计划管理、专项施工方案审查、物资设备检验管理、工程变更管理、计量支付审核、工程质量验收、首件工程、安全条件验收、班组管理等工作内容作出了具体规定,构建了"工作有目标、实施有规范、操作有程序、过程有控制"的管控体系。

为响应以"人本化、专业化、标准化、信息化、精细化"为核心的品质工程创建机制和评价体系,建设单位成立了燕子矶长江隧道"品质工程"创建活动领导小组,制定了品质工程创建方案、行动计划、考核细则以及样板工程创建方案,进一步明确了创建目标、技术路线、工作计划与奖惩办法,落实参建单位的责任,并通过参建单位自评、建设单位定期考评、劳动竞赛奖惩等措施为燕子矶长江隧道品质工程的顺利开展奠定了坚实基础。

3. 创新管理手段,提升项目精细化管理质效

建设单位以《跨江桥隧工程项目建设管理办法》为基础,以交通运输部颁发的《公路水运品质工程评价标准(试行)》为主线,在交通运输行业内首次系统搭建集报审管理、班组管理、日常巡检、质量三检、领导带班、施工监控监测、隐患管理、视频监控、环境监测、工程日报月报、品质工程线上考核等功能于一体的全过程信息化管理系统。

工程在招标阶段就明确提出了项目信息化管理的要求,并结合建设单位统一制定的信息化平台使用考核管理办法,明确了各个模块的使用责任人、使用检查要求与考核体系,确保了建设过程中系统使用数据的真实与完整,有效固化了各项管理办法中的工作流程与管理要求,规范统一了参建单位日常管理行为标准。

4. 统一标准,推行工程建设标准化

(1)管理体系标准化:建设单位通过建立各项管理制度,在建设过程中结合工程进度,及时补充完善相关管理制度,每季度对施工、监理单位进行质量安全环保大检查,各参建单位及时整改回复形成了闭环。监理单位推行质量、健康、安全、环境(Quality Health Safety Environment,QHSE)管理体系,每月组织月度质量安全环保检查,针对发现的问题及时进行整改。

(2)工地建设标准化:项目被南京市交通行业管理部门列为品质工程"两区三厂"标准化攻关试点项目,建设单位结合项目实际制定了《和燕路过江通道(南段)工地标准化建设规定》,对管片预制厂、泥水分离厂、隧道内安全防护标准化等盾构隧道特有的临建设施建设标准进行了规定。同时,考虑到隧道内作业空间相对狭窄、施工后期交叉作业多的特点,该规定还对场地内交叉作业的管理责任、场地划分要求予以明确。相关条款均纳入了招标文件,建设方案按程序报批确认,提高了工程建设的工业化、智能化和产业化水平。

(3)施工作业标准化:规范施工工艺流程,从施工方案编制—方案审批—安全技术交底—编制作业指导书—首件工程实施—资料整理、归档—施工总结,固化整套工艺标准化流程,为后续施工提供标准,项目部编制了工程业务联系单、作业指导书、施工手册、作业卡片及工序检查卡等一系列技术文件,并依托首件工程的实施、验证,形成了《盾构施工工艺标准化指南》《内部结构施工工艺标准化指南》等系统性的作业标准,有效提升了工程建设标准化水平。

(4)班组管理标准化:建设单位对各项目部班组标准化管理提出明确要求,一是要求项目部按照施工段落、结构物、工序、工种合理划分班组,班组进场作业前,针对作业内容及环境特点,制定班组日常考核标准并报总监办审批。二是落实班组首次作业合格制,所有班组进场前,要求进行首件生产,项目部从安全操作、工艺技能、首件实体质量等方面对班组作业水平进行综合评判,不合格则重新进行首件,3次不合格则清退班组。三是要求施工单位为班组制作危险预知手册,供班组长开展班前危险预知和班组日常学习使用。四是依托信息化管理平台的研发应用,通过应用程序(App)严格执行班前教育、班前检查、班中巡查、班后清理、班后交接、班后小结等管理措施,将班组(Seiri,Seiton,Seiso,Seiketsu,Shitsuke,Security,6S)管理落到实处,进而规范施工单位专业分包和劳务合作管理。

5. 开展对标找差专项活动,吸纳行业内先进管理经验

建设单位组织开展了"对标找差"专项活动,通过到外部类似项目单位对标学习,积极吸纳各项目

的成功经验,并在项目内部定期交流,实现项目管理能力稳步提升与均衡发展。

第三节 技术攻关与创新

一、深入开展科研攻关,落实样板工程创建要求

根据江苏省交通运输厅任务部署,确定了"超深水下隧道工程及盾构机关键技术""隧道建管养一体化平台研发"的样板创建要点任务。

1. 超深水下隧道工程及盾构机关键技术

燕子矶长江隧道被列为江苏省科技示范工程。建设单位组织开展了水压0.8MPa级大张开量盾构防水密封垫的开发与试验,土岩界面处及断裂带地段盾构隧道抗震特性试验与抗震措施,盾构装备关键技术,盾构智能化施工智慧化监控管理技术,岩溶复合地层新型注浆材料研发与控制技术,岩溶复合地层深基坑施工关键技术,泥水盾构施工开挖面稳定性和岩溶超前预测关键技术,多岩性复杂地层泥浆、壁后注浆配制及地层沉降控制技术等科研专题。同时,通过广泛调研国内外隧道设计施工技术标准与工程建设经验,结合理论研究与实践总结,形成了大直径盾构管片防水成套技术;基于该工程各地层的盾构掘进经验,总结了不同地层的掘进控制原则与参数预警方法。

2. 隧道建管养一体化平台研发

项目建设单位积极推动了数字隧道和智慧隧道的探索与实践,研发了融合"三模型"与"四系统"的燕子矶长江隧道数字化、智能化平台。借助隧道地质、结构、机电的三维数字模型("三模型")与信息化技术,依托建养一体化数字管理系统、机电设备综合监控系统、设备智能监控系统、交通智慧管控系统("四系统"),统筹设计、施工、健康监测、运营检查、巡检机器人及设备监控等全寿命周期多源数据,实现盾构掘进安全与管片质量全过程管理,动态诊断土建结构与机电设施技术状况,分析结构受力变形状态和交通运行状况,提高施工安全、质量和运营养护管理的"智慧度"。

二、推广"四新"技术应用,开展工程质量安全技术"微创新"活动

各参建单位深入贯彻落实品质工程创建理念,建立项目"四新"技术适用清单,应用先进的新材料、新设备、新工艺、新技术。隧道工程累计取得9项微创新成果、23项QC活动成果,授权了25项发明专利、9项软件著作权,形成9项省级工法,有效提升了工程质量、安全控制水平,见表1-4-1。

科技创新成果　　　　表1-4-1

序号	名称	成果类型	序号	名称	成果类型
1	提高大直径盾构隧道中间箱涵外观质量合格率	质量控制(Quality Control,QC)活动	10	超大直径泥水盾构机设备的创新技术	质量控制(Quality Control,QC)活动
2	降低超大直径盾构隧道渗漏率		11	为提高管片保护层采用的创新工艺设备	
3	FGM技术在地下连续墙渗漏水检测中的应用		12	为提高箱涵保护层采用的创新工艺设备	
4	智慧工地信息系统		13	提高箱涵成品吊装采用的创新工艺设备	
5	远程视频监控系统		14	提高箱涵钢筋笼吊装采用的创新工艺设备	
6	管片模具、成品的高精度测量技术		15	提高箱涵钢筋笼吊装采用的创新工艺	
7	管片拼装的高精度测量		16	地下连续墙"大料斗首封封底"工艺	
8	管片上浮的测量		17	承台顶切缝凿毛	
9	二次注浆工艺		18	玻璃纤维筋	

续上表

序号	名称	成果类型	序号	名称	成果类型
19	明挖隧道结构预铺高分子自粘胶膜防水卷材	质量控制（Quality Control, QC）活动	50	隧道管片拼装方法、装置、系统及掘进机	发明专利
20	智能化的扬尘检测及控制设备		51	盾构机高水压条件下常压刀筒的堵漏方法	
21	泥砂分离设备		52	适用于岩溶或断层处沉井地基注浆的加固管棚结构	
22	箱涵养护设备		53	盾构始发基座的混凝土浇筑装置及浇筑方法	
23	成型隧道箱涵两侧型避让平台				
24	电焊机与混合气推车	微创新	54	盾构隧道始发的洞门封堵装置及封堵方法	
25	门式起重机自锁				
26	管片钢筋笼胎架专利技术		55	基于移动转点的全站仪换站方法	
27	管片模具可更换止水槽专利技术		56	一种室内测试泥膜渗透系数的装置及方法	
28	管片钢筋笼翻转架				
29	管片钢筋笼吊具		57	一种圆形凹凸榫型盾构隧道管片环间抗剪结构	
30	钻孔桩钢筋笼套管				
31	桩基钢筋笼存放支架				
32	桩基钢筋笼固定筋		58	盾构机刀盘滑动摆动控制系统 V1.0	软件著作权
33	一种盾构隧道管片接缝密封垫截面优化方法及系统	发明专利	59	盾构机管片自动化拼装系统 V1.0	
			60	越江隧道结构安全监测与诊断软件 V1.0	
34	一种用于提高盾构隧道中管片接缝防水性能的方法		61	AR 隧道智能巡检软件 V1.0	
			62	隧道交通流全息仿真软件 V1.0	
35	一种基于全站仪的管环平整度测量方法		63	隧道综合监控平台软件 V1.0	
36	盾构管片及其裂缝的控制方法		64	智能设备管理数据中台 V1.0	
37	盾构隧道的管片、衬砌、盾构隧道及其水压控制方法		65	管环端面平整度计算软件［简称:平整度计算］V1.0	
38	盾构隧道管片圆端形凹凸榫剪力测量方法		66	燕子矶长江隧道建养一体化管理系统［简称:建养一体化管理系统］V1.0	
39	初凝时间可控的盾构抗水分散同步注浆浆液及其配制方法		67	超大直径盾构台车改良控制管片上浮施工工法	省部级工法
40	可拆卸的泥浆成膜及泥膜气密性试验装置及方法		68	基于台车改良的超大直径盾构隧道上浮控制施工工法	
41	模拟泥水盾构泥浆在地层中渗透的可视化的测试方法		69	大直径盾构隧道超前地质预报工法	
42	一种低碳无机胶凝注浆充填材料及制备方法与应用		70	超大直径盾构管片精细化拼装施工技术	
			71	高水压条件下超大直径泥水盾构常压刀盘刀筒闸门更换施工工法	
43	一种泥水盾构机环流系统的应急液压装置		72	复杂地层超浅覆土大直径盾构隧道下穿河流管片抗浮施工工法	
44	一种泥水盾构简易压力舱模型及使用方法				
45	一种超大直径盾构机常压换刀装置及方法		73	泥水盾构废弃泥浆-筛分渣土制备同步砂浆施工工法	
46	盾构机常压换刀刀具检测方法及系统				
47	一种盾构机常压换刀刀具检测系统		74	泥水盾构废弃泥浆快速沉淀-板框压滤一体化工法	
48	盾构机刀盘摆动位置自动识别系统、识别方法及盾构机				
49	一种盾构机管片自动化拼装方法及装置		75	超大直径泥水盾构穿越长江大堤施工工法	

第四节 工程质量精细化管理

一、建立健全质量保证体系,切实落实质量管理责任

建设单位在交通运输部颁发的《公路工程质量检验评定标准 第一册 土建工程》(JTG F80/1—2017)的基础上,针对未涉及的明挖、盾构土建验收项目以及机电、给排水、消防、火灾报警系统(Fire Alarm System,FAS)、环境与设备监控系统(Building Automation System,BAS)等验收指标,编制了《和燕路过江通道专项检验评定标准》。同时,为提高燕子矶长江隧道建设品质,编制了高于国标与部颁检评标准的《南京和燕路过江通道工程(南段)品质工程质量创优指南》,明确质量创优目标,建立过程控制和结果考核机制。施工过程中,针对重要的分项工程,专项制定过程管理规定,进一步对分项工程质量安全控制重点及参建单位管理具体要求予以明确,同时制定分项工程过程检查标准与考核奖惩制度,有效督促现场各级管理人员责任的落实。

二、狠抓源头,严格把控材料质量关

严格执行主要材料准入备案制,施工单位在确定材料品牌前,会同质安中心、总监办共同对供应企业的生产能力、资信状况、类似工程业绩进行调研考察,经建设单位同意备案后方可使用材料。

施工过程中,定期开展料源质量检查评价,确保原材质量稳定,有效地从源头控制混凝土均方差等耐久性指标;对于机电设施,材料设备进场还需履行工地开箱检查程序与三方送检程序,对照技术规格书规定的指标逐项检查设备的外观与性能。

三、立足细节,治理通病,提升精细化管理水平

坚持重大方案专家论证及建设单位审批制,重大技术方案的编制需详细阐述每道工序的工艺流程及施工标准,其深度可直接作为工序交底的材料。以分项工程作业指导书为基础,分别编制了土建、机电工程的《质量通病治理手册》,分工序制定了工艺参数控制指标,并同步明确总监办、质安中心过程验收的重点,以规范检查、考核等管理程序。

施工过程中,组织参建单位开展钢筋保护层、外观质量控制专项行动,并进行混凝土结构裂缝、隧道渗漏、机电工程电缆接续敷设和管道密封等质量通病专项治理。借助信息化手段有效保证了质量三检、工序报验与领导带班制的落实,同时定期组织设计回访、质安中心质量回头望等专项活动,全面提升了参建单位的精细化管理水平。

四、样板示范,全面推行首件工程认可制

精细化施工是创建品质工程的关键,施工的精细程度直接影响工程的质量。依据工程特点,对分项工程实施"首件工程认可制"。首件工程开工前,由项目部针对每道施工工序制定工艺卡及验收标准,将图纸及规范的文字要求转化为便于工人理解的施工标准图例,作为工前交底材料。首件工程实施后,参建各方就首件施工质量、主要工艺参数控制及作业指导书执行情况进行总结,从细节上优化施工工艺,完善作业指导书,以指导后续施工,后续工程施工工艺标准不得低于首件工程。

依托地下连续墙、管片预制、试掘进、隧道机电样板段等首件工程的实施,积极革新传统工艺、工法,从细节上对施工工艺进行优化,固化工艺标准,项目共计形成46项工艺标准化指南及作业指导书,实现了工艺标准化和施工作业标准化。

五、开展隧道质量提升攻关行动,提升隧道结构耐久性

1. 地下结构混凝土质量控制

《南京和燕路过江通道工程(南段)品质工程质量创优指南》规定混凝土强度标准差控制目标为≤2.0MPa。项目伊始制定材料管理要求及检测手段,原材料坚持"先检验、后使用"的原则,采取提高集料压碎指标、降低粗细集料含泥量要求等措施,从材料源头确保混凝土质量。对混凝土配合比设计遵循低用水量、低水泥用量、适当水胶比、最大堆积密度、活性掺合料和高性能减水剂双掺的原则,并经工地试验室多次试拌和验证,最终确定相关配合比。施工过程中,加强混凝土质量控制,保证工作性能满足要求。另外,多次开展人员考核、试验比对并用智能信息平台检测采集,避免人为因素对混凝土强度的影响。

2. 管片耐久性及隧道防渗专题研究

依托南京五桥夹江隧道、燕子矶长江隧道开展的专题研究,管片几何尺寸的误差会导致掘进过程中管片在千斤顶作用力下产生结构裂缝进而引发渗漏。通过计算环缝面不平整对结构受力的影响,重新定义了盾构管片的精度控制要求,提出了管片"0.5mm、0.2mm/m"的平整度标准,以及管模±0.4mm的精度控制标准,并采用0.01mm级三维激光跟踪扫描技术定期检验模具精度,开展基于三维检测结果的管片模拟拼装,分析相邻管片的误差叠加影响,验证三环拼装试验结果。提出了管片拼装环面错台≤1.5mm的控制要求,结合错缝拼装点位,始发阶段通过在负环上张贴不同厚度的丁腈软木橡胶垫纠偏,确保进洞环的环面误差≤1.5mm,并在正式掘进期间定期采用激光跟踪仪进行测量,有效避免管片因受力不均造成的局部开裂。

为避免管片临接外弧面区域的端面、侧面钢筋混凝土因结构耐久性问题出现裂缝、腐蚀,形成绕过弹性密封垫的渗漏通道:①设计上,管片外弧面边缘区域钢筋进行局部重点设计,增加了管片角部钢筋。②施工上,提出侧面、端面钢保控制要求,创新设计液压式三端约束形钢筋胎架,在传统胎架增加端部与侧面模板等,提高钢筋定位及保护层精度。

为保证管片接缝防水密封的工作性能,燕子矶长江隧道在课题研究的基础上,对于不同地层采用不同构造、硬度性能的密封垫形式,并采用角部空心密封垫以加强接缝止水。同时,对于防水密封垫的粘贴工艺,结合产品特性进行进一步研究,对作业环境、静滞时间等提出精细化管理要求。

系统建立了上浮预警和消警的监测体系与处理措施。燕子矶长江隧道管片采用凹凸榫的构造形式,以增强环间抗剪能力。施工过程中管片上浮不仅会造成接缝防水能力的临时变化,还可能导致凹凸榫位置出现应力集中而产生结构裂缝。因此,设计单位对凹凸榫部位配筋进行了专项优化设计,并基于数值模拟计算结果及同期建设的其他大直径盾构隧道渗漏统计数据,提出了盾构掘进过程中管片上浮的控制值;开发了管片上浮自动化监测预警系统,以跟踪管片脱出盾尾后的上浮变化;开展同步注浆材料配比优化专题研究,缩短凝结时间,提升抗水分散性、黏度等性能指标,依据浆液凝结时间,合理控制盾构施工掘进的时序,保证脱出盾尾2环后的管片获得早期强度;开展二次注浆材料耐久性比对试验,研发新型超早强硫铝酸盐水泥作为二次注浆材料,当上浮量大于8mm时,适当降低掘进速度,并在必要时进行二次注浆以抑制上浮。

此外,为保证技术攻关成果有效落地,通过首件认可、条件验收、盾构监控、施工日报等一系列精细化管理手段,严控盾构施工的每一个环节。施工过程中,施工监理按日统计管片错台(迎千斤顶面错台、内弧面错台、环向错台)、管片上浮数据变化(每环60min数据间隔)、二次注浆(开孔点位、注浆压力、注浆量)、箱涵拼装高差与错台等工程实体质量情况,以便参建单位及时、全面地掌握现场质量。

六、多措并举,质量管理成效显著

项目指挥部定期组织质量大检查,将现场存在的质量问题及时上传至质量隐患排查系统,限期整改。同时,根据分项工程施工进度跟进相关成品、半成品质量检验工作。检测参数主要包括混凝土配合比及坍落度、主体结构钢筋保护层厚度及混凝土回弹和碳化深度、管片拼装与成型隧道错台量等,并定期统计分析项目质量情况,确保项目整体质量平稳可控。

各项精细化管理措施及技术研究成果经工程实际验证,实施效果好,技术可靠。成型隧道99.5%管片环间错台量≤5mm,99.9%管片环内错台量≤5mm,且滴水不漏,远优于设计及规范要求,见表1-4-2。

成型隧道错台量统计　　表1-4-2

不同环间错台量占比(%)			不同环内错台量占比(%)		
限值	左线	右线	限值	左线	右线
17mm(国标)	100	100	12mm(国标)	100	100
5mm	99.1	100	5mm	99.9	100
4mm	96.6	96.2	4mm	97.1	99.7
3mm	76.6	62.9	3mm	77.1	76.7
2mm	29.2	37.68	2mm	48.8	52.3
1mm	14.4	19.11	1mm	22.7	24.3

混凝土结构耐久性指标远优于《江苏省公路水运工程钢筋混凝土耐久性关键控制指标》的技术要求,见表1-4-3。

耐久性关键控制指标统计　　表1-4-3

序号	关键控制指标	技术要求	检测结果			
			八卦洲明挖暗埋段及工作井	左线	右线	江南明挖暗埋段及工作井
1	混凝土强度	满足设计要求	100%	100%	100%	100%
2	强度换算值变异系数	10%以内	4.05%	4.65%	3.25%	4.7%
3	碳化深度	28d<0.5mm	0mm	0mm	0mm	0mm
		365d<1.5mm	0.5mm	1mm	0.5mm	1mm
4	混凝土拌和用水离子含量	≤200mg/L	27.56	25.0	28.49	26.47
5	混凝土中砂氯离子含量	≤0.06%	0.00%	0.00%	0.00%	0.02%
6	外加剂占胶凝材料	≤0.02%	0.00%	0.00%	0.00%	0.00%
7	硬化混凝土中氯离子含量	≤0.06%	0.01%	0.01%	0.01%	0.01%
8	混凝土拌合物水溶性氯离子含量	≤0.06%	0.016%	0.009%	0.018%	0.025%
9	钢筋保护层厚度	≥90%	94.7%	98.9%	98.7%	93.6%

第五节　"本质安全"技术保障

燕子矶长江隧道严格按照上级文件精神,落实各项安全管理要求,以平安工地建设为抓手,全面提升安全管理力度,实现平安工地建设常态化,工程建设期间未发生质量及安全事故。

一、加强风险预控,争取安全管理主动权

重视深水大直径盾构隧道工程施工技术的复杂性,初步设计阶段就开始重大方案研究和施工方案征集,完善施工图设计中关键风险点的针对性设计。

健全安全风险分级管控与隐患治理"双控"预防体系。对危险性较大的关键工序,严格执行安全条件验收制。所有安全条件核查均实行对标检查、按表验收,痕迹化管理,所有项目及危大工程分部分项工程均在通过开工条件审查后方允许开工,实现风险的预控。本着"一切事故都是可以预防和避免的""一切事故源于隐患""一切隐患都是可以治理的"理念,制定了安全隐患、质量隐患和环保隐患的管理办法,鼓励施工、监理、项目管理部门多查隐患,严格隐患排查闭环管理,利用 App 提高工作效率,保障隐患排查件件落实整改,尽可能把可能出现的问题消灭在隐患排查阶段,推动重大安全风险管控和重大事故隐患治理清单化、信息化、闭环化动态可追溯管理。

二、开展安全技术创新攻关,确保本质安全

1. 临江富水砂层明挖基坑关键技术研究

八卦洲明挖段及工作井的深基坑处在强透水地层复杂环境条件下,降水施工与建筑物沉降变形的控制成为关键,施工采用降水、回灌一体化方式稳定地下水位,有效控制基坑周边沉降。

通过渗漏水检测技术(Flexible Groundwater Monitor,FGM)在八卦洲工作井地下连续墙的应用,在基坑开挖前准确捕捉渗漏风险点,提前对渗漏处采用注浆方式封堵,由事后危机处理向风险控制转型。工作井端头采用自凝灰浆墙包裹加搅拌桩处理的方式,使长江漫滩区强渗透砂层盾构始发风险得到有效控制。

2. 深水大直径盾构掘进安全技术研究

由于燕子矶长江隧道的特殊复杂地层,施工单位对两台盾构机进行了针对性设计,开展了设备适应性评估。盾构机配备常压更换滚刀(齿刀)刀盘、伸缩摆动主驱动以及全回转钻注一体机。

针对岩溶区掘进,采取了跨孔 CT 和跨孔弹性波等综合探测技术对岩溶地层进行专项勘察,根据探查结果,采用注浆材料进行填充处理。对于岩溶未处理区掘进,通过研究盾构掘进数据、超前地质预报与开挖舱可视化信息融合的方法,提出一套基于多元信息融合和机器学习的岩溶综合预警技术,确定掘进参数调整最优范围,确保盾构机的安全掘进。对于江中冲槽与断裂带叠加区域,开展"覆土面极速倾斜时泥水压力计算方法"研究,并针对泥浆中粗颗粒级配泥浆黏度对泥膜形成效果的影响进行分析,提出泥浆中颗粒粒径和含量的级配方法,提升泥膜质量,保障掌子面安全。

此外,为进一步提高盾构施工安全管理的时效性与可追溯性,项目依托建管养一体化平台的研发,形成了集数据分析、风险管控、安全监察、施工管理、应急指挥等于一体盾构施工数据监控平台。在单一指标的阈值预警体系基础上,结合课题研究成果,构建了一套基于大数据分析的智慧预警模式,实现了基于数据+模型双驱动的盾构掘进安全智能评估与预警。以盾构监控平台为抓手,建设单位组织参建单位定期对掘进参数的变化进行统计分析,观察参数的整体性与变化趋势。对于刀盘扭矩、推力、转速的变化,观察、分析其是否维持在稳定的区间,该部分参数如出现持续增大或减小的现象,结合渣样判断地层的变化情况,制定掘进参数的优化方案,实现安全管理精细化。

第六节 绿色环保与工程建设统筹协调

(1)绿色工程专业化管理。借助社会力量引入专业的第三方管理机构"环保中心",协助建设单位开展相关工作,制定了施工期能耗监测、环境监测、生态监测方案。施工期内定期开展能耗、污染物排

放、生态与环境质量监测，及时掌握绿色施工定量化数据，体现对能源、土地、水资源、施工材料的集约化利用。由环保中心对各参建单位的环保专项方案及各施工方案中的环保措施进行审查，实行工程开工前环保条件验收合格制，对工程建设过程中的环境进行巡视，组织监测环境质量，加强对工程沿线空气、水质的监控，同时对工程环保设施的设计与施工进行检查，实现绿色工程的专业化管理。

（2）落实工地差别化管理要求。现场环保在线监测和视频监控信息系统、车辆未冲洗抓拍系统均接入南京市"智慧工地"监管平台，并实现扬尘数据实时监测与降尘响应联动。各项目部每日上传当天环保日报，明确当日工作内容及明日工作计划，同时结合洗车池、封闭式拌和站、封闭式料仓、现场及临时渣土场全覆盖等措施，全方位进行扬尘管控。

（3）注重资源节约集约利用。施工场地内雨水沟与污管分开布设，雨水与污水在统一收集处理后，用于场地冲洗。利用全断面硬岩段渣土进行路基段填筑。项目临时用地在施工结束后及时完成复垦。

第七节　品质工程文化培育

项目建立了工人入场制卡登记、入场前体检、多媒体教学、实操考核、虚拟现实（Virtual Reality，VR）实景体验到劳保用品发放等一整套产业工人入职流程。同时通过采取导师带徒、以老带新等活动，对新入职员工进行培养，促使他们快速融入项目，快速掌握岗位技能及业务流程，担起管理职责，提高施工质量和管理能力，同时积极开展职业道德教育等活动，进一步提升项目人员的责任感和集体荣誉感。

> 燕子矶长江隧道顺利通过建设期历年省级平安百年品质工程示范项目考评，并屡次获得省级平安工地示范工程的称号，成型隧道质量控制效果见图1-4-1。2022年南京市过江通道专家组会议上，以钱七虎院士为组长的隧道技术专家组对燕子矶长江隧道建设成果予以充分的肯定，一致认为建设单位南京市公共工程建设中心统领参建各方开拓创新，攻坚克难，高质量安全完成了燕子矶长江隧道建设任务，使其成为超高水压下的盾构隧道标志性工程。

a) 左线盾构隧道

b) 右线盾构隧道

图1-4-1　成型隧道质量控制效果

第五章 开展的关键技术研究

燕子矶长江隧道系国内首次一次性穿越强透水砂层、上软下硬复合地层、全断面硬岩和岩溶、区域断裂带等多种复杂地质条件组合的大直径水下盾构隧道，亟须对隧道结构防水、盾构机关键装备、掘进控制技术进行系列攻关研究，以攻克项目"高水压""复合地层"的建造技术难题。

因此在项目建设初期，项目组先后赴国内在建水下公路盾构隧道调研，并与丹麦科威公司、上海市政工程设计研究总院（集团）有限公司、上海城投公路投资（集团）有限公司、中交第二公路勘察设计研究院有限公司等十余家单位展开交流，系统梳理了大直径盾构设计、装备与施工过程中的质量安全问题与经验，并据此规划了项目科研计划：

专题一：土岩转换及断裂地层盾构隧道抗震特性试验研究

燕子矶长江隧道地质条件多变，土岩地层刚度变化段及穿越断层破碎带隧道结构在地震动作用下，极易发生严重破坏。采用数值模拟计算和振动台试验结合的研究方法，验证隧道的纵向结构承载力、提出有效的抗震构造措施，评价隧道结构的抗震安全性。

专题二：0.8MPa级盾构防水密封垫的开发与试验

燕子矶长江隧道穿越区河道呈不对称"V"字形，靠近南岸段呈急陡地形，最大水深达53m，为当时国内在建的水深最大的盾构隧道。没有可靠的防渗漏措施，地下水会侵入隧道，影响其内部结构与附属管线，甚至危害到隧道的运营和降低隧道使用寿命。为保证接缝面的防水，针对盾构隧道在高水压状态下，管片接缝产生大张开量及错台量时接缝弹性密封垫的防水性能开展研究开发工作，选择合适的接缝防水形式。

专题三：超深、水下大断层及岩溶复合地层超大直径盾构施工关键技术研究

燕子矶长江隧道承受水压高，地质条件复杂，通过对泥浆材料、壁后注浆、盾构刀具、岩溶超前处理等研究，确保盾构隧道的工程质量和结构安全。该课题共分以下八个子题：

子题1：全断面岩层岩粉混入条件下新型泥浆配置技术及成膜质量评价研究

子题2：盾构穿越岩溶复合地层注浆治理关键技术

子题3：早强速凝型壁后注浆材料研发及地层沉降控制技术

子题4：盾构穿越断层岩溶复杂地质条件高水压条件下开仓关键技术研究

子题5：泥水盾构穿越江中冲槽段+断裂带浅覆土失稳机理和施工安全控制技术研究

子题6：盾构刀具磨损机理及磨损预测和耐磨技术研究

子题7：大直径泥水盾构同步注浆及管片上浮控制技术研究

子题8：岩溶密集区大直径泥水盾构施工关键控制技术研究

专题四：大直径复杂地质盾构机国产化关键技术

子题1：超高水压长距离掘进常压刀盘刀具关键技术研究

子题2：超大直径盾构伸缩摆动主驱动关键技术研究

子题3：深水大断层岩溶复合地层超大直径盾构密封技术研究

子题4：大断层及岩溶复合地层盾构泥水系统技术研究

子题5：盾构机管片自动化运输、拼装技术研究

子题6：隧道掘进远程安全智能化监控管理系统技术研究

经过近6年的攻关，在盾构隧道防水、盾构设备国产化研究、盾构不良地质掘进等3个方面进行了创新性研究，取得了丰硕成果，主要研究内容与技术路线如图1-5-1所示。

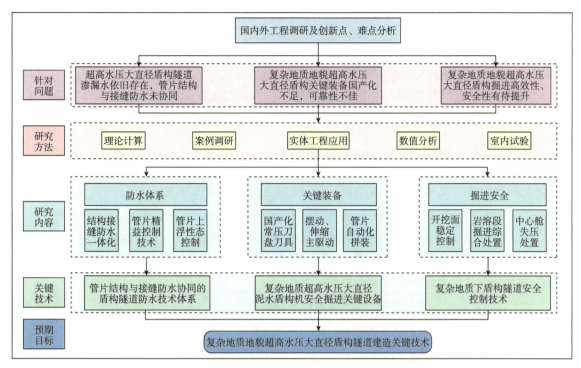

图 1-5-1 研究内容及技术路线

研究内容及主要创新成果包括以下 3 个方面：

一、管片结构-接缝防水协同控制的高水压盾构隧道防水技术体系

项目团队从接缝防水、结构裂缝以及错台、张开、变形的协调控制等多方面入手，系统研究了管片渗漏的病害成因与预控措施。

1. 地震工况下高水压大张开量的强韧性密封垫研究

燕子矶长江隧道水压最大（0.8MPa）的位置同时为断层以及土岩变化地层的过渡段，地震响应较大，接缝防水需满足地震导致的大张开量。而目前国内防水密封垫规范中规定的张开量为通用的 8mm，未针对地震工况提出相应要求。因此，项目团队通过开展隧道地震响应模拟及断层、土岩界面处盾构隧道振动台试验，得出环缝张开量最大值，为防水密封垫张开量指标提供取值依据。首次提出以有效接触应力占比作为主要控制指标的截面选型方法，并经过防水性能试验及密封垫热氧老化试验验证，研发了适应超高水压、地震工况下大张开量的强韧性耐久性密封垫，实现抗震与防水协同设计创新。

2. 管片高精度预制拼装控制技术与标准

管片在错缝拼装时，由于自身预制及拼装的精度误差，使环缝间存在许多点接触和脱空部位。环面不平整度过大时，管片在千斤顶大推力作用下会产生较大的劈裂应力，造成贯通裂缝导致渗漏水。通过广泛调研国内外隧道项目管片精度控制措施，开展不同接触面形式下管片纵向传力特性研究，形成了适用于大直径盾构隧道的管片预制、拼装精度控制指标与检测方法。对于管片模具、单块预制管片，通过三维激光检测，改善人工传统方法检测精度低的问题；创新研发三维模拟拼装技术，全量检测不同错缝拼装点位的拼缝间隙；首次建立管片拼装环面的高精度检测与纠偏方法，自负环拼装开始采用 0.01mm 精度激光跟踪仪测量拼装环面平整度，保证拼装环面平整度误差≤1.5mm。

3. 单液浆条件下的大直径盾构隧道上浮控制体系

管片上浮引起的结构开裂与错台、张开，是隧道渗漏的一大诱因。广泛调研国内其他 14m 以上大直径盾构隧道渗漏点和上浮量的分布规律，对不同埋深、不同浆液凝固时间和不同掘进速度条件下施工

期结构纵向受力、管片环间错台量进行计算与对比分析,总结并提出了管片累计上浮量40mm、环间相对上浮量(错台)8mm的控制标准,并进行数字化实时监测预警。通过建立基于超静定梁的上浮预测分析模型,确定了不同浆液初凝时间对管片上浮量的影响,发明了早强-速凝型壁后注浆材料。盾构始发区段覆土浅,项目团队及时采取盾构机载荷重分布与二次注浆相结合的综合处置手段抑制了管片上浮,并同步开展了二次注浆速凝剂比对试验,研发新型超早强硫铝酸盐水泥二次注浆材料,提升壁后注浆圈的耐久性。全线隧道管片上浮量由以往普遍50mm以上控制至20mm以内,提升了接缝防水与整体结构受力性能。

二、复杂地质地貌盾构隧道安全掘进技术

1. 复杂地形地貌下泥水盾构开挖面泥水-泥膜压力理论与技术体系

燕子矶长江隧道江中浅覆土深槽与F7断裂带叠加,该区域河床呈"不对称河床V型"急陡地形。采用传统的朗肯土压力、库仑土压力计算方法难以得出准确的切口压力。通过建立改进三维掌子面失稳模型,提出了覆土面极速倾斜时盾构掌子面泥水压力计算方法,解决了江底大倾角冲槽段掘进掌子面稳定问题,相较传统计算方法误差降低了85%。

对泥浆泥膜的研究以往多针对砂层,将泥浆密度、黏度作为主控指标,通过静态泥浆渗透实验中滤水量评价,指标相对单一,且未考虑泥膜形成破坏的动态过程。现通过开展"泥浆-泥膜性质测试方法及质量评价体系"研究,首次将有效泥浆压力转化率、泥膜闭气时间和闭气值作为评价指标,进一步保障高渗透砂、岩及复杂地层掘进时泥膜质量。

2. "洞内+洞外"结合岩溶探测与综合处置

为避免岩溶区掘进出现卡机、栽头、地面塌陷等安全事故,对于具备地表探测处理的岩溶发育区,在盾构穿越前综合采用瞬变电磁法、地震反射波、微动谱比、跨孔CT等多项洞内、洞外技术,准确探明了岩溶发育情况,据此确定注浆孔布设方案与封堵关键孔位。研发了岩溶地层固废基注浆充填材料,在保证流动性与强度的前提下,进一步减少了析水率。

对于无法进行地表处理的岩溶区域,采用岩溶未处理区域综合预警技术进行掘进。掘进过程中,基于TST(Tunnel Seismic Tomography,隧道散射地震成像技术)超前地质预报与盾构掘进参数、开挖舱可视化信息等多元信息,依托机器学习算法,形成岩溶区盾构掘进综合预警方法,保障了掘进安全。

3. 大直径泥水盾构中心舱失压常压处置及常压刀筒闸门更换关键技术

为了解决高水压、高流速下中心舱应急处置及闸门更换难题,项目团队首创采用聚氨酯解决盾构中心舱失压常压处置关键技术,通过数值模拟分析聚氨酯发泡及移动规律,结合多次试验验证,有效解决了高水压、高流速下中心舱应急处置及闸门更换难题。

4. 不同地层掘进成套技术研究

为解决盾构掘进参数监控预警依赖人工值守、反馈不及时的问题,项目组研发了集地层信息、参数监控、刀具磨损诊断、数据分析、风险提示于一体的盾构掘进监控系统,实现了盾构掘进状态的实时感知,通过建立的基于掘进历史数据与地层信息的盾构参数分析模型,实现推进压力、扭矩等掘进参数优化建议的动态反馈。基于燕子矶长江隧道一次性穿越砂层、上软下硬、岩层、破碎带、岩溶区等地层的掘进数据分析,系统提出了不同地层的掘进控制原则、关键参数预警值与刀具磨损规律。

三、复杂地质地貌高水压大直径泥水盾构机安全掘进的关键设备

1. 超高水压长距离掘进常压刀盘刀具关键技术研究

(1)长距离掘进组合刀盘技术

通过刀具切削原理及力学模拟分析,结合大量现场试验,研究刀盘刀具在复合地层的切削状态以及

土层的扰动情况,开发常压滚齿互换技术,解决刀盘在复合地层长距离掘进难题,增强刀盘对地层的适应性。

(2)超高水压常压刀盘刀具技术

通过对滚刀切削原理研究、高水压密封技术及材料改性研究,采用力学模拟分析、现场试验测试等手段,研发适用于高水压长效密封的常压刀筒。通过优化结构设计和材料选型,降低高水压换刀作业风险,减小换刀劳动强度。结合传感技术模拟滚刀在掘进过程中的刀具磨损形式,通过传感器合理选型及布置实时监测滚刀磨损状态,解决刀具在掘进过程中无法实时监测的难题,避免因刀具磨损更换不及时造成刀盘本体磨损的重大问题,实现刀具全生命周期管控。

(3)超大断面复合地层掘进刀盘中心冲洗技术

基于土体流动性、刀具结泥饼的理论研究,模拟分析研究渣土排放、压力控制及刀盘开口率的关系,确定合适的刀盘开口率;结合刀盘中心结构、土体流动性等条件,设计刀盘中心冲洗系统,防止出现刀盘结泥饼等现象。

2. 超大直径盾构摆动-伸缩主驱动关键技术研究

通过实地考察及国内外案例调研,针对驱动部滑动面、伸缩油缸、锁紧装置进行协调性研究开发,通过优化结构、制作工艺、系统编控等方式,研发主驱动伸缩-摆动技术,解决复合地层掘进换刀空间不足的问题,并提供了一种在地层失稳工况下安全有效的盾构机脱困方案。

3. 盾构机管片自动化运输、拼装技术研究

(1)自动拼装原理和运动学模型

基于光电检测技术实现管片位姿判定,并构建拼装机运动学模型,对携带光电检测系统的拼装机进行运动轨迹规划,通过定位机构控制拼装机到达目标位置,并检测和调整管片位姿,从而实现盾构机管片自动拼装定位。

(2)自动拼装定位位姿检测模型

盾构施工环境所能提供的检测空间有限,单一类型的检测方法很难在检测精度和量程这两方面同时满足管片位姿检测要求。为了解决上述问题,提出了一种基于视觉-激光管片位姿检测的盾构机管片自动拼装定位方法,利用视觉检测管片的平面位姿,利用激光检测管片的深度位姿,最后将检测结果融合计算得到待拼装管片位姿。

(3)自动拼装定位位姿控制系统

不同于常规的自动控制设备,管片拼装机作业环境恶劣,动作危险性大,而且自动拼装定位检测所需传感器数量多,需要处理的数据量大。因此,盾构机管片自动拼装系统的设计要充分考虑稳定性、易维护和模块化的特点。结合环境特点和系统要求,设计了工控机(Industrial Personal Computer,IPC)、可编程控制器(Programmable Logical Controller,PLC)和智能相机(Smart Camera,SC)的分布式机电控制系统。

第二篇

PART 02

工程设计

第一章 总体设计

第一节 线路设计

一、平面设计

隧道路线根据已定的起讫点,结合江南太新路以北和燕路周边地块的切入情况,拟定了三个方案,如图 2-1-1 所示,并对比三个方案,见表 2-1-1。

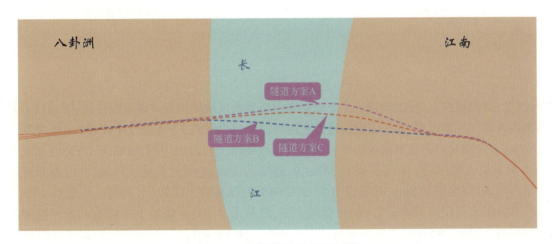

图 2-1-1　路线平面方案比选示意图

隧道平面方案比较表　　　　　　　　表 2-1-1

比较项目	方案 A	方案 B	方案 C
线形指标	江南设置 $R=500m$、$1200m$、$1200m$ 的三个圆曲线,且存在反弯曲线,线形指标较差	江南设置 $R=500m$ 的圆曲线,其余为直线和大半径圆曲线,线形指标最好	江南设置 $R=500m$、$2100m$、$4000m$ 的三个圆曲线,可采用直线连接曲线,线形指标较好
行车舒适性和安全性	较差,存在一定安全隐患	最好	较好
对规划的影响	基本无影响	影响较大	影响较小
施工难度和风险	较小	需两次穿越岩溶区,较大	较小
房屋拆迁	较少	较多	较少
隧道建设规模	4125m	4070m	4100m
最终结论	比较方案	比较方案	推荐方案

如表 2-1-1 所示,各方案的建设规模差别不大,故造价差异较小。主要从平面线形指标、行车舒适性、对规划的影响和施工难度进行比较。方案 C 融合了另外两个方案的优点,线形指标可较好地满足

行车要求,同时仅穿越规划绿地和学校空地,拆迁量较小,施工难度和风险可控,因此从下穿幕燕景区和江南周边地块的情况分析选择隧道平面方案C。

项目起于隧道敞开段起点(里程桩号K0+925.000,设参数值$A=445m$的缓和曲线与红山快速路顺接),设置$R=500m$的左偏圆曲线向北沿和燕路敷设,在太新路以北设置$R=2100m$的右偏圆曲线,下穿规划绿地、燕子矶中学操场空地和幕府山后,再以$R=4000m$的左偏圆曲线向西偏移下穿长江,在江中采用直线接入八卦洲规划道路,与浦仪公路交叉后终止(里程桩号K6+648.000,设置$R=1200m$右偏曲线与项目北段连接),如图2-1-2所示。

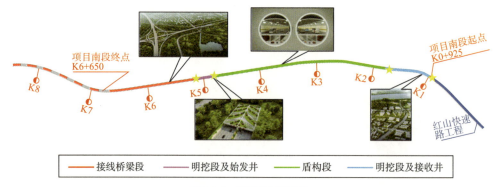

图2-1-2 路线平面设计图

二、纵断面设计

考虑到线路纵坡的主要控制因素:①设计起终点高程受现状场地及道路高程控制;②地铁1号线燕子矶站西出入口底控制高程;③江中盾构隧道在河床冲刷包络线以下(考虑江中深槽)的埋置深度应满足抗浮要求,且应满足航道规划水深以及船舶锚击深度要求。以左线为例,纵断面于ZK0+925.752处以4.48%的纵坡入地(坡长568m),设置345m、2.95%的缓坡,避免过长的大纵坡,并可避开新建地铁燕子矶站西出入口(净距0.2m),然后以1085m、3.98%的纵坡进入江底(江底覆土深度约10m),隧道在江底往八卦洲方向设置1580m、2.968%缓坡上坡,之后沿3.982%纵坡上坡接入八卦洲高架。为避免雨水倒灌进入隧道,在江南、八卦洲分别设置0.762%、0.5%的反坡,形成驼峰。路线纵断面设计如图2-1-3所示。

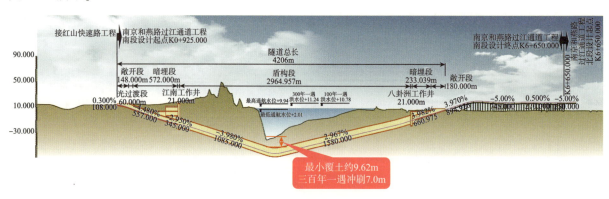

图2-1-3 路线纵断面设计图

第二节 横断面设计

在满足限界的基础上,考虑设备布置、防灾要求(车道层顶部空间设置火灾专用排烟道)、施工误差等因素(综合考虑隧道轴线的施工误差为±100mm,隧道后期不均匀沉降±50mm)拟定横断面。

隧道盾构段采用圆形横断面,圆形隧道横断面由车道板分为上、中、下三大部分。上部分主要布置排烟道;中间部分为行车道层,行车道层中部布置单向三车道行车空间,高4.5m,车道宽3.5×2+3.75=10.75m,路缘带宽度0.5m、侧向净宽0.75m,总宽12.25m;下部为服务层,其中左侧为疏散滑道或楼梯,如图2-1-4、图2-1-5所示,中间为疏散通道和维修、消防专用通道,右侧为电缆通道。隧道外径14.5m,内径13.3m,管片厚0.6m。

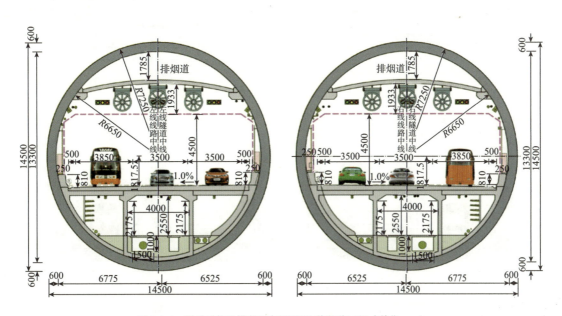

图2-1-4　隧道盾构段横断面布置图(疏散滑道)(尺寸单位:mm)

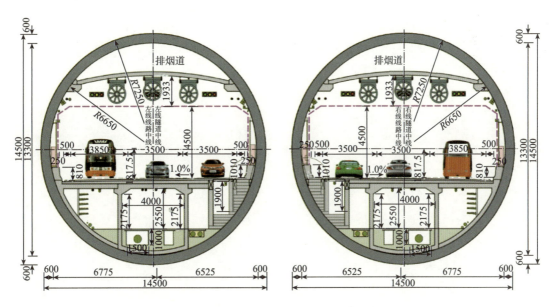

图2-1-5　隧道盾构段横断面布置图(疏散楼梯)(尺寸单位:mm)

主线隧道明挖暗埋段采用两车道孔+中间管线廊道的横断面布置,如图2-1-6所示。明挖敞开段采用U形结构,如图2-1-7所示,其设备主要布置在两侧边墙。

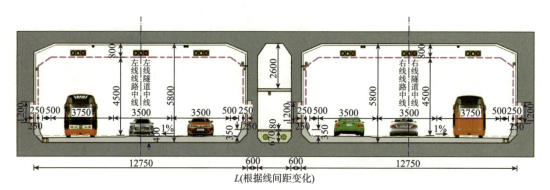

图 2-1-6　主线隧道明挖暗埋段横断面布置图(尺寸单位:mm)

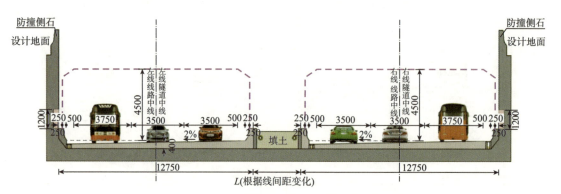

图 2-1-7　主线隧道明挖敞开段横断面布置图(尺寸单位:mm)

第二章 隧道结构设计

第一节 明挖结构设计

一、围护结构设计

基坑的围护结构主要承受基坑开挖卸荷所产生的水、土压力,并将此压力传递到支撑,是一种稳定基坑的施工临时挡墙结构,部分形式的围护结构也可以兼作永久结构。常用的基坑围护结构形式有型钢水泥土搅拌桩墙(Soil Mixing Wall,SMW)工法桩、钻孔桩、地下连续墙等。

围护结构根据地质情况、水文情况、周边环境、基坑安全等级及工程经验进行设计计算。选取基坑每一节的最不利断面,采用弹性有限元荷载-结构法计算分步开挖与支撑全过程的围护结构内力及位移。围护结构承受全部水土压力及路面超载引起的侧压力。

不同围护结构典型断面的安全系数、坑底抗隆起(圆弧滑动)安全系数、墙底抗隆起安全系数、抗渗流稳定安全系数详见表2-2-1,结构形式如图2-2-1~图2-2-4所示。

典型断面的围护形式计算结果　　　表2-2-1

围护结构工法形式	支护结构最大水平位移(mm)	整体稳定性安全系数	坑底抗隆起(圆弧滑动)安全系数	墙底抗隆起安全系数	抗渗流稳定安全系数
650mmSMW工法桩	14.9	2.19	2.3	3.92	2.87
800mm钻孔灌注桩	17.9	2.13	2.27	5.03	2.64
1200mm地下连续墙	23.7	4.14	5.33	5.07	2.58
1500mm地下连续墙	29.9	4.32	2.37	15.34	2.43

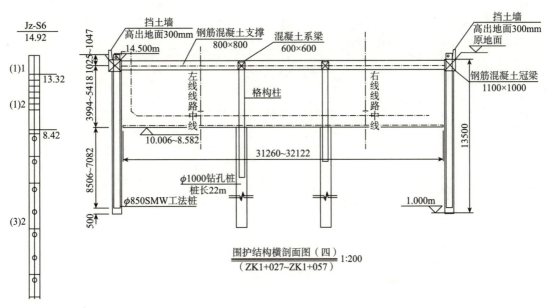

图2-2-1　SMW工法桩围护结构横断面图(尺寸单位:mm)

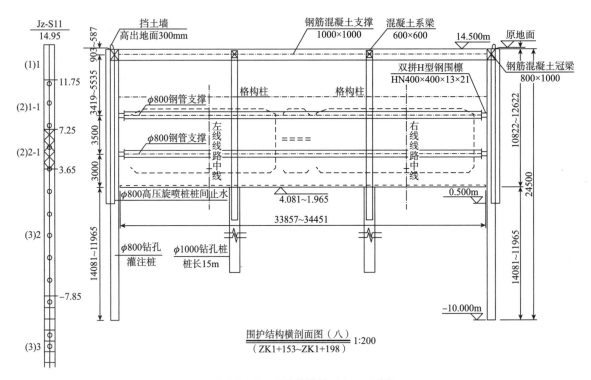

图 2-2-2 钻孔灌注桩围护结构横断面图(尺寸单位:mm)

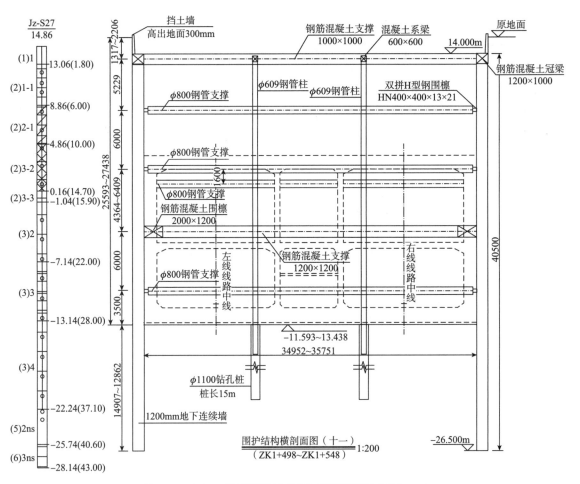

图 2-2-3 1200mm 地下连续墙围护结构横断面图(尺寸单位:mm)

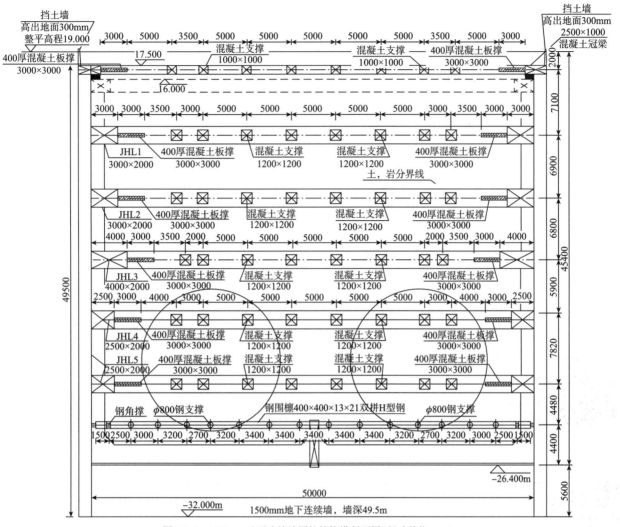

图 2-2-4　1500mm 地下连续墙围护结构横断面图(尺寸单位:mm)

二、主体结构设计

1. 主体结构计算

根据结构类型,按结构整体和单个构件可能出现的最不利组合进行结构设计计算。结构安全等级为一级,构件的重要性系数为1.1,结构抗震等级为三级。工作井及后续段(盾构影响区)分施工阶段和使用阶段按实际工况进行分析,取内力包络值进行配筋计算。

基坑开挖施工阶段,地下连续墙承担全部水土压力及施工荷载;盾构吊装、掘进施工及盾构接收阶段,主体结构与地下连续墙共同承担施工期全部荷载;运营期间主体结构顶板及中板已完成,与侧墙及底板形成可靠的承力结构,侧墙与连续墙为复合结构,由主体结构主要承担使用阶段的全部荷载。

采用荷载-结构法进行计算,考虑地下水位变化以及不同荷载的组合,按荷载最不利组合进行结构的抗弯、抗剪、抗压、抗扭强度和裂缝宽度验算,结构内、外侧裂缝宽度须≤0.2mm。当计算地震或其他偶然荷载作用时,可不验算结构裂缝宽度。根据计算结果进行配筋。以下以暗埋段典型结构进行示例,如图2-2-5、图2-2-6所示。

2. 抗浮设计

施工阶段,采取基坑内(或基坑外)降水等措施解决抗浮问题,基坑底板与抗拔桩未形成稳定有效连接时,水位须控制于底板以下。底板施作完成同时应将降水井进行封井处理。

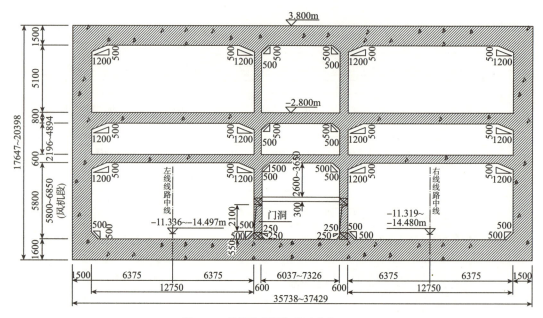

图 2-2-5 荷载模型简图(尺寸单位:mm)

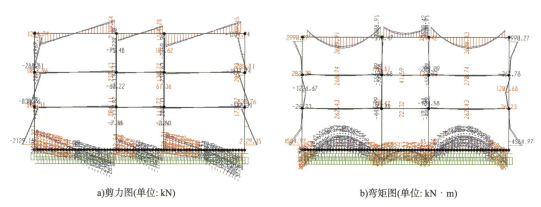

a) 剪力图(单位:kN)　　　　　　　b) 弯矩图(单位:kN·m)

图 2-2-6 内力包络图

运营阶段,目前常用的抗浮措施有考虑围护结构联合抗浮、抗拔桩、抗拔锚杆以及设置墙趾等主要措施。锚杆适用的地层有限,在淤泥质类土不宜采用,且作为永久结构也不宜采用;设置墙趾在需要的抗浮力较小时采用,否则工程量较大。因此,结合本工程的地质、水文等情况,抗浮设计应首先考虑永久围护结构的作用,仍不能满足时,采用抗拔桩。

为满足抗浮要求,明挖暗埋段(江南 ZK0+997~ZK1+153、ZK1+648~ZK1+702,八卦洲 ZK4+715.5~ZK4+834)、八卦洲工作井立柱桩兼作抗拔桩;江南工作井内,立柱桩兼作抗拔桩,且另设 48 根直径 1m、桩长 15m 的抗拔桩。

第二节 "分布式凹凸榫+螺栓"管片结构设计

参考国内外的成熟经验,结合燕子矶长江隧道的线路、工程地质、水文地质以及施工机械、施工技术等实际情况,对燕子矶长江隧道的管片结构形式尺寸、分块方式、螺栓类型与布置等进行了选取。

各种水文地质条件下江(海)底盾构隧道的实践经验证明,采用单层衬砌完全可以满足圆形衬砌环变形、接缝张开量、混凝土裂缝及耐久性等方面的设计要求,因此燕子矶长江隧道盾构段设计采用单层衬砌。管片壁厚取 600mm,环宽取 2000mm。

燕子矶长江隧道最大覆土厚度约 80.5m(位于燕子矶 ZK2+280),最大水压约 0.8MPa(江中最低点

结构底高程 -67.8m,ZK2+950)。隧道主要穿越粉细砂、中粗砂、全~中风化角砾岩、中风化灰岩、中风化角砾状灰岩、中风化含砾砂岩,结构受力不均衡,要求管片具有较大的抗弯刚度和良好的抗压、抗渗能力。因此,衬砌管片形式采用C60钢筋混凝土平板形管片,抗渗等级P12。

管片环采用通用楔形环。通用楔形环所需管片模具量少、拼装质量高、施工管理便利,特别是可以拟合曲线,避免了其他类型管片必须通过设置接缝垫片拟合曲线而对接缝防水效果产生的不利影响。衬砌环楔形量根据隧道平面曲线半径、竖曲线半径及线路纠偏需要等因素确定,越江段最小平曲线半径为2100m,为保留一定的管片模具通用性,管片双面楔形量取为48mm。

结合国内盾构法隧道管片设计经验,综合考虑结构受力、管片运输、拼装等因素,衬砌环采用9+1的分块方式,全环42个环向螺栓按同等模数和角度间距布置,此分块螺栓布置和管片分块方式可在管片旋转一定角度(螺栓间距角度的倍数)的基础上完全实行错缝拼装,且管片整体刚度大,防水效果好。

斜螺栓用钢量少,手孔小,对截面削弱较小,受力合理。同时斜螺栓施工方便,只需对螺栓一端进行防水和防腐蚀处理,加快了施工进度,降低了工程造价。因此,采用斜螺栓进行纵、环向连接,环缝共设置42个M36斜螺栓,纵缝共设置30个M36斜螺栓。衬砌圆环设计图如图2-2-7所示。管片的制作精度依据《盾构法隧道施工及验收规范》(GB 50446—2017)并结合燕子矶长江隧道特殊要求制定。

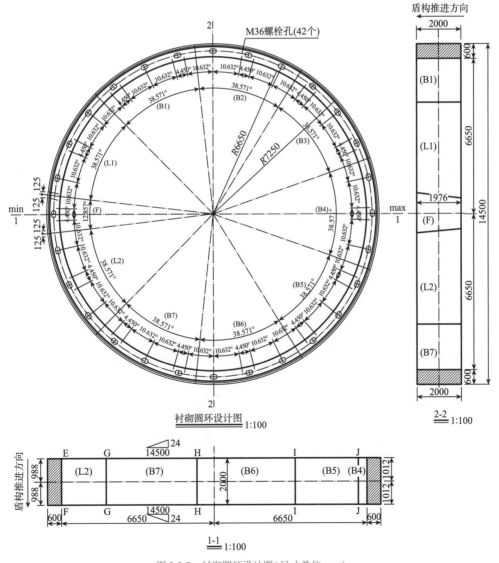

图2-2-7 衬砌圆环设计图(尺寸单位:mm)

衬砌圆环的基本设计参数见表 2-2-2。

衬砌圆环基本设计参数　　　表 2-2-2

项目	特征	项目	特征
衬砌环直径	外径 φ14500mm，内径 φ13300mm	楔形量	48mm（双面楔形）
衬砌环分块	10 块（12.8574°×1 + 38.5714°×9）	拼装方式	错缝拼装
衬砌厚度	600mm	接触面构造	环缝面设置分布式凹凸榫，纵缝面设置定位杆
衬砌环宽	2000mm（平均）	管片连接形式	斜螺栓连接
衬砌环形式	通用楔形环		

一、配筋设计

结构设计使用年限为 100 年，结构的安全等级为一级，结构重要性系数取 1.1；按施工阶段和正常使用阶段分别进行结构强度、刚度和稳定性计算。按正常使用极限状态进行裂缝宽度验算，施工期管片内侧最大裂缝宽度限值 0.3mm，外侧裂缝宽度 0.2mm，运营期管片内外侧最大裂缝限值均为 0.2mm。根据计算结果进行配筋设计。

1. 计算模型

采用修正匀质圆环模型，根据相关工程经验，考虑纵缝的刚度折减效应，弯曲刚度有效率 $\eta = 0.75$；考虑错缝拼装的刚度增强效应，弯矩提高率 $\zeta = 0.3$；地层效应采用全周径向压缩弹簧模拟，弹簧刚度结合地质勘察报告中相关建议值选取。

修正惯用法常用力学体系如图 2-2-8 所示。

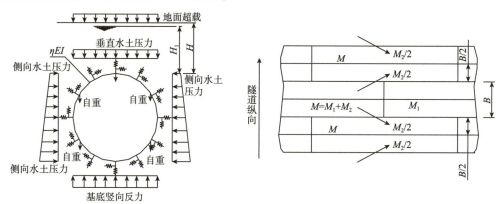

图 2-2-8　修正惯用法常用力学体系

(1) 在砂性土地层中采用水土分算，在黏性地层中采用水土合算。

(2) 水土分算时水压的加载方式采用水平和竖直方向的简化加载方式加载。

(3) 当隧道位于软弱黏土地层时，首先根据《铁路隧道设计规范》（TB 10003—2016）判别深浅埋。计算深埋隧道衬砌时，围岩压力按松散压力考虑，垂直均布压力按规范中式（D.0.1）计算。计算浅埋隧道时，垂直压力按规范中式（E.0.2-1）计算。

当隧道埋深介于浅埋和深埋之间时，按太沙基坍落拱理论计算垂直土压力。由于考虑黏聚力的影响，计算结果可能很小或者出现负值，因此规定太沙基理论计算时取 1.5 倍洞径覆土荷载或 200kPa 为下限值。

(4) 当隧道位于基岩中，考虑围岩变形延缓，根据围岩等级判别深浅埋计算荷载，配筋计算采用与塌落拱荷载相匹配的破损阶段法，即竖向荷载取 0.2 倍全覆土荷载。采用正常使用极限状态进行验算，钢筋混凝土结构强度安全系数为 2.4。

(5) 水平土压力作用在衬砌两侧，分布荷载的大小根据垂直土压力 σ_{vi} 与侧向土压力系数 K_0 来计算,即 $q_i = K_0 \cdot \sigma_{vi}$。

(6)根据《混凝土结构设计规范》(GB 50010—2010)(2015年版)考虑结构抗震设计,最小配筋率单侧为0.31%。

2.计算断面与结果

通过对地质及埋深情况进行分析,分别选取代表性断面进行计算,得到包络内力。根据工程可行性研究专题《水文分析计算报告》,江中段高水位取8.5m,低水位取为3m。根据《南京和燕路过江通道工程(南段)施工图设计阶段隧道盾构段(K1+729.35~K4+700)工程地质勘察报告》,取江南侧最低常水位11m,八卦洲侧最低常水位5m。

针对各断面的计算情况,将管片根据所受弯矩和轴力按压弯构件进行配筋,对于不同的受力组合形式,选取了A、B、C、D(由弱到强)四种配筋形式,见表2-2-3。根据计算结果,浅覆土、江中深槽及软硬不均地段由于土体成拱效应不足,隧道结构受力不均匀,上部土压力较侧压力较低,表现为最不利情况,对应盾构隧道配筋类型选择D,以加强结构受力能力。左右线各断面内力包络值与配筋类型见表2-2-4、表2-2-5。

配筋形式表　　　　　　　　　　　　　　　　　　　　　表2-2-3

配筋类型	内侧配筋	外侧配筋	配筋类型	内侧配筋	外侧配筋
A	6φ22+8φ20	6φ20+8φ20	C	6φ28+8φ25	6φ22+8φ22
B	6φ25+8φ22	6φ22+8φ20	D	6φ32+8φ28	6φ25+8φ22

左线各断面内力包络值与配筋类型　　　　　　　　　　　　表2-2-4

序号	钻孔	计算断面	盾构穿越地层特点	最大正弯矩/环 弯矩(kN·m)	最大正弯矩/环 轴力(kN)	最大负弯矩/环 弯矩(kN·m)	最大负弯矩/环 轴力(kN)	配筋类型
1	Jz-S39	ZK1+727.720	盾构接收,Ⅴ级围岩,软硬不均,上部粉质黏土,下部基岩W3、W2	1559	5391.1	1125.4	6897.5	D
2	Jz-C14	ZK2+126.460	Ⅴ级围岩,W2基岩	809.9	3580.7	554.8	4630.7	C
3	Jz-C19	ZK2+275.820	Ⅲ级围岩,W2基岩,岩溶段	1065.2	4858.4	739.7	6190	C
4	Jz-ZF3	ZK2+588.860	Ⅳ级围岩,W2基岩	623.3	2733	430.7	3535.9	B
5	Jz-SD25	ZK2+724.360	Ⅴ级围岩,基岩W3、W2	1964.5	9468.6	1312.9	11985.7	C
6	Jz-ZF4	ZK2+852.120	Ⅴ级围岩,基岩W3、W2,江中深槽	1886.5	8674.0	1369.8	10610.2	D
7	Jz-SD33	ZK3+042.770	Ⅵ级围岩,软硬不均,上部砂层,下部基岩W3、W2,江中段	2285.9	9975.2	1559.7	12107.9	D
8	Jz-SD35	ZK3+122.480	Ⅵ级围岩,软硬不均,上部砂层,下部基岩W3、W2,江中段	2332.1	9248.3	1377.5	11281.2	C
9	Jz-SD39	ZK3+281.540	Ⅵ级围岩,砂层,江中段	1494.8	11257.6	953.3	12649.5	A
10	Jz-S80	ZK4+690.830	Ⅵ级围岩,盾构始发,砂层,岸上段	328.5	3016.9	273.6	3658.4	A

右线各断面内力包络值与配筋类型　　　　　　　　　　　　表2-2-5

序号	钻孔	计算断面	盾构穿越地层特点	最大正弯矩/环 弯矩(kN·m)	最大正弯矩/环 轴力(kN)	最大负弯矩/环 弯矩(kN·m)	最大负弯矩/环 轴力(kN)	配筋类型
1	Jz-S41	YK1+734.330	盾构接收,Ⅳ级围岩,基岩W2	911.5	4058.8	621.4	5245	C
2	Jz-C18	YK2+254.350	Ⅲ级围岩,W2基岩	334.5	1401	240.3	1847.4	C
3	Jz-S53	YK2+319.940	Ⅴ级围岩,基岩W2	860.8	3816.3	588.5	4932.9	C
4	Jz-SD24	YK2+695.060	Ⅳ级围岩,W2基岩	639.1	2805.5	441.1	3629.3	C

续上表

序号	钻孔	计算断面	盾构穿越地层特点	最大正弯矩/环		最大负弯矩/环		配筋类型
				弯矩(kN·m)	轴力(kN)	弯矩(kN·m)	轴力(kN)	
5	Jz-ZF4	ZK2+864.391	Ⅴ级围岩,基岩W3、W2,江中深槽	1955.8	8772.2	1352.2	11123.8	D
6	Jz-SD32	YK3+016.510	Ⅵ级围岩,上部砂层,下部基岩W3、W2,江中段	1964.5	9925.9	1501.6	11717.2	D
7	Jz-SD34	YK3+097.131	Ⅵ级围岩,上部砂层,下部基岩W3、W2,江中段	1660.4	9334.7	1105.4	10722.9	D
8	Jz-SD40	YK3+338.230	Ⅵ级围岩,砂层,江中段	1285.2	10623.8	886.8	11858.9	B
9	Jz-S81	YK4+708.470	Ⅵ级围岩,盾构始发,砂层,岸上段	377.6	2803.3	282.3	3569.0	B
10	Jz-SD64	YK4+277.395	Ⅵ级围岩,砂层,八卦洲大堤	1408.9	7595.2	864.1	8868.3	B
11	Jz-SD72	YK4+597.711	Ⅵ级围岩,砂层,岸上段	761.7	4264.5	569.9	5047.7	A

二、抗浮验算

结构进行抗浮验算时,施工阶段抗浮安全系数不小于1.05,运营阶段岸边暗埋段及江中段按100年一遇冲刷线时抗浮安全系数不小于1.1,江中段按300年一遇冲刷线时抗浮安全系数不小于1.05。

根据详勘资料,抗浮水位取地面高程,陆域覆土最小深度为5.972m(八卦洲新生河),施工阶段时将地面回填至高程7.00m处,土层重度按照$18kN/m^3$计,经计算,该断面处施工阶段抗浮安全系数为1.185,运营阶段抗浮安全系数为1.123。

江中最小覆土厚9.62m,考虑极限冲刷后运营阶段覆土厚度为6.62m。施工阶段按历年最低实测冲刷高程,仅考虑管片自重及上覆土重量,抗浮安全系数为1.161;运营阶段按300年一遇冲刷高程计算,仅考虑管片自重、路面结构及覆土重量,抗浮安全系数为1.157。

通过对抗浮最不利断面进行计算,其抗浮安全系数均满足抗浮要求。

三、凹凸榫设计

鉴于燕子矶长江隧道衬砌直径大(外径14.5m),考虑抗震、抑制管片间错台等要求,该隧道在管片纵缝上设置定位棒榫槽,在管片环缝面上设置分布式圆端形凹凸榫(图2-2-9),其尺寸如图2-2-10所示。其优点在于当管片环间发生错动变形时,凹凸榫产生多个接触点,均发挥抗剪作用,整体抗剪能力和抗错台能力大幅提升,如图2-2-11所示。

图2-2-9 分布式圆端凹凸榫实物图

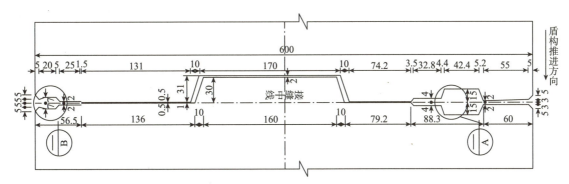

图 2-2-10　凹凸榫设计图(尺寸单位:mm)

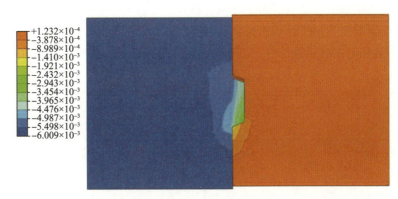

图 2-2-11　凹凸榫受力计算云图

针对该新型接头,通过数值分析、单榫抗剪足尺试验、多榫局部原型试验,得出了单榫极限抗剪承载力以及顺剪和逆剪条件下环间接头抗剪刚度、多榫抗剪性能以及环间受力分配与变形协调机制。在类似工程现场进行了有无凹凸榫的对比试验(图 2-2-12),验证了其抗错台作用(不设分布式凹凸榫时最大为 30～40mm,施设后为 5～10mm)。错台量的有效控制既大幅提升了接缝防水可靠性,又极大提高了整体承载能力。

a)有凹凸榫管片及成洞效果

b)无凹凸榫管片及成洞效果

图 2-2-12　有无凹凸榫的现场对比试验

因此，凹凸榫的设置可有效控制隧道管片环间错台，有力保障管片接缝防水性能及运营期可能引起的管片错台加剧，确保成型隧道线形，有利于隧道的建设。实际施工中，凹凸榫的设计可能增加管片拼装的难度，当施工拼装精度未达到设计要求时，凹凸榫不利于拼装。结合现场实际拼装情况，综合考虑弹性密封垫防水性能要求及施工便利性要求，可适当增大凹凸榫的间隙。因此，将凹榫与凸榫之间设置间隙调整至10mm。同时，对凹凸榫部位进行局部受剪计算，从而对该部位设置加强钢筋。

四、防水设计

管片防水主要包括结构自防水和接缝防水两方面。在混凝土自身抗渗性能的基础上，管片预制、施工及脱出盾尾后应严格控制施工质量，确保管片结构安全性能，防止出现结构裂缝。

接缝防水设计首先根据所收集到的施工实例资料对施工过程中的防水效果作出综合分析，结合试验决定适合本工程实际的密封垫设计初步方案，管片接缝防水构造如图2-2-13所示。同时从管片拼装误差、接缝容许变形量和密封材料特性等三方面关系出发，通过理论计算出设计安全系数。

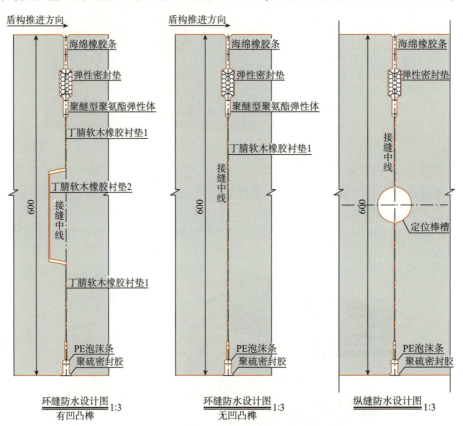

图2-2-13　管片接缝防水构造图(尺寸单位：mm)

密封垫的止水机理是在管片压密后，靠橡胶本身的弹性复原力密封止水。为了能永久保持密封垫的弹性复原力，除了密封沟槽的斜度设计之外，最重要的就是密封垫的断面设计。

综合国内外相关工程和材料研究成果可知，管片接缝防水密封垫的设计应主要考虑如下几点：

（1）对止水所需的接触面压力，设计时应考虑接缝的张开量和错位量。

（2）在设计确定的耐水压力条件下，接缝处不允许出现渗漏。

（3）在千斤顶推力和管片拼装的作用力下，不致使管片端面和角部损伤等弊病发生。

（4）要考虑远期的应力松弛和永久变形量。

燕子矶长江隧道工程最大水压约为0.8MPa，且需要穿越断层破碎带等抗震不利段，而现有防水设计难以满足高水压、地震复合工况下的防水要求。本项目开展了专题研究"南京燕子矶长江隧道超高

水压大张开量盾构接缝防水与复杂地质地段盾构隧道抗震试验研究",研究思路如下:

(1)调研选型密封垫→基于接触应力和压缩密封垫所需压力的数值分析→密封垫防水机理及性能分析(防水老化试验→极限接缝变形密封垫老化;接缝张开、错台变形对防水性能试验研究)→研发适应大张开量、高防水性能的密封垫。

(2)基于大比例尺模型振动台试验得出地震响应规律→接缝张开、错台变形对防水性能的试验研究→地震工况下管片接缝防水设计标准。

通过上述研究,并根据不同地层条件选择不同的密封垫,以满足抗震工况下防水需求(图2-2-14)。

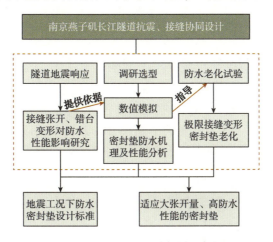

图2-2-14 抗震与接缝防水协同设计流程

1. 基于隧道振动台模型试验的接缝张开量评价

探明了复杂地质区段地震工况接缝张开量时空变化规律。通过振动台模型试验(图2-2-15)及数值模拟对比验证,发现地震工况下隧道在断层和土岩变化地层位置处的环缝张开量显著增大,在设防地震和罕遇地震工况作用下,环缝张开量最大值分别达到3.82mm和7.15mm,张开量在地震20s时达到峰值,为本项目复杂地质区段的盾构隧道防水密封垫设计提供了张开量指标的取值依据。

图2-2-15 大比例模型振动台试验

2. 数值模拟选型弹性密封垫截面形式

基于有限元分析,提出一套基于压缩形态、接触面压力、有水压工况下的变形形态等指标的密封垫选型方法,以确定最优密封垫截面形式。

3. 地震工况下防水密封垫设计标准研究

通过密封垫极限张开量及错台量防水试验,揭示了0.8MPa水压条件下盾构管片接缝防水密封垫张开量、错台量的极限兼容性。针对地震作用下的极限防水要求,在隧道施工和运营期,尽量将管片接缝的张开量控制在7mm之内,错台量控制在25mm之内。

4. 开发适应大张开量的弹性密封垫,解决了高水压土压复合地层地震条件下的防水防砂技术难题

以地震工况引起隧道管片张开为前提条件,通过防水性能试验及密封垫热氧老化试验,研发了适应超高水压、地震工况下大张开量的强韧性耐久性密封垫,如图2-2-16所示。首次实现了80m级水压条件下,接缝最大张开量正常工况10mm(规范规定8mm)和地震工况14mm(地震工况方面规范无规定)的密封垫防水性能指标双突破,防水能力与韧性得到大幅提升。

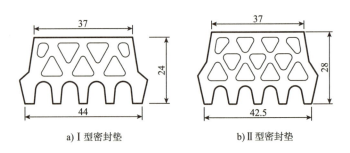

a) Ⅰ型密封垫　　　　　　　b) Ⅱ型密封垫

图 2-2-16　适用于抗震不利段、超高水压、大张开量的新型密封垫(尺寸单位:mm)

5. 高水压盾构隧道适应不同地层的差异化防水设计

针对项目复杂的地质条件,盾构隧道接缝采用差异化防水设计技术:管片外侧沟槽内设置多孔型弹性橡胶密封垫,材质为三元乙丙橡胶+遇水膨胀橡胶复合型;内侧沟槽内设置遇水膨胀密封垫,材质为聚醚聚氨酯弹性体。针对抗震不利段及水压大于 0.65MPa 地段采用适用于大张开量、超高水压的防水密封垫Ⅱ型密封垫。其余区段采用适用于一般段的Ⅰ型密封垫,如图 2-2-17 所示。

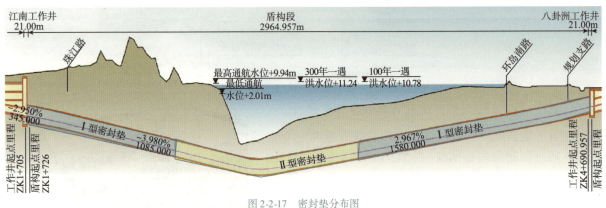

图 2-2-17　密封垫分布图

各类型密封垫抗压要求见表 2-2-6。

密封垫抗压要求　　　　　表 2-2-6

密封垫型号	Ⅰ	Ⅱ	备注
张开量 8mm、错台 15mm(100 年老化系数不低于 0.6)	1.65MPa	2.0MPa	—
张开量 14mm、错台 15mm(100 年老化系数不低于 0.6)	1.0MPa	1.35MPa	地震工况

通过抗震和防水的协同设计,保证了项目在适应复杂地质及地震条件下的防水能力,实现了成型隧道基本不渗不漏的防水目标。

五、设计对施工提出的精度控制要求

1. 管片接触面平整度要求

根据建设团队近年来在水下隧道的建设经验总结,预制管片精度不佳和管片拼装空间位置存在偏转均有可能造成管片拼装后接触面存在局部脱空,导致千斤顶作用下出现应力集中引发裂缝。

结合理论研究计算(图 2-2-18),在设计的 2mm 垫片接触形式下,预制管片存在 0.5mm 的误差,存在出现贯穿裂缝的可能。虽然加厚垫片可以在一定程度上改善管片的受力状况,但因为目前垫片的使用寿命相对较短,从耐久性角度考虑,不建议使用较厚的垫片。因此,设计阶段提出管片预制接触面平整度需达到 0.5mm、0.2mm 每延米),并需进行三维检测校核的要求。同时,考虑到始发负环拼装的精度往往较差,因此要求自负环拼装开始对管片环面平整度进行控制,环面平整度误差需控制在1.5mm之内。

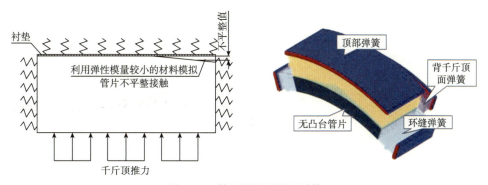

图 2-2-18　管片接触面平整度计算

2. 管片错台与张开控制要求

(1)成型隧道错台控制要求。

目前国内规范仅针对成型隧道错台予以规定,但燕子矶长江隧道项目防水密封垫经专题研究试验表明,在地震工况且管片张开量超过8mm的情况下存在渗漏可能。此外,管片采用凹凸榫的构造形式,凹凸榫间隙为10mm,当错台过大时,会造成凹凸榫位置局部应力集中导致开裂。因此,设计阶段提出了成型隧道管片错台≤10mm、张开量≤7mm的控制要求。

(2)施工阶段错台控制要求。

管片脱出盾尾后会产生一定的纵向变形,为确保成型隧道的质量,管片拼装必须拥有较高的精度,结合近年来大直径盾构隧道的施工经验,设计阶段提出了管片拼装阶段环间错台≤3mm、环内错台≤2mm的精度控制指标。同时,考虑到环缝面不平整对管片结构受力的影响,要求迎千斤顶面管片平整度≤1.5mm。

此外,管片脱出盾尾后的上浮是一个持续变换的过程,环间错台也随之不停变化。即使管片稳定后成型隧道错台符合要求,但如果相邻环管片脱出盾尾后纵向变形差异过大,也会造成凹凸榫及螺栓的结构破坏,因此设计阶段提出了脱出盾尾后管片的环间错台≤7mm、环内错台≤6mm的精度控制指标,并要求施工单位对脱出盾尾5环的管片错台进行逐环测量。

3. 管片上浮控制要求

设计阶段对管片上浮提出了"从整体受力状态分析到局部变形计算"的管片环间错台量计算方法,分别建立了盾构隧道施工期纵向分析模型(图2-2-19)和管片环间错台量计算模型(图2-2-20),得出了施工期隧道纵向受力与环间错台量的发展变化规律(图2-2-21),并通过现场实测和分析验证了计算方法的可靠性。

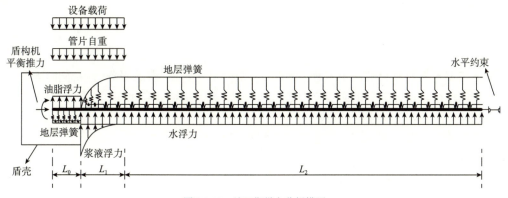

图 2-2-19　施工期纵向分析模型

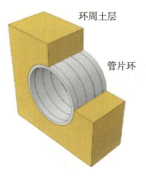
图 2-2-20　管片环间错台量计算模型

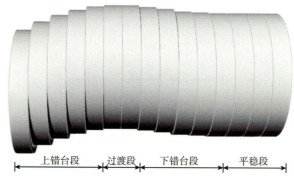
图 2-2-21　错台量变化规律

基于管片环间结构——分布式凹凸榫结构设计,当管片环间错台达到 10mm 时,凹凸榫发生实质性接触;若环间错台进一步增大,凹凸榫将出现显著的变形破坏。因此,成型隧道管片环间错台需控制在 10mm 以内。

基于理论计算、工程经验总结及管片环间结构设计情况,要求盾构掘进期间管片累计上浮量控制标准为 45mm、环间相对上浮量(错台)控制标准为 8mm。

第三节　管片结构健康监测设计

一、健康监测目的及原则

1. 健康监测目的

(1)动态监控隧道工作状态,合理评价结构健康等级。

对盾构隧道进行全过程监测,动态、实时掌握隧道结构工作环境、受力变形状态、防水性能及相应的发展演变趋势,对隧道出现的各类异常状况及时作出诊断,综合评估隧道健康状况,同时可为施工安全评价及控制提供数据支持。

(2)辅助运维管养决策,针对性地采取防护措施。

为制定合理、主动、预防性的养护措施提供数据支持,有目的、有方法地进行隧道防护,节约隧道维护成本。

(3)积累盾构隧道结构设计、施工及养护经验。

水下隧道工程所穿越地层条件复杂,水位不断波动,河床地势起伏、冲淤剧烈,对保证隧道主体结构耐久性要求提出巨大挑战。对隧道结构进行长期监测,可以积累工程经验,为水下隧道设计、施工及运营维护等整体水平的提高提供基础数据支持。

2. 健康监测设计原则

(1)监测设备选型。

监测设备选型根据监测目的确定量程、精度及长期稳定性要求,满足服务时限,同时兼顾安装、维修方便。考虑长期运维自动化监测的必要性,仪器的存活率应保持在较高水平,不得低于 95%。

(2)施工期监测设备安装与数据采集。

设计阶段对监测设备的安装工艺与数据采集提出以下要求。

①预埋工艺。

a. 预埋前,对所有传感器进行数量及质量确认,保障传感器均满足要求后方可进行安装。

b. 预埋时,传感器安装位置、安装方法必须参照设计图纸要求。对于需要焊接的监测设备,及时进行降温,降温后立即使用便携采集仪器确认监测设备存活及数据稳定情况。监测设备损坏时,立即进行维修或更换。对于需与外部接触的监测设备(水土压力、接触压力等),必须满足不影响结构拼装、不影响结构安全的要求。为保证监测设备与外界充分接触,可适当增加垫板。同时,监测设备本身及走线方向必须配置相应的防水措施。

c.线缆铺设时,线缆应背向混凝土浇筑方向,采用扎带沿钢筋进行固定,固定间距不超过20cm,保证线缆不悬挂,正常伸展即可。同时,与外部接触的监测设备线缆,为防止形成渗水通道,线缆走线过程中,每隔$0.5\sim1m$,需增加遇水膨胀止水环或止水胶。在接入藏线盒后,进出口均采用防水接头或用止水胶进行密封。

d.入模浇筑前,藏线盒需固定牢靠,并且与模具表面紧密接触,保障出模时,藏线盒表面尽可能与结构表面平齐,便于后续实施。

②数据采集。

施工期间自动化采集设备易受行人、车辆等影响,需使用便携式采集仪对传感器进行人工数据采集。人工采集阶段,光缆、电缆接头应始终保持防水,使用专用的光缆、电缆热缩接头套件。光缆和电缆铺设时,尽可能避开强弱电干扰,做好现场保护。

系统集成后,按照既定频率自动采集监测数据。

数据采集重要节点如下:

a.预埋前,采用便携式采集仪人工进行初始数据采集。

b.安装后,进行设备数据采集并确认安装质量情况。

c.浇筑后或水养后,进行埋入后的数据采集。

d.拼装前,打开藏线盒,进行拼装前最后一次数据采集,数据采集后,需密封藏线盒,避免拼装时影响吸盘效果的情况。

e.拼装后,在监测设备的稳定过程中、系统集成前,按照1次/周的采集频率通过人工采集过程数据。

(3)运营期数据采集。

运营期,监测设备均已集成到自动化监测系统,按照2次/日频率进行自动化数据采集。

二、监测项目、断面及测点布设

1.监测项目

基于工程特点、建设难点及健康监测依据,最终确定燕子矶长江隧道结构健康监测项目类别如下:

(1)水土压力监测:管片背后水土压力是导致隧道结构变形损伤的直接因素,通过监测水土压力,可以直观掌控结构受力状态,为结构承载能力及变形预测分析提供数据支持,同时可为水土压力计算及结构设计理论的验证、完善提供依据。

(2)混凝土、钢筋应力监测:混凝土、钢筋应力间接反映了隧道管片的内力水平,通过监测应力,可以掌握隧道关键部位的应力状态,结合水土压力监测,可为评估管片的力学性能和损伤程度提供数据支持。

(3)螺栓轴力监测:接头部位是盾构隧道结构承载及防水的最薄弱环节,通过监测纵向及环向螺栓轴力,可以直接反映管片之间的连接性能;结合水土压力、钢筋应力数据,间接反映结构的整体健康状态,并为螺栓受力模式及设计理论深化提供数据支撑。

(4)接缝位移量:通过监测接缝位移量,不仅可以直接反映隧道结构的防水性能,还可间接反映隧道断面的变形情况,服务于结构健康状态的评价。

因此,该工程具体监测项目有管片外侧土压力、管片主筋应力、管片混凝土应力、管片温度、管片外侧水压、螺栓受力、管片内、外侧位移、管片接触压力。因水土压力传感器需安装在管片外表面,为避免预埋安装传感器增加管片渗漏水风险,仅在陆域段不透水地层(ZK2+160、ZK2+470、ZK4+260、YK2+195、YK2+450、YK4+280)开展管片水土压力监测,江中透水地层不做管片水土压力监测,增加管片与内衬间的水压力监测。

2. 监测断面布设

根据隧址地质条件,针对隧道运营期可能发生结构差异变形、荷载变化等部位进行监测,结构健康监测断面如图2-2-22所示。

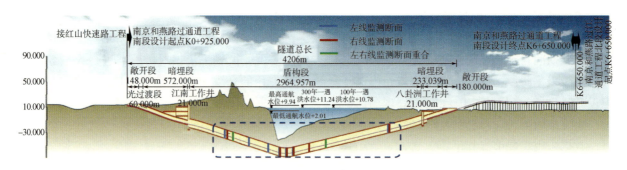

图2-2-22　健康监测断面位置示意图(尺寸单位:m)
注:断面编号由左向右依次为1~17。

(1)左线ZK2+160断面。

隧道穿越中风化角砾状灰岩层,断面处于f12断层处,该区段为岩体破碎带和局部岩溶发育段,围岩分级为Ⅳ级。本区段断层发育,岩性接触关系复杂,断层走向大致与隧道线位大角度相交,考虑地表水系补给与岩溶进一步侵蚀的风险,运营期容易出现结构变形过大、管片接头破损和漏水等病害,需加强关注。

(2)左线ZK2+270断面。

隧道穿越中风化角砾状灰岩层,埋深大,需关注岩溶进一步侵蚀带来的结构安全隐患。

(3)左线ZK2+470断面。

隧道穿越中风化灰岩层,岩性接触关系复杂,断层走向大致与隧道线位大角度相交,围岩等级为Ⅴ级。断层带内围岩破碎,结构外部荷载相对较大,需重点关注运营期结构变形、管片开裂和渗漏水病害问题。

(4)左线ZK2+720断面。

位于江南陆域段,隧道穿越全、强风化角砾岩层,围岩等级为Ⅴ级,上覆深厚软土层,隧道顶部荷载较大,断面位于断层破碎带影响带,岩体破碎、富水,管片外部水土荷载较大,结构受力较为不利。

(5)左线ZK2+860断面。

隧道穿越中风化角砾岩层,处于江中深槽段,覆土厚度不超过隧道直径,潮汐洪枯导致水位变化显著,结构长期承受往复荷载;且该断面位于F7断层处,岩体较破碎,围岩等级为Ⅴ级,运营期容易出现管片破损、渗漏水等病害。

(6)左线ZK2+950断面。

隧道穿越中风化角砾岩层,处于江中深槽段,覆土厚度较小,水位变化受潮汐和洪枯影响显著,结构受力变化不确定性大,长期运营过程中同样面临结构变形、渗漏水的风险。

(7)左线ZK3+040断面。

断面洞身上部为强风化角砾岩层,围岩结构松散,围岩级别为Ⅴ级,下部为中风化角砾岩层,岩体较完整,围岩级别为Ⅲ级。断面位于江中区段,上覆粉细砂层,河床冲淤易导致覆土厚度变化显著,管片结构受力不确定性大。

(8)左线 ZK3+460 断面。

隧道穿越中密实的粉细砂层,局部夹粉质黏土透镜体,底部为密实的中粗砂,围岩结构松散,围岩级别为Ⅵ级,上覆细砂和粉细砂层,潮汐和洪枯导致水位变化以及河床冲淤带来的覆土厚度变化情况显著,管片结构受力相对不利。

(9)左线 ZK4+260 断面。

隧道穿越粉细砂层,位于环岛南路下方,断面底部为粉细砂和中粗砂,围岩结构松散,围岩级别为Ⅵ级,运营期隧道结构受力、变形不确定性大。

(10)右线 YK2+195 断面。

隧道穿越中风化灰岩层,灰岩岩溶中等发育、地下水承压性高,结构在高轴压受力模式下存在受压破坏风险;断面位于f12断层处,岩性接触关系复杂,断层走向与隧道线位大角度相交,运营期结构存在一定的安全风险。

(11)右线 YK2+270 断面。

隧道穿越中风化角砾岩层,断面所在位置围岩为岩体破碎带,断层走向大致与隧道线位大角度相交,施工和运营期风险相对较大,需加强关注结构受力状态和接缝张开情况。

(12)右线 YK2+870 断面。

隧道穿越中风化角砾岩层,位于江中深槽处,覆土厚度不足1D(隧道直径),潮汐和洪枯导致水位变化显著;该断面临近F7断层,岩体较破碎,局部呈带状,结构受力相对不利,且存在突水风险。

(13)右线 YK2+965 断面。

隧道穿越中风化角砾岩层、岩体破碎;该断面位于江中深槽处,覆土厚度较小,潮汐和洪枯导致水位变化显著,加上冲淤影响,隧道结构受力、变形不确定性大。

(14)右线 YK3+050 断面。

隧道洞身上部穿越强风化角砾岩层,围岩结构松散,围岩级别为Ⅴ级,下部穿越中风化角砾岩层,岩体较完整,围岩级别为Ⅲ级;断面位于江中区段,上覆细砂和粉细砂,河床冲淤等导致覆土厚度变化显著,同时考虑潮汐和洪枯对水位的影响,需加强关注运营期结构受力状态的变化。

(15)右线 YK3+250。

隧道穿越中密实的粉细砂层,局部夹粉质黏土透镜体,底部为密实的中粗砂,围岩结构松散,围岩分级为Ⅵ级;该断面位于江中,上覆细砂和粉细砂,河床冲淤影响相对显著,隧道结构承担的外部荷载多变,管片及接头螺栓受力较为不利。

(16)右线 YK3+460 断面。

隧道穿越粉细砂和中粗砂层,局部夹粉质黏土透镜体,底部为密实的中粗砂,围岩结构松散,围岩级别为Ⅵ级,上覆细砂和粉细砂,考虑潮汐和洪枯导致水位变化显著,运营期隧道结构受力、变形不确定性大。

(17)右线 YK4+280 断面。

隧道穿越中密实的粉细砂层,局部夹粉质黏土透镜体,洞身底部是粉细砂和中粗砂,围岩结构松散,围岩级别为Ⅵ级,同时该断面位于环岛南路下方,车辆、列车等活载可能对隧道结构受力造成一定程度的影响。

3.测点布设

根据以上监测断面的测项布设测点,测点布设位置如表 2-2-7、图 2-2-23 所示。

测点布设位置　　　　　　　　　　　　　　　　　　　表 2-2-7

监测项目	监测内容	监测元件与仪器	测点位置	每个监测断面测点数量(个)
接缝位移	管片接缝张开度	光纤光栅内埋式位移计	每块管片接缝外侧、每块管片与相邻环的交接面	20
		光纤光栅表面位移计	接缝内侧、每块管片与相邻环的交接面	20
	管片接触压力	接触压力传感器	F、B1、B3、B5、B7 块	5
管片结构受力	管片外侧土压力	土压力盒	各管片外侧	10
	管片钢筋应力	光纤光栅钢筋应变传感器	主筋:F、B1、B3、B5、B7 块内外侧各 2 个	20
			纵向钢筋:F 块和 B4 块管片内外侧	4
	管片混凝土应变	光纤光栅混凝土应变计	环向:F、B1、B3、B5、B7 块内外侧各设置 2 个	20
			纵向:F 块和 B4 块管片内外侧	4
	管片混凝土温度变化	光纤光栅温度传感器	F、B1、B3、B5、B7 块上每块外侧和内侧主筋	10
	管片外侧水压	弦式渗压计	各管片外侧	10
螺栓受力	螺栓受力	光纤光栅应变传感器	环向:每块管片	10
			纵向:F、B1、B3、B5、B7 块	5
内衬应力	内衬钢筋应力	光纤光栅钢筋应变传感器	主筋:两侧内衬,一个内衬中部,一个内衬底部	4
			纵向钢筋:每个断面内衬	
	管片底部内衬与管片间水压	弦式渗压计	两侧内衬最底部靠近管片内侧	2

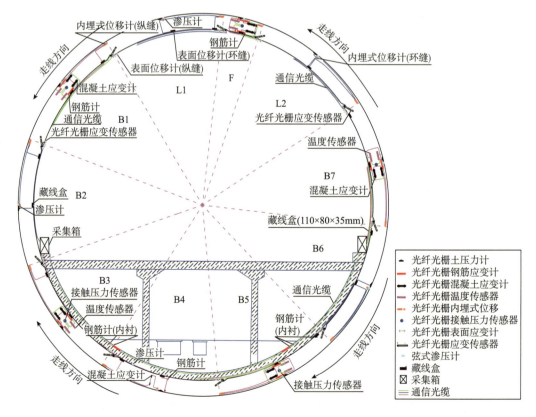

图 2-2-23　健康监测断面传感器布设图

三、传感器类型及技术指标

燕子矶长江隧道工程工作环境为：穿越长江江底，处于富水、潮湿环境，且自然通风不便，应选用具有一定防潮能力的监测传感器及采集仪，或采取一定处理措施；左线隧道段全长约4215m，其中，盾构段长2790m，实现长距离自动监测。

仪器设备总体技术要求见表2-2-8。

仪器设备总体技术要求　　　　　　　　　　　　　　　　　　　　　　表2-2-8

传感器名称	光纤光栅微小位移计	光纤光栅温度传感器	光纤光栅土压力盒（管片外侧土压力测量）	光纤光栅土压力盒（管片接缝接触压力测量）	光纤光栅钢筋应变计	光纤光栅混凝土应变计	光纤光栅应变计
安装方式	预埋钢板焊接	埋入或表面安装	焊接、埋入	焊接、埋入	焊接、埋入	埋入	表面焊接
封装型式	铠装防水保护	铠装防水保护	铠装防水保护	铠装防水保护	铠装防水保护	铠装防水保护	涂敷保护
量程	0～10mm	－20～100℃	1.5MPa	40MPa	拉伸300MPa 压缩200MPa	±1500μm	±1500μm
测量精度	≤0.5%F.S.	≤0.5℃	≤0.5%F.S.	≤0.5%F.S.	拉伸≤0.5%F.S. 压缩≤1.0%F.S.	拉伸≤0.5%F.S. 压缩≤1.0%F.S.	拉伸≤0.5%F.S. 压缩≤1.0%F.S.
分辨率	<0.1%F.S.	0.1℃	<0.1%F.S.	<0.1%F.S.	<0.1%F.S.	<0.1%F.S.	<0.1%F.S.
超载能力	150%F.S.	—	150%F.S.	150%F.S.	150%F.S.	150%F.S.	150%F.S.
零漂	<0.01%F.S.	—	≤0.01%F.S.	≤0.01%F.S.	≤0.01%F.S.	≤0.01%F.S.	≤0.01%F.S.
温度漂移	<0.1%F.S./T	温度补偿 温度分布监测	≤0.1%F.S./T	≤0.1%F.S./T	≤0.1%F.S./℃	≤0.1%F.S./℃	≤0.1%F.S./T
使用环境温度	－20～80℃	－20～80℃	－20～80℃	－20～80℃	－20～80℃	－20～80℃	－20～80℃
数据传输方式	施工过程便携仪表读数，施工完成后组成全光纤传感网络传输，8km以上远程读数						

弦式传感器技术参数见表2-2-9。

弦式传感器技术参数　　　　　　　　　　　表2-2-9

传感器名称	弦式渗压计	超载能力	200%F.S.
安装方式	焊接、埋入	零漂	≤0.1%F.S.
封装型式	防水封装	温度漂移	±0.1%F.S./℃
量程	0.2～1.0MPa	使用环境温度	－20～80℃
测量精度	±0.5%F.S.	数据传输方式	光纤传输和现场测读，8km以上远程读数
分辨率	≤0.1%F.S.		

光纤光栅测试数据采集设备技术要求参见表2-2-10。弦式传感器数据采集仪采用通用的弦式传感器读数仪模块，预留以太网TCP/IP接口实现数据的实时采集。

光纤光栅自动化采集设备技术参数　　　　　　　　　表2-2-10

波长范围	1528～1568nm	波长分辨率	≤1pm
反射率	≥85%	工作温度	－10～+50℃
通道数	≥4	后备电源规格	连续运行≥10h
波长精度	≤5pm	网络接口	以太网TCP/IP或通用接口

第四节 盾构段内部结构设计

一、设计原则及标准

(1)隧道结构采用以概率理论为基础的极限状态设计法,以可靠指标度量结构构件的可靠度,采用以分项系数的设计表达式进行设计。

(2)结构构件应根据承载力极限状态及正常使用极限状态的要求,分别按下列规定进行计算和验算:

①承载力及稳定性:所有结构构件均应进行承载力(包括压曲失稳)计算;需考虑地震、人防、施工等特殊荷载的作用,进行结构构件抗震承载力计算。

②变形:对使用上需要控制变形值的结构构件,进行变形验算。

③抗裂及裂缝宽度:对使用上要求不出现裂缝的构件,进行混凝土拉应力验算;对使用上允许出现裂缝的构件,按荷载的短期效应组合并考虑长期效应组合的影响求出最大裂缝宽度进行裂缝宽度验算;地震、人防等偶然荷载作用时,不验算结构的裂缝宽度。

二、行车道结构设计

1. 荷载取值

(1)管片运输车荷载。

管片运输车轴距1600mm,口字形构件箱涵宽度2000mm,因此每个箱涵表面最多只承受两对轮胎作用。管片运输车满载行驶时单个轮胎允许最大负荷为12.5t即125kN,考虑动力系数1.35,每个轮胎压力为:$125 \times 1.35 = 168.75$kN。裂缝按三级控制,采用准永久组合考虑。荷载组合及分项系数见表2-2-11。

荷载组合及分项系数　　　　表2-2-11

序号	作用效应组合	荷载类型				
		永久荷载	可变荷载		偶然荷载	
			基本可变荷载	施工荷载	地震	人防
1	基本组合(强度计算)	1.35	1.40	—	—	—
2	标准组合(裂缝验算)	1.00	1.00	—	—	—

(2)盾构后配套荷载。

盾构后配套荷载作用于口字形构件侧墙上,作用力分别为301kN、86kN、301kN。裂缝按三级控制,采用准永久组合考虑。荷载组合及分项系数见表2-2-12。

荷载组合及分项系数　　　　表2-2-12

序号	作用效应组合	荷载类型				
		永久荷载	可变荷载		偶然荷载	
			基本可变荷载	施工荷载	地震	人防
1	基本组合(强度计算)	1.35	1.40	—	—	—
2	标准组合(裂缝验算)	1.00	1.00	—	—	—

(3)运营期汽车荷载。

根据《城市桥梁设计规范》(CJJ 11—2011),按照城-A级标准选取车辆荷载进行计算,如图2-2-24所示,并选取最不利的轮轴按集中力加载进行计算,汽车荷载的局部加载动力系数取为1.3。

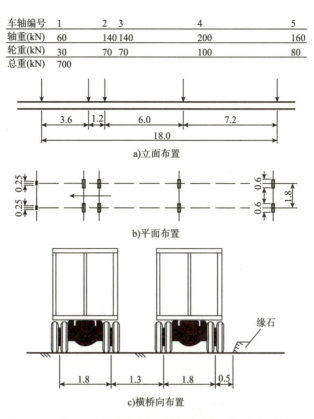

图 2-2-24　城-A 级车辆荷载立面、平面、横桥向布置(尺寸单位:m)

裂缝按三级控制,采用准永久组合考虑。车辆荷载及车道荷载的荷载组合及分项系数分别见表 2-2-13、表 2-2-14。

荷载组合及分项系数(车辆荷载)　　　　　　　表 2-2-13

序号	作用效应组合	荷载类型				
		永久荷载	可变荷载		偶然荷载	
			基本可变荷载	施工荷载	地震	人防
1	基本组合(强度计算)	1.20	1.80	—	—	—
2	标准组合(裂缝验算)	1.00	1.00	—	—	—

荷载组合及分项系数(车道荷载)　　　　　　　表 2-2-14

序号	作用效应组合	荷载类型				
		永久荷载	可变荷载		偶然荷载	
			基本可变荷载	施工荷载	地震	人防
1	基本组合(强度计算)	1.20	1.40	—	—	—
2	标准组合(裂缝验算)	1.00	1.00	—	—	—

2. 计算模型

(1)模拟对象为口字形构件,口字形构件顶板、侧墙、底板以板单元进行模拟,侧墙底部加约束,如图 2-2-25 所示。

计算考虑2种工况:

工况一:单辆管片运输车作用于箱涵中间;

工况二:单辆管片运输车前侧轮胎作用于箱涵前边缘,后侧轮胎作用于箱涵上。

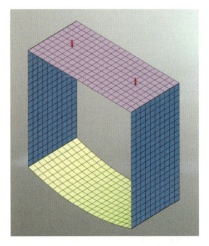
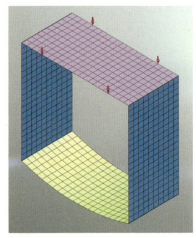

图 2-2-25　施工期管片运输车荷载计算模型

（2）模拟对象为口字形构件，口字形构件顶板、侧墙、底板以板单元进行模拟，侧墙底部加约束。考虑盾构后配套对口字形构件每侧侧墙各作用 2 个力，如图 2-2-26 所示。

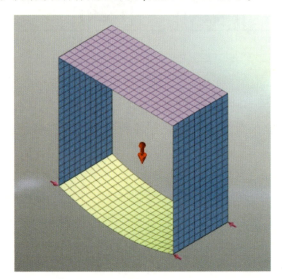

图 2-2-26　施工期盾构后配套荷载计算模型

（3）口字形构件顶板及侧墙、两侧路面及两侧路面盾构管片内侧均以板单元模拟。口字形构件底部施加竖向和水平约束，盾构管片施加受压弹簧约束，如图 2-2-27 所示。

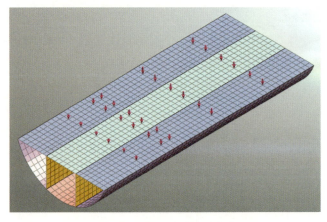

图 2-2-27　运营期车辆荷载计算模型

计算考虑10种工况：

工况一：采用车辆荷载设计，车辆作用于箱涵中间；
工况二：采用车辆荷载设计，车辆前轮胎作用于箱涵前边缘，后轮胎作用于箱涵上；
工况三：采用车辆荷载设计，车辆作用于右侧路面板中间；
工况四：采用车辆荷载设计，车辆前轮胎作用右侧路面板前边缘，后轮胎作用于右侧路面板上；
工况五：采用车道荷载设计，荷载作用于箱涵顶板上；
工况六：采用车道荷载设计，荷载作用于现浇路面一侧；
工况七：采用车辆荷载设计，车辆作用于右侧路面板前边缘和箱涵前边缘；
工况八：采用车道荷载设计，荷载同时作用于一侧路面和箱涵上；
工况九：各项施工荷载对箱涵结构影响；
工况十：管片渗漏水水头对箱涵结构影响。

3. 计算结果

针对上述10种工况，其中施工期荷载并非永久荷载，对结构按照承载力极限状态进行配筋设计，针对永久荷载按照正常使用极限状态对结构进行配筋设计。计算结果如图2-2-28、图2-2-29和表2-2-15所示。

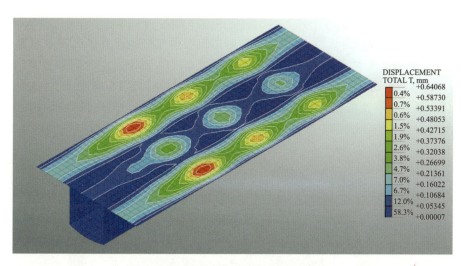

图2-2-28 车辆荷载变形计算结果（控制工况）

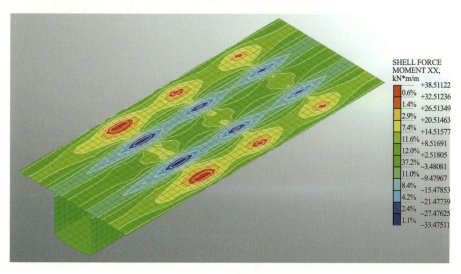

图2-2-29 车辆荷载内力计算结果（控制工况）

计算结果 表 2-2-15

结构部位	厚度(mm)	弯矩(kN·m)	配筋(每延米)	配筋率(%)	裂缝(mm)
中箱涵-横向-跨中	300	96	4φ22+4φ25	1.16	0.089
中箱涵-横向-支座	300	—	8φ14	0.41	构造配筋
中箱涵-纵向-跨中	300	67	5φ18	0.42	0.198
中箱涵-纵向-支座	300	—	5φ14	0.28	构造配筋
中箱涵-侧墙-水平	250	—	8φ14	0.49	构造配筋
中箱涵-侧墙-竖向	250	—	5φ12	0.23	构造配筋
边箱涵-横向-跨中	300	58	4φ22+4φ25	1.16	0.019
边箱涵-横向-支座	300	—	8φ14	0.41	构造配筋
边箱涵-纵向-跨中	300	51	5φ18	0.42	0.198
边箱涵-纵向-支座	300	—	5φ14	0.28	构造配筋
烟道板-横向-跨中	250	10	10φ20	1.16	0.019
烟道板-横向-支座	250	—	5φ16	0.41	构造配筋
烟道板-纵向	250	—	5φ12	0.23	构造配筋

从计算结果可以看出，对隧道等细长结构，横断面为主受力方向，纵向为次方向，按构造配分布筋即可。

三、烟道板结构设计

为了增强防救灾的功能和灵活性，利用盾构隧道车道层顶部空间设置了火灾专用排烟道。烟道板采用预制混凝土与现浇牛腿结合的方式，预制板幅宽 2.0m，厚 250mm。两端搁置在现浇牛腿上，如图 2-2-30 所示。为增强衬砌环的整体性，牛腿通过植筋以纵梁形式设置在衬砌环上，在牛腿上表面设置氯丁橡胶板支座，烟道板搁置在氯丁橡胶板上，预制板两端与管片间空隙用微膨胀混凝土嵌填，具体如图 2-2-31 所示。

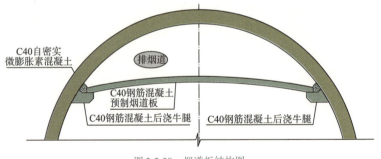

图 2-2-30 烟道板结构图

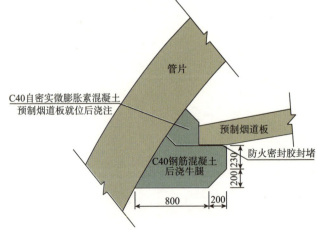

图 2-2-31 烟道板、牛腿大样图(尺寸单位:mm)

1. 荷载取值

检修荷载 4kPa,风道下部建筑被动防火层 0.2kPa,单台风机荷载 10kN,电动排烟口净重 6kN。荷载组合及分项系数见表 2-2-16。

荷载组合及分项系数表 表 2-2-16

序号	作用效应组合	荷载类型				
		永久荷载	可变荷载		偶然荷载	
			基本可变荷载	施工荷载	地震	人防
1	基本组合(强度计算)	1.35	1.40	—	—	—
2	标准组合(裂缝验算)	1.00	1.00	—	—	—

2. 计算模型

(1) A 型烟道板,用板单元进行模拟,烟道板两侧加约束。

计算考虑 1 种工况:检修荷载 4kPa,风道下部建筑被动防火层 0.2kPa,

(2) B 型烟道板,用板单元进行模拟,烟道板两侧加约束。

计算考虑 1 种工况:检修荷载 4kPa,风道下部建筑被动防火层 0.2kPa,风机荷载 10kN。

(3) C 型烟道板,用板单元进行模拟,烟道板两侧加约束。

计算考虑 1 种工况:检修荷载 4kPa,风道下部建筑被动防火层 0.2kPa,动排烟口净重 6kN。

3. 计算结果

经计算,A/B/C 型烟道板结构均能够满足检修荷载、风道下部建筑被动防火层、单台风机荷载、电动排烟口荷载要求,见表 2-2-17 ~ 表 2-2-19。

A 型烟道板配筋表 表 2-2-17

位置	标准组合下弯矩(kN·m)	基本组合下弯矩(kN·m)	按强度配筋所需面积(mm²)	配筋	配筋率(%)	裂缝宽度(mm)
水平方向	117	160	2199	φ20@100mm	1.26	0.05
竖直方向	16.6	22.7	301	φ10@200mm	0.20	0.129

B 型烟道板配筋表 表 2-2-18

位置		标准组合下弯矩(kN·m)	基本组合下弯矩(kN·m)	按强度配筋所需面积(mm²)	配筋	配筋率(%)	裂缝宽度(mm)
水平方向	L1 梁	77.86	107	1521	4φ22	1.24	0.18
	边侧	46	63	1901	5φ22	0.76	0.072
竖直方向	边侧	16.86	23.15	354	φ12@200mm	0.23	0.047

C1、C2 型烟道板配筋表 表 2-2-19

位置	标准组合下弯矩(kN·m)	基本组合下弯矩(kN·m)	按强度配筋所需面积(mm²)	配筋	配筋率(%)	裂缝宽度(mm)
水平方向	128.1	175.8	3801	φ22@100mm	1.48	0.166
竖直方向	19.25	26.5	1131	φ12@200mm	0.45	0.027

四、"管片+非封闭内衬"的结构设计

考虑到项目河床冲淤幅度大、管片衬砌结构刚度小,但盾构断面富余有限,无法设置全环内衬结构进行加强。结合本工程条件,采用非封闭内衬韧性增强技术,在车道层以下设置全环弧形内衬,在江中

除全断面岩层以外的区段两侧浇筑混凝土侧墙,如图 2-2-32 所示,在满足空间需求的同时增大隧道衬砌结构刚度和韧性,提高了隧道抵御地震、断层错动等自然灾害的能力。

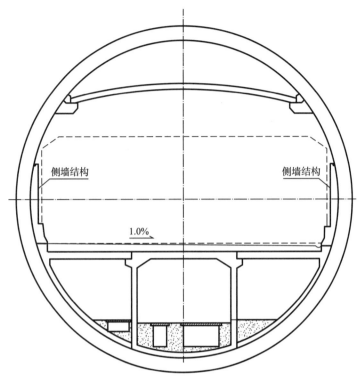

图 2-2-32　盾构隧道非封闭内衬侧墙(尺寸单位:mm)

盾构隧道为柔性结构,由于接缝数量庞大,运营期外部荷载扰动会引发接缝变化。对于处在砂性地层的盾构隧道,往往顶部土压力大于侧部土压力,导致衬砌圆环在上部荷载的作用下趋向于扁平状椭圆,该状态下两侧管片接缝向外侧张开,将影响管片的接缝防水效果,容易引发渗水并可能带砂,砂砾的渗入会进一步引发渗水通道的不可恢复。针对上述问题,通常采用现浇内衬结构补强的方案降低其风险。而由于本项目盾构断面内净空富余量有限,无法设置全环内衬结构进行加强,因此采用非封闭内衬韧性增强技术,在车道层以下设置弧形内衬,在江中区域段两侧浇筑混凝土侧墙,如图 2-2-32 所示,在满足空间需求的同时,增大了隧道衬砌结构整体的刚度和韧性,尤其提高了衬砌结构两侧的刚度,起到了对两侧管片接缝张开的约束作用,既提高了隧道抵御地震、断层错动等自然灾害的能力,又极大降低了衬砌结构两侧管片接缝张开导致的防水失效风险。

同时,由于燕子矶长江隧道连续穿越砂层、砂-岩复合地层、全断面岩层,考虑到在全断面岩层中由于地层的相对稳定和低富水性,隧道接缝出现涌水涌砂的风险极低,因此仅对砂层、砂-岩复合地层中的盾构段隧道施作车道层侧墙内衬,从而实现了隧道衬砌结构刚性和防水能力增强的效果,并平衡经济性。

第三章　机电及附属工程设计

第一节　机电工程总体设计

一、总体体系

隧道机电工程主要的组成系统和工艺要求如图 2-3-1 所示。

图 2-3-1　机电工程系统组成示意图

二、消防体系

本隧道为仅限通行非危险品等机动车的城市一类隧道，设置有消火栓灭火系统与泡沫-水喷雾自动灭火系统以及各种监控、通信、照明、通风排烟设施，建立了基于建筑防火、报警系统、灭火系统、防排烟系统、逃生与救援系统、消防联动、指挥调度系统组成的消防体系，如图 2-3-2 所示。

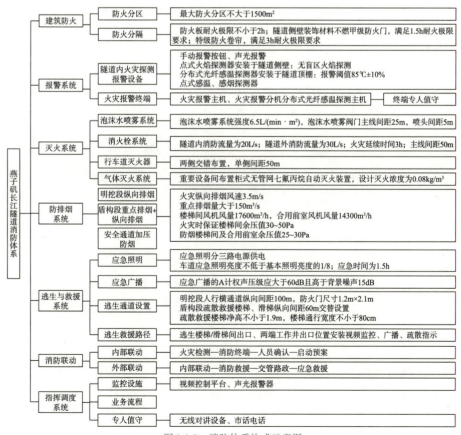

图 2-3-2　消防体系构成示意图

隧道盾构段顶部设有专门的排烟通道,两端分别与八卦洲、江南工作井风塔相连。火灾场景下明挖暗埋段采用纵向通风与竖向排烟相结合的方法;盾构段采用诱导风速与顶部排烟阀排烟相结合的方法。

隧道明挖暗埋段通过人行横通道和车行横通道进行人员安全疏散,盾构段车道板下方设置疏散通道,交错设置疏散滑梯和疏散楼梯。

消防系统的联动分为内部联动和外部联动,其中,内部联动为隧道自身各系统间的联动,在隧道监控系统中实现,主要包括报警、排烟、灭火、逃生救援、广播等的协同动作,具体流程如图 2-3-3 所示。

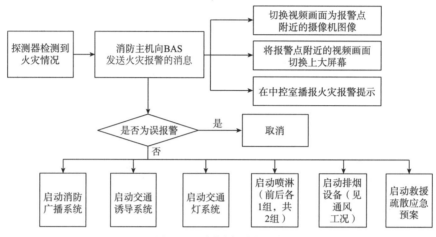

图 2-3-3 隧道内部消防联动

外部联动主要体现在隧道外部的消防救援设施点对隧道消防的支援。

第二节 通 风 设 计

一、运营通风设计

采用风塔竖井排出式纵向通风方式,在两岸工作井内分别设置排风塔,工作井内设置大型轴流风机,风机通过风口、联络风道与主隧道排烟风道相连。隧道内大部分废气通过风塔高空排放,少部分通过洞口排放,如图 2-3-4 所示。各通风设备详情见表 2-3-1。

图 2-3-4 运营通风气流组织示意图

隧道通风系统设备表　　表 2-3-1

位置	风机
主线隧道	左右线各设置 11 组 φ1000mm 可逆射流风机,每组 3 台,功率 30kW
两侧工作井	各设置 3 台 φ2400mm 轴流风机,单台风量 125m³/s,风压 1200Pa,功率 250kW

二、火灾通风设计

火灾最大热释放率为 30MW,根据《南京和燕路过江通道工程防灾救援与消防设计专题研究》,明挖段纵向排烟时临界风速为 3.0~3.5m/s。重点排烟时火灾所需排烟量为 150m³/s。

左右线主线隧道各分为 3 个排烟区段,分别为入口段、中部盾构段和出口段。火灾风机动作模式见表 2-3-2。

火灾风机动作模式表 表 2-3-2

线别	区段	射流风机	八卦洲风塔风机	江南风塔风机	排烟路径	主要参数
左线	江北明挖段	开	开	关	八卦洲风塔排出	纵向排烟风速不低于 3.5m/s
	盾构段	开	开	开	江南、八卦洲风塔排出	不小于 150m³/s 的排烟量
	江南明挖段	开	关	关	主线出口排出	纵向排烟风速不低于 3.5m/s
右线	江南明挖段	开	关	开	江南风塔排出	纵向排烟风速不低于 3.5m/s
	盾构段	开	开	开	江南、八卦洲风塔排出	不小于 150m³/s 的排烟量
	江北明挖段	开	关	关	主线出口排出	纵向排烟风速不低于 3.5m/s

火灾排烟气流组织示意图如图 2-3-5 所示。

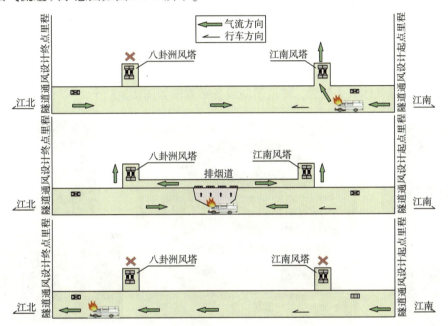

图 2-3-5　火灾排烟气流组织示意图

三、电缆廊道、疏散通道、检修通道通风设计

电缆廊道采用纵向通风方式，通风量应满足检修人员安全与电缆廊道排热的要求。盾构段电缆廊道通风采用江南工作井送风、八卦洲工作井排风的方式，在江南工作井设轴流送风风机两台，在八卦洲工作井内设轴流排风风机两台。明挖段检修通道通风采用靠近进口端进风，另一端排风的方式，在八卦洲和江南侧明挖段各设置排风机两台。

廊道发生火灾时，关闭廊道两侧风机和电动风阀，火灾后电动开启廊道两侧电动风阀，开启相应的风机进行通风换气，如图 2-3-6 所示。

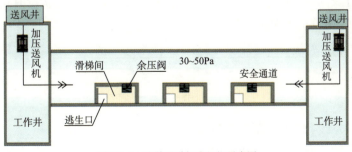

图 2-3-6　疏散通道气流组织示意图

盾构段每隔一定距离设一处疏散口(楼梯或滑道),将疏散通道对应的每个疏散口处间隔成封闭的滑梯间/楼梯间,每个疏散口侧墙处单独设置余压阀和防火阀,火灾时开启疏散通道,两端加压风机保证疏散通道内压力为30～50Pa。

第三节　给排水与消防设计

一、消防系统

(1)隧道消防采用城市自来水,在八卦洲工作井和江南工作井地下1层各设消防泵房一座,消防泵房距路面高差不大于10m。其中在八卦洲工作井外设消防水池2座,在江南工作井地下1层扩大层内设3座不锈钢消防水箱。

(2)隧道车道层采用消火栓系统、泡沫水喷雾系统、灭火器系统,隧道工作井内采用消火栓系统和灭火器系统,隧道下层救援通道采用消火栓系统及灭火器系统,隧道工作井、敞开段及盾构段的电气设备用房内采用七氟丙烷气体灭火装置。隧道消防设备布置图如图2-3-7所示。

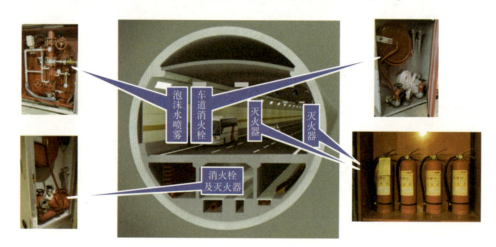

图2-3-7　隧道消防设备布置图

(3)隧道内单侧布置消火栓,平均间距50m;双侧交替布置灭火器,单侧平均间距50m;单侧布置泡沫水喷雾阀组箱,平均间隔25m,双侧布置泡沫水喷雾喷头,单侧两个喷头平均间距5m,火灾发生时启动着火点前后两个泡沫水喷雾阀组箱。

二、给排水系统

1.隧道废水

(1)八卦洲工作井及江南工作井各设一座废水泵房。因八卦洲段现状没有市政污水管网,暂时由八卦洲排至江南,流程如图2-3-8所示。

图2-3-8　隧道废水排放流程图

(2)在隧道盾构段左线和右线最低处各设废水泵房一座。

(3)八卦洲工作井和江南工作井废水池内各设有3台排水主泵和1台干池泵。每座江中盾构废水泵房设有3台排水主泵和1台干池泵。一般时段每个排水泵房内的3台主泵互为备用,交替运行。特殊时刻,如火灾或雨水进入时,可同时开启3台排水主泵,以最大的排水能力应对突发状况。

2. 隧道雨水排水系统

(1)在八卦洲和江南洞口处各设雨水泵房1座,共计2座雨水泵房。每个洞口设置2~3条横截沟拦截雨水进入泵房集水池。

(2)主线雨水泵房内各设有4台排水主泵,并通过两根管径为DN500的压力排水管道排到雨水泵房外的消能井泄压后,由重力管排入河道或雨水管网。

第四节 供电与照明系统设计

一、供电系统

1. 负荷分类及用电量计算

(1)负荷等级。

根据各类设备用途和重要性,电气负荷分为三级:

一级负荷:轴流送排风机、车道射流风机、消防栓泵、水喷雾泵、泡沫泵、雨水泵、废水泵、监控设备、车道基本照明、应急照明、10kV配电所用电等;

二级负荷:设备用房通风风机、车道加强照明、敞开段道路照明;

三级负荷:高架桥照明、隧道检修电源等。

(2)负荷统计。

经负荷计算,用电设备总设备容量约为5994kW,其中照明负荷设备容量约为262kW,动力负荷设备容量约为5732kW。

2. 供电方案

在江南、八卦洲工作井处各设置10kV配电所一座,两座配电所以隧道中心里程为界为整座隧道供电。

江南、八卦洲工作井分别设二座双台变压器10/0.4kV变电所;江南、八卦洲洞口分别设一座双台变压器10/0.4kV变电所;左右线隧道江中废水泵房分别设一座双台变压器10/0.4kV变电所,如图2-3-9所示。每个变电所电源均由江南或八卦洲工作井10kV配电所两段不同的10kV母线段回路引入。

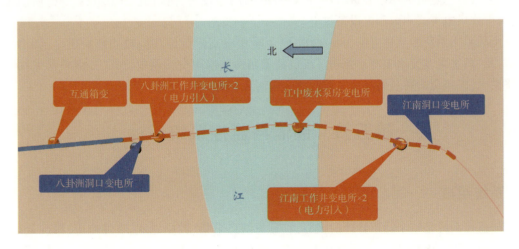

图2-3-9 燕子矶长江隧道供电方案布置图

3. 电力监控系统

电力监控系统的监控对象为 10kV 配电所及 10/0.4kV 变电所内的高低压电气设备。电力监控系统主要由隧道管理中心大楼的电力监控主站、10kV 配电所及 10/0.4kV 变电所的电力监控终端设备、监控通道组成，监控通道利用通信专业提供的环网通道设置。

二、照明系统

全部采用节能型发光二极管（Light Emitted Diode，LED）灯，照明灯具采用具有五防（防水、防尘、防震、防腐、防护）功能的隧道灯具，防护等级不低于 IP65。

隧道照明应满足消防的要求，设置一般照明和应急照明，根据《LED 城市道路照明应用技术要求》（GB/T 31832—2015）设计各段照明亮度，见表 2-3-3。隧道照明控制采用定时、就地和远程控制三种方式。

照明亮度设计　　　　　　　　　　　　　　表 2-3-3

位置	长度（m）	亮度（cd/m²）	位置	长度（m）	亮度（cd/m²）
入口一段	56	175	过渡三段	133	6.2
入口二段	56	175	中间段	—	6
过渡一段	72	52.5	出口段	60	30
过渡二段	89	17.5	—	—	—

隧道应急照明系统由应急照明控制器、应急照明集中电源装置和集中电源集中控制型消防应急灯具等组成。每台设备及灯具均具有独立地址码及控制芯片，可与控制器通过总线进行通信，真正实现"点式"控制，而非"段式"控制。应急照明系统能与火灾自动报警系统通信，获取火灾报警点信息或消防联动信号，进入应急状态。

三、动力系统

本工程动力设备较多，主要包括工井内的轴流风机、水泵等大容量设备，以及隧道内的射流风机、水泵及检修设备等。针对该工程特点，动力设备供电采用放射式和树干式结合的混合式供电网络。对于通风机、水泵等大容量用电设备，由变电所低压母线接引独立回路，采用放射式供电，在大容量设备处设降压启动装置；对于隧道内用电容量较小、比较分散的用电设备，由附近 10/0.4kV 变电所引出动力干线，采用树干式供电方式对各用电设备供电。

一级负荷采用两路相互独立的 380/220V 电源至用电点附近经切换箱切换后供电，如消防用轴流风机、消防泵、雨水泵及废水泵等。照明一级负荷采用两路电源交叉供电方式，二级负荷采用一路可靠电源线路供电，三级负荷在一路高压电源因故失电时可切除。

第五节　通信与监控系统设计

一、系统组成

通信与监控系统是整个隧道管理的核心，它具备信息采集、数据处理、事件响应、事件处理、图形显示、统计查询、系统自诊断、信息共享等基本功能。通信与监控系统总体架构图如图 2-3-10 所示。

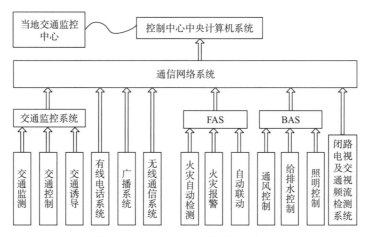

图 2-3-10　通信与监控系统总体架构图

二、中央计算机系统

中央计算机系统设备设置在弱电设备室及中央控制室内,包括监控中心统一计算及存储资源池、操作工作站、工程师工作站、网管维护工作站、综合显示大屏、显示器、视频监视视频显示器、以太网交换机、通信设备、网络及线缆、电源、防雷装置、接地装置等。

监控中心计算资源池及存储资源池是监控中心计算机系统的核心部分,包括操作系统、数据库、云计算管理软件、虚拟化软件、分布式存储软件等,主要负责监控中心所有子系统业务数据的管理与运行、数据存储、数据库管理(查询、检索等)、客户终端管理和报文处理等职能,并利用云计算的特性通过虚拟化、分布式存储等技术实现监控中心计算机系统的统一管理,将各个业务进行统一维护以及保障数据的安全。

三、交通监控系统

交通监控系统由交通信息采集与显示、交通状态检测、交通控制、交通诱导和计算机网络等部分组成。

电源系统为交通监控系统、通信系统、设备监控及火灾报警系统等所有弱电系统的现场设备、区域控制单元(Area Control Unit,ACU)等统一供电,按Ⅰ类负荷供电,由相关变电所分别引接两路独立的三相交流电源进线,末端自切。隧道内每个工作井各设1处弱电设备用房,每处电源容量为80kW。不间断电源(Uninterruptible Power Supply,UPS)由监控专业完成设置,容量为80kV·A。由环境与设备监控系统完成电源系统设备的集中管理,包括系统设置、工作状态反映、故障分析及检测、远程维护等。

BAS的数据采集及指令输出,直接通过交通监控系统区域控制器ACU的输入/输出(Input/Output,I/O)模块完成,接口在ACU机柜ACU接线端子。BAS的相关信息通过现场设备光环网传送到中心计算机系统。

FAS在监控中心通过以太网接口与综合监控系统进行数据交换,接口在监控中心机柜的交换机上。

交通监控系统为电力监控系统提供通信信道;物理层采用10/100Base-FX,链路层采用IEEE 802.3以太网协议,网络和传输层采用TCP/IP协议,高层协议考虑采用MODBUS/TCP。接口在ACU机柜内交换机接线端外侧。

四、无线通信系统

无线通信系统包括有线电话子系统、广播子系统、无线通信子系统。

有线电话子系统中电话交换机设置于管理中心大楼弱电设备室内;紧急话务台、数字话务台、调度电话总机设置于中控室内;在隧道出入口设置紧急电话,在两孔隧道内沿单侧墙间隔100m左右设置紧急电话。

广播传输与有线电话共用光纤传输环网。隧道内扬声器布置间距为50m左右,每个音区的扬声器分两组按两个方向布置,同一方向不同位置的扬声器发声按照声波传输速度进行延迟。

无线通信子系统包括隧道专用移动调度通信系统、交警(公安)及消防专用无线信号引入系统。专用无线通信系统为在隧道内维修、抢救、巡逻等人员与控制管理人员之间建立灵活的通信联络,同时可通过调频广播发射台与车载调频(Frequency Modulation,FM)接收机向驾驶人进行无线调频广播;交警及消防专用无线信号引入系统在火灾及其他紧急情况下,提供隧道及消防通道内消防人员与消防指挥中心间通信、隧道内交警人员与交警指挥中心间通信的信号中继。

五、闭路电视及交通视频流检测系统

本工程采用雷达与数字高清视频一体化监控方案。雷达监测系统可对车辆运行轨迹及车速等全程跟踪监视,并与视频监视系统互相补充验证;视频监视系统具有对视频信号进行数字化编辑、存储、显示,自动切换遥控摄像机等功能,并与中央计算机系统联网,接收来自消防报警、交通监控、有线电话等系统的各种信息并作出联动反应。其他系统的联动信息可以通过指令启动视频监视系统将指定的图像切换至指定监视器上,或者将一组图像显示在一组监视器上。

雷视一体机有着探测范围广,数据精度高、检测目标类型丰富,可支持多功能应用、全天候运行等优点,隧道全线设置雷视一体机,以监视图像的连续性为基准,间距75m左右布置。在隧道出入口段开阔区域设置一体化全方位彩色高清摄像机。交通枢纽匝道、高架桥等处配置室外高清摄像机及枪球一体机。工作井、疏散通道等位置设置高清摄像机,设置于工作井出入口、楼梯附近的走廊,以及疏散滑梯附近。每台摄像机均配有网络时间协议(Network Time Protocol,NTP)对时功能。

六、FAS

FAS由火灾自动报警控制器、中文彩色图像显示工作站、线型光纤感温探测器、双波长火焰探测器、区域显示盘、智能光电式感烟探测器、智能型感温探测器、剩余电流式电气火灾监控探测器、消防电源监控探测器、信号模块(带地址)、控制模块(带反馈功能)、手动报警按钮、警铃、信号线缆、电源线等组成。

分别在八卦洲、江南两工作井设置了火灾报警控制分机,隧道控制中心设置一台火灾报警控制主机,通过专用网络建立了一套集散式网络化火灾报警系统。

双波长点式火灾探测器用于隧道行车道内,安装于侧壁装饰板上,每45~50m设一只。

线型感温光纤探测器用于隧道行车道内,设置在车道顶部距顶棚150mm处;隧道电缆通道及管廊采用线型感温光纤探测器,在顶部距顶棚150mm处设置。行车道设置两条,电缆通道及管廊设置一条。

在隧道的侧壁上,每隔45~50m设置手动报警按钮和火灾声光警报器;车行隧道引道段、疏散通道、电缆通道及管廊不设置手动报警按钮和火灾声光警报器。

在管理中心及工作井的主要设备用房内非消防配电线路设置电气火灾探测器,剩余电流式电气火灾监控探测器设置在变电所低压配电柜出线的出线端。

七、BAS

系统由设备监控工作站、PLC、ACU、现场I/O(输入/输出)模块、VI/CO/NO_2(能见度/一氧化碳/二氧化氮检测仪)仪、风速风向仪、亮/照度仪、通信接口及通信和电源线缆组成。

在隧道洞口外约200m处设置亮度分析仪并在隧道洞口内设置照度仪;在隧道车道内设置VI/CO/NO_2仪和风速风向仪;现场I/O模块设置在监控设备较集中的隧道现场、泵房变电所等地方,通过通信线缆接入就近的ACU内,ACU与监控专业合用。按照设备工作区域划分,在南/北工作井、洞口变电所集中设置PLC,负责就近设备监控工作。

第六节 机械系统设计

一、疏散通道盖板

疏散通道盖板由盖板、锁闭装置、助力系统及状态检测装置组成,如图2-3-11所示。正常情况下,盖板处于锁闭状态,与道路平齐。按重型盖板标准,可承受汽车碾压荷载。锁闭装置可有效防止汽车碾压引起盖板弹跳。紧急情况下,由隧道广播系统引导被困人员至就近逃生滑梯或楼梯处,按照就近张贴的操作指示手动解锁盖板并开启。在盖板开启一定角度后,盖板在助力装置作用下可近匀速地自动打开。开启角度达到95°后会自动停止,并保证在非强制力的情况下不会闭合。

1. 设计原则

(1)根据疏散救援需求在隧道设置疏散楼梯和疏散滑梯。
(2)全线设置疏散引导装置,指示引导至就近疏散通道。
(3)疏散楼梯及疏散滑梯连接上层隧道行车层与下层疏散通道。疏散楼梯及疏散滑梯口部设置高强度盖板。
(4)盖板强度依据行车道重型盖板设计,满足行车荷载要求,并设置防止弹跳措施。
(5)盖板采用手动侧开式开启方式,带有气动助力系统。
(6)盖板在隧道的设置位置满足行车限界要求。

图2-3-11 疏散通道盖板

2. 主要技术参数

(1)盖板承载要求:最大承载360kN,并保证在240kN的轮胎压力下连续压5次,井盖上任何地方永久变形量不大于1.5mm。
(2)开启角度:≥95°。
(3)开启方式:手动开启,带有气动助力系统。
(4)手动开启力:≤10kg。

二、防淹门

隧道在江南及八卦洲明挖暗埋段的左右线隧道内各设置一樘防淹门(兼人防门),共4处,每处防淹门包含2扇平开式门页,如图2-3-12所示,可满足6级人防抗力要求。

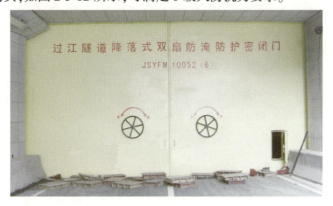

图2-3-12 隧道防淹门(尺寸单位:mm)

立转式防淹门绕门轴旋转,优点是:闸门平时只需放在平行于行车运行方向、隧道两侧的小洞室即可,不受隧道高度的限制;门槽结构简单。

1. 设计原则

(1)在进、出水域的适当位置设防淹门,采用平开立转式结构。

(2)防淹门兼顾人防等其他功能。

(3)防淹门只设人工手动开/关门功能,不采用电驱动,不考虑远程控制,关门前有声光报警提示。

(4)防淹门开/关门状态实时上传至隧道管理中心,由隧道管理中心统一管理。

(5)防淹门采用技术成熟、性能优良、运行稳定、经济合理、维修方便的设备。

(6)防淹门沟盖板需具有足够的承载力,设计阶段应按规范考虑疲劳,沟槽应与两侧混凝土可靠锚固连接。

2. 主要技术参数

(1)关闭后漏水量:$\leq 0.225 m^3/min$。

(2)开闭方式:手动开闭,带状态监测。

(3)使用寿命:30年。

第三篇

PART 03

明挖隧道施工

第一章 八卦洲段富水砂层明挖隧道施工

第一节 概　　述

一、总体情况

燕子矶长江隧道八卦洲段明挖隧道工程范围包含明挖敞开段、暗埋段及工作井(起讫点桩号为:左线 ZK4+690.957～ZK5+131,右线 YK4+708.589～YK5+148.521)。本段工程位于长江漫滩区,地形平坦,上覆地层主要为第四系黏性土、砂类土,总厚度一般为 60～90m;下伏基岩为白垩系泥质粉砂岩,地层较为稳定。八卦洲敞开段开挖深度 0～8m,暗埋段开挖深度 8～21m,工作井开挖深度约为 25m。地质剖面情况如图 3-1-1 所示。

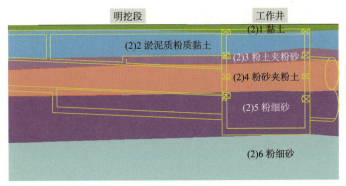

图 3-1-1　地质剖面图

根据埋深及围护结构形式将本段工程划分为三个段落,各段分布及施工规模如图 3-1-2 和表 3-1-1 所示。

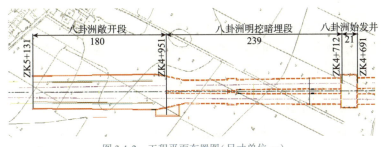

图 3-1-2　工程平面布置图(尺寸单位:m)

施工规模一览表　　　　　　　　　　　　　　　表 3-1-1

施工段落	起止里程	长度(m)	基坑深度(m)
明挖敞开段	ZK4+951～ZK5+131	180	0.386～7.961
明挖暗埋段	ZK4+712～ZK4+951	239	7.961～22.136
始发工作井	ZK4+691～ZK4+712	21	25.7

隧道基坑位于八卦洲七里村七东线以北农田范围,场地开阔。场区西邻双柳河,南邻新生河。施工区无地上、地下管线,周边建(构)筑物离基坑最近距离约为 60m。场地周边环境如图 3-1-3 所示。

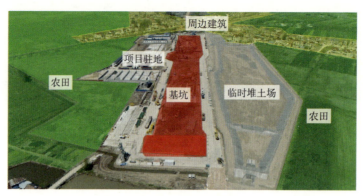

图 3-1-3　场地周边环境

二、重难点

1. 高水头粉细砂地层中地下连续墙成槽施工

重难点分析：工作井地下连续墙深 48m，墙体穿越较厚的粉砂、细砂层，地下水位高，成槽困难。

应对措施：

(1) 做好地下连续墙内、外侧槽壁加固。

(2) 采用先进的成槽设备，减少对槽壁的扰动。

(3) 采用优质膨润土制备泥浆，从原料方面加强控制，在保证槽壁稳定的情况下尽可能降低泥浆密度。

(4) 控制好泥浆循环，及时补充流失的泥浆。定时对泥浆性能指标进行检测，发现超出指标时及时调整。

(5) 控制地面荷载，减少对槽壁扰动。

(6) 加强工序衔接，减少槽壁暴露时间。

2. 地下水位高、降水难度大，降水引起基坑周边建（构）筑物沉降难以控制

重难点分析：

(1) 该段地下水位埋深 0.4~2.2m，微承压水主要分布在下部砂层中，悬挂式隔水帷幕（地下连续墙）未隔断承压含水层，基坑内外存在水力联系，且隔水层渗透系数大，水位降深小且水位恢复较快。

(2) 周边存在民宅房屋等敏感环境及建（构）筑物，沉降控制难度大。

应对措施：

(1) 先进行抽水试验，验证降水方案，保证方案科学、合理，满足施工要求。

(2) 根据土方开挖情况按需降水，每层土方开挖前根据抽水试验的结果确定是否需要提前开启降水井，将水位降至开挖面以下 1m。

(3) 坑内进行降水时，在重要建筑物沿线附近布设回灌井，使基坑内外达到降水回灌一体化的效果，以减少坑外水位下降导致的沉降。

(4) 停止降水时间根据上覆压力与地下水压力的平衡计算结果确定，设计认可后方可停止降水。

第二节　围护结构施工

一、概述

江北八卦洲明挖段主线共分为 12 个节段（图 3-1-4），里程范围为 ZK4+691~ZK5+131，根据开挖深度不同，实际施工中主要采用拉森钢板桩、SMW 工法桩和地下连续墙 3 种围护结构类型。其他支护类型还有钻孔灌注桩、高压旋喷桩、三轴搅拌桩、冠梁及混凝土支撑、钢支撑。

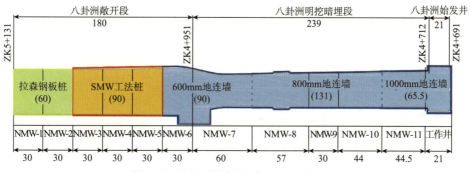

图 3-1-4 主要围护结构分布图(尺寸单位:m)

1. 拉森钢板桩

明挖段 NMW-1~NMW-2 段围护结构采用 U 形拉森钢板桩,有效幅宽 400mm,有效高度 125mm,厚度 13.0mm。设计参数见表 3-1-2。

拉森钢板桩设计参数表　　　　　　　　　　　表 3-1-2

部位	方位	围护长度(m)	桩长(m)	根数	合计根数
NMW-2 段	西侧	30	9	75	300
NMW-2 段	东侧	30	9	75	
NMW-1 段	西侧	30	6	75	
NMW-1 段	东侧	30	6	75	

2. SMW 工法桩

明挖段 NMW-3~NMW-5 段围护结构采用 SMW 工法桩,H 型钢采用隔一插一型,桩径及布置间距为 φ650@400,设计参数见表 3-1-3。主要设备采用 MC-920 三轴搅拌桩机 + 液压震动打桩锤。

SMW 工法桩设计参数表　　　　　　　　　　　表 3-1-3

部位	桩长(m)	根数	合计根数
NMW-5 段	14	74	273
NMW-4 段	11	74	
NMW-3 段	10	74	
雨水泵站	12	51	

3. 地下连续墙

NMW-6~工作井段围护结构采用地下连续墙,共 116 幅,墙厚包括 600mm、800mm、1000mm 三种形式。其中工作井基坑开挖深度最深,施工风险较大,地下连续墙深度为 48m,钢筋笼采用 30m + 18m 分节吊装施工,其余施工部位均采用一次性整体吊装。设计参数见表 3-1-4。

地下连续墙设计参数表　　　　　　　　　　　表 3-1-4

部位	墙厚(mm)	深度(m)	数量
工作井	1000	48	19
NMW-11 段	1000	43.5	16
NMW-10 段	800	30	14
NMW-9 段	800	27	10
NMW-8 段	800	23.5	20
NMW-7 段	600	25	17
NMW-6 段	600	21	12

该区域地下连续墙深度为16~48m,采用跳槽法施工,整体施工顺序为:首先采用SG50型成槽机进行工作井及1000mm厚地下连续墙施工(绿色箭线),再采用SG46型成槽机按照先东侧后西侧的顺序(蓝色箭线)进行800mm厚地下连续墙施工,最后进行600mm厚地下连续墙施工。地下连续墙施工顺序图如图3-1-5所示。

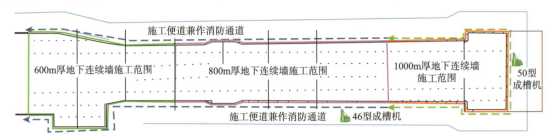

图3-1-5 地下连续墙施工顺序图

二、富水砂层地下连续墙施工技术

1. 首件方案验证与优化

(1)试验段位置。

八卦洲工作井及明挖段地下连续墙共计116幅,根据现场实际情况选取明挖段NMW-10段西侧作为首件,长度6m,墙厚800mm,深度28m。

(2)导墙施工。

导墙作为地下连续墙施工的重要辅助结构,必须保证其平面位置、顶面高程、内净宽度尺寸、内壁面垂直精度等参数满足施工质量要求,为后续地下连续墙成槽施工提供准确的基准作业面。导墙施工质量控制参数指标见表3-1-5。

导墙施工质量控制参数指标　　　　表3-1-5

序号	检查项目	允许偏差	检查频率		检查方法
			范围	点数	
1	墙面平整度(mm)	<5	每幅	1	尺量
2	垂直度	<H/500	每幅	1	线锤
3	导墙宽度(设计墙厚+50mm)	≤±10	每幅	1	尺量
4	导墙平面位置(mm)	≤±10	每幅	1	尺量
5	导墙顶面高程(mm)	±20	6m	1	水准仪

注:H为导墙垂直段高度,m。

为保证成墙结构尺寸满足施工质量要求,转角幅导墙施工处理需结合抓斗宽度,在角点位置纵横方向轴线各延伸30~50cm,如图3-1-6所示。

图3-1-6 转角幅导墙现场施工图

(3)成槽。

2018年4月26日9时14分开始进行地下连续墙首件成槽施工,19时50分成槽完毕。导墙顶高程6.4m,设计墙底高程–22m,设计成槽深度28m,实际平均成槽深度28.058m,采用"三抓法"开挖成槽(图3-1-7),即先抓两侧土体,后抓中心土体,直至设计槽底高程为止。成槽过程中,泥浆随出土量补入,槽内泥浆面始终保持在高于地下水位1.5m以上。对成槽施工过程中实际开挖土样进行留存,对比详勘地质报告,地层情况验证结果基本一致。

(4)成槽检验。

成槽机带有自动纠偏系统,在施工过程中实时显示槽位偏差并及时修正,同时采用UDM100超声波成孔探测仪对槽壁垂直度进行检测。

通过实测数据对比分析可得,成槽质量符合设计及规范要求,垂直度经施工过程中的严格把控,结果均满足施工质量要求。

图3-1-7 成槽开挖

(5)泥浆质量控制。

该区域以砂性土为主,泥浆控制指标参考表3-1-6中的要求,配浆用水采用地下水,配浆前加入适量纯碱将pH值调到8~9,以达到最佳配浆效果。施工时分别对新配制泥浆、槽内泥浆、清底换浆后泥浆指标进行检测,数据统计结果见表3-1-6。

泥浆性能统计结果 表3-1-6

泥浆性能	新配制泥浆		槽内泥浆		清底换浆		检验工具
	方案要求	实测值	方案要求	实测值	方案要求	实测值	
密度(g/cm^3)	1.03~1.10	1.04	1.05~1.25	1.14~1.22	1.03~1.15	1.07	比重计
黏度(s)	20~30	24	19~40	24	20~30	24	漏斗计
含砂率(%)	<4	0	<7	6	<4	3.5	洗砂瓶
pH值	8~9	9	8~10	8~9	8~9	9	试纸

(6)泥浆储存、回收和废浆处理。

清孔泥浆和灌注混凝土过程中回收的泥浆必须先通过泥浆分离系统进行分离,再经过调浆后方可继续使用。循环泥浆经过分离净化之后,还需调整其性能指标,改善其原有的护壁性能(即泥浆的再生处理)。泥浆分离系统示意图如图3-1-8所示。

图3-1-8 泥浆分离系统示意图

（7）清底换浆。

综合考虑砂层地质槽壁的不稳定性，应尽可能保证泥浆的性能，同时减少槽口的暴露时间。为达到清除槽底沉渣，快速改善泥浆性能，换浆后泥浆指标及沉渣厚度满足施工要求的目的，采取优化技术措施：在成槽结束后，用泥浆泵吸取槽底沉渣，同时置换新配置泥浆。换浆工艺流程如图3-1-9所示。

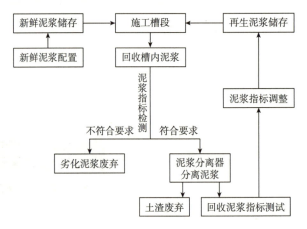

图3-1-9 换浆工艺流程图

距槽底1～2m处悬吊泥浆泵，吸泥管逐渐由浅入深，泥浆泵在距槽底0.5m处上下左右移动。清底过程中严格控制好吸浆量和补浆量的平衡，保证泥浆不溢出槽外或浆面不低于导墙顶面1m，沉渣厚度检测小于10cm时停止换浆。

（8）钢筋笼制作与吊装。

钢筋笼加工流程：纵向桁架筋、底层分布筋→横向桁架筋、底层主筋→预埋注浆管→上层主筋→上层分布筋→整体验收。

钢筋笼施工过程中需按照设计要求布设声测管、注浆管，均采用绑扎的方式进行固定，钢筋笼下放到位后对声测管内进行灌水，检查其密封性是否满足要求，管口才用木塞进行防护，防止混凝土浇筑过程中灌入，导致后期成墙检测无法使用。

根据地下连续墙接缝施工要求，首件钢筋笼施工在钢筋笼两侧同时设置H型钢接头。为了提高钢筋笼吊装时的安全性，在吊点处增加桁架剪力撑进行加强，如图3-1-10所示，并采取以下技术优化措施：

①在分布筋与型钢间增加7字筋，如图3-1-11所示，一端与型钢焊接，另一端与分布筋焊接，焊接采用单面焊，焊接长度不小于10d（d为钢筋直径）。

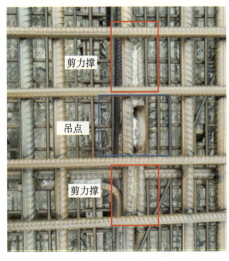

图3-1-10 吊点处桁架加强

图3-1-11 "7"字形钢筋

②防绕流板上排采用3cm×3cm的角钢管进行固定,下排采用分布筋及φ12mm螺纹钢进行固定。

③拉筋下部呈90°弯钩拉结在下部分布筋处;上部呈135°弯钩拉结在水平分布筋与纵向主筋节点处,并进行点焊固定。

为防止钢筋笼在吊装过程中产生不可复原的变形,各类钢筋笼均设置纵向抗弯桁架,转角形钢筋笼还需增设定位斜拉杆等,加固示意如图3-1-12所示,钢筋笼吊装如图3-1-13所示。

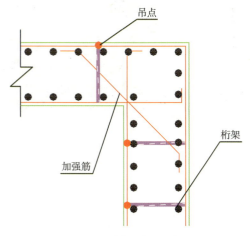

图3-1-12 转角幅加固示意图

图3-1-13 钢筋笼吊装图

(9)混凝土灌注。

钢筋笼下放后4h内完成混凝土灌注,首先进行导管安装,导管总长27.5m,分11节,试验段混凝土浇筑前,需对导管及导管互相连接处进行气密性试验和拉结试验检测,除首次浇筑必须检验外,每使用30次进行一次复检,避免混凝土浇筑出现漏浆情况。

试验段地下连续墙混凝土灌注时间持续6.25h,理论方量134.4m³,实际灌注144m³,现场制作抗压试块2组,抗渗试块1组。浇筑过程中,首封混凝土采用3.25m³大料斗灌注,坍落度控制在180~220mm之间,使用两套导管同时灌注。灌注时及时提升和拆卸导管,保持导管底端在混凝土面以下2~6m,严禁将导管提出混凝土面。安排专人严格控制混凝土灌注速度和导管提拔速度,同时安排专人至搅拌站驻场检查,保证混凝土的供应质量和速度。除首灌混凝土需检测记录坍落度性能外,在整幅墙浇筑过程中应随机抽检2~3次混凝土坍落度并进行记录,保证混凝土质量的稳定性。

灌注过程中需重点关注、测量槽内混凝土上升情况,上升速度不小于2m/h,每30min测定一次槽内混凝土的深度,保证混凝土面高差控制在50cm范围内。混凝土灌注需连续,间歇时间一般不超过40min。混凝土灌注到地下连续墙墙顶附近时,混凝土冲击力小、下料慢,容易堵管,导管要勤提勤放,将导管埋深减至1m左右,降低灌注速度,并将导管做上下运动,运动幅度不超过30cm。每灌注完两车混凝土,对来料方量和实测槽内混凝土方数用测绳校对。

试验槽段整体施工工序衔接顺畅,各工序指标均满足质量控制要求,过程中收集了在砂层地质中地下连续墙施工的重要参数指标,为该区域后续地下连续墙施工提供了指导性意见。

2.总体实施情况

(1)实施成效及质量检验。

该区域整个阶段地下连续墙施工过程中,槽段开挖、垂直度控制、泥浆控制、刷壁控制、清底换浆、钢筋笼加工验收、混凝土灌注等工序严格按照试验优化方案执行,在砂层地质条件下,成槽阶段每道工序的细节控制很大程度上决定了总体施工的成败,其中应尤其注重槽段开挖完成后的刷壁清槽施工及槽壁检测,保证成槽深度和质量满足要求。

对每一幅地下连续墙成槽施工完成后进行超声波检测,如图3-1-14所示,总体成槽一次性检验合格率达98%,个别槽段经二次处理后均满足成槽质量验收标准,充分说明了采取的成槽施工工艺及相关工序技术要求总体满足砂层地质地下连续墙施工,并达到了理想的实施成效。

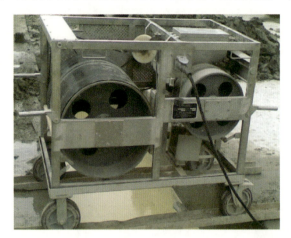 

图3-1-14 现场超声波槽壁检测

在钢筋笼加工工序中沿用优化后的技术措施和验收流程,钢筋笼加工质量始终如一。据工序质检资料统计,钢筋笼一次性验收合格率达99.07%,整体验收通过率为100%。

地下连续墙达到龄期要求后,由具备检测资质的第三方检测单位按批次对成墙质量进行检验,根据被测墙的实测曲线,结合地质条件、成墙工艺和相关资料综合分析,判定墙身完整性类别。

所有地下连续墙成墙检测统计结果:Ⅰ类墙占比98%,Ⅱ类墙占比2%。

(2)出现的问题及处理措施。

在整个地下连续墙施工阶段,有一幅墙出现了一定程度的缺陷,最终结合现场实际检测情况制定了相应的处理方案,该问题得到妥善解决。具体情况如下:

①问题描述。

明挖暗埋段NMW-10段围护结构NQ2-9地下连续墙施工,幅长6m,幅宽0.8m,深度31m,混凝土采用C40水下混凝土,抗渗等级P10。地下连续墙所穿越的地层自上而下为:(2)1黏土、(2)2淤泥质粉质黏土、(2)3粉土夹粉砂、(2)4粉砂夹粉土、(2)5粉砂、(2)6粉细砂。

前期正常按照施工方案进行成槽、清孔、下放钢筋笼等工序,在导管下放安装完成后0.5h内,测量槽深减少了3m,孔壁发生局部坍塌。为防止全槽段进一步坍塌引起地面塌陷,经讨论研究决定,选择进行混凝土灌注,待成墙后,再进行下一步处理。

经后期对该幅墙进行超声波检测及两次钻孔取芯试验,如图3-1-15所示。结果显示,上部25m内完整性较好,符合质量要求;25~31m范围存在质量缺陷,如图3-1-16所示。

图3-1-15 取芯芯样

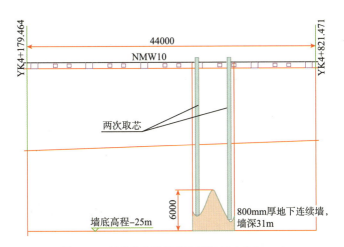

图 3-1-16 墙体缺陷纵剖面示意图(尺寸单位:mm)

②专项处理方案。

由于此段开挖深度约15m,该幅地下连续墙开挖深度范围内止水效果基本无影响,重点需解决该幅地下连续墙插入比不足的问题。具体处理方案如图3-1-17所示。

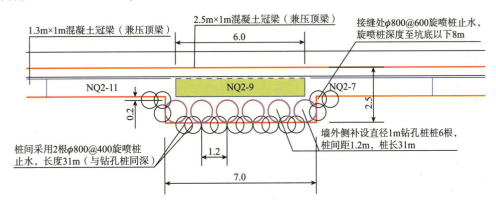

图 3-1-17 墙体缺陷处理方案平面设计图

注:1.本图尺寸单位以米(m)计。
2.新施工钻孔桩距连续墙外边线净距0.2m,实际施工中可结合施工工艺及连续墙垂直度情况调整,确保钻孔桩能够顺利实施。
3.图中每根钻孔桩应进行桩身完整性检测。

a.墙外侧补设ϕ1000mm钻孔桩6根围护桩,桩间距1.2m,桩长31m,桩间采用2根ϕ800@400旋喷桩止水,旋喷桩长度31m(与围护桩同深),围护桩距地下连续墙外边线净距0.2m。围护桩与地下连续墙NQ2-11、NQ2-7连接处各采用3根ϕ800@600旋喷桩衔接,旋喷桩深度至基坑底以下8m。

b.NQ2-9对应位置沿基坑纵向7m范围冠梁加宽至2.5m,高度1.0m(不变)。

c.基坑内侧按原设计施工,对主体结构(含压顶梁)及防水工程等均无任何影响。

③原因分析及总结。

a.技术方面:

该幅地下连续墙成槽完成后至混凝土灌注间隔时间过长(约8h),清孔、钢筋笼吊装下放、导管安装等工序衔接不紧凑。

在富水砂层进行地下连续墙成槽作业,按照常规方式进行泥浆配置,尽管施工过程中,泥浆各项指标均满足规范要求,但在地下承压水层作用下出现劣化失效速度较快的现象,在达到临界值后泥浆护壁效果急速下降,进而引发了槽壁的局部坍塌。

b.管理方面:

施工单位质保体系中要求"注意积累施工技术资料,做好工程日志,全面、科学、准确、及时地记录试(检)验资料,完备手续,按规定整理、归档",在施工过程中未能严格有效地落实该措施。

以上情况充分说明在前期准备及施工管理方面仍存在漏洞,成为间接造成该事件的重要原因之一。

c. 总结:

后续地下连续墙施工采用以下技术措施控制槽壁稳定:二次清孔后,槽内泥浆全部严格执行用新泥浆置换循环泥浆的措施。若清孔至浇筑时间超过 4h,再次对槽内泥浆进行全部置换,保障泥浆参数的时效性,进而加强槽壁稳定性。

三、地下连续墙渗漏水检测

1. 检测目的

由于本工程位于长江临江漫滩地区,具有地下水丰富、基坑深、开挖难度大、危险程度高等特点,基坑开挖前需采用 FGM 技术对地下连续墙渗漏水情况进行检测,通过监测微弱电离子在地下工程中的运动情况,对围护结构的渗漏水情况进行预判,并针对不同情况指导后续处理工作。

2. 检测原理

地下工程发生渗漏时存在水中微弱离子的运动现象,即便是轻微渗漏也会导致整个地层电场的变化。借此,通过多通道多传感器高精度量测系统感知电场异常情况,从而探得渗漏点。对于更加微弱的渗漏,可以进行人工主动追踪,从而获得更加精确的渗漏点检测结果。人工主动追踪法通过在基坑外围多点多深度施加追踪电势,与基坑内侧的对应传感器合作测量,在潜在的渗漏点或弱化面存在情况下,放大该异常值,与无渗漏相比就能高灵敏度地迅速取得检测结果。

3. 检测工作开展情况

由于工作井及后续段是本项目围护结构最深、基坑深度最大、开挖风险最高的施工部位,为保证最大风险点的施工安全可控,选定该部位开展地下连续墙围护结构渗漏水检测工作。结合结构平面位置情况共分为三个检测区,检测范围覆盖地下连续墙 35 幅,接缝 34 处,检测点位布置图详如图 3-1-18 所示。共发现建议修补点 5 处(L1~L5)、注意观察点 11 处(图中 S1~S11),具体检测结果见表 3-1-7。

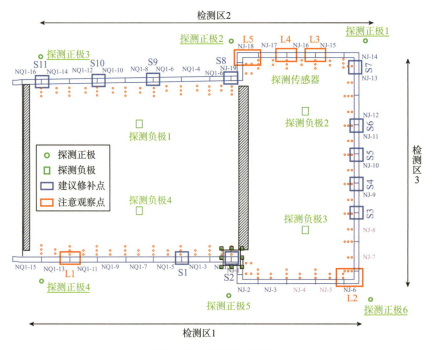

图 3-1-18　检测点位布置图

建议修补点检测结果统计表 表3-1-7

序号	点位编号	详细位置	备注说明
1	L1	NQ1-11/NQ1-13 接缝处	较大能量流入,深度在砂层
2	L2	NJ5-NJ6,NJ6-NJ7 接缝处	较大能量流入,深度在砂层
3	L3	NJ15/NJ16 接缝处	较大能量流入,深度在砂层
4	L4	NJ-16/NJ-17 接缝处	较大能量流入,深度在砂层
5	L5	NJ-17/NJ-18,NJ-18/NJ-1 接缝处	较大能量流入,深度在砂层

(1)处置措施。

根据检测结果,需要对以上5处地下连续墙墙缝漏点采用墙后注浆的方案进行处理。

注浆采用钻孔注浆一体机回退式注浆,每次回退0.5m。注浆深度为自基底以下5m至地面以下10m范围(具体为:工作井高程 -3.6～-24.3m;11段高程 -3.6～-20.6m)。每个墙缝布置2个注浆孔,垂直距离地下连续墙0.5m,间距为平行地下连续墙方向1m,如图3-1-19所示。

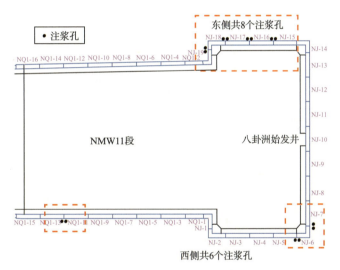

图3-1-19 注浆孔位置分布示意图

注浆浆液采用水泥浆+水玻璃双液浆,注浆压力控制在1.5～2.0MPa之间,注浆配合比为:水泥浆的水灰比=1:1(质量比);水玻璃:水=1:1(体积比);水泥浆:水玻璃混合液=1:1。

(2)评价。

该项检测技术检测迅速,检测精度高,不损害结构,在施工过程中得到了很好的验证。本项目使用该技术进行围护结构渗漏水检测,并采取有效措施进行处理,将基坑风险的被动防御转换成主动进攻,有效降低了施工风险,提高了现场施工效率。经基坑开挖过程中验证,检测准确,处理有效,未出现渗漏水现象,充分保障了整体施工安全。

四、地基处理

针对ZK4+867～ZK5+131里程范围内的液化砂性土及自稳性较差的软土,设计要求对坑内土体采用 $\Phi 850@600$ 三轴搅拌桩裙边+抽条方式进行地基加固处理,如图3-1-20所示,抽条宽度3m,净距3m,加固深度为坑底以下3m,28d无侧限抗压强度不小于1.0MPa;雨水泵房处坑内围护采用 $\phi 850@600$ 三轴搅拌桩重力式挡墙,如图3-1-21所示,墙高10.5m,墙宽5.05m,坑内加固平面布置如图3-1-22所示。地基加固处理施工过程中应重点把控平面位置、垂直度、水泥掺量、水泥浆比重、有效桩长等参数。达到龄期后,经取芯验证28d无侧限抗压强度达到1.1～1.3MPa,满足设计要求。三轴搅拌桩主要参数见表3-1-8。

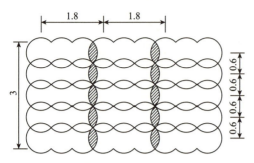
图 3-1-20 裙边及抽条加固大样图(尺寸单位:m)

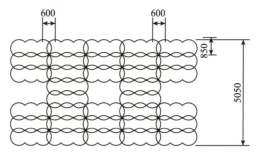
图 3-1-21 重力式挡墙加固大样图(尺寸单位:mm)

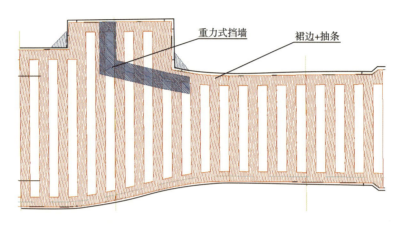
图 3-1-22 坑内加固平面布置示意图

三轴搅拌桩主要参数   表 3-1-8

名称	水灰比	桩长(m)	水泥掺量(%)	密度(g/cm³)	每米消耗水泥(t)
裙边+抽条加固	1.5	坑底以下 3	(空)7(实)20	1.37	538.20
重力式挡墙	1.5	坑底以下 10.5	20	1.37	538.20

第三节 基坑开挖

围护结构及相关辅助加固措施施工完成后,进行基坑内降水井的设计与施工,同步进行基坑外部回灌井的设计与施工,待降水运营满足正常状态后,组织降水与基坑开挖的同步作业,分层开挖并架设钢支撑,开挖过程中对围护结构及支撑变形情况进行实时监测,分段完成开挖后进入主体结构施工阶段。

一、降水设计

1. 地下水概况

根据含水层的岩性、地下水埋藏条件、赋存条件及水力特征,结合区域水文地质资料,可将本场地区域内地下水分为松散岩类孔隙潜水、松散岩类孔隙微承压水和碎屑岩类基岩裂隙水。其中,松散岩类孔隙潜水主要赋存于浅部填土层、长江漫滩区上部土层中,透水性及富水性较差,松散岩类孔隙微承压水主要分布于砂性土中,两者对本工程有不同程度的影响。碎屑岩类基岩裂隙水含水层埋深大,对本工程无影响。

2. 基坑抗突涌稳定性分析

根据勘察报告,承压水主要赋存于八卦洲砂性土中,(2)3 粉土夹粉砂层层顶埋深为 7.6m(Jz-S82

检)。承压水水位取地表以下 1.0m。为保证基坑开挖安全必须进行基坑突涌验算,如图 3-1-23 所示。

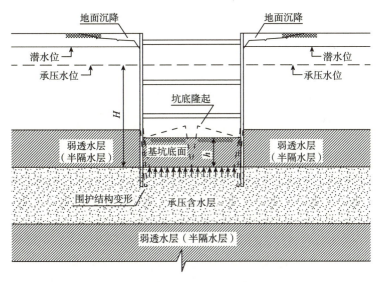

图 3-1-23 基坑抗突涌稳定性验算示意图

基坑底板抗突涌稳定条件为在基坑底板至承压含水层顶板之间,土的自重压力应大于承压水含水层顶板处的承压水顶托力。通过下式计算得到承压水控制水位:

$$\frac{P_\mathrm{S}}{P_\mathrm{W}} = \frac{\sum h_\mathrm{i} \times \gamma_\mathrm{si}}{H \times \gamma_\mathrm{w}} \geqslant F_\mathrm{S} \tag{3-1-1}$$

式中:P_S——承压含水层顶面至基底面之间的上覆土压力(kPa);

P_W——初始状态下(未减压降水时)承压水的顶托力(kPa);

h_i——承压含水层顶面至基底面间各分层土层的厚度,其和等于图 3-1-23 中的 h(m);

γ_si——承压含水层顶面至基底面间各分层土层的重度(kN/m³);

H——高于承压含水层顶面的承压水头高度;

γ_w——水的重度,工程上一般取 10.00kN/m³;

F_S——安全系数,工程上一般取 1.05~1.2,本工程取 1.10。

从表 3-1-9 中得出,基坑开挖深度大于 3.57m 时需要考虑降低第(2)3 层含水层水位。整个基坑均需进行降水,大部分区域开挖已揭露第(2)3 层顶板,需将水位降至坑底以下。

开挖深度~第(2)3 层安全水头埋深对应关系表 表 3-1-9

区域	开挖深度(m)	最浅层顶埋深(m)	安全水位埋深(m)	安全系数
临界挖深	3.57	7.6	1.00	1.10

注:地表高程取 6.50m。

工作井段在围护结构封闭情况下,承压水被(2)6-1 粉质黏土夹粉砂(Q4al)层分隔为上下两段,现场施工过程中,先进行生产性抽水试验,对(2)6-1 粉质黏土夹粉砂(Q4al)层和地下连续墙的隔水性进行验证。上段承压水[(2)3~(2)6 层粉土、粉细砂]需将水位降至坑底以下,对下段承压水[(4)]进行单独抗突涌稳定性验算,其结果见表 3-1-10。

开挖深度~第(4)层安全水头埋深对应关系表 表 3-1-10

区域	开挖深度(m)	最浅层顶埋深(m)	安全水位埋深(m)	降深量(m)	安全系数
临界挖深	16.98	42.1(JZ-S83)	3.0	无须降压	1.10
工作井坑底	25.7	42.1(JZ-S83)	15.26	12.26	1.10

3. 降水特点及方案

根据水文地质特征,本场地松散岩类孔隙微承压水承压含水层分为两段:上段为(2)3~(2)6 粉土、粉细砂,下段为(4)层,以中粗砂、砾砂、圆砾为主,局部为粉细砂。场地内含水层总体特征为:渗透系数大,水位降深小,且水位变化迅速、稳定较快,抽水量大,在地下连续墙未隔断情况下水位恢复较快。

根据本工程围护结构特征,大部分开挖深度揭穿上段承压水,需采用坑内降水以充分发挥围护结构止水及防绕流作用。尤其开挖深度较大(>15m)区段,应保证地下连续墙墙底与降水井井底有一定距离,同时在坑外设置适量的地下水观测井。对于开挖深度小于3m区段(ZK5+041~ZK5+071),如遇高水位需进行减压降水,可借用相邻区段降水井;针对上部潜水布置浅层疏干井进行降水。工作井区段被承压水分隔的上段承压水[(2)3~(2)6层粉土、粉细砂]需将水位降至坑底以下;下段承压水[(4)层]单独布设减压井按需降水。

此外,由于基坑区域周边存在民宅房屋,围护结构均未隔断承压含水层,基坑内外存在水力联系,未能完全意义上的被隔断。因此,在坑内进行降水时,对周边的影响难以避免,故需要通过在基坑与周边建(构)筑物之间布设回灌井,补充坑外地下水损失,减少沉降变形。

完成降水方案设计与专家论证后,先施工部分降水井进行简易抽水试验,观测地层与围护结构的隔水性以及承压水静止水位、降水井实际降水能效等,并形成相应的试验报告。根据抽水试验情况,验证、优化降水方案。坑内外降水/回灌井施工完成后,降水正式运行前再进行生产性抽水试验(含回灌试验),观测坑内外地下水位下降及恢复情况,确定最终降水运行实施方案。

4. 简易抽水试验

(1)试验区域选择。

本工程水文地质勘察抽水试验场地的选择主要考虑以下因素:

①试验场地应避免影响围护结构施工,且远离周边主要保护建(构)筑物;

②充分考虑本工程临水、临电、临排情况,选择方便连接水源与排水口的位置。

综上所述,本次试验场地选择在工作井西侧空旷场地进行简易抽水试验施工。

(2)试验井布设情况。

试验井的深度、滤管位置及结构参数详见表3-1-11,抽水试验井平面布置如图3-1-24所示。

试验井结构统计表　　　　表3-1-11

层位	井号	井深(m)	孔径(mm)	管径(mm)	过滤器长度(m)	过滤器放置深度(m)	备注
第(2)$_5$层	K2-5-1	25	650	273	10	14~24	兼回灌井
	K2-5-2		650	273	10	14~24	兼回灌井
	G2-5-1		650	273	10	14~24	—
	K2-5-3	25	800	325	10	14~24	兼回灌井
第(2)$_6$层	K2-6-1	35	650	273	10	24~34	兼回灌井
	G2-6-1	35	650	273	10	24~34	—
	K2-6-2	35	800	325	10	24~34	兼回灌井
	K2-6-3	35	800	325	10	24~34	兼回灌井
第(4)$_1$层	K4-1	47	650	273	5	41~46	兼回灌井
	G4-1	47	650	273	5	41~46	—
合计	共布置10口试验井						

(3)单井抽水试验。

对第(2)5层含水层进行3组不同降深单井抽水试验,抽水井为K2-5-3(井径325mm);对第(2)6层含水层进行3组不同降深单井抽水试验,抽水井为K2-6-2(井径325mm);采用定出水量150m³/h、100m³/h、80m³/h的水泵进行稳定抽水,延续时间为8h以上。具体数据见表3-1-12。

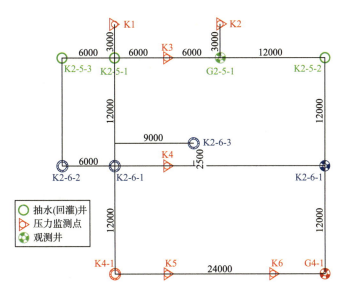

图 3-1-24 试验井平面布置示意图(尺寸单位:mm)

注:图中 K、G 等符号表示试验井号,对应上文表中的井号;其余数字表示各试验井之间的距离。

主井水位降深与出水量数据对比 表 3-1-12

序号	水泵型号	抽水主井水位降深（m）	出水量（m³/h）	抽水主井水位降深（m）	出水量（m³/h）
		K2-5-3		K2-6-2	
第一次	150m³/h	16.48	145.82	17.96	182.11
第二次	100m³/h	9.66	115.59	8.19	117.32
第三次	80m³/h	7.60	72.00	4.73	69.16

每组单井抽水试验结束后,单独进行水位恢复至基本稳定,见表3-1-13。如果连续2h观测水位变化幅度不大于2.0cm,水位稳定之后进入下一组试验。

单井抽水观测井水位降深一览表 表 3-1-13

井号	第一次降深（m）		第二次降深（m）		第三次降深（m）		与抽水井距离（m）	
	K2-5-3	K2-6-2	K2-5-3	K2-6-2	K2-5-3	K2-6-2		
K2-5-3	16.48	1.81	9.66	1.07	7.60	0.62	抽水井	12.0
K2-5-1	2.78	1.77	2.24	1.02	1.62	0.51	6	13.4
G2-5-1	1.38	1.40	1.01	0.82	0.78	0.44	18	21.6
K2-5-2	0.99	1.18	0.63	0.66	0.52	0.31	30	32.3
K2-6-2	1.63	17.96	1.17	8.19	0.88	4.73	12	抽水井
K2-6-1	1.33	2.88	0.89	1.72	0.69	0.99	13.4	6.0
K2-6-3	1.09	1.73	0.74	0.99	0.55	0.55	17.7	15.2
G2-6-1	0.82	1.08	0.49	0.62	0.42	0.32	32.3	30
K4-1	0.49	0.65	0.24	0.32	0.24	0.12	24.7	13.4
G4-1	0.52	0.63	0.25	0.34	0.24	0.15	38.4	32.3
K3(2-5)	1.44	1.61	1.00	0.95	0.78	0.52	12	17.0
K1(2-2)	0.61	0.13	0.10	0.09	0.04	−0.14	6.7	16.1
K2(2-2)	0.14	0.16	0.12	0.07	0.06	−0.12	18.2	23.4
K4(2-6)	0.72	2.14	0.39	1.26	0.27	0.69	17.0	12.0
K5(4-1)	0.51	0.60	0.24	0.31	0.15	0.13	26.8	17.0
K6(4-1)	0.80	0.56	0.21	0.28	0.12	0.12	33.9	26.8

承压水非完整井稳定抽水试验可采用《供水水文地质勘察规范》或《基坑降水手册》中的公式计算含水层渗透系数 K，见表3-1-14。

渗透系数计算一览表　　　表3-1-14

抽水井号	井半径(m)	过滤器长(m)	流量(m^3/d)	主井降深(m)	观测井降深(m)		参数			建议值
					$r_1=6m$	$r_2=18m$	《供水水文地质勘察规范》		《基坑降水手册》	
							渗透系数K(m/d)	影响半径R(m)		
K2-5-3 深25m	0.1625	10	3499.2	16.48	2.78	1.38	18.53	709.41	26.22	20
	0.1625	10	2774.16	9.66	2.24	1.01	24.79	480.97	23.66	
	0.1625	10	1728	7.6	1.62	0.78	19.42	334.92	21.58	
K2-6-2 深35m	0.1625	10	4370.4	17.96	2.88	1.73	21.34	829.63	39.57	40
	0.1625	10	2815.68	8.19	1.72	0.99	29.61	445.66	40.47	
	0.1625	10	1659.84	4.73	0.99	0.55	29.75	257.99	39.58	

注：以上参数为井深范围内综合性渗透系数。

运用AquiferTest软件，对本次单井抽水试验中同层位观测井的实测曲线与标准曲线分别进行拟合，根据Hantush-Jacob方法进行计算，所得到的含水层的水文地质参数详见表3-1-15。

水文地质参数统计表　　　表3-1-15

降深次数	水平渗透系数K_h(m/d)		导水系数T(m^2/d)	
	(2)5层	(2)6层	(2)5层	(2)6层
第一次	22.1	40.8	420	408
第二次	22.2	45.5	362	455
第三次	19.1	45.9	422	459
平均值	21.13	44.06	401	440

（4）群井抽水试验。

群井抽水试验过程中，开启抽水井K2-6-2及K2-6-3同时观测水位变化，直至水位稳定4h以上，K2-6-2、K2-6-3最终稳定出水量为178.44m^3/h、93.63m^3/h。具体出水量及不同井结构试验井抽水特征统计见表3-1-16，出水量随时间变化曲线如图3-1-25所示。群井抽水试验结束后，进行水位恢复试验，观测水位恢复情况，如图3-1-26所示。

群井试验期间水位降深变化统计表　　　表3-1-16

井号	降深(m)	井号	降深(m)
K2-5-3	2.34	K4-1	0.84
K2-5-1	2.30	G4-1	0.88
G2-5-1	2.07	K3(2-5)	2.35
K2-5-2	1.64	K1(2-2)	0.16
抽水井K2-6-2	17.68	K2(2-2)	0.17
K2-6-1	3.68	K4(2-6)	3.06
抽水井K2-6-3	14.77	K5(4-1)	0.81
G2-6-1	1.66	K6(4-1)	0.74

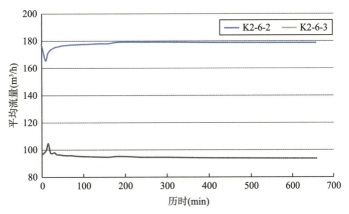

图 3-1-25　群井试验期间抽水井平均出水量变化历时曲线

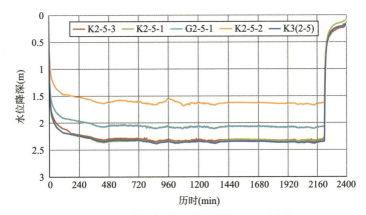

图 3-1-26　群井试验期间水位降深变化历时曲线

根据工程地质和水文地质条件,建立地下水渗流三维计算数值模型,初始的水文地质参数按照勘察报告及单井抽水试验结果确定,进行群井抽水试验的三维有限差分法反演分析。根据群井抽水试验中观测井水位进行拟合。

(5)回灌试验。

对第(2)5层及第(2)6层含水层分别进行单、群井回灌试验:

以相同抽水井作为回灌水源,抽水至水位稳定后,开启相邻回灌井回灌,至水位稳定后再增开第2口回灌井。回灌试验模拟距离基坑400m左右范围的民房受抽水降深影响。采用同层位抽水井提供水源,在整个试验过程中应密切监测孔隙水压力、现场水位、地表沉降,保证回灌水质和水量。

抽水井 K2-5-3(管径325mm)内投入额定出水量150m³/h 的水泵,抽水至水位稳定后,开启相邻 K2-5-1(管径273mm)回灌井进行回灌。

第(2)5层常压回灌稳定回灌为26t/h,相当于抽水量的1/6。同结构观测井水位最大抬升0.4m,相当于水位恢复31.75%。可见回灌对水位抬升的效果明显,见表3-1-17。

K2-5-1 单井回灌水位与水量对照表　　表3-1-17

井号	与抽水井距离(m)	与回灌井距离(m)	抽水后水位降深(m)	回灌后水位抬升(m)	回灌后水位抬升比例	备注
K2-5-3(抽)	—	6	抽水量143t/h	—	—	同层抽灌
K2-5-1(灌)	6	—	—	回灌量26t/h	—	
K3(2-5)	12	6	1.3	0.37	28.46%	
G2-5-1	18	12	1.26	0.4	31.75%	
K2-5-2	30	24	0.82	0.21	25.61%	

续上表

井号	与抽水井距离（m）	与回灌井距离（m）	抽水后水位降深（m）	回灌后水位抬升（m）	回灌后水位抬升比例	备注
K2-6-3	17	13	0.94	0.21	22.34%	相邻层位回灌
K2-6-1	13	12	1.05	0.22	20.95%	
K4(2-6)	17	13	0.9	0.18	20.00%	
G2-6-1	32	26	0.62	0.14	22.58%	
K2-6-2	12	13	1.53	0.27	17.65%	

抽水井 K2-6-2（管径325mm）内投入额定出水量150m³/h的水泵，抽水至水位稳定后，开启相邻K2-6-1（管径273mm）回灌井进行回灌。

第(2)6层常压回灌稳定回灌量为29t/h，相当于抽水量的1/7。同结构观测井水位最大抬升0.42m，相当于水位恢复20.29%。回灌对水位抬升的效果明显，见表3-1-18。

K2-6-1单井回灌水位与水量对照表 表3-1-18

井号	距离(m) 与抽水井	距离(m) 与回灌井	抽水后水位降深（m）	回灌后水位抬升（m）	回灌后水位抬升比例	备注
K2-6-2(抽)	—	6	抽水量193t/h	—	—	同层抽灌
K2-6-1(灌)	6	—	—	回灌量29t/h	—	
K4(2-6)	12	6	2.07	0.42	20.29%	
K2-6-3	18	9	1.62	0.29	17.90%	
G2-6-1	30	25	0.9	0.12	13.33%	
K2-5-3	12	13	1.92	0.2	10.51%	相邻层位回灌
K2-5-1	13	12	1.65	0.19	11.51%	
K3(2-5)	20	13	1.03	0.17	16.5%	
G2-5-1	25	17	1.28	0.13	10.15%	
K2-5-2	34	27	0.95	0.12	12.63%	

抽水井 K2-6-2（管径325mm）内投入额定出水量150m³/h的水泵，抽水至水位稳定后，开启相邻K2-6-1 和 K2-6-3 以及 K2-5-1、G2-5-1（管径273mm）4口井同时进行回灌，见表3-1-19。

群井回灌水位与水量对照表 表3-1-19

井号	距离(m) 与抽水井	距离(m) 与回灌井	抽水后水位降深（m）	回灌后水位抬升（m）	回灌后水位抬升比例
K2-6-2(抽)	—	—	抽水量193t/h	—	—
K2-6-1(灌)	6	—	—	回灌量28t/h	—
K2-6-3(灌)	15	—	—	回灌量5.7t/h	—
K2-5-1(灌)	18	—	—	回灌量8.6t/h	—
G2-5-1(灌)	22	—	—	回灌量3.5t/h	—
K2-5-3	12	—	1.92	0.40	20.83%
K2-5-2	34	—	0.92	0.20	21.73%
G2-6-1	30	—	0.9	0.19	21.11%

(6) 结论。

通过简易抽水试验，主要得出了承压含水层的静止水位及其变化规律、单井涌水量测定、承压含水层的渗透系数、回灌量与观测井水位抬升关系、回灌井深度形式及布置间距等技术参数参考值,在此基础上提出基坑降水总体方案设计相关建议。

①地下水静止水位。

经过现场实测水位统计对比,场地内第(2)5层与(2)6层静止水位较为接近,水位高程为4.14~4.38m。在静止水位观测期间,场地内含水层的静止水位受长江潮汐影响,波动范围为15~25cm。

②单井出水量。

单井出水量见表3-1-20。

单井出水量　　　表3-1-20

井号	K2-5-3	K2-6-2
井深(m)	25	35
过滤器埋深(m)	14~24	24~34
过滤器长度(m)	10	10
试验期间实测流量(m^3/h)	145.82	182.11

③水文地质参数建议值。

水文地质参数见表3-1-21。

水文地质参数表　　　表3-1-21

层号	土层名称	渗透系数平均值(m/d)		储水系数(无量纲)	备注
		水平	垂直		
$(2)_5(Q_4al)$	粉细砂	10	2	1.0×10^{-5}	反演参数
$(2)_6(Q_4al)$	粉细砂	45	4.5	1.2×10^{-5}	—
$(4)_1(Q_3al)$	粉细砂~中粗砂(夹砾)	95	9.5	1.0×10^{-6}	—

④回灌相关参数。

据试验数据表(表3-1-22),(2)5层单井常压回灌量为26t/h,(2)6层单井常压回灌量为29t/h。观测井水位最大抬升0.2~0.4m。

回灌井布置间距参照表　　　表3-1-22

回灌井与基坑距离(m)	预测最大降深(坑外)(m)	回灌井水位抬升(m)	回灌井间距(m)
0~70	>5	>3	<5
70~300	3~5	>2	<6
300~500	2~3	>1	6~12
>500	<2	<1	>10

⑤总体降水设计建议。

a. 场地内含水层总体特征为:渗透系数大,水位降深小,且水位变化迅速、稳定较快,抽水量大,在地墙未隔断情况下水位恢复速度快。

b. 本工程应采用坑内降水,充分发挥围护结构止水及绕流作用。尤其开挖深度较大(>15m)区段,应保证地下连续墙墙底与降水井井底距离不小于5m。

c. 后期现场施工过程中,围护结构封闭及成井施工完成后,降水正式运行前应及时做承压水群井抽水试验,同步观测坑内和坑外承压水水位变化情况,以判断降水效果和现场降水电路、排水情况,对所提出的基坑降水方案及运行进行调整或优化。试验期间应对基坑周边保护对象进行实时监测。

5. 井位布置方案

简易抽水试验后,根据修正确定的水文地质参数,对井位布置方案进行优化。

(1)坑内降水井。

对于开挖深度小于3m区段(ZK5+041~ZK5+131),如遇高水位需进行减压降水,可借用相邻区段降水井;针对上部潜水布置浅层疏干井进行降水,疏干井井深6m,共布置14口。

对于开挖深度大于3m区段(ZK4+691~ZK5+041),需将承压水降至坑底以下,经过计算,在满足最大设计降深要求时,整个基坑需要布置降水深井数量见表3-1-23。

坑内降水井统计表　　　　表3-1-23

里程(m)	基坑尺寸(m) 长度	基坑尺寸(m) 宽度	基坑围护形式	降水井深(m)	降水井井数	备用观测井数
ZK4+691~ZK4+712	21	46	1000mm 地墙48m	36	5	1
				48	8	2
				55	—	2
ZK4+715.5~ZK4+760	48	35.14~36.147	1000mm 地墙43.9m	38	12	3
ZK4+760~ZK4+804	44	34.43~35.14	1000mm 地墙31m	25	8	1
ZK4+804~ZK4+834	30	33.907~34.43	800mm 地墙28m	25	5	1
ZK4+834~ZK4+891	57	32.911~33.907	800mm 地墙25/23.5m	23	10	2
ZK4+891~ZK4+951	60	33.907~52.35	600mm 地墙21.4m	21	12	3
ZK4+951~ZK4+981	30	47.942~54.463	600mm 地墙16.4m	20	7	1
ZK4+981~ZK5+011	30	47.068~47.942	ϕ650mm SMW工法桩14.4m	20	7	1
ZK5+011~ZK5+041	30	45.838~47.068	ϕ650mm SMW工法桩11m	15	5	1
合计	—	—	—	—	79	18

工作井中,充分考虑(2)6-1粉质黏土夹粉砂(Q_4a1)层和地下连续墙的隔水性能,考虑坑内降水和应急预案,分为上部疏干、下部减压和应急备用井三种:坑内布置6口36m降压井和10口48m降压深井。

(2)坑外应急井兼观测井。

降水井的总抽水量和降深应有足够的安全余量,以备施工应急需要(可兼作观测井)。基坑外布置适量的应急降水井,应急井主要布设在开挖深度大于10m区段,井深大于止水帷幕深度。应急井兼水位观测井按照10m/口布置,工作井(ZK4+691~ZK4+712)共11口坑外应急井,其中3口布置在ZK4+715~ZK4+760段坑内,井深55m;ZK4+715~ZK4+760段坑外应急井共8口,井深46m。坑外应急井、观测井降水井见表3-1-24。

坑外应急井兼观测井降水井统计表　　　　表3-1-24

里程(m)	基坑深度(m)	基坑围护形式	井类型	井深(m)	井数
ZK4+691~ZK4+712	25.7	1000mm地下连续墙48m	坑外应急兼观测井	55	11
ZK4+715~ZK4+760	22.136	1000mm地下连续墙43.9m	坑外应急兼观测井	46	8
ZK4+760~ZK4+804	15.84	800mm地下连续墙31m	坑外应急兼观测井	35	8
ZK4+804~ZK4+834	14.009	800mm地下连续墙28m	坑外应急兼观测井	31	6
ZK4+834~ZK4+891	13.545	800mm地下连续墙25/23.5m	坑外应急兼观测井	28	12
ZK4+891~ZK4+951	11.443	600mm地下连续墙21.4m	坑外观测井	21	2

坑内抽降地下水过程中,将引起坑外地下水的同步变化,进而导致坑外环境的地面沉降加剧,因此,需实时监测坑外水位变化情况。坑外承压水水位观测井直径为650mm。

在坑外未设置应急井的位置按照80m/组间距布置水位观测井5口,设置长过滤器结构,井深与坑内井深相同。

(3)回灌井。

本工程通过全基坑降水数值模拟显示,降水影响范围可达1000m。其中,坑外水位在70m范围内水位降深约5m,300m外的水位降深约3m,500m以外水位降深小于2m。由此推断,坑外沉降影响范围为500m内,最大沉降应发生在工作井端70m范围内;300m范围内沉降量较大,同时影响范围广。为了保证坑外回灌效果,回灌井的布设按照间距5m/口布置1排;300m以外按照间距10m/口进行布置。

同步开启坑外全部回灌井,水位预测结果如图3-1-27所示。工作井水位为－26m,民房周边最大水位降深约4m。

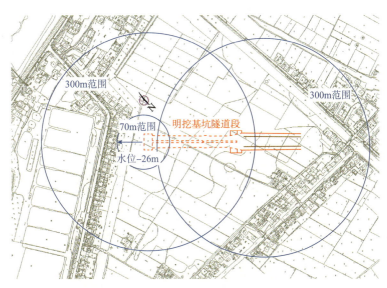

图3-1-27　同抽同灌后预测水位降深等值线图

本次回灌的主要目的是保护基坑周边的民宅房屋,回灌井布置在场地范围内靠近被保护建筑物,如图3-1-28所示。回灌井井深25m,滤管长度为15m。回灌井信息见表3-1-25。

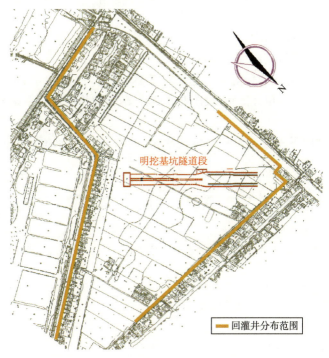

图3-1-28　回灌井布置范围示意图

回灌井信息统计表　　　表3-1-25

分区		井深(m)	井数	备注
工作井南侧	0~300m	25	108	间距5m
			22	新生河对岸间距5m
	300~500m	25	—	—
敞开段北侧	0~300m	25	78	间距10m
	300~500m	25	14	间距15m
合计		—	222	—

（4）减压降水引起的地面沉降模拟分析。

假设减压降水90d，基坑降水运行后预测地面沉降等值线图如图3-1-29所示，坑边最大地表沉降为160mm，工作井端房屋最大沉降约75mm。回灌后房屋处沉降控制在22mm以内，周边建筑物沉降与变形得到有效控制。

图3-1-29　基坑降水运行后预测地面沉降等值线图

6. 生产性抽水试验

现场工作井及部分较深部位暗埋段围护结构施工完成形成封闭，该范围基坑内外降水井均施工完成后，组织进行降水正式运行前的生产性抽水试验。

对下段承压水[（4）层]进行单独抗突涌稳定性验算，其结果见表3-1-10。

经过在该范围分别进行48m单井试验、减压群井试验、疏干群井试验，进一步模拟验证实际施工参数。

（1）48m单井试验。

在48m（Y12-J9）单井内下入流量为150t/h的水泵，抽水4.5h后水位趋于稳定，各观测井水位变化见表3-1-26。

单井试验各观测井水位一览表（单位：m）　　　表3-1-26

井号			Y12-J1	Y12-J2	Y12-J5	Y12-J7	Y12-J8	YB12-1	YB12-2
			坑内同层(48m)					坑内同层(55m)	
与抽水井距离(m)			31.10	32.93	18.44	11.11	10.34	27.11	3.46
时间	16:10	降深	1.1	1.26	0.88	1.01	1.2	1.04	0.97
	16:40		1.85	2.14	—	—	2.43	1.68	1.86
	17:40		1.9	2.2	—	—	3.13	1.73	1.91
	19:00		2	2.28	2.01	2.78	3.43	1.82	2
	20:40		2.05	2.4	2.07	2.95	3.56	1.88	2.05
累计降深(m)			0.95	1.14	1.19	1.84	2.36	0.84	1.08

续上表

井号		YG12-4	YG12-8	Y12-S1	Y12-S3	Y12-S6
		坑外同层(55m)		坑内浅层(36m)		
与抽水井距离(m)		37.56	12.83	31.80	12.26	8.37
时间	16:10	2.2	2.18	13.5	15.23	15.26
	16:40	—	—	13.65	—	15.39
	17:40 降深	2.2	2.7	13.72	15.53	—
	19:00	2.13	2.67	13.82	15.52	15.58
	20:40	2.24	2.85	—	15.65	—
累计降深(m)		70.04	0.67	—	0.42	0.32

对比表中两个同结构形式的观测井,即坑内观测井 YB12-2(距离 3.46m)与坑外观测井 YG12-8(距离 12.83m)的水位降深数据,坑外降深比可以达到坑内的 62%以上,说明基坑内外水力联系较为紧密。

(2)减压群井试验。

第一天1:00开启了工作井内的7口48m井和2口55m井进行群井试验,9口井内下入流量为200t/h水泵。同时开启后续段的2口55m应急降水井辅助抽水,直至第二天10:40抽水试验结束。各观测井水位见表3-1-27。

减压群井试验各观测井水位一览表(单位:m)　　　表3-1-27

井号		Y12-J8	Y12-S6	YG11-1	YG11-5	Y11-2	Y11-4	Y11-6	Y11-8
		工作井		坑外(48m)		坑外(后续段38m)			
		48m	36m						
时间	1:00	1.26	1.20	2.66	2.38	1.2	1.4	1.22	1.24
	10:00	12.57	7.53	—	—	6.20	6.15	6.28	6.18
	13:30	12.23	—	5.03	5.48	6.55	7.04	6.58	6.61
	15:30 降深	12.50	5.51	4.98	5.62	6.59	7.09	6.63	6.67
	16:30	12.28	5.69	5.08	5.72	6.72	7.25	6.73	6.80
	第二天 10:40	15.80	—	5.86	6.50	10.8	10.77	10.39	10.00
累计降深(m)		14.54	4.39	3.19	4.12	4.12	9.62	9.37	9.17

井号		YG12-1	YG12-2	YG12-3	YG12-5	YG12-6	YG12-10
		坑外同层(55m)					
时间	1:00	2.66	2.34	2.35	2.38	3.14	2.6
	10:00	6.76	6.96	6.76	6.85	—	7.085
	13:30	6.76	6.77	7.61	6.82	6.59	8.44
	15:30 降深	6.83	7.26	7.64	6.92	6.95	8.85
	16:30	6.91	7.35	7.72	7.33	7.01	8.59
	第二天 10:40	7.93	8.41	8.90	7.90	8.41	10.00
累计降深(m)		5.27	6.07	6.55	5.52	5.27	7.40

根据上述试验数据可以得出:

①将(2)6-1当作隔水层,工作井坑内降水井加大泵流量(200t/h),并辅助55m应急井抽水时,能将水位降至设计安全水位埋深。

②群井抽水期间,Y12-J8(48m)水位下降14.54m,坑内浅层观测井水位降深4.39m。深层抽水对浅层影响较明显。

③由于基坑内外水力联系密切,坑外同层观测井水位普遍降深5.26~7.40m,尤其观测井YG12-10水位降深7.6m,YG12-3水位降深6.5m,YG12-2水位降深6.0m,这3口观测井周边基坑内外水力联系更为明显。

④工作井内7口48m井,单井出水量均达到200t/h以上,说明含水层渗透性大,侧向补给较为明显。

抽水试验完成20min后,工作井内11口井全部同时停止抽水,进行水位恢复试验,Y12-J8井水位恢复情况如下:停抽2min后水位恢复即到达10%,10min后恢复超过35%,25min后恢复超过65%,60min后恢复达到79%,进一步验证了坑内外水力联系紧密。

(3)疏干群井试验。

第一天开启了工作井内的3口36m疏干井,运行至第二天下午观测井水位达到18.3m;增开2口36m疏干井,运行至第三天早上观测井水位达到22.1m;再次开启原来11口井(7口48m和4口55m)辅助抽水,运行至第四天抽水试验结束。两次群井试验观测井水位对比见表3-1-28。

两次群井试验各观测井水位一览表(单位:m)　　表3-1-28

井号		Y12-J8	Y12-S1	YG11-1	YG11-5	Y11-2	Y11-4	Y11-6	Y11-8
		工作井坑内		坑外(48m)		坑外(后续段38m)			
		48m	36m						
时间	第一天10:40	15.80	5.60	5.86	6.50	10.82	10.77	10.38	10.00
	第四天21:50	15.80	24.30	6.49	6.48	12.732	—	12.34	—
增加5口36m井抽水引起水位降		—	16.7	0.56	0.02	1.88	—	1.96	—

井号		YG12-1	YG12-2	YG12-3	YG12-5	YG12-6
		工作井坑外(55m)				
时间	第一天10:40	7.93	8.41	8.90	7.90	8.41
	第四天	8.43	8.949	8.427	8.35	—
增加5口36m井抽水引起水位降		0.39	0.54		0.57	0.45

根据上述试验数据可以得出:

①工作井坑内全部降水井加大水泵功率(100~200t/h),并辅助55m应急井抽水时,能将水位降至设计安全水位。

②对比两次群井试验,5口36m降水井抽水影响情况如下:

a.后续段(Y11-2、Y11-6)>工作井东侧(YG11-1)>工作井西侧(YG11-1)。

b.浅层抽水对下部影响较小,均在1m以内。

③工作井坑内单日总涌水量超过5万m³。

16口井全部同时停止抽水,进行水位恢复,Y12-S1井水位恢复情况如下:停抽15min后水位恢复2%,45min恢复约10%,12h恢复约35%。坑外观测井12h水位均恢复到100%。

7.降水回灌一体化

(1)设计背景。

根据现场抽水试验反演出的实际水文地质参数,相对于原有的工程水文地质资料数据,隔水层实际的渗透能力更大,大大增加了降水施工的难度。围护结构均未隔断承压含水层,基坑内外存在水力联系,未能被完全意义上的隔断。因此,在坑内进行降水时,对周边的影响难以避免。

为保持坑外水土平衡状态,减少基坑降水对坑外水位持续大幅下降,进而引起坑外地面沉降变形过大,需进行人为抬升坑外地下水水位,减缓沉降变形。于是,本工程项目采取"降水回灌一体化"设计理念,在基坑与建筑物之间布设回灌井。

(2)工作原理。

根据抽灌一体化试验结果,回灌(2)5层时对于下部(2)6层的水位影响较大,从水位抬升效果来看,将回灌目的层选择在(2)5层中,土方开挖时应将坑内水位降至开挖面以下1m,持续监测水位变化,抽出的地下水经过过滤处理后进行回灌使用,如图3-1-30所示。

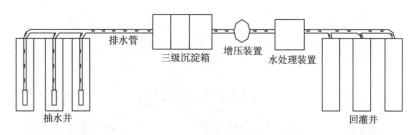

图3-1-30 降水回灌一体化示意图

回灌采用常水头自动回灌装置,回灌井内水位下降幅度超过10cm时回灌自动启动,水位超过初始水位10cm时回灌自动终止。水位回灌采用专业设备自动控制,始终保持回灌井水位在初始水位±10cm范围内。如水头补偿不能满足要求时,可以考虑抬高回灌控制水头,如还不能满足要求,则需要考虑是否加压回灌。

(3)回灌监测。

回灌水量根据实际水位的变化及时调节,保持抽、灌平衡,既要防止回灌导致坑外水位大幅抬升,以致超过初始水位;也要防止回灌水量过大从而渗入基坑内,对基坑降水造成不利影响;还要防止回灌量过小使地下水位失控影响回灌效果。

回灌过程需要每天观测回灌井周边水位观测井变化情况,同时及时准确记录回灌水量、基坑抽水量的变化情况,每天对记录数据进行分析整理,及时掌握回灌运行情况,并根据需要作出适当调整。在实际工程中,研发出了一套自动反馈调节系统,这套自反馈调节系统由信息采集系统、信息处理系统和控制系统三部分组成。

信息采集系统对水量、水位以及周边沉降等数据进行实时采集、分类存储,传输至信息处理系统。信息处理系统对数据进行分析,根据预先设定的控制量(如降水水位深度、沉降速率、水位下降速率等)对控制系统发出指令。控制系统根据信息处理系统的指令通过调整水泵功率、阀门大小等手段对出水量、水位、沉降进行控制,并由信息采集系统将控制后的数据反馈给信息处理系统,信息处理系统自动根据控制结果调节控制指令,从而起到自动反馈调节的作用。

该工作现场的信息采集系统由自动监测水位计、电磁流量计组成。为了及时了解现场情况,同时避免重要信息被过多数据淹没,采样频率设置为每分钟一次,获取的数据可以实时显示在网站和移动App上。对某些水位敏感区域进行分析,当这些区域的水位异常时(如超过设定的某个阈值或阶段变化值),云平台会将报警信息发送至用户手机短信或微信上,现场管理人员及相关技术人员收到报警信息后可及时现场进行处理。

现场信息控制系统由计算机工作站组成,可实时显示采集的数据并进行分析,存储监测点的历史水位变化曲线,并能将某个时间段的水位数据导出到Excel表格中。通过预设的程序进行逻辑运算,对现场控制系统下发指令。

现场控制系统主要控制水位和出水量。水位的控制采用遥感浮球阀控制,如图3-1-31所示。井内水位低于浮球位置,浮球给遥感阀门压力信号,遥感浮球打开阀门排水口开始排水;井内水位高于浮球位置,浮球给遥感阀门压力信号,遥感浮球关闭阀门排水口停止排水。出水量控制采用高精密可控变频控制箱控制,通过调节输出电流大小及功率,对工程涉及的降水井统一进行协调控制,保证各区域降水满足工程需要。

图3-1-31 遥感阀门回灌控制

除此之外,由于场地邻近长江,渗透系数大,水量补给快,水位恢复非常快,1min 水位恢复超过10%,因此,一旦停电导致水泵停止运行,坑内水位将大幅上升,淹没基坑内施工机械和人员造成的后果无法估量,影响基坑的安全。

针对这一难题,本工程采用电源智能切换系统,市电电源和备用电源均连接至"TU-MG"中央智能控制器上,中央智能控制器控制"TGM-E"全自动转换开关在市电电源停电的时候立即切换至备用电源。考虑到所有水泵一次性瞬间启动电流较大会对供电网络产生冲击,设计时将支路开关设置延时启动,分路分时启动各支路接触器,在无人值班的状态下,保证水泵的正常启动运行。

此外,回灌期间加强回灌区域地表沉降监测,并加强对建筑物及周边管线的沉降监测,监测数据及时反馈降水部门,根据基坑周边环境变化情况,针对不利情况调整基坑降水和地下水回灌。

(4)周边建筑沉降控制效果。

通过对基坑周边回灌井回灌,有效减小房屋的沉降速率和累积沉降量。受降水影响,工作井南侧部分房屋沉降量虽然小部分超过了控制值30mm,但全部控制在60mm 以内,单个房屋各监测点无明显差异沉降,房屋倾斜没有超限。基坑开挖前,对存在原有裂缝的房屋进行初值采集工作,施工全过程中裂缝无较大发展,变化量均在测量误差允许范围内。

二、基坑开挖组织实施

1. 基坑开挖概况

(1)工作井。

八卦洲工作井左线设计起点里程 ZK4+691,左线设计终点里程为 ZK4+712,全长 21m,采用明挖顺作法施工,基坑深 25.7m,基坑开挖宽度为 46m,采用 1000mm 地下连续墙作为围护结构,第一道至第四道支撑采用钢筋混凝土支撑,第五道采用 $\phi 800(t=16mm)$ 钢支撑。八卦洲工作井基坑概况见表 3-1-29,平面及剖面布置图如图 3-1-32 所示。

八卦洲工作井基坑概况 表 3-1-29

里程(左线)	长度(m)	基坑深度(m)	基坑宽度(m)	围护形式(mm)	支撑类型
ZK4+691~ZK4+712	21	25.7	46	1000 地下连续墙	4 道混凝土+1 道钢

(2)明挖暗埋段。

明挖暗埋段左线里程 ZK4+712~ZK4+951,全长 239m。明挖暗埋段采用明挖顺作法施工,主线部分为地下一层框架结构、地下二层框架结构,采用 1000mm、800mm 及 600mm 地下连续墙作为围护结构。明挖暗埋段基坑概况详见表 3-1-30,平面及剖面图如图 3-1-33、图 3-1-34 所示。

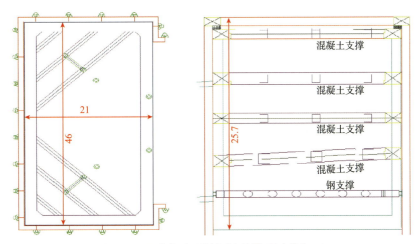

图 3-1-32 工作井平面及剖面布置图(尺寸单位:m)

明挖暗埋段基坑概况

表 3-1-30

里程(左线)	长度(m)	基坑深度(m)	基坑宽度(m)	围护形式(mm)	支撑类型
ZK4+712~ZK4+760	48	19.894~22.136	35.14~36.147	1000地下连续墙	1道混凝土+5道钢
ZK4+760~ZK4+804	44	14.099~15.84	34.43~35.14	1000地下连续墙	1道混凝土+3道钢
ZK4+804~ZK4+834	30	12.814~14.099	33.907~34.43	800地下连续墙	1道混凝土+2道钢
ZK4+834~ZK4+891	57	10.443~12.814	32.911~33.907	800地下连续墙	1道混凝土+2道钢
ZK4+891~ZK4+951	60	7.961~10.443	33.907~52.35	600地下连续墙	1道混凝土+2道钢

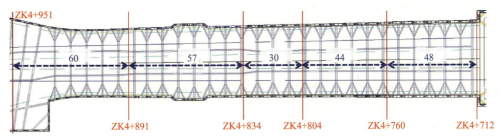

图 3-1-33 明挖暗埋段基坑平面图(尺寸单位:m)

图 3-1-34 明挖暗埋段基坑剖面图(尺寸单位:m)

(3)明挖敞开段。

敞开段左线里程 ZK4+951~ZK5+131,全长 180m。敞开段在里程 ZK4+951~ZK5+071 采用 600mm 地下连续墙、φ650mm 工法桩作为围护结构,在里程 ZK5+071~ZK5+131 采用钢板桩支护开挖。敞开段基坑概况详见表 3-1-31。平面及剖面图如图 3-1-35、图 3-1-36 所示。

明挖敞开段基坑概况

表 3-1-31

里程(左线)	长度(m)	基坑深度(m)	基坑宽度(m)	围护型式(mm)	支撑类型
ZK4+951~ZK4+981	30	6.67~7.961	47.942~54.463	600地下连续墙	1道混凝土+1道钢
ZK4+981~ZK5+011	30	5.479~6.67	47.068~47.942	φ650工法桩	1道混凝土+1道钢
ZK5+011~ZK5+071	60	2.975~5.479	45.838~47.068	φ650工法桩	1道混凝土
ZK5+071~ZK5+131	60	0.386~2.975	44.523~45.838	钢板桩	无

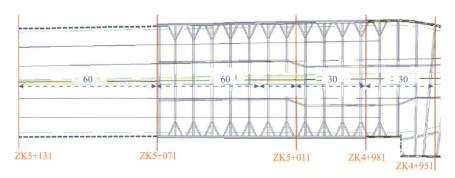

图 3-1-35　明挖敞开段基坑平面图(尺寸单位:m)

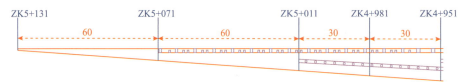

图 3-1-36　明挖敞开段基坑剖面图(尺寸单位:m)

2. 开挖工作面组织

(1) 整体施工顺序。

整体共分为两个区段,其中工作井及明挖暗埋段为第一区段,敞开段为第二区段。工作井及明挖暗埋段采用"整体两端向中间"开挖原则,优先工作井土方开挖;敞开段采用"由南向北"开挖,相邻土坡坡度控制在1∶3.5以内。整体开挖顺序如图3-1-37所示。

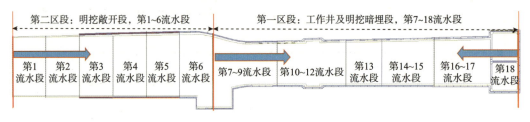

图 3-1-37　整体开挖顺序图

(2) 工作井及明挖暗埋段开挖组织。

工作井及明挖暗埋段里程为 ZK4+691~ZK4+951,整体采用"从两端向中间"的原则,分两个作业面施工,优先开挖工作井土方,开挖流水段划分详见表3-1-32。

工作井及明挖暗埋段开挖流水段划分表　　　　表 3-1-32

部位	里程	层数	高度(m)	土方量(m³)
第18流水段	ZK4+691~ZK4+715	第一层	2.70	2868
		第二层	5.5	5842
		第三层	4.7	4993
		第四层	5.2	5524
		第五层	4.40	4674
		第六层	2.90	3080
第17流水段	ZK4+715~ZK4+737	第一层	4.3	3348
		第二层	3.5	2725
		第三层	3.2	2492
		第四层	3	2336
		第五层	3.5	2725
		第六层	2.5	1947

续上表

部位	里程	层数	高度(m)	土方量(m³)
第16流水段	ZK4+737~ZK4+760	第一层	4.3	3348
		第二层	3.5	2725
		第三层	3.2	2492
		第四层	3	2336
		第五层	3.5	2725
		第六层	2.5	1947
第15流水段	ZK4+760~ZK4+782	第一层	4.3	3292
		第二层	3.7	2832
		第三层	3.6	2756
		第四层	2.6	1914
第14流水段	ZK4+782~ZK4+804	第一层	4.3	3216
		第二层	3.2	2393
		第三层	3.3	2468
		第四层	2.5	1870
第13流水段	ZK4+804~ZK4+834	第一层	5.5	5610
		第二层	4.3	4386
		第三层	2.4	2448
第12流水段	ZK4+834~ZK4+853	第一层	5.0	3135
		第二层	3.8	2382
		第三层	2.2	1379
第11流水段	ZK4+834~ZK4+872	第一层	4.7	2946
		第二层	3.5	2194
		第三层	2.2	1379
第10流水段	ZK4+872~ZK4+891	第一层	4.5	2821
		第二层	3.0	1881
		第三层	2.1	1316
第9流水段	ZK4+891~ZK4+911	第一层	4.2	2772
		第二层	2.7	1782
		第三层	2.1	1386
第8流水段	ZK4+911~ZK4+931	第一层	3.7	2442
		第二层	2.5	1650
		第三层	1.8	1188
第7流水段	ZK4+911~ZK4+951	第一层	3.4	3672
		第二层	1.7	1836
		第三层	1.6	1728

(3)敞开段开挖组织。

敞开段里程为 ZK4+951~ZK5+131,围护结构为地下连续墙、工法桩及钢板桩,敞开段采用由南向北开挖,开挖流水段划分详见表3-1-33。

敞开段开挖流水段划分表　　　　表3-1-33

部位	里程	层数	高度(m)	土方量(m³)
第1流水段	ZK5+101~ZK5+131	第一层	1.4~2.1	2730
第2流水段	ZK5+071~ZK5+101	第一层	2.1~3.4	4290
第3流水段	ZK5+041~ZK5+071	第一层	1.9~3.1	3150
第4流水段	ZK5+011~ZK5+041	第一层	3.1~4.3	4662
第5流水段	ZK4+981~ZK5+041	第一层	3.2~4.2	5217
		第二层	1.15	1621
第6流水段	ZK4+951~ZK5+981	第一层	4.2~5.2	6627
		第二层	1.5	2115

3. 降水运行及管理

(1)降水运行。

土方开挖采取多点同时开挖,根据土方开挖最深部位降低地下水水位,每层土方开挖时提前开启指定降水井,将水位降至开挖面以下1m。工作井、明挖暗埋段、敞开段开挖深度与水位埋深关系曲线分别如图3-1-38~图3-1-40所示。其降压井运行计划分别见表3-1-34~表3-1-36。

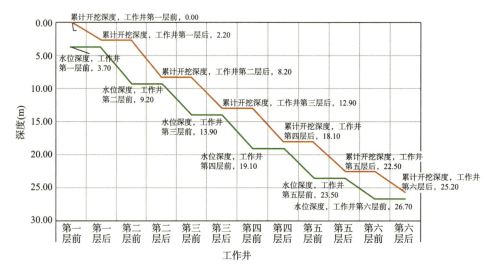

图3-1-38　工作井开挖深度和水位埋深关系曲线图

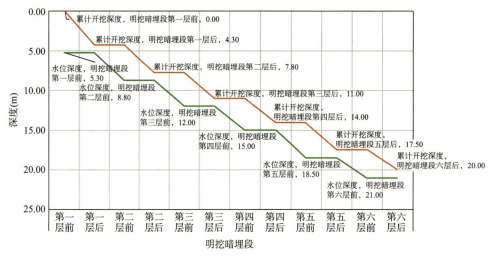

图3-1-39　明挖暗埋段开挖深度和水位埋深关系曲线图

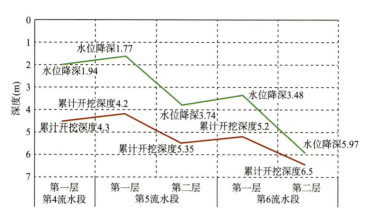

图 3-1-40　敞开段开挖深度和水位埋深关系曲线图

工作井降压井运行计划表　　　　　　　　　　　　　　　　　　　　表 3-1-34

部位	层数	高度(m)	累计开挖深度(m)	水位降深(m)	开启数量(口)
工作井	第一层	2.7	2.7	3.7	1
	第二层	5.5	8.2	9.2	3
	第三层	4.7	12.9	13.9	4
	第四层	5.2	18.1	19.1	8
	第五层	4.4	22.5	23.5	10
	第六层	3.2	25.7	26.7	10

明挖暗埋段降压井运行计划表　　　　　　　　　　　　　　　　　　表 3-1-35

部位	层数	高度(m)	累计开挖深度(m)	水位降深(m)	开启数量(口)
第 17 流水段	第一层	4.3	4.3	5.3	2
	第二层	3.5	7.8	8.8	4
	第三层	3.2	11	12	4
	第四层	3	14	15	5
	第五层	3.5	17.5	18.5	6
	第六层	2.5	20	21	6
第 16 流水段	第一层	4.3	4.3	5.3	2
	第二层	3.5	7.8	8.8	4
	第三层	3.2	11	12	4
	第四层	3	14	15	5
	第五层	3.5	17.5	18.5	6
	第六层	2.5	20	21	6
第 15 流水段	第一层	4.3	4.3	5.3	1
	第二层	3.7	8	9	2
	第三层	3.6	11.6	12.6	3
	第四层	2.6	14.2	15.2	5
第 14 流水段	第一层	4.3	4.3	5.3	1
	第二层	3.2	7.5	8.5	2
	第三层	3.3	10.8	11.8	3
	第四层	2.5	13.3	14.3	4

续上表

部位	层数	高度(m)	累计开挖深度(m)	水位降深(m)	开启数量(口)
第13流水段	第一层	5.5	4.3	5.3	1
	第二层	4.3	8.6	9.6	3
	第三层	2.4	11	12	5
第12流水段	第一层	5	4.3	5.3	1
	第二层	3.8	8.1	9.1	2
	第三层	2.2	10.3	11.3	4
第11流水段	第一层	4.7	4.3	5.3	1
	第二层	3.5	7.8	8.8	2
	第三层	2.2	10	11	3
第10流水段	第一层	4.5	4.3	5.3	1
	第二层	3	7.3	8.3	3
	第三层	2.1	9.4	10.4	4
第9流水段	第一层	4.2	4.3	5.3	1
	第二层	2.7	7	8	3
	第三层	2.1	9.1	10.1	5
第8流水段	第一层	3.7	4.3	5.3	1
	第二层	2.5	6.8	7.8	3
	第三层	1.8	8.6	9.6	4
第7流水段	第一层	3.4	4.3	5.3	1
	第二层	1.7	6	7	3
	第三层	1.6	7.6	8.6	3

明挖敞开段降压井运行计划表　　　　　　　　　　表3-1-36

部位	层数	高度(m)	累计开挖深度(m)	水位降深(m)	开启数量(口)
第4流水段	第一层	3.1~4.3	4.3	1.94	2
第5流水段	第一层	3.2~4.2	4.2	1.77	2
	第二层	1.15	5.35	3.74	5
第6流水段	第一层	4.2~5.2	5.2	3.48	3
	第二层	1.5	6.5	5.97	6

(2)降水运营管理措施。

①抽水井个数和抽水量大小根据基坑开挖深度和承压水头埋深要求进行控制。

②降水运行期间,现场实行24h值班制,值班人员认真做好各项质量和观测水位变化的记录,记录内容包括降压深井涌水量 Q 和水头降 s,绘制 s-t 曲线以掌握抽水动态,指导降水运行达到最优。

③应急措施:若水头降深不能完全满足要求,可增大单井的出水量,原备用井也可根据抽水量要求开启抽水。

④整个降水运行阶段备有双电源,以确保降水连续进行,如遇电网停电,须提前2h通知,以便及时采取措施,确保降水效果。

⑤降水工作在地下构筑物施工至上覆压力和地下水压力平衡后才能停止降水。停止降水的时间根据上覆压力与地下水压力的平衡计算结果确定,取得设计的认可后,施工现场才能停止降水。

⑥所有降水井的井管口设置醒目标志,做好标识工作,做好基坑开挖过程中井管的保护工作。在靠近井管部位时尽可能人工开挖,避免造成损坏。

⑦及时测量停抽井的水位,每天1~2次,降水单位及时分析整理水位异常情况,将每天的降水运行记录提交至相关监督单位。

(3)降水运营保障措施。

①双电源保证。

为保证基坑安全,降水运行期间配备独立的供电系统,且供电系统应配备两路以上独立电源,保证停电时降水井电源智能切换,确保在基坑开挖过程中降水不长时间中断,否则造成的后果无法估量,影响基坑安全。经核算,施工高峰期基坑内降水井运转及同时期其他分项工程施工用电总功率约3027.5kW,坑外应急备用井运转用电总功率约1320.4kW。现场4台630kV·A的变压器,除供两家土建施工单位生产及生活用电外,其配电功率远不足以支撑基坑开挖期间降水井正常运营及应急保障供电需求。因此,为确保施工高峰期降水井正常运营,同时满足双电源配置要求,现场共配置发电机19台(6台作为主要电源,13台均作为备用电源),其中600kW发电机4台,400kW发电机6台,250kW发电机9台。

备用电源智能切换系统双电源切换时间不大于5min。

由于工作井开挖深度较大,风险较高,在现场抽水设备用电控制上采用交叉分流控制。将工作井内的降水井用间隔的方式分为两组,分别安装在两路不同的控制线路中,减小意外发生概率。

在工作井的东、西两侧各布置1台发电机组,邻近工作井的第11区段布置1台,形成独立的供电控制区域。

②水位监控。

正常抽水运行期间,每天固定时间段采用人工监测水位的方法测量开挖过程中基坑内外的水位变化,在承压水未运行前按照1次/d监测,在承压水运行后按照2次/d监测。现场24h均有降水操作人员巡视,同时管理人员和电工24h轮流值班。

现场同时布置有水位数据自动采集系统,如图3-1-41所示,在每个区段内选择1口井作为水位观测井,安装自动采集探头及无线数据接收和发送装置,并设置数据监控平台。

图3-1-41 水位自动采集及数据显示图

③排水保证。

地下水通过水泵抽吸至井口,由钢泵管(或软管)将该区域的地下水汇集至邻近的集水箱(地表处),集水箱处安装大流量水泵接钢泵管(或软管)将水排至基坑外的排水沟或者排水总管;在钢泵管(或软管)与排水总管搭接处需安装逆止阀,防止地下水沿排水管路回灌。

排水过程中水泵的扬程必须足够大(50m左右),能将地下水排出地表,引至地表后,于基坑四周布置排水沟或者排水总管,将地下水排入指定位置。

④井管保护。

基坑开挖过程中,应加强对降水井管的保护工作,如图3-1-42所示。由于井管管材强度不大,必须在保证井管连接处焊接质量的基础上,避免机械设备的碰撞和冲击,井周边500mm范围内土体采用人工开挖,并由专人指挥。坑外观测井应设置防护罩,防止受到破坏。

图3-1-42 井管防护措施图

首层土方开挖之前,所有的降水井顶部必须插上小红旗以示警戒。坑内的疏干深井随基坑开挖深度逐步割除多余的井管,在下层土方开挖之前,疏干深井的管口处应设置警示标志,对可能受车辆行走影响的电缆线以及管路加以防护,抽水人员加强对现场的巡视力度。

三、地层及围护变形的控制

为了实现对施工过程的动态控制,掌握地层、地下水、围护结构与支撑体系的状态,以及施工对既有建(构)筑物的影响,必须进行现场监控量测。通过对量测数据的整理和分析,及时了解基坑所处的状态,采取相应的控制措施,确保基坑和周边建(构)筑物的安全。

1. 监测点位布置

根据基坑围护结构的特点,以基坑施工区域周围2~3倍开挖深度范围内地下管线、建(构)筑物和基坑围护结构本身作为本工程监测及保护的对象,以基坑开挖、主体施工为监测工作的重点阶段,根据施工工况调整监测频率。监测内容以围护结构整体变形、支撑轴力、地下水位监测、周边建筑物沉降、倾斜及裂缝等为主,监测点位具体布置情况见表3-1-37。

监测项目测点布设表　　　　　　表3-1-37

序号	监测项目	布设范围
1	基坑内、外观察	日常巡视
2	围护结构深层水平位移(测斜)	每20~30m布设一测斜孔,测斜孔位置应对称布设,每个测斜孔顶必须布设墙顶水平位移监测点,并保证基坑每边上都有监测点
3	围护结构顶部水平位移及沉降	(1)与测斜孔同位置; (2)局部阳角处加密
4	支撑轴力	每20~30m布设一组,沿剖面深度方向每一道支撑均布置
5	立柱隆沉	每40~50m布设两个立柱沉降测点,同时计算支撑挠度
6	墙身应力	布置于变截面等关键部位处
7	坑外土压力	布置于变截面等关键部位处
8	坑外地下水位	每20~30m布设一水位孔,应对称布设,保证基坑每边上都有监测点
9	坑外孔压监测	布置于变截面等关键部位处

续上表

序号	监测项目	布设范围
10	坑周地表沉降	在3倍基坑开挖深度范围内有现场条件的布设垂直于基坑边线的剖面,监测剖面对应围护墙体测斜监测孔,剖面监测点以先密后疏的原则布设3~7个监测点,监测点与围护外边线之间间距分别为2m、4m、6m、8m、10m、12m、20m
11	周边建筑物沉降、倾斜及裂缝	对3倍基坑开挖深度范围内建筑物进行监测

2. 正反演分析

(1)实施目的。

为有效控制基坑结构变形,预测土体变形与围护结构位移趋势,开展了基坑开挖正反演分析。主要是在现有地勘、设计资料的基础上,建立有限元模型,正演分析计算结果。然后利用有限元反演分析确定土层合理的力学参数,进而预测现有施工方案下开挖过程中围护结构位移、基坑周边地表沉降及支撑轴力的变化,分析邻近基坑开挖导致的附加影响,进一步优化施工方案,确保基坑开挖施工安全。

(2)工作思路。

①初始应力场计算。进行天然状态下初始应力场计算,地层在自重应力场下固结。通过应力场和位移场判断模型是否正常。

②基坑支护及地基加固。清零前阶段产生的位移场,为该阶段计算做准备。该阶段主要进行地下连续墙施工、部分地基加固、抗浮桩施工以及圈梁的浇筑。基坑支护及地基加固阶段发生的位移不计入开挖阶段。

③基坑开挖变形预测分析。对前阶段产生的位移进行清零,然后按照设计支撑及顺作法施工对基坑进行分层开挖。该阶段为正反演分析的重点,通过计算分层开挖深度,分析基坑开挖过程围护结构变形,基坑周边地面沉降。

④基坑开挖反演分析。在基坑施工过程中,利用现场监测的变形数据和数值计算结果进行对比,优化数值计算参数,数值计算与实际变形拟合。在此基础上,利用优化参数后的数值模型进一步对后续阶段施工过程中的基坑变形以及对周边影响进行模拟,更精确地预测后续阶段施工对周边环境的影响。

(3)正反演计算。

在综合考虑明挖段的结构尺寸后,对隧道明挖段各区间选取软弱土层厚度最大或开挖宽度最大的断面作为控制断面,建立二维有限元模型,共计11个区间段,其网格划分如图3-1-43所示。二维模型分析区域取基坑开挖边界向外延伸4倍开挖深度,基坑底部向下2倍开挖深度或取至坚硬土层。

由于工作井的基坑长、宽大致相当,为更好地反映基坑性状,工作井基坑采用三维模型进行分析。工作井(ZK4+691~ZK4+715.5)基坑长23.4m,宽45.4m,深25.7m,考虑实际工程的复杂性、计算精度和计算速度,三维模型尺寸取为125m×250m×75m,其网格划分如图3-1-44所示。

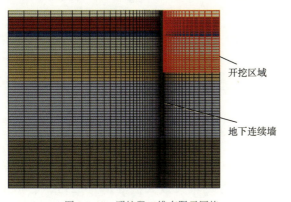

图3-1-43 明挖段二维有限元网格

图3-1-44 工作井有限元网格

3. 数据模拟分析

基坑开挖后，地下连续墙变形主要为向基坑内部的水平位移，墙体水平位移呈两头小、中间大的鱼腹形。墙体在各级支撑处得到了较好约束，每次开挖对支撑以上墙体位移的影响不大，墙体在各级支撑之间向基坑内凸出。

基坑开挖过程中地下水位及立柱沉降均属于重点关注环节。围护结构水平位移、桩体变形（测斜）及支撑轴力随开挖深度加深有明显变化趋势，现选取不同部位具有代表性的断面进行数据模拟分析，具体情况如下。

（1）工作井（ZK4+691～ZK4+715.5）。

①地下连续墙水平位移。

图 3-1-45 是提取的左侧墙体测斜孔位置处的 x 向水平位移沿深度的分布。图 3-1-46 是提取的后侧墙体测斜孔位置 y 向水平位移沿深度的分布。测斜孔的位置基本反映了最大变形的情况，随着开挖的进行，位移逐渐发展，在设置了支撑的范围内，变形受开挖的影响较小。

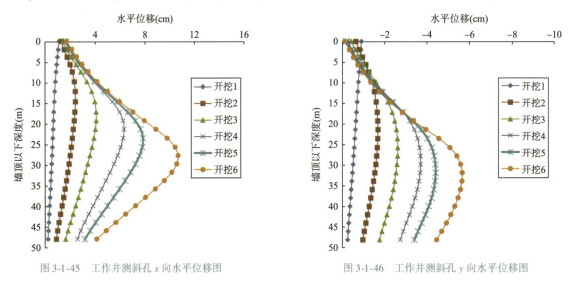

图 3-1-45　工作井测斜孔 x 向水平位移图　　　　图 3-1-46　工作井测斜孔 y 向水平位移图

图 3-1-47、图 3-1-48 分别是左侧和后侧墙顶位移监测点的计算结果。墙顶水平位移在第一步开挖时变化相对较大，x、y 水平位移增量分别为 11.5mm 和 9.0mm。支撑设置后，墙顶水平位移发展速度较小，并逐渐稳定。

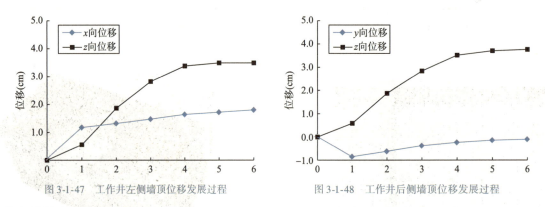

图 3-1-47　工作井左侧墙顶位移发展过程　　　　图 3-1-48　工作井后侧墙顶位移发展过程

②支撑轴力。

从平面分布分析，外侧两道角撑的轴力相对较大。竖向分布分析，第 4 道支撑轴力大于其他层的支撑，且后续开挖过程中该层支撑轴力有较大的增长。5 道支撑的轴力最大值分别为 2295kN、5886kN、6994kN、10346kN 和 3838kN。图 3-1-49 是各层支撑轴力的最大值随开挖步数的发展过程。

(2)明挖暗埋段 NMW11 段(ZK4+715.5~ZK4+760)。

①地下连续墙水平位移。

不同开挖阶段地下连续墙的水平位移沿深度分布变化,由图 3-1-50 可见,墙体位移呈两头小、中间大的变形特点。墙体在各级支撑处得到了较好的约束,每次开挖对支撑以上墙体位移的影响不大,墙体在各级支撑以下向基坑内凸出。1~6 次开挖后墙体的最大水平位移分别为 17.4mm、31.0mm、45.4mm、56.1mm、69.1mm 和 80.7mm,对应的深度分别为 17.3m、21.1m、23.2m、24.2m、26.2m 和 27.2m。

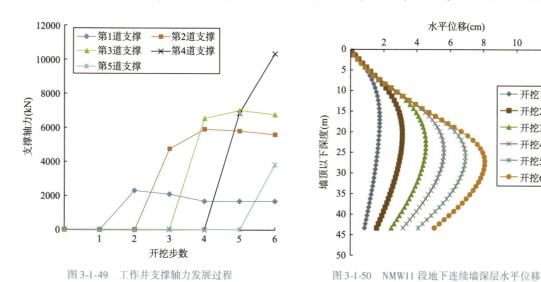

图 3-1-49　工作井支撑轴力发展过程　　图 3-1-50　NMW11 段地下连续墙深层水平位移

②支撑轴力。

各级支撑轴力如图 3-1-51 所示,在当前开挖步达到最大值,第 1~6 道支撑轴力最大值分别为 1456kN、2012kN、2500kN、2336kN、3439kN 和 3209kN。随着开挖深度加大,变形逐渐向下发展,混凝土支撑轴力逐渐减小,且第一道钢筋混凝土支撑轴力下降程度相对明显,最大拉力为 405kN。

(3)明挖敞开段 NMW07 段(ZK4+891~ZK4+951)。

①地下连续墙水平位移。

基坑开挖深度相对较浅,共分三层开挖,监测数据如图 3-1-52 所示。可以看出,第 1~3 次开挖后墙体的最大水平位移分别为 15.8mm、20.0mm 和 27.3mm,对应的深度分别为 8.8m、12.4m 和 15.2m。

②支撑轴力。

监测数据结果如图 3-1-53 所示。各级支撑轴力在当前开挖步达到最大值,第 1~3 道支撑轴力最大值分别为 1111kN、1891kN 和 1948kN,均满足设计要求。

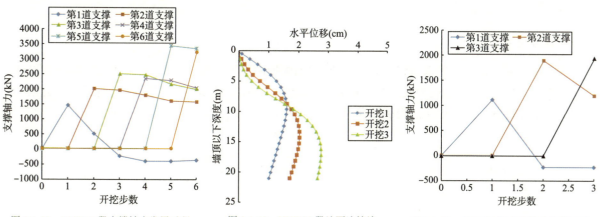

图 3-1-51　NMW11 段支撑轴力发展过程　　图 3-1-52　NMW07 段地下连续墙深层水平位移　　图 3-1-53　NMW07 段支撑轴力发展过程

4. 结论

由于本项目涉及的基坑长度较长，隧道由浅入深，涉及土层数量依次增多，所以可根据已确定的反演参数预测下一工程段的开挖变形情况，再结合上述反演计算方法进一步反演下层土体的反演参数取值，以"反演—预测—再反演—再预测"的方式依次循环计算，最终得出所有涉及土层的反演参数 ξ，完成整个参数反演分析过程。

通过对比反演计算值与实测值发现，相比于支撑轴力、地表沉降等变形数据，以基坑围护结构深层水平位移最大值作为反演目标，计算效果良好。在基坑开挖过程中，围护结构墙体在各级支撑处得到了较好的约束。因此，现场施工监测过程中，及时将钢支撑轴力实测值与设计值、反演计算值进行对比分析，分析结果详见"第五篇测量监测与试验检测/第一章测量监测/第三节分项工程监测分析"内容。同时对预应力损失较大的情况采取分级施加预应力、补加预应力以及及时进行围檩背后填充等措施。施工过程中严格控制开挖面深度，严禁超挖，并及时支撑，以此保证基坑整体施工安全。

第四节　主体结构

一、概述

八卦洲明挖隧道主体结构形式主要有敞开段、单层结构暗埋段、双层结构暗埋段三种，主体结构主要构件混凝土等级及尺寸详见表3-1-38。

主体结构主要构件混凝土等级及尺寸表　　表3-1-38

结构位置	底板	顶板	侧墙	混凝土强度及抗渗等级
主线隧道敞开段	600mm/700mm/800mm/900mm	—	600mm/700mm/800mm/900mm	C40P8
明挖暗埋段（单层）	900mm/1000mm/1100mm	1000mm/1100mm/1200mm	900mm/1000mm/1100mm	C40P8
明挖暗埋段（双层）	1200mm/1300mm	1000mm/1100mm	1100mm/1200mm	C40P10
工作井	1500mm	1200mm	1200mm	C40P10

根据图纸设计要求及结构施工相关规范，考虑施工便捷性，结合变形缝位置对结构进行施工流水段划分，每个流水段长度 15~20m，主线隧道里程 ZK4+691~ZK5+131，共计 440m，分为 25 个流水段。

二、施工控制要点

1. 钢筋工程

基于规范标准及设计要求，结合本工程编制的创优指南施工管理控制要求，主体结构钢筋工程施工过程主要应从原材质量控制、半成品加工质量、钢筋笼施工质量、预埋件与安装质量、钢筋保护层施工质量控制几个方面进行重点把控。控制标准见表3-1-39、表3-1-40。

钢筋加工的质量控制　　表3-1-39

项目	允许偏差（mm）	
	规范	本工程
受力钢筋沿长度方向的净尺寸	±10	±10
弯起钢筋的弯折位置	±20	±10
箍筋外廓尺寸	±5	±5

钢筋安装的质量控制 表3-1-40

项目		允许偏差(mm)	
		规范	本工程
绑扎钢筋	长、宽	±10	±10
	网眼尺寸	±20	±10
绑扎钢筋骨架	长	±10	±10
	宽、高	±5	±5
纵向受力钢筋	锚固长度	±20	+20,-10
	间距	±10	±5
	排距	±5	±5
纵向受力钢筋、箍筋的混凝土保护层厚度	底板、侧墙	±10	+10,0
	柱、梁	±10	±5
	板、墙	±5	±3
绑扎箍筋、横向钢筋间距		±20	±10
预埋件	中心线位置	5	5
	水平高差	+3,0	+3,0

2. 支架模板工程

(1)模板、支架体系。

主体结构施工随结构尺寸、跨度、高度的不同,采取不同的模板支撑体系。按照结构最不利尺寸、断面设计验算,其主要模板及支撑形式见表3-1-41。

主体结构主要模板及支撑形式 表3-1-41

序号	部位	里程	结构形式	模板形式	支撑形式
1	主线敞开段	ZK5+011~ZK5+131	单孔单层	5mm厚钢模板	型钢三脚架
2	主线暗埋段	ZK4+834~ZK5+011	两孔单层箱型 三孔单层箱型	侧墙及中墙:4mm厚铝合金模板/18mm厚木胶板;内楞采用100mm×100mm方木,外楞均采用$\phi 48 \times 3.5$钢管双拼	盘扣架,立杆纵距l_a=0.9m,横距l_b=0.9m,步距h=1.5m,$\phi 48$mm立杆
				顶板:18mm厚木胶板,次楞100mm×100mm方木,主楞10号槽钢/100mm×100mm方木	
				预埋件	
3	主线暗埋段	ZK4+760~ZK4+834	三孔双层箱型	侧墙及中墙:4mm厚铝合金模板/18mm厚木胶板;内楞100mm×100mm方木,外楞采用$\phi 48 \times 3.5$钢管双拼。	盘扣架,立杆纵距l_a=0.6m,横距l_b=0.9m,步距h=1.5m,$\phi 48$mm立杆
4	主线暗埋段	ZK4+715~ZK4+760	三孔单层箱型		
5	工作井	ZK4+691~ZK4+715	双孔三层结构	顶板:18mm厚木胶板,次楞100mm×100mm方木,主楞10号槽钢	盘扣架,立杆纵距l_a=0.6m,横距l_b=0.9m,步距h=1.5m

(2)施工质量控制要求。

①支架进场检查验收。

应对进场的承重杆件、连接件等材料的产品合格证、生产许可证、检测报告进行复核,并对其外观质量力学指标进行抽检。检测项目及方法详见表3-1-42,检测合格之后方可应用到工程中。

材料进场检验内容 表3-1-42

部位	要求	检查方式
钢管盘扣架杆件	应有产品质量合格证、质量检验报告	检查资料
钢管盘扣架杆件	钢管应无裂纹、凹陷、锈蚀,不得采用对焊焊接钢管;钢管应平直,直线度允许偏差应为管长的1/500,两端应平整,不得有斜口、毛刺	目测
连接盘	应有生产许可证、质量检测报告、产品质量合格证、复试报告	检查资料
连接盘	不允许有裂缝、变形、螺栓滑丝;扣件与钢管接触部位不应有氧化皮	目测
连接盘	插销楔入连接盘后可以自锁,且锤击后不拔脱,抗拔力不小于3kN	
扣件	应有生产许可证、质量检测报告、产品质量合格证、复试报告;不允许有裂缝、变形、螺栓滑丝;扣件与钢管接触部位不应有氧化皮;活动部位应能灵活转动,旋转扣件两旋转面间隙应小于1mm;扣件表面应进行防锈处理	检查资料目测
扣件螺栓拧紧扭力矩	扣件螺栓拧紧扭力矩值不应小于40N·m,且不应大于65N·m	扭力扳手
可调托座	应有产品质量合格证、质量检验报告	游标卡尺钢板尺测量
可调底座	应有产品质量合格证、质量检验报告	游标卡尺钢板尺测量
可调底座	可调底座调节丝杆外露长度不大于300mm	
脚手板	木脚手板材质应符合现行国家标准《木结构设计规范》(GB 50005)中Ⅱa级材质的规定。扭曲变形、劈裂、腐朽的脚手板不得使用	目测
脚手板	木脚手板的宽度不宜小于200mm,厚度不应小于50mm;板厚允许偏差2mm	钢板尺
安全网	安全网绳不得损坏和腐朽,平支安全网宜使用锦纶安全网;密目式阻燃安全网除满足网目要求外,其锁扣间距应控制在300mm以内	目测

②模板质量验收要求。

模板质量验收要求见表3-1-43。

模板质量验收要求 表3-1-43

		质量验收规范的规定		允许偏差	检查方法
主控项目	1	模板及支架必须具有足够的强度、刚度和稳定性		—	现场检验
	2	涂刷模板隔离剂,不得沾污钢筋和混凝土接槎处		—	现场检验
一般项目	1	模板接缝不应漏浆,与混凝土接触面应清理干净并涂刷隔离剂。浇筑前,模板内杂物应清理干净		—	现场检验
	2	预埋件、预留孔洞允许偏差	预埋钢板中心线位置(mm)	±3	钢尺
			预埋管、孔中心线位置(mm)	±3	钢尺
			预埋螺栓 中心线位置(mm)	±2	拉线、钢尺
			预埋螺栓 外露长度(mm)	+10,0	钢尺
			预留洞 中心线位置(mm)	±10	拉线、钢尺
			预留洞 尺寸(mm)	+10,0	钢尺
	3	模板安装允许偏差	轴线位置(mm)	±5	钢尺
			截面内部尺寸(mm)	+4,-5	钢尺
			层高垂直度(%) 不大于5m	6	吊线、钢尺
			层高垂直度(%) 大于5m	8	吊线、钢尺
			相邻两板表面高低差(mm)	±2	钢尺
			表面平整度(mm)	±5	钢尺

③施工要点。

a.模板使用前应在地面进行试拼装,选取表面平整度满足要求的材料。

b.模板支搭前,应将结构施工缝处已硬化的混凝土表面水泥薄膜、松散混凝土及其软弱层进行剔凿,并冲洗清理干净,同时应将受污染的钢筋清刷干净。

c.模板安装拼缝处粘贴海绵条,不得突出模板面。侧墙、中隔墙墙体模板下口堵缝用海绵条粘在模板上,不得直接粘在混凝土表面。

d.模板安装位置、轴线、高程、垂直度符合设计要求和相关规范标准;结构及构件尺寸准确,预埋件等位置、尺寸准确,固定牢固。

e.合模前,检查钢筋、预埋件、预留洞口、穿墙套管是否遗漏,位置是否准确,安装是否牢固,发现问题及时处理。

f.拆模应按程序进行,严禁使用撬棍拆除,禁止高空抛物。

(3)钢支撑换撑实施。

由于本基坑跨度大,主体结构在施工期间须进行换撑作业,保证基坑变形和稳定。主体结构换撑时,主体结构的侧墙混凝土强度必须达到设计强度要求后方能进行,换撑钢围檩采用双拼H型钢,由Q235钢板焊接而成,钢围檩与侧墙、中墙结构预埋钢板进行焊接,支撑中间用钢联系梁支撑。主体结构顶板混凝土强度达到设计强度后,拆除换撑。换撑及拆除如图3-1-54所示。

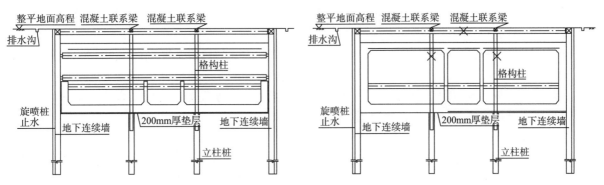

图3-1-54 换撑架设与拆除示意图

3.混凝土工程

(1)一般要求。

严格控制混凝土原材料质量,即水泥、砂、石、水、外加剂和各种技术指标均符合规范要求。混凝土原材料计量控制在允许误差范围内。随时测定集料的含水率,以便调整用水。严格控制水灰比,使坍落度控制在允许误差范围内。

采用强制性搅拌机、电子计量系统、含水率实时监测系统,耐久性混凝土搅拌符合相关标准规定。对拌合物的坍落度、扩展度、泌水率、含气量等进行测定,保证良好的和易性。车辆运输能力及数量应满足混凝土凝结速度及浇筑速度的需要,且混凝土运输到指定地点后的和易性能够满足要求。应事前考虑由于运输时间造成的混凝土坍落度损失,严禁私自加水调整。

(2)混凝土抗裂性能优化试验。

①背景介绍。

本工程明挖段主体结构形式主要为U形槽结构(敞开段)及箱形框架结构(明挖暗埋段)。每流水段侧墙长15~20m,高5~8m,厚0.6~1.2m。这种超长的连续侧墙结构是混凝土结构中极易开裂的部分,主要原因是混凝土中水泥产生大量水化热使结构升温,在拆模后结构快速降温产生很大温度收缩。

②优化措施。

在混凝土中掺入高效膨胀剂和水化调控型外加剂复合而成的HME-V混凝土(温控、防渗)高效抗裂剂,可以有效降低水泥水化过程中加速期的水化放热过程,同时调控膨胀剂膨胀速率,降低侧墙开裂风险。

③配合比设计对比分析。

对普通基准配合比、按大体积混凝土高掺粉煤灰和矿渣粉配合比,以及掺加HME-V高效抗裂剂三种配合比进行对比分析。试验混凝土配合比见表3-1-44。配合比水胶比保持0.36不变,胶凝材料总质量保持不变为428kg/m³,有效减少这两个因素对试验结果的影响。

试验混凝土配合比(单位:kg/m³)   表3-1-44

试验编号	水泥	粉煤灰	矿渣粉	抗裂材料	砂	砂石	水	减水剂
1(基准)	300	128	0	0	747	1031	154	4.28
2(高掺粉煤灰和矿渣粉)	257	86	86	0	747	1031	154	4.28
3(掺HME-V)	257	86	51	34	747	1031	154	4.28

在试验室中通过小型构件绝热试验评估各配合比对混凝土温升的影响,详细数据如图3-1-55所示。可以看出,单纯增加矿物掺合料用量只能减少一部分水泥水化产生的热量,使混凝土峰值降低约4℃。掺加HME-V高效抗裂剂后,混凝土温度峰值由56℃降低到46℃,降低了10℃,并且温度峰值出现的时间也推迟了约2d。这是由于HME-V高效抗裂剂中水化调控型成分减缓了水泥水化过程,有效降低了混凝土降温过程中的温度应力。

同时,在试验过程中对各配合比混凝土3d、7d、14d、28d、56d的抗压强度进行检测评估,数据显示掺HME-V高效抗裂剂混凝土配合比强度增长相对较慢,但在56d时三种配合比混凝土抗压强度几乎相等。这是由于降低了水泥的早期水化速率,因此会影响混凝土早期强度。可以结合现场实际情况掺入适量外加剂提高混凝土早期强度。

④工程应用。

现场侧墙采用掺HME-V高效抗裂剂配合比,混凝土浇筑前在侧墙中部埋置温度传感器,用于监测混凝土硬化过程温度变化,如图3-1-56所示。可以看出,侧墙结构混凝土温度峰值在3d左右出现,温度约40℃。随后混凝土进入降温阶段。降温速度为1~2℃/d,温降平缓,降低了混凝土温度收缩应力。

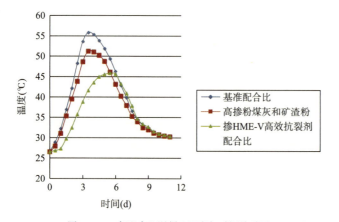

图3-1-55 各配合比混凝土温度与时间关系图

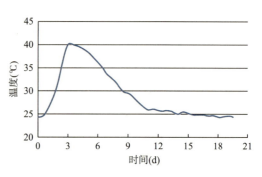

图3-1-56 侧墙实体混凝土内部温度变化图

混凝土浇筑时控制混凝土入模温度不超过30℃。现场对入模温度控制的主要措施包括混凝土原材料降温、冷水拌和、运输过程中的保温、合理的浇筑时间选取等。当其中某项温度较难控制时,应根据实际情况采取相关措施加强对其他项目温度控制,以满足入模温度控制要求。具体措施如下:

a.集料提前进场入库储存,在砂石遮阳棚的基础上,必要时采用洒水或雾炮机对料场内的砂石料进行喷雾降温,将集料温度控制在25℃以下。

b.拌和站混凝土搅拌用水采用制冷机组进行冷却,将水温控制在10℃以下。

c.在水泥厂专罐储存的基础上,于拌和站设立500t储罐,对进站高温粉料进行提前储存并于水泥厂设置中间仓储存倒运，宜在储罐表面涂刷隔热涂层材料。

d. 采用隔热布包裹混凝土运输罐车，必要时对混凝土运输罐车进行洒水降温。

e. 施工现场设置调度人员，根据浇筑情况调配两侧混凝土搅拌运输车卸料次序及拌和站生产时间，避免混凝土因罐车在现场停留时间过长而升温。

f. 对施工进度提前计划安排，选取合理的浇筑时间，避免高温浇筑。

g. 充分考虑运输、泵送对混凝土温度的影响，可根据工艺试验确定运输、泵送对混凝土温度的影响，结合实际条件采取必要措施以满足设定的入模温度要求。

h. 一般混凝土浇筑 2d 后拆模，掺 HME-V 高效抗裂剂的混凝土前期强度增长较慢，根据环境温度不同，普遍较一般混凝土的拆模时间延长 3～5d。而后紧跟合理的养护措施，控制混凝土结构里表温差。

该段侧墙拆模后使用专用的养护贴进行养护，如图 3-1-57 所示。养护贴具有保湿保温效果，可在达到良好养护效果的同时避免混凝土在降温过程中温度骤降产生较大温度应力，降低开裂风险。

图 3-1-57　侧墙混凝土养护贴养护

（3）主体结构各部位浇筑要求。

主体结构各部位浇筑要求见表 3-1-45。

主体结构各部位浇筑要求　　　　表 3-1-45

部位	浇筑要求
底板、顶板	（1）浇筑前将模板内的杂物清除干净，并确保钢筋的保护层垫块已垫好，待底板钢筋、模板、预埋件、止水钢板等安装完成并经现场监理和质检员验收合格后方可开盘浇筑混凝土。 （2）板混凝土厚度为 600～1200mm，依据工作量及现场场地实际情况，保证基础底板混凝土浇筑的连续性，现场配置两辆汽车泵连续浇筑(52m)，由现场工区负责人统一指挥调度，确保工作的协调、顺利。浇筑混凝土过程中，现场专设一名管理人员与搅拌站联系，及时掌握混凝土的供应情况，保证浇筑过程中混凝土连续供应。 （3）底板、顶板混凝土浇筑按段分层从低向高处进行，汽车泵先支设于基坑两侧对称浇筑，隧道采用斜面分层的浇筑方式，分层厚度 30～50cm。振捣工作从浇筑层的下端开始，逐渐上移以保证混凝土施工质量，上下层搭接 50～100mm，上下层混凝土浇筑间隔时间控制在 2h 以内
侧墙、中隔墙	（1）按照先中墙后侧墙的顺序进行浇筑，中隔墙浇筑混凝土至高程后再浇筑侧墙混凝土。严格按照分层、对称浇筑的原则进行，分层厚度为 30～50cm，保证连续浇筑，侧墙最大分层高度为 5m。 （2）混凝土浇筑前，先在底部均匀浇筑 5cm 厚与墙混凝土同配比的水泥砂浆。 （3）混凝土浇筑完成后，将上口预留钢筋加以调整，表面混凝土进行找平。 （4）侧墙施工缝设置镀锌止水钢板，浇筑混凝土时设专人负责查看止水带情况，若有倾斜或走形变样立即校正并固定牢靠，保证止水钢板埋置准确
梁板节点	（1）梁板混凝土采用泵送施工时，留竖向垂直施工缝，不得留斜槎。施工缝须凿毛、湿润，梁板混凝土应连续浇灌，振捣棒采用斜插法，插点行列间距 60cm。振捣密实，表面木抹压平，为防止梁板出现早期干缩裂缝要进行二次收面。 （2）浇筑梁板时，浇筑方法为由一端开始向前分区分段进行(同底板浇筑方法)，先浇筑梁，分层浇筑到达板底，当到达板底位置时其他与板混凝土一起浇筑，随着分层阶梯不断延伸，梁板混凝土连续向前进行。 （3）浇筑板混凝土的虚铺厚度应略大于板厚，用平板振捣器在垂直浇筑方向来回振捣，用钢插尺检查混凝土厚度，振捣完毕后用长木抹子抹平

（4）混凝土养护。

混凝土浇筑完毕 12h 内进行养护。

底板、顶板混凝土浇筑完成之后应及时对混凝土面进行收光、抹压，且应进行二次抹压处理，有利于抑制表面裂缝，提高表面质量。

立柱混凝土采用塑料薄膜进行养护。先在立柱表面用喷雾器淋湿，保证塑料布内有凝结水，塑料布覆盖严密。对侧墙、中隔墙混凝土,拆模板前利用模板进行养护,从顶部设水管喷淋或用喷雾器喷射,拆模后用喷雾器将墙体表面淋湿,保持混凝土表面潮湿。

夏季施工时可在板面上洒水或蓄水进行养护。冬季施工时在塑料薄膜覆盖基础上采用棉被蓄热保温。混凝土内部和表面的温差不超过25℃,表面与外界温差不大于20℃。冬季施工时混凝土强度达到设计强度的50%且不少于14d时,方可撤除养护措施。

(5)质量缺陷处置。

根据混凝土结构可能出现的不同等级质量缺陷,制定质量缺陷处置预案,分别采取相应的处理措施,具体见表3-1-46。

质量缺陷分级处理表 表3-1-46

名称	一般缺陷	严重缺陷
露筋、蜂窝、孔洞、夹渣、疏松、外表缺陷	人工采用锤子和凿子将胶结不牢固部分的混凝土凿除,用清水冲洗干净,采用1:2~1:2.5聚合物水泥砂浆抹平,再粉刷后保证与混凝土面无色差,做好处理记录	(1)凿除胶结不牢固部分的混凝土至密实部位,用钢刷除锈,并将表面碎屑、灰尘清洗干净。 (2)支设模板,洒水湿润,在工作基面上涂刷界面剂(水泥基渗透结晶型防水涂料)。 (3)采用比原混凝土强度等级高一级的细石混凝土浇筑密实,采用塑料布覆盖养护,养护时间不应小于7d。 (4)粉刷后保证与混凝土面无色差,做好处理记录
裂缝	采用抹面的方式封闭裂缝,沿裂缝开一凹槽,用清水冲洗干净,采用1:2~1:2.5聚合物水泥砂浆抹平,再粉刷后保证与混凝土面无色差,做好处理记录	(1)采用环氧材料注浆封闭。 (2)裂缝封闭完成后,将表面杂物清理干净,采用1:2~1:2.5聚合物水泥砂浆抹平,再粉刷后保证与混凝土面无色差,做好处理记录
连接部位缺陷、外形缺陷	与面层装饰施工一并处理	水泥砂浆或细石混凝土修补后用磨光机械磨平

4.结构外防水

(1)防水基面要求。

防水基面应平顺、干燥。凸出处凿平,凹出处抹平,基面平整、无杂物,保持干燥、无明显渗水及积水。

(2)卷材铺设要求。

①卷材堆放位置合理、堆放整齐、控制好堆放高度。

②搭接缝应粘牢固,密封严实,不得有皱褶、翘边和鼓泡等缺陷。在平面和立面的转角处,外防水层的接缝留在平面上,距立面不小于1000mm。

③卷材应粘牢固,结合紧密,固定牢固,相邻两幅卷材的有效搭接宽度为10cm(不包括钉孔)。将针钉部位覆盖住,要求上幅压下幅进行搭接。立面施工时,固定点距卷材边缘2cm处,钉距500mm进行机械固定,并保证固定点被卷材完全覆盖。

④转角做成50×50mm水泥砂浆倒角,阴角做成半径为50mm的圆弧,在阴阳角等重点防水细部构造处铺设加强防水层,宽度为300~500mm。应粘(焊)牢固,密封严密,无皱折、翘边和鼓泡等缺陷。

(3)止水带安装。

①堆放位置合理,堆放整齐,无扭曲现象,设置标识牌。

②材质必须符合设计要求,检查出厂合格证、质量检验报告。

③安装位置正确、平直、无扭曲、固定牢固。

④接头应采用热接,不得叠接,接缝平整、牢固,不得有裂口和脱胶现象。

⑤钢边橡胶止水带安装,安装位置正确、平直、无扭曲、固定牢固,预留部分用卡具固定,妥善保护。

⑥钢板止水带安装,接头搭接长度≥100mm,双面焊接,接缝平整、焊缝饱满。

(4)水泥基涂刷。

①材质必须符合设计要求,应检查出厂合格证、质量检验报告。

②基面杂物和积土用高压风清理。

③在混凝土施工缝的基面应先涂一层基层处理剂，涂膜应多遍完成。

（5）顶板防水。

①应分层刷涂或喷涂，涂层应均匀，不得漏刷漏涂，与基层之间应粘牢固，不得有空鼓、砂眼、脱层现象；接槎宽度不应小于100mm。防水涂料基面应干净、无浮浆、无浮灰、无水珠、不渗水，如有气孔、凹凸不平、蜂窝、缝隙、起砂，应修补处理。涂料防水层施工严禁在雨天、雾天及五级及以上大风天施工。

②所有阴角部位用水泥砂浆做成5cm×5cm的倒角，阳角应做成大于10cm的圆弧形，在转角处增涂防水材料。

③应使胎体层充分浸透防水涂料，不得有露槎及褶皱。

（6）细部防水。

主体工程细部防水施工是不容忽视的重要环节，主要包括桩头、格构柱、变形缝、施工缝、降水井封堵、预留孔洞防水等。须按照设计图纸要求进行单一或复合型防水处理，严格控制防水材料各项性能指标，以保证施工质量。以下重点对施工缝、格构柱、降水井的防水施工要求进行描述：

①施工缝：敞开段、明挖段底板和顶板上均设置环向、水平施工缝，侧墙设置纵向水平施工缝。环向施工缝仰角15°~20°设置中埋式自粘钢边橡胶止水带，宽350mm，厚10mm。垂直施工缝和水平施工缝均涂刷优质水泥基渗透结晶型防水材料，用量不小于$1.5kg/m^2$，厚度不小于2.0mm。侧墙纵向水平施工缝居中设置"U形"镀锌钢板止水带，向两侧各延伸150mm，弯折长度15mm，同时在距离结构内侧200mm处设置遇水膨胀止水胶条。

②格构柱：首先将立柱桩的桩头清理干净，涂刷水泥基渗透结晶型防水涂料，桩头四周涂刷10mm聚合物水泥基M10防水砂浆，桩头防水高度100mm。将锚入板体钢筋延根部逐根涂抹遇水膨胀止水胶，在混凝土施工前保证不得与水接触。格构柱伸入结构内的范围需焊接双层钢板止水带，上层距混凝土面250mm，下层距混凝土底250mm，格构柱超出板体的范围需在整体结构施工完成后进行截断处理。

③降水井：降水井根据变形量大小，采用套管式防水法，套管设置止水环。降水井穿过防水层的部位进行防水密封处理，降水井外侧设置防水套管，防水套管位于减压井井管居中位置，与减压井井管间距为10mm，环四周满焊，焊缝质量符合规范要求。焊接完成后，套管内缝隙注满水泥浆，水灰比为0.5，保证防水套管与减压井之间封堵密实；共设置三道止水环，止水环为10mm厚止水钢环，底部止水环宽度200mm，距底板底部400mm；中部止水环宽度100mm，距底板顶部300mm；顶部止水环为止水法兰盘，宽度为45mm，与底板顶部高程一致。

第五节　经 验 总 结

一、主要工程进度指标分析

本段工程中各分部进度工效见表3-1-47~表3-1-50。

工作井施工工效分析表　　　　　　　　表3-1-47

序号	项目	总量	单位	工效	工期	设备	备注
1	三轴搅拌桩槽壁加固	494	组	13组/d	38	1台	加固深度12m
2	导墙	109	m	6米/d	19	1个班组	导墙深度1.5m
3	地下连续墙	19	幅	1幅/d	23	1台	深度48m
4	高压旋喷桩	20	组	3组/d	8	1台	深度48m
5	立柱桩及抗拔桩	8	根	2根/d	5	1台	桩长22.3m

续上表

序号	项目	总量	单位	工效	工期	设备	备注
6	降水井	17	口	1 口/d	17	1 台	含水层顶面下 20m
7	表层土开挖及冠梁施工	2104	m³	600m³/d	9		深度 2m
8	第一道支撑（KL-1）及开挖	5075	m³	600m³/d	18		5.5m
9	第二道支撑（KL-2）及开挖	4430	m³	600m³/d	18		4.8m
10	第三道支撑及开挖	4550	m³	600m³/d	18	1 个班组	4.93m
11	第四道支撑（KL-3）及开挖	3894	m³	600m³/d	17		4.22m
12	第五道支撑及开挖	3737	m³	600m³/d	11		4.05m
13	基底人工开挖	277	m³	40m³/d	14		0.3m

工作井单层施工工效分析表（层高 8.5m）　　　　　　　　　　　　　　　表 3-1-48

序号	工程项目	工序	天数(d)
1	工作井主体	混凝土等强	4
2		防水层	1
3		侧墙钢筋绑扎	5
4		模板施工	2
5		混凝土施工	1

明挖段施工工效分析表　　　　　　　　　　　　　　　表 3-1-49

序号	项目	总量	单位	工效	工期(d)	设备	备注
1	三轴搅拌桩槽壁加固	618	组	12 组/d	55	1 台	加固深度 10/12m
2	导墙	556	m	11 米/d	54	1 个班组	导墙深度 1.5m
3	地下连续墙	97	幅	1.5 幅/d	57	1 台	深度 16~43.5
4	高压旋喷桩	92	组	2 组/d	50	1 台	深度 25.8~28.2
5	SMW 工法桩	263	组	11 组/d	25	1 台	10~14m
6	立柱桩及抗拔桩	380	根	11 根/d	36	2 台	桩长 22.3m
7	基底加固	1476	组	39 组/d	38	2 台	基底以下 3m
8	降水井	146	口	10 口/d	15	5 台	含水层顶面下 15m
9	支撑及开挖	15894	m³	600m³/d	155	2 个班组	0.4~22m

明挖段主体结构施工工效分析（每流水段）　　　　　　　　　　　　　　　表 3-1-50

序号	工程项目	工序	天数(d)
1	主体结构	垫层混凝土及等强	5
2		防水层+混凝土保护层	2
3		底板钢筋绑扎	3
4		底板混凝土及等强+拆除支撑	4
5		侧墙防水+钢筋绑扎+模板支设+混凝土浇筑	5
6		顶板支撑脚手架搭设、模板架设	4
7		顶板钢筋绑扎、混凝土浇筑	4

二、总结

（1）对于本区域富水砂层的特殊地质，存在地下水丰富、地下水位高、地质不稳定等施工难点，这在围护结构施工过程中尤为明显。此类地层应根据施工技术要求制定地下连续墙成槽、钻孔桩成孔的控制措施,优化施工工艺流程,提高围护结构的施工质量,防止在基坑开挖过程中地下水从围护结构缺陷处(接缝夹泥、地下连续墙开叉等)渗流入基坑,造成涌水涌砂,甚至基底管涌的险情。

(2)本项目使用FGM渗漏水检测技术(Flexible Groundwater Monitor)对围护结构渗漏水进行检测,并对检测出来的薄弱部位采取有效措施进行处理,将基坑风险的被动防御转换成主动进攻,有效地降低了施工风险,提高了现场施工效率。经基坑开挖过程中验证,检测准确,处理有效,未出现渗漏水现象,充分保障了整体施工安全。

(3)本工程项目采取"降水回灌一体化"设计理念,整个工程共涉及114口降水井、57口观测井以及217口坑外回灌井,井数量多,各井启动时间不一,各工程段需要控制的水位深度不一,控制内容复杂。由于富水砂层地区渗透系数高,含水率大,且坑内外水力联系十分密切,基坑涌水量极大,停抽后水位恢复极快,因此需严格控制成井施工质量及降水-回灌一体化系统运行的稳定性,避免由于降水失效对周边环境和基坑内施工人员人身安全造成威胁。项目通过研发及应用自动反馈调节系统,充分体现了施工精细化管理控制理念。利用最新的物联网技术和智能处理计算,不仅能够让施工各方进行有效协调,保证了项目顺利实施,同时也节约了人力成本和能源消耗,控制了基坑外侧地面沉降变形,取得了良好的环境效益和社会效益。

(4)基坑开挖造成周边建(构)筑物沉降量较大,最大沉降量接近60mm。坑内降水时,坑外水位变化量较大,坑内外水力联系较为紧密,因此需要在被保护建筑周围布置回灌井,维持坑外地下水位保持不变。基坑外土体沉降量受基坑开挖深度和开挖时间影响明显,在距离基坑边缘0.8~2倍基坑开挖深度范围内,随着到基坑边缘距离的增加,沉降量近似于线性减小,距离基坑边缘2倍基坑开挖深度范围外的土体沉降影响仍然明显,可达坑外沉降最大值的一半。基坑开挖造成周边土体沉降量大、沉降速度快,因此需要引起重视,做好基坑工程周边环境控制评估和防治工作,保证周边建(构)筑物的安全。

(5)现场基坑的施工完成,证明悬挂式止水帷幕是可行的,且实际采用的止水帷幕和井点降水方案较为合理。悬挂式止水帷幕可大大减少工程造价,节约工期,对周边环境的影响可控。

(6)在本工程明挖段局部区段侧墙施工中应用高抗裂混凝土进行的对比试验表明,有效减缓了水泥水化热速率,抑制混凝土结构早期升温,减小温度收缩,在满足抗渗混凝土设计要求的同时,使得混凝土抗裂性能得到显著提高。本工程在解决侧墙及类似结构开裂问题方面取得较大进展,相关施工经验可供类似工程参考。

第二章 江南燕子矶城区硬岩地层深埋明挖隧道施工

第一节 概 述

一、总体情况

江南明挖段位于栖霞区和燕路,起于和燕路与燕恒路交叉口,向北延伸至燕子矶中学。工程范围包括江南工作井和明挖段(左线:ZK0+924.752~ZK1+726,长801.247m;右线:YK0+923.746~YK1+732.548,长808.802m)。

该部分工程主要为阶地及坳沟地貌单元,坳谷区浅部土层为第四系软塑~可塑状黏性土,下部土层为第四系可塑~硬塑状黏性土,下伏基岩主要为白垩系浦口组含砾砂岩、砂砾岩,局部分布古生界石炭系灰岩;上部土层为第四系可塑~硬塑状黏性土,下部基岩主要为含砾砂岩、砂砾岩,典型断面地质剖面图如图3-2-1所示。

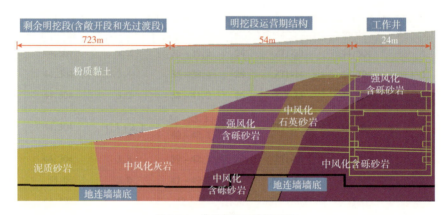

图3-2-1 典型断面地质剖面图

根据埋深及围护结构形式将本区域划分四个段落,各段分布如图3-2-2所示。

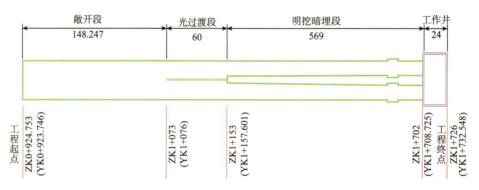

图3-2-2 江南段工程平面布置图(尺寸单位:m)

二、重难点

1. 城区内施工,征地拆迁、交通疏解、管线改迁、绿化迁移等难度大

重难点分析:

(1)该部分工程处于南京市栖霞区城区主干道,周边以居住、金融、行政办公等为主,人流密集,交通组织压力大;道路两侧有大量房屋征拆,总拆迁面积约2.7万 m^2,整体拆迁难度大;政策性强、利益主体及协调部门多导致协调难度大、不确定性因素多。

(2)施工区域内管线纵横交错,其中包括自来水、燃气等有压管线,雨水箱涵、污水管线等横跨明挖基坑,改迁及保护难度大。

应对措施:

(1)施工前对周边建(构)筑物和管线等进行详细调查,优化方案,拆解任务,指定专人配合征迁工作;结合临时场地布置需求及杆管线的分布,合理制定迁改计划,考虑管线迁改永临结合;加强协助交通疏解管理。

(2)加强对周边建(构)筑物和管线的巡视及监测,制定专项保护措施,对基坑外的管线进行标识;对横跨基坑的电力、燃气、污水、自来水、雨水、通信等管线进行专项保护。

(3)加强应急管理,对管线接头及阀门加强巡查,发现异常后及时联系管线单位进行处置。

2. 超深嵌岩、超厚地下连续墙施工质量控制难度大

重难点分析:

(1)本区域地下连续墙围护结构施工范围广、数量多,且大部分地下连续墙底部在岩层中,特别是江南工作井段地下连续墙墙厚1.5m,深度为49.5m,入岩深度最深达41m,岩石强度最大强度达54MPa;成槽时间长、上部软土极易发生缩槽及坍塌。

(2)由于地下连续墙成槽深度深,钢筋笼下放时,容易出现偏差,易导致墙面露筋。地下连续墙接缝处(除盾构洞门口采用铣接头外其余地下连续墙接头采用工字钢)容易产生混凝土绕流导致接缝处渗漏水等质量缺陷。

应对措施:

(1)针对上软下硬地层,科学合理地选用施工设备,保证施工效率:上部软土采用抓斗成槽机、下部岩层采用旋挖钻+铣槽机配合成槽,岩层厚、硬度高的部分采用双轮铣槽机成槽。

(2)地下连续墙深度大、成槽时间长,施工过程中加强控制泥浆质量,增大泥浆质量检测频率,确保泥浆的护壁效果,及时补充泥浆,保证泥浆液位;施工过程中禁止其他车辆在施工槽段附近通行,减小对槽段的扰动,保证槽壁稳定,防止缩孔及坍塌。

(3)施工过程中依靠设备自带的槽壁纠偏功能及时检测修正垂直度,成槽完成后利用超声波检测成槽质量。

3. 超宽超深基坑稳定性控制是本工程的重难点

重难点分析:

(1)本区域基坑宽度为28.5~40.5m,深度为0~45.4m,其中工作井基坑长24m、宽50m、深45.4m,属于超深基坑。

(2)本区域ZK1+246~ZK1+493.6(YK1+254~YK1+501.7)段与南京地铁1号线燕子矶站基坑平行设置,水平距离仅9.6~15m。该段明挖隧道基坑深度14.5~25.5m,地铁车站基坑深度为19m,两个工程同期实施,存在施工场地相互干扰、深基坑施工对已完结构的影响等诸多问题。

(3)基坑上部 10~30m 主要位于粉质黏土层中,下部位于中风化含砾砂岩、砂砾岩及灰岩地层中,复合地层条件下基坑开挖易出现围护结构变形超限、渗漏及基坑失稳等风险。

(4)基坑西侧建筑物多,包括年代久远的居民楼、学校等敏感建筑物;施工过程中保证其安全是本工程的控制重难点。

(5)基坑开挖严格按"时空效应"原理组织施工,尽量减小基坑变形造成的建筑物、管线沉降变形;重要建筑物处的深基坑施工时,及时补偿支撑轴力损失,以减小基坑变形。

应对措施:

(1)加强围护结构施工质量,确保围护结构强度和防渗质量。

(2)处理好土方开挖和支撑的关系。

(3)现场根据地质勘察进行了降水试验,经论证,地下水对基坑开挖影响较小。

(4)与地铁车站施工单位保持密切联系,掌握车站的施工方案及进展,施工中做好变形监测等数据共享,及时分析,指导施工。

(5)距离房屋较近的基坑处优化支撑形式(由 4 钢支撑 +2 混凝土支撑变为 3 钢支撑 +3 混凝土支撑),增加钢支撑伺服系统,控制基坑变形、减少房屋和管线的影响。

4. 岩溶区范围施工是本工程的重难点

重难点分析:

本区域左线 ZK1 +570 ~ZK1 +640、右线 YK1 +595 ~ YK1 +665 段位于岩溶区,地下连续墙、钻孔灌注桩施工过程中遇到溶洞可能发生泥浆突然泄漏、槽孔坍塌,造成周边道路、建筑物、管线的破坏等;结构下方溶洞的覆土或岩层如不能支撑上部结构的荷载,会造成明挖暗埋隧道结构较大的沉降或塌陷,影响过江隧道的正常运营。

应对措施:

(1)认真研读地勘报告,将基坑位置和岩溶区位置在现场标出。走访周边在建工程的项目、查阅周边工程的档案资料,了解岩溶范围、形式、大小、埋深、对工程的影响程度以及对岩溶的施工处理方式等,为本区域岩溶探测和处理方案提供参考。

(2)对岩溶区域进行专项勘察,通过钻孔勘探、跨孔 CT、地震波等方式探测溶洞。探孔过程中遇溶洞,及时进行注浆填充密实,注浆后取芯验证效果。

(3)该区段地下连续墙、抗拔桩施工过程中,准备充足的护壁泥浆和河砂备用,以应对泥浆泄漏等突发情况。

三、施工组织方案

本项目位于主城区,周边环境复杂、敏感,施工需拆迁大量房屋、改迁多种管线,过程中根据工程总工期及拆迁进度科学组织施工。

1. 房屋拆迁

和燕路两侧多为企事业单位、居民小区、学校、商铺等建(构)筑物,人流密集,交通量大。需要拆迁的房屋多达 23 处。总拆迁面积约 2.7 万 m^2,整体拆迁难度大,拆迁历时长(2019 年 5 月开始,2022 年 7 月结束)。

2. 管线改迁

施工范围内管线种类多、走向错综复杂(表 3-2-1),改迁量大,主要有弱电、电力、给水、污水、雨水和燃气等,涉及 12 家产权单位,改迁路由狭窄,改迁难度大。

基坑周边管线清单 表 3-2-1

序号	管线名称	部位	影响围护结构
1	弱电	基坑西侧及基坑内	三轴搅拌桩 9 幅
			SMW 工法桩 2 幅
			800mm 钻孔桩 7 根
			800mm 地下连续墙 9 幅、1000mm 地下连续墙 3 幅、1200mm 地下连续墙 7 幅、1500mm 地下连续墙 4 幅
2	强电	基坑西侧及基坑内	SMW 工法桩 3 幅
			800mm 钻孔桩 8 根
			800mm 地下连续墙 8 幅、1000mm 地下连续墙 16 幅、1200mm 地下连续墙 16 幅
3	给水	基坑西侧及基坑内	三轴搅拌桩 12 幅
			SMW 工法桩 4 幅
			800mm 钻孔桩 11 根
			800mm 地下连续墙 4 幅、1000mm 地下连续墙 4 幅、1200mm 地下连续墙 16 幅、1500mm 地下连续墙 6 幅
4	污水	基坑西侧及基坑内	三轴搅拌桩 5 幅
			SMW 工法桩 3 幅
			800mm 钻孔桩 3 根
			800mm 地下连续墙 4 幅、1000mm 地下连续墙 2 幅、1200mm 地下连续墙 15 幅、1500mm 地下连续墙 4 幅
5	雨水	基坑西侧及基坑内	三轴搅拌桩 5 幅
			800mm 钻孔桩 9 根
			800mm 地下连续墙 7 幅、1000mm 地下连续墙 3 幅、1200mm 地下连续墙 33 幅、1500mm 地下连续墙 3 幅
6	燃气	基坑西侧及基坑内	三轴搅拌桩 3 幅
			SMW 工法桩 2 幅
			800mm 钻孔桩 3 根
			800mm 地下连续墙 3 幅、1000mm 地下连续墙 5 幅、1200mm 地下连续墙 21 幅、1500mm 地下连续墙 3 幅

3．施工组织

结合现场施工条件，将燕子矶长江隧道区段划分为一、二、三区和工作井四个区段。以工作井为重点，结合改迁及拆迁进度同步组织各区段施工。施工中受到部分房屋拆迁和化纤管线改迁缓慢的影响，将三个区段的隔墙位置进行调整，如图 3-2-3 所示。

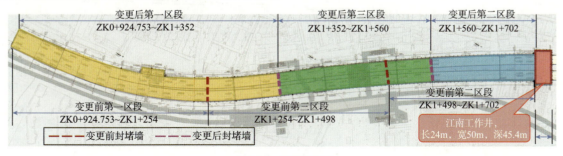

图 3-2-3　区段调整图

各区段施工流程如图 3-2-4 所示。

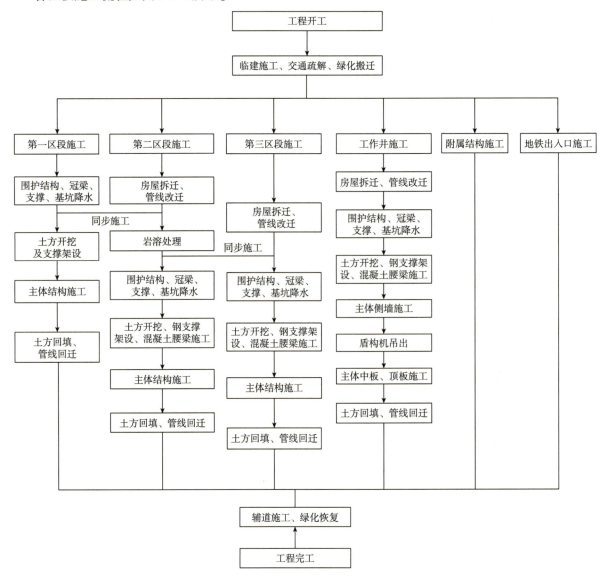

图 3-2-4　各区段施工组织图

在施工中,结合房屋拆迁和管线改迁进度,拆除一处,封闭一处,尽快完成建筑物附近的围护结构施工。针对重点部位(江南工作井)调整隔墙形式(增加隔墙深度)和支撑形式,尽快开挖并施工结构,使之满足盾构接收条件。对长时间未拆除建筑(北桥大市场),调整隧道线路,保证施工进度,如图 3-2-5 所示;增加临时铺盖,解决场地狭小、大型起重机进出困难、泵车站位等问题,如图 3-2-6 所示;增加临时存土场,解决环保管控、雨季及中高考对土方外运的制约。

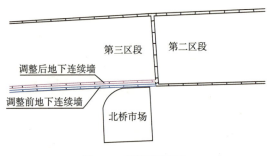

图 3-2-5　隧道线路调整

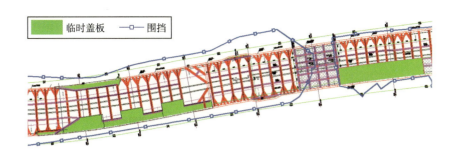

图 3-2-6 增加临时盖板

第二节 岩溶区地层处理

根据现场地质勘探结果，左线 ZK1+570~ZK1+640 段、右线 YK1+595~YK1+665 段位于岩溶区（图 3-2-7）。该区段分布石炭系灰岩，溶洞高度 0.4~3.3m 不等，一般为可塑~硬塑状粉质黏土充填，含风化岩块，部分为空洞。据统计，见洞率为 50%，单孔线岩溶率为 13.1%~26.6%，总线岩溶率为 9.9%。综合判定，该区段岩溶强烈发育。岩溶水水位埋深 3.7~4.5m，水位高程 11.01~13.21m。

图 3-2-7 岩溶区域平面位置图

基于详勘结果，设计阶段提出了施工阶段进行岩溶专项勘察的要求，施工单位根据设计图纸编制了《岩溶勘探专项施工方案》，进行了专家论证，最终确认采用物探 CT + 钻孔勘探的方式进行岩溶勘察，用注浆的方式对溶洞进行处理。

一、岩溶专项勘察

1. 物探 CT

为初步查明规模较大的岩溶、破碎区位置，以跨孔电阻率 CT 和跨孔电磁波 CT 进行物探。沿隧道轴线方向设计 L1、L2、L3 三条测线，共计 12 个钻孔，L1、L2 分别沿地下连续墙外轮廓线向两侧外扩 2m，L3 位于岩溶治理区域中间位置，位于地连墙两侧的钻孔与隧道中间钻孔之间横纵和交叉组合，如图 3-2-8 所示。

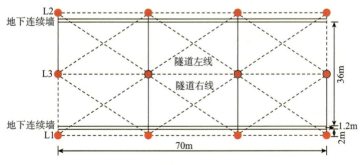

图 3-2-8 跨孔电阻率 CT 探测剖面布置图

本次工程物探勘察外业共完成井-井方式跨孔电阻率CT剖面29对,测线编号为W1～W29,跨孔电磁波CT剖面4对,如图3-2-9所示。通过物探初步查明了规模较大的岩溶区的范围分布,与地勘结果相符。

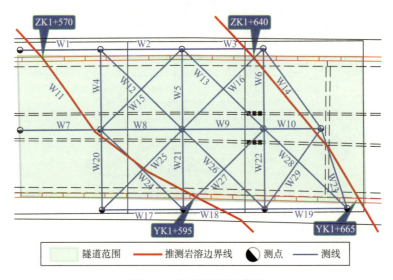

图3-2-9　CT探测孔布示意图

2. 钻孔勘探

根据详勘及物探CT结果,对推测岩溶边界线内的溶洞进行钻孔勘探,具体包括地下连续墙槽段内、抗拔桩、立柱桩桩位、基坑留白处。

（1）布孔。

根据设计图纸要求和施工方案通过专勘孔进行岩溶初步勘探,其施工重点一是查明岩溶与非可溶岩接触界线、岩溶边界;二是查明岩溶发育情况（包括岩溶大小、位置、埋深等）、发育规律;三是查明岩溶段岩溶水情况。专勘孔主要布置于地下连续墙、临时立柱桩及抗拔桩、基坑内留白区域等三个部位。

由专勘孔揭露溶洞后,按照间距2.0m圆周形布置探边孔查找洞体边界,查找范围至围护结构边线外3m。在查找洞体边界时,若外围钻孔未发现溶洞,及时采用注浆封堵处理。专勘孔及探边孔布孔方式见表3-2-2和图3-2-10。

钻孔位置及数量表　　　　　　　　　　　　　　　　　　　表3-2-2

专勘孔位置	专勘孔布置形式	专勘孔编号	探边孔布置形式及范围	探边孔编号
连续墙	一槽两钻,间距为3m	DZT1-1,DZT1-2,……	按照2m间距向外扩展,距连续墙外边3m为界,基坑内至溶、土洞边	DTB1-1,DTB1-2,……
临时立柱桩、抗拔桩	每根抗拔桩（临时立柱桩）打设1个探孔	KBZT1-1,KBZT1-2,……	桩身及桩端持力层范围内的溶、土洞	KBTB1-1,KBTB1-2,……
基坑内留白区域	间距6～8m,横向布置5排,纵向间距8m	ZT1-1,ZT1-2,……	按照2m间距向外扩展。如纵向边界处探边孔探测出溶洞,则加长探测范围直至探至溶洞外	TB1-1,TB1-2,……

（2）勘探结论。

整理勘探揭露的溶洞记录,对岩溶钻探的数据进行分析,三次钻孔的数据见表3-2-3～表3-2-5。

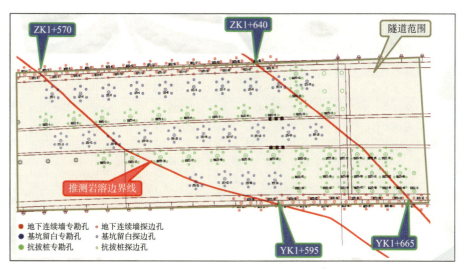

图 3-2-10 岩溶探边钻孔布置示意图

地下连续墙区域溶洞统计表

表 3-2-3

序号	孔号	孔深（m）	溶洞大小（m）	溶洞深度（m）	序号	孔号	孔深（m）	溶洞大小（m）	溶洞深度（m）
1	DZT1-1	51.5	1.3+1.9	37~38.3、45~46.9	23	DZT1-11	51.5	3.7	40~43.7
2	DZT1-1-1	51.5	2.2	39~41.2	24	DZT1-11-1	51.5	1.1+1.2	36~37.1、38~39.2
3	DZT1-1-2	55.0	3.2	41~44.2	25	DZT1-12	51.5	3.3	41~44.3
4	DZT1-2	51.5	3.3	37~40.3	26	DZT1-12-1	51.5	1.2+1.1	38~39.2、40~41.1
5	DZT1-2-1	51.5	2.7	38~40.7	27	DZT1-13	51.5	3.6	37~40.6
6	DZT1-3	51.5	0.5+2+1.1	37~37.5、39~41、45~46.1	28	DZT1-13-1	51.5	3.3	45~48.3
7	DZT1-3-1	51.5	3.4	42~45.4	29	DZT1-14	51.5	1.5+2.5	34~35.5、45~47.5
8	DZT1-4	51.5	3.4	42~45.4	30	DZT1-14-1	51.5	3.2	38~41.2
9	DZT1-4-1	51.5	3.1	34~37.1	31	DZT1-15	51.5	3.3	38~41.3
10	DZT1-5	51.5	3.2	40~43.2	32	DZT1-15-1	51.5	3.2	34~37.2
11	DZT1-5-1	51.5	3.1	34~37.1	33	DZT1-16	51.5	3.3	35~38.3
12	DZT1-6	51.5	3.4	40~43.4	34	DZT1-16-1	51.5	1.4+1.7	35~36.4、37~38.7
13	DZT1-6-1	51.5	3.2	39~42.2	35	DZT1-16-2	55.0	1.2+2.1	44~45.2、48~50.1
14	DZT1-7	51.5	1.4+1.7	39~40.4、43~44.7	36	DZT1-17	51.5	3.3	36~39.3
15	DZT1-7-1	51.5	3.4	39~42.4	37	DZT1-17-1	51.5	3.4	35~38.4
16	DZT1-8	51.5	1.4	48~49.4	38	DZT1-18	51.5	7	34~41
17	DZT1-8-1	51.5	3.3	39~42.3	39	DZT1-18-1	51.5	1.2+2.1	43~44.2、45~47.1
18	DZT1-8-2	55.0	2.8	40~42.8	40	DZT1-19	51.5	3.4	44~47.4
19	DZT1-9	51.5	1.6+1.5	39~40.6、43~44.5	41	DZT1-19-1	51.5	3.4	39~42.4
20	DZT1-9-1	51.5	2.3	39~41.3	42	DZT1-22	51.5	3.3	39~42.3
21	DZT1-10	51.5	1.3+1.8	38~39.3、40~41.8	43	DZT1-23	55.0	3.1	38~41.1
22	DZT1-10-1	51.5	1.3+1.1	40~41.3、42~43.1	44	DZT1-24	51.5	1.1+1.2	39~40.1、41~42.3

临时立柱桩、抗拔桩区域溶洞统计表　　　　　　　　　　　　表3-2-4

序号	孔号	孔深（m）	溶洞大小（m）	溶洞深度（m）	序号	孔号	孔深（m）	溶洞大小（m）	溶洞深度（m）
1	KBZT1-6	48.0	1	38～39	11	KBZT1-15-1	50.0	3.2	44.2～47.4
2	KBZT1-7	50.0	1	42～43	12	KBZT1-16	50.0	2.8	45～47.8
3	KBZT1-7-1	50.0	1	44～45	13	KBZT1-16-1	50.0	3.2	44.7～47.9
4	KBZT1-8	50.0	1	43～44	14	KBZT1-18	50.0	2.5	42～44.5
5	KBZT1-8-1	50.0	1	42～43	15	KBZT1-18-1	50.0	3.1	44～47.1
6	KBZT1-11	50.0	1	39～40	16	KBZT1-19	50.0	2.3	42～44.3
7	KBZT1-11-1	50.0	1	42～43	17	KBZT1-19-1	50.0	2.9	45～47.9
8	KBZT1-14	50.0	2	36～38	18	KBZT1-22	50.0	1.2+1.7	34.2～35.4、44～45.7
9	KBZT1-14-1	50.0	2.9	45～47.9	19	KBZT1-22-1	50.0	3.2	36～39.2
10	KBZT1-15	50.0	1	42～43					

基坑留白区域溶洞统计表　　　　　　　　　　　　表3-2-5

序号	孔号	孔深（m）	溶洞大小（m）	溶洞深度（m）	序号	孔号	孔深（m）	溶洞大小（m）	溶洞深度（m）
1	ZT1-5	44.304	2.3	40～42.3	19	ZT1-19	44.304	1	38～39
2	ZT1-5-1	44.304	3.5	38～41.5	20	ZT1-20	44.304	2	40～42
3	ZT1-6	44.304	3.2	38～41.2	21	ZT1-20-2	55.0	3.1	40～43.1
4	ZT1-6-1	44.304	3.2	35～38.2	22	ZT1-21	44.304	1	41～42
5	ZT1-7	44.304	3.1	34～37.1	23	ZT1-22	44.304	1	42～43
6	ZT1-7-1	44.304	3.2	36～39.2	24	ZT1-23	44.304	1	41～42
7	ZT1-9	44.304	3.4	35～38.4	25	ZT1-24	44.304	1	41～42
8	ZT1-9-1	44.304	3.2	38～41.2	26	ZT1-25	44.304	1	41～42
9	ZT1-10	44.304	1.3+2.1	34～35.3、40～42.1	27	ZT1-25-1	44.304	1	42～43
10	ZT1-10-1	44.304	3.3	39～42.3	28	ZT1-26	44.304	1	42～43
11	ZT1-14-2	55.0	2.8	47～49.8	29	ZT1-26-1	44.304	1	42～43
12	ZT1-15	44.304	1	42～43	30	ZT1-26-2	55.0	3.3	45～48.3
13	ZT1-15-1	44.304	2.7	39～41.7	31	ZT1-27	44.304	1	42～43
14	ZT1-16	44.304	1	42～43	32	ZT1-28	44.304	2.5	40～42.5
15	ZT1-16-1	44.304	2	41～43	33	ZT1-28-1	44.304	2	40.3～42.3
16	ZT1-17	44.304	1	42～43	34	ZT1-29	44.304	1	41～41
17	ZT1-18	44.304	1	44～45	35	ZT1-39	55.0	3.1	45～48.1
18	ZT1-18-1	44.304	1	42～43	36	ZT1-40	55.0	3.9	47.1～51

二、岩溶区注浆处理及效果验证

1. 浆液配置

对揭露出的溶洞进行注浆处理。工地试验室配置不同水灰比的浆液，见表3-2-6，统计分析各配合比的沉淀时间和泌水率，确定最佳的岩溶处理浆液水灰比为1:1。

不同水灰比沉积时间统计表　　　　　　　　表 3-2-6

序号	水灰比	时间		泌水率(%)
1	1:1	沉淀时间	4h 50min	33.2
		初凝时间	11h 7min	
		终凝时间	12h	
2	1:0.8	沉淀时间	4h 20min	25.6
		初凝时间	10h 30min	
		终凝时间	10h 55min	
3	1:1.2	沉淀时间	5h 17min	41
		初凝时间	12h 25min	
		终凝时间	13h	

2. 注浆效果验证

采用选定配合比浆液进行注浆后,通过跨孔电阻率 CT 法和取芯法验证注浆效果,共进行井-井方式的跨孔电阻率 CT 2 组,钻孔取芯 7 个孔。

(1) 跨孔电阻率 CT 验证。

在 DZT1-5、DZT1-17-2、DZT1-21 号孔注浆完成后,进行了 WDZT1-5 ~ DZT1-17-2 (测线编号 W30)、DZT1-17-2 ~ DZT1-21 (测线编号 W31) 井-井方式的两组跨孔电阻率 CT 测试验证,对含水、溶洞构造表现为低阻,对完整围岩表现为高阻。CT 探测测线布置及成果平面布置图如图 3-2-11 所示。

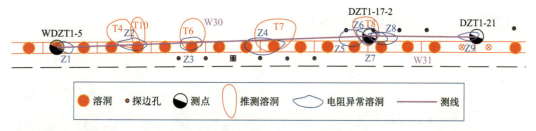

图 3-2-11　CT 探测测线布置及成果平面布置图

W30 测线剖面 36.0 ~ 50.0m 深度范围内有 6 处高阻,高阻编号为 Z1 ~ Z6,其中 Z2 异常与 W1 测线推测的 T4 溶洞及 W4 测线推测的 T10 溶洞位置基本吻合;Z3 异常与 W2 测线推测的 T6 溶洞位置基本吻合;Z4 异常与 W2 测线推测的 T7 溶洞位置基本吻合;Z5 异常与 W3 测线推测的 T8 溶洞位置基本吻合;推测 Z1 ~ Z6 6 处高阻异常为溶洞被水泥浆灌注充填所致。

W31 测线剖面 36.0 ~ 50.0m 深度范围内有 3 处高阻,高阻编号为 Z6、Z7、Z8,其中 Z8 异常与 W3 测线推测的 T8 溶洞位置基本吻合;推测 Z6 ~ Z8 3 处高阻异常为溶洞被水泥浆充填所致。

本次物探验证剖面在 36.0 ~ 50.0m 深度范围内共推断出 9 处高阻(编号 Z1 ~ Z9),已覆盖前期推测的溶洞位置 5 处与前期推测的溶洞位置(低阻异常)基本吻合,且二维剖面底部整体电阻率值较高,注浆充填效果较好。

(2) 取芯验证。

根据勘探结果,选择范围较大、高度较高的溶洞进行取芯验证,如图 3-2-12 所示。从表 3-2-7 和图 3-2-13 中可以看出,水泥柱和溶洞高度相吻合,说明注浆效果良好。

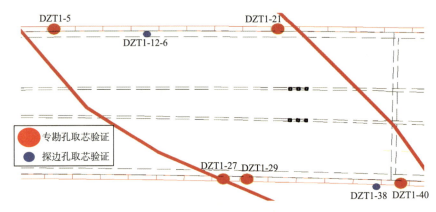

图 3-2-12 取芯效果验证

取芯效果验证 表 3-2-7

编号	验证日期	取芯深度（m）	溶洞深度（m）	溶洞高度（m）	水泥柱长度（m）	水泥柱特征
DZT1-21	2020年7月1日	41.7	38~39.7	1.7	1.6	短柱状,节长5~20cm
DZT1-5	2020年7月1日	45.2	40~43.2	3.2	3.1	短柱状,节长8~20cm
DZT1-29	2020年9月2日	46	39~39.5	0.5	0.6	短柱状,节长5~8cm
DZT1-27	2020年9月2日	46	38~39.5	1.5	1.6	短柱状,节长8~30cm
DZT1-40	2020年9月2日	46	37~38.5	1.5	1.4	短柱状,节长5~10cm
DZT1-12-6	2020年10月20日	46	38~39.1	1.1	1.2	短柱状,节长5~30cm
DZT1-38-1	2020年10月21日	41.3	37~38.3	1.3	1.4	短柱状,节长10~30cm

a) 取芯水泥芯柱

b) 现场验证

图 3-2-13 注浆取芯验证

第三节 硬岩、岩溶及淤泥质地层围护施工

一、概述

江南明挖段围护结构包含4种：三轴搅拌桩、SMW 工法桩、800mm 钻孔围护桩、地下连续墙（墙厚为800mm、1000mm、1200mm 及1500mm 四种型号），布置如图3-2-14 所示。

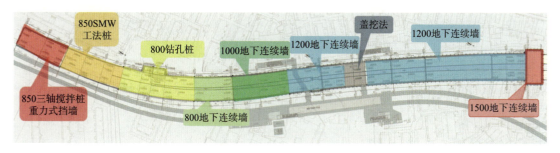

图 3-2-14 围护结构形式布置图

1. 三轴搅拌桩

三轴搅拌桩共计 434 幅,其中 ZK0+924.753～ZK0+997 布设 304 幅,ZK1+127.95～ZK1+153 布设 130 幅,具体施工参数见表 3-2-8。

三轴搅拌桩施工参数表　　　　表 3-2-8

序号	施工部位	里程	直径	实桩 H(m)	空桩 H(m)	单桩体积(m^3)
1		ZK0+924.753～ZK0+997		5.5	—	8.22
2	围护结构重力式挡土墙		ϕ850	7	—	10.46
3		ZK1+127.95～ZK1+153		12	10.7	17.93

2. SMW 工法桩

SMW 工法桩直径为 850mm,间距 600mm,咬合 250mm,型钢规格为 HN700×300×13×24mm,数量详见表 3-2-9。

SMW 工法桩数量表　　　　表 3-2-9

里程	桩编号	高程(m)		桩长(m)	型钢长度(m)	型钢根数(根)
		桩顶高程	桩底高程			
ZK0+997～ZK1+027	XSMW-1～XSMW-24	14.5	3	11.5	12	24
ZK1+027～ZK1+057	XSMW-25～XSMW-49	14.5	1	13.5	14	25
ZK1+057～ZK1+087	XSMW-50～XSMW-74	14.5	-2	16.5	17	33
YK0+996.691～YK1+027.344	DSMW-1～DSMW-26	14.5	3	11.5	12	26
YK1+027.344～YK1+058.272	DSMW-27～DSMW-52	14.5	1	13.5	14	26
YK1+058.272～YK1+089.285	DSMW-53～DSMW-79	14.5	-2	16.5	17	27

注:桩体水泥掺量为 20%,龄期 28d 无侧限抗压强度不小于 1.0MPa,渗透系数 $\leq 1.0 \times 10^{-7}$ cm/s。

3. 钻孔桩

钻孔桩主要分为围护桩、隔离桩、抗拔桩和立柱桩(钢管柱桩),工程数量见表 3-2-10。

钻孔灌注桩工程数量表　　　　表 3-2-10

部位	名称	根数	桩径(mm)	混凝土强度等级	桩长(m)
ZK0+962～ZK0+997	抗拔桩	16			13
ZK0+997～ZK1+027	抗拔桩	16	1000	C40 水下 P10	18
	立柱桩	8			18
ZK1+027～ZK1+057	抗拔桩	16			22
	立柱桩	8			22

续上表

部位	名称	根数	桩径（mm）	混凝土强度等级	桩长（m）
ZK1+057~ZK1+087	抗拔桩	34	1000	C40 水下 P10	15
	立柱桩	8			15
ZK1+087~ZK1+117	围护桩	60	800	C30 水下	18.5
	抗拔桩	34	1000	C40 水下 P10	18
	立柱桩	8	1000		18
ZK1+117~ZK1+153	围护桩	61	800	C30 水下	20.5
	抗拔桩	34	1000	C40 水下 P10	18
	立柱桩	8	1000		18
ZK1+153~ZK1+198	围护桩	93	800	C30 水下	20.5
	立柱桩	12	1000	C40 水下 P10	15
ZK1+198~ZK1+438	立柱桩	66	1000		15
ZK1+438~ZK1+648	钢管立柱桩	53	1100	C40 水下 P10	15
ZK1+648~ZK1+702	钢管立柱桩	14	1100		14
ZK1+702~ZK1+726	抗拔桩	48	1000	C40 水下 P12	10
	钢管立柱桩	6	1100		15

4. 地下连续墙

根据地质情况、基坑开挖深度及周边环境等边界条件，地下连续墙厚度分为800mm、1000mm、1200mm、1500mm四种，主要分布在淤泥质地层（ZK1+352~ZK1+570）、岩溶地层（ZK1+570~ZK1+640）、深嵌岩地层（ZK1+640~ZK1+726）。地下连续墙分布范围如图3-2-15所示，工程数量见表3-2-11。

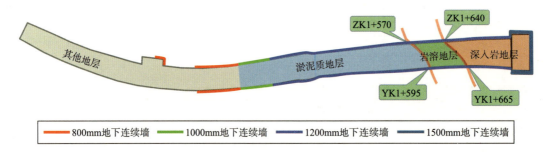

图 3-2-15 地下连续墙分布范围图

地下连续墙工程表   表3-2-11

地层	里程	墙厚（mm）	墙深（m）	标准幅宽（m）	备注
淤泥质地层	ZK1+352~ZK1+570	1200	35、37、38、40.5	6	淤泥地层示意图如图3-2-16所示
岩溶地层	ZK1+570~ZK1+640	1200	46.5、47.5	6	岩溶地层纵断面图如图3-2-17所示
深嵌岩地层	ZK1+640~ZK1+726	1500	41.5、49.5	2.4~7.2	最大入岩深度41m，工作井岩面分界如图3-2-18所示

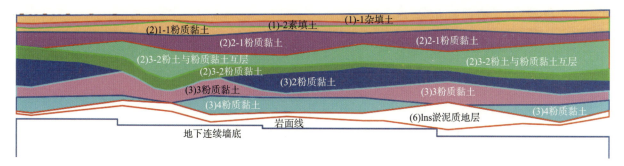

图 3-2-16 淤泥质地层纵断面图

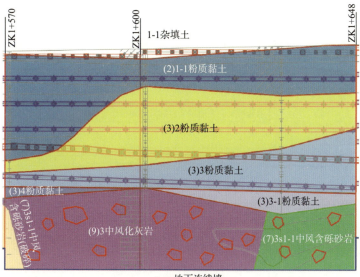

图 3-2-17 岩溶地层纵断面图

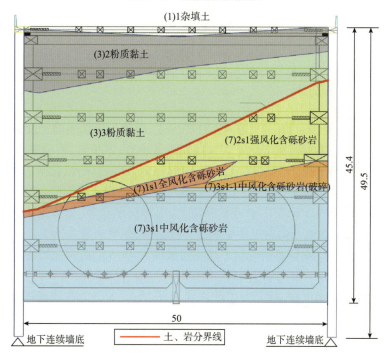

图 3-2-18 工作井岩面分界图(尺寸单位:m)

地下连续墙施工工艺流程如图 3-2-19 所示。

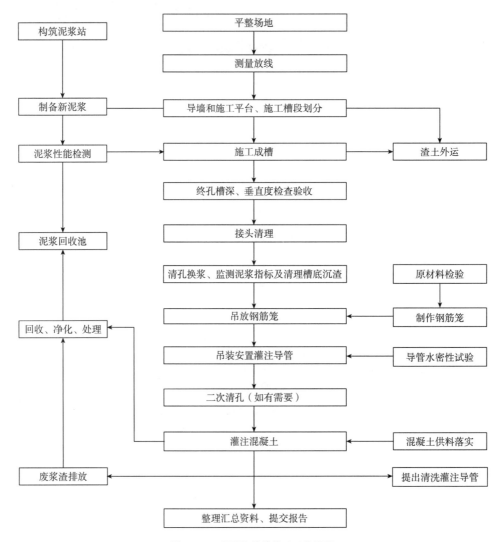

图 3-2-19 地下连续墙施工工艺流程

二、地下连续墙设备选型

根据地质情况、周边环境、施工效率及边界条件等因素,对地下连续墙施工设备进行选型。

(1)设备组合利用要求:本段范围内地下连续墙穿越杂填土、素填土、粉质黏土、粉土与粉质黏土互层、淤泥质黏土、粉质黏土夹粉砂、全风化泥质砂岩、中风化含砾砂岩、中风化灰岩等地层,其中 40 幅地下连续墙穿越软土地层,184 幅地下连续墙穿越复合地层,对设备组合利用要求高。

(2)设备环保要求:基坑位于原有主干道和燕路上,周边房屋众多,车流量大,市政管线错综复杂,地下连续墙距离房屋最近点为 0.5m,周边环境敏感,对设备环保要求高。

(3)设备工效及精度要求:本段范围内地下连续墙最深为 49.5m,最深嵌岩为 41m,对成槽设备工效及精度要求高。

(4)设备安全要求:基坑施工前,两侧为市政保通道路,基坑东侧为在建地铁车站,场地狭小,对设备安全性要求高。

施工前对国内市场成槽设备进行调研,不同设备的适用性、工效及优缺点见表 3-2-12 ~ 表 3-2-14。

旋挖钻机设备对比表　　　　　　　　　　　　　　　　　　　　　表 3-2-12

型号	最大钻孔直径(m)	转速(r/min)	最大钻孔深度(m)	最大提升(kN)	设备适用性	工效(m/h)	优点	缺点
徐工150	1.3	6~28	48	160	各种楼座的护坡桩;楼的部分承重结构桩;城市改造市政项目的各种直径小于1m的桩;适用于其他用途的桩。小型机市场工作量覆盖比例达到30%以上	10	转速高,软土施工快	功率小,钻孔深度有限
徐工220	1.7	7~22	80	230		14	钻孔直径大,钻孔深度深	效率低,钻岩石缓慢
徐工280	2.3	6~27	94	330	各种高速公路、铁路等交通设施桥梁的桥桩;大型建筑、港口码头承重结构桩;城市内高架桥桥桩;其他适用桩。中型机市场工作量覆盖比例达到90%以上	17	钻孔直径大,钻孔深度深	效率低,钻岩石缓慢
徐工360	2.6	6~27	103	370		21	钻孔深度深,功率大,岩石地层钻孔快	功耗高,油耗高
徐工460	3.0	5.5~20	120	520	各种高速公路、铁路桥梁的特大桥桩和深基坑;其他大型建筑的特殊结构承重基础桩。大型机市场工作量覆盖比例达到10%以上	26	钻孔深度深,功率大,岩石地层钻孔快	功耗高,油耗高
山河智能450	3.0	6~25	121	420		25		

成槽机设备对比表　　　　　　　　　　　　　　　　　　　　　表 3-2-13

型号	成槽宽度(m)	成槽深度(m)	最大提升力(kN)	发动机功率(kW)	设备适用性	工效(m/h)	优点	缺点
SG40	0.35~1.2	70	400	263	适用于软土抓槽	6	成槽宽度范围大,发动机功率小	提升力有限,效率低
SG50	0.35~1.5	80	500					
SG60	0.6~1.5	100	600	298		7	提升力大,施工效率高	功耗高,油耗高
SG70	0.8~1.5	80	700	300				
GB50	0.4~1.5	80	500	261		8	成槽宽度范围大,发动机功率小	提升力有限,效率低
XG500E	0.3~1.5	75	500	298		9		
XG600E	0.6~1.5	80	600	298		10	提升力大,施工效率高	功耗高,油耗高
XG700E	0.8~1.5	80	700	315		12		

铣槽机设备对比表　　　　　　　　　　　　　　　　　　　　　表 3-2-14

型号	铣槽宽度(m)	铣槽深度(m)	最大卷扬力(kN)	发动机功率(kW)	设备适用性	工效(m/h)	优点	缺点
SX40	0.8~1	60	600	300	适用于岩石强度20MPa、入岩较浅的地层	0.18	功耗小,提升力大,效率高	铣槽宽度范围小,适用性较差
XTC80/85	2.8	85	600	567	适用于岩石强度20~35MPa、入岩较浅的地层	0.26	提升较重铣头,铣高强度岩石,功效高	不能铣高强度岩石,功效低

续上表

型号	铣槽宽度（m）	铣槽深度（m）	最大卷扬力（kN）	发动机功率（kW）	设备适用性	工效	优点	缺点
XTC80/90	0.8~1.5	90	640	640	适用于岩石强度35~50MPa、入岩较浅的地层	0.28m/h	功率大,提升力强,施工范围大	功耗高,油耗高
XTC100/105	2.8	105	700	567	适用于岩石强度45~70MPa、入岩较浅的地层	0.3m/h	提升较重铣头,铣高强度岩石,功效高	功耗高,油耗高

根据本项目特征,粉质黏土和淤泥质黏土地层一般使用成槽机进行施工,复合地层采用成槽机与铣槽机的组合施工,超深嵌岩和灰岩地层采用旋挖钻引孔与铣槽机的组合施工。根据工期及边界条件变化,选择设备型号及数量如下:2台旋挖钻(SR360、山河智能450)、3台成槽机(SG70、XG700E、GB50)、3台铣槽机(XTC80/85、XTC80/90、XTC100/105)。

根据现场不同区段地层,现场采用三种方案进行成槽施工,具体见表3-2-15。

施工区域划分表　　　　表3-2-15

施工区域	里程号	施工方案	设备组合	具体描述
淤泥质地层	ZK1+352~ZK1+570	一	成槽机+旋挖钻	使用成槽机进行抓槽施工,下部较少岩石使用旋挖钻进行钻孔施工,最后使用成槽机进行抓槽施工
岩溶地层	ZK1+570~ZK1+640	二	成槽机+铣槽机	上部软土使用成槽机进行施工,下部岩石使用铣槽机进行施工
深入岩地层	ZK1+640~ZK1+726	三	成槽机+旋挖钻+铣槽机	上部软土使用成槽机进行施工,然后使用旋挖钻机进行引孔施工,最后使用铣槽机进铣槽施工

三种设备组合方案如图3-2-20所示。

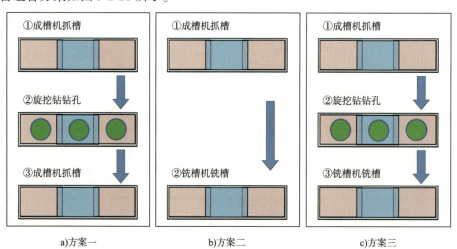

图3-2-20　三种设备组合方案

三、地下连续墙施工技术

1. 首件方案验证与优化

(1)首件位置及设计参数。

根据现场地质情况,分别在深入岩地层、淤泥质地层、岩溶地层选取其中一幅地下连续墙作为首件,设计参数见表 3-2-16。

首件参数表　　　　　　　　　　　　　　　　　　表 3-2-16

地层情况	首件桩号	墙深(m)	混凝土参数	钢筋笼参数	地层分布
深入岩地层	SJQ1-5	49.5	型号:C40 P12 水下方量:386m³	长度:48.95m 质量:110t 主筋接头采用机械连接	(1)1 杂填土、(1)2 素填土、3(2)粉质黏土、3(3)粉质黏土、(7)2sl 强风化含砾砂岩、砂砾岩、(7)3s 中风化石英砂岩、(7)3sl-1 中风化含砾砂岩、(7)3sl 中风化含砾砂岩
岩溶地层	SQ3-87	46.5	型号:C40 P12 水下方量:341m³	长度:46m 质量:75t 主筋接头采用机械连接	素填土、粉质黏土、中风化灰岩
淤泥质地层	SQ3-29	37	型号:C30 水下方量:258m³	长度:36.5m 质量:67t 主筋接头采用机械连接	(2)1-1 粉质黏土和(2)2-1 粉质黏土及(2)3-2 粉土层与粉质黏土互层,为灰色、软塑,具水平层,欠均质韧性中低

在成槽过程中可能会遇到缩孔情况,为确保后期主体结构侧墙厚度和限界要求,综合考虑设计图纸要求、成槽设备精度、围护结构最大水平位移及类似工程经验,确定了地下连续墙外放量,具体见表 3-2-17。

地下连续墙施工相关参数　　　　　　　　　　　　　表 3-2-17

序号	墙厚(mm)	导墙净空(mm)	中心线外放(mm)	基坑开挖深度(m)
1	800	840	50	12.6~16.2
2	1000	1040	80	16.2~18.1
3	1200	1240	120	18.1~36.9
4	1500	1540	150	45.4

(2)成槽施工。

①淤泥质地层首件成槽。

2021 年 9 月 21 日 8 时 21 分开始淤泥质地层 SQ3-29 幅地下连续墙成槽施工,9 月 23 日 10 时 10 分成槽完毕。导墙顶高程 14.23m,设计墙底高程 -23m,设计成槽深度 37m,实际成槽深度 37.1m;采用"成槽机 + 旋挖钻"相结合的方式开挖成槽,即先进行抓槽施工,后用钻挖钻机进行引孔,最后成槽机抓至高程为止。

②深入岩地墙首件成槽。

2020 年 4 月 19 日 20 时 52 分开始深入岩地层 SJQ1-5 幅地下连续墙成槽施工,4 月 24 日 13 时 10 分成槽完毕。设计成槽深度 50.5m,实际成槽深度 50.62m。采用"成槽机 + 旋挖机 + 铣槽机"相结合的方式成槽,即先使用成槽机抓软土,然后使用旋挖钻进行引孔施工,后用铣槽机铣两侧,最后铣中间,直至设计槽底高程为止。

③岩溶段地墙首件成槽。

2020 年 10 月 10 日 10 时 00 分开始岩溶地层 SQ3-87 幅地下连续墙成槽施工,10 月 31 日 12 时 15 分成槽完毕。设计成槽深度 46.5m,实际成槽深度 46.6m。采用"成槽机 + 铣槽机"相结合的方式开挖成槽,即先进行抓槽施工,后用铣槽机铣两侧、最后铣中间,直至设计槽底高程为止。

成槽过程中,泥浆随出土量补入,槽内泥浆面始终保持在导墙下 1m 左右,各开挖质量参数见表 3-2-18。

槽段开挖质量参数表 表3-2-18

序号	项目	单位	质量标准	检测方法	SJQ1-5 实测数值	SQ3-87 实测数值	SQ3-29 实测数值
1	槽壁垂直度	%	0.3	100%超声波，2点/幅	0.2	0.2	0.2
2	槽深	mm	≤+100	测绳，2点/幅	45	41	35
3	槽宽	mm	0~+40	钢尺，1点/幅	21	24	26
4	槽段中心线偏差	mm	≤30	全站仪，每槽段纵、横向各测2点	17	19	22
5	沉渣厚度	mm	≤100	测绳，3点/幅	30	24	40

（3）垂直度控制。

SG70成槽机和XTC100/105铣槽机带有自动纠偏系统，在成槽施工过程中可实时显示槽位偏差，及时修正；同时采用UDM100超声波成孔探测仪对槽壁垂直度进行检测。通过对比，成槽机和铣槽机自带的垂直度监测系统和超声波检测的误差小于3mm，设备数据均可使用。

成槽检查记录表见表3-2-19，成槽质量符合设计及规范要求。

成槽检查记录表 表3-2-19

序号	检查项目	允许偏差（mm）	设计要求（mm）	SJQ1-5 实测数据（mm）	SQ3-87 实测数据（mm）	SQ3-29 实测数据（mm）	检查结果
1	成槽垂直度	<1/300	—	1/350	1/340	1/350	达标
2	成槽深度	+100	49500/47500/37000	49600/49550	47600、47550	37050、37100	达标
3	成槽宽度	+50	6000	6020	6010	6030	达标
4	沉渣厚度	≤100	—	55、50、45	45、43、44	42、41、42	达标

（4）泥浆质量控制。

地下连续墙成槽采用泥浆护壁，泥浆由水、膨润土、增黏剂（CMC）及纯碱组成，配比见表3-2-20。

泥浆组成及配比 表3-2-20

地层情况	泥浆材料			
	膨润土（kg/m³）	纯碱（kg/m³）	CMC（kg/m³）	清水（kg/m³）
深入岩地层	130	30	2~3	940
岩溶地层	130	30	2~3	940
淤泥质地层	160	40	3~5	840

施工时对泥浆性能指标进行检测，分别检测新配制泥浆、槽内泥浆、清底换浆后泥浆指标，结果见表3-2-21。

泥浆质量控制指标 表3-2-21

泥浆性能	新配置	循环泥浆	废弃泥浆	检验工具	SJQ1-5 泥浆检验	SQ3-87 泥浆检验	SQ3-29 泥浆检验
密度（g/cm³）	1.03~1.10	1.05~1.25	>1.25	比重计	1.15	1.12	1.22
黏度（s）	19~25	19~30	>50	漏斗计	20	21	26
含砂率（%）	<3	<4	>8	洗砂瓶	2	1	2
pH值	8~9	8~10	>14	试纸	8	8	8

现场铣槽机自带造浆功能，可以使槽段中的浆液得到更好的循环；根据方案及规范要求，泥浆密度在允许范围内，按照上述配比泥浆性能指标符合规范要求。

清孔泥浆和浇灌混凝土过程中回收的泥浆通过专门泥浆分离系统进行分离净化后，再经调浆检测，合格后方可继续使用。

（5）钢筋笼加工与吊装。

①钢筋笼加工。

钢筋笼加工流程与八卦洲加工流程基本一致，钢筋笼整体质量检查记录见表3-2-22，钢筋笼制作偏差见表3-2-23。

钢筋笼检查记录表　　　　　　　　　　　　　　　　　　　　　　　　表3-2-22

序号	检查项目	允许偏差（mm）	设计值（mm）	SJQ1-5 实测值（mm）	SQ3-87 实测值（mm）	SQ3-29 实测值（mm）	检查结果
1	主筋间距	±10	100	103	102	102	达标
2	分布筋间距	±10	200	202	201	201	达标
3	长度	±100	49000/46000/36500	48950	46100	37100	达标
4	宽度	±10	6000	5905	5910	5905	达标
5	厚度	+10	1410/1210/1210	1419	1219	1219	达标

地下连续墙钢筋笼制作的偏差表　　　　　　　　　　　　　　　　　　表3-2-23

项目	允许偏差（mm）	检查方法	SJQ1-5 实测值（mm）	SQ3-87 实测值（mm）	SQ3-29 实测值（mm）
主筋间距	±10	取任一断面，连续量取间距，取平均值作为一点；每片钢筋网上测四点	4	6	3
分布筋间距	±20		11	8	6
笼厚度（槽宽方向）	0, -20	钢尺量，每片钢筋网检查上、中、下三处	-6	-4	-3
笼长度（深度方向）	±100		32	28	24
钢筋笼安装深度	±50		24	18	20
预埋件中心	±10	钢尺量，100%检查	4	6	4

注：表中负值表示厚度的允许偏差可少于设计值。

②钢筋笼吊装。

地下连续墙钢筋笼采用整体吊装或分节吊装形式，具体吊点布置见表3-2-24。分节吊装采用前2后2（16点）吊装方式。

地下连续墙分节吊装吊点布置表（单位：m）　　　　　　　　　　　　　表3-2-24

墙号	墙深	钢筋笼长度	上半截笼长	下半截笼长	上半截吊点布置	下半截吊点布置	备注
SQ3-29	37	36.5	—	—	2+8+8+8+2.5		整体吊装
SQ3-87	47.5	47	20	27	1+6+5+6+2	2+8+8+8+1	分节吊装
SJQ1-5	49.5	49	20	29	1+6+5+6+2	2+9+8+9+1	分节吊装

钢筋吊装完成后，及时对钢筋笼两侧高程进行复核，复核结果见表3-2-25，均满足要求。吊装完成后，使用型钢将钢筋笼悬吊在槽段内，不触底。

钢筋笼吊放后位置偏差　　　　　　　　　　　　　　　　　　　　　　表3-2-25

序号	检查项目	允许偏差（mm）	SJQ1-5 实测偏差（mm）	SQ3-87 实测偏差（mm）	SQ3-29 实测偏差（mm）	检查结果
1	钢筋笼顶高程	±10	+4	+5	+6	合格
2	钢筋笼中心位移	±30	+12	+16	+11	合格

（6）混凝土灌注。

首件地下连续墙采用 $\phi 260mm$ 导管进行混凝土灌注，采用法兰连接；导管进场后，对导管气密性进行检测并对导管间的连接性能进行拉结试验,检测结果均合格,保证混凝土浇筑质量。

钢筋笼下放后安装导管,导管单节长度为3m。深入岩地层首件地下连续墙导管共17节,共51m;岩溶地层首件地下连续墙导管共16节,共48m;淤泥质地层首件地下连续墙导管共12节,共36m。

导管安装完成后进行混凝土浇筑前的泥浆指标检测和首盘混凝土坍落度检测,检测结果见表3-2-26。然后进行水下混凝土浇筑,使用两套导管同时浇筑,浇筑时随着混凝土面的上升,及时提升和拆卸导管,导管底端埋入混凝土面以下保持在2~6m之间,每浇筑完2车混凝土,用测绳测混凝土液面高度,与实际浇筑量计算高度进行对比,结果见表3-2-27,理论与实际浇筑量基本相等。

混凝土浇筑前泥浆指标及坍落度　　表3-2-26

墙号	地层	泥浆指标		
		密度(g/cm³)	黏度(s)	含砂率(%)
SJQ1-5	深入岩	1.15	20	0.5
SQ3-87	岩溶	1.12	21	0.5
SQ3-29	淤泥质	1.25	25	0.5

首件地下连续墙混凝土浇筑　　表3-2-27

地层	开始时间	结束时间	理论浇筑量(m³)	实际浇筑量(m³)
深入岩	2020年4月25日	2020年4月26日	386	392
岩溶	2020年11月1日	2020年11月1日	341	346
淤泥质	2021年9月23日	2021年9月24日	258.5	263

试验槽段施工整体工序衔接顺畅,各工序指标均满足质量控制要求,过程中收集了各地层地下连续墙施工重要参数指标,为后续地下连续墙施工提供了指导性意见。

2. 总体实施情况

(1)质量控制成效。

各地层地下连续墙施工过程中,成槽施工、垂直度控制、泥浆质量控制、钢筋笼加工吊装、混凝土浇筑等工序严格按照试验优化方案执行。基坑开挖过程中,地连墙整体表面平整,无鼓包、无渗漏、无侵限等情况发生。

对每一幅地下连续墙成槽施工完成后进行超声波检测:深入岩地层地下连续墙最大垂直度为2.3‰,23幅地下连续墙平均垂直度为1.76‰;岩溶地层地下连续墙最大垂直度为2.5‰,23幅地下连续墙平均垂直度为1.84‰;淤泥质地层地下连续墙最大垂直度为2.5‰,89幅地下连续墙平均垂直度为1.76‰,均优于设计及规范不超过3‰的控制要求。

地下连续墙施工完成达到龄期要求后,按批次对成墙质量进行检验:岩地层地下连续墙混凝土充盈系数为1.007~1.034,31幅地下连续墙平均强度为47MPa;岩溶地层地下连续墙混凝土充盈系数为1.004~1.067,21幅地下连续墙平均强度为43.8MPa;淤泥质地层地下连续墙混凝土充盈系数为1.0~1.15,89幅地下连续墙平均强度为37MPa;混凝土强度均满足设计要求。

(2)岩层地下连续墙施工工效。

地下连续墙吊装及钢筋笼入槽、起重机站位及旋转半径、混凝土浇筑、罐车站位及行走路线需要较大场地,因此,需规划好铣槽机等大型设备站位以及工序转换衔接,各幅地下连续墙施工工效见表3-2-28。

地下连续墙施工工效　　　　　　　　　　　　　表 3-2-28

槽段编号	入岩深度(m)	工效(m/h)	槽段编号	入岩深度(m)	工效(m/h)
工作井深入岩地下连续墙(代表性数据)					
SJQ1-4	14.69	0.06	SJQ1-22	25.36	0.53
SJQ1-16	15.69	0.33	SJQ1-28	26.06	0.54
SJQ1-21	15.69	0.33	SJQ1-11-1	28.69	0.40
SJQ1-19	16.35	0.45	SJQ1-27	29.01	0.60
SJQ1-9	16.4	0.14	SJQ1-7	29.135	0.31
SJQ1-5	17.51	0.10	SJQ1-3	29.975	0.49
SJQ1-2	18.35	0.24	SJQ1-13	30.06	0.25
SJQ1-17	18.51	0.23	SJQ1-29	30.59	0.17
SJQ1-1	22.215	0.23	SJQ1-25	31.01	0.15
SJQ1-23	22.6	0.47	SJQ1-6	31.477	0.54
SJQ1-24	23.6	0.12	SJQ1-8	32.477	0.31
SJQ1-30	33.01	0.46			
岩溶处理区地下连续墙(代表性数据)					
SQ3-94	12.9	0.40	SQ3-100	16.5	0.18
SQ3-98	15.5	0.22	SQ3-87	17	0.10
SQ3-96	15.5	1.22	SQ3-102	30.7	0.56

(3)管理要点总结。

①深入岩地层地下连续墙。

a.泥浆管理：三台双轮铣同时铣槽，后台及泥浆管路布置要提前充分考虑，特别是横跨施工便道要预留沟槽；每次设备转换槽段时管路整理及连接占用时间较长(4~6h)，三台铣槽机同时铣槽对泥浆量及调整要求高，铣槽过程属于再造浆过程，泥浆黏度及密度上升较快，普通沉淀难以调整，外运成本大，需配合压滤机，才能满足施工进度。

b.工序管理：由于岩层厚度变化较大，为了避免"槽等笼子"的不利局面，需对场地进行精细规划布置，在场地有限的情况下需设置两个加工平台及一个临时存放平台；加工平台搭建可移动遮雨棚，减少阴雨天气对钢筋笼加工的影响，保证钢筋笼加工速度满足施工进度。

②岩溶地区地下连续墙。

a.应急措施：岩溶区地下连续墙施工过程中现场要储备部分河沙，以防槽段漏浆及时回填；成槽设备下部增加钢板或路基箱，防止铣槽设备长期集中荷载对路面的破坏。

b.泥浆控制：由于岩溶区岩层强度高(54MPa)，成槽时间长，上部软土槽壁塌孔风险大，长时间铣槽，设备易坏，设备维修时尽量远离槽段，减少槽壁的侧压力，降低塌孔风险；中断铣槽过程中，及时用成槽机每6h进行泥浆性能调整，防止塌孔。

c.过程监测：施工过程中加强对槽段两侧土体及管线监测。

③淤泥质地层地下连续墙。

a.在淤泥质地层采用800mm高压旋喷桩对槽壁进行加固，浆液配比1∶1，注浆压力1MPa，加固深度17m，局部增加速凝剂(加固7d后即可成槽施工)促进强度提升。经实践，地下连续墙成槽过程中未出现塌孔现象。基坑开挖过程中地下连续墙表面平整，无鼓包、渗漏。

b. 安全防护措施：淤泥质地层在施工前需要根据淤泥深度对淤泥段地层进行槽壁加固（旋喷桩水泥加速凝剂），防止施工过程中塌孔；成槽设备站立位置，需要对场地进行硬化，或者履带下方铺设钢板进行支撑。

c. 泥浆管理：施工时提高泥浆比重和黏度，以便在淤泥质地层中更好地起到护壁作用；成槽后须缩短吊装钢筋笼和浇筑混凝土时间，减少沉渣厚度。

四、经验总结

（1）现场冲击钻施工速度慢，后续类似工程施工中需要用专业的牙齿及重锤，并及时清底翻浆，配置换浆池。

（2）施工过程中要多次测垂直度。设备自带纠偏系统在正常情况下可以反馈垂直度，但每次设备铣盘提起过程中，设备挪动会导致垂直度基准点偏移，产生累计误差，因此在施工过程中需要利用超声波定时检测垂直度，防止垂直度偏差超限。若发生垂直度偏差超限需重新修槽，效率低，且过程中对上部软土槽段扰动较大，容易产生塌孔卡机。

（3）在岩面不平整槽段，应先铣高岩面部位，防止铣轮偏向低岩面，导致垂直度无法保证。在岩面三角区，应减少铣轮压力，少进尺，勤纠偏。三角区铣完后可正常铣槽，也可在高岩面处引先导孔，人为增加临空面，确保不往低岩面方向偏铣。

（4）施工过程中严防钢筋头、小钢板等杂物进入槽内。钢筋会损坏钻头，造成卡轮、堵塞泥浆管。卡轮后会损坏减速器，更换时间较长，影响施工；由于铣槽机与后台之间管路较长，堵管位置具有随机性，排查及疏通困难较大，耽误施工，且排查疏通过程中泥浆会污染场地。

（5）首开槽钢筋笼下放过程中严格控制钢筋笼垂直度小于1‰。若钢筋笼垂直度不满足要求，会影响旁边两幅连接槽的施工，偏向槽钢筋笼无法正常下放，偏离槽段，铣槽过程中会出现夹心，影响接缝质量。

（6）岩溶区地下连续墙在前期打孔注浆过程中，建议不用钢花管，避免钢花管卡铣轮，损坏减速器，影响施工。

（7）在上软下硬地层施工时，由于下部铣槽对上部软土扰动较大，因此下部铣槽要连续，保持槽内泥浆循环，泥浆黏度及密度要及时检测调整（黏度要大于22s，密度大于$1.2g/cm^3$），停滞时间不能超过12h，否则会造成上部软土槽壁坍塌。

第四节 开　　挖

一、开挖工作面组织、开挖工法工艺参数

结合交通导改、房屋拆迁及管线改迁的影响，基坑开挖施工分为四个区段，见表3-2-29。每个区段进行分段分层开挖，每段长度为14~24m，共分49段，每一小段开挖长度为6~8m，每层高度为2m，每区段基坑开挖时与主体结构同步进行，施工严格按"开槽支撑、先撑后挖、分层开挖、严禁超挖"的原则，在开挖过程中掌握好"分层、分步、对称、平衡、限时"五要点。

结构区段划分表　　表3-2-29

序号	里程	基坑尺寸(m)	土方量(m^3)	施工时间	工效(m^3/d)
第一区段	ZK0+924.753~ZK1+352	深度：1.653~20.547 宽度：28.253~35.724	144234	2020年11月13日— 2022年3月4日	303
第二区段	ZK1+560~ZK1+702	深度：30.658~36.109 宽度：37.389~38.542	166320	2021年8月22日— 2022年5月3日	655

续上表

序号	里程	基坑尺寸(m)	土方量(m³)	施工时间	工效(m³/d)
第三区段	ZK1+352~ZK1+560	深度:20.547~30.658 宽度:35.724~37.389	188212	2022年2月13日— 2022年8月11日	1051
工作井	ZK1+702~ZK1+726	深度:45.4 宽度:50	54480	2020年8月13日— 2021年3月13日	257

1. 工作井开挖

工作井(长24m,宽50m,深45.4m)采用明挖顺作法施工,围护结构采用1500mm地下连续墙,7道内支撑,其中第1~6道为混凝土支撑,第7道为钢支撑,如图3-2-21所示。

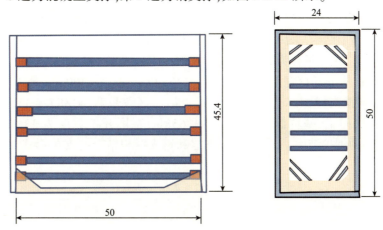

图3-2-21 工作井示意图(尺寸单位:m)

(1)土石方开挖。

根据本区域地质、场地和周边环境情况,基坑开挖深度小于14m时,经台阶式放坡开挖,采用挖机接力将土方从基坑内倒运至地面堆放,晚上集中装车外运;基坑开挖深度大于14m时,土方采用220挖机挖土,150挖机掏土,石方采用PC360挖机带高频破碎锤配合码头起重机械开挖,环框梁下部土方采用2台小型挖机倒运至明挖处,再由码头起重机械进行开挖,基坑底部以上30cm土方采用人工捡底,弃土运输则以自卸汽车为主。

(2)环框梁施工优化。

工作井环框梁尺寸高度为2m,宽度为2.5~4m不等,开挖环框梁下部时较困难,机械臂无法升起,待基坑中部开挖到设计高程时,再开挖环框梁下部土石方,有石块掉落的风险。因此,在环框梁施工前,在环框梁位置向下开挖1m后重新回填至环框梁底面高程,以便于提高环框梁下部土方开挖效率。

(3)工效统计。

经过现场对数据的统计,每层土石方量及开挖效率统计见表3-2-30。

工作井土、石方开挖工效表　　　　　　表3-2-30

层数	方量(m³)	高度(m)	开挖时间	耗时(d)	工效(m³/d)
第一层	土方:2400	2.4	2020年8月13日—2020年9月14日	30	80
第二层	土方:9120	7.6	2020年9月26日—2020年9月30日	5	1824
第三层	土方:7500 石方:780	6.9	2020年10月18日—2020年10月25日	7	1183
第四层	土方:5100 石方:3060	6.8	2020年11月5日—2020年11月14日	9	907

续上表

层数	方量(m³)	高度(m)	开挖时间	耗时(d)	工效(m³/d)
第五层	土方:2530 石方:4550	5.9	2020年11月29日—2020年12月12日	14	506
第六层	石方:9384	7.82	2020年12月29日—2021年1月11日	14	670
第七层	石方:7306	3.88	2021年1月29日—2021年3月7日	37	198
第八层	石方:2150	4	2021年3月8日—2021年3月20日	12	179

2. 第一、二、三区段开挖

(1) 各区段基坑概况。

第一区段基坑里程为 ZK0+924.753~ZK1+255,全长 330.247m,采用明挖顺作法,主线部分为 U 形槽结构,地下一层为箱形结构,采用重力式挡土墙、SMW 工法桩、ϕ800mm 钻孔灌注桩、800mm 地下连续墙作为围护结构。第二区段里程为 ZK1+560~ZK1+702,全长 142m,采用明挖顺作法施工,基坑深 30.658~36.109m,基坑开挖宽度为 35.751~38.542m,采用 1200mm 地下连续墙作为围护结构,采用混凝土支撑和钢支撑相结合的支撑形式。第三区段里程为 ZK1+352~ZK1+560,全长 208m,采用明挖顺作法施工,基坑深 17.987~30.658m,基坑开挖宽度为 33.752~35.751m,采用 1200mm 地下连续墙作为围护结构,采用混凝土支撑和钢支撑相结合的支撑形式。各区段基坑基本状况见表 3-2-31。

各区段基坑基本状况表　　　　　　表 3-2-31

施工区段	里程	长度(m)	基坑深度(m)	基坑宽度(m)	围护形式(mm)	支撑类型
第一区段	ZK0+924.753~ZK0+997	72.247	1.653~3.291	28.453~32.091	重力式挡土墙	无
	ZK0+997~ZK1+057	60	3.291~6.456	32.091~32.322	ϕ850mm SMW 工法桩	1 道混凝土支撑
	ZK1+057~ZK1+153	96	6.456~10.822	32.322~42.334	ϕ850mm SMW 工法桩、ϕ800mm 钻孔灌注桩、800mm 地下连续墙	1 道混凝土支撑 + 1 道钢支撑
	ZK1+153~ZK1+238	83	10.822~14.077	34.057~34.643	ϕ800mm 钻孔灌注桩、800mm 地下连续墙	1 道混凝土支撑 + 2 道钢支撑
	ZK1+238~ZK1+255	17	14.077~12.535	35.43~34.643	800mm 地下连续墙	1 道混凝土支撑 + 3 道钢支撑
第二区段	ZK1+560~ZK1+648	88	30.658~33.956	35.751~37.389	1200mm 地下连续墙	2 道混凝土支撑 + 4 道 ϕ800mm 钢支撑
	ZK1+648~ZK1+673	25	34.416~36.109	37.389~38.542	1200mm 地下连续墙	2 道混凝土支撑 + 5 道 ϕ800mm 钢支撑
	ZK1+673~ZK1+702	29	34.416~36.109	37.389~38.542	1200mm 地下连续墙	2 道混凝土支撑 + 5 道 ϕ800mm 钢支撑
第三区段	ZK1+352~ZK1+423.5	71.5	17.987~22.338	33.752~34.175	1200mm 地下连续墙	1 道混凝土支撑 + 4 道 ϕ800mm 钢支撑
	ZK1+423.5~ZK1+456.5	33	22.338~22.986	33.752~34.3	1200mm 地下连续墙	2 道混凝土支撑 + 3 道 ϕ800mm 钢支撑
	ZK1+456.5~ZK1+560	103.5	22.986~28.298	34.3~35.751	1200mm 地下连续墙	3 道混凝土支撑 + 2 道 ϕ800mm 钢支撑

(2)各区段开挖施工及工效。

第一区段基坑开挖设备为8台挖机和2台码头起重机械,基坑开挖共为1个工作面,从南向北整体开挖,基坑两侧配置2台码头起重机械由坑内挖土、装车、场内倒运;第二区段基坑开挖设备为12台挖机和3台码头起重机械,基坑开挖共分两个工作面,分别从东西两侧向中间整体后退开挖,基坑两侧配置3台码头起重机械由坑内挖土、装车、场内倒运;第三区段基坑开挖设备为12台挖机和4台码头起重机械,基坑开挖共分两个工作面,分别从盖板下方后退开挖,基坑在盖板两侧设置4台码头起重机械由坑内挖土、装车、场内倒运;其间施作混凝土支撑和钢支撑,当开挖至距离底高程30cm时,采用人工捡底直至设计底高程。各区段土、石方开挖工效见表3-2-32。

各区段土、石方开挖工效表　　　　表3-2-32

施工区段	开挖分层	土/石方量（m³）	开挖深度（m）	开挖方式	开挖时间	工效（m³/d）
第一区段	冠梁底以上	5300	0.2~1	由北向南,整体后退开挖	2020年11月14日—2021年8月12日	2000
	第二层	42000	1.4~6.3	由北向南,由两侧向中间整体后退开挖	2021年8月13日—2021年11月4日	1500
	第三层	25000	2.6~4		2021年11月6日—2022年1月21日	1000
	第四层	16000	3~3.5	采用码头吊出渣,坑内挖机倒土仍采取后退下挖的方式施工	2022年1月22日—2022年3月14日	1000
	第五层	2100	3.5		2022年3月15日—2022年3月21日	800
第二区段	冠梁底以上	14000	1.7~2	由北向南,整体后退开挖	2021年10月12日—2021年11月12日	1830
	第二层	39000	3.6~4.8	由北向南,由两侧向中间整体后退开挖	2021年11月13日—2021年12月12日	1480
	第三层	43000	3.5~5		2021年12月13日—2022年1月17日	1130
	第四层	42000	4~5.3	采用码头吊出渣,坑内挖机倒土仍采取后退下挖的方式施工	2022年1月18日—2022年2月17日	1200
	第五层	37000	3.5~5.5		2022年2月18日—2022年3月3日	870
	第六层	37000	3.2~4.8		2022年3月4日—2022年4月3日	820
	第七层	25000	3.1~3.8		2022年4月4日—2022年4月23日	石方650
		3600				
	第八层	3700	3.6		2022年4月24日—2022年5月3日	石方500
		4700				
第三区段	冠梁底以上	12000	0~1.6	由北向南,整体后退开挖	2022年1月12日—2022年2月12日	2200
	第二层	41000	3.9~5.9	由北向南,由两侧向中间整体后退开挖	2022年2月13日—2022年3月14日	830
	第三层	34000	3.3~5		2022年3月15日—2022年4月26日	810

续上表

施工区段	开挖分层	土/石方量（m³）	开挖深度（m）	开挖方式	开挖时间	工效（m³/d）
第三区段	第四层	34000	4~5.8	采用码头吊出渣，坑内挖机倒土仍采取后退下挖的方式施工	2022年4月27日—2022年6月3日	780
	第五层	36000	3.6~4.4		2022年6月4日—2022年7月5日	850
	第六层	7300	3.5		2022年7月6日—2022年8月11日	830

二、地层及围护变形的控制

本施工区域在施工过程中对明挖暗埋段和江南工作井区段进行了实时监测。主要测项包括围护结构水平/竖向位移、立柱竖向位移、支撑轴力、地下水位、周边地表沉降、周边建筑物及管线沉降。江南工作井监测分析详见第五篇/第一章/第三节/四、江南工作井监测分析。本节以明挖暗埋段监测项目为例进行分析，其中建筑物监测单独分析，详见本章第六节，其他监测项目分析情况如下。具体测项及异常数据见表3-2-33。

监测点位及异常项　　　　　　　　　　　　　　　　　　表3-2-33

监测项目	监测项目点数	监测点代码	异常点位	控制值	实测最大值	对应点位
地表沉降	427	DBZ	DBZ24-3，DBY23-2，DBZ25-1，……	5‰H	-163.02mm	DBZ24-3
测斜点	101	CXZ	CX27，CX28	50mm	108.24mm	CX27
水位监测点	101	SWZ	—	≤1m		
立柱沉降	38	LZ	LZ28	25mm	30	LZ28
混凝土支撑轴力	62	ZL	ZL12，ZL13，ZL14，……	70%设计	6361.82kN	ZL13
钢支撑轴力	69	ZG		70%设计		
桩、墙顶水平位移、沉降	105	SCZ	—	40~50mm	—	

（1）上表中地表沉降点DBZ24-3位于交通疏解道处，车流量较大，反复碾压导致此点沉降数据超标，该断面相邻点位数据均未出现异常，未对结构安全造成安全影响。

（2）立柱沉降点LZ28出现较大沉降，结合现场巡查情况，主要原因是立柱下部在开挖过程中受到了挖机碰撞，经现场施工单位及时修复，未对施工造成明显影响。

（3）测斜点CX27号点位墙体水平位移累计位移值超报警值，最大位移值108.24mm，已超出累计报警值（50mm）的2.2倍，约为基坑开挖深度的0.41%，已超出相对基坑设计深度H的控制值（0.3%~0.4%）。经分析，造成墙体深层水平位移超报警值的原因主要有：①基坑内土体的挖除破坏了原有平衡状态，土体应力释放，导致土体向基坑内侧位移；②基坑土方开挖过程中由于基坑边缘有较多堆载，从而造成围护结构位移进一步加剧；③基坑土方开挖过程中，部分土层开挖时支撑架设难度较大，暴露期间地连下连续墙处于持续位移状态。

根据此监测数值,施工中采取相应控制措施,及时进行支撑轴力补偿,移除基坑上方堆载,最终墙体深部水平位移得到控制。

(4)三区第三道钢支撑 ZL13-3 累计轴力值最大为 6361.82kN,超报警值(4091.86kN),造成支撑轴力超报警值的主要原因是由于开挖深度较深导致支撑架设难度加大,基坑外注浆增加了对围护结构的压力,从而造成支撑蠕变。当底板封闭之后,支撑轴力值趋于收敛,总体支撑轴力数据可控。

第五节 主体结构

主体结构包含工作井和明挖暗埋段两类,其结构尺寸随结构形式变化,详见表3-2-34。

主体结构参数表 表3-2-34

部位	名称	里程	底板厚度（mm）	侧墙厚度（mm）	侧墙高度（m）	中板（mm）	顶板（mm）
江南工作井	—	ZK1+702~ZK1+726	2000	1500	5.683、5.817、3.9、4.8、4.9、3.6	600 700 900	1200
明挖暗埋段	SMW1	ZK0+924.753~ZK0+962	600	400	1.343~1.773	—	—
	SMW2	ZK0+962~ZK0+997	600	600	1.773~2.897	—	—
	SMW3	ZK0+997~ZK1+027	600	700	2.897~4.241	—	—
	SMW4	ZK1+027~ZK1+057	800	800	4.241~5.856	—	—
	SMW5	ZK1+057~ZK1+087	900	900	5.856~6.652	—	—
	SMW6	ZK1+087~ZK1+117	900	900	6.652~8.976	—	—
	SMW7	ZK1+117~ZK1+153	1000	1000	5.9、4.622~5.384（左侧,双层结构）5.8（右侧,单层结构）	—	—
	SMW8	ZK1+153~ZK1+198	1100	1100	5.8	—	—
	SMW9	ZK1+198~ZK1+254	1200	1200	5.8	—	1200
	SMW10	ZK1+254~ZK1+294	1300	1200	5.8	—	1300
	SMW11	ZK1+294~ZK1+338	1400	1200	5.8~5.9	—	1400
	SMW12	ZK1+338~ZK1+388	1400	1300	6.9	—	1400
	SMW13	ZK1+388~ZK1+438	1400	1300	5.8、1.229~3.378	600	1400
	SMW14	ZK1+438~ZK1+498	1400	1300	5.8、3.378~5.887	600	1400
	SMW15	ZK1+498~ZK1+560	1500	1400	5.8、5.887~7.733	600	1400
	SMW16	ZK1+560~ZK1+650	1600	1500	5.8、2.196~4.894、5.1	600/800	1500
		ZK1+650~ZK1+673	1700	1500	5.8、4.894~5.57、5.5、6.1、4.6	600/800	1000
	SMW17	ZK1+673~ZK1+702	1700	1500	5.8、5.57~6.425、5.5、6.1、4.6	600/800	1000

注:侧墙高度中有两个数值的,代表有两个侧墙,依此类推。

一、概述

防水工程、钢筋工程及混凝土工程施工质量控制要点、施工工序及施工技术要求同本篇第一章第四节。

主体结构施工随结构尺寸、跨度、高度的不同,采用不同的模板支撑体系,按照结构最不利尺寸、断面设计验算,其主要模板及支撑形式见表3-2-35。

主体结构主要模板及支撑形式汇总表　　　　表3-2-35

序号	部位	里程	结构形式		模板形式	支撑形式
1	工作井	ZK1+702~ZK1+726	—	侧墙	14mm厚木胶合板;内楞采用木工字梁,间距260mm;外楞用贝雷架	贝雷架
2					预埋件:直径为25mm、$L=700mm$的螺纹钢,地脚螺栓处地面与混凝土墙面距离为500mm;高出混凝土面为300mm;间距为500mm,在靠近墙体的起点与终点各布置一个	贝雷架
3				中板、顶板	14mm厚木胶板;主楞采用14号工字钢,次楞采用80mm×80mm方木;腋角处搭设ϕ48mm钢管	满堂脚手架(行车道层脚手架中增加14根ϕ800mm钢支撑对上层中板支撑)
4	敞开段	ZK0+924.753~ZK1+073	单孔单层	侧墙	5mm厚钢模板	型钢三脚架
5	光过渡段	ZK1+073~ZK1+133	两孔单层箱型	侧墙	5mm厚钢模板	盘扣架,立杆纵距$l_a=1.2m$,横距$l_b=1.2m$,步距$h=1m$,ϕ60mm立杆
6	主线暗埋段	ZK1+133~ZK1+388	三孔单层箱型			
7	主线暗埋段	ZK1+388~ZK1+540	三孔双层箱型			
8	主线暗埋段	ZK1+540~ZK1+648	三孔三层箱型	中板、顶板	14mm木胶板;主楞采用14号工字钢,次楞采用80mm×80mm方木;腋角处搭设ϕ48mm钢管	
9	主线暗埋段	ZK1+648~ZK1+702	三孔五层箱型			

暗埋段的主体结构施工与本篇第一章第四节主体结构施工相同,此处不再赘述。

工作井结构施工量大,需要完成6层侧墙施工和5层混凝土支撑、连系梁拆除,但前期房屋拆迁和管线改迁对工期影响较大,搭设满堂脚手架不能满足工期要求,因此,采用贝雷架支撑的施工方案进行工作井侧墙施工,节省搭设和拆除脚手架的工序,缩短施工周期,满足工期要求。

二、工作井侧墙贝雷架支撑体系施工

工作井侧墙施工在钢筋绑扎完成后,在地面拼合外墙模板,采用14mm厚木胶板模板,竖肋为200mm×80mm×40mm木工字梁,横肋采用双12号槽钢,木工字梁水平间距为300mm,第一道横背楞距模板下端300mm,其余间距为1200mm。单块模板中,多层板与竖肋(木工字梁)采用钉子连接,竖肋与横肋(双槽钢背楞)采用连接爪连接,在竖肋设置两侧对称吊钩,两块模板之间用芯带销插紧,保证模板的整体性,使模板受力合理、可靠。通过起重机将模板逐块吊运到位后,按间距600mm安装贝雷架临时支撑,底部连接预埋螺栓,中上部通过拉杆连接侧墙主筋,调节支架垂直度后安装操作平台,再紧固检查埋件系统,贝雷架如图3-2-22所示。

图 3-2-22 贝雷架示意图

验收合格后(模板拼缝 1mm,垂直度 2‰,最大变形 3mm)浇筑侧墙混凝土。

经现场统计,工作井侧墙施工效率逐渐提高,且效率跟侧墙施工高度和环框梁宽度有关,详细统计见表 3-2-36。

江南工作井侧墙施工统计表　　　　　表 3-2-36

序号	部位	墙高	工序	施工时间	耗时(d)	总耗时(d)
1	负六层侧墙	5.683m	钢筋安装	4月5日—4月19日	14	22
			模板安装	4月19日—4月23日	5	
			混凝土浇筑	4月23日—4月25日	3	
2	负五层侧墙	5.817m	钢筋安装	4月24日—5月8日	14	19
			模板安装	5月3日—5月12日	9	
			混凝土浇筑	5月5日—5月16日	11	
3	负四层侧墙	3.9m	钢筋安装	5月3日—5月14日	11	16
			模板安装	5月10日—5月19日	9	
			混凝土浇筑	5月12日—5月22日	10	
4	负三层侧墙	4.8m	钢筋安装	5月20日—6月2日	13	15
			模板安装	5月14日—5月24日	10	
			混凝土浇筑	5月16日—5月26日	10	
5	负二层侧墙	4.9m	钢筋安装	5月29日—6月12日	14	17
			模板安装	6月4日—6月15日	11	
			混凝土浇筑	6月7日—6月17日	10	
6	负一层侧墙及环框梁	3.6m	钢筋安装	6月8日—6月21日	13	18
			模板安装	6月15日—6月24日	9	
			混凝土浇筑	6月21日—6月26日	5	

综合分析,利用环框梁兼做侧墙的基坑施工时,采用贝雷架+木工字梁的支架形式,工效提升明显,施工占用空间小,不需要搭设满堂脚手架进行对撑,对提高施工效率有明显作用。

第六节　邻近老旧建筑沉降处置

隧道位于和燕路主干道上,基坑沿线和燕路两侧多为企事业单位、居民小区、学校、商铺等建(构)筑物,其中基坑周边主要建筑物有南磨厂、太平村43号、化工新村等,见表3-2-37。

周边建筑物监测点   表 3-2-37

序号	建筑物	位置关系	监测点数量	监测点编号	控制值	沉降最大值（mm）	异常点位	对应点位
1	胜利三村 22 号	3 倍基坑深度范围内	6	1JZ1～1JZ6	位移累计值 10mm，变化速度 2mm/d，倾斜度累计 2/1000，倾斜速度不大于 $(0.1H/1000)$ mm/d（H 为建筑物高度）	8.7	—	
2	南磨厂		6	1JZ7～1JZ12		9.5	—	
3	化工新村 33、34、35		26	3JZ1～3JZ16 4JZ1～4JZ10		29.3	—	
4	太平村 43 号		17	3JZ11～3JZ27		183.9	3JZ22,3JZ26, 3JZ29,……	3JZ29
5	太平村 47 号		12	2JZ1～2JZ12		29.6	—	
6	太平村 31 号		31	2JZ13,2JZ14……		23.1	—	

由表 3-2-37 可知，以上 6 处建筑物均产生不同范围的沉降，除太平村 43 号房屋外，其余建筑物沉降均未超过报警值。因太平村 43 号房屋沉降值为 183.9mm，严重超出沉降报警值，具体分析如下。

一、太平村 43 号概况

太平村 43 号房屋为燕子矶镇政府综合楼(A/B 栋)，创建于 1995 年，房屋几何尺寸为长 26m、宽 12m、高 19.2m，距离基坑 7～9m。房屋结构为框架结构+砖墙填充，房屋基础为条形基础，埋深约 2m，基础持力层为②粉质黏土层。施工时将其上层杂填土挖除，开挖较深的部分用 1∶1 碎石回填并分层夯实。太平村房屋与基坑位置关系图如图 3-2-23 所示，太平村 43 号房屋监测点布置图如图 3-2-24 所示。

图 3-2-23 太平村房屋与基坑位置关系图

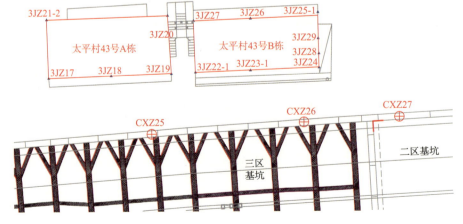

图 3-2-24 太平村 43 号房屋监测点布置图

其中太平村 43 号 A 栋房屋监测点 3JZ17-3JZ21 沉降为均匀沉降，对房屋结构安全影响较小。B 栋 3JZ29 监测点所在断面沉降较大，房屋产生不均匀沉降。

二、原因分析

(1) 经调阅相关档案资料,此房屋范围之前为池塘,淤泥质地层较厚,且房屋基础仅为圈梁,无桩基基础。结合详勘及现场取芯芯样,建筑物沉降较大处淤泥层厚。

(2) 该处建筑物对应开挖区域深度较深(26.41m),施工中此处管线改迁缓慢,围护结构施工时间长,施工不连续,支撑作用不及时,导致建筑物沉降持续增大。并且围护结构距离建筑物7~9m,施工扰动大,影响沉降值。

(3) 该建筑物位于二区与三区交界处,在二区开挖时基坑内土体卸荷造成坑外主动土压力区的土体向坑内移动,CX27号点位水平位移最大值为108.24mm,墙后水平应力减小,剪力增大,出现塑性区,从而造成周边建筑物沉降达到70.8mm。受双区开挖的耦合影响,三区开挖结束后沉降值达到140.65mm。主体结构施工时拆除混凝土支撑和钢支撑,建筑物沉降继续发展,最终达到183.9mm,位于建筑物西北角。其他各点沉降量如图3-2-25所示,建筑物整体向西北方向倾斜。

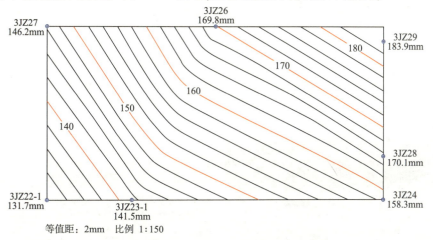

图3-2-25 太平村43号B栋建筑物-3JZ-等沉降曲线图

三、风险管控

为了有效保护建筑物安全,及时调整施工工艺和工序,对建筑物采取钻孔注浆、钢支撑伺服系统、自动化监测、对撑、三区三角板撑等措施,减少基坑施工对建筑物的影响。

(1) 钻孔注浆。

在建筑物与基坑之间、建筑物北侧注浆控制建筑物沉降。其中建筑物与基坑地下连续墙之间钻孔,安装袖阀管进行逐渐注浆;建筑物北侧使用钻注一体机器进行倒退式注浆(水泥浆配合比1:1,双液浆配合比1:1,凝固时间34~38s),如图3-2-26所示。

a) 地下连续墙外侧注浆

b) 建筑物北侧注浆

图3-2-26 钻孔注浆

根据现场注浆情况,钻孔注浆后地下连续墙水平位移得到有效控制,地表沉降速率减缓。

(2)对撑、三角板撑。

主体结构施工须拆除封堵墙,为减少其对基坑围护结构的影响,在建筑物东北角二区南端头增加对撑,三区北端头增加三角板撑,如图 3-2-27 所示,转换支撑轴力,控制基坑变形趋势。

图 3-2-27　增加对撑、三角板撑

(3)钢支撑伺服系统。

增加建筑物范围内钢支撑伺服系统,如图 3-2-28 所示,随时跟踪基坑轴力变化,出现异常时自动报警并补偿,控制基坑位移。

图 3-2-28　钢支撑伺服系统安装

(4)自动化监测。

在太平村 43 号 A、B 幢房屋上安装静力水准仪自动化监测设备。静力水准仪采用连通管原理,用传感器测量每个测点内液面的相对变化,通过计算求得各点相对于工作基点的相对沉降量,与基准点相比较即可求得各监测点的绝对沉降量。监测设备如图 3-2-29 所示。

图 3-2-29　自动化监测设备示意图

自动化数据采集系统结构及系统界面如图 3-2-30、图 3-2-31 所示。

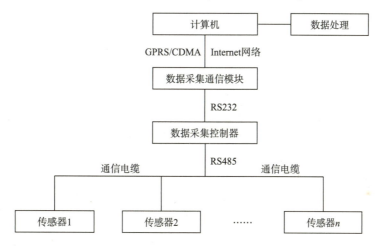

图 3-2-30 自动化数据采集系统结构图

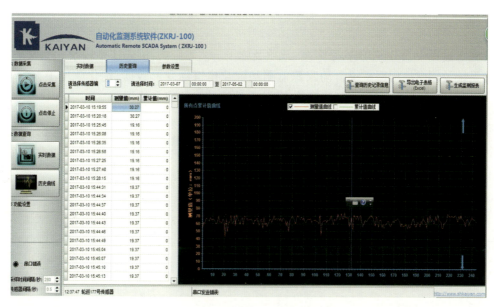

图 3-2-31 自动化数据采集系统界面图

监测点布设在外墙或承重柱上,建筑四角、沿外墙每 10~15m 处或每隔 2~3 根承重柱布设监测点,且每侧不少于 3 个监测点,在外墙拐角处布设监测点。43 号 A、B 幢房屋共布设 12 个监测点。

通过自动化采集系统,实现建筑物沉降实时监测,及时反馈沉降趋势,辅助施工工序优化决策。

(5)保留建筑物范围支撑。

随着建筑物范围内主体工程封顶结束,为减少基坑内支撑拆除对建筑的影响,在土方回填施工中保留钢立柱和混凝土支撑,直接回填在基坑内。

四、处置效果

随着二、三区基坑的开挖,建筑物沉降速率较快,采取以上一系列处置措施后,沉降速率减缓。随着主体结构施工和土体回填,建筑物沉降趋于平稳,差异沉降得到了有效控制,建筑物未出现明显裂缝,房屋保护效果良好,各项措施有效。变化速率见图 3-2-32。

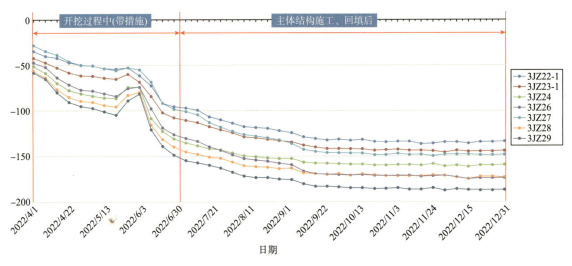

图 3-2-32 不同阶段沉降数据曲线图

五、小结

深基坑施工过程中,邻近建筑物受距离、地质及施工工艺等影响,沉降速率较快。经现场实践,采用自动化监测系统及钢支撑伺服系统自动跟踪监测基坑及建筑物变形数据,优化施工工艺,调整施工步骤,积极管控现场施工风险,有效控制建筑物沉降,保证建筑物的安全使用。

第四篇

PART 04

盾构施工

第一章 预制管片

第一节 概　　述

管片是盾构隧道的主体结构,其预制质量直接决定了隧道施工安全与质量。燕子矶长江隧道管片混凝土强度等级为 C60,抗渗等级为 P12。

管片生产制作工艺流程如图 4-1-1 所示。

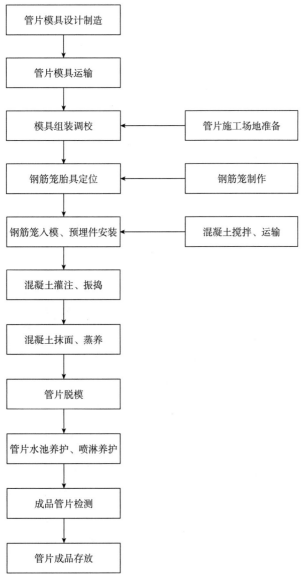

图 4-1-1　管片生产制作工艺流程

然而,由于项目建设时关于管片预制几何尺寸与钢筋保护层等控制要求尚未统一标准,为满足大直径盾构隧道的结构受力安全与耐久性要求,有必要围绕管片高精度预制工艺与检测技术进行研发创新与应用,进一步提高预制管片与成型隧道质量。

第二节　管片模具组装与验收

一、技术指标

管片模具必须保障极高的制造与组装精度,模具拼装合拢后拼接缝应严密,并且具有足够的强度和刚度;出厂前模具不得存在变形、破损等缺陷,合模后间隙不大于0.1mm,不得有造成漏浆的缺陷。鉴于此,本工程管片模具制造需满足表4-1-1中的要求。

管片模具技术指标　　　　表4-1-1

序号	项目	参数
1	管片模具可持续生产管片数量	>1000环
2	管片模具环宽尺寸精度	+0.15～-0.3mm
3	管片模具弧弦长尺寸精度	+0.2～-0.4mm
4	型腔高度精度	±0.3mm
5	外直径	14.5m
6	内直径	13.3m
7	厚度	600mm
8	宽度	2m通用楔形环
9	螺栓孔位孔径精度	±0.1mm
10	管片模具型腔内表面粗糙度	$Ra1.6$
11	转轴及转轴套筒表面粗糙度	$Ra1.6$
12	转轴及转轴套筒配合精度	±0.1mm
13	定位销及定位套筒配合精度	H7/h6
14	管片模具除锈等级	Sa2.5
15	防锈底漆	2道
16	防锈面漆	2道
17	固定螺栓等级	10.9
18	主体结构材料	Q345B

二、模具进场验收及组装

1.进场验收

管片模具出厂前应进行验收,合格后方能出厂,但考虑运输过程中的不可控因素影响,到达现场后需再次进行模具验收,验收包括模具宽度、弧长及内腔高度。

(1)模具宽度验收。

在模具型腔内,如图4-1-2所示,使用内径千分尺直接测量十个点位,误差允许值为±0.4mm。

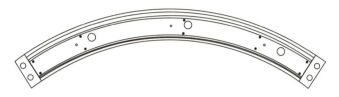

图4-1-2　模具宽度尺寸测量点示意图

(2)模具弧长验收。

使用卷尺和卡尺配合精确测出侧模的弧长,如图4-1-3所示,误差允许值为±0.4mm。

图4-1-3　弧长测量示意图

(3)模具内腔高度验收。

内腔高度使用深度尺直接测量,误差允许值满足±1mm。

2. 吊装

模具转运使用指定吊环,保持良好的平衡进行起吊,然后放置在指定位置。模具在水平、无压力状态下吊装,防止起吊工具损伤模具表面。吊装过程中需重点注意以下几点:

(1)存放场地具有足够的空间,避免模具放置过程中发生磕碰,并且对模具的边角用橡胶垫进行保护。

(2)任何情况下,吊具不能缠绕在凸出的螺栓或模具上。

(3)吊装前,确认模具内部是否有异物,并要擦掉型腔内的防锈油、垃圾等,以免划伤模具。

(4)模具吊装时,保证模具与接触面柔性接触,提前在模具接触面设置钢板和橡胶垫。

(5)模具吊运在模具厂家的指导下进行。

3. 整体组装

管片模具的整体组装流程为:现场规划—模具位置画线定位—模具与地面接触处安装钢板及橡胶垫—模具摆放—复测模具尺寸—安装空气管路、蒸汽管路及蒸养棚—安装走道板—最终检查—试生产。

模具安装精度检测需注意以下事项:

(1)管片模具完成厂内组装后应进行初验,采用三维激光扫描技术对管片模具的精度进行复核,符合设计与规范要求后方能试生产。

(2)各项预埋件及配件尺寸检测,包括对模具配带的芯棒、炮头、注浆管底座、注浆管进行安装拆卸检查;确认是否安装到位、尺寸是否与图纸相符;检查凹凸榫筋、各个螺旋筋(钢筋足尺模型)等预埋件的尺寸是否与图纸相符。

（3）对模具内腔各个侧面进行检查，观察表面是否光滑平整、开合模是否对模具尺寸产生影响、开合模螺栓是否存在安装不到位导致模具尺寸出现偏差等问题。

三、模具使用要求

《盾构法隧道施工与验收规范》(GB 50446—2017)对钢筋混凝土管片模具规定如下：

（1）模具安装后应进行初验，符合设计要求后可试生产，并应在试生产的管片中随机抽取3环进行水平拼装检验，合格后方可通过验收。

（2）当出现下列情况之一时，应对模具进行检验，检验结果应满足钢筋混凝土管片的质量控制要求：

①模具每周转100次；
②模具受到重击或严重碰撞；
③钢筋混凝土管片几何尺寸不合格；
④投入生产前，模具停用超过3个月。

本项目在施工过程中，利用始发负环进行试生产，并开展成品管片三维尺寸检验和3环水平拼装检验，合格后方可通过模具正式验收。

管片模具采用0.01mm级精度的三维激光跟踪扫描技术进行验收检测，形成相应的三维检测报告及三维矢量图（图4-1-4）。其检测频率为：试生产验收合格后，生产周转20环后对模具进行一次三维测量；如检测合格，则在周转100环后再对模具进行一次三维测量；如再检测合格，按最终检测频率即每周转200环对模具进行一次三维检测；过程中如出现1次不达标，则立即对模具校正、修复、检测，合格后返回至20环一次的最初检测频率。

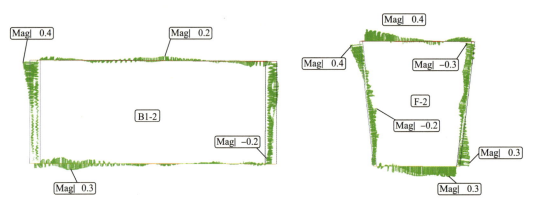

图4-1-4 三维矢量图

检测项目与验收标准须符合表4-1-2的要求。

管片模具检测项目与验收标准　　　　表4-1-2

序号	项目	允许误差	序号	项目	允许误差
1	宽度	±0.4mm	6	扭曲	±2mm
2	内腔高度	±1mm	7	内半径	±1mm
3	弧长	±0.4mm	8	外半径	+2/-1mm
4	纵向平整度	±0.5mm	9	止水槽半径	±1mm
5	环向平整度	±0.5mm			

第三节 管片钢筋笼加工与安装

一、加工

钢筋笼加工工艺流程如图 4-1-5 所示。

为保证钢筋笼加工质量,采取以下控制措施:

(1)原材料控制:所有钢筋原材进场后进行外观检测、试验检测和现场切断试弯工作,确保钢筋原材满足使用要求。

(2)主筋不允许出现接头。

(3)钢筋在断料、弯曲及弯弧成型之前,先制作样板,按样板加工钢筋,确保钢筋加工的精度,保证弯弧尺寸和角度符合设计要求。

(4)受力钢筋表面不得有裂纹及其他损伤,焊接前对焊接处进行检查,钢筋表面无裂皮、油污、颗粒状或片状锈蚀及焊渣、烧伤。绑扎或焊接的钢筋网和钢筋骨架不得松脱和开焊。

(5)采用焊接骨架,钢筋骨架在钢筋胎架上焊接而成,采用 CO_2 保护焊点焊,保证焊接点牢固,中间部位允许跳焊,但不应连续二次跳焊。

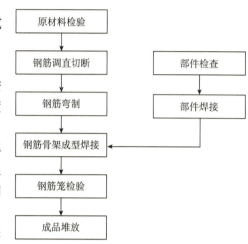

图 4-1-5 管片钢筋笼加工工艺流程图

钢筋笼整体质量检查项目见表 4-1-3。

钢筋笼加工检查表　　表 4-1-3

序号	项目	允许偏差(mm)	检验数量
1	主筋和构造筋长度	±10	按日产量3%进行抽检,每日抽检不少于3件,且每件检验4点
2	主筋折弯点位置	±10	
3	箍筋内径尺寸	±5	
4	螺旋筋内径尺寸	±5	
5	主筋间距	±5	
6	箍筋间距	±10	
7	分布筋间距	±5	
8	钢筋骨架长、宽、高尺寸	+5,-10	
9	主筋保护层	+5,-3	
10	环、纵向螺栓孔	畅通、内圆面平整	

二、钢筋笼吊装与安装

钢筋笼在吊装、安装过程中的质量控制要点包括:

(1)钢筋骨架堆放高度不宜超过 4 层,且应进行上遮下垫,避免边角直接与地面接触。

(2)成型管片钢筋骨架在堆放和吊运过程要防止变形。应设置 4 个吊点,保证受力均匀。起吊前钢筋骨架长度方向上的刚度应在规定范围内,对长度方向柔性大的钢筋骨架增加临时支撑。

(3)钢筋笼入模时,应自模板上方垂直放下,不得在模板上滑动,不得与螺栓手孔模芯相接触,防止变形移位。

（4）钢筋笼放于钢模平面中间，其内弧面宜按三排设置垫块，每排不少于4个垫块，周边设置飞轮。混凝土垫块强度应大于或等于混凝土强度标号，垫块厚度宜比设计保护层厚度大2mm，浇筑前应复查钢筋保护层。

三、管片模具合模

钢筋笼安装到位、进行合模时，应注意以下要点：

（1）脱模剂涂刷应薄而均匀，无聚集、流淌现象，且应选用质量稳定、适于喷涂、脱模效果好的乳液类脱模剂，严禁使用机油、柴油代用脱模剂。钢筋骨架和预埋件严禁接触脱模剂。

（2）合模前应检查确认侧模与端模的连接缝胶条无移位或脱落，螺栓孔预埋件、中心吊装孔预埋件以及其他预埋件和钢模接触面密封良好。

（3）应按端模紧固→侧模到位→定位螺栓紧固→侧模与底模螺栓安装紧固→端模与侧模螺栓安装紧固的步骤进行合模。开模具时应先打开两侧模，再打开端模；关闭模具时先闭合端模，再闭合两侧模。

（4）合模时需重点注意以下几点：

①操作人员必须经过专业培训、熟悉模具操作手册及保养方法；

②定期保养模具及配件，模具所有螺纹处必须保持清洁并涂油润滑，模具及配件在不使用时必须全部涂油防锈；

③拆、装模具的过程中严禁锤击、撬动；

④模具外弧面必须保持干净，没有残余的混凝土；

⑤定期对风动振动器进行检查、保养。

（5）合模后安装芯棒时，须检测螺栓孔预埋件和钢模接触面的密封状况，密封圈必须具有足够的强度。固定在模板上的预埋件、手孔模芯不得遗漏，且应安装牢固。

四、管片保护层控制措施

管片结构不仅承受自身与周围围岩的相互作用、管片间的压应力、来自连接螺栓的拉应力，还会承受拼装时部分千斤顶的顶推作用力、拼装误差等人为因素带来的局部挤压应力。在这一复杂受力体系下，严格控制钢筋保护层厚度极为重要。如果钢筋保护层厚度偏小，钢筋周围由于黏结滑移所引起的裂缝容易发展到管片表面、形成沿纵向钢筋的裂缝，使保护层内混凝土发生劈裂破坏、钢筋强度无法充分发挥作用，且劈裂裂缝易导致管片外侧腐蚀性介质入侵，影响管片耐久性；如果保护层厚度偏大、钢筋骨架向下偏移，则会导致管片截面有效高度减小，承载能力降低、变形增大，继而诱发开裂和渗漏水风险。

以往工程项目中，主要检测管片内弧面的钢筋保护层，然而，南京长江五桥夹江隧道、燕子矶长江隧道实践表明，管片端面、侧面钢筋保护层厚度也需要加强关注，避免管片拼装后因结构耐久性问题出现绕过三元乙丙的渗流通道。设计规定外侧主筋保护层厚度取50mm，内侧主筋保护层厚度取40mm，允许偏差为−3～+5mm，其他钢筋保护层厚度不小于20mm。本工程通过模具的选择、混凝土收面的精确控制以及创新研制液压式胎膜架，管片内、外弧面的钢筋保护层合格率达到98%以上；管片侧面、端面保护层合格率达到90%。

1. 内、外弧面保护层控制

液压式胎膜架（图4-1-6）在管片侧面设置六根双向油缸配合六根横向高强圆钢，上顶钢筋骨架外弧面、下压内弧面，通过挤压使内弧面主筋紧贴底模，减小钢筋弯弧误差，提高保护层的合格率。

2. 侧面保护层控制

（1）箍筋下料精度控制。

箍筋下料精度是影响侧面保护层的主要因素,除根据不同的管片楔形量设计出合理箍筋尺寸外,还要严格控制箍筋的间距和对角线的尺寸。现场采用自动五轴弯曲机进行箍筋半成品的加工,将对角线精度控制在2mm内,以降低对钢筋保护层厚度的影响。

图 4-1-6　液压式胎膜架

同时,加大箍筋检测频率,在作业工位上给出样板尺寸,每班次开料前进行样板对比,下料过程中定量进行比对工作,确保箍筋下料的稳定性。

(2)钢筋笼构造筋焊接控制。

箍筋位置定位好后进行焊接,焊接过程中严禁调整胎具及箍筋位置;在胎具中对腰筋焊接位置进行标记,确保腰筋焊接的精确度;主筋、腰筋与箍筋均须紧贴焊接;箍筋和主筋焊接完成后打开侧面端板,由焊接人员和专职质检员对焊接的质量及侧面平整度进行检查,检查合格后方可进行后续工作。

(3)入模精度控制。

钢筋笼入模后由定岗工人对钢筋位置进行调整,调整完成后由专职质检员进行保护层检查调整,检验合格后在两侧安装飞轮进行定位,如图 4-1-7 所示。飞轮可以保证侧面保护层的合格率,并且在生产运行和混凝土浇筑振捣过程中保证钢筋笼的稳定性。

图 4-1-7　入模后飞轮定位

3. 端面保护层控制

(1)主筋尺寸控制。

由于弯曲长度和角度一致,主筋下料长度直接影响端面保护层的控制,故必须严格控制下料尺寸。

由专职质检员进行日常检测工作,对于不合格的主筋半成品一律不允许使用。

(2)主筋弯弧控制。

主筋的弯弧角度和拐点控制是端面保护层合格率的决定性因素,在控制下料长度的前提下,务必保证主筋扭曲度满足使用要求。钢筋笼焊接前要将弯曲后的半成品在管片模具中进行比对,确保平行度和保护层尺寸。弯弧角度及长度确认后,在作业点设置标准样板。在下料过程中,由专职质检员对拐点位置、角度和弯弧尺寸进行检验。

(3)主筋角度控制。

在作业机械上标注钢筋弯曲后的位置,设置限位措施,弯曲后对弯曲钢筋和样板进行比对,确保弯曲角度一致,如图4-1-8所示。主筋定位时在端头设置挡板,通过控制面筋尺寸、底筋和面筋搭接状态保证整个端面的平整度,焊接完成后用挡板进行平齐度的检验。

图4-1-8　主筋搭接及弯弧角度

(4)焊接的控制。

钢筋半成品摆放完毕后,必须保证底筋顶到挡板上,如图4-1-9所示,避免由于人为因素造成的端面保护层不合格;焊接完成后由专职质检员检验合格后再吊入成品存放区,钢筋笼存放设置专用胎架。

图4-1-9　底筋摆放情况

(5)钢筋笼入模检查。

钢筋笼入模后由定岗作业人员对钢筋笼位置进行调整,由专职质检员对工前保护层进行检验,检验合格后方可进入下一道工序。

第四节 混凝土拌和、浇筑与养护

一、配合比设计

燕子矶长江隧道工程管片混凝土配合比设计应符合以下要求：混凝土氯离子总含量（包括水泥、矿物掺和料、粗集料、细集料、水、外加剂等所含氯离子含量之和）不应超过胶凝材料总量的0.06%，混凝土含碱量不超过 2.5kg/m³，混凝土含气量≤2.3，坍落度为 30~70mm。形成设计配合比见表4-1-4，施工过程中根据现场施工情况对配合比进行优化。

管片混凝土设计配合比　　　　　　　　　　　　　　　　　表 4-1-4

水胶比	砂率(%)	各原材料的质量比						
		水	水泥	粉煤灰	矿粉	砂	碎石	外加剂
0.30	38	139	325	69	69	721	1186	4.63

二、混凝土拌和及浇筑

1. 拌和

混凝土搅拌前，试验室应测定砂、石含水率并根据测试结果调整材料用量，为拌和站提供施工配合比。搅拌混凝土时，混凝土原材料每盘称量的偏差应符合表 4-1-5 的规定，原材料每盘称量的偏差，每工作班抽查不少于一次。各种衡器应定期检验，每次使用前应进行零点校核，保持计量准确。当遇雨天或含水率有显著变化时，应增加含水率检测次数，并及时调整水和集料的用量。

管片混凝土原材料每盘称量的允许偏差　　　　　　　　　　表 4-1-5

材料名称	允许偏差
水泥、掺合料	±1%
粗、细集料	±2%
水、外加剂	±1%

开拌前检查搅拌机及其他有关设备是否完好，确认计量系统各零点归位。

下料顺序（非冬季施工）为：启动搅拌机后，将外加剂投入水中，混合均匀；接着将砂石料投入搅拌机中；约3s后将加有外加剂的水加入搅拌机中；2s后将水泥、粉煤灰和矿粉加入搅拌机中，搅拌时间为120s。

混凝土拌制速度应和灌注速度紧密配合，若灌注工序因故短暂停顿，则拌和机的混凝土就不能泄入运灰车中。拌制不合格的混凝土不能灌入管片模型内，需及时通知分管技术领导处理。混凝土拌制工作完毕后，应及时清洗拌和机，并检修有关设备。

2. 浇筑

混凝土浇筑的流程为：涂脱模剂→放置配件和预埋件→关闭模盖→放料及振捣→开启模盖→抹面→关闭模盖→拔出芯棒→蒸养→脱模→清理模具→关闭模具、检查尺寸。

管片混凝土用吊斗在横道架上横移运输。料斗的容量为 2.5m³，斗的下面有出料的扇形斗门。抵达灌注工位管片模具上方，打开灌注。混凝土从模板中部集中灌注，利用混凝土流动性使混凝土充满整个模具。一块管片应一次连续灌注完毕，总灌注时间不应超过 30min，以避免灌注时间过长影响管片内混凝土与钢筋的黏结质量。

试验室人员负责混凝土的调配，依据配合比设计，控制混凝土的坍落度在 (50±10)mm。尽量控制放料和生产节奏,保证节奏均匀,避免 5min 以上的存料。高料斗加装功率大的应急振动器,避免下料困难,耽误浇筑时间。管片生产过程中,混凝土入模温度不超过 28℃,管片生产车间必须采取有效措施,控制混凝土内部和外部温差,内部和外表温差不得大于 15℃。

3. 振捣

本项目采用风动振动器,每块管片模具安装 7 处风动振捣器(F 块模具安装 3 个),混凝土振捣器开启顺序为先开放中间 2 个振捣器,并根据混凝土流动情况由小到大逐步提高震动力;混凝土覆盖两边振动器工作范围 80% 后再开启两边的 5 个振捣器进行振捣,震动力同样由小到大逐步调节,振动时间以混凝土表面停止沉落或沉落不明显、混凝土表面起泡不再显著、混凝土将模具边角部位充实表面有灰浆泛出时为宜,振捣时一般控制在 6~10min 内,不得漏振或过振。

全部振动成型完成后,应抹平上部中间处混凝土,修整外环面弧度。

4. 混凝土收面

混凝土浇筑完成后,打开盖板进行混凝土收面,包含以下三个步骤:

(1)粗抹面:打开盖板后,使用槽钢做成的刮杠,两名工人各持一端,在外弧面边按压边刮,一点点刮平、去掉多余浮浆,并把凹陷处填满,使管片外弧面达到与模具弧度基本一致,此阶段时间一般在开盖板后 20min,如混凝土坍落度大,时间可适当延后。

(2)中抹面:待刮杠后混凝土弧面基本稳定,使用灰匙进行光面,注意收光顺序要从两端往中间收,使管片表面平整光滑。中抹面后应使用平尺进行平整度检查或进行目测,当有明显不平顺或超厚现象时要重新进行刮杠处理,轻微超厚位置可使用刮杠进行轻拍,消除超厚,严重超厚时必须刮掉多余混凝土。中抹面在粗抹面后混凝土初凝前持续进行。

(3)精抹面:待混凝土接近初凝,达到浆不粘手、不陷印痕时,用长匙精工抹平到压实的效果,且力求表面光亮无灰匙印。初凝后不允许再进行收面,防止裂口。

精抹面后拔出直螺栓杆并及时清理干净,在管片外弧面覆盖塑料薄膜,防止水分蒸发过快出现塑性裂纹,保持间隙、盖好盖板后蒸养。

三、拆模及模具清理、保养

1. 拆模

同条件试块抗压强度不低于 15MPa 时,进行管片的拆模。拆模时严格按照钢模技术操作规程顺序,先拆端模、再拆侧模,严禁硬撬硬敲损坏管片和钢模。先拆卸侧模与端模固定螺栓,再拆卸侧模与底模固定螺栓,转动侧模定位螺栓,轻轻将侧板拉出;然后拆卸端模与底模联结的螺栓,打开端模板。模板的拆卸顺序为从两端向中间对称拆卸,不能倒转,注意各侧板要充分打开。

当采用吸盘脱模时,混凝土强度应不低于 18MPa。用真空吸盘将管片从模具中平稳吊起,严禁单侧或强行起吊,起吊时吊具应垂直;定期检查真空吸盘的配件和管片起吊保护装置。

管片拆模后,在管片内弧面和端面分别印戳,印刷好管片型号、生产日期、流水号、生产单位等标识信息,并张贴信息管控二维码。

2. 模具清理

模具内表面使用海绵块、石棉布及塑料专用铲清理,严禁使用尖利工具清刮模具表面。模具内关键部位(如止水槽、凹凸榫、边沿、注浆孔座、手孔等)的混凝土残积物要彻底清理干净,模具清理完成后必须用干净抹布擦去表面油污。清理模具外表面时,特别要注意清铲侧、旁板顶面的混凝土残积物。混凝土残积物全部剥落后,由专人把杂物从模具内表面清走,不得有任何残留杂物。

侧、端板与底座的接触面,清铲干净后都用抹布擦拭干净,以防止粉尘下落影响模具精度,同时涂抹机油保养。

模具清理完成后,需达到以下要求:①各模板面、接缝无粘灰、锈、焊瘤等杂物,表面光滑;②脱模剂涂刷均匀,无积油、漏刷现象。

3. 模具保养

模具日常维修保养要求按表4-1-6要求执行,并着重注意以下3点:

(1)所有轴承每周润滑一次;

(2)开合铰链轴和锥形销在每个工作循环后,检测是否充分润滑;

(3)每一次浇注前,检查确保所有螺栓都是干净的,并涂抹薄油。

模具日常维修保养内容及频率　　　　　表4-1-6

操作	试运行	每次使用	使用一周	使用一月	结束试运行	过程
清洗	W	W	—	—	W	抹布及铲刀
涂脱模剂	W	W	—	—	W	涂抹脱模剂
模芯、芯棒	W	W	—	—	W	涂抹脱模剂
铰链轴车轮轴	W	—	W	—	W	油脂
油嘴	—	—	W	—	W	油脂
密封条	W	W	W	—	W	清洗检查,如损坏则更换
锁紧螺栓开启螺栓	M	—	M	—	W	油脂
焊点	—	—	—	M	W	检查
总体状况	M	—	M	—	M	检查
防锈剂	—	—	—	—	W	涂抹

注:"W"表示工人;"M"表示机械工。

四、管片养护

1. 蒸汽养护

蒸汽养护的控制重点是蒸养时间、升温及降温速率、恒温时间和湿度等。

混凝土浇筑后静置2h或混凝土初凝后,开始进行蒸养。在蒸养前给混凝土表面覆盖一层塑料薄膜,防止蒸汽养护产生的水蒸气冷却、凝珠,进而影响管片成品外观质量。

合理开展管片的预养护,升温速度不宜超过15℃/h,降温速度不宜超过10℃/h,恒温最高温度不宜超过60℃,管片在恒温阶段相对湿度不小于90%,恒温时间不少于6h。出模后,当管片表面温度与环境温差大于20℃时,在室内车间进行管片降温,直至管片表面温度与环境温差不超过20℃。

2. 水中养护

管片蒸养在满足规定强度后拆模、起吊、标识。水中养护前,管片表面温度与水温差小于20℃时入水,如果不符合条件,需在车间内继续进行降温。养护由专人负责,并做好管片入水时间及在养护池内的位置记录,以便控制养护时间与养护质量,保证管片质量。

管片在水池中养护时,水位淹过管片顶面,保证整块管片浸泡在水中,并经常检查水温,防止水温过高和过低影响管片的强度增长。在水池中养护不少于7d后,转运到堆放区进行喷淋养护,正常养护周期不少于 14d。管片转运过程轻吊轻放,防止损坏管片。根据《混凝土用水标准》(JGJ 63—2006),养护水质要求见表 4-1-7。

管片养护水质要求   表 4-1-7

项目	规范要求	本项目要求
pH 值	≥4.5	7~11
Cl^-(mg/L)	≤1000	≤1000
SO_4^{2-}(mg/L)	≤2000	≤2000
碱含量(mg/L)	≤1500	≤1500

第五节 成品检测

一、外观检测

燕子矶长江隧道工程管片成品外观质量要求见表 4-1-8。管片表面需光洁平整,无蜂窝、露筋、裂缝、缺角,灌浆孔完整、无水泥浆等杂物;及时修饰轻微缺陷,但止水带附近不允许有缺陷。

单块管片成品外观质量要求   表 4-1-8

序号	类型	现象	质量要求
1	露筋	管片内钢筋未被混凝土包裹而外露	不允许
2	蜂窝	混凝土表面缺少水泥砂浆而形成石子外露	不允许
3	孔洞	混凝土内孔穴深度和长度均超过保护层厚度	不允许
4	夹渣	混凝土内夹有杂物且深度超过保护层厚度	不允许
5	疏松	混凝土中局部不密实	不允许
6	裂缝	可见的贯穿裂缝	不允许
7		长度超过密封槽且宽度≥0.2mm 的裂缝	不允许
8		非贯穿性干缩裂缝	内表面不允许,外表面裂缝宽度不超过 0.2mm
9		拼接面裂缝	拼接面方向长度不超过密封槽、且宽度小于 0.2mm
10	外形缺陷	棱角磕碰、飞边等	不应有,允许修补
11	外表缺陷	密封槽部位在长度 500mm 的范围内存在直径 5mm 以上的气泡	不允许
12		管片表面麻面、掉皮、起砂,存在少量气泡,表面麻面、黏皮总面积不大于表面积的 5%	允许修补
13	环纵向螺栓孔	—	畅通、内圆面平整,不得有塌孔

二、精度检测

1. 人工检测

每一批生产的管片,在标准块、邻接块、封顶块三种类型管片中随机抽选进行人工精度检测。采用 0~2000mm 和 0~500mm 量程的游标卡尺测量管片宽度和厚度;用 5m 规格的钢卷尺测量管片弧长;用直径为 1mm、长度为 7m 的尼龙线对扭曲变形情况进行检验。管片成品质量标准见表 4-1-9。

单块管片尺寸标准 表4-1-9

序号	项目		允许误差		检测要求
			规范	本项目标准	
1	外形尺寸	宽度	±1mm	±0.5mm	每块测6点
		弧、弦长	±1mm	±1.0mm(±0.5mm,封顶块)	每块测3点
		厚度	+3,-1mm	+3mm,-1mm	每块测3点
2	螺栓孔位及孔径		—	±1.0mm	每个

2. 三维激光检测

目前行业内对三维激光扫描尚没有明确的要求,但基于项目研究成果,对管片成品尺寸进行了高精度三维检测,检测频率为每生产200环/次。允许偏差应符合表4-1-10的要求。

管片尺寸三维检测标准 表4-1-10

序号	检验项目	允许偏差
1	混凝土接触面平整度	±0.5mm(每延米±0.2mm)
2	弧弦长	±1.0mm(±0.5mm,封顶块)
3	对角线	±1.5mm
4	扭曲	±1.0mm
5	宽度	±0.5mm

3. 水平拼装试验

盾构隧道管片水平拼装试验主要检验成环后内径、成环后外径、环向缝间隙、纵向缝间隙、环纵向的螺栓穿进等指标,用以检测管片环组装精度、模具在长时间使用后是否发生变形。水平拼装检验标准详见表4-1-11。目前主要采用人工尺量的方式进行检测,且不考虑多拼装点位的工况。

管片水平拼装检验标准 表4-1-11

序号	检验项目	允许误差		检验方法
		规范要求	本项目标准	
1	成环后内径	±2mm	±2mm	钢卷尺在同一水平测量断面上选择间隔约45°的4个方向直接进行测量,精确至1mm
2	成环后外径	+6,-2mm	+6,-2mm	
3	环向缝间隙	2mm	1mm	用塞尺测量两环之间的环向缝间隙应测量不少于6点,纵向缝间隙应每条缝测定1个最大值,精确至0.1mm
4	纵向缝间隙	2mm	1.5mm	
5	螺栓孔不同轴度	—	1.0mm	游标卡尺检测每个螺栓孔的轴度,精确至0.1mm

三、强度试验

混凝土强度是衡量管片最重要的指标之一,需进行强度试验。

混凝土试块应在混凝土浇筑地点随机取样制作,要求3个试件为1组,抗压强度试块按每班次、同配合比生产的混凝土制作4组试件,1组作为管片脱模、起吊强度;1组与管片同条件养护后作为出厂强度;2组作为28d标准养护试件,试件取样频率按每班次生产混凝土进行。

采用回弹值测量混凝土强度时,回弹仪的轴线始终垂直于混凝土检测面,并缓慢施压、准确读数、快速复位。每一测区读取16个回弹值,每一测点的回弹值读数精确至1,测点在测区范围内均匀分布,相邻两测点的净距离小于20mm;测点距离外露钢筋、预埋件的距离不小于30mm,测点不在气孔或外露石子上,同一测点只弹击1次。

四、检漏试验

定期进行检漏试验,检漏试验在管片达到28d强度后进行。检漏标准按设计抗渗压力1.0MPa恒压3h、渗水深度≤5cm执行。

管片正式生产前期每生产50环抽取1块管片做检漏测试;连续3次达到检测标准后,改为每生产100环抽取1块管片;再连续3次达到检测标准后,最终检验频率为200环抽取1块管片做检漏测试。如出现1次不达标,则恢复每50环抽取1块管片的最初检验频率,再按上述要求进行抽查。当检漏频率为每50环抽查1块管片时,如出现不达标,则双倍复检;如再出现不达标,须逐块检测。

检漏试验方法如下:

(1)将管片平稳放置在试验架上,检查密封橡胶垫是否紧贴管片外弧面上。

(2)在管片内弧面轴线上垫上三条橡胶条,中间一条、边沿各一条;管片密封垫距管片边缘的距离为50mm。

(3)在管片内弧面宽度方向压上紧固横杆,用螺栓与下支承座上的紧固横杆连接,从中间开始向两边收紧。

(4)打开排气阀门,然后接通进水阀,注入自来水;当排气孔中排出水后,关闭排气阀,启动加压泵,按0.05MPa/min的加压速度,加压到0.2MPa,恒压10min,检查是否有渗漏水现象,观察侧面渗透高度,做好记录。

(5)继续加压到0.4MPa、0.6MPa、0.8MPa、1.0MPa,每级恒压时间10min,到1.0MPa后恒压观察3h,构件各端面渗水线不超过50mm,才认为符合抗渗强度等级为P12的要求。

五、螺母抗拔

根据设计要求,定期进行螺母抗拔试验,螺母抗拔试验在管片达到28d强度后进行。

抗拔性能检验按下列步骤进行:

(1)将螺杆旋入螺栓孔内,检查螺旋的旋入深度及垂直度。

(2)将橡胶垫及承压钢板套进螺杆,然后安装穿心式张拉千斤顶、旋紧螺母、试样、螺杆、千斤顶、螺母,使其连接成一整体。

(3)安装完成后开始加载测试,当抗拔性能检验加载达到设计荷载时,持续荷载30min,每5min测量一次位移,记录荷载和位移。终止试验并观察钢筋混凝土试样裂缝开展情况、评判螺母抗拔承载力是否符合设计要求。

第二章 复合地层大直径泥水盾构选型分析

本工程是水下大直径盾构隧道的代表性工程,盾构选型要求高,主要受以下因素影响:

(1)穿越砂层、上软下硬地层、全断面岩层、破碎带及岩溶区,在岩层中长距离连续掘进、岩石强度最大 90MPa,刀具损耗大、更换频繁;

(2)穿越幕府山岩溶密集发育区存在姿态突变、掌子面失稳、地面冒浆、刀盘卡顿等风险。

根据国内外盾构施工经验,以燕子矶长江隧道水文地质情况、工程要求、环境保护要求、经济性要求、地面施工场地情况等因素为设备选型的基本依据,盾构机选型须满足以下几个要求:

(1)必须确保开挖空间的安全和稳定;
(2)保证隧道土体开挖顺利;
(3)保证管片的安装质量;
(4)确保盾构机械作业可靠和高效;
(5)保证地面沉降量在要求范围内;
(6)保证在江底实施刀具频繁更换作业的安全性;
(7)满足施工场地及环保要求。

第一节 盾构段地质概况

本工程左线盾构隧道长 2965m,右线盾构隧道长 2976m。盾构段穿越多种复杂地层,对隧道影响较大的断裂带共有 5 条,其中 4 条与线路相交、1 条与线路平行。穿越不同地层时盾构机选型要点见表 4-2-1。

隧道穿越地层及选型重点 表 4-2-1

地层	里程	长度(m)	主要地层	埋深(m)	选型重点
砂层	YK3+220~YK4+708	1488	(2)5 粉细砂; (2)6 粉细砂; (2)6-1 粉质黏土夹粉砂; (4)1 中粗砂	7.2~26.9	(1)粉细砂、中粗砂层,石英含量高,刀盘、刀具磨损较为严重,刀盘的耐磨设计尤为重要; (2)砂层透水性强、易塌方,易结泥饼对刀盘冲洗要求高;大埋深、高水压对盾构机的压力平衡方式、盾体结构、主驱动密封、盾尾密封要求较高
	ZK3+261~ZK4+691	1430		7.1~29.8	
上软下硬	YK2+970~YK3+220	250	2(6)粉细砂; (4)3 圆砾; (8)1j 全风化角砾岩; (8)2j 强风化角砾岩; (8)3j-1 中风化角砾岩(破碎); (8)3j 中风化角砾岩	20.2~26.9	(1)上部砂层下部角砾岩的上软下硬地层,刀具易发生偏磨、崩齿等,刀具的抗冲击性要求较高; (2)高水压条件下的安全、可靠、高效的换刀方式选择尤为重要
	ZK2+960~ZK3+260	300		17.2~28.0	

续上表

地层	里程	长度(m)	主要地层	埋深(m)	选型重点
硬岩层	YK1+732~YK2+970	1238	幕府山—焦山断裂(F7); f11、f12、f14断层; 岩溶发育; (8)2j强风化角砾岩; (8)3j中风化角砾岩; (7)2s1强风化含砾砂岩; (7)3s1中风化含砾砂岩;	20.2~56.9	(1)全断面强、中风化角砾、灰岩地层掘进时黏土夹层易结泥饼,对刀盘冲洗要求较高; (2)岩层的最高单轴抗压强度约为90MPa,刀具更换频繁,新刀安装空间不足,主驱动需具备伸缩功能; (3)断裂带可能存在块石,掘进中易塌方卡刀盘,需针对性设计刀盘伸缩功能,并配备采石箱; (4)存在未被探明溶洞,需配备超前地质钻探装置; (5)盾构机存在栽头风险,盾体重心应靠后设计
	ZK1+726~ZK2+960	1234	(7)3s1-1中风化含砾砂岩(破碎); (8)3中风化角砾状灰岩; (8)3s1中风化砂砾岩; (8)3s1-1中风化砂砾岩(破碎); (9)3中风化灰岩	11.5~77.3	

第二节　盾构机选型分析

盾构选型以工程地质、水文地质为主要依据,并综合考虑周围环境、隧道断面尺寸、掘进长度、埋深、隧道线形、沿线地形、地面及地下构筑物等环境条件、工期、环保等因素,对盾构机的类型、驱动方式、功能要求、主要技术参数、辅助设备配置等进行决策。

根据以上原则,结合本工程重难点的分析,对盾构机作出如下针对性设计:

(1)针对长距离高水压强透水砂层和上软下硬地层,考虑换刀频率高、带压换刀风险大,采用常压刀盘设计。

(2)针对盾构机在砂层和硬岩地层中长距离掘进,刀具需具备滚齿互换功能。

(3)针对硬岩地层掘进距离长、换刀频繁、边缘刀具更换困难的问题,刀盘需具备伸缩和摆动功能。

(4)针对断裂带、溶岩地层等,盾构机需具备超前钻探和超前地质预报功能。

一、刀盘、刀具

1.常压刀盘

常压刀盘是将普通刀盘设计为可隔绝外界泥水压力的中空钢结构,人员换刀作业时无须带压,在常压环境下进入刀盘内部,即可实现刀具的更换。针对大直径刀盘结构可靠性高的需求,刀盘采用箱形辐臂+环形支撑的刀盘拓扑结构设计,箱形辐条内部设置多处支撑筋板,环形支撑筋板能有效传递刀盘开挖掌子面需要的扭矩。在极限压力、推力、扭矩等条件下,刀盘满足强度、刚度、稳定性要求。

2.刀盘开挖直径

刀盘直径主要根据管片外径、盾尾间隙、盾尾厚度计算确定,结合盾构隧道的地质情况、岩石强度、力学性能等因素进行尺寸调整。

开挖直径大,会导致刀盘扭矩增大、开挖量增大、地层扰动大、壁后注浆量增多、施工成本高等一系

列问题。综合考虑刀盘结构设计、刀盘受力性能、地层稳定性、施工经济性等因素,以右线盾构为例,刀盘开挖直径设计如下:

管片外径14500mm,盾尾间隙50mm(单边),尾盾壁厚115mm,导向支撑钢环厚45mm。经计算,盾尾外径为:$14500 + 50 \times 2 + 115 \times 2 + 45 \times 2 = 14920$mm。综合考虑盾构姿态调整、摩擦阻力等因素,盾构机盾体呈锥体设计,刀盘至盾尾依次递减,前盾直径φ14980mm、中盾外径φ14950mm。根据盾构设计和施工经验,盾构刀盘外径通常在前盾基础上增加50~70mm,因此,右线盾构机刀盘开挖直径为$14980 + 50 = 15030$mm。左线盾构机刀盘开挖直径为$15020 + 50 = 15070$mm。

3. 刀盘开口率

刀盘开口部分是为渣土进入泥水仓设计的开口结构。刀盘的开口形状和尺寸根据地质条件、开挖面的稳定性、刀盘结构强度、常压换刀装置安装空间来决定。软土地层中,刀盘切削效率高,应设置较大的开口率;而硬岩地层中,刀盘需要布置较多的刀具,设置较小的开口尺寸,应设计较小的开口率。因此对于复合地层掘进,需首先保证硬岩掘进需求,再尽量增大开口率,开口率一般取25%~35%。由于采用常压刀盘设计,中心区域无法开口,为保障中心区域的切削和进渣顺畅,应尽可能缩小中心无开口区域面积。

结合常压刀盘箱形辐臂+环形支撑的结构设计特点,在刀盘直径基础上尽量增大开口率,左线盾构机刀盘开口率设计为30.1%,右线为29.7%,中心无开口区域直径均为4.2m。

4. 刀具布置及类别

刀间距的选择应综合考虑岩石的抗压强度、刀盘直径、刀具尺寸和掘进效率等参数。如果刀间距过大,滚刀滚压岩石所产生的裂纹无法交汇,只有滚刀重复滚压才能使岩碎屑脱落,且可能形成岩脊,导致刀盘破岩效率大幅降低;刀间距设计的最优状态是相邻滚刀产生的裂纹刚刚交汇,满足最小破碎比能原则,即滚刀切削产生单位体积岩渣时,所需消耗的能量最小。受刀盘、刀具的结构和尺寸影响,刀间距过小会导致刀具无法布置、刀具承载能力降低。

通过对隧道水文地质、刀盘刀具结构进行分析,设计了不同位置的刀间距。

右线盾构常压可更换滚刀/齿刀中,中心刀(1~12号)刀间距130mm,正面刀(13~64号)间距100mm,边缘弧形面刀具(65~74号)刀间距在36.9~98mm之间。

左线盾构常压可更换滚刀/齿刀中,中心刀(1~12号)刀间距130mm,正面刀(13~64号)间距100mm,边缘弧形面刀具(65~74号)刀间距在37.62~100.81mm之间。

右线盾构机刀具主要配置有中心滚刀12刃(17')、正面滚刀52刃(19')、边缘滚刀12刃(19'),共76刃,除最外轨迹及次边缘轨迹(73号、74号轨迹)采用一个刀筒一刃刀具外,其他采用一个刀筒两刃刀具,共40个刀筒。常压可更换式刮刀46把,固定式刮刀132把,焊接型齿刀30把;砂层段焊接型齿刀的主要功能是分担常压可更换齿刀的切削,岩层段焊接型齿刀的主要功能是保护刀盘结构。常压刀具满足滚刀和齿刀互换,大大提高刀盘的适应性。盾构机刀具布置如图4-2-1所示。

左线盾构机刀具布置形式与右线相似,右线盾构机的焊接型齿刀布置数量较多。

为提高掘进效率,需合理配置刀高差,刀高差太大,刮刀难以发挥作用;刀高差太小,刮刀过早接触硬岩易造成刮刀过度磨损甚至崩裂。在刀高差设计方面需综合考虑岩脊高度、刀具尺寸、破岩能力等因素,右线常压可更换滚刀/齿刀刀高为225mm(第一梯度);常压可更换刮刀及固定式刮刀刀高为155mm(第二梯度),刀高差为70mm。左线隧道滚刀/齿刀的刀高为225mm;常压可更换刮刀刀高为185mm,刀高差为40mm,固定式刮刀刀高165mm,刀高差为20mm。

施工中对比发现,在砂层中的大合金大刀高差设计,可以减少齿刀磨损,减少换刀次数,但是扭矩较大。硬岩地层中小刀高差设计,可以减少滚刀更换次数,但是刮刀换刀次数较多。

本工程砂层中采用常压可更换齿刀+常压可更换刮刀+固定式刮刀的组合形式,硬岩地层中采用常压可更换滚刀+常压可更换刮刀+固定式刮刀的组合形式。

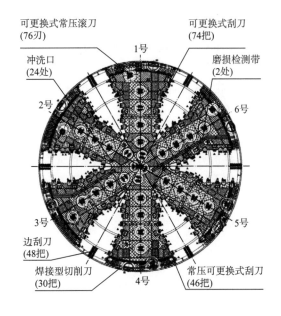
a)右线盾构机刀具布置图

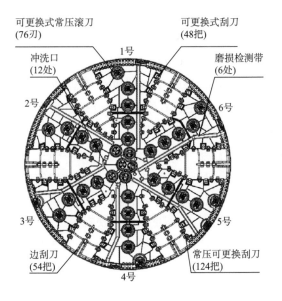
b)左线盾构机刀具布置图

图 4-2-1　盾构机刀具布置图
注:图中 1~6 号为刀盘辐条编号。

在确定刀间距和刀具轨迹的情况下,保证每个轨迹线上不得少于一把可更换滚刀/齿刀。同时为了达到更好的切削效果,可在轨迹线上加装焊接型先行刀。可更换式刮刀需满足同一轨迹上不少于两把。

5. 常压换刀装置

左右线盾构机均配备了常压换刀装置。常压换刀装置是对常压刀具实施更换的机械装备,安装于刀盘结构腔内,能隔断或打开刀盘外界(高压)与中心仓(常压)的联系,具备高强度和高密封性能,为刀具提供良好的安装和更换条件。

常压换刀装置结构主要包括密封闸门及外筒体、刀筒、常压刀具、换刀油缸、吊架等。

6. 刀盘耐磨设计

盾构机刀盘采用耐磨材料,在刀盘前后面板焊接高铬合金耐磨钢板,刀盘外周焊接耐磨合金条,提高刀盘的耐磨性。盾构刀盘前后面板设置磨损检测装置,可对刀盘前后面板磨损情况进行有效的检测。

二、刀具监测系统

盾构在硬岩地层长距离掘进时,刀具磨损和刀具更换不可避免,需配备有效的刀具磨损监测系统。目前较为常用的刀具检测手段为液压磨损监测、旋转监测、荷载监测、温度监测和应力监测。其中:

(1)液压磨损监测是在刀具或刀盘内安装液压传感器系统,监测液压油的压力,一旦刀具磨损到一定程度就会自动报警,从而判断刀具磨损值。

(2)旋转监测是在滚刀刀体上设置 8 个凹点,每个凹点填埋磁铁,在磁铁的正上方刀箱位置安装一个磁性传感器,当滚刀上的磁铁通过磁性传感器时,传感器会输出一个高电平读写信号,以此来监测滚刀转速。

(3)载荷监测是根据二力平衡监测滚刀刀轴受力,即监测滚刀载荷;将滚刀的刀轴改造成应力传感器。在刀轴内部安装金属薄膜应变片。根据电阻压变效应金属薄膜在外力的作用下发生机械变形时,其电阻值随所受机械变形而变化;应变片把应变转换成电阻的变化量,测量电路再将电阻变化量转换成电流信号。

（4）温度监测是利用热电原理,由两个不同的材质构成闭合回路,温度不同时回路就产生电流,输出毫伏级的电压差,再通过模块转换成电流信号。

（5）滚刀应力监测是通过改造滚刀刀座的固定螺栓,嵌入载荷光栅和温度光栅,通过光纤光栅原理监测滚刀应力。

盾构刀具工作环境恶劣,单一磨损监测系统存在失效风险,如不能及时发现会造成不可挽回的后果。燕子矶长江隧道综合运用了滚刀磨损、载荷、旋转、温度、应力多种监测技术,为刀具更换提供可靠的数据支撑,使刀具更换更加精准高效。

三、主驱动系统

盾构机主驱动系统是盾构机动力输出的中心,直接起到动力转换和输出的作用,同时驱动刀盘旋转,实现渣土切削和破岩作业。

1. 主轴承基本配置

主轴承直径一般为盾构机直径的40%~50%,主轴承的设计寿命不小于10000h。扭矩通常根据围岩条件、盾构形式确定,一般扭矩系数不小于10,脱困扭矩不小于最大工作扭矩的1.2倍。根据水文地质、掘进速度等因素综合选择驱动电机、液压马达、减速机,刀盘额定转速在砂层和复合地层一般分别不低于0.9r/min、1.1r/min,额定驱动功率根据额定扭矩计算。

左右线盾构均选用7.6m直径主轴承,配备16台350kW驱动电机。

2. 主驱动密封形式

主驱动密封形式需要根据工程地质、水土压力等因素设计,密封承压能力受密封形式、数量限制。一般大直径盾构机主驱动密封为唇形密封,通过联级加压,阻断开挖仓泥浆、地下水等污染物进入。主驱动密封材质选型一般考虑工作温度、承压能力等,目前主要分为两种形式,一种是四指聚氨酯密封,一种是VD橡胶密封。聚氨酯密封单道承压能力大于12bar❶,但是聚氨酯耐温能力较差,要求最高温度不高于60℃,需设计循环水腔用于密封降温,密封腔内压注EP2提高密封性。橡胶密封单道承压能力一般为3bar,需分层级加压达到施工要求,耐温能力较强,最高耐热温度可达110℃,无须设计降温腔,密封腔内压注HBW、EP2等提高密封性。

左右线盾构机主驱动密封的最大可承受压力均按10bar设计,右线盾构密封形式采用5组轴向VD橡胶唇型密封+1组端面聚氨酯密封,左线盾构机采用4道VD橡胶唇型密封。

3. 主驱动伸缩摆动

施工作业过程中可能存在新刀安装空间不足的问题和刀盘卡死等风险,需要刀盘具有一定的活动空间,因此,两台盾构机主驱动均具有伸缩功能。此外,依托课题攻关,右线国产盾构机主驱动还同时具备摆动功能,并形成了一套具有自主知识产权的主驱动伸缩摆动技术,攻克了伸缩摆动动作控制、空间位置识别等关键技术。

主驱动伸缩摆动机构主要由三组伸缩摆动油缸、主驱动、转矩支撑油缸以及驱动摆动球铰构成,如图4-2-2所示。

主驱动伸缩摆动油缸通过控制油缸行程实现刀盘的精准伸缩和摆动。根据当前摆动油缸的行程参数、球铰工作原理,通过空间平面方程计算确定球铰摆动空间位置及角度,结合球铰和刀盘的空间位置关系,自动感知刀盘空间位置。

---

❶ 1bar = 0.1MPa,后同。

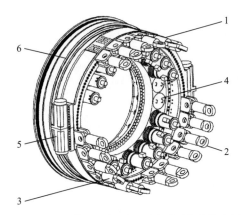

图 4-2-2　主驱动伸缩摆动机构刀盘摆动系统结构示意图
1-主驱动摆动油缸第一分区；2-主驱动摆动油缸第二分区；3-主驱动摆动油缸第三分区；4-主驱动；5-转矩支撑油缸；6-驱动摆动球铰

四、同步注浆系统

同步注浆系统用于及时填充空隙，支撑管片周围土体，有效控制地表沉降；凝结的浆液将作为第一道防水屏障，增强隧道的防水能力。考虑拱顶浆液的流动，注浆点位在顶部适当加密，保证拱顶壁后注浆的饱满性，通常盾构机的注浆点位左右对称布置，有利于壁后注浆的均衡。

本项目两台盾构机盾尾均配置"8 用 8 备"内置式注浆管，注入管路上配置有压力传感器及气动球阀，可实现自动注浆，并配备自动清洗系统；同时在台车上加装同步注浆雷达跟踪检测设备，检测每环管片的注浆密实性。

五、盾尾密封系统

盾尾密封系统工作的可靠性对整个盾构机而言至关重要，尤其是在高水压条件下盾尾密封系统面临的工况更加恶劣。因此，盾尾密封系统须满足最大水压要求，并留有一定富余量。

通常将油脂注入多道盾尾刷、盾壳和管片组成的密封腔体内，以实现盾尾密封功能。钢丝刷密封能力相对较好，与密封油脂配合能避免同步注浆浆液和地下水渗透，但其抗压能力相对较弱，对产品质量要求较高，容易在高载荷下变形失效，导致盾尾漏浆。钢板束由多层弹簧钢板组成，不易被击穿，能够承受较大压力，受压回弹能力好，但对地下水的密封能力相对较弱。

综上，两台盾构机盾尾密封结构采用 4 道钢丝刷 + 1 道钢板束组合的形式，且前面 2 道为可更换式盾尾刷，安全可靠且具有良好的耐磨性、防腐性和耐久性。

六、泥水循环系统

气垫式泥水平衡盾构通过进排浆流量控制气泡舱泥水液位，利用 Samson 系统通过比例增益、积分、微分（PID）控制方式控制气泡舱压力，从而更加精确的控制开挖面压力。其原理为：当压力与设定值有偏差时，通过压力的反馈，调整进气阀或者排气阀，对气泡舱进行补气或者排气，使压力逐渐升高或降低到设定的压力值，直到与设定值平衡。

硬岩、断裂带、岩溶等复合地层易造成泥水舱堵塞或塌方，传统逆洗技术无法满足排浆管滞排问题，反循环冲洗效果也并不明显。右线盾构机采用了大小循环系统和可分层逆洗泥水循环控制系统。在逆洗模式下，通过在泥水舱不同高度配备的大直径逆洗管和旁通阀门组将进泥或排泥管路互换通路，管道内流体形成正反向流动冲刷、疏通滞排部分，迅速将舱内渣土排出，恢复掘进；通过关闭前端闸门，实现气垫舱与泥水舱的隔离，切换形成泥水系统大循环和小循环模式，用于泥水舱和气泡舱独立逆洗。该技术解决了复杂地质掘进中堵舱的问题。

盾构掘进过程中,常压刀盘中心区域渣土不能及时排出,易形成泥饼,导致刀盘温度升高、扭矩增大、掘进效率降低。为解决结泥饼问题,需配置高流量、高压力的刀盘冲刷系统,增加中心区域渣土流动性。刀盘冲洗采用泥浆泵送的方式,将一定流量和压力的泥浆通过中心回转装置泵送到刀盘中心区域,对中心区域切削下来的渣土进行冲刷和导流。

如图 4-2-3 所示,左右线盾构机配置 6 路中心刀筒冲刷(红色箭头)+6 路刀盘中心区域冲刷(蓝色箭头)。刀筒冲刷口垂直于刀刃轴线,中心区域冲刷口朝向刀盘圆心,可有效冲刷渣土,避免中心区域土体粘连固结。

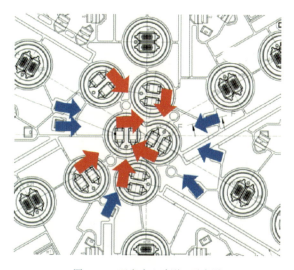

图 4-2-3　刀盘中心冲刷口示意图

第三节　盾构机参数

依据上述盾构机选型设计分析,左右线盾构机选型参数见表 4-2-2。

左、右线盾构设备的主要参数表　　　　　　表 4-2-2

设备系统、主部件	细目部件	左线盾构规格、参数	右线盾构规格、参数
	设备制造厂商	德国海瑞克	中交天和
工程条件	最小转弯半径	750m	750m
	最大坡度	3.98%	3.98%
整机综述	盾构类型	气垫式泥水平衡盾构机	气垫式泥水平衡盾构机
	主机总长	16000mm	14710mm
	包括后配套总长	138m	130m
	最大开挖直径	φ15070mm	φ15030mm
	前盾外径	φ15020mm	φ14980mm
	中盾外径	φ14990mm	φ14950mm
	尾盾外径	φ14960mm	φ14920mm
	盾尾间隙	45mm	50mm
	装备总功率	约 9800kW	约 10806kW
	最大掘进速度	45mm/min	45mm/min
	最大推力	219454kN@385bar	246400kN@440bar

续上表

设备系统、主部件	细目部件	左线盾构规格、参数	右线盾构规格、参数
整机综述	盾尾密封	4道盾尾刷,1道弹簧板和1道止浆板	4道盾尾刷,1道弹簧板和1道止浆板
	泥水仓压力传感器	5个	4个
	液位传感器	2个	2个
	可拼装管片的宽度	2m	2m
刀盘	分块数量	7块	7块
	开口率	30.10%	29.7%
	开口尺寸	约600mm	约700mm
	常压可更换刮刀	48把	46把
	常压可更换滚刀	常压可更换式中心滚刀12把	常压可更换式中心滚刀12把
		常压可更换式正面滚刀60把	常压可更换式正面滚刀52把
		常压可更换式边缘滚刀4把	常压可更换式边缘滚刀12把
	普通刮刀	124把	74把
	普通边刮刀	12把	48把
	刀具磨损监测装置	滚刀电子式磨损监测装置	滚刀液压式磨损监测装置、滚刀电阻式磨损监测装置
刀盘驱动	驱动形式	电驱动	电驱动
	最大转速	2.0r/min	3.0r/min
	额定扭矩	42985kN·m	40064kN·m
	驱动功率	5600kW	5600kW
	驱动单元数量	16台	16台
	最多可配置驱动单元数量	22	18
	主轴承直径	DN7600mm	DN7600mm
	工作压力	10bar	10bar
	主轴承密封形式	4道外密封VD橡胶唇形密封,4道内密封VD橡胶唇形密封	1道四指聚氨酯端面密封,5道外密封VD橡胶唇形密封,3道内密封VD橡胶唇形密封
盾尾	钢丝刷密封数量	2道螺栓固定,2道焊接式	2道螺栓固定,2道焊接式
	弹簧板密封数量	1道弹簧板	1道弹簧板
	止浆板数量	1道止浆板	1道止浆板
推进系统	最大总推力	219454kN@385bar	246400kN@440bar
	油缸数量	56根(28组双缸布置)	56根(28组双缸布置)
	油缸行程	3000mm	3000mm
	最大推进速度	50mm/min	50mm/min
	位移传感器数量	6个	6个
	推进油缸分区数量	6个	6个
	推进油缸行程传感器布置形式	内置式	内置式
人舱	舱室数量	2个	2个
	容量	(6+2)人	(6+2)人
	工作压力	1.08MPa	1.08MPa

续上表

设备系统、主部件	细目部件	左线盾构规格、参数	右线盾构规格、参数
材料仓	尺寸	600×800mm	1100×1300mm
	工作压力	10.8bar	10.8bar
盾尾密封油脂系统	泵站型式	气动式	气动式
	数量	4台	4台
	油脂泵流量	8L/min	14.9L/min
	管路数量	4×20	4×19
	压力传感器数量	4×20	4×20
油脂集中润滑系统	泵站型式	气动式	电动螺杆泵
	数量	1台	3个
	油脂泵流量	8L/min	150L/min+150L/min+75L/min
齿轮油润滑系统	齿轮油泵参数与能力	140L/min	140L/min
		140L/min	140L/min
		110L/min	110L/min
同步注浆系统	注浆管路数量(一用一备)	8+8根	8+8根
	能力	4×20m³/h	4×20m³/h
	注浆泵数量	4个	4个
	储浆罐容量	2×23m³+2×2m³	2×17.5m³
	储浆罐轴承润滑型式	集中润滑	集中润滑
超前钻探和注浆系统	钻孔位置	在前盾和中盾的位置	在前盾和中盾的位置
	钻孔数量和直径	6×水平超前钻机管线 φ100mm	6×水平超前钻机管线 φ100mm
		18×倾斜超前钻机管线 φ100mm	18×倾斜超前钻机管线 φ100mm
	形式	中心旋转式	中心旋转式
	驱动方式	液压驱动式	液压驱动式
	自由度	6	6
	移动行程	3600mm	3600mm
	旋转角度	±200°	±200°
管片运输吊机	形式	机械抓取式	机械抓取式
	数量	1台	1台
	控制方式	无线遥控器	无线遥控器
管片转运吊机	形式	机械抓取式	机械抓取式
	数量	1个	1个
	控制方式	无线遥控器	无线遥控器
喂片机	形式	喂片机	喂片机
	输送载荷(能力)	1环	1环
	是否集中润滑	是	是
箱涵吊机	数量	1台	1台
	起升速度	5m/min	5m/min
	控制方式	无线遥控器	无线遥控器
管片拼装机	控制方式	中空回转式	环形齿轮式
	旋转角度	±220°	±220°

续上表

设备系统、主部件	细目部件	左线盾构规格、参数	右线盾构规格、参数
管片拼装机	抓取方式	真空吸盘式	真空吸盘式
	水平行程	3600mm	3600mm
	垂直行程	2500mm	2500mm
泥水循环系统	管路直径	DN500mm	DN500mm
	进泥泵参数及数量	Warman300SHG 1100kW,2600m³/h 1台进浆泵在泥水分离站(P1.1)	Warman300SHG 1100kW,2600m³/h 1台进浆泵在泥水分离站(P1.1)
	排泥泵参数及数量	Warman300SHG 1100kW,2800m³/h 1台排浆泵在盾构机(P2.1)	Warman300SHG 1100kW,2800m³/h 1台排浆泵在盾构机(P2.1)
	进泥中继泵参数及数量	Warman300SHG,1100kW,2600m³/h 1台	Warman300SHG,1100kW,2600m³/h 2台
	排泥中继泵参数及数量	Warman300SHG,1100kW,2800m³/h 2台	Warman300SHG,1100kW,2800m³/h 3台
	刀盘中心冲刷泵额定流量	1100m³/h	2000m³/h
	刀盘中心冲刷泵功率	200kW	630kW
	泥水仓冲刷泵参数	160kW 160kW	315kW 200kW
	泥水仓冲刷泵额定流量	900m³/h 400m³/h	800m³/h 400m³/h
	最大进浆流量	2600m³/h	2500m³/h
	最大排浆流量	2800m³/h	3000m³/h
	泥浆管延伸方式	伸缩管式	伸缩管式
碎石机	形式	颚式	颚式
	最大可破碎粒径	φ1200mm	φ900mm
	工作频率	负载频率2次/min 无负载频率3次/min	8次/min
	最大设计压力	350bar	210bar
	功率	250kW	360kW
换管单元	形式	伸缩管延伸	滑动型
	换管长度	10m	10m
后配套	后配套台车数量	5节台车;1节桥架; 1节倒车	5节台车;1节桥架; 1节倒车
	连接桥数量	1个	1个
冷却水	水管卷筒规格	DN150mm	DN200mm
	内循环冷却水流量	150m³/h	200m³/h
通风系统	通风机流量	约48m³/s	约23m³/s
	通风机功率	2×37kW	2×75kW
	储风筒容量	100m	200m
	储风筒容纳风管的直径	DN1300mm	DN2000mm

续上表

设备系统、主部件	细目部件	左线盾构规格、参数	右线盾构规格、参数
电力系统	初次电压	10000V	10000V
	二次电压	400V/690V	400V/690V
	变压器	2×1600kVA	4×3000kVA
		1×2000kVA	6×1600kVA
		2×3800kVA	—
应急发电机	发动机功率	500kVA	560kVA

盾构刀盘实物图如图4-2-4所示,左右线盾构机设计图分别如图4-2-5和图4-2-6所示。

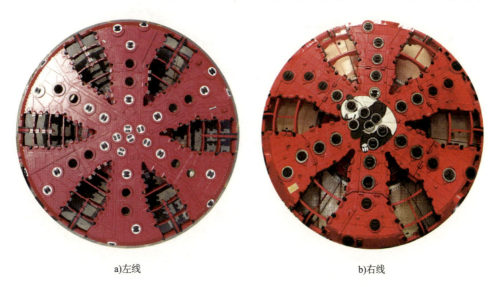

a) 左线　　　　　　　　b) 右线

图 4-2-4　盾构机刀盘实物图

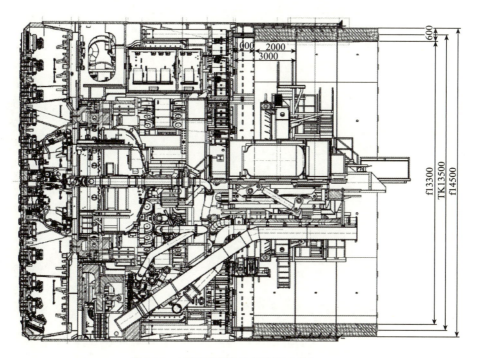

图 4-2-5　左线盾构结构示意图(尺寸单位:mm)

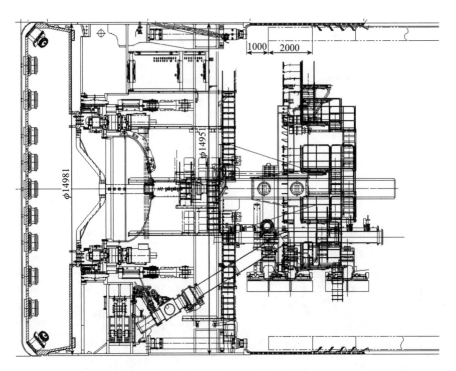

图 4-2-6　右线盾构结构示意图(尺寸单位:mm)

第三章 盾构机监造与验收

第一节 盾构机监造与工厂验收

一、盾构机监造

1. 盾构机监造流程

本项目盾构机由专业厂家制造,过程中施工单位、监理单位、业主单位全程参与监造,并聘请第三方监造。

设备监造主要内容包括盾构制造工艺文件查阅和交底、钢结构件制作、外购件采购、零部件安装、质量控制、总装调试与验收。依据国家相关技术标准、合同所规定的技术性能指标、制造厂家编制的符合规范要求的相关工艺文件,对各个加工制造环节进行必要的监督、约束、管理和协调,使制造厂家能够保证合同设备各项技术性能指标满足合同和使用要求。为加强设备制造过程管理,建设单位要求项目部编制了《监造大纲》,重点内容包括:

(1)盾构机监造过程中的控制要点。审查盾构机制造厂质量检查验收报告、质量验收文件、质量保证体系、施工技术文件等;审查施工组织设计和进度计划;审查原材料、外检质量证明文件及复验报告;设置监造监督点、现场见证点、停工待检点、文件见证点。

(2)盾构机监造过程中的进度和质量控制措施。以制造厂家提供的盾构机设备制造工艺流程及质量检验验收标准为依据,编制监造计划和控制管理措施。

2. 监造质量控制

盾构机设备的监造质量控制主要有车间现场见证、文件见证、停工待检见证三种方式。

(1)现场见证:盾构机在完成某一工序后,厂家需告知监造组现场见证验收并留下记录和影像资料(如外观质量、规格尺寸、制造加工工艺等),监造人员需要在现场对试验过程进行监视,设计图纸作为验收的标准依据。如果监造人员未能在场见证,那么厂家可继续进行相应的工序操作,经相关检验合格后,可以转入下道制造生产工序,但必须将相关检验结果交给监造人员审查认可。外协件的质量控制由监造组随盾构机制造厂家进行巡检检查,当达到验收条件后,监造组与盾构机制造厂家一同参加验收工作,如若出现质量问题则通知外协厂进行整改,整改后出具整改报告,监造组验收通过后方可视为合格部件。

(2)文件见证:盾构机在进行生产之前,必须对相关质量文件进行查验,包括盾构机厂家的质量控制体系、盾构机质量计划书、原材料合格证、探伤资格证、焊材合格证、测量器具定期校验证明文件等,见表4-3-1,保证盾构机制造质量可控。

资料清单一览表 表4-3-1

序号	系统/项目	提供资料明细
1	刀盘(含刀具、刀筒)	(1)刀盘最终检验报告; (2)刀盘材质报告,包括刀盘耐磨复合钢板、焊材的材质报告; (3)无损检测报告及探伤人员资质证书、焊接人员名单及证书; (4)刀具资料; (5)刀盘热处理报告; (6)油漆相关资料; (7)刀筒、闸门检验报告

续上表

序号	系统/项目	提供资料明细
2	盾体	(1)原材料、焊材材质报告证书； (2)最终检验报告； (3)探伤报告及探伤人员资质证书、焊接人员名单及证书； (4)时效震动或热处理报告； (5)油漆相关资料 (6)主驱动密封合格证； (7)主驱动密封原产地证明
3	驱动箱	
4	主驱动	
5	主驱动密封	
6	管片拼装机	
7	泥浆循环系统	
8	后配套拖车	
9	起重机	起重机合格证
10	高压开关柜	(1)出厂检验报告； (2)柜体IP防护等级报告； (3)型式测试报告
11	变压器	(1)出厂检验报告； (2)IP防护等级报告； (3)型式测试报告； (4)过载能力说明； (5)变压器风机合格证
12	变频柜	(1)出厂测试报告； (2)IP防护等级报告； (3)型式测试报告； (4)变频柜冷却计算书
13	低压配电柜	(1)低压配电柜出厂检验报告； (2)IP防护等级报告
14	电缆	(1)动力电缆检测报告； (2)高压电缆检测报告； (3)控制电缆检测报告(包含无卤材质证明)
15	高压电缆卷筒	(1)出厂检验报告； (2)滑环箱IP防护等级报告
16	罐体	(1)罐体认证报告(包含储气罐)； (2)安全阀合格证及标定证明； (3)压力表标定证明
17	消防系统	产品合格证
18	电机	(1)主驱动电机原产地证明； (2)主驱动电机出厂测试报告； (3)主泵站电机产品合格证； (4)泵站电机出厂测试报告
19	液压油缸	全部液压油缸出厂性能测试报告
20	油箱	出厂检验报告
21	压力表	压力表合格证
22	气体检测仪	(1)固定式气体检测仪合格证； (2)固定式气体检测仪检验报告； (3)固定式气体检测仪使用说明书
23	传感器	传感器出厂合格证文件

续上表

序号	系统/项目	提供资料明细
24	储风筒起重机	(1)储风筒起重机安全系数计算； (2)储风筒起重机链条质量证明； (3)起重机合格证
25	空气压缩机	(1)空气压缩机合格证； (2)空气压缩机认证资料(空气压缩机内部罐体认证)； (3)工业空气过滤部件合格证
26	油脂泵	油脂泵质量合格证
27	葫芦	葫芦合格证书
28	流量计	全部流量计的产品合格证
29	蓄能器	蓄能器合格证
30	电磁阀	电磁阀合格证
31	压力传感器	压力传感器合格证
32	泵	(1)液压泵站各泵合格证； (2)内外循环水泵、污水泵产品合格证； (3)循环过滤泵产品合格证
33	超前钻机	(1)合格证； (2)使用说明书
34	盾尾刷	合格证

（3）停工待检见证：盾构机在重大节点和隐蔽工程项目完成前必须通知监造组进行现场见证验收，如主驱动密封装配、预埋管路的焊接、盾尾刷的焊接等。类似项目要停工待检的原因是此项工作不能出现二次返修的现象。

盾构机监造见证一览表见表4-3-2。

盾构机监造见证一览表　　　　　　　表4-3-2

见证内容		见证方式			
		A	B	C	D
刀盘	刀盘材料证明		☆		
	刀盘加工尺寸检测		☆		☆
	刀盘焊接探伤检测		☆		
	刀盘内部各管路、刀具耐压测试		☆	☆	
	刀盘刀具(包括可更换刀具)安装	☆			
	外观检测	☆			
切口环	切口环材料证明		☆		
	切口环加工尺寸检测		☆		☆
	切口环焊接探伤检测		☆		
	带齿圈的主轴承材料证明		☆		
	带齿圈的主轴承材料热处理报告		☆		
	带齿圈的主轴承外形尺寸检测		☆	☆	
	带齿圈的主轴承齿面探伤检测		☆		
	带齿圈的主轴承齿面硬度检测		☆	☆	
	带齿圈的主轴承齿形检测		☆	☆	

续上表

见证内容		见证方式			
		A	B	C	D
切口环	带齿圈的主轴承安装			☆	
	小齿轮材料证明		☆		
	小齿轮材料热处理报告		☆		
	小齿轮齿形检测		☆		☆
	小齿轮齿面硬度检测		☆		
	小齿轮探伤检测		☆		
	小齿轮安装			☆	
	减速器和电机安装	☆			
	人行闸、材料闸加工尺寸检测		☆		
	人行闸、材料闸焊接探伤检测		☆		
	人行闸、材料闸安装	☆			
	人行闸、材料闸气密性能检测		☆	☆	
	中心回转节密封性能检测		☆	☆	
	中心回转节安装	☆			
	传力环材料证明		☆		
	传力环加工尺寸检测		☆		☆
	传力环焊接探伤检测		☆		
	传力环安装	☆			
	前闸门安装	☆			
	气泡舱相关检测		☆	☆	
	外观检测	☆			
支承环	支承环材料证明		☆		
	支承环加工尺寸检测		☆		☆
	支承环焊接探伤检测		☆		
	拼装机材料证明		☆		
	拼装机加工尺寸检测		☆	☆	
	拼装机焊接探伤检测		☆		
	拼装机梁材料证明		☆		
	拼装机梁加工尺寸检测		☆	☆	
	拼装机梁焊接探伤检测		☆		
	带齿圈的拼装机轴承材料证明		☆		
	带齿圈的拼装机轴承材料热处理报告		☆		
	带齿圈的拼装机轴承外形尺寸检测		☆	☆	
	带齿圈的拼装机轴承齿面探伤检测		☆		
	带齿圈的拼装机轴承齿面硬度检测		☆	☆	
	带齿圈的拼装机轴承齿形检测		☆	☆	
	带齿圈的拼装机轴承安装		☆	☆	
	拼装机安装	☆			
	拼装平台材料证明		☆		

续上表

见证内容		见证方式			
		A	B	C	D
支承环	拼装平台加工尺寸检测		☆		
	拼装平台焊接探伤检测		☆		
	拼装平台安装	☆			
	推进千斤顶材料证明		☆		
	推进千斤顶出厂检测		☆		
	每组推进千斤顶同步调试			☆	
	推进千斤顶安装	☆			
	外观检测	☆			
盾尾	盾尾材料证明		☆		
	盾尾加工尺寸检测		☆		☆
	盾尾焊接探伤检测		☆		
	盾尾密封钢丝刷质量检测		☆		☆
	盾尾密封钢丝刷安装	☆			
	盾尾间隙测量装置安装	☆			
	冻结管密封试验			☆	
	外观检测	☆			
车架	车架结构材料证明		☆		
	车架结构加工尺寸检测		☆		
	车架结构焊接探伤检测		☆		
	液压系统安装	☆			
	同步注浆系统安装	☆			
	盾尾油脂系统安装	☆			
	集中润滑系统安装	☆			
	水系统安装	☆			
	压缩空气系统安装	☆			
	消防系统安装	☆			
	通风系统安装	☆			
	泥水平衡系统安装	☆			
	管片储运系统安装	☆			
	起重运输设备安装	☆			
	外观检测	☆			
电气系统安装	电气箱柜的安装	☆			
	电气箱柜防护等级检测		☆		
	各类传感器出厂报告		☆		
	各类传感器安装	☆			
	各类传感器测试		☆		
	电缆敷设	☆			
	接线端子紧固检查	☆			
	电气接插件连接及密封检查	☆			

续上表

见证内容		见证方式			
		A	B	C	D
电气系统安装	各类安全保护装置测试	☆	☆		
	高压变压器安装	☆			
	高压变压器安全防护装置安装	☆			
	高压变压器检测		☆		
	报警、联锁及控制的模拟检测			☆	
	电动机、变频器安装	☆			
	电动机、变频器检测		☆		
管路安装	硬管酸洗	☆	☆		
	液压管路安装	☆			
	液压管路清洗		☆	☆	
	液压管路耐压测试		☆	☆	
	压缩空气管路安装	☆			
	压缩空气管路耐压测试		☆	☆	
	盾尾油脂管路安装	☆			
	盾尾油脂管路耐压测试		☆	☆	
	集中润滑油脂管路安装	☆			
	集中润滑油脂管路耐压测试		☆	☆	
	同步注浆管路安装	☆			
	同步注浆管路耐压测试		☆	☆	
	水管安装	☆			
	水管耐压测试		☆	☆	
结构组装	外观检测	☆			
	切口环定位	☆			
	支承环定位	☆			
	刀盘安装	☆			
	管片拼装机安装	☆			
	盾尾定位	☆			
	前车架与本体连接	☆			
	前、后车架连接	☆			
	本体尺寸测量		☆	☆	
	盾尾圆度测量		☆	☆	
	油漆	☆			
调试	刀盘调试			☆	
	推进系统调试			☆	
	泥水平衡系统调试			☆	
	管片拼装机调试			☆	
	拼装平台调试			☆	
	破碎机调试			☆	
	超前钻机调试		☆		

续上表

见证内容		见证方式			
		A	B	C	D
调试	管片储运系统调试			☆	
	盾尾油脂系统调试			☆	
	集中润滑系统调试			☆	
	同步注浆系统调试			☆	
	压缩空气系统调试			☆	
	水系统调试			☆	
	消防系统调试			☆	
	通风系统调试			☆	
	整机联动试车			☆	

注:1. A类见证-监造人员现场监察实物检测(巡回监造等);B类见证-监造人员核查质保等资料(文件监造);C类见证-监造人员旁站监造;D类见证-监造人员停点监造。
2. 见证点设在主要原材料、主关键零部件、整件试验、外观、包装、附件、电控系统等。

3. 监造进度控制

为保证盾构机按期完成制作,监造组综合运用了采购合同控制进度、审查进度计划、现场进度控制、监造会议控制进度、联系函件形式控制进度等多种手段。

右线盾构机制造工期自2018年10月22日至2019年8月22日,共305d,其关键节点见表4-3-3。

右线盾构机制造计划表　　　　　　　　表4-3-3

重要节点	开始时间	完成时间	工期(d)
设备适应性评估	2018年12月17日	2018年12月17日	1
盾构技术研发	2018年10月22日	2019年3月23日	153
物资材料采购	2018年8月10日	2019年5月19日	283
主结构件制作	2018年10月23日	2019年7月9日	260
配套结构件制作	2018年12月23日	2019年4月27日	126
管路制作	2019年1月21日	2019年3月21日	60
部件组装及调试	2019年3月13日	2019年7月13日	123
工厂总装	2019年4月7日	2019年8月2日	118
工厂验收	2019年8月3日	2019年8月4日	2
拆机/补漆/打包	2019年8月5日	2019年8月18日	14
装车发运至工地现场	2019年8月19日	2019年8月22日	4

左线盾构机制造工期自2018年5月28日至2019年4月8日,共316d,其关键节点见表4-3-4。

左线盾构机制造计划表　　　　　　　　表4-3-4

重要节点	开工时间	完成时间	工期(d)
设备适应性评估	2018年7月21日	2018年7月21日	1
盾构技术研发	2018年5月28日	2018年10月31日	157
物资材料采购	2018年3月14日	2018年12月27日	289
主结构件制作	2018年6月4日	2019年2月8日	250
配套结构件制作	2018年8月6日	2018年12月29日	146

续上表

重要节点	开工时间	完成时间	工期(d)
管路制作	2018年8月25日	2018年10月24日	61
部件组装及调试	2018年10月21日	2019年2月25日	128
工厂总装	2018年11月14日	2019年3月20日	127
工厂验收	2019年3月21日	2019年3月22日	2
拆机/补漆/打包	2019年3月23日	2019年4月4日	13
装车发运至工地现场	2019年4月5日	2019年4月8日	4

4. 第三方监造

在盾构机制造中,特聘丹麦COWI公司(简称"科威")进行第三方监造,如图4-3-1所示。科威在盾构制造中通过生产厂家提供的资料与现场实地考察,结合自身工作经验对盾构机的各个系统技术细节进行详细的考察,并提出盾构制造与验收中出现的问题。科威监造主要内容包括:盾构机各系统主要部件制造过程中的技术细节;根据进度表检查生产进度;根据要求检查生产质量控制体系;审查相关质保记录;生产工艺控制,审查设计变更。科威提出的主要问题见表4-3-5。

图4-3-1 科威监造现场

科威提出的主要问题   表4-3-5

序号	监造意见	方案优化及提升情况
1	穿越长江南面山脊时,潜在水压可能更高,甚至超过设计水压,需对盾构机设计压力进行校核	按300年水位计算,隧道底部最大水压0.8MPa,盾构机按轴心可承受0.9MPa、底部0.97MPa压力设计,设计已考虑山脊潜在水压,保证富余度
2	从软土层掘进到硬岩层过渡区,需增加盾构机相应的针对性设计	为监测盾构机穿越地层的变化特别是刀盘磨损情况,在盾构机上集成滚刀磨损、载荷、旋转、温度监测,同时可通过以下方式判断地层变化: (1)加强边缘刮刀的检查以监测可能因与岩石接触而产生的磨损; (2)通过观察分离站中的成分变化来判断地质变化; (3)通过分析盾构获取的数据来检测掘进参数,特别是扭矩的变化,以此判断地质变化
3	10bar设计压力下,主密封系统需完善针对性设计措施	(1)后两个舱室设有压缩空气,每个唇形室可保持最大压力为3bar,前舱设有油脂; (2)最后一道唇形密封舱用于检测迷宫式腔室是否泄漏

续上表

序号	监造意见	方案优化及提升情况
4	校核耐磨保护区域及耐磨使用材料性能,同时建议盾构机加工完成后将耐磨保护焊接到刀盘上	刀盘正面及背面耐磨钢板采用20mm厚的高铬合金钢,保证耐磨性能,刀盘机加工完成后对耐磨钢板进行焊接
5	建议盾体至少有4个分块测试圆度	选择盾体前侧与后侧的圆度以及盾体从前往后的垂直度进行测试,根据测试结果推导计算盾体中间部位的圆度,从而满足圆度测试至少4处的要求
6	根据经验,盾构机刀盘辐条内需要有压缩空气,建议安装压力舱,使压缩空气流向刀盘辐条	Samson保压系统增设中心舱回路
7	中心舱要设有带压人舱	设置氦氧饱和穿梭舱和配套的吊装和运输设施,预留人舱安装接口
8	能否在推进油缸伸出系统中加装传感器,通过传感器检测管片环面平整度	在推进油缸伸出系统中加装传感器精度较低,同时会妨碍推进油缸伸出系统工作,综合考虑后采用0.01mm级激光跟踪仪检测平整度

二、出厂验收

盾构机制造完成后,依次进行厂家内部自检、厂家+监造组内部检查与验收,验收通过后建设单位、监理单位、施工单位、第三方单位以及盾构机制造单位共同进行出厂验收。

出厂验收内容包括:盾构机及后配套本体检查,机械结构检查,控制功能检查,液压系统功能检查,电气系统功能检查,盾构机刀盘、主驱动、管片拼装机等各分系统的功能检查,其他结构及功能检查以及制造商的质量记录检查。出厂验收检测方式主要采用目测、量具、计时等。

出厂验收检测清单见表4-3-6。

出厂验收检测清单 表4-3-6

检测项目	检测内容			标准值
刀盘刀具主驱动检测	外观检测			是否良好
	常压可更换先行刀数量			76把
	焊接型先行刀数量			24把
	常压可更换刮刀数量			46把
	可更换式刮刀数量			74把
	边缘保护刀			36把
	刀盘速度			0~3.0r/min
	刀盘正反转功能			是否正常
	刀盘点动功能			是否正常
	刀盘磨损监测和刀盘磨损检测的保压功能			是否正常
	刀盘伸缩摆动功能			是否正常
	扭矩油缸支撑功能			是否正常
	刀盘正/反转速	常用1.0r/min,最大3.0r/min,最小0.1r/min	电流	—
			电压	—
			旋转时间	—
本体检测	外观检测			是否良好
	盾尾直径			φ14920mm
	中盾直径			φ14950mm
	前盾直径			φ14980mm
	盾体长度			14710mm

续上表

检测项目	检测内容		标准值
破碎机检测	外观检测		是否良好
	驱动方式		液压驱动
	液压系统工作压力		21MPa
	频率		8次/min
	破碎强度		≤250MPa
管片拼装机检测（带负载测试）	外观检测		是否良好
	管片安装机无线控制功能		是否正常
	轴承、移动滚轮、轴油脂润滑可加注性		可加注
	制动压力		5MPa
	回转环最大转速		1.5r/min（空载）
	回转环最大转速时	压力	20MPa
		时间	40s/r
	回转环点动功能		是否正常
	回转环最小转速时	压力	20MPa
		角度	点动小于0.2°
	回转环双向转角		±220°
	回转环角度限制功能		编码器是否正常
	提升	行程	2500mm
		动作	是否正常
		压力	油缸伸出/缩回 13MPa/20MPa
		时间	20s
	滑动	行程	3600mm
		动作	是否正常
		压力	6MPa
		时间	25s
	俯仰	角度	±2.5°
		动作	是否正常
		压力	18MPa
		数量	1
	偏转	角度	±15°
		动作	是否正常
		压力	18MPa
		数量	1
	F块伸缩油缸	动作	是否正常
		压力	18MPa
		数量	1
	旋转速度调节		无级调速
	真空吸盘密封腔气密稳定性		≥20min

续上表

检测项目	检测内容			标准值
喂片机检测	外观检测			良好
	轴向移动行程			3020mm
	轴向移动功能			是否正常
	伸压力			16MPa
	缩压力			23MPa
	举升行程			80mm
	举升油缸同步情况			是否正常
	动作循环			是否正常
超前钻探回转装置检测	外观检测			是否良好
	滑动行程			2000mm
	钻机最大仰角			15°
	液压压力			21MPa
	小车运行(左/右)			是否正常
	钻机伸出缩回			是否正常
管片、箱涵件起重机检测（带负载测试）	外观检测			是否良好
	单管片起重机	起升速度		8m/min
		起重量		20t
		起重机起升行程		5.5m
		起重机行走速度		0~30(m/min)
		起升同步		是否同步
		行走同步		是否同步
		限位功能		有无
		刹车功能		有无
	双管片起重机	起升速度		0.8~8m/min
		起重量		40t
		起重机起升行程		8m
		起重机行走速度		0~50(m/min)
		起升同步		是否同步
		行走同步		是否同步
		限位功能		有无
		刹车功能		有无
	箱涵件起重机	起升速度		0.5~8m/min
		起重量		40t
		起重机起升行程		10m
		起重机行走速度		0~50(m/min)
		起升同步		是否同步
		行走同步		是否同步
		限位功能		是否同步
		刹车功能		是否同步

续上表

检测项目	检测内容		标准值
接管器检测	外观检测		是否良好
	行走行程		10.5m
	行走功能		是否正常
	倾斜行程(送/排泥)		±20mm
	送泥/排泥三通阀开启/关闭	压力	14MPa
		时间	10s
	送泥阀滑动油缸	行程	500mm
		压力	21MPa
	接管器液压泵工作压力		最大21MPa
	MV10/20/30/61/62/63/64 开/关	时间	10s
		压力	14MPa
泥浆管吊机检测	起重量		2t
	起升功能		是否正常
	左右行走功能		是否正常
	前后行走功能		是否正常
物料起重机检测	物料起重机1(拼装机到盾体运吊)/物料起重机2(泥浆泵维修吊运)/物料起重机3(油脂桶搬运)	行走功能	是否正常
		升降功能	是否正常
	物料起重机4(中心舱刀具搬运)	行走功能	是否正常
		升降功能	是否正常
		机架滑动功能	是否正常
	储风桶起重机		升降功能
	辅助轨道起重机		升降功能
	双管片物料起重机/单管片物料起重机/箱涵件物料起重机	行走功能	是否正常
		升降功能	是否正常
	泥水舱监视功能		是否正常
	中心舱监视功能		是否正常
	台车尾部监视功能		是否正常
操作室控制系统功能检测	外观检测		是否良好
	复位功能		是否正常
	急停功能		是否正常
	刀盘控制功能		是否正常
	破碎机、前端闸门控制功能		是否正常
	推进控制功能		是否正常
	动力单元控制功能		是否正常
	盾尾密封控制功能		是否正常
	注浆控制功能		是否正常
	泥水控制功能		是否正常

续上表

检测项目	检测内容		标准值
操作室控制系统功能检测	气泡舱控制功能		是否正常
	润滑油脂控制功能		是否正常
	牵引控制功能		是否正常
	车轮控制功能		是否正常
	消防探测器检测		是否正常
	消防气体报警器检测		是否正常
	消防手动报警动作检测		是否正常
操作室监控功能检测	1~8注浆压力显示(显示)		是否正常
	盾尾密封压力显示(显示)		是否正常
	推进油缸行程(显示)		是否正常
	动力单元开关状态(显示/停泵)		是否正常
	油箱液位(显示/停泵)		是否正常
	故障信息(显示)		是否正常
	泥水系统传感器(显示)		是否正常
	气垫舱系统传感器(显示)		是否正常
人舱刀盘控制面板功能检测	人舱刀盘控制面板外观		是否良好
	操作室钥匙互锁功能		是否正常
	急停/维修操作室显示急停信息		是否正常
	人闸刀盘左/右转		是否正常
盾体推进油缸面板功能检测	推进油缸控制面板外观		是否良好
	急停操作室显示急停信息		是否正常
	全部油缸伸出功能		是否正常
	全部油缸回收功能		是否正常
	操作允许指示灯		是否正常
管片拼装机遥控面板功能检测	管片拼装机遥控器外观		是否良好
	急停操作室显示急停信息		是否正常
	拼装机抓具前后滑动功能		是否正常
	拼装机左/右旋转功能		是否正常
	拼装机抓具俯仰功能		是否正常
	拼装机抓具偏摇功能		是否正常
	拼装机抓具伸缩功能(红蓝缸)		是否正常
	拼装机真空吸盘松开/抓紧功能		是否正常
推进油缸检测	外观检查		是否良好
	推进油缸	行程	3000mm
		压力	44MPa
	全行程伸出时间(全部油缸)		60min
	全行程缩回时间(全部油缸)		≤10min
	部分油缸全行程缩回时间(2组油缸)		≤90s
	部分油缸全行程缩回时间(1组油缸)		≤90s
	区压功能的实现,最小值		<0.8MPa

续上表

检测项目	检测内容	标准值
推进油缸检测	调速功能的实现	无级调速
	油缸压力互不干涉功能	是否正常
	最大推进速度(全部油缸)	50mm/min
	推进系统耐压试验	是否正常
	每组油缸的单独动作	是否正常
	推进微速模式伸出速度	1组油缸50mm/min
液压泵站检测	管片拼装机液压泵工作压力	22MPa
	推进系统液压泵工作压力(管片安装模式)	油缸伸出9MPa,缩回14MPa
	推进系统液压泵工作压力(推进模式)	33MPa
	推进系统液压泵工作压力(回缩模式)	14MPa
	同步注浆液压泵工作压力	22MPa
	液动球阀泵工作压力	13MPa
	破碎机液压泵工作压力	21MPa
	磨损检测	10MPa
	前端闸门系统工作压力	21MPa
	循环过滤系统液压泵工作压力	<1MPa
	喂片机液压泵工作压力	23MPa
	同步注浆闸阀工作压力	12MPa
	保压5min,系统是否有异常	是否正常
集中润滑密封系统检测	外周密封润滑油压力	20MPa
	其他点位润滑油脂压力	20MPa
	砂浆箱润滑油脂压力	20MPa
	外周密封润滑泵检测	是否正常
	其他点位润滑泵检测	是否正常
	砂浆箱润滑油脂泵检测	是否正常
	补脂泵检测	是否正常
	中心回转出油检测	是否正常
	前盾前部出油检测	是否正常
	破碎机出油检测	是否正常
	砂浆箱出油	是否正常
	拼装机出油检测	是否正常
	盾尾油脂溢出检测	是否正常
	压力模式/时间模式	是否正常
注浆系统检测(注水测试)	同步注浆	外观检测	是否良好
		A液注浆泵动作脉冲	8次/min
		搅拌器功能	是否正常
		搅拌器密封	是否正常
		1~8路注浆启/停	是否正常
		1~8注浆速度调节	无级调速
		1号砂浆罐搅拌	是否正常

续上表

检测项目	检测内容		标准值
注浆系统检测（注水测试）	同步注浆	2号砂浆罐搅拌	是否正常
		B液流量	0~50L/min
	二次注浆	外观检测	是否良好
		搅拌功能	是否正常
		A液流量	0~170L/min
		B液流量	0~80L/min
		二次注浆泵调速功能	任意调比
	膨润土	外观检测	是否良好
		搅拌功能	是否正常
		膨润土流量	0~500L/min
水系统检测	外观检测		是否良好
	机内元器件冷却水泵	压力	<1MPa
		驱动电机减速机流量	≥840L/min
		齿轮油冷却器流量	≥100L/min
		出水温度	25℃~35℃
	1号台车元器件冷却水泵	压力	<1MPa
		P21电机冷却流量	≥60L/min
		P01电机冷却流量	≥45L/min
		P02电机冷却流量	≥35L/min
		CP柜冷却流量	≥400L/min
		泥浆变频柜冷却流量	≥100L/min
		出水温度	25~35℃
	其他元器件冷却水泵	压力	<1MPa
		出水温度	25~35℃
	水管卷筒收放功能		是否正常
工业用空气系统检测	空压机运转功能		是否正常
	加载压力		6bar
	卸载压力		8bar
	停机温度		<110℃
	储气罐压力		6~8bar
气泡舱用空气系统检测	空压机运转功能		是否正常
	加载压力		13bar
	卸载压力		16bar
	停机温度		<110℃
	储气罐压力		13~16bar
	压力传感器PTS3		是否正常
	现场手动及远程控制功能		是否正常
	空气流量传感器1/2		是否正常
通信照明系统检测	设备正常/应急照明功能		是否正常
流体运输系统检测	每个阀开关与显示是否一致		是否正常

续上表

检测项目	检测内容		标准值
流体运输系统检测	液动阀开/关	时间	5s
		压力	12MPa
	气动阀开/关	时间	5s
		压力	6bar
	CV1	根据设定调整开度	是否正常
	液动球阀蓄能器是否动作良好		是否正常
	P02	根据要求调整转速	变频调速（0~1300r/min）
		冷却水运作	是否正常
	P03	正常运作与显示	是否正常
		根据要求调整转速	变频调速（0~1300r/min）
	电磁流量计 F1、F2、F01、F02、F03、F04、F05、F06、F07、F08		是否正常
	密度计 D1、D2		是否正常
	压力变送器 PT0、PT1、PT2、PT3、PT4、PT5		0~1MPa
	气动压力开关		4~7bar
	分流器压力变送器 PS20		-0.1~1.5MPa
	机内排泥管压力变送器 PS25		-0.1~1.5MPa
	泵压力变送器 PS01、PS02、PS03、PS04、PS05、PS06、PS07、PS08		-0.1~1.5MPa
	管路泄漏检查		有无泄漏
	各模式运作	停止/旁通/掘进/逆洗/配管延长/中央手动	是否正常
前端闸门检测	外观检测		是否良好
	行程传感器（流量计）		是否正常
	闸门油缸压力		21MPa
	闸门油缸行程		1240mm
	开启时间		120~160s
	关闭时间		180~220s
	闸门锁紧油缸压力		10MPa
	闸门锁紧油缸行程		175mm
外观检测	焊接外观		是否良好
	油漆外观		是否良好
管路布置	布置有序、整洁		是否良好
	螺柱达到要求，规格统一		是否良好
	管路走向是否合理		是否良好
电缆布置	布置有序、整洁		是否良好
	线号、放线号标注正确无误、有序		是否正常
	电缆线的保护措施		是否正常

注：1. 检测标准要以盾构机设计参数为依据。
　　2. 表中数据以右线为例。

盾构机出厂验收是盾构机制造的重要环节，通过对盾构机各个系统部件试验检测，检测结果均符合验收要求。

第二节　盾构机组装

一、组装前准备

1. 场区布置

根据施工场地条件合理布置盾构机部件的摆放位置。盾构机由设备制造厂水运至浦仪公路项目自建码头后,再陆运至组装场地,并按场地布置图(图 4-3-2)吊卸到指定位置。

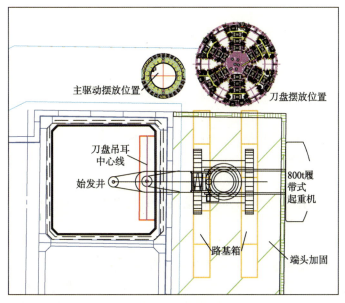

a) 始发井吊装布置示意图

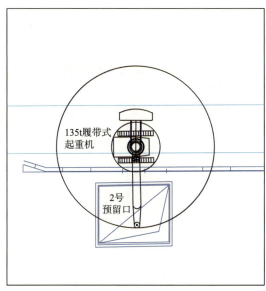

b) 2号预留口吊装布置示意图

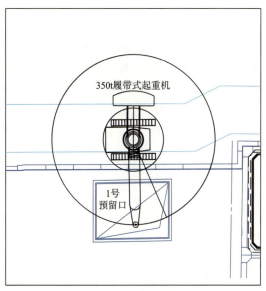

c) 1号预留口吊装布置示意图

图 4-3-2　组装场地布置图

场地布置原则：
(1)预留口位置、尺寸应满足吊装组装需求；
(2)工作井井口周边场地尺寸应满足刀盘拼装焊接、主驱动的组装需求；
(3)场地布置应以设备吊装、翻身、下井最近为原则；
(4)吊装区域地基承载力应满足存储和吊装要求。

2. 吊装验算

盾构机吊装需进行码头吊装验算、现场吊装组装设备验算和地基承载力验算。

(1)码头吊装验算。

调研既有码头、栈桥的结构承载能力，结合盾构机设备分体重量与码头泊位，确定各部件的吊距，并据此进行浮式起重机、SPMT装载车的设备选型。

(2)现场吊装组装设备验算。

始发井及周边区域主要包括：刀盘(含吊具600t)、主驱动(含吊具450t)、拼装机、超前钻机及平台和盾构体吊装，采用800t和350t履带式起重机进行吊装。

1号预留口主要包括：仰拱块和1号台车的吊装，采用350t履带式起重机进行吊装，单件最重为48.9t,吊装吊具5t;2号预留口主要负责2~5号台车的吊装，采用135t履带式起重机进行吊装，单件最重为18.2t,吊装吊具5t。

根据场地布置，考虑最不利工况，结合吊距、吊点布设形式对所有部件的吊装负荷率进行计算，并确定吊装设备站位。应对吊耳进行有限元分析，其中吊耳位置已在工厂内进行吊装，因此现场不再验算，只对吊具进行计算和选择。

吊装验算过程中，需特别注意关键部件的吊装安全并制定详细针对性措施，例如刀盘和主驱动的翻身吊装等。

(3)地基承载力验算。

吊装区域的地基承载力应考虑履带式起重机最重件吊装：

800t履带吊整机总重516t(超起42m主臂),超起平衡重400t;专用路基箱长6m、宽3m、6块总重量42t,吊装最大件刀盘重量为600t(含吊具),取吊装最大件刀盘时的工况考虑起吊物在吊装过程中的动载力，取安全系数为1.1。

起重机下地基受力面积按履带式起重机履带下垫块面积计算：

履带板下路基箱面积$S = 3m \times 6m \times 6 = 108m^2$。由此导致的底部均布荷载为$P = mg/S = (516 + 400 + 42 + 600) \times 9.8 \times 1.1/108 = 155.51 kPa$。

考虑起重机回转起吊过程中的不均匀加载问题，取均布载荷1.5倍，则最大地基承载力为$155.51 \times 1.5 = 233.27 kPa < P_0$。$P_0$为端头加固后地面耐压强度，实际检测值892kPa。

通过上述计算可知，地基承载力符合吊装施工要求。为确保吊装施工安全，在吊装盾构机较重件(刀盘、主驱动、盾体)时，开展了周边地基沉降监测工作，未出现异常情况。

二、组装

1. 组装流程

盾构机组装分为主机组装和后配套台车组装两部分，组装流程如图4-3-3所示。

(1)主机组装：包含盾构刀盘、主驱动、盾体、拼装机在工作井的组装。

(2)后配套组装：1号台车及超前钻机平台在明挖隧道后续段1号吊装预留口进行组装，2~5号台车组装在明挖隧道后续段2号吊装预留口进行组装。

主机和后配套可同时在工作井及明挖隧道后续段1号、2号预留口吊装进行组装。

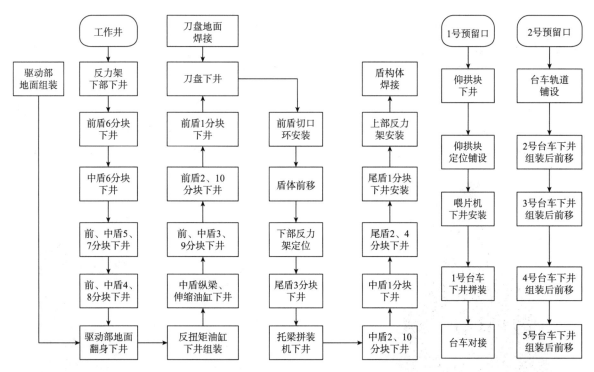

图 4-3-3 盾构机组装流程

2. 组装控制要点

（1）刀盘分为 6 个分块和中心块，分块运输到现场进行拼装，拼装前将预留组装、焊接区域清理干净。组装遵循中心块、1~6 分块依次组装，如图 4-3-4 所示，中心块及刀盘整体水平度≤2mm（以刀盘滚刀加工法兰面为测量水平基准面）。拼装定位全部检验合格后，对刀盘各分块和中心块进行施焊，刀盘焊接完成后进行 100% 探伤检测和气密试验。

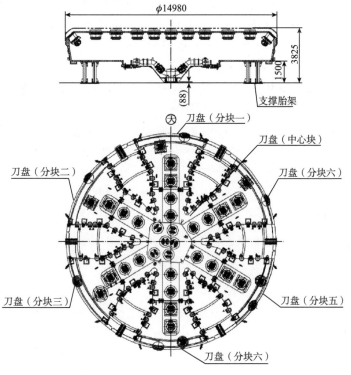

图 4-3-4 刀盘地面组装示意图（尺寸单位：mm）

(2)主驱动分为驱动本体、球铰轴承和油缸安装环三部分运至现场组装,如图4-3-5所示。在地面组装完成后须对主驱动进行气密性保压实验,压力0.4MPa、不小于12h,气压下降不大于0.02MPa。同时主驱动下井前对前盾驱动连接面进行清洗,保证驱动部的清洁,防止前盾连接面上有尘土或者沙石对驱动本体及密封造成损伤。

(3)盾体前盾为10个分块,中盾为10个分块,盾尾为4个分块进行运输,如图4-3-6所示,运输到现场后组装。盾构机主机各个分块遵循自下而上、从前到后、左右对称的原则进行组装,盾体施焊前必须对圆度、直线度进行测量,满足要求后方可进行焊接。焊接完成后需按设计要求进行探伤检查并出具探伤报告。

图4-3-5 主驱动组装

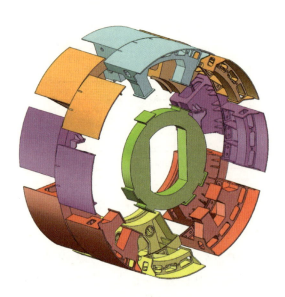

图4-3-6 前盾、中盾三维立体图和分块图

(4)盾构机管线包括水管、气管、油管。线路连接分三部分进行:台车间管路连接、盾体间管路连接、台车与盾体间管路连接。管线连接时须严格按照工厂安装时做好的管标进行连接。所有管线连接完成后由现场技术人员进行检查,检查有无错接、漏接的情况,之后由盾构机厂家现场电气、液压工程师进行复检。复检无误后方可进行水、气、油、电的调试。

右线盾构机现场组装工期自2019年8月23日至2019年10月31日,共69d,其关键节点见表4-3-7。

右线盾构机现场组装节点　　　　　表4-3-7

序号	任务名称	工期(d)	开始时间	完成时间
1	盾构机运输	62	2019年8月23日	2019年10月24日
2	主机组装	45	2019年9月10日	2019年10月25日
3	后配套台车组装	51	2019年8月24日	2019年10月14日
4	盾构机各系统管线连接	41	2019年9月20日	2019年10月31日

左线盾构机现场组装工期自2019年5月17日至2019年8月8日,共83d,其关键节点见表4-3-8。

左线盾构机现场组装节点　　　　　表4-3-8

序号	任务名称	工期(d)	开始时间	完成时间
1	盾构机运输	40	2019年5月17日	2019年6月25日
2	主机组装	66	2019年6月6日	2019年8月10日
3	后配套台车组装	39	2019年6月30日	2019年8月7日
4	盾构机各系统管线连接	22	2019年7月18日	2019年8月8日

第三节 盾构机调试与现场验收

一、盾构机调试

盾构机组装完成后,需要进行调试,分空载调试和负载调试两个阶段。

空载调试在盾构机组装和管路连接完毕后开展,其目的是检查设备功能及动作是否能正常运转。空载调试需注意所有设备布置状态、显示状态完好;所有部件在调试前需确认完好,电气部件在调试前需确认接线正确;电机泵组动作前需确认油箱液位及各管路阀组开闭状态。

负载调试在盾构机空载调试正常后进行,其主要目的是检查各种管路及密封设备的负载能力,对空载调试不能完成的工作进一步完善,使盾构机各个系统及辅助系统达到满足正常生产要求的工作状态。

盾构机调试内容见表 4-3-9。

盾构机调试内容 表 4-3-9

序号	主要调试系统	序号	主要调试系统
1	刀盘系统	16	主驱动保压系统
2	推进液压系统	17	水系统
3	推进油缸调整液压系统	18	加泥系统
4	破碎机液压系统	19	管片吊具、箱涵吊具系统
5	拼装机液压系统	20	车轮转向、超前钻机、管片调整油缸系统
6	真空吸盘液压系统	21	气泡舱系统
7	喂片机液压系统	22	常压换刀系统
8	前端闸门系统	23	人舱系统
9	掉头牵引油缸系统	24	通信系统
10	液压油冷却循环系统	25	气体检测系统
11	刀盘滑动摆动系统	26	刀具磨损监测系统
12	注浆系统	27	齿轮油循环系统
13	盾尾油脂系统	28	集中润滑系统
14	空气系统(含保压系统)	29	接管器系统
15	液动球阀系统	30	导向系统

二、盾构机现场验收

盾构机现场验收分为始发前验收和百环验收。

当盾构机空载调试完成、盾构机具备联动条件后,由施工单位与制造单位首先对盾构机进行内部验收,验收通过后由施工单位邀请业主、监理、第三方等单位进行盾构机的始发前验收。始发前验收为盾构始发条件验收的重要环节和依据。盾构机现场验收应把出厂验收时无法检测的项目进行一次检测,同时还要按照出厂验收的内容进行验收,始发前验收需补充进行验收的项目见表 4-3-10。

始发前验收需补充进行验收的项目　　表 4-3-10

检测项目	检测内容		标准值
视频监视系统功能检测	视频监视外观检测		是否良好
	显示器清晰度检测		是否正常
	视频转换开关功能		是否正常
	管片拼装机、管片运输、接管器、操作室、同步注浆、泥水舱、中心舱、台车尾部监视功能		是否正常
盾尾油脂系统检测	泵动作次数		15 次/min
	泵出口压力		≥35MPa
	第一/二/三/四道	注入点压力	—
	气动球阀、盾尾油脂压力传感器、盾尾油脂溢出检测		是否正常
	压力模式/时间模式		是否正常
水系统检测	接力水泵、P01、P02/P03、P21/P11 轴封水泵、污水泵轴封水泵、接管器用水泵 1/2	压力	<1MPa
		流量	≥120m³/h
工业用、气泡舱用空气系统检测	管路泄漏检测		无泄漏
气泡舱保压系统检测	管路泄漏检查		无泄漏
	压力范围		0~6bar
	控制压力精度		0.05bar
	进气阀1 CV11、CV12/排气阀2 CV21、CV22		是否正常
	气压计1 PTS1/气压计2 PTS2		是否正常
	压力变送计 PTI1、PTI2		是否正常
	减压阀1 PRV1/减压阀2 PRV2		是否正常
	液位计 LM1、LM2		是否正常
	液位开关 LSW01~LSW32		是否正常
	压力传感器 PTS3		是否正常
	现场手动及远程控制功能		是否正常
	空气流量传感器1、空气流量传感器2		是否正常
通信照明系统检测	通信系统外观检测		是否良好
	通信电话互拨功能、人舱电话声能功能、广播功能		是否正常
	操作室与地面通信设置		是否正常
导向系统检测	导向系统外观检测		是否良好
	导向系统无线传输功能		是否正常
	控制界面反应速度		是否正常
	两次数据测量间隔时间		3s
	数据传输抗干扰		是否正常
流体运输系统检测	P11/P21	正常运作与显示	是否正常
		根据要求调整	变频调速(0~660r/min)
		冷却水运作	是否正常
	P03/P01/P02	正常运作与显示	是否正常
		根据要求调整转速	变频调速(0~1300r/min)
	电磁流量计 F1、F2、F01、F02、F03、F04、F05、F06、F07、F08		是否正常

续上表

检测项目	检测内容		标准值
流体运输系统检测	密度计 D1、D2		是否正常
	压力变送器 PT0、PT1、PT2、PT3、PT4、PT5		0~1MPa
	气动压力开关		4~7bar
	分流器压力变送器 PS20		-0.1~1.5MPa
	机内排泥管压力变送器 PS25		-0.1~1.5MPa
	泵压力变送器 PS01、PS02、PS03、PS04、PS05、PS06、PS07、PS08		-0.1~1.5MPa
	管路泄漏检查		无泄漏
	各模式运作	停止/旁通/掘进/逆洗/配管延长/中央手动	是否正常
前端闸门检测	耐压试验		是否正常
超前钻机	正常运作		是否正常
气密实验	刀盘(整体测试)		加压到0.05MPa,保压12h 泄漏≤5%
	气泡舱		加压到0.4MPa,保压12h 泄漏≤5%
	泥水管/气泡舱气管/工业空气管/盾尾冷冻管		加压到0.6MPa,保压10min 泄漏≤5%

注:检测标准以盾构机设计参数为依据。

经建设单位、监理与科威对盾构机各个系统部件试验检测,符合现场验收的要求,具备始发条件。设备的整体性能还须经试掘进段功能验收,方可完整评测。盾构试掘进段验收详见本篇第五章第二节。

第四章 富水砂层盾构始发

第一节 概　　述

盾构始发处隧道顶部覆土厚度7.756m,埋深约0.5D(D为盾构开挖直径),为浅覆土始发。始发段地层由上而下为素填土、淤泥质黏土、粉土、粉砂,属于软弱地层。孔隙潜水地下水水位埋深0.4～2.2m。微承压水水位埋深1.9～5.2m,主要分布在下部砂土中。左、右盾构洞门中线距离21.2m,左线先发盾构于2019年10月25日始发,右线后发盾构于2019年12月25日始发。工作井详细尺寸如图4-4-1所示。

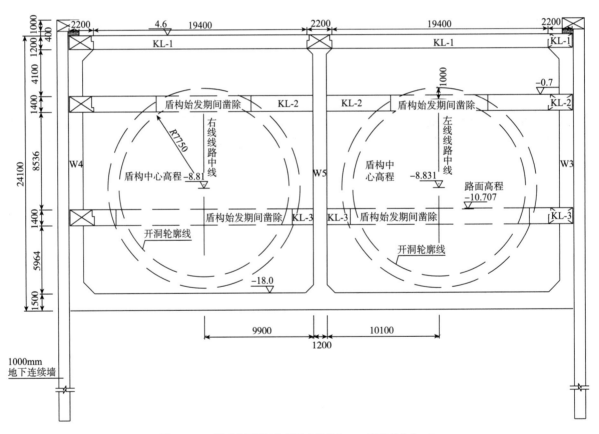

图4-4-1　工作井剖面图(几何尺寸单位为mm、高程单位为m)

盾构始发前先进行端头加固,同时对地下连续墙与三轴搅拌桩之间3.2m范围进行冻结法加固处理;盾构机进场前在工作井底板施作始发基座及反力架;在盾构机安装、调试阶段,安装洞门密封装置;在盾构始发前30d进行洞门凿除(分三次进行凿除),并同步开展负环拼装;刀盘完全进入洞门止水箱体、抵住加固体掌子面后进行泥水建舱;盾构机盾尾完全进入止水箱体,对洞门进行二次密封,监测洞门沉降情况,随后开始试掘进。

盾构始发总体流程如图4-4-2所示。

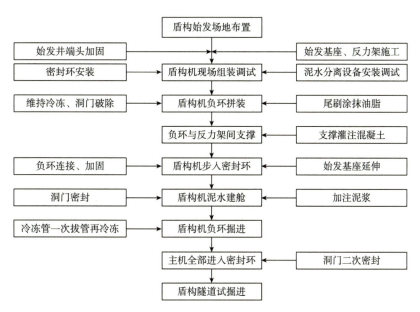

图 4-4-2 盾构始发总体流程

盾构始发总体施工安排如图 4-4-3 所示。

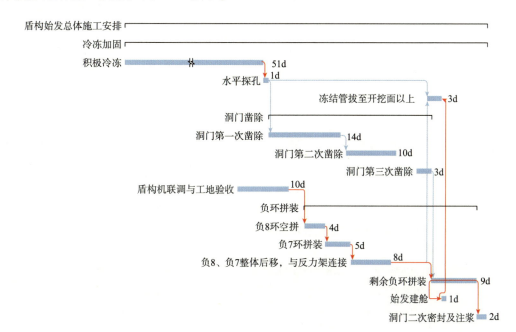

图 4-4-3 盾构始发总体施工安排

针对盾构始发潜在的施工风险,分别在负环拼装、洞门破除、泥水建仓等关键节点前进行施工条件验收,具体验收项目详见表 4-4-1。

条件验收项目表　　　　　表 4-4-1

序号	分类	内容	主检内容情况
1	专项方案	盾构机始发试掘进方案、监控量测方案、洞门冷冻施工方案、盾构环保施工专项技术方案、端头加固方案、安全风险评估方案	(1) 符合设计、施组、方案的规定; (2) 监控量测已布设,满足要求; (3) 方案编制完整,审批流程齐全
		盾构施工临时用电施工组织设计	已按照施组布设临时用电,满足始发用电
2	施工准备	盾构维保方案(维保手册)	盾构维保方案(维保手册)齐全

续上表

序号	分类	内容	主检内容情况
2	施工准备	维保方案、手册(泥水设备、运输车辆、门式起重机、地面拌和站等分册)	维保方案、手册齐全
		盾构专线外电接入	专线外电接入容量、接口满足盾构施工
		盾构施工测量:测量方案、加密控制网控制测量、始发姿态测量、监测控制点布设和初始值采集、始发基座测量、盾构机 VMT 导向系统调试	加密控制网控制测量满足盾构始发要求、始发姿态满足盾构始发要求、监测控制点布设和初始值采集完成、VMT 导向系统调试完成
		作业指导书(盾构机、配套设备)、盾构机和主要设备操作规程、主要工序工艺流程(刀具更换、管片拼装、同步注浆、泥浆处理)	1. 作业指导书已编制并审批完成; 2. 规程和施工流程已编制,并制作成卡片发放
		盾构机始发、洞门破除、负环拼装、始发建仓、同步注浆、管片防水材料粘贴、洞内运输施工、针对有害气体的洞内施工、洞门应急堵漏等安全技术交底情况	1~3级交底已全部完成,并做到全员覆盖
		施工人员岗位职责、特种作业人员持证、专业工种人员持证情况、专项、特殊工种技术培训	1. 已编制并做相关培训; 2. 特种、专业工种人员证件齐全,并已完成培训
		工作井完成情况以及结构尺寸情况	工作井已按设计要求完成,结构尺寸已复核且符合设计要求
		反力架安装质量、洞门帘布、洞门钢环安装质量、端头加固质量	安装和加固质量合格、满足始发要求
		降水井降水试验	坑内降水达基坑底部以下1m,且对坑外影响较小
		洞门冷冻、探孔	水平探孔与测温孔温度满足设计要求,且水平探孔无渗水
		壁后注浆(单双液浆)、泥浆	浆液配制材料试验比选及配合比
		管片、箱涵及其进场验收;管片、箱涵螺栓、防水材料	预制件及其配套材料质量合格;防水材料完成性能试验验证
3	设备条件	盾构机组装验收、泥水处理设备验收	验收通过、满足始发要求
		洞内运输车辆、叉车、装载机	性能满足要求
		冷却水塔、搅拌站、砂浆站	满足掘进使用需求
		高压、照明电缆、膨润土、制浆剂及各种管路检查	高压电缆采取保护措施满足供电需求、照明电缆符合要求、膨润土储备充足、制浆剂及各种管路检查无质量问题
4	潜在风险	对本工程潜在的风险进行辨识和分析,有针对性、可操作性的应急预案且编制完成	已辨识、预案编制并审批完成
		落实抢险设备、人员以及施工应急演练	人员、设备已到位。演练已完成
		现场设立危险源公示告知牌	危险告示牌现场已设立
5	安全防护	临边防护验收、基坑上下通道防护验收	验收合格
		盾构机内部安全验收	验收合格
6	应急物资	应急物资库,按要求配备应急物资(清单)	应急物品齐全满足要求、配备完成并附清单

第二节　端头加固

端头加固设计方案为高压旋喷桩($\phi800@500$,桩长 28.049m) + 冻结法综合加固,并外包800mm厚的自凝止水灰浆墙,如图4-4-4所示。

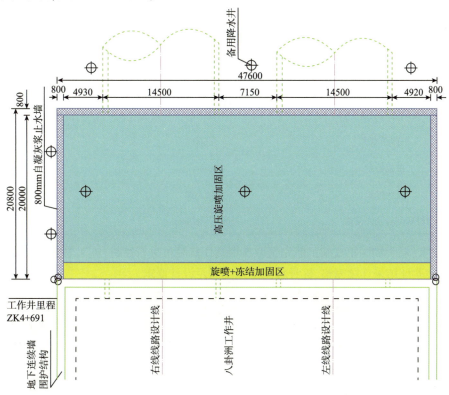

图 4-4-4　原设计端头加固平面布置图(尺寸单位:mm)

然而,经试桩及施工验证,砂层中的高压旋喷桩水泥浆流失严重,未能形成有效的固结,难以达到设计要求。经研讨,改用三轴搅拌桩工艺($\phi850@600$),加固范围和深度维持原设计;已施工完成地下连续墙、自凝止水灰浆墙与三轴加固冷缝处采用$\phi800@500$的高压旋喷桩加固,深度与三轴搅拌桩同深;冻结加固维持原设计。

一、自凝止水灰浆墙施工

自凝止水灰浆墙墙厚为800mm,墙深48m。墙体渗透系数不大于1×10^{-6}cm/s,28d 无侧限抗压强度不小于0.3MPa。

自凝止水灰浆墙施工前,应先开挖施作导墙,在导墙结构混凝土达到设计强度要求后进行成槽作业,成槽时需采用优质膨润土泥浆护壁。自凝止水灰浆制作需在拌和站提前拌制膨润土泥浆,进一步在泥浆池内循环2~3h使膨润土颗粒充分水化,在浆液膨化12h后再加入缓凝剂和水泥进行二次搅拌形成自凝止水灰浆。成槽完成后将拌制好的自凝止水灰浆灌入槽内最终形成墙体。自凝止水灰浆墙按照表4-4-2进行质量控制。

自凝止水灰浆墙质量控制标准表　　　表4-4-2

序号	项目	质量要求	检验方法
1	成槽垂直度	≤0.3%	超声波测壁仪
2	槽底沉渣厚	≤100mm	沉渣测量仪
3	墙顶高程	设计高程±30mm	观察、尺量、水准仪、探锤检查和检查施工记录

二、高压旋喷桩施工

1. 试桩基本情况

旋喷桩采用 $\phi800@500$ 的三重管双高压工艺施工，其加固指标见表4-4-3，沿隧道纵向加固长度20m、宽度46m，加固深度为地面至隧道底边缘外5m的范围（高程+6～-22.049m）。

高压旋喷桩加固指标　　　　　　　　　　　　　　表4-4-3

序号	项目	参数	备注
1	水泥掺量	25%～30%	采用PO42.5级普通硅酸盐水泥
2	无侧限抗压强度	≥1MPa	
3	桩体垂直度	<1/300	
4	桩位偏差	<50mm	
5	有效桩长	≥设计长度	
6	桩底高程允许偏差	+100～-50mm	

根据设计要求，端头加固正式施工前先选取5根高压旋喷桩进行试桩，施工参数控制要求见表4-4-4。初次试桩后，取芯验证结果连续完整，桩身水泥土强度满足设计要求。

端头加固高压旋喷桩施工参数控制要求　　　　　　　　　　　　　表4-4-4

类型	直径	高程（m）	气压（MPa）	水压（MPa）	浆压（MPa）	泥浆密度（g/cm³）	提速速度（cm/min）	桩长（m）
三重管	$\phi800@500$	顶:6.0 底:-22.05	0.6～0.8	20～30	20～25	1.5～1.6	15～20	28.05

注：1. 水泥掺量25%，28d龄期土体无侧限抗压强度不小于1.0MPa，其渗透性系数≤1×10^{-7}cm/s。
　　2. 高压旋喷桩总数为3680根。

2. 高压旋喷桩阶段性验收取芯

为进一步检验、保证施工质量，工作井端头加固高压旋喷桩（图4-4-5）龄期达到28d后，对已完成的945根旋喷桩进行阶段性验收，按照1%的比例进行取芯验证。本次取芯结果显示，地面以下15m范围内芯样较完整，15～20m范围内芯样较差，20m以下无成型芯样。

图4-4-5　工作井端头加固高压旋喷桩

经反复试桩验证，高压旋喷桩无法达到设计要求。经专家咨询、会议论证认为，该区域承压水位高，地下水与江水连通，深度越大渗透性越强，导致水泥浆流失严重，砂土层未能形成有效的固结，不易成桩。因此变更为三轴搅拌桩。

已施工完成地下连续墙、自凝止水灰浆墙与三轴加固冷缝处采用 $\phi800@500$ 的高压旋喷桩加固，深度与三轴搅拌桩同深。对已施作的高压旋喷桩桩体不连续、桩芯破碎部位，实施注浆加固、MJS 工法桩处置，处置后取芯完整率 95%~97%，桩身水泥土强度均大于标准值 2.4MPa，均匀性综合评价良好。

2019 年 2 月 28 日—3 月 1 日，对三轴搅拌桩进行试桩，根据试桩取芯结果，芯样连续、完整，验证了在该地质条件下施工三轴搅拌桩加固是可行的（图 4-4-6）。

图 4-4-6 三轴搅拌桩试桩取芯结果

三、冻结加固

1. 冻结帷幕和制冷系统设计

（1）冻结帷幕。

冻结施工前先布设 5 个孔进行测温，实测显示，不同深度测点温度在 30~38℃之间。根据监测结果，对冻结壁厚、交圈时间等进行针对性冻结方案优化设计。

①考虑水泥加固体水化热影响以及三轴搅拌桩接缝处存在渗水风险，冻结孔由两排增加到三排，冻结壁厚由 2m 调整为 3.2m，冻结范围为隧道上方 5.0m 至下方 4.0m、隧道左右侧各 5.5m 范围。

②设计积极冻结时间为 40d（积极冻结时间根据实际冻结效果进行调整），冻结孔单孔流量不小于 $5m^3/h$。积极冻结 7d 盐水温度降至 -15℃以下，15d 盐水温度降至 -24℃以下；凿洞门前盐水温度降至 -28℃以下，去、回路盐水温差不大于 2℃，冻结壁平均温度 ≤ -10℃。若盐水温度和盐水流量达不到设计要求，应延长积极冻结时间。每米冻结管的设计散热量不小于 100kcal/h。

③在洞门内部及洞门圈外侧 5m 范围内敷设保温层。保温层采用阻燃的软质塑料泡沫保温材料，厚度 40mm，导热系数不大于 0.04W/(m·K)。塑料软板与地下连续墙之间用万能胶粘贴密实。

（2）冻结孔及测温孔。

以右线为例，冻结区域垂直布置冻结孔 76 个，共 3 排，呈梅花状布置：第一排垂直冻结孔（图 4-4-7 中 A 排）距地下连续墙外边界 0.4m，孔间距 0.8m，孔数 31 个；第二排（图 4-4-7 中 B 排）与第一排之间的排间距为 1.1m，孔间距 1.6m，孔数 16 个；第三排（图 4-4-7 中 C 排）与第二排之间的排间距为 1.1m，孔间距 0.8m，孔数 29 个。冻结孔深度为 27.06m（冻结孔底部距加固体底部约 1.0m，以保证加固体底部的完整性）。

冻结管采用局部冻结，冻结管内布置 $\phi48×4.5mm$ 无缝钢管，作为去、回液管。盐水从地面通过去液管流到冻结管底部，在去液管和冻结管之间的环形空间内循环，吸收周围土体的热量，达到冻结围土体的目的，循环后的盐水通过回液管回到冷冻机组，进行制冷降温。

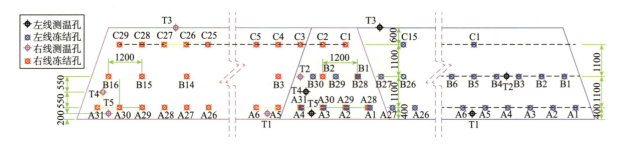

图 4-4-7 冻结、测温孔位布置图(尺寸单位:mm)

左右线洞门各设置测温孔 5 个(图 4-4-7 中的 T 类孔),布置在冻结孔间距较大的冻结壁界面上或预计冻结薄弱处,深度为 27.06m。

根据施工现场工程,左线端头冻结先于右线,左线冻结区与右线冻结区有部分重叠。右线 A 排 A1~A4 与左线 A28~A31、右线 B1、B2 与左线 B28~A30 共计 7 个孔重叠。右线冻结期间,把左线与之重叠的 7 个冻结孔连接过来,继续冻结。

(3)制冷设计。

根据孔位间距与制冷交圈需求,理论计算需冷量为 319845kcal/h,实际选用单台制冷量为 110000kcal/h 的 SKD136WDF 型螺杆机组 4 台,其中 1 台备用。

冻结主要设计参数详见表 4-4-5。

冻结主要设计参数表(右线) 表 4-4-5

序号	参数名称	单位	数值	备注
1	冻结壁平均温度	℃	$T \leqslant -10$	地下连续墙交接处 $\leqslant -5$℃
2	冻结孔个数	个	76	—
3	冻结孔总长度	m	2056.56	—
4	测温孔数量	个	5	—
5	测温管总长	m	135.30	$\phi 48 \times 4.5$mm
6	设计最低盐水温度	℃	-28	冻结 7d 盐水温度达到 -15℃ 以下
7	单孔盐水流量	m³/h	5~8	
8	最大用电负荷	kW	500	

(4)冻结加固施工工艺。

冻结施工工艺流程:冻结站安装与钻孔施工同时进行,钻孔施工完成后进行安装调试,然后进行积极冻结。具体施工工艺如图 4-4-8 所示。

冻结孔施工和冻结管拔除施工为本工程的关键工序,冻结帷幕与地下连续墙的胶结为重要控制点,冻结温度检测、土体变形、压力监测及盾构推进施工为特殊工序。

冻结孔施工具体要求如下:

①冻结管采用 $\phi 127 \times 5.5$mm 的低碳无缝钢管,冻结管耐压不低于 0.8MPa,并且不低于冻结工作面盐水工作压力的 1.5 倍。

②冻结管采用坡口内接箍连接后焊接,接头抗压强度不低于母管的 75%。

③冻结孔开孔位置误差不大于 50mm,开孔间距误差不大于 100mm。

④钻孔过程中控制钻孔偏斜,冻结孔最大允许偏斜 200mm(冻结孔成孔轨迹与设计轨迹之间的距离),若大于设计值,及时进行纠偏。

⑤垂直钻孔深度不小于冻结孔设计深度,以保证钻孔下部有足够的沉淀空间,同时垂直钻孔深度不超出设计冻结深度 0.5m。

⑥施工冻结孔时,若塌孔,及时进行注浆控制地层沉降。

⑦为了保证冻结管顺利下放,钻孔完成后,进行冲孔。

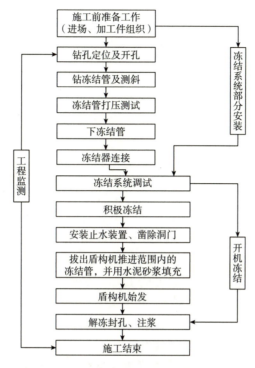

图 4-4-8　冻结加固施工工艺流程图

2. 冻结效果验收

洞门凿除前需对冻结效果进行验收,主要内容如下:①凿洞门前盐水温度降至 -28℃以下,去、回路盐水温差不大于2℃;②水平探孔温度须达到 -10℃以下。具体要求可参照冻结设计内容验收。

(1)测温孔。

①盐水总去、回路温度曲线。

右线洞门积极冻结开始于11月9日、冻结至12月29日,共计51d,盐水维持在 -30 ~ -31℃之间,满足不高于 -28℃的设计要求。盐水总去、回温度曲线如图4-4-9所示。

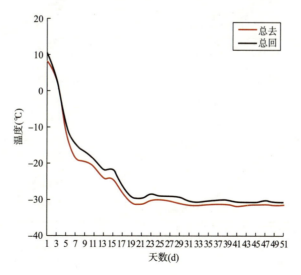

图 4-4-9　总去、回温度变化曲线

②各测温孔温度曲线。

冻结开始之前,测得原始地温见表4-4-6。

原始地温表(单位:℃)　　表4-4-6

孔号	深度(m)					
	4	8	12.8	17.7	22.5	25.5
T1	0.3	-1.0	2.3	5.7	9.6	10.6
T2	-1.3	-2.3	-2.6	-3.4	-4.4	-4.7
T3	33.5	39.6	42.4	42	40.2	37.6
T4	26.4	28.4	31.0	31.0	29.2	27.1
T5	26.4	28.2	29.9	29.2	27.6	25.6

初始阶段,先开启两台冷冻机组进行盐水降温,两周后盐水温度趋于稳定下降状态;结合每日测温数据,综合考虑提供给土体置换的冷量与冻结发展的相对关系,于2019年11月23日开启第三台冷冻机组,进一步加快降低循环盐水的温度;最终于2019年11月25日达到设计循环盐水温度-28℃,并维持在-29~-32℃之间。上述方式提高了地下土层热、冷量置换的效率,并保证了冻结稳定发展。

积极冻结27d后,与左线洞门冻结区交界处的T1、T2发展已满足设计要求,但T3、T4、T5发展速率相对较慢,尤其是冻结范围最南侧的T3测温孔(T1~T5位置分布如图4-4-7所示)。经研讨,于2019年12月5日将靠近T1、T2测温孔的第2、14、15、19四组回路共16个冷冻孔流速减小75%,相对增加了其他区域的流速,进一步加快外侧的冻结发展速率。

冻结51d后(12月29日),T1测温孔最高温度为-23℃,最低温度-27.7℃;T2测温孔最高温度为-25℃,最低温度-29.9℃;T3测温孔最高温度为-10.4℃,最低温度-16℃;T4测温孔最高温度为-7.1℃,最低温度-18.9℃;T5测温孔最高温度为-12.6℃,最低温度-18.4℃。

各测温孔稳步变化过程如图4-4-10所示。

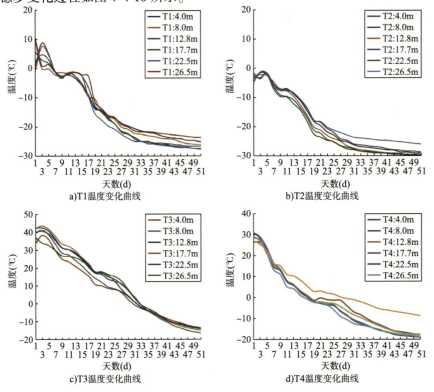

图 4-4-10

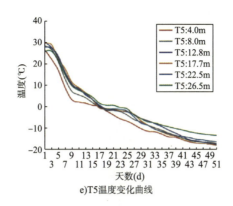

e) T5温度变化曲线

图 4-4-10　测温孔温度变化曲线

根据数据变化可知,盐水总去、回路盐水温度维持在 $-30 \sim -32℃$ 之间,未出现回温现象,满足冻结发展需求;其中,T1、T2、T4、T5 四个测温孔温度趋于稳定,T3 孔降温速度减慢;综合分析,冻结帷幕整体进入稳定状态。

(2)水平探孔。

凿洞门前,选取冻结薄弱区打设 9 个水平探孔,探孔深度为穿透地下连续墙进入地层 0.1m,直观观测洞门以外的冻结情况和效果。其位置分布如图 4-4-11 所示。

经观测,各孔均无渗漏水现象、温度在 $-13 \sim -19℃$ 之间,冻结状态良好,满足冻结要求。

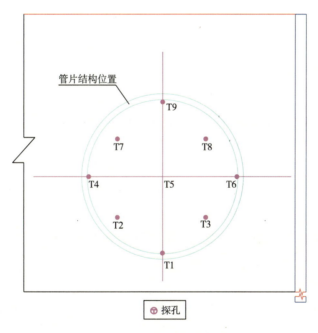

图 4-4-11　水平探孔布置图(尺寸单位:mm)

第三节　降水井布置及抽水试验

一、井位布置

降水井主要作为应急使用,需保证能够降水至盾构底部 1m 以下。

在端头加固区范围内布置降水井 9 口,编号 Y1～Y9,井深 27m。降水井横向间距 21.7m,纵向间距

7.2m,井管采用φ273mm 钢管,滤管长度 22m,滤管位于埋深 5~26m 处。

在端头加固区外侧布置降水井 7 口,编号 BG1~BG7,井深均为 37m。采用φ325mm 钢管,滤管长度 27m,滤管位于埋深 8~35m 处。降水井布置如图 4-4-12 所示。

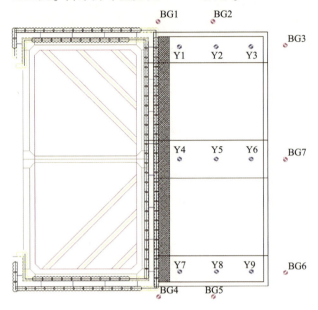

图 4-4-12　端头降水井平面布置图

二、抽水试验

降水井抽水试验必须在冷冻之前施作,以避免影响冻结效果。

1. 抽水过程

取 Y1~Y6 为试验样本,Y3 为观测井。试验井井深均为 27m,下泵深度 25m,Y2 水泵抽水能力为 25m³/h,Y5 为 20m³/h,Y1、Y4、Y6 均为 15m³/h。

试验过程中,Y2、Y5 井 10min 出现断流,Y1 井抽 13min 断流,Y4、Y6 井抽 17min 断流,期间观测 Y3 井水位,水位无变化。同时观测西侧 Y7~Y9 水位、坑外 BG1、BG2、BG3、BG7 水位,水位也无变化。

2. 恢复情况

抽水试验完成后紧接着进行水位恢复观测记录,所有抽水井的水位基本在 15h 内恢复。

三、结论

根据抽水试验,加固区水位在 30min 内快速降到盾构底以下 1m 位置;结合水位恢复试验结果,抽水试验井水位在 15h 内恢复为原水位,说明加固土体内含水率较低。

实际施工过程中降水井仅作为应急井考虑,并未启用。

第四节　盾 构 始 发

一、始发基座设计

综合考虑实际洞门安装位置、基座轴线控制要求,设计采用钢筋混凝土始发基座。

以右线为例,盾构始发段隧道中线纵断面上设计为 3.975% 下坡直线始发。由于盾构机自重原因,盾构机在往前方行走时容易出现"栽头"现象,因此,始发时按照"抬头"始发,基座前部相对洞门钢环处抬高 2cm,后部反力架处不变。

基座中心线与洞门平面呈 1°夹角,与设计线路中心线平行。基座前盾和中盾沿基座中线对称设置 4 条导轨,导轨夹角分别为 30°和 89°18′36″,尾盾在中心块布置两条导轨,夹角为 50°。

基座导轨采用 20cm×20cm 实心方钢,方钢与预埋在基座上的 350mm×350mm×12mm×19mm H 型钢焊接,纵向每隔 15cm 设置一道加劲肋,焊缝高度不小于 8mm。始发井底板施工时预埋插筋,将始发基座和底板连接成一个整体,使基座在始发时抗剪力更大。

始发基座纵断面、横断面及实物图分别如图 4-4-13、图 4-4-14 所示。

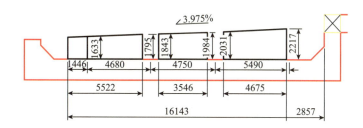

图 4-4-13　始发基座纵向剖面图(尺寸单位:mm)

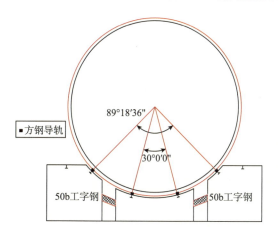

图 4-4-14　始发基座横断面示意图与实拍图

盾构始发姿态允许偏差为 10cm,复测结果数据见表 4-4-7。由此可知,平面及高程均满足要求。

盾构始发姿态(单位:mm)　　　　　　　　　　表 4-4-7

位置	水平偏差	高程偏差
盾首	9	23.4
盾尾	-27	1

二、反力架安装

1. 反力架设计

反力架采用组合钢结构构件,便于组装与拆卸;采用门架式方框形结构,门架由箱形结构的两根横梁、两根竖梁及四根斜梁组焊成门形结构,总厚度为 1500mm。

反力架结构根据主体结构进行设计:反力架背部依据工作井中框梁的实际情况,以背部墙体作为支撑,同时为避开框梁,在相应位置开缺口。

反力架提供盾构机推进时所需的反力,因此反力架需具有足够的刚度和强度:门架所用材料主要采用 Q345B 高强钢,其屈服极限为 345MPa,按《钢结构设计规范》(GB 50017—2003)规定,许用应力(安全系数取1.2)为287.5MPa。根据设计计算,反力架的最大应力为251MPa,最大静挠度为13.5mm;在最大载荷工况下,最大应力小于材料的许用应力,最大强度和刚度满足使用要求。

反力架支撑系统将盾构推力作用到主体结构上,根据油缸分布点位和数量计算,右线钢环表面承受盾构28组油缸产生的6500t均布推力,支撑提供的反力满足要求,且支撑有足够的稳定性。反力架结构如图4-4-15所示。

图4-4-15 反力架三维结构模型

2. 反力架安装

始发基座施工完成后,依照反力架设计结构图纸优先安装反力架底座,其结构与强度要求与始发基座相同,待反力架底座强度满足设计要求后,进行反力架的安装。具体安装流程如图4-4-16所示。

图4-4-16 始发反力架安装流程图

三、洞门密封临时装置安装

为了防止盾构始发掘进时泥土、地下水及循环泥浆从盾壳和洞门的间隙处流失,在盾构始发时需安装洞门临时密封装置。临时密封装置由橡胶帘布密封和钢丝刷组成。

1. 橡胶帘布密封

橡胶帘布密封装置包括钢环、圆环板、扇形翻板、压板、橡胶帘布,该装置安装顺序为洞门预埋钢环→橡胶帘布→压板→圆环板及扇形翻板→配套螺栓固定。在密封钢环圆环板上设置M24螺栓将橡胶帘布固定于两个圆环板之间,两道翻板间净空宽度30cm,翻板作为橡胶帘布密封的刚性支撑。盾构始发前在地面上先将橡胶帘布安装在洞门密封钢环上,整体吊装下井。

由于橡胶帘布尺寸较大,安装完成后底部帘布有向洞门方向伏倒的趋势,对泥水建舱有一定的影响。为避免这种情况的发生,在两道帘布内层,安装一层1mm厚的弹簧钢板用于支顶帘布处于直立状态。

2. 洞门密封钢丝刷

为保证密封效果,在洞门密封钢环内部增设一道密封钢丝刷,如图4-4-17所示,钢丝刷长度为410mm。上部距离地下连续墙内表面888mm,下部距离地下连续墙内表面1395mm,钢丝刷焊接在洞门钢环上,钢丝刷腔内涂抹盾尾油脂。

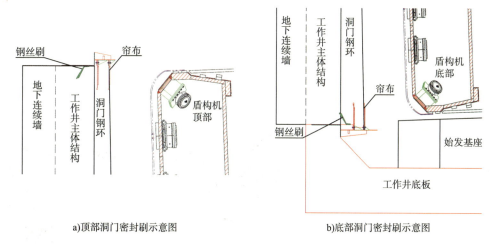

a) 顶部洞门密封刷示意图　　　　b) 底部洞门密封刷示意图

图 4-4-17　洞门密封刷示意图

四、负环管片拼装

1. 施工要点

综合考虑工作井主体结构尺寸(沿掘进方向工作井宽 21m)、反力架位置等因素,始发时从反力架到正环共需要 8 环负环和 1 环 0 环。0 环位置通过负 8 环与反力架之间的支撑长度进行调整,目的是保证 0 环背部预埋钢板与二次密封环板位置有效搭接,负 8 环上部支撑长度 1238mm,下部支撑长度 686mm,如图 4-4-18 所示。

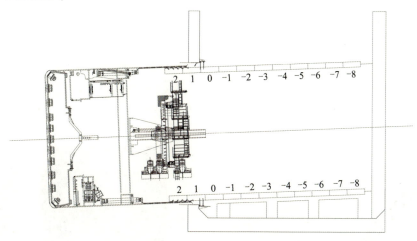

图 4-4-18　负环位置分布图(尺寸单位:mm,高程尺寸:m)

负环管片外径为 14500mm,内径为 13300mm,均为钢筋混凝土管片,环宽 2000mm,同样采用"7+2+1"分块方案。

负环拼装应重点关注管片平整度和椭圆度。施工前制定负环支撑与连接的临时加固方案;负环拼装过程中,技术人员应对每环管片迎千斤顶面平整度以及空间相对位置状态进行复测与分析,并采取有效措施纠偏、调节,进洞前管片拼装环面平整度需控制在 1.5mm 范围内。

施工过程中,负 8 环管片安装为空拼,是质量控制的难点,负 7 环拼装前需结合负 8 环测量数据采取有效措施纠偏调节,并通过复测确定下一环的管片纠偏量。负 7、负 8 环整体后移前,还需对反力架和负 8 环背千斤顶处管片拼装环面进行测量,通过计算确定各个点位支撑的长度,从而保证连接面的平整。

2. 负8环管片安装

为保证空拼状态下的真圆度,在盾尾下部盾壳内焊接2.3m长的φ60mm圆钢12根+20mm固定钢板,圆钢位置为负8环管片B2~B7标准块两端各1根,长边沿盾构掘进方向放置,尾部靠在盾尾刷附近,如图4-4-19所示。盾尾刷相邻处与盾壳点焊2个点,方便负环管片安装完成后将其割除抽离。

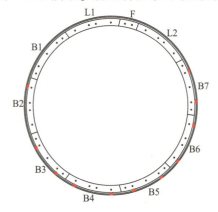

图4-4-19 定位槽钢及圆钢安装图

负8环管片拼装流程如下:

(1)落底块拼装定位(B4块)。

负8环管片封顶块F对应在盾构1号油缸,落底块B4中线与盾构15号油缸中线重合。负8环管片测量定位时,管片靠下侧螺栓孔与线路中线垂直并对应盾构机15号油缸中心位置,在管片定出螺栓孔中心位置,确保后期管片安装角度符合设计要求。

(2)标准块拼装(B1~B7)。

安装顺序遵循左右交替拼装的方式进行,具体为B5→B3→B6→B2→B7→B1。

因负8环管片为第一环,没有纵向螺栓固定管片,所以纵向需通过4块300mm×200mm×20mm钢板将预埋在管片两侧的纵向钢板与盾尾内部环体焊接,作为临时固定以防止管片发生位移、倾覆,如图4-4-20所示。固定钢板焊接部位避开盾构推进油缸,管片安装并加固到位后,及时伸出相应位置的推进千斤顶撑靴贴近管片,然后方可移开管片拼装机。

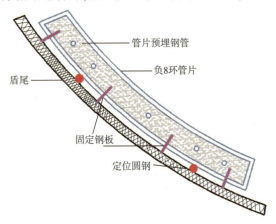

图4-4-20 加固钢板位置图

(3)邻接块L1、L2及封顶块F拼装。

先将邻接块与标准块的环向螺栓连接,将邻接块抬升10mm以便封顶块的插入,邻接块上部用单边长为70.5cm、厚20mm的4块L形钢板(图4-4-21)焊接在盾壳上。封顶块就位后,用螺栓连接,割除L形钢板,两块邻接块落下,以保证与封顶块搭接密实。L形钢板在拼装成环后、整环后移前进行拆除。

(4)负8环管片后移。

负8环管片拼装完成后,去除所有临时固定钢板。盾构机用拼装模式将负8环管片后推2000mm,为下一环拼装做准备,如图4-4-22所示。在将其推入盾尾钢丝刷前,必须对盾尾钢丝刷进行盾尾油脂涂抹。在涂抹前应检查管片的情况、清除钢丝刷内的异物。涂抹时采用特殊工具(油脂泵)进行均匀涂抹,要使钢丝刷的间隙内充满油脂,以保证盾尾钢丝刷的使用寿命。

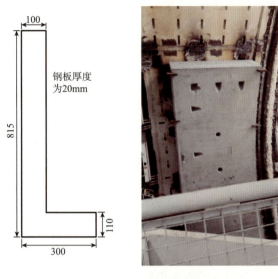

图4-4-21 L形钢板挂钩形状及尺寸图

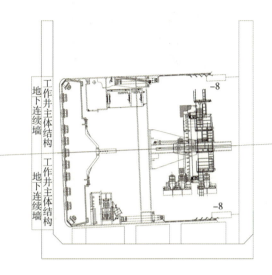

图4-4-22 负8环第一次后移位置图
(尺寸单位:mm,高程尺寸:m)

3. 负7环拼装

(1)负7环空拼。

检查负8环管片前管片拼装环面底部有无异物并测量负8环管片盾尾间隙,确定负7环管片拼装点位。通过测量盾尾间隙,管片与盾尾基本保持同心圆位置,为避免拼装时管片倒挂现象,F块拼装点位尽量选择拱顶位置,因此负7环可以选择的油缸点位有3号、21号、27号。

现场F拼装点位对应21号油缸。完成负7环拼装后,同负8环一样,每相邻两块管片焊接至少3块钢板固定,以保证真圆度;同时,负7环每块还要同负8环焊接起来,保证两环管片的刚度。同负8环相同,需注意"L"挂钩板和盾尾内部钢板的焊接。现场拼装如图4-4-23所示。

图4-4-23 负8环、负7环现场拼装图

(2)负8环、负7环整体后移。

盾构机油缸推出2.11m,将负8环、负7环整体推后1078mm,使负8环顶到已在反力架安装好的支撑上,盾构机往前移动890mm。整体后移前确保负8环、负7环以及管片之间、纵向钢件之间焊接没有

裂缝。移动过程中注意观察盾构机及管片之间的状态,如有异常情况,马上停止移动,并及时对管片等进行加固。推进过程中及时控制千斤顶油缸的行程,保证各千斤顶行程差在±10mm以内。负8环、负7环后移工作结束后,完成剩余洞门破除工作。

(3) 负8环管片与反力架连接。

负8环、负7环管片通过负环引轨靠上反力架管撑。施工时,在管片推出前记录油缸伸出初始长度,在拼装模式下伸出推进油缸,当管片靠上管撑时需确保油缸的伸出量相同,以保证负环管片环面平整。将负8环管片背千斤顶面预埋钢板与反力架管撑端头钢板焊接,如图4-4-24所示。管撑与管片间存在的间隙加垫钢板焊接。

图4-4-24 管片与反力架连接实际效果图

4. 负6~0环管片拼装

在负6环拼装之前,先检查首环管片的成环质量情况,通过测量管片拼装错台来计算椭圆度,并拼装过程中进行及时调整;结合平面、高程、块与块的高差等调整负6环管片的拼装形式。检查完成后,盾构机往前移动890mm,用以保证管片拼装空间。后移及拼装过程中应加强对已拼装负环及连接件的观测,避免出现裂缝等异常情况。后续负环拼装如上循环施工。

5. 负环管片支撑

(1) 底部支撑与加固。

由于始发架轨道与管片外侧有一定的空隙,为了避免负环管片全部推出盾尾后下沉,在始发基座与反力架间隙处做负环引轨,并在始发基座导轨上垫入钢楔,将负环管片托起,保持管片轴线。钢楔纵向间距1m,安放于负环管片间的环缝与管片中心部位。

(2) 水平支撑与加固。

中部钢楔垫块安装在管片腰部靠下位置,利用20工字钢作为负环管片支撑,支撑间距2m,如图4-4-25所示。

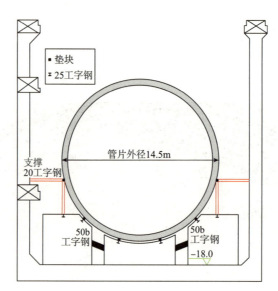

图4-4-25 负环加固示意图

6. 负环管片连接

为保证负环拼装过程中的连接固定强度,8环负环管片、0环以及进洞后的8环,共计17环管片布置厚12mm的预埋连接钢板,如图4-4-26所示。

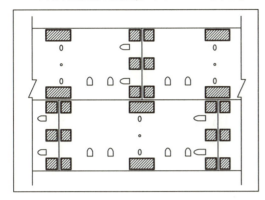

图4-4-26 管片内弧面预埋连接钢板图

7. 负环管片拼装环面平整度调整

基于南京长江五桥夹江隧道项目研究成果,管片拼装环面不平整是管片开裂及渗漏水主要原因之一。管片在错缝拼装时,由于自身预制、拼装的精度误差,使环缝间存在许多点接触和脱空部位。环面不平整度过大时,管片在千斤顶大推力作用下会产生较大的劈裂应力,造成贯通裂缝导致渗漏水。

造成管片拼装环面不平整的原因包括预制精度误差以及管片拼装空间定位误差等。负环前2环为空拼,空间定位非常困难,很难保证管片拼装环面平整,需在进洞前加以控制、通过调节管片间传力衬垫来修正管片拼装环面平整度误差,以确保拼装0环前误差<1.5mm。负8环管片作为整条隧道管片拼装的初始环,控制好负8环管片拼装环面平整度至关重要。在按要求对空拼环进行定位、拼装、加固后,自负8环开始应逐环对管片拼装环面平整度进行测量。本项目采用0.01mm级激光跟踪仪进行管片拼装环面平整度的测量。

对于已出现管片拼装环面不平整的管片环,在下一环拼装前及时加贴衬垫纠正环面,保证后续管片拼装时管片拼装环面的平整度。以负4环为例进行平整度调整,负5环实测结果如图4-4-27所示。

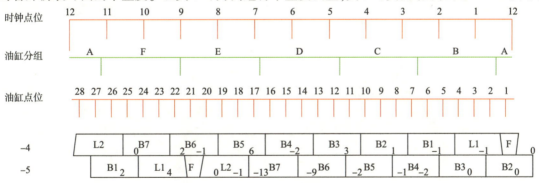

图4-4-27 负5环平整度实测结果

(1)经检测,平整度相对较差的在负5环B7和L2块之间。

(2)根据需要纠偏的量,通过在负4环管片上对应的部位加贴厚度渐变的传力衬垫,形成楔子环,并均匀控制千斤顶顶力,以调整管片拼装环面平整度。

(3)现场使用1~2mm厚的纠偏衬垫进行纠偏,使用衬垫按照"少量多次"原则进行纠偏,避免一次性过大纠偏导致管片受力不均匀、易开裂,同时可能影响盾构姿态。

(4)具体粘贴位置:负4环B6块粘贴1mm纠偏衬垫,B5块粘贴2mm纠偏衬垫(管片平整度较差位置可适当增加纠偏衬垫厚度),B4块粘贴1mm纠偏衬垫;B3块粘贴1mm纠偏衬垫。

(5)负4环管片拼装完成后整体测量前管片拼装环面平整度,测量点位29个,偏差最大值由负5环的13mm降低为4mm,但仍不满足管片拼装环面平整度偏差值不大于1.5mm的设计要求。

经负3、负2环拼装调整纠偏后,负2环管片偏差最大值降低至0.71mm,满足设计要求。

五、泥水压力建舱

盾构机推进至负6环后,盾构机刀盘完全进入洞门密封止水装置内,开始进行泥水压力建舱。建舱分三步进行:

第一步:将泥浆池准备好的浆液打入开挖面中,开挖仓泥浆液面保持在中线以上3m。

第二步:对气压舱缓慢加压,每次加压0.1bar,并将洞门密封环上的注浆孔打开排掉空气,同时在盾构机内注意查看前后舱内的液位显示。最上方的注浆孔开始喷出泥浆时,将该注浆孔的阀门关闭。检查气泡舱内液位,将液位调整在中心线-0.5~+0.5m之间,切口压力为0。

第三步:提升气泡舱内气压至1bar,并保持15min。对盾构中线以下存在的轻微渗漏采用棉布、棉纱、沙袋、聚氨酯、盾尾密封油脂等材料进行正面封堵,并增加泥浆和高分子堵漏浆液的黏度。此次建舱未发生较大渗漏,如若发生较大渗漏要立即停止加注泥浆,查明原因处理完毕后方可继续注入泥浆。

建舱时同步在橡胶帘布间注入堵漏浆液,并根据橡胶帘布渗漏情况,在渗漏点附近通过密封环上的油脂注入孔持续注入上述配置的浆液,封堵帘布橡胶与盾体之间的空隙。

堵漏浆液采用地面活塞式注浆泵进行注入。初始注浆量为13m³(初始量通过两个橡胶帘布之间空隙率计算得到,同时还需保证其饱满度),注浆压力0.05~0.1MPa。待盾构机的切口环完全进入钢丝刷后,同步向洞门钢环的11点钟位置和13点钟位置注入浆液,等待浆液完全流入洞门钢环下方空腔后,再向洞门钢环的9点钟位置、11点钟位置、13点钟位置和15点钟位置注入浆液。

六、洞门二次密封与注浆

1. 洞门二次密封

在盾构机盾尾最后一道钢板束完全进入密封环内后,在洞门密封环装置最外侧与0环背面预埋钢板焊接二次密封钢板,如图4-4-28和图4-4-29所示。密封钢板采用16mm厚钢板,焊缝高度10mm,焊缝连续、不渗漏。

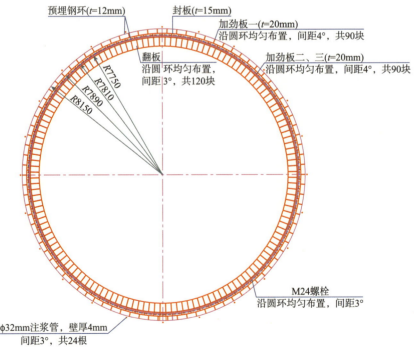

a)洞门二次密封布置图

图 4-4-28

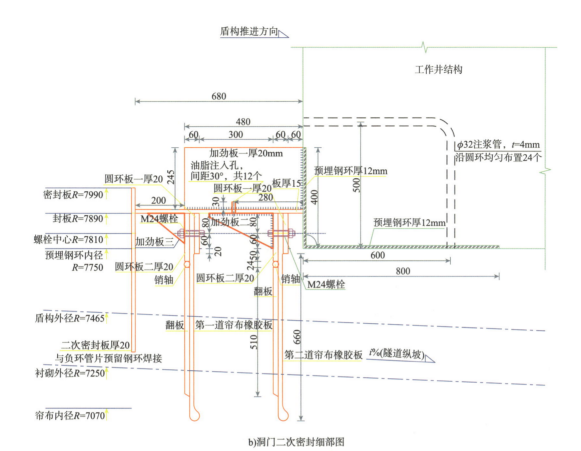

b) 洞门二次密封细部图

图 4-4-28 洞门二次密封布置图(尺寸单位:mm)

图 4-4-29 洞门二次密封

2. 洞门同步注浆

盾构机掘进 +3 环掘进过程中,通过 14 点钟和 10 点钟位置对洞门帘布和盾尾之间进行同步注浆,理论方量 $20m^3$,注浆填充率 100%,注浆压力 0.2MPa。

3. 洞门二次注浆

洞门同步注浆完成后,通过密封钢板上预留的注浆孔进行二次注浆,对空隙再一次补充注浆。注浆材料选用的是水泥浆,主要因为水泥浆具有较好的密封性、不透水性、早期和后期强度。注浆位置分别在 1 点钟、3 点钟、5 点钟、7 点钟、9 点钟、11 点钟,由低到高注浆。注浆压力控制在 1MPa 以内,水泥选用 PO42.5,水灰比为 1:1。

第五章　砂-岩、断裂带、岩溶复合地层盾构掘进

本章除介绍燕子矶长江隧道盾构掘进基本控制要求、试掘进措施及各类典型地层掘进情况外,还对岩溶区处理、管片上浮、刀具选型使用进行了统计分析,以期为今后类似工程提供一定参考。

第一节　施工控制基本要求

本节从掘进参数取值、管片拼装、同步注浆、管片防水、施工监测5个方面介绍基本的控制要求。

一、掘进参数的取值

1. 切口压力

泥水盾构以压力泥浆作用于开挖面,通过泥水压力平衡正面水土压力。对于超大直径泥水盾构施工,开挖面切口压力的合理设定是保障开挖面稳定的最关键因素。

(1)对于一般土层(富水砂层、上软下硬地层、拱顶岩层厚度小于2m等地层),切口水压的设定上限值按照静止土压力进行计算,下限值按照主动土压力进行计算。

①切口水压上限值:

$$P_{fu} = P_1 + P_2 + P_3 + P_4 = \gamma_w \cdot h + K_0[(\gamma - \gamma_w) \cdot h + \gamma \cdot (H-h)] + 20 + \gamma_水 \cdot h_水 \quad (4\text{-}5\text{-}1)$$

式中:P_{fu}——切口水压上限值(kPa);

P_1、P_2、P_3——地下水压力、静止土压力、变动土压力(kPa);

P_4——江水压力(kPa),根据不同的水深确定;

γ_w——水的重度(kN/m³);

h——地下水位以下的隧道埋深(算至隧道顶部,m);

K_0——静止土压力系数;

γ——土的重度(kN/m³);

H——隧道埋深(算至隧道中心,m);

$\gamma_水$——水的重度(kN/m³)。

②切口水压下限值:

$$P_{fl} = P_1 + P_2' + P_3 + P_4 = \gamma_w \cdot h + K_a[(\gamma - \gamma_w) \cdot h + \gamma \cdot (H-h)] - 2 \cdot C_u \cdot K_a + 20 + \gamma_水 \cdot h_水$$
$$(4\text{-}5\text{-}2)$$

式中:P_{fl}——切口水压下限值(kPa);

P_2'——主动土压力(kPa);

K_a——主动土压力系数;

C_u——土的黏聚力(kPa)。

(2)对于上覆岩层厚度大于2m的全断面硬岩地层,因顶部具有较好的支撑效果,切口水压理论设定值可只计算水头压力。

$$P = P_0 = \gamma_w \cdot h \quad (4\text{-}5\text{-}3)$$

式中：P——切口压力值(kPa)；

　　P_0——地下水压力(kPa)；

　　γ_w——水的重度(kN/m³)；

　　h——地下水位以下的隧道埋深(算至隧道中心,m)。

经以上公式计算得切口压力上下限理论值后，取两者均值作为实际取值，并根据实际监测数据(主要考虑每环掘进的地面沉降量)进行调整。

2. 刀盘扭矩

刀盘扭矩是保证盾构正常推进的关键参数之一。

刀盘在不同地层中的扭矩主要由刀盘切削扭矩 T_1、刀盘自重形成的轴承扭矩 T_2、刀盘轴向荷载形成的轴承扭矩 T_3、密封装置摩擦力矩 T_4、刀盘前表面摩擦扭矩 T_5、刀盘圆周面的摩擦反力矩 T_6、刀盘背面摩擦力矩 T_7、刀盘开口槽的剪切力矩 T_8 等 8 个方面组成。因此，刀盘扭矩 $T = T_1 + T_2 + T_3 + T_4 + T_5 + T_6 + T_7 + T_8$，储备系数一般取 1.3~1.5，则刀盘需要的扭矩为 $T_总 = (1.3 \sim 1.5)T$。刀盘扭矩各分项最大值计算如下：

(1) 刀盘切削扭矩 T_1(MN·m)：

$$T_1 = n \cdot [q_u \cdot h_{max} \cdot (D \cdot n)^2] \qquad (4\text{-}5\text{-}4)$$

式中：n——刀盘转速(r/min)；

　　q_u——地层的抗压强度(kPa)；

　　h_{max}——刀盘每转切深(m)；

　　D——刀盘直径(m)。

(2) 刀盘自重形成的轴承扭矩 T_2(MN·m)：

$$T_2 = W \cdot R_1 \cdot \mu_g \qquad (4\text{-}5\text{-}5)$$

式中：W——刀盘自重(kN)；

　　R_1——主轴承滚动半径(m)；

　　μ_g——轴承滚动摩擦因数。

(3) 刀盘轴向荷载形成的轴承扭矩 T_3(MN·m)：

$$T_3 = P_t \cdot R_1 \cdot \mu_g \qquad (4\text{-}5\text{-}6)$$

式中：P_t——刀盘推力荷载 $P_t = a \times \pi \times \left(\dfrac{D}{2}\right)^2 \times P_d$，其中 a 为刀盘不开口率，D 为刀盘直径(m)，P_d 为盾构前面的主动土压(静止土压)。

(4) 密封装置摩擦力矩 T_4(MN·m)：

$$T_4 = 2\pi \cdot \mu_m \cdot F_m \cdot n \cdot R_{m1}^2 + 2\pi \cdot \mu_m \cdot F_m \cdot n \cdot R_{m2}^2 \qquad (4\text{-}5\text{-}7)$$

式中：μ_m——密封与钢的摩擦因数，取 0.2；

　　F_m——密封的推力(kN)；

　　n——内外密封数；

　　R_{m1}——外密封的安装半径(m)；

　　R_{m2}——内密封的安装半径(m)。

(5) 刀盘前表面摩擦扭矩 T_5(MN·m)：

$$T_5 = 2/3 \cdot a \cdot \pi \cdot \mu_1 \cdot R_c^3 \cdot P_d \qquad (4\text{-}5\text{-}8)$$

式中：μ_1——土层与刀盘间摩擦因数，取 0.15；

　　R_c——刀盘半径(m)。

(6) 刀盘圆周面的摩擦反力矩 T_6(MN·m)：

$$T_6 = 2\pi \cdot R_c \cdot B \cdot P_z \cdot \mu_1 \qquad (4\text{-}5\text{-}9)$$

式中：B——刀盘边缘宽度(m)；

P_z——刀盘圆周土压力，取$(P_0+P_2+P_3+P_0')/4$。

(7)刀盘背面摩擦力矩 T_7(MN·m)：

$$T_7 = 2/3 \cdot (a \cdot \pi \cdot \mu_1 \cdot R_c^3 \cdot P_d) \tag{4-5-10}$$

(8)刀盘开口槽的剪切力矩 T_8(MN·m)：

$$T_8 = 2/3 \cdot \pi \cdot \tau \cdot R_c^3 \cdot A_s \tag{4-5-11}$$

式中：τ——刀盘切削剪力；

A_s——刀盘开口率。

上述重复的符号意义与计算方法、取值要求与前文已出现的符号一致，不再重复介绍。

掘进过程中，需对刀盘扭矩进行高度关注，当刀盘扭矩接近计算值时，要及时根据掘进情况分析开挖舱的情况，判断是否出现积舱、滞排等现象；如未出现积舱等情况，应及时对刀盘刀具进行检查。

3. 盾构推力

盾构机推力由盾构与土层之间的摩擦力 F_1、土压的正面阻力 F_2、水压的正面阻力 F_3、盾尾密封与管片之间的摩擦力 F_S、拖拉后配套牵引力 F_{NL} 组成，即盾构总推力 $F = F_1 + F_2 + F_3 + F_S + F_{NL}$。

(1)盾构与土层之间的摩擦力 F_1 可按以下公式计算：

$$\begin{cases} F_1 = \mu \cdot \pi \cdot D \cdot L(P_0 + P_2 + P_3 + P_0')/4 \\ P_0 = \gamma \cdot H + P' \\ P_2 = P_0 \cdot K_a \\ P_3 = (P_0 + \gamma D) \cdot K_a \\ P_0' = P_0 + W_g/(D \cdot L) \end{cases} \tag{4-5-12}$$

式中：μ——土与盾壳的摩擦因数；

K_a——水平侧压力系数；

P'——地面荷载(kPa)；

γ——岩土重度(kN/m³)；

H——隧道埋深(算至隧道拱顶，m)；

L——盾构主机长度(m)；

P_0——盾构顶部均布压力(kPa)；

P_2——盾构拱顶处侧向水土压力(kPa)；

P_3——盾构底部侧向水土压力(kPa)；

P_0'——盾构底部均布压力(kPa)；

W_g——盾构机重量(kN)；

D——盾构机直径(m)。

(2)土压的正面阻力 F_2 可按以下公式计算：

$$F_2 = (\pi D^2/4) P_d \tag{4-5-13}$$

式中：P_d——土的均布压力(kPa)。

(3)水压的正面阻力 F_3 可按以下公式计算：

$$F_3 = (\pi D^2/4) P_w \tag{4-5-14}$$

式中：P_w——水的均布压力(kPa)。

(4)盾尾密封与管片之间的摩擦力 F_S 可按以下公式计算：

$$F_S = \mu_c \cdot W_S \cdot g \tag{4-5-15}$$

式中：μ_c——盾尾内表面与管片外表面的摩擦因数；

W_S——作用于盾尾部分的重量(相当于 2 环管片的重量,kN)。

(5)拖拉后配套的拉力 F_{NL} 按下式计算：

$$F_{NL} = \mu_b \cdot W_b \cdot g \tag{4-5-16}$$

式中：μ_b——后配套与仰拱块的摩擦因数；

W_b——后配套的重量(kN)。

掘进过程中,盾构推力受到水土压力的直接影响,在盾构推力的计算值内,对盾构掘进速度不作过多限制。当盾构推力接近极限值时,要及时控制掘进速度,并根据掘进情况分析开挖舱的情况,及时判断是否出现积舱、滞排等现象。

4. 推进速度

推进速度是直接决定推进效率的重要参数,与盾构推力及刀盘扭矩呈现正相关的关系。

推进过程中当盾构推力及刀盘扭矩的实际值在计算限制之内时,一般不对推进速度进行限定；当盾构推力及刀盘扭矩接近或超过限制时,首先结合地层对开挖舱内的情况进行研判,当排除积舱、滞排、刀盘卡顿等异常情况时,一般进行降速处理。

一般情况下,砂层中推进速度控制在 30~40mm/min 之间,上软下硬地层推进速度控制在 20mm/min 以内,断层破碎带、冲槽叠加段、全断面硬岩段推进速度为 15mm/min 以内。

5. 刀盘转速

刀盘转速根据不同地层进行调整。盾构穿越加固区时刀盘转速宜控制在 0.9~1.0r/min 之间,穿越砂层时刀盘转速宜控制在 0.8~1.0r/min 之间,穿越上软下硬地层时刀盘转速宜控制在 0.9~1.0r/min 之间,穿越全断面中风化角砾岩层或含砾砂岩地层时刀盘转速宜控制在 1.0~1.3r/min 之间,断层破碎带、冲槽叠加段刀盘转速控制在 0.9~1.0r/min 之间。在砂层或砂卵石等软土地层中,若推进速度增加,可通过适当提高刀盘转速来降低贯入度,避免出现超挖现象,但刀盘转速不宜超过 1.2r/min。

6. 密封系统

盾构密封系统主要分为两部分：主驱动密封及盾尾密封。

(1)主驱动密封。

外密封腔第一道注入 HBW 密封油脂,第二道注入 EP2 润滑脂,第三道注入油气混合物,第四道用于密封失效检测。内密封腔自动注入油脂。

盾构掘进过程中,EP2 和 HBW 油脂均采用自动注入的模式进行操作,应定时定量注入并做好监控。

(2)盾尾密封。

应监控盾尾密封油脂注入压力和流量,及时调节。盾尾油脂压力应高于同步注浆压力。每环盾尾油脂需用量按下式计算：

$$Q = \pi \cdot D \cdot L \cdot t \cdot \rho \tag{4-5-17}$$

式中：Q——每环盾尾油脂需用量(kg)；

D——管片外径(m)；

L——管片长度(m)；

t——油脂厚度(m),一般取 1.5~2mm；

ρ——油脂密度(kg/m³),取 125kg/m³。

根据计算可得,每环油脂注入量在 171~227kg 之间。

7. 泥水环流系统

泥水环流系统的主要作用是为盾构机出渣以及稳定开挖面、防止地面坍塌,其主要由进/排浆泵、进/排浆管路、控制阀门、采石箱、管路延伸机构等组成。

进浆泵将地面泥水处理系统调制好的新鲜泥浆通过进浆管路输送到盾构机开挖掌子面,形成良好的泥膜,稳定掌子面。进浆流量根据经验值控制在1900~2000m³/h之间。排浆泵将挟带渣土的泥浆从开挖舱吸出,并输送到地面泥水分离设备进行处理。排浆流量为2300~2400m³/h。

泥水环流系统的泥水压力平衡调节能力可靠灵敏,波动范围控制在±0.02MPa。泥浆的控制指标主要包含密度、黏度和含砂率。本项目各地层的泥浆指标统计见表4-5-1。

泥浆指标　　　　　　　　　　　　　　表4-5-1

土质	含砂率(%)	密度(g/cm³)	黏度(s)
砂层	3~6	1.1~1.20	22
上软下硬	3~6	1.10~1.15	22
全段面硬岩(含断层破碎带、岩溶区)	3~6	1.15~1.2	25

(1)含砂率。

泥水处理的目的是保留有用的黏土颗粒,去除20μm以上的砂颗粒。这样可形成适当的固相颗粒级配,有利于开挖面形成泥膜。透水系数大的土体,泥浆中的砂粒对土体孔隙有堵塞作用,故泥膜形成与泥浆中砂的粒径及含量有很大关系。含砂量可用筛分装置测定,也可用砂量仪代测。

(2)密度。

掘进中进泥密度不宜过大或过小,过高将影响泥水的输送能力,降低掘进速度;过低则不利于开挖面的稳定。泥水密度的范围应在1.1~1.2g/cm³之间,在邻近或穿越地面建(构)筑物、盾构穿越浅覆层等,密度应适当增大。

在盾构设备上,通过设置在送排泥管处的γ射线密度计可以自动检测循环泥浆密度,在试验室一般采用泥浆密度天平测量。

(3)黏度。

从土颗粒的悬浮性要求及泥水处理系统的配套来讲,泥水的胶凝强度(静切力)应适中;从流动性考虑,运动黏度不宜过高。

在施工过程中,泥水监控是一个动态变化过程,每一环推进前要测试调浆池内工作泥浆的指标,依据开挖面稳定情况、流体输送状态及地面沉降量检验配比是否合理。

二、管片拼装

本工程施工中采用通用楔形管片错缝拼装,通过旋转调整管片位置,满足隧道设计轴线的要求。根据覆土层厚度不同,本工程管片按配筋分为RA、RB、RC、RD四种形式,适用于不同的地层。施工时需根据里程选择对应管片。按图4-5-1所示拼装质量控制流程进行管片拼装质量控制。

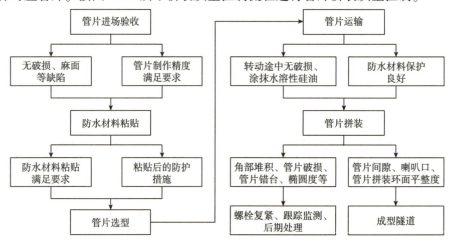

图4-5-1　拼装质量控制流程

1. 管片拼装点位选择

在盾构掘进过程中,管片拼装的轴线要拟合设计的轴线,所以拼装点位选择在盾构掘进中十分重要。

管片拼装点位选择的控制因素主要如下:

(1)盾尾间隙。

盾尾间隙是管环拼装点位选择最重要的因素。如果管片拼装点位选择不当,造成管环与盾尾间隙小,掘进过程中会造成管片外壁破损,导致止水条漏水、盾尾刷挤压过度难以回弹。因此,楔形量最大处(即管环最窄处)宜优先对应盾尾间隙最大的位置。

(2)推进油缸行程差。

盾构机依靠推进油缸顶推管片产生反力向前掘进,每一个掘进循环各油缸的行程差值反映了盾构机与管片拼装环面之间的空间关系,可计算出下一掘进循环盾尾间隙的变化趋势。当管片拼装环面不垂直于盾构机轴线时,各组推进油缸的行程就会有差异,当差值过大时,推进油缸的推力就会在管环径向产生较大的分力,从而影响已拼装好的隧道管片以及掘进姿态。

(3)盾构机姿态。

根据当前盾构姿态和趋向,提前将拼装的管环方向考虑到管片选型中,根据水平和垂直方向上相对于设计轴线的偏差及趋向,利用推进油缸的推力差值调整盾构机姿态,进行盾构机纠偏。一般情况下,楔形量最大处应放在需要转弯的方向,例如隧道左转弯时,楔形量最大处放在左侧。

管片F块(封顶块)的安装位置,优先用于调整盾尾间隙。管片拼装点位选择的最终目的是要让设计轴线、实际轴线、盾构机姿态三线合一,通过合适的F块位置来达到预期的效果。

2. 管片运输

地面调度室根据管片需求信息和管片拼装点位,通知运输队做好运输准备。管片运输过程中有专人对运输的各个环节进行检查,运至井下的管片须有机长和值班监理共同进行验收,合格后方可进行拼装。

根据盾构机长提供的管片拼装点位,按照点位顺序进行管片的吊运、装车、运输。过程中做好以下项目的检查,并做好相关记录。

(1)管片型号、方向等正确;

(2)管片外观完好;

(3)防水材料的型号、粘贴质量、粘贴时间等要素合格。

在任何一个检查环节中,若发现存在质量问题,则通知质检工程师处理,确认退回管片预制场并要求对其进行调整、修补。

3. 管片拼装工艺

(1)拼装流程。

单块管片拼装步骤为:准备工作→检查管片拼装机→管片吊放→喂片机输送管片→吸取管片→初步定位→精准定位→伸出千斤顶→螺栓紧固→管片拼装机回归原位→管片螺栓复紧→质量检查、记录。

①准备工作。

管片拼装前,盾构司机检查上环管片密封条状况。管片螺栓就位,分布于管片拼装机平台上以方便拼装时使用,每根螺栓加防水垫圈。检查过程中如发现防水材料有脱落情况,用快凝胶重新黏结;如遇水膨胀密封垫已经遇水膨胀则要割断、更换新止水条。

②检查管片拼装机。

管片拼装前,盾构机值班机电工程师组织安排专人对管片拼装机(特别是真空吸盘)进行检查确认,检查内容包括拼装机前后行走机构、旋转机构、制动器、吸盘密封条、吸盘定位销、激光定位指示灯。

在管片就位后,吸取一块管片进行真空度试验,合格后进行后续拼装。

③管片吊放。

管片运达后,由专业操作手吊运管片至喂片机上。管片应在喂片机上摆放端正,前后两边基本位于耐磨板中心,左右两边基本对称,管片螺栓手孔方向必须朝向千斤顶方面。在吊放过程中,吊装手要注意保护遇水膨胀密封垫,防止遇水膨胀密封垫脱落,盾构机长要确认整个吊放的顺序以及吊放过程中安全。

④喂片机输送管片。

通过喂片机将管片输送到管片拼装器的正下方。喂片的过程由管片拼装手控制,喂片前确保前一个拼装作业循环已完成,喂片机上已经没有上一环管片存在。管片向前输送的过程中,应有专人观察管片在移动过程中是否碰撞台车或油管,且操作手确认喂片机移动装置已经完全到位后才能做出向前/后动作,以防止管片错位。

⑤吸取管片。

管片吸取之前,利用压缩空气对管片进行清理,并用抹布擦拭吸盘接触部分的管片,保证管片面干净无杂物。调节液压千斤顶将密封条均匀地压紧在管片上,打开真空泵,待真空度达到85%以上后,抓起管片。管片在提取后严禁管片附近站人,防止因设备问题发生真空度突然降低、造成事故。

⑥初步定位。

根据拼装点确定管片安放位置,同时回缩相应推进油缸,每次回缩推进油缸数量不大于4组。旋转或平移管片拼装机,将管片运移到拼装位置,平移旋转拼装机使管片内表面与上环管片内表面大致平整,需注意该两环管片之间要保留一定间隙,以防调整过程中损坏遇水膨胀密封垫。

⑦精准定位。

通过拼装机微调装置,调整定位管片,使之精确定位,注意测量管片与已拼装管片之间接缝的张开量,确保拼缝宽度差值小于1mm。参考管片上面标示确认是否对齐,并用直尺紧靠管片确认是否在同一平面,同时观察螺栓孔是否对齐。调整完毕后旋转管片拼装机压紧管片纵向三元乙丙橡胶弹性密封垫。

⑧伸出千斤顶。

管片精确定位完成后,由管片拼装手用管片拼装机遥控器操作盾构推进油缸同步伸出,顶住管片,压紧环向接缝。顶进过程中,必须保证每个推进油缸的同步性,使管片受力均匀,并防止撑靴挤压密封垫,关注密封垫变形情况,以防因受力过大而发生撕裂。如果挤压过程中管片发生较大错位,则收回推进油缸重新调整管片,再次挤压后重新量测。

⑨螺栓紧固。

安装管片螺栓,用气动扳手进行初次紧固,紧固扭矩应达到设计要求。

⑩管片拼装机回归原位。

螺栓紧固完成后,拼装机卸掉真空,将管片拼装机返回到管片供应位置,准备下一块管片的拼装。

⑪整环管片拼装完成后,进行复紧。每环管片螺栓复紧两次:第一次是在下环掘进过程中油缸行程前1/2时;第二次是管片脱出盾尾后。

⑫质量检查、记录。

管片拼装完成后,应检查盾尾间隙及拼装破损、防水材料状态、管片错台等。本项目管片拼装质量检查具体内容见表4-5-2。

管片拼装质量检查 表4-5-2

类别	验收项目	质量标准
主控项目	管片拼装	管片拼装应严格按拼装设计要求进行
	螺栓	螺栓质量及拧紧度必须符合设计要求,每环复紧2次

续上表

类别	验收项目		质量标准
一般项目	管片拼装允许偏差	衬砌环直径椭圆度	±6‰D(直径)
		相邻管片的径向错台	2mm
		相邻管片环向错台	3mm
		迎千斤顶面平整度	1.5mm
	管片防水材料		管片防水密封垫应牢固、平整、严密，角部不得有起鼓、缺口等现象
	螺栓孔橡胶密封圈		安装应符合设计要求，不应遗漏，且不宜外露

(2)拼装控制重点。

①错台控制。

管片拼装前，对辅助拼装手进行交底。拼装过程中，辅助拼装手必须用直角尺进行测量，确认错台量符合标准后，方可通知拼装手伸出推进油缸。管片拼装完成后，由当班机长对内弧面及环面错台进行测量，指导下一步施工。

②三元乙丙橡胶弹性密封垫堆积量控制。

管片拼装时除重点控制拼装错台外，还需重点关注管片块与块之间三元乙丙在角部的堆积量。若堆积量过大，拼装下一环管片后，堆积的三元乙丙橡胶弹性密封垫位置处会形成防水体系的薄弱点。因此，采取以下措施控制三元乙丙橡胶弹性密封垫堆积量：

a. 除了在封顶块涂抹减阻剂以外，在每块管片的纵缝三元乙丙橡胶弹性密封垫上涂抹水溶性硅油，以减小管片拼装时相互挤压的摩擦力。

b. 拼装前，在管片四角三元乙丙橡胶弹性密封垫的位置粘贴遇水膨胀贴片，以减少角部堆积。

c. 安排专人对拼装过程进行全程监控，在保证F块能顺利插入的前提下，尽量减少其他块的挤压量。

d. 在管片定位调整阶段，满足调整间隙的情况下，尽可能地缩小最终推进油缸推动管片的距离，减小管片位移量。

e. 拼装时尽量一次到位，避免推进油缸顶实后出现错台偏大，需要重新收回千斤顶再次调整的情况发生。

三、同步注浆

盾构施工引起的地层损失、盾构隧道周围受扰动或受剪切破坏的土体重塑再固结以及地下水的渗透，是导致地表以及建筑物沉降的重要原因。为减少沉降，需进行壁后同步注浆。

同步注浆应与盾构掘进保持同步。采用盾构机自带的双活塞注浆泵从盾尾同步注入，及时填充管片外壁与开挖土体间的空隙，以控制地层变形、稳定管片结构、加强隧道结构自防水能力。

1. 同步注浆量

理论注浆量按下式计算：

$$V = \frac{\pi \times (D_1^2 - D_2^2) \times L}{4} \qquad (4\text{-}5\text{-}18)$$

式中：D_1——盾构开挖直径(m)；

D_2——管片外径(m)；

L——管片长度(m)。

2. 同步注浆压力

同步注浆时要求在地层中的浆液压力大于该点的静止水压及土压力之和，做到尽量填补而不劈裂。注浆压力为：

$$P = P_\text{土} + P_\text{水} + P_0 \tag{4-5-19}$$

式中：P——注浆压力（bar）；

$P_\text{土}$——注浆点为土压（bar）；

$P_\text{水}$——注浆点为水压（bar）；

P_0——砂浆克服管道摩阻力等压力（bar），一般取值为 1~2bar。

注浆过程中，要严格控制注浆压力。注浆压力过大，会对地层产生一定的扰动、诱发地层变形，同时还可能对脱出盾尾的管片结构与防水密封性能造成影响；注浆压力过小，浆液填充速度过慢，填充不充足，容易发生管片上浮、地表变形增大现象。

3. 同步注浆配比及性能

同步注浆浆液材料采用水泥砂浆。根据地层条件和掘进速度，通过现场试验加入速凝剂及变更配比来调整初凝时间，保证良好的注浆效果。

同步注浆配比要求为：固结强度一天不小于 0.2MPa（相当于软质岩层无侧限抗压强度），28d 固结强度不小于 1MPa。浆液结石率应大于 95%，即固结收缩率小于 5%。浆液稳定性，即倾析率（静置沉淀后上浮水体积与总体积之比）小于 5%，3d、28d 水陆强度比应大于 85%，pH 值应小于 9。

施工时通过试验确定三个浆液配比，见表 4-5-3。在全断面砂层，采用低水泥含量配比 1；在上软下硬地层，采用中等水泥含量配比 2；在全断面硬岩地层，采用高水泥含量配比 3。

浆液配比表　　　　表 4-5-3

配比	原材料用量（kg）						技术指标					
	水泥	粉煤灰	膨润土	黄沙	水	增塑剂	稠度（mm）	初凝时间（h）	凝结时间（h）	保水率（%）	28d强度（MPa）	水陆强度比	pH值
1	153	242	70	970	420	10.11	125	8	14.8	92.4	3.1	90.3	8
2	185	242	70	998	373	10.9	105	7.1	13.0	92.5	5.6	92.9	8
3	205	220	20	1036	370	10.9	122	6.5	12.7	91.7	7.9	91.1	8

此外，为有效地控制管片上浮，在保证浆液具有良好的流动性前提下，要尽可能缩短凝结时间。依托科技攻关，经比较五种速凝剂（三乙醇胺、硫铝酸盐水泥、氯化钙、碳酸锂、碳酸钠）的掺入量对硬性浆液流动度、凝结时间和稠度的影响，以及开展三乙醇胺-快硬水泥复合掺入对浆液性能的影响试验，研发了新型早强-速凝型壁后注浆浆液，浆液配比见表 4-5-4。浆液主要性能参数为：初始稠度 12.5cm，初始流动度 288mm，初凝时间 567min，通过实践验证，效果良好。

早强-速凝型壁后注浆浆液配比　　　　表 4-5-4

材料	水泥	粉煤灰	砂	膨润土	水	外加剂
掺加量（kg）	160	250	1100	80	350	5

4. 同步注浆检测

每环注浆完成后，采用管片壁后注浆雷达扫描仪，对管片后部浆液密实度进行实时检测（图 4-5-2），根据检测结果优化注浆参数，保证后续注浆填充效果。

图 4-5-2　同步注浆密实度检测

四、管片防水

本工程管片接缝设置内、外两道防水密封垫。管片外侧为多孔三元乙丙橡胶弹性密封垫,内侧为聚醚型聚氨酯遇水膨胀密封垫;管片接缝最外缘设置氯丁海绵橡胶条,防止泥沙及盾尾油脂进入接缝内;管片内侧采用泡沫条及聚硫密封胶嵌缝。

1. 管片防水材料施工

防水材料应选择满足设计要求且质量稳定的产品。

(1)防水材料储备。

进场的防水材料配有合格证,注明产品名称、产品标记、商标、制造厂名、厂址、生产日期、产品标准编号。运输、储存时,避免重压,以防止材料变形。本工程将防水材料保存在室内,避免淋雨,并与酸、碱、油类、油漆、有机溶剂等及热源隔离。部分暴露在外的密封垫与挡水条,放置于通风干燥处,安排专人看管、避免包装损坏;所用的胶黏剂存储于非直晒、远离火源的场所。

(2)管片防水材料粘贴施工按表 4-5-5 所列要点进行控制。粘贴施工流程如图 4-5-3 所示。

管片防水材料粘贴控制要点　　　　表 4-5-5

流程	内容
型号匹配	根据管片型号选择配套的防水密封垫
长短匹配	管片两个端头宽度不一样,操作时须将有型号标记的一端与管片较宽端面相对应。 管片长短块区分:标准块无定位杆端为长边,连接块有定位杆端为长边,F 块长短边一样
初步定位	将密封垫套在管片预留沟槽上方,粘贴面朝上
基面清理	清理预留沟槽的灰尘,下雨天粘贴时需提前用喷灯将沟槽烤干,时刻保持沟槽干燥
黏结剂涂刷	在预留沟槽内和密封垫粘贴面涂刷单组分氯丁-酚醛黏结剂,涂刷时黏结剂应均匀,沟槽内及密封垫粘贴面满涂。 黏结剂不能流在三元乙丙橡胶弹性密封垫表面,避免拼装时阻力过大
密封垫或衬垫粘贴	黏结剂涂刷后,晾置一段时间,一般为 5~10min(随气温、湿度而异),待手指接触不黏时,再将密封垫或衬垫嵌入沟槽内,并用橡胶锤对粘贴好的密封垫或衬垫进行敲打,使其粘贴牢固。 粘贴完成后管片四个角部的密封垫不得出现耸肩、塌肩现象,整个密封垫应在一个水平面上,严禁歪斜、扭曲
保护	密封垫粘贴完成后需放置 12h,在此期间管片不得送井下拼装。 施工期间遇到下雨天或者隧道底部积水,操作不当会使橡胶材料遇水预膨胀或变形,影响止水效果。应在粘贴止水条的地方做好防雨措施,搭设活动防雨棚、覆盖塑料薄膜或在止水带表面涂缓膨剂

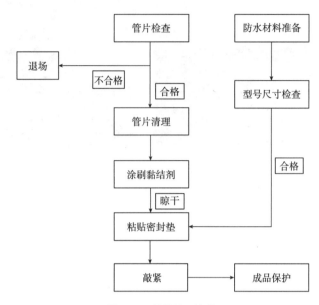

图 4-5-3 粘贴施工流程

2. 管片嵌缝施工

管片嵌缝施工主要包括管片环、纵缝清理和嵌填抹平。

管片环、纵缝清理时需要对缺棱、破损处修补好。用钢丝刷清理缝内泥浆,嵌缝槽内不得有积水或残存污物。当环、纵缝潮湿时需用喷灯烘干其表面。

密封胶背衬材料采用 PE 泡沫条进行填充。嵌入后需达到设计深度,并与管片紧密贴合,表面应平整、无翘曲,接头处应相接无间断。

嵌填采用挤出枪和腻子刀将密封胶进行嵌填和抹平,施工时要注意挤出速度和倾斜角度,做到挤出均匀、填充密实,防止气泡与孔洞形成。若管片接缝间存在高差,则要两端抹平,不要出现明显的台阶。嵌缝完成后,清理两侧管片上多余的密封胶。

五、盾构施工监测

为动态掌握掘进期间地层、地下水、管片结构的状态,了解施工对既有建筑物的影响,必须进行现场监控量测。通过对量测数据的整理和分析,及时了解建筑物及隧道整体结构状态,从而采取相应的控制措施,确保施工安全。

1. 监测项目及测点布设

本工程除开展施工期间的人工巡查外,还开展了隧道自身、周边环境以及周围岩土体的监控量测,具体监测项目及测点布设情况详见表 4-5-6。

监测项目统计表　　表 4-5-6

部位	项目名称	布设原则	布设形式	监测方法
整个工程	现场巡视	地表、建筑物、地下构筑物及管线、洞内管片	沿隧道中线在盾构施工影响区域内巡视	洞内外观察
隧道结构	拱顶沉降	每 10m 一个断面,每断面 1 个测点	在隧道拱顶设计位置安装贴有反射片的监测标志	非接触式测量,全站仪三角高程中间法

续上表

部位	项目名称	布设原则	布设形式	监测方法
隧道结构	净空收敛	每50m一个断面,每断面3个测点	在隧道的水平直径端点刻划"+"字标记,安装带有反射贴片的监测标志,拱顶位置的收敛监测点与拱顶沉降监测点共用	非接触式测量,全站仪坐标法
周围岩土体	土体水平位移	在两岸大堤内侧各布置1个断面,每断面6个测斜管	在隧道两侧地面钻孔,埋入测斜管回填的形式	滑动式测斜仪观测法
周围岩土体	地层位移	代表性地段选取4个断面(始发段、八卦洲大堤、和悦路)	在隧道中线地面钻孔,埋入监测元器件回填的形式	分层沉降仪观测法
周围岩土体	水土压力	代表性地段选取6个断面(始发段、八卦洲大堤)	在隧道两侧地面钻孔,埋入监测元器件回填的形式	频率读数仪配合孔隙水压力计和土压力盒观测法
周边环境(隧道轴线上方两侧30m范围)	施工期间河床沉陷	切口前方75m至切口后45m,盾构轴线左右各10m范围	断面法航行扫描	多波束扫描法
周边环境(隧道轴线上方两侧30m范围)	地表隆陷	每50m一断面,每断面11个测点(建筑物周边适当加密测点)	沿隧道中线地表,采用横断面法布点	电子水准仪 几何水准测量
周边环境(隧道轴线上方两侧30m范围)	建(构)筑物隆沉	沿建(构)筑物墙角及墙、柱8~10m间隔布设测点,盾构穿越区域局部加密	墙、柱上钻孔埋点或粘贴数码水准条码贴	电子水准仪 几何水准测量
周边环境(隧道轴线上方两侧30m范围)	地下管线隆沉	沿管线布设测点	采用土层近似法,钻孔将测点埋设于管线上方	电子水准仪 几何水准测量

2. 监测频率

施工阶段工程监测应贯穿工程施工全过程,参照《城市轨道交通工程监测技术规范》(GB 50911—2013)中的有关要求,满足下列条件时可结束施工期监测工作:

(1)盾构法隧道完成贯通、机电设备安装施工后。
(2)周围岩土体和周边环境变形趋于稳定时。
(3)满足设计要求结束监测工作的条件。

隧道结构变形、地表竖向位移及周边环境位移变形都以位移变化速率来判断稳定性,标准为:

(1)位移速率>3mm/d时,变形较大,需加密监测,速率持续较大应采取措施。
(2)位移速率在0.3~1.5mm/d之间时,属正常变形,变形向稳定方向发展。
(3)位移速率<0.3mm/d时,变形基本达到稳定。
(4)最后100d的沉降速率<0.04mm/d,工后沉降达到稳定。

本项目监测频率主要根据设计图纸要求,结合国家及江苏省有关规范、规程中对于盾构监测频率的具体要求综合确定,具体见表4-5-7。

监测频率 表 4-5-7

监测内容	测量频率			
	1~15d	16d~1个月	1~3个月	3个月以后
洞内外观察	每次掘进后进行			
拱顶沉降	1次/d	1次/2d	1次/周	1次/月
净空收敛	1次/d	1次/2d	1次/周	1次/月
地下管线沉降	开挖面距量测断面前后<2D时,1次/d; 开挖面距量测断面前后<5D时,1次/2d; 开挖面距量测断面前后>5D时,1次/周			
地表建、构筑物沉降				
地表隆陷				
地层位移				
水土压力	1次/d	1次/2d	1次/周	1次/月
土体水平位移	1次/d,掘进至江面后2次/d			

注：1. D 为盾构隧道开挖直径(m)。
2. 管片结构位移、净空收敛宜在衬砌环脱出盾尾且能通视时进行监测。
3. 监测数据趋于稳定后,监测频率宜为1次/(15~30d)。
4. 监测数据发现异常情况,应及时增加监测频率。

3. 大堤专项监测

根据《南京和燕路过江通道工程(南段)防洪工程专项设计报告》,应对八卦洲大堤进行沉降、水平位移以及渗流监测。

(1) 沉降观测。

监测断面共布置4个,分别为:上游堤脚一个、大堤防浪墙顶一个、堤轴线一个、内堤脚一个,每个断面在距双向隧道中心线0m、10m、25m、40m、60m、80m共布设11个监测点。

(2) 水平位移观测。

断面布置同沉降观测。八卦洲洲堤测点布置于防浪墙附近,南岸燕子矶岸坡测点布置于临水侧坡(墙)顶附近。

(3) 渗流观测。

观测断面布置在距双向隧道中心线0m、30m,共布置3个观测断面。在堤轴线、临水坡各布置一只渗压计。

(4) 大堤监测频率。

①盾构施工前,监测一次。

②盾构施工时,根据盾构施工位置距大堤的距离分别进行不同频次的监测:相距约50m,1次/3d;相距10~50m,1次/1d;进入大堤范围,1次/4h;穿过大堤后10~50m,1次/1d;穿过大堤后50~100m,1次/3d;穿过大堤100m以后,1次/7d。

③盾构结束后,每15d监测一次。

④长江水位较高时,适当增加监测频次。

4. 管片上浮测量

管片拼装完、下一环掘进前,在隧道顶部安装一处固定棱镜,并在控制室计算机上设置测量模块进行管片上浮测量,设置成功后通过人工瞄准采用初始值。

通过全站仪自动采集不同时间段的棱镜坐标。为不影响盾构掘进,观测的时间间隔一般设置为20~30min。对采集的数据进行分析,为盾构施工提供一定的数据参考。

图4-5-4所示为管片上浮自动监测系统。

图 4-5-4　管片上浮自动监测系统

第二节　盾构试掘进

为有效指导施工,开展了 200m 范围(100 环)的盾构试掘进。试掘进段包括 20m 加固区以及 180m 砂层(穿越新生河段约 30m),覆土厚度为 8.39~15.25m,属于浅覆土掘进。

一、掘进参数

按照加固区(1~6 环)、出加固区(7~19 环)、(20~35 环)、其他区段(36~100 环)四部分进行介绍。

1. 加固区(1~6 环)

加固区段推进速度为 5~7mm/min,总推力为 30972~39141kN,转速为 0.8~0.9r/min,扭矩在 3691~3685kN·m 范围内。1~6 环掘进参数见表 4-5-8。

表 4-5-8
加固区推进参数表

环数	盾构姿态(mm) 水平	盾构姿态(mm) 垂直	切口压力(bar)	总推力(kN)	推进速度(mm/min)	刀盘扭矩(kN·m)	刀盘转速(r/min)	砂浆量(m^3)	覆土厚度(m)	上浮量(mm)
1	0	14	1.09	39141	6	6323	0.8	32	8.39	—
2	−1	3	1.08	36827	7	6385	0.8	30	8.47	10
3	−1	−5	1.09	33398	5	6177	0.8	34	8.55	17
4	0	−8	0.45	30972	5	5766	0.8	32	8.63	20
5	0	−7	0.47	31632	5	5790	0.9	30.42	8.71	12
6	−5	−9	0.61	33807	7	3691	0.9	38.88	8.79	−1

2. 出加固区(7~19 环)

出加固区推进速度为 16~28mm/min,总推力为 36538~52142kN,转速为 0.85~1.0r/min,扭矩在 2962~6967kN·m 范围内。出加固区 7~19 环推进参数见表 4-5-9。推进 12 环管片脱出加固区,过渡至原状土区域,管片上浮量明显增多,管片接缝处出现短期渗水现象。

出加固区 7~19 环推进参数表　　　　　表 4-5-9

环数	盾构姿态(mm) 水平	盾构姿态(mm) 垂直	切口压力 (bar)	总推力 (kN)	推进速度 (mm/min)	刀盘扭矩 (kN·m)	刀盘转速 (r/min)	砂浆量 (m^3)	覆土厚度 (m)	上浮量 (mm)	二次注浆 (m^3)
7	−7	−12	0.68	36538	20	3928	0.9	28	8.87	7	
8	−5	−14	0.69	37277	20	5713	1	28	8.95	−9	
9	−8	−14	0.68	36783	22	7364	0.9	28	9.03	3	
10	−2	−14	0.68	40584	23	6967	1	28	9.11	1	1
11	2	−15	0.69	42534	25	4703	0.85	28	9.19	−6	1
12	1	−11	0.76	43912	18	3934	1	30	9.27	20	
13	0	−7	0.77	47362	16	3943	1	36	9.35	22	
14	5	−10	0.75	50844	26	3923	1	36	9.43	26	1
15	5	−10	0.75	51809	21	3202	1	36	9.51	32	
16	6	−7	0.74	51891	28	2962	0.89	36	9.59	43	1
17	7	−3	0.83	52142	25	3884	0.92	36	9.67	40	
18	6	−7	1.9	54231	28	5064	0.93	35	9.75	46	
19	4	1	1.35	54491	28	4845	0.95	36	9.82	45	

地层的突变致使 12 环、13 环管片上浮速率及上浮量产生突变,相对加固体内 11 环管片出现短期内大于 8mm 的错台,并出现接缝渗水的现象,见表 4-5-10。采取二次注浆后,管片上浮量及错台逐渐减小、渗水现象停止。上浮量分析见表 4-5-11。

11 环和 12 环渗漏水情况分析　　　　　表 4-5-10

情况描述	照片
发现时间:2020 年 3 月 7 日,正进行 18 环拼装。 位置:11 环 B6 和 12 环 B1 块接缝处,出现接缝渗水,沿掘进方向 11 点钟方位。 3 月 7 日—3 月 10 日:渗水缓慢,待继续观察。 3 月 10 日—3 月 12 日:微小渗水,待继续观察。 3 月 14 日:停止渗水,仍有少量水渍	(11点钟11环B1;11点钟12环B6)

上浮量分析(单位:mm)　　　　　表 4-5-11

日期		11 环 上浮增量	11 环 上浮累计量	12 环 上浮增量	12 环 上浮累计量	13 环 上浮增量	13 环 上浮累计量
2020 年 3 月 3 日	16:00	0	0	0	0	0	0
	22:00	0	0	0	0	0	0
2020 年 3 月 4 日	4:00	−4	−4	7	7	6	6
	10:00	0	−4	0	7	0	6
	16:00	0	−4	2	9	0	6
	22:00	1	−3	0	9	0	6

续上表

日期		11 环		12 环		13 环	
		上浮增量	上浮累计量	上浮增量	上浮累计量	上浮增量	上浮累计量
2020 年 3 月 5 日	4:00	0	−3	0	9	0	6
	10:00	0	−3	0	9	0	6
	16:00	0	−3	0	9	0	6
	22:00	−1	−4	3	12	5	11
2020 年 3 月 6 日	4:00	−2	−6	6	18	5	16
	10:00	0	−6	0	18	0	16
	16:00	1	−5	0	18	0	16
	22:00	0	−5	0	18	1	17
2020 年 3 月 7 日	4:00	0	0	1	19	1	18
	10:00	0	0	0	19	0	18
	16:00	−1	−6	2	21	0	18
	22:00	0	−6	0	21	−1	17
2020 年 3 月 8 日	4:00	0	−6	−1	20	3	20
	10:00	0	−6	0	20	2	22
	16:00	0	−6	0	20	0	22
	22:00	0	−6	0	20	0	22
2020 年 3 月 9 日	4:00	—	—	0	20	0	22
	10:00	—	—	0	20	0	22
	16:00	—	—	0	20	0	22
	22:00	—	—	0	20	0	22
结论	(1)11 环位于加固区,土体稳定,脱出盾尾后上浮量较小。 (2)12、13 环脱出加固区,位于原状土区,土体稳定性较差,致使相邻管片出现较大的相对上浮。 通过对比,原状土相较加固土,对管片的约束性较小,位于原状土区管片上浮量明显增加,推测外弧面接缝出现短期较大张开,诱发了渗水现象						

3. 新生河影响区(20～35 环)

新生河区长度约 30m,隧道顶至河床底部约为 6m,如图 4-5-5 所示。根据设计要求,需对新生河进行临时黏土回填处理,回填黏土压实度不小于 0.97,处理后覆土厚度为 11.26～12.58m。

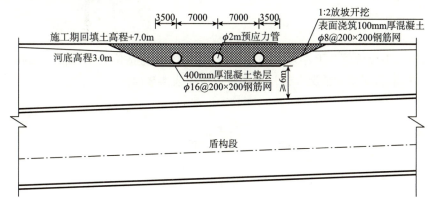

图 4-5-5 新生河与隧道关系图(尺寸单位:mm)

该段推进过程中,推进速度为20～27mm/min,总推力为57319～74877kN,转速为0.89～0.99r/min,扭矩为3049～5131kN·m,各环推进参数见表4-5-12。虽然前期已对该区域进行处理,增加了覆土厚度,但原状土多为淤泥,自稳性较差,因此20环、21环管片拼装完成后仍出现上浮量突增的现象,导致管片接缝处出现渗水情况,后期通过二次注浆环箍有效控制了上浮,见表4-5-13。

新生河区推进参数表　　　　　　　　　　　　　　　　　　　　表4-5-12

环数	盾构姿态(mm)		切口压力(bar)	总推力(kN)	推进速度(mm/min)	刀盘扭矩(kN·m)	刀盘转速(r/min)	砂浆量(m^3)	覆土厚度(m)	上浮量(mm)	二次注浆(m^3)
	水平	垂直									
20	9	7	1.35	57319	25	5131	0.93	36	11.70	51	—
21	4	3	1.5	66316	25	4316	0.94	36	11.78	50	4.75
22	19	−7	1.54	60538	25	3852	0.91	36	11.86	11	3.85
23	16	−7	1.54	69017	23	3544	0.91	36	11.94	11	0.85
24	7	−11	1.48	70611	25	4497	0.89	36	12.02	9	2.5
25	6	−4	1.56	71362	26	3828	0.99	36	12.10	12	1.25
26	9	−9	1.55	71835	27	4582	0.94	36	12.18	21	3.5
27	0	−8	1.55	67515	26	4476	0.89	36	12.26	19	3.5
28	3	−10	1.55	72309	25	3770	0.99	36	12.34	19	1.75
29	6	−13	1.55	70979	21	3049	0.95	36	12.42	19	—
30	17	−13	1.52	71062	24	4242	0.93	36	12.50	16	0.75
31	19	−10	1.56	73936	26	4701	0.99	36	12.58	14	—
32	21	−4	1.55	75905	24	3989	0.98	36	11.26	10	2.25
33	21	−7	1.55	74877	20	3989	0.94	36	11.34	22	0.25
34	23	−9	1.6	71173	21	3793	0.97	36	11.42	18	0.5
35	9	7	1.6	74597	22	3824	0.99	36	11.50	14	1

20环、21环渗漏水情况　　　　　　　　　　　　　　　　　　　　表4-5-13

情况描述	照片
发现时间:2020年3月12日,正进行25环掘进。 位置:20环B2和21环L1、F块接缝处,出现接缝渗水,沿掘进方向11点钟方位。 3月12日:渗水缓慢,情况稳定,待进一步观察。 3月13日—3月15日:有少量水渍,渗水缓慢,待继续观察。 3月16日—3月18日:渗水停止,存在少量水渍	20环B2和21环L1、F接缝处

为避免后续施工中出现管片上浮过大的现象,在盾构机超前钻位置增加配重200t,22环及后续管片上浮量明显减少,未出现渗漏情况。管片上浮量分析见表4-5-14。

上浮量分析(单位:mm)　　　　　　　　　　　　　　　　　　　　表4-5-14

日期		20		21	
		上浮增量	上浮累计量	上浮增量	上浮累计量
2020年3月9日	9:00	0	0	—	—
	15:00	0	0	—	—
	21:00	0	0	—	—

续上表

日期		20		21	
		上浮增量	上浮累计量	上浮增量	上浮累计量
2020年3月10日	3:00	0	0		
	9:00	0	0	0	0
	15:00	0	0	0	0
	21:00	0	0	0	0
2020年3月11日	3:00	6	6	0	0
	9:00	23	23	20	20
	15:00	6	29	6	26
	21:00	22	51	17	43
2020年3月12日	3:00	0	51	3	46
	9:00	0	51	2	48
	15:00	0	51	1	49
	21:00	0	51	1	50
2020年3月13日	3:00	0	51	0	50
	9:00	0	51	0	50
	15:00	0	51	0	50
	21:00	0	51	0	50
2020年3月14日	3:00	—	—	0	50
	9:00	—	—	0	50
	15:00	—	—	0	50
	21:00	—	—	0	50
结论		20环、21环位于新生河影响区,脱出盾尾后出现上浮量突增现象,管片稳定后累计上浮量大			

4. 其他区段(36~100环)

其他区段推进速度为20~32mm/min,总推力为69821~98841kN,转速为0.86~1.02r/min,扭矩在2505~4509kN·m范围内,盾构机对地层适应性良好,盾构掘进参数正常,见表4-5-15。通过增加配重及适时采用二次注浆措施,管片上浮得到有效控制。

其他区段推进参数表 表4-5-15

| 环数 | 盾构姿态(mm) | | 切口压力(bar) | 总推力(kN) | 推进速度(mm/min) | 刀盘扭矩(kN·m) | 刀盘转速(r/min) | 砂浆量(m³) | 覆土厚度(m) | 上浮量(mm) | 二次注浆(m³) |
	水平	垂直									
36	15	-1	1.55	73412	21	4057	0.94	36	11.58	6	
37	16	-17	1.6	74675	20	3689	0.94	36	11.66	3	0.75
38	21	-16	1.6	69821	22	3630	0.99	36	11.74	-5	
39	26	-21	1.57	80729	21	3661	0.99	36	11.81	12	1.25
40	25	-16	1.59	80733	21	3287	0.99	40	11.89	11	
41	23	-16	1.58	77639	21	3134	0.94	36	11.97	20	
42	19	-10	1.46	74589	26	3016	0.94	36	12.05	16	0.5
43	19	-18	1.6	77214	26	3843	0.99	36	12.13	16	
44	20	-19	1.6	79741	29	3841	0.99	36	12.21	13	1
45	19	-21	1.6	83793	23	3365	0.99	36	12.29	16	1

续上表

环数	盾构姿态(mm)		切口压力 (bar)	总推力 (kN)	推进速度 (mm/min)	刀盘扭矩 (kN·m)	刀盘转速 (r/min)	砂浆量 (m³)	覆土厚度 (m)	上浮量 (mm)	二次注浆 (m³)
	水平	垂直									
46	23	-19	1.59	81465	22	3015	0.99	36	12.37	19	1.5
47	24	-12	1.59	80996	25	3397	0.95	36	12.44	19	0.63
48	21	-21	1.6	86260	21	2828	1	36	12.52	19	1.1
49	35	-18	1.59	86691	23	2746	0.95	36	12.60	22	0.75
50	21	-22	1.6	88978	25	2747	0.94	36	12.68	23	0.75
51	23	-17	1.6	84722	22	2505	1	36	12.75	28	1
52	35	-18	1.6	84983	25	2701	0.9	36	12.83	13	
53	57	-19	1.61	85475	25	2758	0.87	36	13.08	24	1
54	48	-15	1.69	89989	23	3165	1	36	13.35	14	
55	47	-20	1.69	89478	23	2991	1	36	13.63	16	
56	45	-17	1.69	87448	24	2992	0.99	36	13.82	17	
57	48	-13	1.7	88735	27	3656	1	36	14.02	12	1.25
58	41	-12	1.69	88598	28	3225	1	36	14.22	3	
59	36	-13	1.7	87380	23	3506	0.99	36	14.41	6	1.25
60	32	-15	1.75	95580	24	4509	0.99	36	14.61	12	
61	31	-11	1.74	97489	23	3986	0.99	36	14.48	12	1.25
62	29	-1	1.73	98841	25	3043	0.99	36	14.36	39	1
63	24	2	1.76	96481	27	3222	0.99	36	14.23	45	
64	21	15	1.74	94260	26	2997	1	36	14.10	27	1
65	21	14	1.74	93887	25	2893	1	36	13.98	12	
66	36	1	1.74	88534	24	2878	0.94	36	13.94	-4	
67	44	-8	1.74	93625	24	3075	0.91	36	13.90	-3	0.75
68	41	-9	1.74	90733	23	2427	0.86	36	13.86	12	0.5
69	39.5	-11.5	1.59	92485	24	2461	0.87	36	13.82	10	1
70	38	-14	1.77	85290	26	3668	0.98	36	13.78	10	
71	41	-7	1.77	82859	27	3890	0.98	36	13.83	17	1.35
72	41	0	1.79	82588	26	3579	0.94	36	13.88	17	
73	42	3	1.8	83473	26	3321	1	36	13.94	9	2.25
74	44	6	1.79	82788	26	2950	1	36	12.75	17	
75	33	5	1.8	87781	27	2987	0.96	36	12.83	18	1.25
76	38	2	1.8	87014	26	2988	0.96	36	14.09	18	1
77	43	4	1.84	84195	27	2999	1.01	36	14.14	23	2
78	45	6	1.84	89720	28	4503	1	36	14.19	19	
79	45	8	1.84	87023	26	3972	1.01	36	14.24	21	1
80	41	10	1.83	85285	26	3735	0.96	36	14.29	12	1
81	43	-6	1.85	84651	26	3590	0.96	36	14.34	-3	1.35
82	48	-16	1.87	85542	25	3493	0.96	36	14.39	-10	
83	44	-17	1.88	86628	28	3758	1.01	36	14.44	6	1.25
84	43	-16	1.88	86127	27	3332	1	36	14.49	3	1.5

续上表

环数	盾构姿态(mm) 水平	盾构姿态(mm) 垂直	切口压力 (bar)	总推力 (kN)	推进速度 (mm/min)	刀盘扭矩 (kN·m)	刀盘转速 (r/min)	砂浆量 (m³)	覆土厚度 (m)	上浮量 (mm)	二次注浆 (m³)
85	44	−25	1.86	86524	28	3503	0.96	36	14.54	7	
86	41	−20	1.86	83687	26	3196	0.95	36	14.59	10	
87	45	−14	1.91	87265	25	3508	0.96	36	14.64	12	1
88	44	−16	1.93	86731	28	3809	1.01	36	14.69	18	1
89	43	−12	1.93	87385	27	3382	1.01	36	14.74	24	1
90	43	−7	1.93	86505	27	3210	0.95	36	14.79	23	
91	39	−4	1.93	87843	32	3586	1.02	36	14.83	32	0.75
92	41	5	1.93	86868	29	3116	1.02	36	14.88	44	1
93	40	0	1.96	86439	29	3384	1.01	36	14.93	22	1
94	43	−1	1.96	84499	29	3261	1.01	36	14.97	26	1
95	42	−8	1.98	87509	29	3580	1.01	36	15.02	13	1
96	42	−11	1.96	87162	26	3013	0.93	36	15.07	18	2
97	35	−1	1.97	83099	25	2944	0.9	36	15.11	19	1.75
98	38	1	1.97	78651	30	2991	0.92	36	15.16	14	1.5
99	43	−23	2.01	79565	30	2951	0.96	36	15.21	6	1
100	44	−22	2.01	83460	28	2886	0.96	36	15.25	16	1.5

二、盾构机运行状态及适应性分析

2020年1月17日—2020年4月4日完成试验段掘进施工,累计掘进完成100环,如图4-5-6所示。该区段台车未完全进入隧道,掘进效率较低,后续随着覆土变深,台车全部进入隧道后,日进尺环数将显著增多。

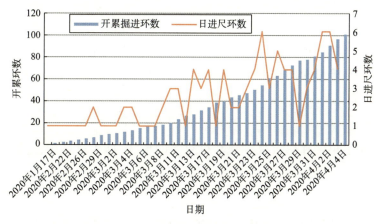

图4-5-6 日进尺环数及开累环数统计图

结合试掘进工作,对盾构机刀盘、主驱动系统、推进系统、泥水环流系统、保压系统、同步注浆系统、盾尾油脂系统等主要系统性能进行了检测、分析和评价,评估盾构负载后是否实现了设计功能、是否满足后续施工需要。

1. 刀盘

在试掘进段刀盘刀具运行正常,刀盘、刀具的磨损检测装置运行正常。未出现刀盘、刀具磨损报警。

2. 主驱动系统

在试掘进段刀盘扭矩正常,扭矩范围保持在额定扭矩的8.45%左右,最大扭矩为6152kN·m,是额定扭矩的15.36%,可以适应该地层施工。主驱动润滑系统、安全预警系统均运行正常。

3. 推进系统

推进系统分区压力调整精确,理论设定值与实际显示值匹配,姿态控制准确,偏差保持在±30mm以内。总推力最大100627kN,是总推力的40.84%,平均推力为额定推力的30.58%。

4. 泥水环流系统

泥水环流系统按照进、排浆各一台泵运行,总进排浆量为2600m³/h,携渣正常,压力和流量均满足使用需求,环流运行正常。中心和底部冲刷流量、压力正常,可以有效防止中心结泥饼和底部沉渣。核子密度计检测与人工检测的进排泥浆比重相吻合;气泡仓内的液位开关与液位计显示的液位值相匹配;泥水环流系统中的流量、压力等参数与现场实测数据吻合。

5. 保压系统

Samson保压系统运行状况良好,在使用工程中保压系统可以正常进、排气,气泡仓压力可以按照设定的压力进行自动调整,调整精度可以实现±0.01bar、优于设定的0.05bar,可以保证掌子面的稳定控制。

6. 管片拼装系统

管片拼装系统运行速度良好,安全可靠。管片拼装时,纵缝的安装间隙满足设计要求的理论间隙20mm,拼装机可以满足防水条压紧力要求。施工过程中,真空吸盘的真空度达到85%以上,停电状态下,保证20min真空度不低于85%。在100环试掘进中,管片拼装错台均可以控制在3mm内,成型隧道实现了零渗漏,满足二级防水标准。

7. 同步注浆系统

盾构推进速度最高达到32mm/min,此速度推进下,注浆速度设置为40%,可以匹配推进速度,实现同步注浆功能。如果注浆速度设定增大,可以满足最高推进速度施工,过程中8路注浆管路均可以按照设定的注入量和注入压力注入。

8. 盾尾油脂系统

最高速度推进时,盾尾油脂腔内压力可以保证在1MPa以上,盾尾油脂注入量满足理论注入需要。盾尾油脂注入系统工作与停歇时间比为1∶1,由此分析判断,油脂注入系统可以满足最高掘进速度施工。

9. 管片运输系统

管片运输系统采用了单管片起重机+喂片机组合的形式,施工过程中,运输速度满足管片运输需要。

10. 超前钻探系统

在始发前,对超前钻钻探系统进行调试,运行状态良好。但是在推进过程中发现,由于该系统设置,导致一号台车与盾尾距离增加10m,一号台车未能及时压在脱出盾尾的管片位置,出现管片上浮较大现象。该系统的配置对管片上浮控制不利,后续通过增加配重解决上浮问题。

11. VMT导向系统

盾构试掘进期间,通过多次人工复测校对VMT所测盾构姿态和管片姿态测量数据,偏差在±2mm内,证明VMT系统满足后续盾构施工测量精度要求。

12. 系统优化

在试掘进施工过程中,对盾构机进行合理优化,加装二次注浆平台、增加配重、增加换刀跳板等,使盾构机与现场施工更加契合,提高工作效率,优化作业环境,降低设备故障率,试掘进期间盾构机设备完好率达95%。

盾构每周工效饼状图如图4-5-7所示。

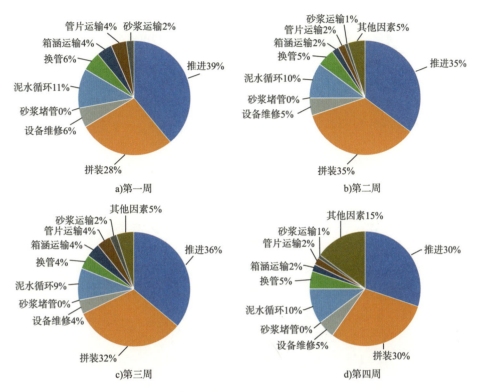

图4-5-7 盾构每周工效饼状图

经试验段掘进施工组织和盾构施工参数检测与分析评估,盾构选型合理,各系统参数选择合适,可以满足本工程盾构掘进要求。

三、盾构试掘进段验收

通过对试掘进段进行验收、分析,盾构试掘进参数设定合理、与工况相匹配,盾构设备整体性能得以验证,成型隧道各项检测指标满足设计和规范要求。

1. 管片拼装质量

盾构掘进试验段期间,通过加强管片拼装人员教育、提高拼装手熟练度、控制盾尾间隙、控制管片上浮等措施,管片错台及椭圆度满足设计要求。

管片拼装环面错台控制在1.5mm以内,如图4-5-8所示。

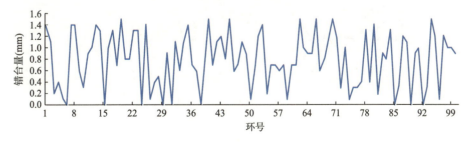

图4-5-8 管片拼装环面最大错台量折线图

管片环间错台控制在3mm以内,如图4-5-9所示。

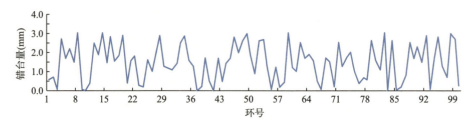

图4-5-9 环间错台量最大值折线图

管片环内错台控制在2mm以内,如图4-5-10所示。

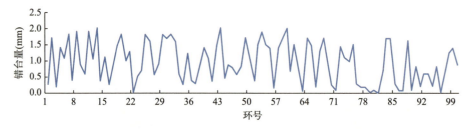

图4-5-10 环内错台量最大值折线图

设计允许管片环椭圆度偏差≤±6‰D(13300mm×±0.006=±79.8mm)。试掘段管片椭圆度最大偏差3.759‰,符合设计要求,各环测量值如图4-5-11所示。

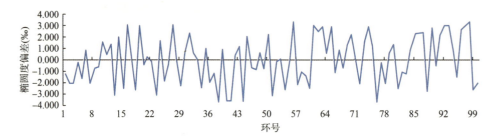

图4-5-11 管片椭圆度偏差折线图

2. 成型隧道轴线偏差

轴线偏差设计允许值平面偏差和高程偏差均为≤±150mm。通过VMT控制盾构机掘进方向,同时采用人工交叉导线的形式进行复核,及时调整盾构姿态,试验段管片轴线平面偏差最大为36mm,高程偏差最大为46mm。各环轴线偏差如图4-5-12所示,满足要求。

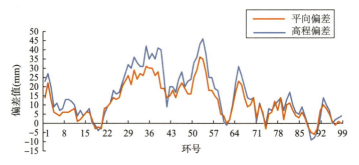

图4-5-12 管片轴线偏差折线图

3. 同步注浆密实度

试掘进施工期间同步注浆累计注浆量为3538m³,平均每环注入35.4m³,设计量24.5m³,注浆填充率为144%。

同步注浆密实度检测结果为管片壁后雷达反射信号弱,图像均一且反射不明显,表明密实度较好。

4. 箱涵拼装质量

试掘进期间完成了82块箱涵的安装,通过加强对水平错台及竖向错台控制,箱涵轴线偏差及相邻顶面高差均满足要求,整体质量可控。箱涵轴线偏差最大值为50mm,满足设计允许偏差±100mm要求,相邻顶面高差最大值为2.8mm,满足设计允许偏差±3mm。箱涵轴线偏差、相邻顶面高差折线图分别如图4-5-13和图4-5-14所示。

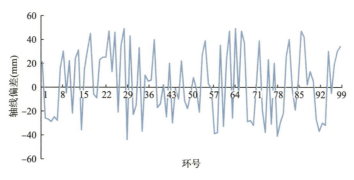

图4-5-13　箱涵轴线偏差折线图

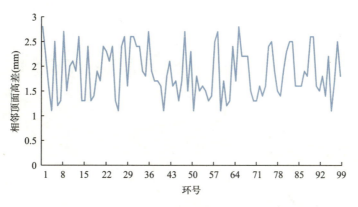

图4-5-14　箱涵相邻顶面高差折线图

第三节　砂层施工

一、概述

1. 地质概况

101~715环(ZK3+261~ZK4+691)地层以粉细砂、中粗砂为主,地层疏松、透水性强。盾构隧道覆土厚度为15.1~29.8m。洞身穿越地层主要为(2)5层粉细砂、(2)6层粉细砂、(4)1层中粗砂,以砂性土为主,砂层标贯值在20~45之间。其中:

(1)(2)5粉细砂:青灰色,饱和,稍密~中密,成分以粉砂为主,局部夹杂粉土薄层,含少量云母、贝壳碎片。

(2)(2)6粉细砂:灰色,饱和,密实,颗粒级配差,主要矿物为长石、石英等,含云母、贝壳等。

(3)(4)1层中粗砂:黄灰色,饱和,密实,颗粒级配中等,主要矿物为长石、石英等,含少量直径2~9mm的小砾。

2. 区域地表建筑物情况

本区段重要建筑物为八卦洲大堤。堤坝全长 26.5km,堤顶高程 9.3~9.5m;迎水坡防浪墙墙顶高程 10.9~11.1m,堤顶宽 13.0m,沥青道路宽 11.0m,迎水坡堤肩结合防浪墙设置纵向花坛;背水坡坡度 1:2.5,草皮护坡。

大堤距离始发井 430m,其顶部距离隧道顶部 25.2m。八卦洲大堤处对应隧道范围为 205~223 环,该区段隧道顶部以上地层情况(自上而下)为:

(1)(1)2 素填土:黄灰色,以黏性土为主。
(2)(2)1 黏土:灰黄色,可塑,局部夹少量粉土薄层。
(3)(2)2 淤泥质粉质黏土:灰色,流塑局部夹少量粉砂薄层。
(4)(2)3 层粉砂:青灰色,饱和,松散,级配较差。主要矿物成分为石英、长石含少量云母。
(5)(2)4 粉砂:青灰色饱和,稍密,颗粒级配较差,主要矿物成分为石英、长石含少量云母、贝壳碎片。

该区段隧道掘进范围地层为:

(1)(2)5 粉细砂:青灰色,饱和,中密,成分以粉砂为主,主要矿物成分为石英、长石,含少量云母、贝壳碎片。
(2)(2)6 粉细砂:青灰色,饱和,密实,局部夹中砂。

大堤与隧道的相对位置关系如图 4-5-15 所示。

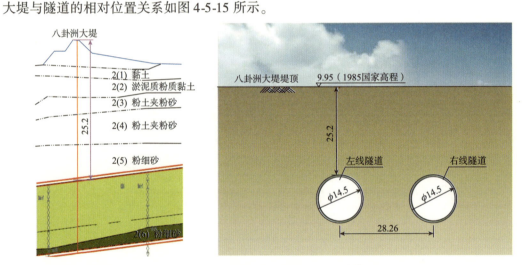

图 4-5-15 大堤与隧道的相对位置关系(尺寸单位:m)

二、砂层掘进、大堤加固与总结

1. 重难点与应对措施

该地层掘进的重难点与应对措施见表 4-5-16。

盾构穿越砂层的重难点与应对措施表　　　表 4-5-16

工程重难点	应对措施
开挖面稳定	(1)江底地形扫描:在盾构入江前,沿隧道轴线进行整个水域监测区的江底地形测量,复核隧道覆土层厚度,并充分利用监测结果指导施工。 (2)盾构机顶部覆土为砂层,固结效果较差,为防止江底冒浆,掘进过程中需注意: ①合理设置切口压力,并在掘进过程中严格控制切口压力波动范围(±0.2bar); ②合理设定掘进速度,匀速掘进,避免对土体大的扰动;开始掘进和结束掘进时,速度应逐渐提高或降低; ③加强泥浆管理和刀盘转速监控,严格监控出渣量,防止超欠挖

续上表

工程重难点	应对措施
管片上浮控制	(1)控制掘进速度、刀盘转速等参数,减少对土体的扰动,防止出现超挖等现象。 (2)提高同步注浆施工质量,及时、足量注入保水性良好、凝结时间短的水泥砂浆。 (3)其他措施见本章第七节管片上浮影响因素及控制效果分析
穿越八卦洲长江大堤的沉降控制	(1)加强监控量测。提前进行监测布点并采取初始值,根据监测数据及时调整控制盾构穿越大堤过程中的施工参数。 (2)穿越过程中将切口水压波动值控制在±0.1bar左右。 (3)泥水质量控制。控制泥水密度、黏度,在掘进过程中,采用重浆掘进,每一环推进前测试泥浆的指标,确保满足施工要求。 (4)盾构掘进穿越大堤过程中,通过盾体处的径向注浆管加注克泥效来控制前期沉降

2. 穿越长江大堤掘进施工

(1)施工控制原则。

穿越大堤前应再次进行盾构机各系统、各设备及附属设备的全面核查,及时进行维保,确保正常运转。

为顺利穿越大堤,应做好施工筹划,在调查清楚大堤现状情况的基础上,及时开展掘进前以及掘进过程中的大堤监测工作。结合试掘进段、近大堤段砂层地表沉降分布及其与掘进参数关系,梳理穿越大堤段的掘进参数建议取值标准,并结合初始穿越大堤段的实际监测结果进行动态优化、控制地表变形,减少对大堤的影响,保证大堤使用安全。

①盾构机到达穿越区前50m(180~205环),每天安排监测人员测取沉降情况,并及时反馈。

②在盾构穿越大堤范围(205~223环),每天24h不间断巡视、监控,与大堤管理部门建立不中断联系渠道,保障施工中的监测和突发事件的应急处理。同时,在施工中互通信息,保证盾构施工和大堤的安全。

③穿越前,应再次复核测量盾构机里程,确认盾构与大堤的相对位置,以便采取相应的技术措施,确保以良好的姿态进行穿越。

④穿越前,对所有施工人员进行技术交底,使每一位参加施工的工作人员清楚了解盾构与大堤的相对位置,以及盾构穿越流程。在盾构机操作室张贴相关技术交底、盾构穿越流程及重点控制措施。此外,使施工人员了解相关的应急预案及发生突发事件的简单处理方法,便于为应急争取时间。

(2)穿越长江大堤掘进情况。

左线隧道于2019年12月16—19日穿越八卦洲大堤,累计用时3d;右线隧道于2020年4月24—26日穿越八卦洲大堤,累计用时2d。

①切口压力。

根据本工程地质情况,利用理论公式计算穿越大堤过程中的切口压力,并根据地表沉降结果进行动态微调。监测数据表明,刀盘前方监测范围内的地表沉降均满足要求,最大沉降-2.9mm,最大变化速率-2mm/d。

②克泥效注入。

通过径向注浆管加注克泥效来控制地层沉降。克泥效A液由克泥效与清水2:1配制,B液为水玻璃浆液。A液与B液按照20:1同步注入,注浆压力控制在5bar左右,大于切口压力。

③同步注浆。

考虑该段地层主要为透水性较强的砂层,为保证填充效果、控制沉降,采用低稠度、低坍落度的砂浆配比方案1(见表4-5-3),稠度在125mm左右,坍落度控制在200~240mm之间。

④总体沉降情况。

双线盾构穿越后,大堤整体沉降量的代表性数据详见表4-5-17,满足设计要求。

地面监测点位沉降量汇总　　　表 4-5-17

测点编号	沉降量(mm)	测点编号	沉降量(mm)	测点编号	沉降量(mm)	测点编号	沉降量(mm)
DBL33 (里程 ZK4+272)		DBL34 (里程 ZK4+267)		DBL35 (里程 ZK4+261)		DBL36 (里程 ZK4+255)	
DBL33-1	0.8	DBL34-1	-6.2	DBL35-1	0.0	DBL36-1	-1.4
DBL33-2	0.4	DBL34-2	-9.1	DBL35-2	-2.2	DBL36-2	-3.9
DBL33-3	-1.6	DBL34-3	-13.0	DBL35-3	-8.8	DBL36-3	-10.6
DBL33-4	-11.5	DBL34-4	-12.9	DBL35-4	-14.2	DBL36-4	-14.9
DBL33-5	-13.6	DBL34-5	-13.9	DBL35-5	-17.4	DBL36-5	-18.2
DBL33-6	-15.1	DBL34-6	-11.6	DBL35-6	-17.6	DBL36-6	-17.5
DBL33-7	-12.5	DBL34-7	-10.3	DBL35-7	-14.5	DBL36-7	-16.0
DBL33-8	-8.9	DBL34-8	-9.2	DBL35-8	-13.8	DBL36-8	-12.7
DBL33-9	-4.0	DBL34-9	-4.2	DBL35-9	-8.2	DBL36-9	-7.5

经观测,长江大堤路面、防浪墙等无新裂缝产生,旧裂缝宽度、长度均未增加;管片上浮最大25mm,盾构姿态均在±20mm以内,顺趋势推进,无须调整姿态,减少了盾构机穿越长江大堤时对附近土层的扰动;管片壁后注浆效果良好,饱满密实。

(3)八卦洲长江大堤工后加固专项设计及施工。

①专项设计。

根据水务部门意见,在盾构穿越八卦洲大堤后,在防洪设计水位下下游坡脚部位可能会发生渗透破坏。为了保证洲堤渗流稳定安全,对隧道堤底段粉砂层充填灌浆进行密实。

a. 高压旋喷桩防渗墙。

本工程的盾构隧道外径为14.5m,双线隧道穿堤处中心间距28.26m,防渗墙平面布置范围为:自左右线隧道中心线向两侧各70m。根据《堤防工程设计规范》(GB 50286—2013),防渗体顶部应高出设计水位0.5m。工程附近设计洪水位为8.36m,设计取防渗墙顶高程为8.90m。设计防渗墙沿堤顶轴线上游3.0m布置,设计墙底高程-3.2m,深度12.1m,长度140m,防渗墙面积1694.0m^2。防渗墙孔径1.0m,孔距0.8m,成墙处理论最小厚度0.6m。

b. 堤基充填灌浆设计。

穿越八卦洲洲堤范围的土层为粉砂层,渗透系数较大。根据《洪水影响评价报告》中三维有限元法渗流分析结果,设计洪水位工况下由于隧道的阻水作用堤身浸润线略有上抬,工程兴建后出逸高程抬升了约0.6cm。为保证洲堤渗流稳定安全,设计对隧道堤底段粉砂层采用充填灌浆进行密实。

平行于堤轴线方向设计灌浆长度60.0m(以左右线隧道中心线为中点、两侧各30.0m),超出隧道外径8.35m。垂直于堤轴线方向设计灌浆长度36.0m,堤轴线上游24.0m、下游12m。

灌浆顶高程略高于高压旋喷防渗墙底高程-3.20m,定为-2.00m,位于1-2c层粉土层,该层土渗透系数约为$5×10^{-5}$cm/s,属于弱透水性土层。灌浆底高程略低于隧道底高程,确定为-32.50～-31.50m,孔深30.5～29.5m,平均孔深30.0m。

设计灌浆孔采用多排错位梅花形布置,排距2.0m,共布置灌浆孔580个。

②加固施工效果。

2020年5月开始对八卦洲大堤进行加固施工,2020年6月完成。加固后,顺利度过2020年汛期,加固设计及施工质量切实可靠。

3. 整体掘进情况

左线盾构自2019年10月22日进入砂层,2020年4月18日完成715环的掘进,日均进尺7.93m,见表4-5-26。掘进速度为5～40mm/min,推力3.2～15.6×10^4kN,刀盘转速为0.7～1.2r/min,刀盘扭矩为 1.6~2.3MN·m，切口压力控制在 0.5~5.55bar 之间。

右线盾构自 2020 年 1 月 17 日进入砂层，2020 年 10 月 3 日完成 745 环的掘进，日均进尺 6.59m，见表 4-5-18。掘进速度为 5~33mm/min，推力 2.9~18.6×10⁴kN，刀盘转速为 0.44~1.03r/min，刀盘扭矩为 1.9~8.5MN·m，切口压力控制在 0.4~6.09bar 之间。掘进工效如图 4-5-16 所示。

砂层掘进工效统计　　　　　　　　　　　　　　　　　　表 4-5-18

里程段	环号	长度(m)	掘进时间	平均掘进进尺(m/d)
ZK3+261~ZK4+691	1~715 环	1430	2019 年 10 月 22 日—2020 年 4 月 18 日	7.93
YK4+708~YK3+220	1~745 环	1488	2020 年 1 月 17 日—2020 年 10 月 3 日	6.59

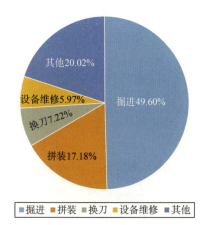

a) ZK3+261~ZK4+691 段　　　　b) YK4+708~YK3+220 段

图 4-5-16　砂层掘进工效图

4. 掘进技术总结

以左线为例，对比该地层实际掘进参数统计和理论预警区间的差异，见表 4-5-19，分析得到如下结论。

砂层地质状况盾构掘进参数对比　　　　　　　　　　　　表 4-5-19

取值	切口压力(bar)	注浆量(m³)	刀盘转速(r/min)	贯入度(mm/r)	推进速度(mm/min)	总推力(MN)	刀盘扭矩(MN·m)
理论区间	0.5~5.55	34.5~47.7	0.8~1.2	—	—	—	—
实际值	0.5~5.55	30~43	0.7~1.2	8.8~49	5~40	32~159	1.6~11.9
集中分布区间	—	—	0.9~1.0	—	23.3~30	93.5~138.4	3.0~5.6
集中分布区间环数占比	—	—	88.2%	—	70.6%	50%	50%
集中分布区间平均值	—	—	0.99	—	27.8	127.2	4.3

(1) 切口压力。

采用水土分算方式确定切口压力理论值，实测结果表明刀盘前方 5~10m 的地表沉降均在 5mm 以内，验证了切口压力设置的可行性。该区段切口压力实际值如图 4-5-17 所示，其变化与隧道埋深及水位呈显著的线性正相关。

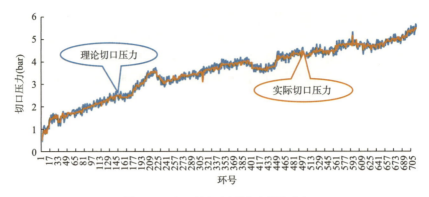

图 4-5-17 切口压力理论值与实际值对比

(2)同步注浆。

施工过程中,对同步注浆采用压力与注入量双控的方式,并根据监控量测结果及时调整注入参数。该区段累计注浆 25376.94m³,每环平均注入 35.7m³,设计量 26.5m³,注浆填充率为 134%。盾尾通过时地表沉降一般有 -25~5mm 的变化,最终沉降值 -20~+5mm,控制较为理想。203~227 环穿越八卦洲大堤过程中,由于掘进过程中每环注入 1~2m³ 克泥效,对盾体与开挖间隙进行了一定的填充,同步注浆注入量在 30m³ 左右,注浆填充率相对降低为 113%(图 4-5-18)。

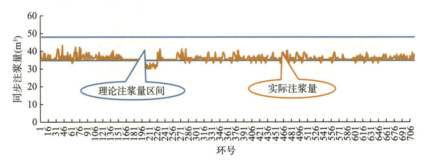

图 4-5-18 同步注浆理论值与实际值对比

综上,在全断面砂层掘进时,满足注浆压力及地表沉降等要求的前提下,注浆填充率应保持在 130% 以上。

(3)刀盘转速、贯入度与推进速度。

由于砂层土体易扰动,自稳性差,在掘进过程中宜采取较慢的刀盘转速及均匀的速度,保持较小的扭矩,以减小对掌子面的扰动,使土体均匀地自掌子面剥落下来,通过泥水环流系统排出。0~100 环掘进时,盾构机刀盘转速在 0.8~1.2r/min 之间,当刀盘转速超过 1.0r/min 时,可能对掌子面的稳定性造成影响;刀盘转速较低时,则会导致贯入度增加,加剧刀具磨损。

综上,全断面砂层中刀盘转速理论区间宜取 0.9~1.0r/min(图 4-5-19)。左线隧道穿越砂层的 715 环,累计 631 环即 88.2% 以上集中分布在控制区间内,对应平均值为 0.99r/min,效果较好。

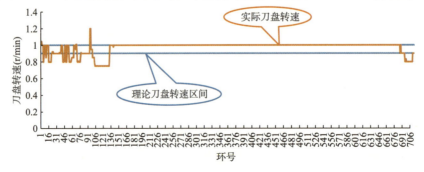

图 4-5-19 刀盘转速理论值与实际值对比

0~160环掘进过程中,速度控制在15~30mm/min之间,根据监测数据及盾构相关参数变化,在后续过程中将掘进速度稳定在20~30mm/min之间。推进速度浮动区间为5~40mm/min,集中分布区间为23.3~30mm/min(505环、占比70.6%),对应的平均值为27.8mm/min,如图4-5-20所示。

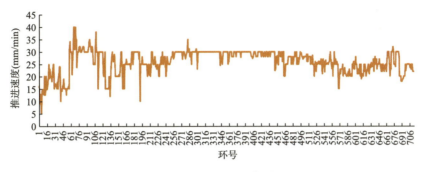

图4-5-20 推进速度实际值

(4)总推力、刀盘扭矩。

总推力浮动区间为32~159MN,50%以上(358环)集中在93.5~138.4MN区间,对应平均值为127.2MN,变化曲线如图4-5-21所示。

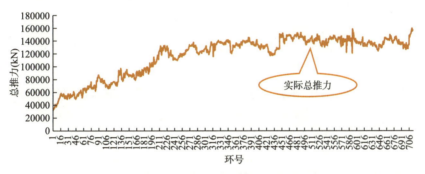

图4-5-21 总推力实际值

在砂层掘进过程中,刀盘扭矩浮动区间为1.6~11.9MN·m,集中分布区间为3.0~5.6MN·m(环数358环、占比为50%,与总推力一致),集中分布区间的平均值为4.3MN·m,如图4-5-22所示。因此,按照23.3~30mm/min推进速度控制时,扭矩维持在额定扭矩值的30%以内,地表监测数据无异常、设备运行正常、参数稳定。

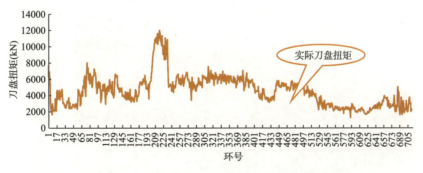

图4-5-22 刀盘扭矩实际值

综上,根据本工程0~715环的掘进参数情况,总结梳理了全断面富水砂层(粉细砂、中粗砂)的盾构掘进控制原则。富水砂层施工过程中,应保持刀盘低转速,减少对地层扰动;保证泥浆的高密度、高黏度,维持掌子面的稳定以及保证渣土的顺利排除;在满足刀盘扭矩及盾构推力许可的范围内,将维持掘进速度在23~30mm/min之间,可保持较高的掘进工效,但需注意整体施工时序需与同步注浆浆液凝结时间相匹配。该类地层掘进的具体特点有:

（1）砂层段通过合理设定切口压力、使用优质泥浆、采取快速推进，掘进过程中掌子面稳定，地面沉降较小，取得比较高的掘进效率。

（2）穿越大堤前，通过试验段总结掘进参数，并采取克泥效填充盾壳间隙辅助工法，顺利穿越大堤，穿越大堤后对大堤采取旋喷桩隔渗处理、管片四周注浆加固，经受了百年一遇历史最高水位的考验。

（3）浅覆土砂层段，管片易上浮，采用 VMT 自动测量手段，实时掌握上浮数据及上浮过程，为采取控制措施提供了有效的依据。

第四节　上软下硬复合地层施工

一、概述

以左线为例，第 716～866 环（ZK2+960～ZK3+260）盾构开挖地层由砂层逐渐过渡到全断面中风化角砾岩，为典型的上软下硬地层，长度 300m。

砂层标贯值在 30～45 之间，(8)3j 中风化角砾岩属较软岩，饱和单轴抗压强度 22.23MPa，较大值 48.92MPa。自上而下各地层特性如下：

(1)(1)3 粉砂：青灰色、饱和，稍密。颗粒级配差，主要成分为石英、长石，含少量贝壳、云母碎片。

(2)(2)5 粉细砂：青灰色，饱和，稍密～中密，成分以粉砂为主，局部夹杂粉土薄层，含少量云母、贝壳碎片。

(3)(2)6 粉细砂：青灰色，饱和，中密～密实，局部夹中砂，含少量云母、贝壳碎片，成分以石英、长石为主。

(4)(4)1 中粗砂：黄灰色、灰色，饱和，密实，含砾石，砾石含量一般为 5%～10%，局部为砾砂，成分以石英、长石为主。

(5)(4)2 粉细砂：黄灰色、灰色，饱和，密实，成分以石英、长石为主。

(6)(8)2j 强风化角砾岩：棕红色夹灰白色，角砾结构，块状结构，角砾直径 2～20mm，少量 40～50mm，角砾母岩以砂岩灰岩为，主泥质填充，岩石破碎，岩芯成碎块状，局部呈短柱状。

(7)(8)3j 中风化角砾岩：棕红色夹灰白色，角砾状构造，角砾岩原岩为石英砂岩、灰岩等，角砾粒径 2～20mm，最大 130mm，岩芯呈柱状，敲击不易碎，RQD 为 95%。

地质纵断面图如图 4-5-23 所示，角砾岩芯样如图 4-5-24 所示。

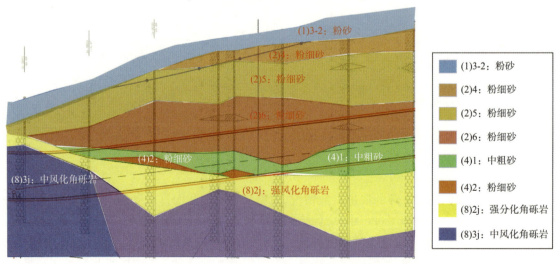

图 4-5-23　ZK2+960～ZK3+260 段地质纵断面图

a)强风化角砾岩

b)中风化角砾岩

图 4-5-24　角砾岩芯样图

二、上软下硬复合地层掘进情况与总结

1. 重难点分析与实际掘进情况

(1) 重难点及应对措施(表 4-5-20)。

盾构穿越上软下硬地层的重难点与应对措施表　　　　　表 4-5-20

序号	工程重难点	应对措施
1	盾构姿态控制	(1) 姿态预调整。进入上软下硬地层前,将盾构机姿态适当下压,比设计轴线低 4cm 左右,并保持盾构机趋势在 -1~+2mm/m 之间。 (2) 掘进操作控制。根据不同地层的具体分布情况,密切关注盾构姿态变化,及时调整推进油缸压力。将盾构机掘进速度控制在 25mm/min 以内。 (3) 加强姿态测量。提高人工测量复核的频率,由 55 环/次调整为 30 环/次。 (4) 提高换刀频率,保证足够的开挖直径。边缘滚刀磨损量 >8mm,即进行刀具更换
2	刀具崩齿、断刃等非正常磨损	(1) 刀具管理:①提高滚刀刀圈的韧性,防止冲击破坏,刀体增焊耐磨材料;②刀具实行动态设计制造,根据磨损部位,进行针对性加强;③利用滚刀旋转检测系统、刀具磨损监测系统、盾构推进参数变化掌握刀具的磨损情况,及时更换刀具。 (2) 泥浆管理:提高泥浆密度、黏度,密度不低于 1.12g/cm³,黏度不低于 22s,保证泥浆携渣能力,防止渣土滞排、仓内堆积和造成刀体二次磨损。推进结束后延长泥浆循环时间,至无渣土排出

(2) 实际掘进情况。

左线盾构自 2020 年 4 月 18 日进入上软下硬地层(第 716 环),6 月 10 日完成第 866 环的掘进,日均进尺 5.55m,见表 4-5-21。掘进速度为 7~22mm/min,总推力为 131~186MN,刀盘转速为 0.9~1.0r/min,刀盘扭矩为 1.1~19.8MN·m,切口压力控制在 5.52~6.34bar 之间。

上软下硬地层工效统计　　　　　表 4-5-21

里程段	环号	长度	掘进时间	平均掘进进尺
ZK2+960~ZK3+260	716~866 环	300m	2020 年 4 月 18 日—2020 年 6 月 10 日	5.55m/d
YK3+060~YK3+220	746~825 环	160m	2020 年 10 月 3 日—2020 年 11 月 22 日	3.2m/d

右线盾构自2020年10月3日进入上软下硬地层(第746环),2020年11月22日完成第825环的掘进,日均进尺3.2m,见表4-5-25。掘进速度为6~13mm/min,推力为122~177MN,刀盘转速为0.88~1.0r/min,刀盘扭矩为7.1~13.5MN·m,切口压力控制在5.49~6.4bar之间。

掘进工效分析如图4-5-25所示。

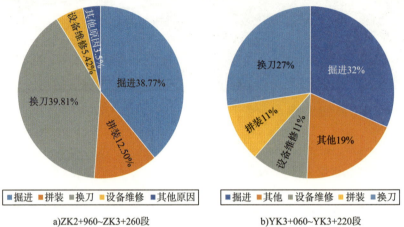

a) ZK2+960~ZK3+260段　　　　b) YK3+060~YK3+220段

图4-5-25　上软下硬地层掘进工效图

2. 掘进技术总结

以左线为例,对比分析实际掘进参数和理论预警参数,见表4-5-22。

上软下硬地层盾构掘进参数对比　　　　　　　　　表4-5-22

取值	切口压力(bar)	注浆量(m³)	刀盘转速(r/min)	贯入度(mm/r)	推进速度(mm/min)	总推力(MN)	刀盘扭矩(MN·m)
理论区间	5.52~6.34	34.5~47.7	0.9~1.0	5~28	5~25	—	—
实际值	5.52~6.34	30~39	0.9~1.0	7~24	7~22	131~186	4.2~19.9
集中分布区间	—	—	0.9~1.0	—	8~15	140.7~168.3	6.6~11.8
集中分布区间环数占比	—	—	100%	—	68.2%	50.3%	50.3%
集中分布区间平均值	—	—	0.99	—	12	155	9.4

(1)切口压力。

上软下硬地层的实际切口压力与设定值吻合,浮动区间为5.52~6.34bar,如图4-5-26所示。管片拼装及停机过程中,气泡仓液位下降缓慢(每10min下降15~20mm),切口压力设置满足掘进要求。

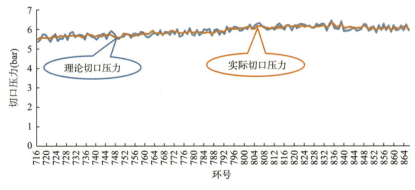

图4-5-26　切口压力理论值与实际值对比

(2)同步注浆。

该区段地层从全断面砂层逐步变化为全断面岩层,为适应地层对浆液配比进行调整,将水泥含量调整为 185kg/m³(砂浆配比:水泥:粉煤灰:膨润土:黄砂:水:增塑剂 =185:242:70:998:373:10.9)。第 716~866 环累计注浆量为 5221m³,平均每环注入 34.8m³,相比设计注浆量 26.5m³,注浆填充率为 131%(图 4-5-27),同步注浆雷达扫描系统显示注浆饱满。

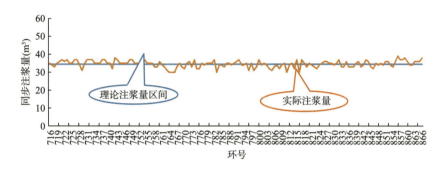

图 4-5-27　同步注浆理论值与实际值对比

(3)刀盘转速、贯入度与推进速度。

随着开挖断面岩层的增加,掘进速度逐渐降低,刀盘转速严格控制在 0.9~1.0r/min 之间,初始贯入度在 25mm/r 以内,之后逐渐调整降低至 10mm/r 以内,以免贯入度过大,在土-岩交界面出现刀具崩齿等现象。刀盘转速理论值与实际值对比如图 4-5-28 所示。

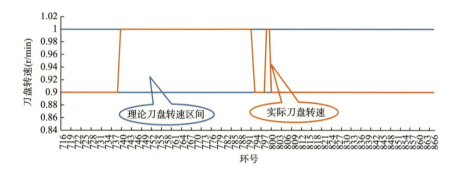

图 4-5-28　刀盘转速理论值与实际值对比

该区段推进速度由 20mm/min 逐渐降低至 8mm/min,集中分布区间为 8~15mm/min(103 环、68.2%),对应平均推进速度为 12mm/min,如图 4-5-29 所示。

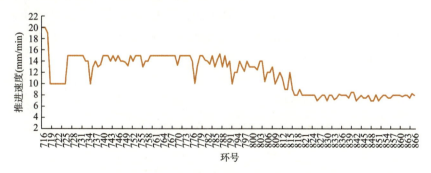

图 4-5-29　推进速度实际值

(4)总推力、刀盘扭矩。

总推力浮动区间为 131~186MN,集中分布区间为 140.7~168.3MN(76 环、50.3%)、对应平均总推力 155MN,如图 4-5-30 所示。

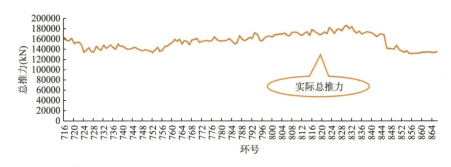

图 4-5-30　总推力实际值

在掘进过程中,刀盘扭矩受到水土压力、掘进速度以及开挖面岩层占比等因素的影响,整体呈现出逐步增长的趋势,实际浮动区间为 4.2~19.9MN·m,集中分布在 6.6~11.8MN·m 之间(76 环、占比 50%),对应的平均值为 9.4MN·m,如图 4-5-31 所示。

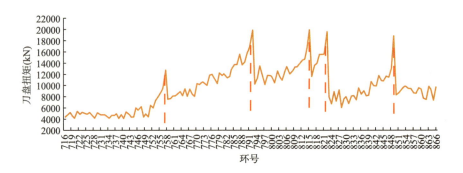

图 4-5-31　刀盘扭矩实际值

在进入上软下硬地层前(第 757 环),将软土刀具全部更换为硬岩刀具,掘进至 792 环时,刀盘扭矩达到预警值,随即进行第一次硬岩刀具的检查更换,此次更换滚刀 16 把,刀具更换完成恢复掘进后扭矩由 19.9MN·m 下降至 10.3MN·m。后续根据刀盘扭矩值的预警,在 792 环、815 环、822 环、849 环进行刀具更换,每次换刀完成后,扭矩下降较为明显,刀盘扭矩 2~3 环内增长较大时,结合刀具监测系统,进行刀具的检查及更换。总体来看,刀盘扭矩超过 13MN·m 后,扭矩值出现快速增长时,此时应对刀具进行检查。

(5)岩面增长与盾构姿态及推进油缸压差。

掘进过程中,随着开挖面岩面的增长,6 组(A~F 组)推进油缸的压力均呈现出增长状态,且上半部分推进油缸(A 组、B 组、F 组)的总压力较下半部分(C 组、D 组、E 组)压差由 50bar/组逐渐增长至 140bar/组,同样呈现增长趋势,如图 4-5-32 所示。但该区段盾构垂直姿态基本维持在 −10~+20mm 之间,姿态变化较小,如图 4-5-33 所示。

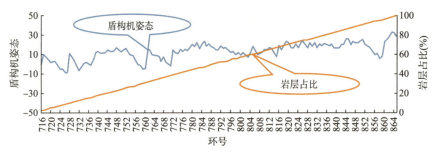

图 4-5-32　盾构机姿态与岩层占比

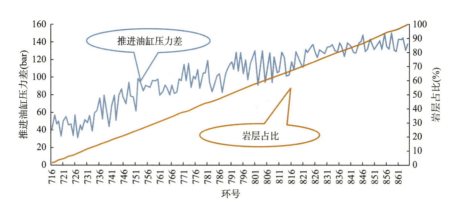

图 4-5-33 盾构机推进油缸压力差与岩层占比

综上,根据本工程第 716~866 环的掘进参数情况,总结上软下硬地层(粉细砂、强风化角砾岩、中风化角砾岩)的控制原则如下:上软下硬地层掘进时,在满足刀盘扭矩及盾构推力许可的范围内,宜适当降低推进速度,建议控制在 8~15mm/min 范围内;随着岩层占比的增加,逐渐降低贯入度,提高泥浆黏度,保证其携渣能力;需逐渐增加上下部推进油缸的压差,以满足控制盾构姿态的需要,防止盾构姿态出现"上飘"。该类地层掘进具体特点有:

(1)大直径盾构对上软下硬地层适应性较好,通过适当降低推进速度,合理设定不同分区推进油缸的推进压力,能够有效控制盾构机姿态。

(2)掘进过程中,通过控制刀盘转速,可有效降低刀具在软硬交接面的磕碰,刀具采用韧性较好的梯度硬度刀具,无异常损坏。

(3)上软下硬地层刀盘挤压力主要作用在与硬岩接触的滚刀上,因此,计算单刀荷载时不能按照全盘滚刀受力平均计算,防止单刀荷载过大造成异常损坏。

(4)切削上软下硬地层时刀盘振动增加,对顶部软弱地层的扰动加大,掘进过程中应时刻关注掌子面的稳定性,及时调整切口压力。

第五节 岩层、冲槽段、破碎带施工

本节以左线为例,介绍大直径盾构穿越岩层、冲槽段、破碎带的施工情况。其中,898~924 环为断裂带及冲槽叠加段,867~897 环、925~989 环、1021~1075 环为全断面岩层段(隧道洞身范围内主要为中风化角砾岩,岩体较为完整),898~924 环为断裂带及冲槽叠加段,990~1020 环为破碎带。

一、概述

根据详勘报告,左线第 867~1075 环(ZK2+537~ZK2+960)幕府山东侧构造发育,岩性较为复杂,洞身围岩总体较为完整,部分地段受构造等因素影响,岩体较为破碎,其中 ZK2+600~ZK2+660 段推断为岩层破碎带及其影响带,岩体破碎,富水。隧道洞身穿越地层主要为:

(1)(8)2j 强风化角砾岩:紫红色,强风化。岩芯呈砂土状夹碎块状,遇水易软化崩解。

(2)(8)3j 中风化角砾岩:灰白色,中风化,角砾状构造,局部夹角砾状灰岩,以钙质胶结为主,岩芯呈短柱状、柱状,敲击不易碎。地层角砾成分主要为砂岩、灰岩等,灰岩含量为 20%~50%,粒径在 1~10cm 不等,个别超过 20cm。

ZK2+537~ZK2+960 地质纵断面图如图 4-5-34 所示。

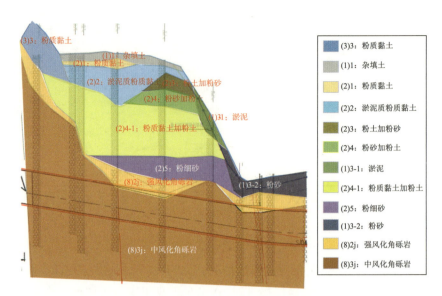

图 4-5-34　ZK2+537~ZK2+960 段地质纵断面图

盾构在第 898~924 环穿越断裂带与冲槽叠加段,冲槽段上覆地层为粉细砂,隧道洞身上部为强风化角砾岩,下部为中风化角砾岩。受构造影响,该段发育 F7 断裂带,断裂带宽 6~8m,距离冲槽位置仅 14m,受断裂带影响,该区域岩体破碎。该段覆土厚度左线最小为 9.62m,右线为 10.25m。此段是本工程水土压力最大区域,高水压下,盾尾漏水、漏浆风险加大;由于地层破碎、透水性强,切口压力控制难,易造成冒顶、掌子面失稳坍塌等险情。

该段存在两条非活动性断层:

①F7 断裂带。

该断裂沿长江南岸延伸,从幕府山经燕子矶、栖霞山、龙潭延伸至镇江焦山,全长超 100km。结合勘察结果,推测该断裂于 ZK2+870 附近与线路近垂直相交,距离冲槽位置仅 14m。断层带宽度推测为 3~8m,带内岩体破碎,具有较好的导水性。

②f14 断层。

断层 f14 出露于线路 ZK2+640 右侧 135m 处燕子矶北侧陡崖,断层总体走向 NEE 向,推测在 ZK2+635 附近与线路相交。断层带宽度约 0.5m,带内发育构造透镜体,岩体较破碎。

此外,该段盾构穿越长江后,下穿、侧穿废弃厂房、民房等,见表 4-5-23。

第 866~1075 环地表建筑物分布情况统计表　　　表 4-5-23

名称	里程	与隧道关系	图片
控制柜房	ZK2+684.81~ZK2+670.01	左线隧道侧穿	
泵房	ZK2+660.35~ZK2+647.13	左线隧道侧穿	

二、重难点及应对措施

岩层、冲槽段、破碎带施工的重难点与相应的控制措施见表4-5-24。

岩层、冲槽段、破碎带施工重难点分析与对策表　　　　表4-5-24

序号	工程重难点	应对措施
1	刀具崩齿、断刃等非正常磨损	(1) 刀具管理：利用滚刀旋转检测系统、刀具磨损监测系统、盾构推进参数变化掌握刀具的磨损情况，并提高常压抽刀检查频率，及时更换刀具。优化刀具结构，采用梯度硬度刀圈，增加刀圈硬度，防止刀圈断裂。 (2) 掘进操作控制：硬岩地层推进速度应控制在15mm/min以内。刀盘转速为1.0～1.3r/min。 (3) 泥浆指标：提高泥浆密度、黏度，密度不低于1.15g/cm³，黏度不低于25s，保证泥浆携渣能力
2	高水压下盾尾密封渗漏风险	(1) 加强盾尾刷保护：盾尾间隙实际值与理论值差值小于15mm；盾尾底部保持清洁，防止异物进入尾刷内。 (2) 盾尾油脂注入：每环注入量不小于260kg
3	管道磨损破坏	(1) 采用壁厚探测仪探测，掌握管道磨损情况。 (2) 准备好充足的备件，及时更换。 (3) 提高泥浆密度、黏度，防止渣块沉积磨损底部
4	断层及冲槽叠加段施工	(1) 掘进参数控制：掘进过程中，刀盘转速宜控制为0.9～1.0r/min。 (2) 设备管理：穿越前对盾构设备、附属设施及刀具进行全面检查更换；加强设备维修保养，配备充足的备件，避免设备故障导致长时间停机。 (3) 江面巡视：安排专人对江面进行巡视，并加强水位高程的监测，与盾构机操作人员保持联系，对切口压力进行及时的调整。 (4) 开展课题研究，结合江底扫描结果，修正切口压力计算公式，充分考虑掌子面前方地势倾角影响
5	破碎带施工	(1) 根据本区段地表建筑物监测结果，及时对房屋进行跟踪注浆，保证建筑物安全。 (2) 在盾构机上加装采石箱，防止卡泵、堵管等现象。 (3) 适当降低刀盘转速及推进速度，防止积舱、滞排。 (4) 刀盘转速在破碎带宜控制在0.7～0.8r/min

三、整体掘进情况

1. 岩层施工

左线盾构自2020年6月10日进入866环，2020年6月26日完成897环的掘进(17d)，日均进尺3.76m，见表4-5-25。掘进速度为7.5～9mm/min，推力为127～163MN，刀盘转速为1r/min，刀盘扭矩为7.4～10.9MN·m，切口压力控制在5.75～6.5bar之间。

盾构自2020年7月4日进入925环，2020年9月19日完成989环的掘进(67d)，日均进尺1.67m，见表4-5-25。掘进速度为2～10mm/min，推力为111～141MN，刀盘转速为1～1.3r/min，刀盘扭矩为3.8～12.0MN·m，切口压力控制在5.1～5.82bar之间。

盾构自2020年12月30日进入1021环，2021年1月29日完成1075环的掘进(29d)，日均进尺3.55m，见表4-5-25。掘进速度为4～8mm/min，推力为110～130MN，刀盘转速为0.85～1.1r/min，刀盘扭矩为3.8～7.7MN·m，切口压力控制在5.05～5.76bar之间。

岩层段施工工效　　　　表4-5-25

地层	环数	长度(m)	时间	工效(m/d)
全断面岩层	866～897环	64	2020年6月10日—2020年6月26日(17d)	3.76
	925～989环	112	2020年7月4日—2020年9月19日(67d)	1.67
	1021～1075环	110	2021年12月30日—2021年1月29日(31d)	3.55

2. 断裂带及冲槽叠加段施工

898~924 环为断裂带及冲槽叠加段。盾构自 2020 年 6 月 26 日进入断裂带及冲槽叠加段(898 环)，2020 年 7 月 4 日完成 924 环的掘进(9d)，日均进尺 6m，见表 4-5-26。掘进速度为 7~9mm/min，推力为 125~150MN，刀盘转速为 0.9~1r/min，刀盘扭矩为 6.8~9.8MN·m，切口压力控制在 5.91~6bar 之间。为保证掘进安全高效，除设备维保、刀盘转速、扭矩等常规控制外，还针对切口压力开展课题研究。

断裂带及冲槽叠加段盾构施工工效　　　　　表 4-5-26

地层	环数	长度(m)	时间	工效(m/d)
断裂带及冲槽叠加段	898~924	54	2020 年 6 月 26 日—2020 年 7 月 4 日(9d)	6

常规切口压力计算公式只考虑了掌子面顶部覆土情况，本工程冲槽段地表极速倾斜，切口压力设定必须考虑此影响。为解决该条件下泥水压力确定困难的问题，基于已有的楔形体模型和库仑土压力理论，对现有楔形体模型进行分析修正完善，提出了考虑倾斜地表下的修正三维楔形体模型，该模型分析计算如图 4-5-35 所示。通过建立开挖面前方滑块受力平衡方程，建立极限支护压力的计算公式。

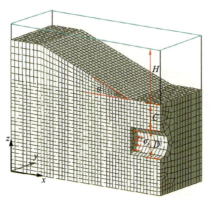

a)盾构隧道稳定性分析的三维有限元网格

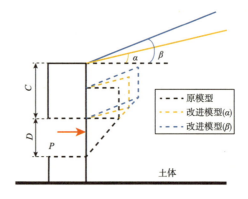

b)三维楔体计算模型1

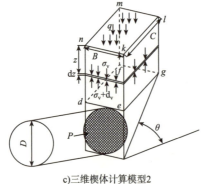

c)三维楔体计算模型2　　　　　d)楔体受力分析图

图 4-5-35　三维楔体计算模型

图中，B 为棱柱体宽度，C 为棱柱体长度，D 为隧道直径，α 为楔形滑块倾角，G 为楔形滑块的重力，P 为极限支护压力，σ_v 为松动土压力。

按此方法计算确定 ZK2+840(处于覆土极速倾斜范围内)和 ZK2+890(水平地表)两处典型断面的泥水压力值，气垫仓液位下降速度为小于 2mm/min，判断与实际压力持平。此方法计算精度较高，解决了大坡度极陡地表条件下极限支护压力确定困难的问题，保障了燕子矶长江隧道江底冲槽段盾构掘进掌子面稳定。

3. 破碎带掘进

990~1020环为破碎带,详勘阶段该区域钻孔未揭示存在溶洞。左线先发盾构在990环(里程ZK2+701)掘进过程中,地表出现了较为明显的沉降,后经补勘发现刀盘前方8m处存在直径10.7m的溶洞,且区域内大量钻孔揭示了溶洞,岩溶中等发育。同时,因该区段岩溶与断层破碎带相叠加,灰岩等可溶岩层的溶蚀造成破碎体更加松散,盾构掘进扰动后刀盘前方、顶部岩体极易出现坍塌,引起积舱、卡泵与扭矩激增等问题。

2020年9月20日,盾构在990环推进过程中,切口压力出现两次较大范围的波动、最大波动幅值0.5bar,观测到局部监测点变化较快。为保证安全,停止推进,对刀盘上方,前方土体及地表建筑物等进行了加固注浆等措施。990环所处的地质情况如图4-5-36所示。

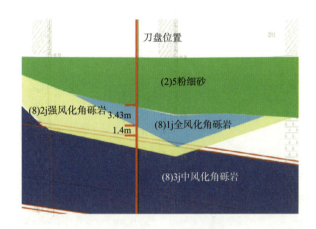

图4-5-36 盾构机刀盘位置地层断面图

根据沉降影响范围、中风化和强风化岩面高度、强风化角砾岩覆盖层厚度、后续盾构推进砂层距离隧顶高度等综合考虑,采用全方位高压喷射技术(Metro Jet System,MJS)桩加固,加固范围为盾构开挖范围左右4.5m位置,加固里程为ZK2+707~ZK2+661。MJS加固桩径2400mm,桩芯间距2000mm。将加固区域分为四个区域(A、B、C、D),如图4-5-37所示,最外侧一排桩及C区里程ZK2+684位置(红色虚线标注)的桩顶高程延伸至粉细砂层顶面,A、B剩余区域桩长为10m,C区其他工法桩桩长为7m,D区其他工法桩桩长为5m。MJS工法桩桩位剖面如图4-5-38所示。

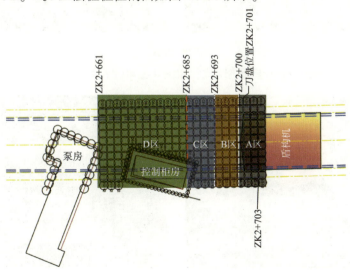

图4-5-37 MJS工法桩桩位平面图

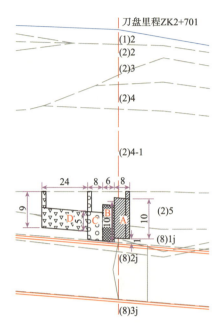

图 4-5-38　MJS 工法桩桩位剖面图(尺寸单位：m)

盾构机在第 990～1020 环掘进过程中，出现以下情况：

①积仓、滞排现象明显。大量大块石头堆积在开挖仓与气泡仓底，需要用破碎机慢慢破除，并经长时间泥浆循环才能排出，泥水分离设备中的碎石量明显增多。渣样如图 4-5-39 所示。

图 4-5-39　渣样照片

②刀盘扭矩、盾构推力增大及刀具磨损加剧，如图 4-5-40 所示。

图 4-5-40　刀具磨损

③刀盘转动带动掌子面前方破碎岩体剥落,出现泥浆卡泵石块问题(图4-5-41),需要频繁拆泵,每天拆泵6~8次。

图4-5-41 卡泵石块

④同步注浆量增加,失浆情况严重。每环同步注浆量增加2~3倍(56~166m³);每天需频繁制备新浆,在停机过程中,气泡仓液位需要一直补给,平均每天补浆300~400m³。

针对上述现象,主要采取了以下措施:

①适当降低刀盘转速(0.7~0.8r/min)及推进速度(3~8.6mm/min),扭矩增加就停止推进,进行洗仓。

②提高泥浆指标(黏度≥25s、密度1.16~1.18g/cm³)。

③在盾构机排浆泵前方增加采石箱,如图4-5-42所示。

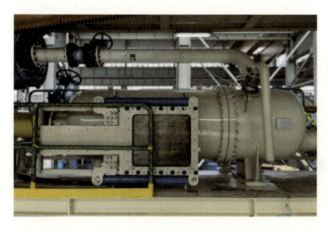

图4-5-42 采石箱

④对刀具加装防脱落装置并加强对刀具的检查。由于地层破碎,刀盘转动过程中受力较大且受力点不均匀,对刀具的冲击力较大,使刀具固定螺栓疲劳断裂,刀筒易脱落;对刀具加装防脱装置,确保特殊情况下刀筒螺栓断裂而刀筒不会脱落,并且在每次掘进完成后,对刀筒及防脱装置固定螺栓进行检查,必要情况下进行复紧。

⑤由于该段岩体破碎与岩溶发育叠加,造成掌子面岩体不稳定,盾构掘进困难。右线隧道在穿越前,对该段地层进行了注浆预处理,施工工艺与本篇第六节中岩溶注浆处理工艺基本相同。

针对本区段两处地表建筑物,采用竖向袖阀管+斜向钢花管联合注浆方式控制柜房地基,采用袖阀管注浆加固方式加固泵房变压器地基,以控制沉降。袖阀管、钢花管结构图分别如图4-5-43和图4-5-44所示。

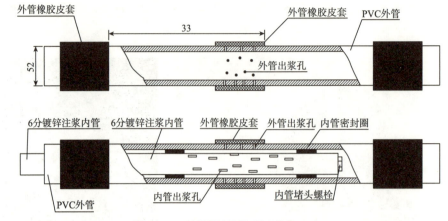

图 4-5-43 袖阀管结构图(尺寸单位:mm)

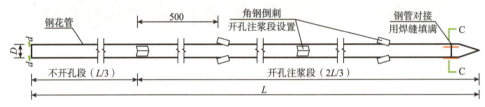

图 4-5-44 钢花管结构图(尺寸单位:mm)

对于控制柜房地基,盾构掘进范围内,采取双排布置,排间距为500mm;外排为钢花管,内排为袖阀管。盾构掘进范围外布置单排袖阀管注浆点。斜向花管与地面呈60°,袖阀管与地面垂直,两者桩长均为10m,桩芯间距为1000mm,袖阀管直径为50mm,钢花管为直径48mm。沿建筑物外轮廓布置。

对于泵房变压器位置,袖阀管沿建筑物外轮廓线均匀布置,有效桩长为6m,桩芯间距为1000mm,袖阀管直径为50mm。

注浆点位如图4-5-45所示。

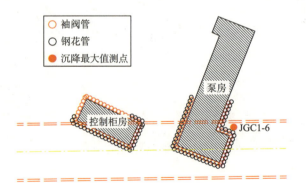

图 4-5-45 袖阀管+钢花管点位布置图
注:外排为钢花管,内排为袖阀管。

施工设计参数如下:

a. 注浆加固采用42.5级的普通硅酸盐水泥,水灰比为1:1,浆液扩散半径0.8m。

b. 注浆速率:20~30L/min。

c. 注浆压力:0.5~1MPa。

d. 袖阀管+钢花管施工控制参数应通过现场试桩确定。

建筑物补偿注浆共施工袖阀管1702m,钢花管310m,注浆量3894m^3。结合2020年11月1—20日的掘进情况以及跟踪监测结果(表4-5-27),地表及建筑物沉降、土体水平位移等监测值总体上未超过控制值,较为稳定。

房屋沉降监测数据　　　　　　　　　　　　　　表4-5-27

测点编号	最大变形速率（mm/d）	累计变形（mm）	控制值	
			速率指标(mm/d)	累计指标(mm)
JGC1-1	-0.6	-3.6	±2	+10, -30
JGC1-2	-0.5	-3.8		
JGC1-3	-0.1	-3.1		
JGC1-4	0.5	-27.5		
JGC1-5	19.6	-49.0		
JGC1-6	1.41	-57.6		
JGC1-7	1.3	-8.9		
JGC1-9	-0.6	-3.6		
JGC2-3	1.5	-19.5		
JGC2-4	0.2	-20.7		
JGC2-5	1.2	-4.9		
JGC3-1	-0.7	-2.0		
JGC3-2	0.2	-4.6		
JGC3-3	0.4	-3.2		
JMJGC1	-4.11	-48.3		
JMJGC2	-3.86	3.6		

四、掘进技术总结

本节同样以左线为例，对比不同地层下实际掘进参数和理论值的差异，见表4-5-28。

岩层、冲槽段、破碎带地层地质状况盾构掘进参数统计表　　　　表4-5-28

地层	取值	切口压力（bar）	注浆量（m³）	刀盘转速（r/min）	贯入度（mm）	推进速度（mm/min）	总推力（MN）	刀盘扭矩（MN·m）
岩层	理论区间	5.05~6.5	34.5~47.7	1~1.3	2~10	—	—	—
	实际值	5.05~6.5	33~56	0.9~1.3	1.5~10	2~10	111~183	3.5~12.1
	集中分布区间	—	—	1~1.1	—	5~7.8	123.6~131.5	4.9~7.7
	集中分布区间环数占比	—	—	60.9%	—	54.3%	50.3%	51.0%
	集中分布区间平均值	—	—	1.03	—	5.9	127.2	5.9
断裂带与冲槽叠加段	理论区间	5.91~6	34.5~47.7	0.9~1	2~12	2~10	—	—
	实际值	5.91~6	35~38	0.9~1	7~9.6	7~9	125~150	6.8~9.8
	集中分布区间	—	—	0.9~1	—	7.5~8	130.8~134.3	8.0~9.3
	集中分布区间环数占比	—	—	100%	—	59.3%	51.9%	55.6%
	集中分布区间平均值	—	—	0.96	—	7.9	132.6	8.7
破碎带	理论区间	5.57~6.22	—	0.7~0.9	6.4~14	2~0	—	—
	实际值	5.57~6.22	36~166	0.7~0.85	5.8~12.2	3~8.6	159~183	4.5~8.7
	集中分布区间	—	—	0.7	—	4.5~5.0	130.4~133.7	4.7~7.1
	集中分布区间环数占比	—	—	77.4%	—	61.3%	51.6%	54.8%
	集中分布区间平均值	—	—	0.7	—	4.9	132.2	6.0

1. 切口压力

不同地层下切口压力变化如图4-5-46所示。

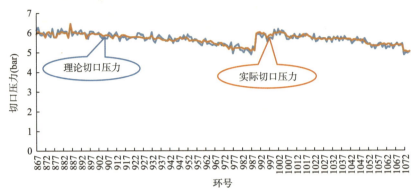

图4-5-46 切口压力理论值与实际值对比

在岩层及破碎带地层切口压力采用只考虑水头压力的方式进行计算,根据地表沉降的结果反馈,在盾构穿越前,刀盘前方5~10m的地表沉降均在5mm以内,在该地层下切口压力的计算方式满足掘进要求。

在冲槽段施工过程中,为保证穿越安全,采用极限支护压力公式的计算结果进行切口压力控制,效果良好。

2. 同步注浆

该段地层盾构隧道顶部覆土主要为角砾岩,为适应地层对同步浆液配比进行调整,将水泥含量调整为205kg/m³(砂浆配比为水泥:粉煤灰:膨润土:黄砂:水:增塑剂=205:220:20:1036:370:10.9)。

898~924环(断裂带及冲槽叠加段)掘进过程中,累计注浆量为970m³,平均每环注入35.9m³,注浆填充率为135%。

990~1020环(破碎带)掘进过程中,同步注入量每环在36~166m³之间,累计注浆量为2364m³,平均每环注入76.3m³,注浆填充率为288%,由于地层较为破碎,注入过程中重点控制压力。

866~897环、925~989环、1021~1077环(全断面岩层)施工过程中,累计注浆量为5546m³,平均每环注入36.7m³,注浆填充率为138%。同步注浆量理论值与实际值的对比如图4-5-47所示。

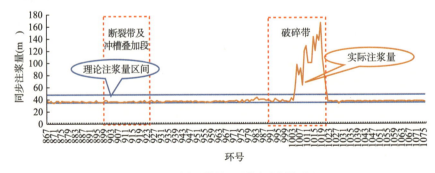

图4-5-47 同步注浆量理论值与实际值对比

3. 刀盘转速、贯入度与推进速度

由于本段地层为全断面硬岩,岩层的最高单轴抗压强度约为90MPa,硬岩段刀盘转速基本控制在1.0~1.3r/min之间,掘进过程中保持低贯入度,避免贯入度过大,出现刀具磨损加剧等情况。

990~1020环由于地层较为破碎,刀盘转速控制在0.7~0.8r/min之间,避免刀盘转速过大,开挖面岩体大量剥落,导致积仓、滞排等现象。

898~924环(断裂带及冲槽叠加段)刀盘转速控制在0.9~1r/min之间,防止转速过快对顶部覆土产生扰动。

刀盘转速理论值与实际值对比如图 4-5-48 所示。

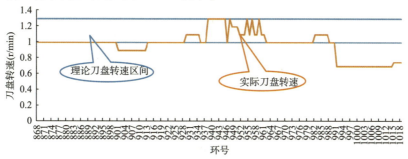

图 4-5-48　刀盘转速理论值与实际值对比

全断面岩层推进速度浮动区间为 2~10mm/min,898~924 环(断裂带及冲槽叠加段)集中在 7~9mm/min,990~1020 环(破碎带)集中在 3~8.6mm/min,如图 4-5-49 所示。

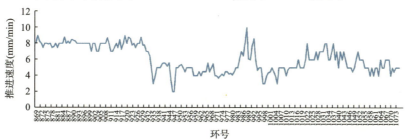

图 4-5-49　推进速度实际值

4. 总推力、刀盘扭矩

岩层段总推力浮动区间为 111~183MN,898~924 环(断裂带及冲槽叠加段)为 125~150MN,990~1020 环(破碎带)为 159~183MN,如图 4-5-50 所示。

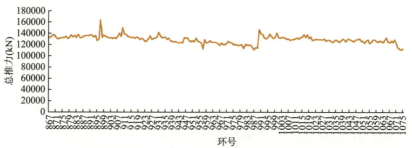

图 4-5-50　总推力实际值

根据刀盘扭矩实际值图,在断裂带及冲槽段(898~924 环)施工过程中,刀盘扭矩在 6.8~9.8MN·m 之间,破碎带(990~1020 环)刀盘扭矩在 4.5~8.7MN·m 之间,变化较小。而在岩层段(866~897 环、925~989 环、1021~1077 环)施工过程中刀盘扭矩主要在 5~8MN·m 之间(占比 50%),对应的平均值为 6.1MN·m。刀盘扭矩实际值如图 4-5-51 所示。在该段地层掘进过程中,刀盘扭矩在 7~9MN·m 时进行刀具的检查。

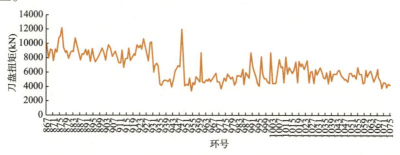

图 4-5-51　刀盘扭矩实际值

综上,根据本工程 866~1077 环的掘进参数情况,总结全断面硬岩地层(强风化角砾岩、中风化角砾岩)的掘进控制原则如下:全断面硬岩地层中掘进时,在满足刀盘扭矩及盾构推力许可的范围内,可维持掘进速度在 2~10mm/min 之间、刀盘转速在 1.0~1.34r/min 之间,并提高泥浆的高黏度、高密度,保证其携渣能力;破碎带及冲槽段应采用较低刀盘转速,尤其是破碎带宜为 0.7~0.8r/min。

(1)岩层盾构掘进。

①全断面岩层掌子面稳定性较好,切口压力设定以平衡水压为原则。

②盾构参数设定以保证刀具正常受力、降低刀具异常损坏为原则。

③盾构机推进速度受制于单把滚刀受力,根据本工程经验,单把滚刀受力不能超过 20t,超过后刀具异常损坏大大增加。

④刀盘转速适当增加可减少刀具贯入度,降低刀具磨损,提高掘进效率,但刀盘转度增加,刀盘振动加大,刀具固定螺栓断裂风险加大,刀盘转速不宜超过 1.3r/min。

⑤安装刀具磨损、旋转监测系统,实现了精准换刀,可大大减少换刀时间。

(2)断裂带及冲槽段盾构掘进。

①切口压力计算需要充分考虑掌子面前方地势陡坡影响,准确设定切口压力,掘进过程中控制压力以及液位的波动,以保证掌子面的稳定。

②穿越前应进行刀具更换及设备维护、保养,穿越过程中尽量做到无设备故障及刀具更换,以避免长时间停机,保障顺利穿越。

③设置合理推进速度,保证刀具良好的受力状态,盾构机平稳推进,实现一次性穿越。

④采取较低的刀盘转速(不超过 1r/min),降低刀盘转动对掌子面的扰动。

(3)破碎带盾构掘进。

①破碎带盾构开挖、排渣机理完全不同于正常地层,开挖过程中防止刀盘扭矩剧增、控制掌子面坍塌、超挖至关重要。

②刀盘稍转动即带动掌子面前方、上方石块掉落至开挖仓,故采取最低刀盘转速(不宜超过 0.8r/min)以降低扰动,防止大量石块突然掉落。

③破碎带掘进几乎全为石块,需破碎机破碎后才能排出,故掘进速度取决于破碎机的工作效率,必须与之相匹配。

④刀盘扭矩增加表示开挖仓堆积石块增加,如发生较大变化,必须立即停机,进行泥浆循环。但也不能盲目降低扭矩而长时间循环,防止掌子面顶部持续坍塌、超挖。

⑤左线掘进过程中发现该段地层较为破碎,掘进速度缓慢、刀具磨损及卡泵现象严重,针对这类现象应加强对地表沉降等的关注,并采取必要的注浆加固措施,降低工程风险。

第六节 岩溶地层掘进与辅助施工措施

一、概述

1. 勘察阶段岩溶探测情况

依据勘察资料,左线 ZK2+050~ZK2+490 段及右线 YK2+060~YK2+470 段分布有石炭系灰岩、浦口组角砾状灰岩,同时发育岩溶和断层,地质条件较复杂。

勘察阶段共有 11 个钻孔揭示石炭系灰岩、22 个钻孔揭示浦口组角砾状灰岩,溶洞孔位数、见洞率等详见表 4-5-29。本段可溶岩揭示溶洞高度在 0.2~4.4m 不等,一般为可塑~硬塑状粉质黏土充填,含风化岩块,部分为空洞,见洞率22.7%~27.3%,总线岩溶率为1.3%,属于岩溶中等发育。岩溶地质纵断面图如图4-5-52所示。

溶洞统计情况 表4-5-29

地层	溶洞孔位	孔深(m)	里程	溶洞位置(孔深)(m)	见洞率	单孔线岩溶率
石炭系灰岩 (22个钻孔)	Jz-C16	95.82	K2+160.48	37.6~39.7、41.1~41.6	27.3%	2.6%~19.7%
	Jz-C17	76.1	K2+220.13	61.3~62.2、7.0~37.5		
	Jz-ZY7	95.4	K2+267.94	36.8~40.3、43.2~43.6、44.5~44.9		
	Jz-S53	77	K2+316.52	25.5~29.3		
	Jz-C23	81.4	K2+460.65	13.9~17.1、20.0~20.8、39.3~42.5		
浦口组角砾 状灰岩 (11个钻孔)	Jz-ZY1	72	K2+086.77	20.2~21.0	22.7%	1.3%~7.5%
	Jz-C13检	66	K2+100.87	12.1~12.7、18.1~19.5、 22.0~23.0、39.2~40.5		
	Jz-ZY14	87.8	K2+482.59	24.8~25.7		

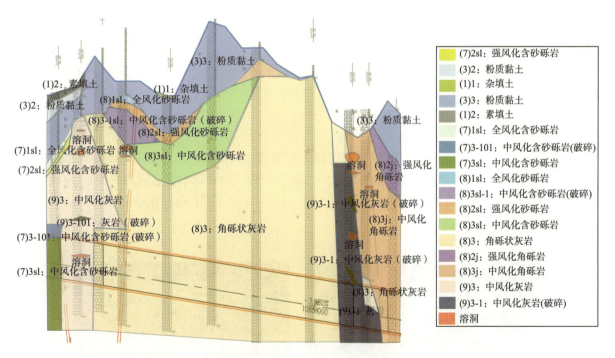

图4-5-52 岩溶地质纵断面图

2. 断层破碎带分布情况

该段存在3条非活动性断层,分别为f11(在ZK2+065附近与线路相交)、f12(在ZK2+175附近与线路相交)和f13(在ZK2+500附近与线路相交)。

(1)断层f11。

断层f11为隐伏断层,地表未见出露,上覆地层为第四系黏性土,厚度10~20m,下伏基岩为石炭系灰岩,下为白垩系浦口组泥质砂岩、含砾砂岩。断层位于灰岩与泥质砂岩接触地带,带内岩体破碎,主要岩性为泥质砂岩,部分灰岩亦被卷入,泥质砂岩挤压现象明显,推测该断层为逆断层,断层在ZK2+065附近与线路相交。

(2)断层f12。

断层f12同样为隐伏断层。断层位于角砾状灰岩、含砾砂岩中,部分位于灰岩与含砾砂岩接触地带。带内岩体较破碎,主要岩性为含砾砂岩,部分角砾状灰岩、灰岩,含砾砂岩挤压现象明显,推测该断层为逆断层,断层带宽度0.5~3m。钻探揭示上盘岩性为角砾状灰岩、含砾砂岩、灰岩,下盘为含砾砂岩、角砾岩、角砾状灰岩,推测下盘亦存在石炭系灰岩,断层在ZK2+175附近与线路相交。

(3)断层f13。

断层f13出露于线路ZK2+500左侧18m处,与线路近平行,下盘断层面近直立,微向东倾,上盘断层面倾向东,倾角约80°,上部断层带宽度0.5~1m,带内岩体破碎,上盘岩性为白垩系含砾砂岩、角砾岩,下盘为石炭系灰岩。f13断层为平移断层,由于上、下盘断层面产状的差异,推测随着深度的增加,断层带宽度亦会有所增加。受f13断层影响,左线隧道ZK2+420~ZK2+480段灰岩、角砾状灰岩岩溶发育。

3. 盾构开挖面特性

根据地质纵断面图显示,盾构掘进范围内主要存在以下地层:

(1)(9)3中风化灰岩:灰色、青灰色,中风化,钙质胶结,以较硬岩~坚硬岩为主,岩体较完整,岩芯呈柱状、短柱状,节长10~45cm;局部发育溶孔、溶槽。

(2)(8)3中风化角砾状灰岩:中风化,灰色、灰白色,角砾状构造,钙质胶结,岩体较完整,岩芯呈柱状、短柱状,局部发育溶洞、溶槽。

(3)(8)3j中风化角砾岩:紫红色夹灰白色,中风化,角砾状构造,以钙质胶结为主,岩芯呈柱状、短柱状,敲击不易碎。角砾成分主要为砂岩。

4. 区域地表建筑物情况

岩溶区范围内地表存在燕子矶中学、部分民房与边坡等建构筑物。左线ZK2+050~ZK2+108段正穿燕子矶中学操场,右线隧道YK2+078~YK2+103.3段侵入燕子矶中学边线约3.5m。左线ZK2+190~ZK2+236.5段正穿民房与边坡,右线隧道YK2+163~YK2+201段同样正穿民房。相对位置关系如图4-5-53所示。

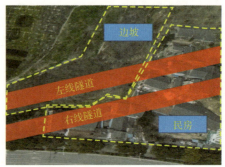

图4-5-53 燕子矶中学、民房、边坡与盾构隧道位置关系图

5. 施工期岩溶专项勘探及处治要求

勘察结论表明,左线ZK2+050~ZK2+490段及右线YK2+060~YK2+470段岩溶中等发育,地质

构造条件、岩性条件复杂,隧道围岩中分布较多的破碎带、溶洞、溶孔。考虑勘设阶段勘察范围、深度有限,为保障施工安全,设计阶段提出了施工期应进行岩溶专项勘察和岩溶处治的要求。

专项勘探的基本原则如下:

(1)编制《岩溶专项勘察实施大纲》,实施大纲应有先导孔和探边孔布置方案以及相关探测到溶洞后的处理方案,处理方案应包含注浆具体措施和相应的检查方案,经建设单位、监理、设计认可并完成审查后实施。

(2)岩溶专项勘察孔分别在左、右线隧道外轮廓范围内进行布置,如发现溶洞,设置探边孔并向外扩展,直至盾构隧道外轮廓处理范围处终止。

(3)岩溶专项勘察孔和探边孔内可考虑实施跨孔 CT 物探,并结合作为注浆孔。

(4)可溶岩的钻孔探测和处理原则上尽量能从地面进行,地面存在建筑物受限时,施工阶段可根据地面建筑物拆迁情况动态调整处理措施。

岩溶区地面处理要求如下:

(1)盾构施工进入岩溶区前,对盾构洞周和洞顶 7.5m、隧底 15m 范围内注浆加固。

(2)岩溶地面处理之前务必探清周边地下管线,并尽可能使管线出露后再实施加固,加固实施及隧道施工期间应加强对管线监测。

根据设计要求,对该段岩溶区进行施工期专项勘察。钻孔揭示原设计岩溶区域边缘(左线 ZK2 + 490,右线 YK2 + 470)仍有溶洞,继续向江边延伸勘察,左线延伸 47m,右线延伸 43m。

二、岩溶区施工风险分析

盾构穿越岩溶发育地层,主要存在以下风险:

(1)突水突泥风险。

盾构穿越 ZK2 + 050 ~ ZK2 + 537、YK2 + 060 ~ YK2 + 513 段地层过程中,洞身围岩岩性主要为角砾状灰岩、灰岩及角砾岩,受 f1 断层、f2 断层等构造影响地带,岩性及接触关系较为复杂,岩体较为破碎且岩溶发育,承压水发育,溶洞填充物多为水或泥。盾构掘进过程中,易导致溶洞内的水或泥涌出,发生突水、突泥风险。

(2)盾构机栽头、侧偏、陷落风险。

受该段断层构造带影响,岩体破碎,岩溶发育,承压水富集,盾构掘进过程中,如隧道底部岩溶溶洞处理不到位,易导致盾构机栽头、轴线侧偏、陷落等风险。

(3)换刀风险增大。

幕府山段岩溶区长度达到 487m,必然要实施换刀操作。但该段岩溶发育,且受 f11 断层、f12 断层及破碎带的影响,刀具更换过程中,抽刀、装刀易受到卡顿,常压换刀风险增大。

对此,采用洞内 + 洞外的综合处置方式:

综合采用多种物探手段,进一步明确岩溶区发育规模,据此制定岩溶注浆布孔方案,并通过试验段注浆验证施工工艺与质量控制措施。岩溶地面注浆处理区的盾构掘进控制与硬岩地层基本相似。对于受地面既有建筑影响而无法事前进行岩溶处理的区域,采用岩溶未处理区域综合预警技术进行掘进,即首先对未处理区域进行隧道地质超前预报(Tunnel Seismic Tomography,TST)明确地质情况;施工前通过理论分析研究制定一套掘进参数预警体系,并根据试验段每环掘进的情况,不断优化掘进参数;当参数出现异常时,利用开挖舱可视化技术及超前注浆系统进行溶洞的处理。

岩溶区施工流程如图 4-5-54 所示。

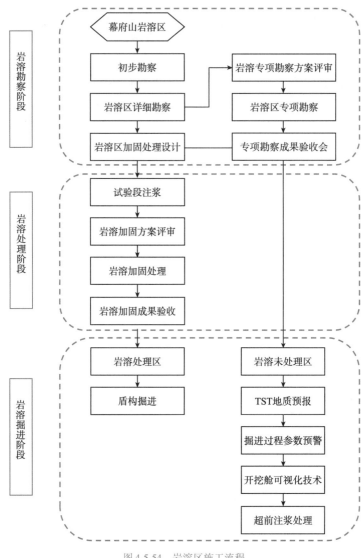

图 4-5-54　岩溶区施工流程

三、岩溶区施工专项勘察

本项目空洞与岩土体之间有明显的介质分界面,可采用跨孔电阻率 CT 法进行岩溶专项勘探,但在岩溶勘察过程中存在以下难点:

①岩溶范围内岩体完整性差,地下水位高,溶洞、破碎带及裂隙区域一般含水,探测钻孔间反演剖面中低阻区域多,只应用单一物理勘探方法,难以有效区分异常区。

②实施探测区域地表为幕府山、民宅及燕子矶中学,地表起伏,高差大,部分区域不具备地面垂直钻孔条件,无法完全满足跨孔物探条件,会造成区域物探数据缺失,对物探结果成像及解释造成一定影响。

③岩溶区横跨道路及民房等人为噪声较大的区域,且道路上来往车辆较多,对采集到的弹性波数据质量产生一定影响;民房区域存在大量地下管线,存在部分离散电流,对电阻率数据质量也会造成一定影响。

④隧道埋深较大,而探测目标较小。

综上,为保证岩溶探测精度,本项目综合采用了跨孔电阻率 CT 法和跨孔弹性波 CT 法两种方式进行探测。

1. 探测基本原理

(1) 跨孔电阻率 CT 法。

跨孔电阻率 CT 是以介质电性差异为基础,通过研究与电性有关的人工直流电场分布规律,探测地质构造和寻找矿产资源的地球物理探测方法。该方法工作时在两钻孔中分别放入一定数量的电极,使得探测点更接近探测目标,并对两孔间电流电压数据进行观测,通过反演获得两井间电阻率分布断面图,分析不同岩土介质与电阻率之间的对应关系,进行地质信息解译,进而达到工程探测的目的。

跨孔电阻率法 CT 探测探测点离目标体较近,因而采集到的信号是异常的直接反映,信号保真度大,提高了原始数据信噪比,数据更精确。较常规的地面电阻率物探方法能排除地表环境、金属管线和工业用电的干扰,大大提高了探测精度。

跨孔电阻率 CT 装置示意图如图 4-5-55 所示。

主要探测仪器为 FlashRES-64 超高密度直流电法仪以及两条各带有 32 个电极的防水电缆,每个电极相距 1m。因此,32 个电极进行一次探测并不能完全覆盖设计单位要求的 37m 探测区域范围,故在进行完第一次数据采集及数据质量检查之后,将两电极提升 10m,并重复以上探测步骤,最终将两次探测的数据合并,完成一个剖面的探测工作。

(2) 跨孔弹性波 CT 法。

跨孔弹性波 CT 层析成像技术,简称弹性波 CT。当地下岩土体存在岩溶、断层等异常体时,密度弹性模量、泊松比较正常岩土体有明显的差

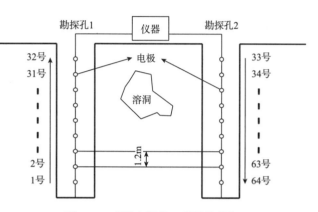

图 4-5-55 跨孔电阻率 CT 装置示意图

异,弹性波波速会降低,且幅值减小、频率降低。利用这一规律,当弹性波射线穿过被探测目标体时,将产生一个旅行时差,再根据弹性波旅行时差特征和合适的反演模型即可判断震源与检波器点之间的岩土体及溶洞分布情况,从而达到岩溶探测的目的。

跨孔弹性波 CT 探测仪器设备主要分为发射和接收两部分。本次跨孔弹性波 CT 探测在发射部分采用了电火花震源,接收部分使用串式检波器,主机采用 HX-DZ-02A 多道数字高分辨地震仪。

激发点和接收点的布置:本次探测中的震源采用电火花震源,采用一发多收扇形穿透的方式,将震源和检波器放在相邻的两个孔位,并放置在孔底的最深处。每次将震源上提 1m,逐米放炮,每串检波器为 24 道,2m 一道,在进行数据采集时需保证检波器的最下端位于孔底的最低端,且保证整个检波器线保持竖直状态没有出现折叠。将震源上提 37m(放 38 炮)后,为保证探测的高密度及高分辨率,将检波器上提 1m,并把震源放到孔底再次进行逐米上提 37m(放 38 炮),之后将前 38 炮和后 38 炮合成,共计 76 炮,完成此剖面的完整探测。数据采集示意如图 4-5-56 所示。

2. 探测测线及探测孔布置

(1) 平面测线。

为查明较大规模岩溶、破碎区的分布,本工程岩溶探测区域范围为:以隧道左右线两侧外轮廓线为基准、分别各向外延伸 4.5m,隧道基底面向下延伸 15m,如图 4-5-57 所示。

沿隧道轴线方向设计 L1~L4 共 4 条测线。L1、L2 分别沿隧道左线外轮廓线向两侧外扩 4.5m,L3、L4 分别沿隧道右线外轮廓线向两侧外扩 4.5m,L1、L2 间距 23.5m 左右,L3、L4 间距 23.5m 左右。

(2) 剖面测线。

在每条测线上间隔 3m 施工一个孔位(防护孔),每隔 12m 选取一个防护孔作为勘探孔,进行岩溶探测工作,如图 4-5-58 所示。一对钻孔对形成一个探测剖面,探测区域为隧道两侧的钻孔之间。通过采用横纵和交叉组合的剖面测线布置方式(图 4-5-59),增加加密孔位及加密测线,保证了探测区域的高精度和全覆盖。电阻率与弹性波采用相同的测线布置。

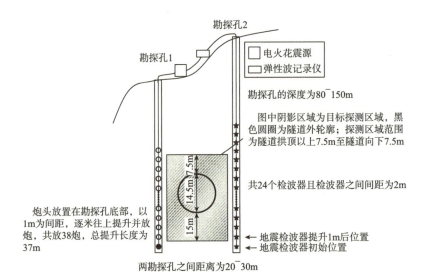

图 4-5-56 跨孔弹性波数据采集示意图

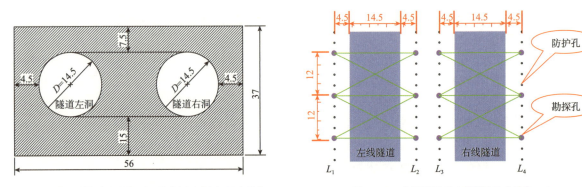

图 4-5-57 垂直隧道轴线方向探测区域范围示意图(尺寸单位:m)　　　图 4-5-58 剖面测线分布简图(尺寸单位:m)

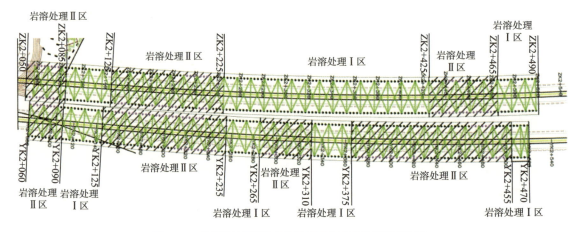

图 4-5-59 沿隧道轴线测线布置图(图中绿色为测线覆盖区域)

(3)探测孔布置。

根据专项勘察设计,探测孔孔位共计 570 个,因注浆区域内存在房屋及学校等地面建筑,不具备施工条件,实际施工孔位 431 个,完成孔位分布如图 4-5-60 所示。利用钻探孔位进行物探,钻孔及溶洞统计情况见表 4-5-30。

钻孔及溶洞统计情况　　　　表 4-5-30

项目	设计孔位	实际施工孔位	见洞孔位	隧道范围内见洞数	总见洞率
数量	570	431	174	78	40.4%

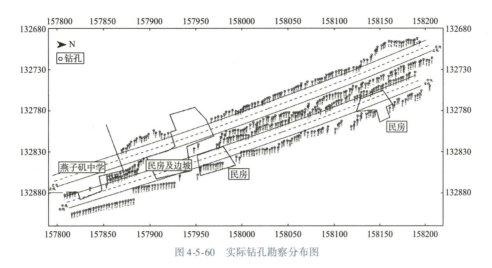

图 4-5-60 实际钻孔勘察分布图

根据钻孔过程中的见洞情况,以左线为例,绘制岩溶区钻孔见洞情况纵断面如图 4-5-61 所示。

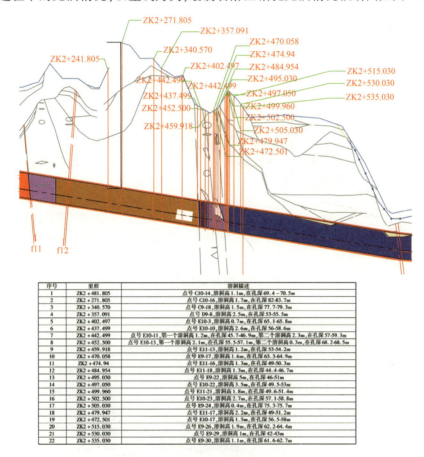

图 4-5-61 岩溶区钻孔见洞情况纵断面图

在对原设计岩溶区域边缘 ZK2+490 及 YK2+470 里程处进行钻孔施工过程中,结果揭示仍有溶洞存在,故对探测区域继续向江北进行延伸,如图 4-5-62 所示。其中,左线延伸 47m(双线共 8 个探孔),右线延伸 43m(双线共 7 个探孔),左线至 ZK2+490~ZK2+537,右线至 YK2+470~YK2+513。

(4)探测工程量。

跨孔电阻率 CT 探测于 2019 年 5 月 30 日进场开始探测工作,至 2019 年 10 月 13 日完成野外探测工作。在本次电阻率探测过程中共使用钻孔 216 个,共完成跨孔电阻率 CT 孔 464 对,其中有效剖面数为 439 个,如图 4-5-63 所示。

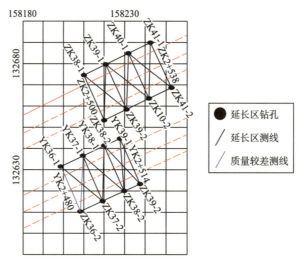

图 4-5-62 延长段钻孔分布图

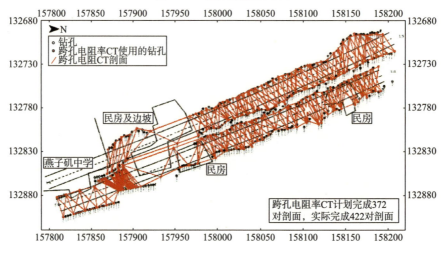

图 4-5-63 跨孔电阻率 CT 剖面平面分布图

跨孔弹性波 CT 探测于 2019 年 7 月 13 日进场开始探测工作,至 2019 年 10 月 14 日完成野外探测工作。在本次弹性波探测过程中共使用钻孔 190 个,完成跨孔弹性波 CT 孔 429 对,探测剖面数量为 429 个,有效跨孔弹性波 CT 探测剖面为 424 个,如图 4-5-64 所示。

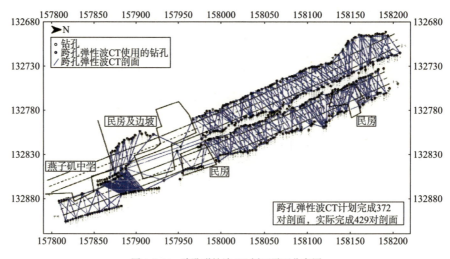

图 4-5-64 跨孔弹性波 CT 剖面平面分布图

综上,岩溶区专项勘察探测工程量见表4-5-31。

岩溶探测工程量统计情况 表4-5-31

探测方法	设计测线	实际完成	有效剖面	射线对
跨孔电阻率 CT	372 对	464 对	439 对	530064 条
跨孔弹性波 CT	372 对	429 对	424 对	868352 条
电阻率测井	—	196 组	181 组	—

3. 探测结论

(1)探测成果。

跨孔电阻率探测成果:对共 409 个有效电阻 CT 剖面进行二维剖面电阻率图绘制。利用隧道隧洞的中心点坐标对平行于隧道的电阻率水平切片进行提取,根据前述中提及的主要探测区域范围,对隧道上方 7.5m 至隧道下方 15m 内的数据以 1m 为间隔进行提取并绘制图像,共提取绘制了 76 幅跨孔电阻率 CT。隧道中心点处跨孔电阻率 CT 探测剖面图如图 4-5-65 所示。

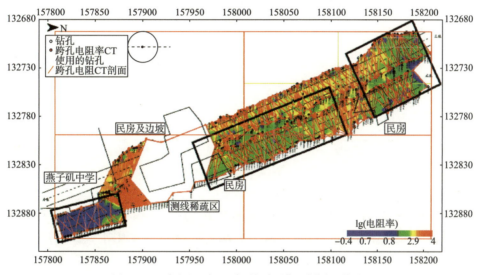

图 4-5-65　跨孔电阻率 CT 水平切片图像(隧道中心线处)

跨孔弹性波探测成果:综合 424 个有效跨孔弹性波 CT 探测剖面结果,利用隧道隧洞的中心点坐标对平行于隧道的弹性波水平切片进行提取。同样在探测区域范围内,对隧道上方 7.5m 至隧道下方 15m 内的数据以 1m 为间隔进行提取并绘制图像,共提取绘制了 76 幅跨孔弹性波 CT 的水平切片图像,如图 4-5-66 所示。

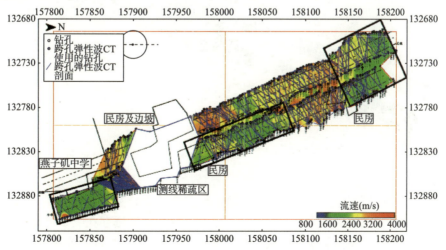

图 4-5-66　跨孔弹性波 CT 水平切片图像(隧道中心线处)

（2）探测结论。

对跨孔电阻率CT探测结果和跨孔弹性波探测结果进行三维数据整合及成像处理，最终得到三维电阻率和弹性波探测成像结果。利用阈值去除技术对异常地质体分布进行针对式提取，并根据提取结果进行相关地质分析与解释。

根据工区内地质分布及现场踏勘钻探，将工区分为四大区域，分别为：①最南侧小区域；②南侧灰岩区域；③角砾状灰岩区域；④北侧灰岩区域。工区地质区域划分图如图4-5-67所示。

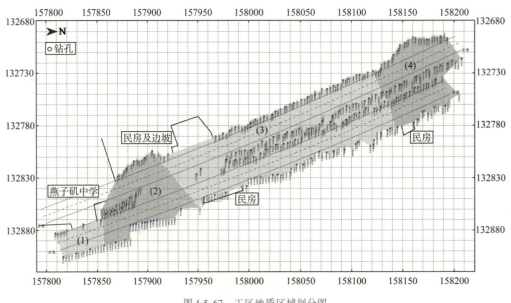

图4-5-67　工区地质区域划分图

①三维跨孔电阻率CT探测结果图像分析。

提取三维跨孔电阻率CT探测结果中的低阻区域，并绘制其与隧道的相对分布位置图像（图4-5-68）。图中，绿色块体为提取得到的低阻异常地质体，天蓝色管道则为隧道的左右隧洞。

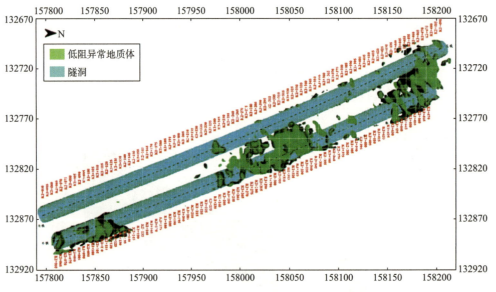

图4-5-68　三维跨孔电阻率CT探测低阻异常地质体与隧道分布图

从图中可以看出，在北部灰岩区域隧道挖掘深度处，三维低阻异常地质体存在分布位置广泛，面积体积大。而在中部角砾状灰岩区域也是在隧道右线以及部分左线区域存在大量低阻异常体，即该区域也是一个大型岩溶发育区。在南部灰岩区域南侧以及f11断层以南区域内存在大量集中分布的低阻异常,推测为大型岩溶发育区。

②三维跨孔弹性波 CT 探测结果图像分析。

提取三维跨孔弹性波 CT 探测结果中的低速区域,并绘制其与隧道的相对分布位置图像,如图 4-5-69 所示。图中,紫色块体为提取得到的低速异常地质体,天蓝色管道则为隧道左右隧洞。

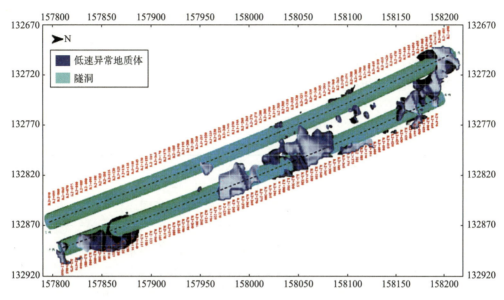

图 4-5-69　三维跨孔弹性波 CT 探测低速异常地质体与隧道分布图

从图中可以看出,在北部灰岩区域,与前述的三维低阻异常体分布类似,该区域同样在隧道挖掘深度范围内存在大范围的低速区域,结合二维波速切片,可推测该处应为大型岩溶发育区。在中部角砾状灰岩区域,同样也存在较多的低速异常,可推测该处为大型岩溶发育区。在南部灰岩区域南侧以及 f11 断层以南区域,存在大量集中分布的低速异常,推测为大型岩溶发育区。

③三维低阻异常与低速异常耦合度分析。

为确定工区内两种方法探测结果的有效性和可靠性,将两种方法提取出的三维低阻异常和低速异常进行耦合性分析。三维低阻异常与低速异常耦合分布如图 4-5-70 所示。图中,绿色块体为提取得到的低阻异常地质体,紫色块体为提取得到的低速异常地质体,天蓝色管道则为工区内的隧道左右隧洞。

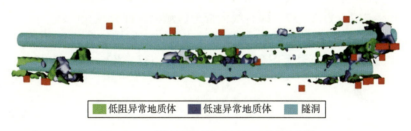

图 4-5-70　三维低阻异常与低速异常耦合分布图

从耦合图中可以看出,在北部灰岩区域、南部灰岩区域南侧以及 f11 断层以南区域,三维低阻异常以及低速异常均有较高的耦合度,也间接证明了这几处区域内探测结果的准确性与可靠性。在中部角砾状灰岩区域,三维低阻异常与低速异常在大部分区域均具有较好的耦合性,但在某些区域也存在不耦合的情况,推测应为该处岩溶发育情况较为复杂,导致两种结果没能完全耦合,但对该处为大型岩溶发育区的地质推测不会产生影响,即探测结果仍具有较好的可靠性,也间接证明了采用两种地球物理勘探方法进行联合勘探的前瞻性。

281

④地质推测解释。

根据跨孔电阻率 CT 和跨孔弹性波 CT 探测切片的对比分析结果,可以对隧道掘进过程中的主要关键区域进行地质推测解释,总结如下:

a. 隧道上方区域存在较多的低阻低速区域,北部灰岩区域内大部分区域基本都为低阻低速区分布;中部角砾状灰岩区域内在中间偏东,即大部分右线区域及部分左线区域为低阻低速区分布,且在中部区域的东南侧存在高阻低速区域分布的情况;南部灰岩区域在区域南侧为一低阻低速区分布,并且该处也与 f11 断层相交,北侧也存在一高阻低速区域;f11 断层以南区域基本全为低阻低速分布,岩溶发育程度较高。所有低阻低速分布区的桩号范围如下:ZK2+420~ZK2+490,YK2+408~YK2+470,ZK2+237~ZK2+332,ZK2+500~ZK2+540,YK2+217~YK2+375,YK2+102~YK2+133,YK2+060~YK2+102、YK2+470~YK2+510。

b. 隧道段区域低阻低速区域分布与隧道上方低阻低速区域分布极为相似,但是分布的面积和范围略有减小,具体分布区域可以参照隧道上方区域的分布,具体桩号分布范围如下:ZK2+420~ZK2+490,ZK2+500~ZK2+540,YK2+408~YK2+470,ZK2+237~ZK2+332,YK2+217~YK2+375,YK2+102~YK2+133,YK2+060~YK2+102、YK2+470~YK2+510。

c. 隧道下方区域与隧道段和隧道上方区域既有相似之处,也有不同之处。首先,隧道下方区域在北部灰岩地区、中部角砾状灰岩地区、南侧灰岩区域以及 f11 断层以南区域仍存在大范围低阻低速区,并且分布的位置与前面两个区域低阻低速区分布的位置基本相同,但分布的面积均存在随深度加深而慢慢变小的情况,并且中部区域内低阻低速区域分布也变得更加分散,即岩溶发育更加复杂化和离散化。前述南侧灰岩区域以及中部角砾状灰岩区域内的高阻低阻区也已经消失,低阻低速区耦合程度更好。所有低阻低速分布区的桩号范围如下:ZK2+437~ZK2+490,YK2+408~YK2+470,ZK2+270~ZK2+332,YK2+235~YK2+368,YK2+102~YK2+123,YK2+060~YK2+102。

⑤岩溶区岩溶发育情况结论。

整个工区内岩溶发育面积及范围都较大,并且岩溶发育的位置相对集中,可以分为四个主要的岩溶发育区,分为北部、中部、南部以及 f11 断层以南区域,每个岩溶发育区具有不同程度的地球物理异常,分述如下:

a. f11 断层以南区域为一较大岩溶发育区,区域边界为 f11 断层,推测岩溶发育程度较高,岩溶区域的桩号范围为 YK2+060~YK2+102。

b. 南部灰岩区大部分岩体相对较好,南侧与 f11 断层相交的位置表现为一低阻低速特征,但面积较北部和中部来说小很多,桩号范围为 YK2+102~YK2+133。

c. 中部角砾状灰岩区包含一处大型岩溶发育区,位于该区域中间偏东的位置,桩号范围为 ZK2+237~ZK2+332、YK2+217~YK2+375,即右线大部分区域以及部分左线区域。

d. 北部灰岩区域为一大型岩溶发育区,整个区域内仅有南侧小部分岩体相对较完整;其余区域均是典型的岩溶发育特征,对应的桩号范围 ZK2+420~ZK2+537、YK2+408~YK2+513。

四、岩溶注浆处理

1. 布孔设计情况

根据设计要求,本工程注浆治理范围为:

隧道轴线方向:以隧道左右线两侧外轮廓线为基准,分别各向外延伸 7.5m。

垂直隧道轴线方向:隧道平面以上 7.5m,隧道底基面向下延伸 15m,如图 4-5-71 所示。

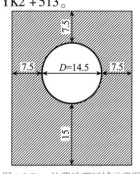

图 4-5-71 注浆治理区域示意图
(尺寸单位:m)

依据精细化探查结果,在治理区域内共设计1134个注浆孔,分别为A区199个、B区100个、C区347个、D区120个、E区249个,延伸段119个,详见表4-5-32、图4-5-72。

注浆孔位分部   表4-5-32

区域	防护孔	内部孔	共计	总和
A	120	79	199	
B	56	44	100	
C	214	133	347	1134
D	60	60	120	
E	118	131	249	
延伸区	62	57	119	

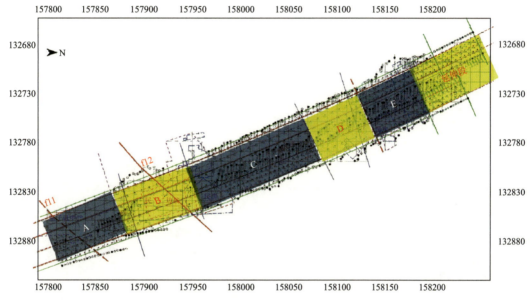

图4-5-72 注浆治理区域划分

(1)A区域平面布孔注浆设计。

区域里程:右线为YK2+060~YK2+145,左线为ZK2+050~ZK2+140。

根据岩溶物探结果,该区域受到f11断层影响,岩溶较为发育,为重点处理区域,但该区域左线隧道上方存在燕子矶中学,难以在地面布孔,施工要求苛刻;且大面积注浆可能会引起学校周围地表抬升,导致地板和墙体开裂。

注浆孔设计为:隧道两侧利用勘察时间距3m的防护孔为注浆孔,学校周围以5m×5m的梅花形孔位布置作为注浆孔。

考虑到隧道过断层f11,因此沿着隧道中轴线左右两侧均匀布孔,相邻两排孔采用梅花形错开布置,A区域布孔共计199个,钻孔孔径均为ϕ127mm,开孔至基岩,从基岩到设计深度孔径为ϕ91mm。右侧隧道共计141个孔,左侧隧道共计58个孔。A2~A10排采用间距为5m×5m的梅花形布孔。其中,A7排部分孔位利用物探钻孔来注浆,避开建筑物,沿其轮廓外面布孔,A11排利用物探钻孔注浆,到左隧道左侧开挖轮廓线距离约为2.3m。

(2)B区域平面布孔注浆设计。

区域里程:右线为YK2+145~YK2+215,左线为ZK2+140~ZK2+210。

该区域隧道过f12断层,地质条件较差,但该区域左右两侧隧道上方坐落着大面积的民房及边坡,因此在防护孔基础上共设置了9排注浆孔。

注浆孔位设计为:防护孔孔间距为3m,隧道中间孔位以5m×5m的梅花形布孔为主。

B区段在没有民房的区域布孔采用梅花形错开布置,布孔共计100个,钻孔孔径均为φ127mm,开孔至基岩,从基岩到设计深度孔径为φ91mm。其中,B2、B3、B4排除居民及边坡所在区域无法布孔外,钻孔孔径为φ127mm,开孔至基岩,其余区域采取5m×5m的梅花形布孔。B6排、B7排、B8排、B9排开孔位置排间距为5m,错孔布置。

(3)C区域平面布孔注浆设计。

区域里程:右线为YK2+215~YK2+350,左线为ZK2+210~ZK2+340。

该区域隧道上方一侧坐落着民房,无法在地面布孔,因此在民房外围布孔。其他部分隧道上方不存在建筑,因此布孔较为规律。

注浆孔位设计为:防护孔孔间距为3m,隧道中间孔位以5m×5m的梅花形布孔为主,民房外围根据实际施工要求再均匀布孔。

C区域沿着隧道中轴线左右两侧均匀布孔,相邻两排孔采用梅花形错开布置,左线右线共计347个孔,钻孔孔径为φ127mm,开孔至基岩,剩余段孔径φ91mm。右侧隧道共计189个孔,左侧隧道共计160个孔。

(4)D区域平面布孔注浆设计。

区域里程:右线为YK2+350~YK2+395,左线为ZK2+340~ZK2+390。

注浆孔位设计:该区域隧道上方不存在建筑,因此布孔较为规律,防护孔孔间距为3m,隧道中间孔位以5m×5m的梅花形布孔为主。

D区域沿着隧道中轴线左右两侧均匀布孔,左线右线共计120个孔,钻孔孔径均为φ127mm,开孔至基岩,从基岩到设计深度孔径为φ91mm。右侧隧道共计72个钻孔,左侧隧道共计48个孔。相邻两排孔采用梅花形错开布置,为5m×5m的梅花形布孔。

(5)E区域平面布孔注浆设计。

区域里程:右线为YK2+395~YK2+470,左线为ZK2+390~ZK2+490。

防护孔孔间距为3m,隧道中间孔位以5m×5m的梅花形布孔为主。但右线隧道上方存在一民房,无法在地面布孔,因此在民房外围布孔。

E区域沿着隧道中轴线左右两侧均匀布孔,相邻两排孔采用梅花形错开布置。左线右线共计249个孔,钻孔孔径为φ127mm,开孔至基岩,剩余段孔径φ91mm。其中,右侧隧道共计111个钻孔,左侧隧道共计138个孔。民房区域沿房屋外边线布孔,其余区域按照5m×5m的梅花形布孔。

(6)延伸段平面布孔注浆设计。

区域里程:右线为YK2+470~YK2+513,左线为ZK2+490~ZK2+537。

在对原设计岩溶区域ZK2+490及YK2+524进行钻孔施工过程中,根据钻孔结果揭示,发现仍有溶洞存在,故对探测区域继续向江北进行延伸。其中左线延伸47m,右线延伸43m。左线ZK2+490~ZK2+537,右线YK2+470~YK2+513,左右线合计90m。

该区域按照E区域的处理标准,防护孔孔间距为3m,隧道中间孔位按照5m×5m的梅花形布孔。

延伸段沿着隧道中轴线左右两侧均匀布孔,相邻两排孔采用梅花形错开布置。左线右线共计119个孔,钻孔孔径为φ127mm,开孔至基岩,剩余段孔径φ91mm。其中,右侧隧道共计57个钻孔,左侧隧道共计62个孔。

2. 试验段注浆

为明确水泥浆注浆效果,确定注浆工艺,指导岩溶区后续注浆施工。本工程设置了试验段进行注浆。

试验段选取右线YK2+294~YK2+315.8岩溶区,该区段位于幕府山山脚,根据CT勘探成果表明,该区段地质较为破碎,溶洞见洞率较高,故选择该区段作为试验段(图4-5-73,图中蓝色区域)。

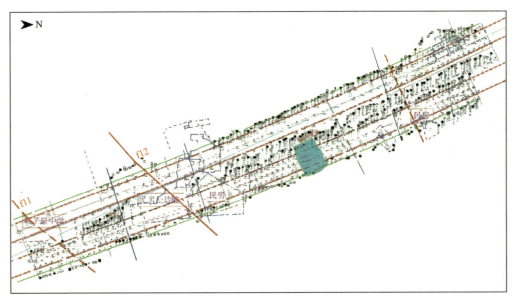

图 4-5-73　试验段注浆区域示意图

(1) 注浆管结构。

上部开孔孔径为 127mm，开孔至基岩面，采用 φ127mm 套管；剩余段钻孔直径为 91mm。密封管及注浆花管直径为 75mm，注浆管直径为 25mm。

(2) 注浆方式。

注浆孔钻孔至隧道底部以下 15m 终孔后，孔内先放置 37m φ75mm 注浆花管至孔底，其余部分放置密封管至孔顶。止浆塞距离花管顶面 1～2m。

注浆采用由外向内施工顺序，先外排帷幕钻孔（防护孔），其次施工中间排钻孔；单排孔采用间隔跳孔注浆，避免串浆及交叉作业。

(3) 注浆施工工艺。

注浆施工工艺流程如图 4-5-74 所示。

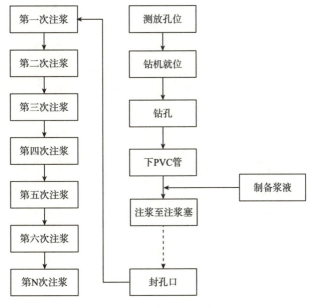

图 4-5-74　注浆施工工艺流程

（4）注浆材料。

注浆施工前，工地实验室对注浆材料进行配合比试验，见表4-5-33，采用不同的水灰比，对成型试块的强度及泌水率进行测定。水泥采用42.5级普通硅酸盐水泥，试验用水为自来水。

浆液配比试验表　　　　　表4-5-33

序号	水	水泥	水泥浆密度（g/cm³）	泌水率	3d强度（MPa）	7d强度（MPa）	28d强度（MPa）	失去流动性时间（h）
1	1.0	0.8	1.41	85.9%	4.6	7.3	36.9	10
2	1.0	1.0	1.48	88.8%	5.6	10.5	44.7	9
3	1.0	1.2	1.56	90.1%	6.7	12.6	50.6	8

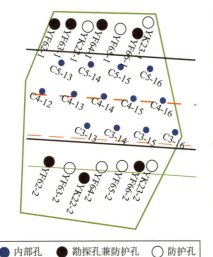

图4-5-75　试验段注浆孔位图

现场采用上述三种水灰比进行试验。根据现场试验情况，浆液的泌水率3d、7d、28d强度等指标均满足设计要求。当注浆浆液采用1∶1水泥浆、浆液密度为1.52g/cm³时，浆液流动性较好，与注浆泵等施工器械协调较好。故选择水灰比为1∶1的浆液进行注浆。

此外，为应对钻孔过程中溶洞内突水等紧急情况，采用水泥水玻璃双液浆的预案（水玻璃：模数$m=2.4\sim3.4$，浓度$B_e=30\sim40$），进行注浆治理。具体施工时参数根据实际情况，现场试验进行调整。

注浆结束标准为注浆终压1~2MPa，注浆压力逐步提高，达到注浆终压并持续注浆10min以上。

（5）试验段注浆情况。

①注浆孔数量及孔深设计。

根据注浆孔位设计，试验段共计27个孔，包含14个防护孔、13个内部孔，如图4-5-75和表4-5-34所示。

孔位情况　　　　　表4-5-34

点号	里程	地面高程（m）	设计底高程（m）	隧道底高程（m）	钻孔深度（m）	覆土厚度（m）	隧道上7.5m深度（m）
YF62-1	YK2+307	29.147	-58.713	-43.713	87.86	58.36	65.86
YF63-1	YK2+310	29.9258	-58.83	-43.83	88.7558	59.2558	66.7558
YK22-1	YK2+313	29.073	-58.947	-43.947	88.02	58.52	66.02
YF64-1	YK2+316	29.0169	-59.064	-44.064	88.0809	58.5809	66.0809
YF65-1	YK2+319	28.0762	-59.181	-44.181	87.2572	57.7572	65.2572
YF66-1	YK2+322	27.7493	-59.298	-44.298	87.0473	57.5473	65.0473
YK23-1	YK2+325	28.335	-59.415	-44.415	87.75	58.25	65.75
YF62-2	YK2+307	20.085	-58.713	-43.713	78.798	49.298	56.798
YF63-2	YK2+310	18.0879	-58.83	-43.83	76.9179	47.4179	54.9179
YK22-2	YK2+313	17.273	-58.947	-43.947	76.22	46.72	54.22
YF64-2	YK2+316	16.7005	-59.064	-44.064	75.7645	46.2645	53.7645
YF65-2	YK2+319	16.8643	-59.181	-44.181	76.0453	46.5453	54.0453
YF66-2	YK2+322	15.9804	-59.298	-44.298	75.2784	45.7784	53.2784
YK23-2	YK2+325	15.865	-59.415	-44.415	75.28	45.78	53.28

续上表

点号	里程	地面高程（m）	设计底高程（m）	隧道底高程（m）	钻孔深度（m）	覆土厚度（m）	隧道上7.5m深度(m)
C3-12	YK2+307.475	22.4144	-57	-43.7315	79.4144	51.6459	44.1459
C3-13	YK2+312.469	20.4702	-57	-43.9263	77.4702	49.8965	42.3965
C3-14	YK2+317.464	20.0935	-57	-44.1211	77.0935	49.7146	42.2146
C3-15	YK2+322.917	19.1672	-57	-44.3338	76.1672	49.001	41.501
C4-12	YK2+305.006	26.6297	-57	-43.6352	83.6297	55.7649	48.2649
C4-13	YK2+310.007	24.228	-57	-43.8303	81.228	53.5583	46.0583
C4-14	YK2+315.007	22.4303	-57	-44.0253	79.4303	51.9556	44.4556
C4-15	YK2+320.133	22.0962	-57	-44.2252	79.0962	51.8214	44.3214
C4-16	YK2+325.008	22.3905	-57	-44.4153	79.3905	52.3058	44.8058
C5-13	YK2+307.538	26.9051	-57	-43.734	83.9051	56.1391	48.6391
C5-14	YK2+312.544	25.8286	-57	-43.9292	82.8286	55.2578	47.7578
C5-15	YK2+317.551	24.315	-57	-44.1245	81.315	53.9395	46.4395

②各孔位注浆情况。

孔位C4-13里程YK2+312.469,位于右线隧道中心,设计孔深81.53m,钻孔过程中部分芯样较破碎,未见溶洞。2020年5月6日开始注单液浆,注浆初始压力在0.5MPa,第一次注浆量62.492m³时,临近区域地面有冒浆现象,暂停注浆(压力达到1.0 MPa)。第二次注浆量达到98.453m³时(压力达到1.0MPa),邻近区域地面有冒浆现象,停止注浆。

孔位C4-14里程YK2+317.464,位于右线隧道中心,设计孔深79.43m,钻孔过程中部分芯样较破碎,未见溶洞。2020年5月11日开始注单液浆,注浆初始压力在0.6MPa,第一次注浆量30m³(压力达到1.0MPa)。第二次注浆量39.338m³时(压力达到1.1MPa),邻近区域地面有冒浆现象。

孔位C4-15里程YK2+317.551,位于右线隧道左侧,设计孔深79.178m,钻孔过程中部分芯样较破碎,未见溶洞。2020年5月11日开始注单液浆,注浆初始压力在0.6MPa,第一次注浆量25.77m³(压力达到1.0MPa)。第二次注浆量达到10.186m³时(压力达到1.0MPa),邻近区域地面有冒浆现象,暂停注浆。第三次注浆量达到19.1m³时(压力达到1.1MPa),邻近区域地面再次出现冒浆现象,停止注浆。具体施工顺序见表4-5-35。

施工顺序　　　　　　　　　　　　　　　　　表4-5-35

序号	点号	设计孔深(m)	累计注浆量(m³)	起始注浆压力(MPa)	终孔压力(MPa)
1	YF62-1	87.86	124.071	0.4	0.9
2	YF63-1	88.7588	180.2	0.3	0.8
3	YK22-1	76.436	87.159	0.4	0.9
4	YF64-1	88.08	132.248	0.4	1.0
5	YF65-1	87.257	176.856	0.4	0.9
6	YF66-1	87.047	68.309	0.4	1.0
7	YK23-1	108.31	82.146	0.4	1.0
8	YF62-2	78.798	132.765	0.6	1.1
9	YF63-2	76.917	113.143	0.7	1.7
10	YK22-2	76.22	128.061	0.7	1.3
11	YF64-2	75.764	41.063	0.7	1.3
12	YF65-2	76.045	128.025	0.7	1.3
13	YF66-2	75.278	95.576	0.7	1.2
14	YK23-2	75.28	95.375	0.8	1.8

续上表

序号	点号	设计孔深(m)	累计注浆量(m³)	起始注浆压力(MPa)	终孔压力(MPa)
15	C5-13	83.905	86.99	0.4	1.4
16	C5-14	82.64	36.482	0.5	1.1
17	C5-15	81.315	185.563	0.5	1.1
18	C5-16	81.241	109.663	0.5	1.0
19	C4-12	83.63	81.491	0.4	0.9
20	C4-13	81.53	160.945	0.5	1.0
21	C4-14	79.43	69.338	0.6	1.1
22	C4-15	79.178	55.056	0.6	1.1
23	C4-16	77.39	97.665	0.6	1.2
24	C3-12	77.12	19.647	0.6	1.1
25	C3-13	77.47	110.209	0.6	1.2
26	C3-14	77.116	34.865	0.6	1.1
27	C3-15	75.49	68.633	0.7	1.2

注：个别孔位注浆过程中终孔压力小于1MPa，但此时地面冒浆，终止注浆。

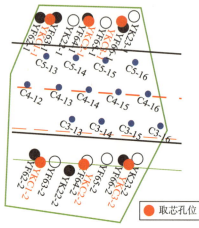

图 4-5-76 钻孔取芯孔位布置图

③整体注浆情况。

施工过程中首先施工隧道两侧的防护孔（2020年4月22日—5月7日），再施工隧道范围内的注浆孔（2020年4月30日—5月13日）。其中，单个孔位最大注浆量185m³，最小注浆量34m³，累计注浆量2701m³，平均注浆量为100m³。

④注浆效果验证。

为验证试验段溶洞加固效果，采用取芯＋CT探测的方式进行检测。取芯孔位共计6个，沿隧道边线每隔12m一个，如图4-5-76所示。

⑤钻孔芯样情况。

各探测孔芯样情况见表4-5-36～表4-5-39。

探测孔 YK23-2 芯样情况　　　　　　　　　　　　　　表 4-5-36

孔位	YK23-2	注浆时间	2020年5月4—6日	注浆量	95.375m³
取芯情况	孔深38.1～38.2m处有水泥凝块；孔深46.6～46.8m处有水泥凝块；孔深75.5～75.9m处有水泥凝块				

38.1～38.2m

46.6～46.8m

75.5～75.9m

探测孔 YK22-1 芯样情况　　　　　表 4-5-37

孔位	YK22-1	注浆时间	2020 年 4 月 29—30 日	注浆量	87.159m³
取芯情况	\multicolumn{5}{l}{孔深 28.7~28.8m 处有水泥凝块;孔深 49.7~50m 处有水泥凝块;孔深 61.4~61.6 处有水泥凝块;孔深 76.1~77m 处有水泥凝块}

28.7~28.8m　　　　49.7~50m　　　　61.4~61.6m　　　　76.1~77m

探测孔 YK23-1 芯样情况　　　　　表 4-5-38

孔位	YK23-1	注浆时间	2020 年 5 月 5—6 日	注浆量	82.146m³
取芯情况	\multicolumn{5}{l}{孔深 34~35m 处有水泥凝块;孔深 46.5~46.6m 处有水泥凝块;孔深 59.3~59.4m 处有水泥凝块;孔深 65.4~65.5m 处有水泥凝块}

34~35m　　　　46.5~46.6m　　　　59.3~59.4m　　　　65.4~65.5m

探测孔 YF62-2 芯样情况　　　　表 4-5-39

孔位	YF62-2	注浆时间	2020 年 5 月 6—7 日	注浆量	132.765m³
取芯情况	孔深 38.7~38.8m 处有水泥凝块;孔深 41.6~41.8m 处有水泥凝块;孔深 76.7~76.3m 处有水泥凝块;孔深 78.8~79.2m 处有水泥凝块				

 38.7~38.8m
 41.6~41.8m
 76.7~76.3m
 78.8~79.2m

⑥试验段物探情况。

2020 年 5 月 27—30 日对试验段进行物探检测注浆效果,物探工作量见表 4-5-40。根据物探结果,试验段 CT 测线基本达到优良。

岩溶区物探工作量　　　　表 4-5-40

探测方法	测线数目
跨孔电阻率 CT	11 对
跨孔弹性波 CT	11 对

试验段取芯情况表明,芯样中可明显观测到水泥填充物,取芯较完整,裂隙及溶腔得到填充。物探成果表明,隧道内部测线结果良好,填充密实。

根据试验段注浆施工的效果,充分验证了注浆施工工艺、注浆施工材料、注浆各项参数的设置较为合理。在后续注浆施工过程中,沿用该方式对整个岩溶区进行了处理。

3. 总体注浆效果

针对幕府山岩溶区的地质情况,盾构掘进施工前,根据《幕府山岩溶区专项处理方案》对岩溶区进行处理。

岩溶处理时间自 2018 年 12 月开始,至 2020 年 12 月 16 日,对地面可处理范围内的所有点位处理完成。注浆共计钻孔 936 个,共计注浆 82482.3m³。岩溶区单孔最大注浆量 364m³,最小注浆量 15m³。详见表 4-5-41。

岩溶探测工程量统计情况　　　　表 4-5-41

注浆区域	施工孔位(个)	注浆量(m³)	平均注浆量(m³)
A 区域	141	11759.8	83.4
B 区域	36	2437.5	67.7
C 区域	288	23884.3	82.9
D 区域	118	7459.4	63.2
E 区域	249	26254.1	105.3
延伸段	104	10687.2	102.8

(1)岩溶区注浆成果验证要求。

钻孔取芯数量为钻孔注浆总数的1%,并根据钻孔过程中的岩溶分部情况,进行合理排布,并遵循随机取样的原则。

钻孔取芯后做抗压试验,注浆固结体28d的无侧限抗压强度≥0.2MPa,并结合随机原位标贯试验,标贯基数不小于10次。

(2)取芯情况。

根据成果验收要求,在岩溶处理区域随机选取10处点位(左线5处,右线5处)进行钻孔取芯,取芯点位分布如图4-5-77所示。总体取芯情况见表4-5-42。

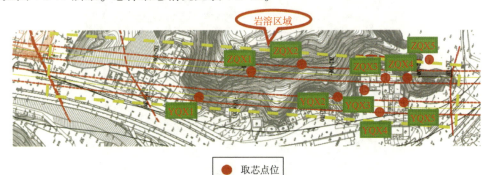

图4-5-77 取芯点位分布

总体取芯情况 表4-5-42

孔位名称	里程	孔深	取芯情况
YQX1	YK2+271.905	81.154m	在孔深50.7~51.4m处、71.7~72.4m范围内存在水泥凝块
YQX2	YK2+397.912	74.928m	在孔深50~50.4m处、51.3~52m范围内存在水泥凝块
YQX3	YK2+442.571	77.254m	在孔深36.4~36.6m、38~38.2m、56~56.7m、57.7~57.9m、61.2~61.3m、64~64.2m、71.2~71.5m范围内存在水泥凝块
YQX4	YK2+455.276	75.002m	在孔深45~45.2m、61.2~61.7m、68.3~68.6m、70.4~70.6m范围内存在水泥凝块
YQX5	YK2+472.226	76.33m	在孔深43.4~43.5m、48.8~49m、67.7~67.9m、71~71.2m范围内存在水泥凝块
ZQX1	ZK2+312.378	100.755m	在孔深53.7~54.1m、83.1~83.8m、96.6~96.8m范围内存在水泥凝块
ZQX2	ZK2+370.371	110m	在孔深46.2~46.9m、83.2~84.5m范围内存在水泥凝块
ZQX3	ZK2+451.987	76.788m	在孔深51.2~51.5m、69.25~69.5m范围内存在水泥凝块
ZQX4	ZK2+469.986	78.345m	在孔深56.25~56.55m、71.8~71.95m范围内存在水泥凝块
ZQX5	ZK2+502.186	76.788m	在孔深47.45~47.6m、52.4~52.6m范围内存在水泥凝块

①右线取芯情况。

右线取芯情况详见表4-5-43~表4-5-47。

YQX1芯样情况 表4-5-43

孔位名称	YQX1	里程	YK2+271.905	孔深	81.154m	取芯时间	2021年1月5—7日
周围孔位情况	YK17-2	第一个溶洞高度1.8m,在52~53.8m处(高程-32.029~-33.829),在隧道范围内					注浆量	55.825m³
	YF49-2	第一个溶洞高度1.2m,在10~11.2m处(高程2.971~-0.971m),在隧道上方27.61~29.61m处;第二个溶洞高度1.3m,在38~39.3m处(高程-17.239~-18.539m),在隧道上方9.985~8.685m处					注浆量	73.895m³

续上表

孔位名称	YQX1	里程	YK2+271.905	孔深	81.154m	取芯时间	2021年1月5—7日
周围孔位情况	YF52-2	第一个溶洞高度1.1m,在孔深52.7~53.8m处(高程-31.244~-32.344m),在隧道范围内;第二个溶洞高度2.5m,在70.5~73m处(高程-49.044~-51.544m),在隧道下方6.852~9.352m处				注浆量	74.573m³
取芯情况	在孔深50.7~51.4m、71.7~72.4m范围内存在水泥凝块						

50.7~51.4m　　　　　　71.7~72.4m

YQX2 芯样情况　　　　　　表4-5-44

孔位名称	YQX2	里程	YK2+397.912	孔深	74.928m	取芯时间	2021年1月9—11日
周围孔位情况	YF83-1	第一个溶洞高度1.1m,在24~25.1m处(高程-5.9994~-7.0994m),在隧道上方26.4896~25.3896m处				注浆量	75.805m³
	YK29-1	第一个溶洞高度1.3m,在15~16.3m处(高程-2.207~-0.907m),在隧道上方34.93~33.63m处; 第二个溶洞高度1.9m,在51.3~53.2m处(高程-34.093~-35.993m),在隧道范围内				注浆量	42.737m³
	YK30-1	第一个溶洞高度0.8m,在11.8~12.5m处(高程-7.709~-6.909m),在隧道上方40.9~40.1m处				注浆量	37.272m³
取芯情况	在孔深50~50.4m处,51.3~52m范围内存在水泥凝块						

51.3~52m

YQX3 芯样情况 表 4-5-45

孔位名称	YQX3	里程	YK2+442.571	孔深	77.254m	取芯时间	2021年1月11—13日
周围孔位情况	YF96-1	第一个溶洞高度2.7m，在31.5~34.2处（高程-20.044m~-22.744m），在隧道上方14.434~11.734m处； 第二个溶洞高度5.8m，在58.4~64.2m处（高程-46.944~-52.744m），在隧道内2.034m隧道下方3.766m处				注浆量	33.482m³
	YF99-1	第一个溶洞高度0.8m，在71.5~72.3m处（高程-61.7905~-62.5905m），在隧道下方12.34~13.1445m处				注浆量	125.525m³
取芯情况	在孔深36.4~36.6m、38~38.2m、56~56.7m、57.7~57.9m、61.2~61.3m、64~64.2m、71.2~71.5m范围内存在水泥凝块						

36.4~36.6m、38~38.2m

56~56.7m、57.7~57.9m

61.2~61.3m、64~64.2m

71.2~71.5m

YQX4 芯样情况 表 4-5-46

孔位名称	YQX4	里程	YK2+455.276	孔深	75.002m	取芯时间	2021年1月3—6日
周围孔位情况	YK33-2	第一个溶洞高度1.1m，在5.5~6.6m处（高程-4.115~-3.015m），在隧道上方38.71~37.61m处；第二个溶洞高度1.4m，在10.2~11.6m处（高程-0.585~-1.985m），在隧道上方34.01~32.61m处；第三个溶洞高度2.6m，在61.1~63.7m处（高程-51.485~-54.085m）进入隧底下面2.39~4.99m				注浆量	36.203m³
	YF98-2	第一个溶洞高度2m，在17~19m处（高程-7.2775~-9.2775m），在隧道上方27.5515~25.5515m处；第二个溶洞高度1m，在28~29m处（高程-18.2775~-19.2775m），在隧道上方16.5515~15.5515m处				注浆量	133.689m³
	YF99-2	溶洞高度9m，在57~66m处（高程-47.2575~-56.2575m），在隧道内2.1885m至隧道下6.8115m				注浆量	200.637m³
	YK34-2	第一个溶洞高度1.2m，在孔深24.1~25.3处（高程-29.621~-31.621m），在隧道上方3.91~5.91m处；第二个溶洞高度1.7m，在孔深50.6~52.3处（高程-40.89~-42.59m）在隧道范围内；第三个溶洞高度2.6m，在孔深66.2~68.8处（高程-56.493~-59.093m），进入隧底下面6.93~9.53m				注浆量	141.26m³
	YF100-2	溶洞高度0.9m，在67.8~68.7m处（高程-58.1711~-59.0711m），在隧道下方8.4911~9.3911m处				注浆量	158.89m³

续上表

孔位名称	YQX4	里程	YK2+455.276	孔深	75.002m	取芯时间	2021年1月3—6日
周围孔位情况	YF101-2	溶洞高度0.7m,在67.4~68.1m处(高程-57.6208~-58.3208m),在隧道下方7.823~8.5238m处				注浆量	85.488m³
取芯情况	在孔深45~45.2m、61.2~61.7m、68.3~68.6m、70.4~70.6m范围内存在水泥凝块						

45~45.2m　　　　61.2~61.7m、68.3~68.6m　　　　70.4~0.6m

YQX5 芯样情况　　　　表 4-5-47

孔位名称	YQX5	里程	YK2+472.226	孔深	76.33m	取芯时间	2021年1月8—11日
周围孔位情况	E5-9	第一个溶洞高度10m,在孔深30~40m(半填充,高程-19.594~-29.594m),在隧道上方6.071~16.071m处				注浆量	169.932m³
	E5-11	第一个溶洞高度1.5m,在孔深31~32.5m(半填充)(高程-19.567~-21.067m),在隧道上方14.987~16.487m处;第二个溶洞高2.2m,在孔深53~55.2m(半填充)(高程-41.567~-43.767m),在隧道范围内				注浆量	129.746m³
	E5-12	第一个溶洞高度0.7m,在孔深34.2~4.9m(半填充)(高程-23.258~-23.958m),在隧道上方12.291~12.991m处;第二个溶洞高2.3m,在孔深53.2~55.5m(半填充)(高程-42.258~-44.558m),在隧道范围内				注浆量	39.489m³
	YK35-1	第一个溶洞高度0.2m,在30.6~30.8m处(高程-20.781~-20.981m),在隧道上方14.75~14.55m处;第二个溶洞高度2m,在36.2~38.2m处(高程-26.381~-28.381m),在隧道上方9.15~7.15m处;第三个溶洞高度2.6m,在54.7~57.3m处(高程-44.881~-47.481m)在隧道范围内				注浆量	80.125m³

续上表

孔位名称	YQX5	里程	YK2+472.226	孔深	76.33m	取芯时间	2021年1月8—11日
周围孔位情况	YK36-1	\multicolumn{5}{l}{第一个溶洞高度1.2m,在48.3~49.5m处(半填充)(高程-37.74~-38.94m)在隧道范围内;第二个溶洞高度5m,在62~67m处(半填充)(高程-51.44~-56.44m),在隧道底0.94m至隧道下方5.94m处}	注浆量	84.34m³
取芯情况	\multicolumn{7}{l}{在孔深43.4~43.5m、48.8~49m、67.7~67.9m、71~71.2m范围内存在水泥凝块}

43.4~43.5m、48.8~49m

67.7~67.9m

71~71.2m

② 左线隧道取芯情况。

左线取芯情况详见表4-5-48~表4-5-52。

ZQX1 芯样情况　　　　表 4-5-48

孔位名称	ZQX1	里程	ZK2+312.378	孔深	100.755m	取芯时间	2021年1月1—3日
周围孔位情况	ZK22-2	\multicolumn{5}{l}{第一个溶洞高度1.8m,在54.1~55.9m处(高程-21.482m~-23.282m)在隧道上方5.6~7.4m}	注浆量	113.613m³
	ZF66-2	\multicolumn{5}{l}{第一个溶洞高度4.1m,在孔深53.6~57.1m处(高程-20.8~-24.9m)在隧道上方8.69~4.5m;第二个溶洞高度6.2m,在61~67.2m处(高程-28.2~34.4m),在隧道上方0.9m至隧道范围内}	注浆量	56.684m³
取芯情况	\multicolumn{7}{l}{在孔深53.7~54.1m、83.1~83.8m、96.6~96.8m范围内存在水泥凝块}

53.7~54.1m

83.1~83.8m

96.6~96.8m

ZQX2 芯样情况 表 4-5-49

孔位名称	ZQX2	里程	ZK2+370.371	孔深	110m	取芯时间	2021 年 1 月 3—5 日
周围孔位情况	ZF80-1	第一个溶洞高度 1.1m,在 64.5~65.6m 处(高程 -28.0652~-29.1652m),在隧道上方 2.48~3.58m 处				注浆量	83.575m³
	ZK27-1	第一个溶洞高度 3.7m,在 11.9~15.6m 处(高程 24.89~21.19m),在隧道上方 56.66~52.96m 处;第二个溶洞高度 1.4m,在 33.1~34.5m 处(高程 3.69~2.29m),在隧道上方 35.46~34.06m 处;第三个溶洞高度 1.3m,在 64.6~65.9m 处(高程 -27.81~-29.11m),进入隧道上方 2.66~3.96m;第四个溶洞高度 1.8m,在 83.7~85.5m 处(高程 -46.91~-48.71m),在隧道下方 0.64~2.44m 处				注浆量	138.737m³
取芯情况	在孔深 46.2~46.9m、83.2~84.5m 范围内存在水泥凝块						

46.2~46.9m

83.2~84.5m

ZQX3 芯样情况 表 4-5-50

孔位名称	ZQX3	里程	ZK2+451.987	孔深	76.788m	取芯时间	2021 年 1 月 13—15 日
周围孔位情况	ZF101-2	第一个溶洞高度 1.5m,在孔深 51~53.5m 处(高程 -39.2296~-40.7296m),在隧道范围内;第二个溶洞高度 4m,在 68~72m 处(高程 -56.2296~-60.2296m),在隧道下方 6.74~10.74m 处				注浆量	126.257m³
	ZF103-2	第一个溶洞高度 2m,在 36~38m 处(高程 -24.2135~-26.2135m),在隧道上方 11.1385~9.1385m 处;第二个溶洞高度 6m,在 69~75m 处(高程 -57.2135~-63.2135m),在隧道下方 7.3615~13.3615m 处				注浆量	133.351m³
取芯情况	在孔深 51.2~51.5m、69.25~69.5m 范围内存在水泥凝块						

51.2~51.5m

69.25~69.5m

ZQX4 芯样情况 表 4-5-51

孔位名称	ZQX4	里程	ZK2+469.986	孔深	78.345m	取芯时间	2021年1月13—15日
周围孔位情况	ZF104-2	第一个溶洞高度2m,在36～38m处(高程－21.6466～－23.6466m),在隧道上方13.8254～11.8254处;第二个溶洞高度6m,在孔深69～75处(高程－56.647～－62.647m),在隧道下方6.67～12.67m处				注浆量	15.786m³
	ZK35-2	第一个溶洞高度1.5m,在41～42.5m处(高程－28.65～－30.15m),在隧道上方5.441～6.941m处;第二个溶洞高度2.8m,在47～49.8m处(高程－34.65～－37.45m),在隧道上方0.94m至隧道内1.86m处				注浆量	152.651m³
	ZF105-2	第一个溶洞高度3.5m,在53.6～57.1m处(高程－41.3878～－44.8878m),在隧道范围内;第二个溶洞高度6.6m,在61.4～68m处,(高程－49.1878～－55.7878m)在隧道内1.022m至隧道下方5.578m处				注浆量	130.894m³
	ZF107-2	第一个溶洞高度4.2m,在47.2～51.4m处(高程－36.8222～－41.0222m)在隧道范围内				注浆量	79.297m³
	ZF108-2	第一个溶洞高度1m,在55.8～56.8m处(高程－45.2115～－46.2115m)在隧道范围内				注浆量	121.173m³
取芯情况	在孔深56.25～56.55m、71.8～71.95m范围内存在水泥凝块						

56.25～56.55m　　　　　71.8～71.95m

ZQX5 芯样情况 表 4-5-52

孔位名称	ZQX5	里程	ZK2+502.186	孔深	76.788m	取芯时间	2021年1月6—8日
周围孔位情况	ZK38-1	第一个溶洞高度4.1m(半填充),在孔深40.1～45m处(高程－30.3239～－34.4239m),在隧道上方1.8～5.7m处;第二个溶洞高度1.6m(半填充),在孔深47～48.6m处(高程－37.2239～－38.8239m),在隧道范围内;第三个溶洞高度2m(半填充),在孔深51.4～53.4m处(高程－41.6239～－43.6239m),在隧道范围内				注浆量	88.48m³
	E11-21	第一个溶洞高度1.6m,在孔深19.5～21.1m(半填充,高程－8.802～－10.402m),在隧道上方28.18～26.58m处;第二个溶洞高度1.8m,在孔深49.6～51.4m(半填充,高程－38.902～－40.702m),在隧道上方1.92～3.72m处				注浆量	87.582m³

续上表

孔位名称	ZQX5	里程	ZK2+502.186	孔深	76.788m	取芯时间	2021年1月6—8日
取芯情况	在孔深47.45~47.6m、52.4~52.6m范围内存在水泥凝块						

47.45~47.6m　　　　　52.4~52.6m

（3）效果评价。

根据取芯效果及芯样试验结果判断：芯样整体连续，溶洞区域有固体水泥块填充，且芯样中注浆固结体28d的无侧限抗压强度≥0.2MPa，满足设计要求，可保证盾构施工安全。图4-5-78所示为岩溶注浆检测报告。

图4-5-78　岩溶注浆检测报告

2021年1月23日，在燕子矶长江隧道幕府山岩溶区（第一阶段）注浆处理验收评会上专家组一致认为：幕府山岩溶区（第一阶段）注浆处理区域加固体取芯芯样成块状，加固效果明显，芯样抗压强度和标贯实测值满足设计文件规定。幕府山岩溶区注浆处理满足设计要求，通过验收。

五、岩溶区盾构掘进

本工程盾构掘进穿越了岩溶处理区和岩溶未处理区(受地表地形、建构筑物等影响)两个区域,分别介绍如下。

1. 岩溶处理区域盾构掘进

(1)重难点及应对措施。

①刀具易发生非正常磨损。

岩溶发育地段采用注浆填充加固,盾构开挖掌子面为注浆加固体与中风化角砾状灰岩或灰岩等复合地层,该地层强度差异性较大(岩层强度大于加固体),形成软硬不均地层,由于地层性质不均匀,容易导致盾构机刀具崩齿、偏磨。

应对措施:

a. 利用滚刀旋转监测系统、刀具磨损监测系统、盾构推进参数变化掌握刀具的磨损情况,提高常压抽刀检查频率,及时更换刀具;优化刀具结构,采用梯度硬度刀圈,增加刀圈硬度,防止刀圈断裂。

b. 保证足够的开挖直径,边缘滚刀磨损量大于8mm,即进行刀具更换。

c. 泥浆指标:提高泥浆密度、黏度,密度不低于$1.15g/cm^3$,黏度不低于25s,保证泥浆携渣能力,防止渣土滞排、舱内堆积。

②盾构姿态控制难度大。

盾构在岩溶加固地层掘进,掘进姿态控制困难,易引起盾构施工轴线偏离设计方向,盾构掘进控制难度大。

应对措施:

a. 盾构掘进采取"大推力、高转速"模式推进,推进速度≤10mm/min。

b. 刀盘转速为0.9~1.2r/min。掘进期间应特别关注盾构机的姿态。当盾构机姿态出现栽头的趋势时应立即停机并分析原因。

③封孔质量不佳,导致地面冒浆难保压。

由于区间岩溶发育地段需进行地质详勘、补勘及溶洞注浆、效果检测等诸多钻孔作业施工任务,导致钻孔数量极大。众多钻孔施工过程中,任何一个封孔质量有疏忽,将会导致地面与盾构开挖掌子面连通,进而导致盾构掘进冒浆,不易保压。

应对措施:

a. 严格按照要求对所用钻孔进行封堵,安排专人负责监督检查封孔质量,并逐一详细记录,确保封孔密实有效。

b. 盾构穿越岩溶发区地段时,安排专人24h巡视,密切联系盾构机长,如出现地面冒浆现象,及时告知盾构机长,调整掘进参数,同时组织人员进行封堵。

c. 严格控制同步注浆压力。

d. 严格控制切口水压波动在±0.2bar之内。

(2)穿越岩溶区准备工作。

为确保盾构安全、顺利、连续、有序穿越溶洞发育区,必须备齐、备足相应施工物资,同时做好以下工作:

①完成溶洞处理施工及检测工作,并出具合格效果检测报告。

②结合溶洞处理检测报告及溶洞处理原始资料,组织相关单位对溶洞处理效果进行综合评估,判定是否具备盾构安全穿越施工条件,并进行验收。

③对盾构机刀盘刀具进行全面检查、更换,保证其功能良好,各系统进行全面检修、排查、维保,保证其功能良好。

④对盾构机作业人员穿越前进行技术交底,对作业程序、掘进风险、掘进参数等事项进行详细、全面的交底。

各项工作准备就绪后,由项目技术负责人逐一检查、审核,达到穿越标准后,由项目部负责人下达穿越指令。

(3)岩溶处理区整体掘进情况。

左线盾构岩溶处理区域分为两段,ZK2+537~ZK2+235、ZK2+183~ZK2+111。自2021年1月29日进入岩溶区(1077环),2021年5月7日完成1228环推进,2021年5月26日进入第二段岩溶处理区(1254环),2021年6月28日完成1290环的推进,日均进尺2.55m,推进速度为2~5.5mm/min,推力为75~194MN,刀盘转速为0.9~1.2r/min,刀盘扭矩为3.5~8.6MN·m,切口压力控制在2.05~5.2bar之间。

右线盾构自2021年8月25日进入岩溶区(1125环),2022年1月6日完成1325环的推进,日均进尺3.6m,推进速度为3~6mm/min,推力为96~157MN,刀盘转速为1.05~1.36r/min,刀盘扭矩为4.8~9.8MN·m,切口压力控制在3.5~5.0bar之间。

岩溶处理区施工工效见表4-5-53。

岩溶处理区掘进工效 表4-5-53

里程段	环号	长度(m)	掘进时间	平均掘进进尺(m/d)
ZK2+537~ZK2+235	1077~1228环	304	2021年1月29日—2021年5月7日	3.07
ZK2+183~ZK2+111	1254~1290环	72	2021年5月26日—2021年6月28日	2.11
YK2+470~YK2+960	1121~1325环	410	2021年8月22日—2022年1月6日	2.9

(4)渣样分析。

岩溶处理区左线里程ZK2+111~ZK2+537段,渣样情况见表4-5-54。右线类似,不再赘述。

渣样分析表 表4-5-54

地层	渣样情况
(8)3j 中风化角砾岩(1077~1101环)	脱水筛以细砂、中粗砂为主,少量粉质黏土,预筛以中小石子为主,极少大石块
(9)3 中风化灰岩(1102~1127环)	脱水筛以粉质黏土、细砂为主,较多中粗砂,预筛以中小石块为主
(8)3 中风化角砾状灰岩(1128~1228环、1254~1290环)	脱水筛以粉质黏土、细砂为主,较多中粗砂;预筛以中小石块为主,含少量黏土块

2. 岩溶未处理区域盾构掘进辅助措施

(1)岩溶未处理区概况。

由于地表存在建筑物,无法对岩溶区进行地表处理,对于岩溶未处理区域(ZK2+050~ZK2+108、ZK2+186~ZK2+234,共计103m;YK2+436.4~YK2+396.4、YK2+250.4~YK2+150.4,共计140m,图4-5-79)采用岩溶未处理区域综合预警技术进行掘进。即在盾构掘进前,采用TST超前地质预报技术进行探测,明确盾构前方地质情况,掘进过程中对盾构机运行参数进行控制,当出现参数异常时,利用盾构机开挖舱可视化技术进行观测,保证盾构掘进安全。

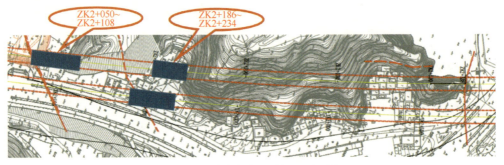

图4-5-79 岩溶未处理区域工程平面图

(2)岩溶未处理区重难点。

①刀具易发生非正常磨损。

该岩溶发育地段未进行地表处理,掘进过程中,容易导致盾构机刀具崩齿、偏磨,同时盾构掘进姿态控制困难,易引起盾构施工轴线偏离设计方向,盾构掘进控制难度大。

根据盾构在岩溶处理区域的掘进经验及换刀经验,对未处理区域采取如下措施:

a. 刀具管理:利用滚刀旋转监测系统、刀具磨损监测系统、盾构推进参数变化掌握刀具的磨损情况,提高常压抽刀检查效率,及时更换刀具。保证足够的开挖直径,边缘滚刀磨损量大于8mm,即进行刀具更换。

b. 配备梯度硬度的光面滚刀,高强度螺栓及锁具。

c. 掘进操作控制:盾构掘进速度为≤10mm/min。刀盘转速为0.8~1.2r/min。

d. 泥浆指标:采用优质膨润土,提高泥浆密度、黏度,密度不低于$1.15g/cm^3$,黏度不低于25s,保证泥浆携渣能力,防止渣土滞排、仓内堆积。推进结束后,延长泥浆循环时间,保证渣土排出。

②房屋沉降变形。

民房段建筑物多为砖混结构,目前正在使用。盾构施工过程中,地层受到扰动,可能因地表沉降产生变形。

应对措施:

a. 做好设备保障、施工管理,保证盾构匀速、一次性通过。

b. 盾构穿越前20~30m,调整泥水压力、推力等各项盾构参数,降低盾构施工对地层扰动影响。

c. 加强监测,根据监测结果,及时调整施工参数,并安排专人进行24h巡视。

d. 盾构施工过程中,利用盾体径向润滑孔注入克泥效,减小地表沉降,同时保证同步注浆及时、充足。

e. 做好地面应急补偿注浆的准备,当出现监测预警时,及时进行地面注浆处理。

f. 若房屋出现较大沉降或出现裂缝时,应及时组织居民撤离。

(3)岩溶未处理区域综合预警。

针对岩溶地表未处理区段掘进易发生卡机、姿态失控、塌方等施工风险,提出了基于TST超前预报信息、盾构掘进参数、开挖舱可视化信息等多元信息融合的岩溶综合预警技术,通过掘进参数分析模型与算法的处理,实现开挖面前方岩溶分布特征类型的判别与掘进参数的预测,实现岩溶区盾构掘进的综合预警。

岩溶综合预警方法包括施工前岩溶远程预警、施工中岩溶实时预警和开挖仓可视化验证三部分。首先采用TST超前地质预报技术获取岩溶发育的大体位置及规模,通过机器学习技术建立不同地质数据与盾构机运行参数的映射模型,据此实现对盾构掘进参数的预测。当盾构机到达TST超前预测的岩溶发育区域或预测的盾构运行参数(推力、扭矩、气泡舱液位)发生突变或变化率达到预设阈值时,系统发出实时预警信号。现场停机并采用架设于盾构机内部的伸缩摄像头检查掌子面前方岩溶发育情况。当确定存在较大溶洞时,采用超前钻探注浆设备进行处理。未处理岩溶区综合预警技术路线如图4-5-80所示。

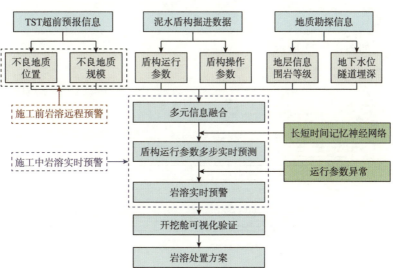

图4-5-80　未处理岩溶区综合预警技术路线

①TST 超前地质预报方案。

本次隧道内超前地质预报探测方法采用隧道地质超前预报系统-隧道散射地震成像技术。该系统主要检测设备见表 4-5-55。

隧道 TST 地震波系统主要检测设备一览表　　　　表 4-5-55

序号	设备名称	型号
1	地震信号采集仪器	TST
2	TDIS 编码冲击震源	TDIS-1800
3	三分量隧道专用超前探头	—

观测系统采用三维阵列式空间布置,接收与激发系统布置在隧道两侧围岩中,每侧 4 个检波点和 6 个炮点,两侧共 8 个检波点和 12 个炮点。观测时,采用 TST 的小间距三维布置方案,具体布置如下:①检波接收孔 8 个,每侧 4 个,间距 1 环管片(2m)。②TDIS 震源点 12 个,每侧 6 个,分作上下两排,两排高度差大于 1.5m。其中第 1 个震源孔 P1 与检波器 S1 距离为 2m、震源孔 P2 与检波器 S8 距离为 2m,其余每侧震源孔之间距离为 8m。③检波器孔和震源孔均采用穿透管片与围岩表面接触的方式。TST 观测方案如图 4-5-81 所示。

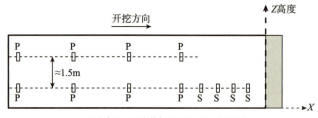

a) 地震波法TST孔位侧视图左右两侧相同

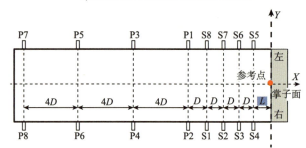

b) 地震波法TST孔位俯视图

图 4-5-81　TST 观测方案

②超前预报结果。

典型的单炮记录如图 4-5-82 所示。

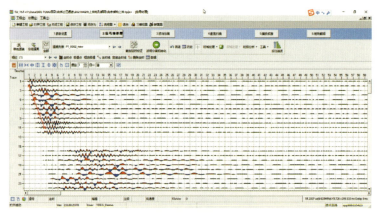

图 4-5-82　典型的单炮记录

波场分离后的典型记录如图 4-5-83 所示。

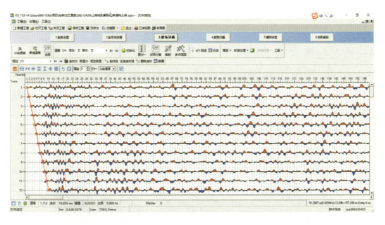

图 4-5-83　波场分离后的典型记录

图 4-5-84 为燕子矶长江隧道左线掌子面 ZK2+241 前方 80m 内围岩的地质体偏移图像和围岩波速曲线,图 4-5-85 为其三维偏移图像。

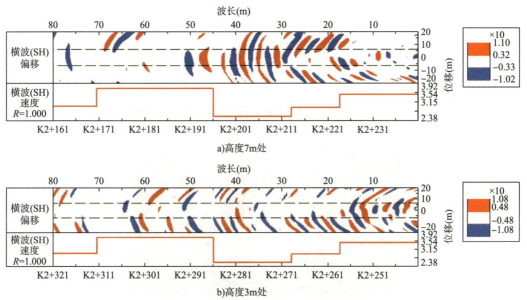

图 4-5-84　地质构造偏移图和波速分布曲线

注:红色线条代表正的波速异常,表示波速由低变高、岩体由软变硬的界面;蓝色线条代表负的波速异常,表示波速由高变低、岩体由硬变软的界面。

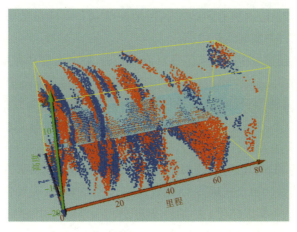

图 4-5-85　三维偏移图像

通过 TST 地震波,结合地质资料的综合分析推断,围岩岩性以角砾灰岩为主,存在岩溶弱发育区 1 处。综合考虑,划分为 3 个地质单元:

a. ZK2+241～ZK2+223,推断该段围岩强度较高,岩性以角砾灰岩为主。该段围岩节理裂隙稍发育,完整性和稳定较好,按Ⅲ级围岩施工。

b. ZK2+223～ZK2+196,推断该段围岩强度低,岩性以角砾灰岩为主,如图 4-5-86 所示。该段围岩节理裂隙稍较发育,岩溶弱发育,多呈溶蚀裂隙形态,完整性和稳定稍差。按Ⅳ级围岩施工。

图 4-5-86　ZK2+223～ZK2+196 段渣样(砾石夹土)

c. ZK2+196～ZK2+161,推断该段围岩强度较高,岩性以角砾灰岩为主,如图 4-5-87 所示。该段围岩节理裂隙稍发育,完整性和稳定较好。按Ⅲ级围岩施工。

图 4-5-87　ZK2+196～ZK2+161 段渣样(角砾灰岩)

③盾构机运行参数预测预警。

岩体未处理区综合预警系统的核心问题是利用地质信息和盾构参数历史数据预测未来一定时间段、一定掘进距离中盾构运行参数的变化情况。

在施工开始前,基于地勘报告中的地质信息对刀盘转速、掘进速度和泥浆压力进行预测。以每个掘进循环的围岩等级、各地层厚度、地下水位以及隧道埋深为输入参数,以每个掘进循环上的刀盘转速、前进速率以及泥浆压力的设定值为目标值。采用了三种可以考虑预测参数相互影响的算法:AdaBoost-Chain(自适应增强算法)、SVM-Chain(支持向量机算法)和 RF(随机森林算法),并通过网格搜索法和 k 折交叉验证法寻找最优的算法参数。

施工过程中的地质信息感知和运行参数预测以每个掘进循环上升段前 30s 的推力、扭矩、转速、贯入速率、刀盘功率、推力贯入指数(TPI)、扭矩贯入指数(FPI)、进浆管流速、泥浆管流速、工作仓液位为输入参数。在围岩感知中,目标值为各掘进循环上的围岩等级、各地层厚度,采用随机森林(RF)、AdaBoost 和 SVC 算法。在稳定段运行参数预测中,目标值为个掘进循环上的扭矩、推力均值,采用 AdaBoost-Chain、

SVM-Chain 和 RF 算法。同样通过网格搜索法和 k 折交叉验证法寻找最优的算法参数。建立运行参数实时预测模型,在施工过程中对运行参数进行多步提前预测。多步提前预测示意图如图 4-5-88 所示。

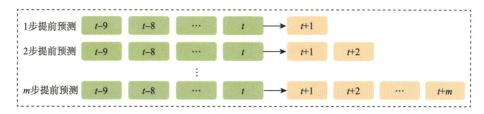

图 4-5-88　多步提前预测示意图

多步提前预测求解过程如图 4-5-89 所示。

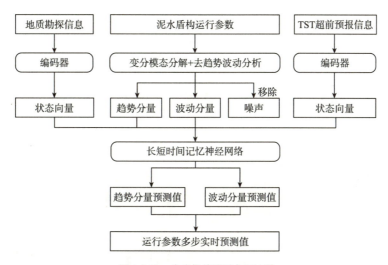

图 4-5-89　多步提前预测求解过程

a. 运行参数多步预测模型。

泥水平衡盾构机掘进过程是机-岩交互作用的过程,扭矩、推力等参数的变化情况是地质条件和盾构机操作参数(转速、前进速率)共同作用的结果。因此,地勘资料以及 TST 超前预报中的地质信息以及盾构机操作参数均被选为输入参数。最终输入参数为围岩等级、各地层厚度、隧道埋深、地下水位、TST 横波波速、刀盘转速、前进速率。

运行参数多步预测模型如图 4-5-90 所示。其中,$\{x\}$ 为输入数据,即上述地质信息和盾构操作参数;$\{y\}$ 为需要预测的运行参数。

首先将时刻 $t = 1 - m \sim m$ 的输入数据 $\{x\}$ 输入预测模型中,即 $x_{1-m}, x_{2-m}, \cdots, x_0, x_1, x_m$ 等。通过 LSTM 编码器提取信息,存储在记忆细胞 h_m 中。然后将时刻 $t = 1 - m \sim m$ 的运行参数 $\{y\}$ 输入预测模型中,即 $y_{1-m}, y_{2-m}, \cdots, y_0$ 等,与 h_m 合并。经计算得到随后 m 步的运行参数预测值 $\{\hat{y}\}$。

b. 运行参数预测结果。

随机选取数据库 80% 数据作为训练集,剩余 20% 为测试集。为降低在训练过程中出现过拟合的风险以及实时评价模型训练效果,每次迭代训练的过程中,从训练集中抽取 80% 进行训练,剩余 20% 作为验证集。

扭矩实测值与预测值的对比情况如图 4-5-91 所示,可以看出,该扭矩预测模型具有较高精度,预测值与实测值基本吻合。

推力实测值与预测值的对比情况如图 4-5-92 所示,可以看出,该推力预测模型具有较高精度,预测值与实测值基本吻合。

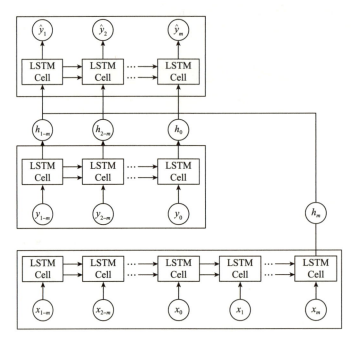

图 4-5-90　运行参数多步预测模型

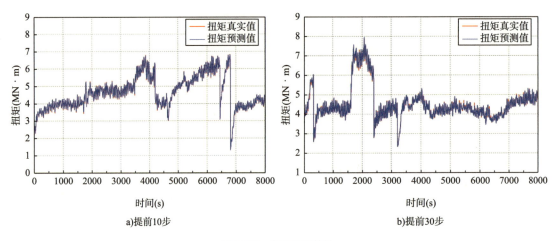

a)提前10步　　　　　　　　　　　　b)提前30步

图 4-5-91　扭矩预测结果

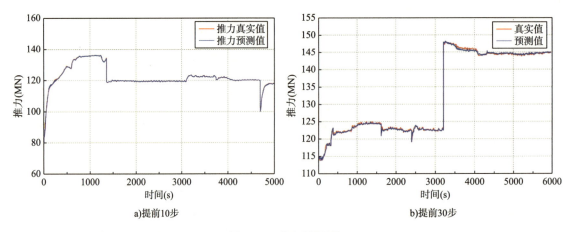

a)提前10步　　　　　　　　　　　　b)提前30步

图 4-5-92　推力预测结果

工作仓液位实测值与预测值的对比情况如图4-5-93所示,可以看出,该工作仓液位预测模型具有较高精度,预测值与实测值基本吻合。

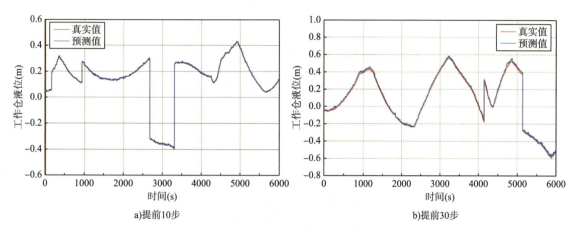

图4-5-93　工作仓液位预测结果

④开挖舱可视化技术。

在盾构机内部配备了开挖仓伸缩摄像头系统,如图4-5-94所示。摄像头最大工作压力为10bar,在岩溶未处理区域掘进时,对刀盘及掌子面可进行观察。

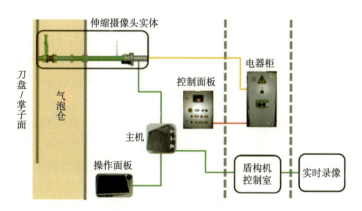

图4-5-94　伸缩摄像头系统

在使用伸缩摄像头系统之前,必须将开挖仓内的液位降低到观察位置以下。当刀盘停止转动并停止到固定位置时,伸缩式摄像头在开挖舱内可实现伸缩和360°的旋转,从而实现对刀盘及掌子面状态的观察,并且可在盾构控制室进行实时图像观察及录制。

因此,当出现以下状况时,需使用摄像头对开挖仓内的情况进行查看:

a. 针对超前地质预报发现的溶洞处理区域,盾构机到达预定位置,使用伸缩摄像头进行查看,确定掌子面及溶洞情况。

b. 如遇刀盘扭矩及推力明显减小、气泡仓液位突然变化、滚刀载荷系统报警等问题时,需立即停止推进。采用伸缩摄像头对掌子面进行观察,探明掌子面状态。

在泥水盾构穿越本工程岩溶未处理区过程中成功实现预警,有力保障了盾构机安全穿越岩溶未处理区。例如,2022年6月28日20时10分,施工区域到达ZK2+097时,岩溶综合预警系统发出预警。盾构机立刻停止施工,并降低开挖仓液位,通过开挖仓摄像头对仓内情况进行观察。经探查发现,在盾构机开挖面左上方存在一处填充型溶洞,直径约为1.5m。经综合研判,该岩溶对盾构掘进影响较小,无须注浆,可正常掘进。后将开挖仓液位恢复后,正常穿越该处溶洞,如图图4-5-95所示。

图 4-5-95　预警填充型溶洞

(4) 岩溶未处理区域整体掘进情况。

左线隧道岩溶未处理为两段,ZK2+186~ZK2+234 段(1229~1253 环)、ZK2+050~ZK2+108 段(1291~1321 环)。

盾构机自 2021 年 5 月 7 日进入第一段未处理区(1229 环),5 月 25 日完成 1253 环的掘进,6 月 28 日进入第二段岩溶未处理区(1291 环),7 月 20 日完成 1321 环的掘进,日进尺 2.53m,掘进速度为 3~6.5mm/min,推力为 103~128MN,刀盘转速为 0.95~1.2r/min,刀盘扭矩为 4~9.4MN·m,切口压力控制在 4.23~5.12bar 之间。

右线岩溶未处理区同样为两段。YK2+436.4~YK2+396.4(1137~1157 环)段。盾构机自 2021 年 9 月 2 日进入该段里程(1137 环),2021 年 9 月 13 日完成 1157 环的掘进,日进尺 3.6m,掘进速度为 4~5mm/min,推力为 118~128MN,刀盘转速为 1.06~1.43r/min,刀盘扭矩为 4.86~5.64MN·m,切口压力控制在 4.9~5.01bar 之间。

YK2+250.4~YK2+150.4(1230~1280 环)段,盾构机自 2021 年 10 月 27 日进入该段里程(1230 环),2021 年 12 月 12 日完成 1280 环的掘进,日进尺 2.13m,掘进速度为 2~6mm/min,推力 75~125MN,刀盘转速为 0.9~1.38min,刀盘扭矩为 3.3~6.7MN·m,切口压力控制在 2.13~4.41bar 之间。

本区段的施工工效见表 4-5-56。

岩溶未处理区掘进工效　　　　表 4-5-56

里程段	环号	长度(m)	掘进时间	平均掘进进尺(m/d)
ZK2+186~ZK2+234	左线 1229~1253 环	48	2021 年 5 月 7 日—2021 年 5 月 25 日	2.53
ZK2+050~ZK2+108	左线 1291~1321 环	58	2021 年 6 月 28 日—2021 年 7 月 20 日	2.53
YK2+436.4~YK2+396.4	右线 1137~1157 环	50	2021 年 9 月 2 日—2021 年 9 月 13 日	4.54
YK2+250.4~YK2+150.4	右线 1230~1280 环	100	2021 年 10 月 27 日—2021 年 12 月 2 日	2.7

(5) 渣样分析。

岩溶未处理区左线里程中风化角砾状灰岩段(ZK2+186~ZK2+234,1228~1251 环)渣样脱水筛以中粗砂、细砂为主,少量粉质黏土,预筛以中小石块为主,如图 4-5-96 所示;中风化灰岩段(ZK2 + 050 ~ ZK2 + 108,1291 ~ 1320 环)脱水筛以中粗砂、细砂为主,预筛以小石块为主,有少量黏土块。

图 4-5-96　1228 ~ 1251 环渣样图

3. 掘进技术总结

(1)岩溶区处理区域。

左线隧道岩溶处理区总计 190 环,参数统计情况见表 4-5-57。

岩溶处理区盾构掘进参数统计表　　表 4-5-57

取值	切口压力 (bar)	注浆量 (m^3)	刀盘转速 (r/min)	贯入度 (mm)	推进速度 (mm/min)	总推力 (MN)	刀盘扭矩 (MN·m)
理论区间	34.5 ~ 47.7	2.05 ~ 5.2	0.9 ~ 1.2	4 ~ 11	5 ~ 10	—	—
实际值	33 ~ 50	2.05 ~ 5.2	0.9 ~ 1.2	2 ~ 6.1	2 ~ 5.5	75 ~ 194	3.5 ~ 6.7
集中分布区间	—	—	0.95 ~ 1.05	—	3.6 ~ 5	93.8 ~ 106.8	4.5 ~ 5.4
集中分布区间 环数占比	—	—	66.8%	—	70%	50.5%	50%
集中分布区间 平均值	—	—	1.0	—	4.5	99.3	5.0

①切口压力。

切口压力采用只考虑水头压力的方式进行计算,根据地表沉降的结果反馈,在盾构穿越前,刀盘前方 5 ~ 10m 的地表沉降均在 5mm 以内,在该地层下,切口压力的计算方式设置满足掘进要求。实际切口压力如图 4-5-97 所示。

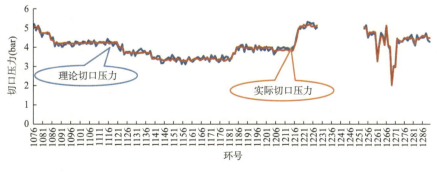

图 4-5-97　切口压力理论值与实际值对比

②同步注浆。

该段地层仍然为全断面硬岩地层,同步注浆配比依然沿用水泥含量为205kg/m³的配比(砂浆配比:水泥:粉煤灰:膨润土:黄砂:水:增塑剂 = 205:220:20:1036:370:10.9)。1076~1228环及1254~1290环累计注浆量为7653m³,平均每环注入40.3m³,设计方量为26.5m³,注浆填充率为152%,同步注浆雷达扫描系统显示注浆饱满。同步注浆量预警值与实际值对比如图4-5-98所示。

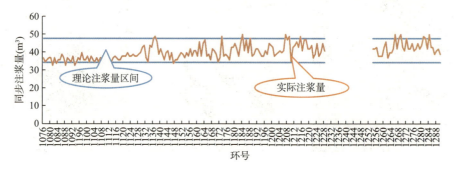

图4-5-98　同步注浆理论值与实际值对比

③刀盘转速、贯入度与推进速度。

本段地层为中风化角砾状灰岩、中风化灰岩,中风化灰岩为较硬岩、坚硬岩,饱和单轴抗压强度一般为35~70MPa,刀盘转速基本控制在0.9~1.2r/min之间,掘进过程中保持大推力、低贯入度,避免贯入度过大,出现刀具崩尺等现象,刀盘贯入度宜控制在8mm/r以内。刀盘转速如图4-5-99所示,可以看出0.95~1.05r/min区间总计127环、占比66.8%,该区间平均值为1.0r/min。

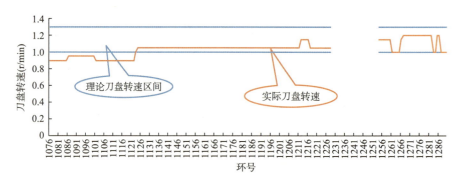

图4-5-99　刀盘转速理论值与实际值对比

推进速度在2~5.5mm/min之间,密集分布区间为3.8~5mm/min(133环,占比70%,纳入统计总环数为191环),对应的平均值为4.5mm/min,如图4-5-100所示。

图4-5-100　推进速度实际值

④总推力、刀盘扭矩。

根据总推力实际值(图4-5-101),总推力集中分布于93.8~106.8MN(96环,占比50.5%),该区间内的平均值为99.3MN。

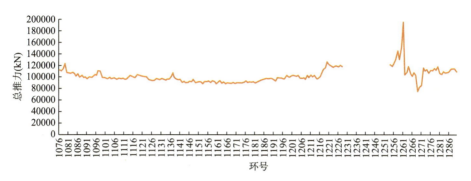

图4-5-101 总推力实际值

岩溶处理区的刀盘扭矩浮动区间为3.5~6.7MN·m,密集分布区间为4.5~5.4MN·m(占比50%),对应均值为5MN·m,如图4-5-102所示。

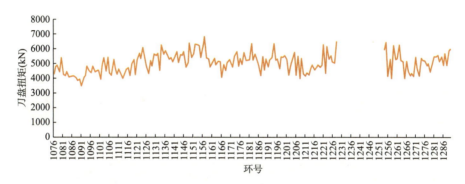

图4-5-102 刀盘扭矩实际值

综上,本工程在1076~1228环及1254~1290环的推进过程中,各项掘进参数较为稳定,总结岩溶处理区(中风化角砾状灰岩、中风化灰岩)的推进控制原则如下:在岩溶处理区施工过程中,在满足刀盘扭矩及盾构推力许可的范围内,可维持推进速度在3.8~5mm/min之间,刀盘扭矩建议控制在4.5~5.4MN·m之间,并提高泥浆的黏度、密度,保证其携渣能力。

(2)岩溶未处理区域。

左线隧道岩溶未处理为两段:1229~1253环、1291~1321环,总计56环,参数统计情况见表4-5-58。

岩溶未处理区盾构掘进参数统计表　　　　表4-5-58

取值	切口压力 (bar)	注浆量 (m³)	刀盘转速 (r/min)	贯入度 (mm)	推进速度 (mm/min)	总推力 (MN)	刀盘扭矩 (MN·m)
理论区间	4.23~5.12	34.5~47.7	0.9~1.2	4~11	5~10	—	—
实际值	4.23~5.12	33~67	0.95~1.2	2.6~5.4	3~6.5	103~128	4~9.4
集中分布区间	—	—	1.1~1.2	—	3.5~5.5	107.4~119.4	5.7~8.0
集中分布区间 环数占比			91.1%		76.8%	46.4%	44.6%
集中分布区间 平均值			1.15		4.5	113.2	6.7

①切口压力。

切口压力采用理论计算值,根据地表沉降的结果反馈,在盾构穿越前,刀盘前方5~10m的地表沉降均在5mm以内,切口压力设置满足掘进要求。各环切口压力如图4-5-103所示。

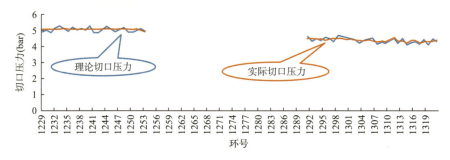

图4-5-103 切口压力理论值与实际值对比

②同步注浆。

同步注浆配比采用水泥含量为205kg/m³的配比(砂浆配比:水泥:粉煤灰:膨润土:黄砂:水:增塑剂=205:220:20:1036:370:10.9)。1229~1253环及1291~1321环累计注浆量为2494m³,平均每环注入44.5m³,设计平均每环注浆量为26.5m³,注浆填充率为168%,该段掘进前未进行地表加固处理,注浆明显高于岩溶加固区,但满足相关规范及设计要求。各环同步注浆量如图4-5-104所示。

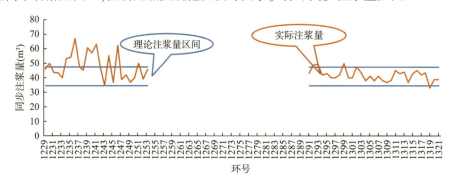

图4-5-104 同步注浆理论值与实际值对比

③掘进速度与刀盘转速。

由于本段地层为中风化角砾状灰岩、中风化灰岩,且为岩溶发育区,掘进过程中采取大推力、低贯入度的原则,掘进速度在3~6.5mm/min之间(图4-5-105),刀盘转速基本控制在0.95~1.2r/min之间(图4-5-106),贯入度基本低于岩溶处理区,贯入度宜控制在6mm/r以内。

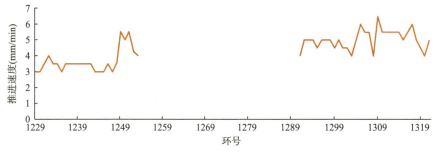

图4-5-105 推进速度实际值

④总推力、刀盘扭矩。

岩溶未处理区总推力变化区间为103~128MN,扭矩浮动区间为4~9.4MN·m之间(占比50%),各环推力、扭矩如图4-5-107和图4-5-108所示。

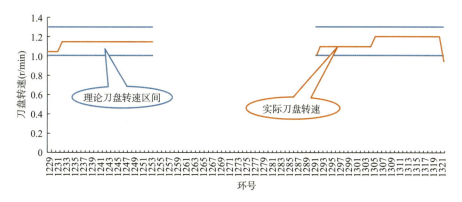

图 4-5-106　刀盘转速理论值与实际值对比

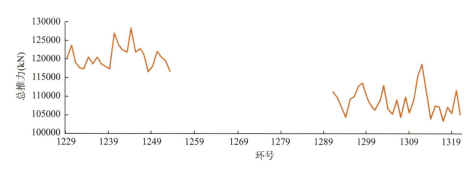

图 4-5-107　总推力实际值

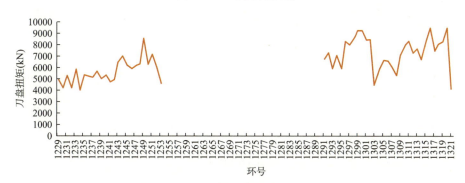

图 4-5-108　刀盘扭矩实际值

本工程在岩溶未处理区域施工过程中,采用岩溶未处理区域综合预警技术,掘进前利用 TST 超前地质预测技术对岩溶未处理区地质情况探测,掘进过程中,建立盾构机运行参数实时预警模型。采用该预警方式,并结合参数的合理设置,保证了本工程的安全掘进。

综上,对 1229～1253 环及 1291～1321 环的推进参数情况,总结控制原则如下:在岩溶处理区施工过程中,在满足刀盘扭矩及盾构推力许可的范围内,可维持推进速度在 3～6.5mm/min 之间,并提高泥浆的黏度、密度,保证其携渣能力。

为便于后续新建工程参考,整理燕子矶长江隧道左右线盾构推进参数、绘制成各关键参数随地质条件的变化曲线图,详见本书附录1。

第七节　管片上浮影响因素及控制效果分析

大直径泥水盾构在施工过程中,由于开挖直径较大,管片受到的上浮力远大于盾构管片自身的重力,导致上浮问题明显。在掘进过程中,管片的局部上浮会带来一系列不良后果:

(1)直接影响成型隧道的轴线偏差;

(2)引起管片间的错台,使纵向连接螺栓受剪,出现管片开裂,影响管片结构耐久性;

(3)管片出现裂缝、错台等,可能破坏管片的防水结构,引起隧道结构渗漏水;

(4)管片上浮会影响盾尾内已拼装好的管片环上移,导致盾尾间隙不均匀,加剧盾尾刷损坏,严重时还会导致盾尾刷漏浆;

(5)管片上浮使管片与上部盾尾之间的间隙变小,导致管片拼装困难,并影响管片拼装质量。

根据工程实践经验总结,地层和覆土、同步注浆浆液性能、二次注浆、盾构机配重以及推进速度等掘进参数,均会对管片上浮产生一定的影响。

一、管片上浮影响因素

1. 覆土厚度

左线里程 ZK4+539～ZK4+339(75～174 环)段,盾构隧道洞身范围内主要为中粗砂,上覆粉细砂及素填土,该段地层覆土厚度在 11.8～20.3m 之间,且本段基本未进行二次注浆,管片在脱出盾尾后,上浮量基本在 10～30mm 以内,最大 33mm,上浮与埋深的关系如图 4-5-109 所示。

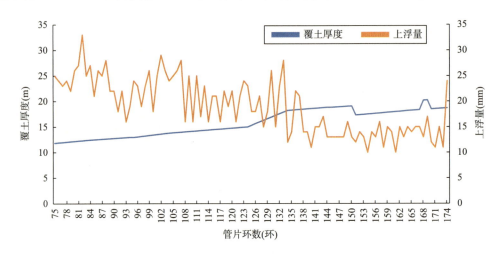

图 4-5-109 覆土厚度与管片上浮关系折线图

随着盾构掘进,管片覆土厚度逐渐增加,由 11.8m 逐渐增加至 20.3m,而管片上浮量整体趋势呈现出减小的现象,由 25～30mm 的区间逐步过渡到 10～15mm。

在软土地层中,覆土厚度对管片上浮影响较大,覆土越浅,在无其他因素干扰下,管片上浮越大。

2. 同步注浆

主要从同步注浆压力、注浆量及注浆配比等方面分析同步注浆对管片上浮的影响。

(1)同步注浆压力。

左线里程 ZK3+771～ZK3+571 段(460～559 环)盾构隧道洞身范围内以中粗砂及粉细砂为主,上覆土主要为粉细砂、淤泥质粉质黏土及素填土等,覆土厚度在 27.1～28.4m 之间,覆土厚度变化较小。

同步注浆压力主要受注浆孔位周围的水土压力影响,在 460～559 环掘进过程中,由于覆土厚度及江面水位变化不大,且未二次注浆,掘进过程中的同步注浆压力在 5.8～6.4bar 之间,变化较小,而在该段地层下,管片脱出盾尾后,上浮量在 5～35mm 之间,数据离散程度较大,如图 4-5-110 所示。由此来看,同步注浆压力与管片上浮相关性不明显。

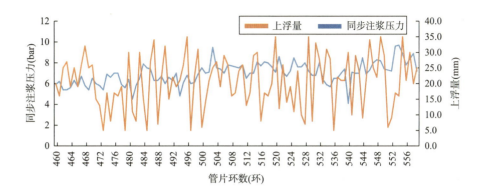

图 4-5-110 同步注浆压力与管片上浮关系曲线

(2)同步注浆量。

460～559 环同步注浆量在 33～40m³ 之间,差异较大。而该段地层下,管片上浮量基本稳定在 20～30mm 之间,通过分析这两者的曲线图(图 4-5-111),同步注浆量对管片上浮影响不明显。

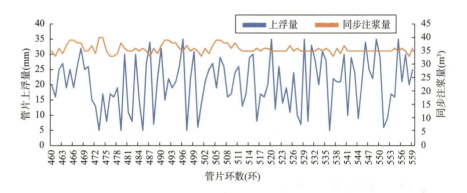

图 4-5-111 同步注浆方量与管片上浮关系曲线

(3)浆液配比。

在左线里程 ZK4+691～ZK4+391 段(0～150 环)之间,盾构隧道洞身范围内以中粗砂及粉细砂为主,上覆土主要为粉细砂、淤泥质粉质黏土及素填土等,覆土厚度在 8～19.07m 之间,覆土厚度变化较大。

针对地层特性,施工过程中多次优化同步注浆配合比,控制同步注浆液的质量,采用低稠度、低坍落度的砂浆配比,并根据地层条件和掘进速度,通过现场试验加入促凝剂及变更配比来调整初凝时间,见表 4-5-59,保证良好的注浆效果。

浆液配比表　　　　　　　　　　　　　　　　表 4-5-59

项目	水泥 (kg)	粉煤灰 (kg)	膨润土 (kg)	砂 (kg)	增塑剂 (kg)	水 (kg)	失去流动性 时间(h)
配比 1	153	242	50	1100	9	350	8
配比 2	80	203	87	1285	11.1	385	7
配比 3	153	210	80	1120	9.6	330	7

如图 4-5-112 所示,配比 1 浆液(水泥含量为 153kg,膨润土含量为 50kg)主要应用在 6～60 环,管片脱出盾尾后的上浮量在 5～75mm 之间;配比 2 浆液(水泥含量为 80kg,膨润土含量为 87kg)主要应用在 61～130 环,管片脱出盾尾后的上浮量在 10～53mm 之间;配比 3 浆液(水泥含量为 153kg,膨润土含量为 80kg)主要应用在 130～150 环,管片脱出盾尾后的上浮量在 10～30mm 之间。

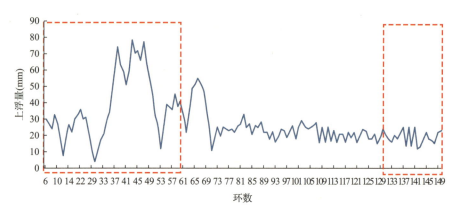

图 4-5-112 不同环的上浮量与浆液比关系

采用配比 2 后上浮量大大减少,但其中叠加了二次注浆的因素,61~150 环每隔一定的环数进行了二次注浆抑制上浮。配合比 3 相较配合比 2 在早期强度上有所提升,但对上浮量影响不大,后期虽然降低了二次注浆频率,但在试掘进后没有再做浆液配比比对试验,缺乏分析样本。

依据上述分析,水泥砂浆拥有合理的早期强度、抗水分散性下,再进行优化调整时对管片上浮量影响不大,上浮的主要控制因素为覆土厚度和二次注浆。

3. 盾构机结构

盾构机安装超前钻机(图 4-5-113),连接桥变长,钻机下方管片无台车重量的直接作用。管片在脱出盾尾后到达图示 1 段位置(钻机下方),此时同步注浆浆液尚未达到强度,因此管片上浮更易引发错台、裂缝、破损乃至轴线偏位等问题。

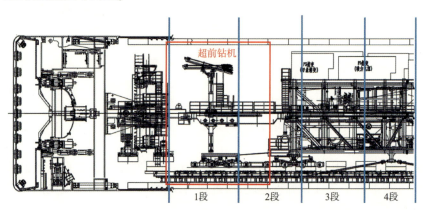

图 4-5-113 盾构剖面图

若要控制管片的上浮,在适当位置给予盾构机合理配重是关键措施之一。通过改良台车,增加配重搭载平台,在平台上堆放一定重量的钢板,改良平台的滚轮,使其作用在管片上,增加管片自重,抵抗上浮力。改良后的配重平台连接在盾构台车上,随盾构机一同向前掘进,可一直保持配重重力作用在管片脱出盾尾的位置。当配重平台缓慢向前移动时,浆液黏滞阻力随时间逐渐增大,配合其他抗浮构造,足以抵抗上浮力。

配重平台主要包括行走系统、架体平台、链接系统和配重组成。配重块主要由 Q345 厚钢板组成,其作用是为配重平台提供重量,现场配置重量为 245t,如图 4-5-114 所示。

盾构机各部件重量统计:

1 号桥架:45t;1 号台车:480t;2 号桥架:190t;单个仰拱块:7.8t;喂片机:54t;盾构机增加配重(6m):217t,长 37m。

1 号台车前轮受力:$(45 \div 2) + (480 \div 2) = 262.5t$。

图 4-5-114 超前钻下方配置 245t 压重平台

1 号台车后轮受力:$(190 \div 2) + (480 \div 2) = 335t$。

1 段管片受力每米$(7.8 \div 2) + (54 \div 6) + (217 \div 6) = 49.1t$,长度 6m。

2 段管片受力每米 $11.2 + 262.5 \div 5.5 = 58.9t$,长度 9.5m。

3 段管片受力每米 11.2t,长度 9m。

4 段管片受力每米 $11.2 + 335 \div 5.5 = 72.1t$,长度 5.5m。

每环管片自重 130t,承受浮力为 $594 - 130 - (49.1 + 58.9 + 11.2 + 72.1) \times 2 = 81.4t$。

取右线 YK4 + 710.4 ~ YK4 + 622.4(0 ~ 44 环)段进行增加配重前的上浮进行比较,该段地层下,盾构隧道均处于全断面砂层中,掘进范围内地层为中粗砂与粉细砂,上覆土主要为粉细砂、淤泥质粉质黏土及素填土等,且二者覆土在 1D 左右。

在 22 环(里程:YK4 + 642.4)推进完成后管片完成全部配重。

图 4-5-115、图 4-5-116 展示了增加配重前后的上浮差异情况。由图中可以看到,在相似地层及覆土情况下,盾构隧道管片在脱出盾尾后,未增加配重前上浮量在 0 ~ 54mm 之间;配重完成后,管片上浮明显呈下降趋势,上浮基本维持在 15 ~ 30mm 之间。在地层、覆土厚度等其他条件不变的情况下,桥架位置增加配重能有效地抑制管片上浮。

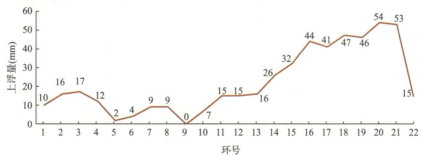

图 4-5-115 22 环之前未加配重管片上浮情况

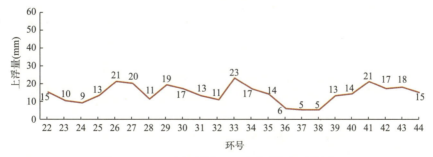

图 4-5-116 22 环之后增加 245t 配重后管片上浮情况

4. 掘进速度与管片上浮

在左线里程 ZK4 + 391 ~ ZK4 + 291 段(150 ~ 200 环)之间,盾构隧道洞身范围内以中粗砂及粉细砂为主,上覆土主要为粉细砂、淤泥质粉质黏土及素填土等,覆土厚度在 19.07~24.8m 之间。

如图 4-5-117 所示,150~200 环的管片上浮量在主要集中在 10~30mm 之间,而盾构掘进速度在 15~30mm/min 之间。盾构掘进速度的曲线与管片上浮曲线存在一定的相似性。

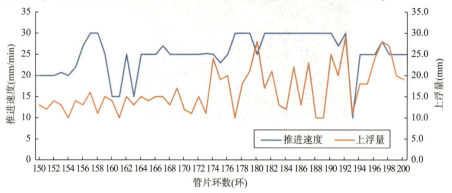

图 4-5-117 管片上浮与推进速度

由此可以认为,在掘进过程中,降低掘进速度可以延长管片脱出盾尾的时间,提升同步注浆浆液在管环外能有更好的凝结效果,使其能获得更好的早期强度以抑制管片减少上浮,但其提升程度有限。

二、管片上浮的不良后果

1. 上浮对成型隧道管片错台的影响

根据施工经验,管片脱出盾尾后,会产生一定程度的上浮,对成型隧道的管片错台有一定的影响。表 4-5-60 统计了 ZK4+631~ZK4+431 段(30~130 环)的上浮量与错台情况,该区段盾构隧道洞身范围内以中粗砂及粉细砂为主,上覆土主要为粉细砂、淤泥质粉质黏土及素填土等。

管片错台量统计 表 4-5-60

环号	上浮量（mm）	拼装错台（mm）	成型隧道错台（mm）	环号	上浮量（mm）	拼装错台（mm）	成型隧道错台（mm）
30	4	3.1	2.7	50	47	2.7	2.4
31	10	3.0	2.5	51	32	3.3	1.0
32	17	2.6	2.4	52	26	2.4	2.4
33	21	3.6	3.5	53	12	3.4	2.2
34	28	3.6	2.0	54	26	2.7	2.9
35	34	3.9	1.9	55	39	4.5	1.3
36	48	3.5	1.3	56	37	3.8	3.0
37	62	2.6	1.9	57	36	3.7	3.7
38	74	2.7	1.9	58	45	2.8	1.7
39	63	1.1	1.9	59	38	3.6	2.7
40	60	3.1	3.3	60	41	3.9	0.8
41	51	2.3	2.2	61	32	2.7	1.4
42	59	2.9	2.0	62	22	2.9	1.9
43	78	3.4	1.9	63	34	3.6	1.7
44	70	3.8	2.5	64	49	3.9	1.6
45	72	3.1	0.6	65	51	2.8	2.5
46	66	2.2	3.3	66	55	3.5	2.4
47	77	1.9	0.9	67	52	3.5	3.8
48	65	2.8	1.7	68	48	4.2	2.4
49	55	3.5	3.6	69	36	2.5	0.4

续上表

环号	上浮量（mm）	拼装错台（mm）	成型隧道错台（mm）	环号	上浮量（mm）	拼装错台（mm）	成型隧道错台（mm）
70	26	3.7	2.5	100	18	1.2	2.0
71	11	3.5	2.0	101	25	1.4	2.1
72	18	3.3	2.2	102	29	1.8	2.2
73	25	3.7	1.8	103	26	3.0	3.1
74	20	2.8	0.7	104	24	4.9	3.1
75	25	3.6	1.3	105	25	2.3	3.2
76	24	3.1	2.6	106	26	4.1	2.6
77	23	2.5	0.7	107	28	1.5	2.5
78	24	2.4	1.5	108	16	1.1	2.6
79	22	2.0	1.6	109	25	1.0	2.3
80	26	2.9	2.9	110	16	1.5	2.1
81	27	2.7	3.4	111	25	4.2	2.4
82	33	2.8	2.1	112	17	4.7	1.1
83	25	1.5	1.9	113	23	3.8	2.4
84	27	2.5	0.9	114	16	3.4	2.3
85	21	1.8	1.9	115	21	2.2	4.0
86	6	3.1	1.6	116	21	1.6	2.9
87	25	3.1	0.5	117	16	1.9	2.4
88	28	4.4	2.4	118	22	1.1	1.6
89	22	2.0	2.4	119	19	1.6	2.2
90	22	2.4	2.5	120	22	2.2	1.8
91	18	2.6	1.2	121	16	2.6	2.4
92	22	2.4	2.9	122	21	1.6	1.2
93	16	2.0	1.3	123	24	1.7	1.6
94	19	1.4	2.2	124	23	2.8	3.2
95	24	1.8	2.1	125	18	4.1	2.2
96	23	2.6	1.3	126	18	1.7	1.7
97	19	3.1	2.7	127	21	3.6	2.4
98	23	4.2	1.4	128	15	4.9	2.5
99	26	1.6	2.1	129	18	1.7	2.3

由图 4-5-118 可知，拼装错台基本在 0~3mm 之间，成型隧道错台基本在 0~5mm 之间，管片上浮对错台影响的规律性不强。

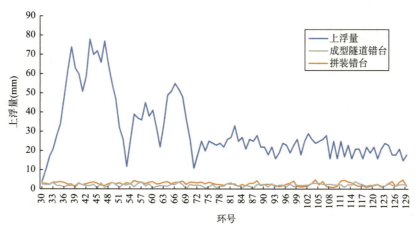

图 4-5-118　上浮量与管片错台量关系曲线

2. 上浮对隧道防水的影响

管片上浮会直接影响管环结构，造成顶部错台量增大，影响成型隧道的外观；且上浮量过大，管片凹凸榫位置等位置由于前后管片的不均匀受力，会产生一些裂缝，导致渗水等病害的发生，影响成型隧道的质量。

根据砂层段管片在脱出盾尾后的上浮量、错台量及病害产生情况，分析判断三者之间的关系。

(1) 管片渗水的产生与管片的错台量密切相关，当错台量超过 10mm 后，上浮量超过 45mm，管片发生渗水的概率较大。

(2) 管片裂缝的产生与管片的上浮量密切相关，当上浮量超过 30mm 后，管片出现裂缝的概率大大增加。

(3) 部分错台量(≤10mm)或上浮量(≤30mm)时，可能会随着隧道结构趋于稳定，病害逐渐自愈。

三、管片上浮控制措施

根据前述，影响管片上浮的因素有覆土厚度、同步注浆、盾构机结构以及掘进速度。实践证明，管片出现上浮现象是正常的；依据上浮量和管片外观检查统计，当管片上浮量超过 30mm 时，可造成管片开裂、渗漏水以及错台过大。施工时应针对性控制管片上浮量，保证成型隧道不渗不漏。根据管片上浮自动化监测系统的结果，当管片上浮数据累计达到 25mm 或每掘进 50cm 上浮量大于 6mm 应进行预警。可采取如下措施控制管片上浮：

(1) 对盾构机结构进行优化，增加盾构机 1 号台车重量。

(2) 优化同步注浆浆液配比，在保证一定流动度的前提下缩短凝结时间、早期强度与水陆强度比。

(3) 掘进速度及施工时序与壁后注浆凝结时间相匹配。

当上述措施无法有效抑制管片上浮趋势时，采用二次注浆的措施进行控制。

根据现场监测数据，管片上浮速率最快的点位为 1 号台车前端（即管片脱出盾尾 4~5 环处），此时同步注浆浆液基本凝固，二次注浆压力基本不会对同步注浆效果产生影响。为有效控制上浮，按照科威意见选择在该区域搭设临时平台进行二次注浆。

1. 注浆材料选择

二次注浆通常考虑局部填充及支撑作用选择水泥浆与水玻璃混合的双液浆。因业内对双液浆耐久性存在争议，考虑以其他速凝剂代替水玻璃。现场选择西卡速凝剂、巴斯夫速凝剂以及硫铝酸盐水泥进行对比试验。

(1) 西卡速凝剂。

西卡速凝剂产品是一种新型的混凝土和砂浆早强剂，根据使用指南，其掺量为水泥用量的 0.2~2.0%，混凝土在 6~24h 内可达到理想效果。

试验所用原材料为：普通 PO42.5 水泥、饮用水、西卡品牌早强剂，采用水泥砂浆搅拌机进行搅拌。共设置 6 组不同配比试验，试验结果见表 4-5-61。

西卡速凝剂配比试验结果　　表 4-5-61

序号	水泥掺量(%)	水灰比	失去流动性时间(h)
1	20	1.8	11
2	10	1.8	14
3	2	1.8	18
4	20	1.0	6
5	10	1.0	8
6	2	1.0	11

按照检测数据可推定：水灰比减小，凝结时间会缩短，但浆液黏稠会增加施工难度，相应成本增大。由于失去流动性时间与普通同步注浆砂浆凝结时间基本相同，因此未作强度检测。

(2)巴斯夫速凝剂。

根据其使用指南,巴斯夫速凝剂产品标准水灰比0.35、搅拌时间不超过15s、初凝不超过5min、终凝不超过12min,建议掺量为4%~8%。

试验所有原材料为:普通PO42.5水泥、饮用水、巴斯夫品牌速凝剂,采用水泥砂浆搅拌机搅拌时间15s。共设置6组不同配比试验,试验结果见表4-5-62。

巴斯夫速凝剂配比试验结果　　　　　　　　　　　　　表4-5-62

序号	水泥掺量(%)	水灰比	失去流动性时间(h)	终凝时间(h)
1	8	1.0	7	9
2	10	1.0	6	8
3	10	0.8	5.5	7
4	10	0.7	3	5
5	10	0.6	2.5	3.5
6	10	0.5	0.5	1.0
7	10	0.35	0.25	0.5

通过试验数据可以看出:水灰比减小,失去流动性时间缩短。但水灰比低于1.0(由于该速凝剂黏稠需加水稀释)与现在施工条件不匹配,不宜施工,且易堵管,需改造现场设备。因此,采用巴斯夫速凝剂,掺量10%,基础速凝时间能满足要求,但施工难度较大、浆液状态不好。

(3)硫铝酸盐水泥。

采用普通PO42.5水泥与42.5超早强硫铝酸盐水泥,按照4:6比例配制,当水灰比为1.0时,浆液室内失去流动性时间45min、终凝1.5h,1d试块强度1.3MPa、3d强度3.6MPa、18d强度8.6MPa。

综上对比,硫铝酸盐水泥可缩短凝结时间,且施工难度小,符合现场施工要求。因此,采用超早强硫铝酸盐和普通硅酸盐水泥混合料作为二次注浆浆液。

2. 注浆点位

为促进管片早期稳定,有效控制管片上浮,填充管片壁后同步注浆未能充分密实的部分,注浆点位优先选择顶部。具体点位数根据现场实际上浮趋势适时调整。

①12点位开孔。

在左线里程ZK4+343~ZK4+283段,盾构隧道洞身范围内以中粗砂及粉细砂为主,上覆土主要为粉细砂、淤泥质粉质黏土及素填土等,覆土厚度在20.1~23.4m之间。

盾构在该里程段掘进过程中,为控制管片上浮,对脱出盾尾4~5环的管环,自12点位进行开孔,注入水泥浆。根据管片上浮量曲线图(图4-5-119)可以看出,在全断面砂层地层中,每环注浆一次,管片的上浮基本控制在20mm以内。

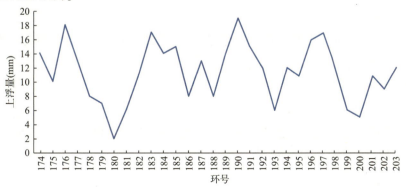

图4-5-119　174~203段管片上浮量变化曲线

②12/11 或 12/1 点位开孔。

在左线里程 ZK3+171~ZK3+111 段,盾构隧道洞身范围内以砂卵石、中粗砂及强风化角砾岩地层为主,上覆土主要为粉细砂、淤泥质粉质黏土及素填土等,覆土厚度在 23.1~27.4m 之间。

如图 4-5-120 所示,盾构在该里程段掘进过程中,为控制管片上浮,对脱出盾尾 4~5 环的管环,自 12/11 或 12/1 点位(两个点位)进行开孔,注入水泥浆。根据管片上浮量看出,在上软下硬地层中,每环注浆两次,管片的上浮基本控制在 25mm 以内。

图 4-5-120 760~789 段管片上浮量变化曲线

③12/11/1 点位开孔。

在左线里程 ZK3+091~ZK3+031 段,盾构隧道洞身范围内以砂卵石、中粗砂及强风化角砾岩地层为主,上覆土主要为粉细砂、淤泥质粉质黏土及素填土等,覆土厚度在 18.2~23.4m 之间。

如图 4-5-121 所示,盾构在该里程段掘进过程中,为控制管片上浮,对脱出盾尾 4~5 环的管环,自 12/11/1 点位(三个点位)进行开孔,注入水泥浆。根据管片上浮量看出,在全断面硬岩地层中,每环注浆两次,管片的上浮基本控制在 25mm 以内。

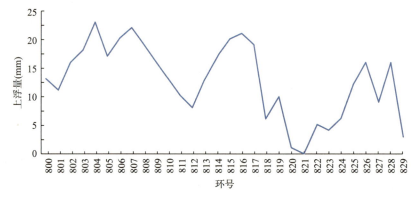

图 4-5-121 800~829 段管片上浮量变化曲线

根据二次注浆的结果可以看出:

在相似地层中,二次注浆开孔数量越多,注浆量越大,对管片上浮的整体抑制有一定效果,但增加开孔数量对抑制效果提升不大。

3. 二次注浆统计

本工程二次注浆左线共开孔 658 处,其中砂层开孔 55 处、上软下硬地层 347 处、全断面硬岩 227 处、岩溶区 7 处、含砾砂岩地层 22 处;右线共开孔 552 处,其中砂层 339 处、上软下硬地层 41 处、全断面硬岩 77 处、岩溶区 55 处、全断面硬岩 40 处。

4. 二次注浆封孔

注浆结束后 1~2d,打开管片内壁上的球阀进行观察,若无水流出,终孔、拆卸注浆头。在密封塞上套上特制密封圈,并用密封胶带缠实,采用工装将密封塞紧固。

特制注浆密封塞整体为铸铁材质,并进行防锈处理,长度为150mm,螺纹与注浆管螺纹一致。经实验,该密封塞可抵抗4kN以上拉拔力,满足施工要求。

第八节 刀具选型、使用与分析

基于本工程开展的盾构刀盘、刀具关键技术研究,以右线隧道实际掘进数据为例,对刀具选型、使用和分析,总结施工经验,为具有上软下硬、岩层和破碎带等特性的同类型复合地层盾构隧道施工提供经验。左、右线刀具使用情况见本书附录2。

1.砂层刀具选型、使用与分析

本工程0~744环盾构隧道掘进主要穿越地层为砂层。其中YK4+540~YK4+708盾构段,为粉砂夹粉土与粉细砂复合地层,YK3+940~YK4+540为粉细砂地层,YK3+220~YK3+940为粉细砂与中粗砂复合地层。各类砂层磨损特点较为统一,故此将三段地层统一进行分析。

410环处进行第一次停机检查,主要掘进地层为粉细砂层,此次共检查刀具10刃,均为齿刀,未换刀。

在705环处进行第二次停机检查,盾构机掘进411~705环、共计295环,主要掘进地层为粉细砂层与中粗砂层,此次检查刀具2刃,均为齿刀,未换刀。

在735环处进行第三次停机检查,盾构掘进706~735环、共计30环,主要掘进地层为中粗砂层,根据地质报告,734环进入砂岩复合地层(盾构断面上部中粗砂层,下部为风化岩层),此次检查刀具35刃,包括齿刀33刃,刮刀2刃,更换刀具33刃。

(1)刀具掘进参数概况。

0~410环盾构掘进地层主要为砂层,如图4-5-122所示,盾构机转速保持在0.95r/min,扭矩基本维持在7MN·m以下。推进速度较快,维持在20~30mm/min之间。总推力从30MN缓慢上升至150MN。

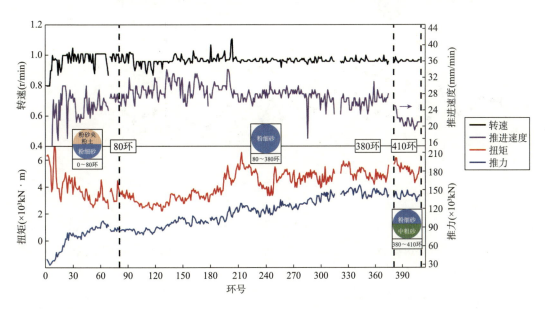

图4-5-122 第一次刀具检查参数变化

410~705环在砂层推进,如图4-5-123所示,盾构机转速保持在0.95r/min,扭矩基本维持在7MN·m以下,推进速度基本维持在20~30mm/min之间,最高达35mm/min,此时处于粉细砂层。540环进入粉细砂中粗砂复合地层后,推力维持在150~180MN。

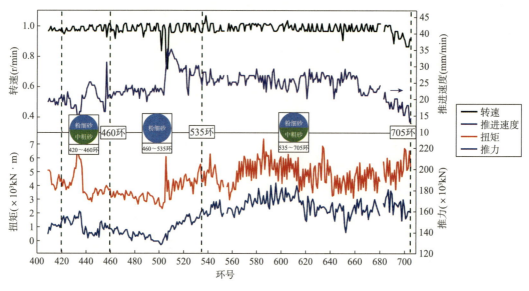

图 4-5-123 第二次刀具检查参数变化

705~735 环在砂层推进,如图 4-5-124 所示,接近 735 环时进入上软下硬地层。在此期间盾构机转速保持在 0.95r/min,扭矩从 5MN·m 增长至 8MN·m,推进速度逐渐降至 10~15mm/min,总推力保持在 150~180MN。

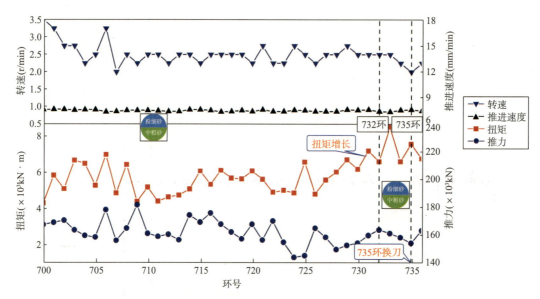

图 4-5-124 第三次刀具检查参数变化

(2)刀具磨损情况。

如表 4-5-63 和图 4-5-125 所示,第一次刀具检查平均磨损量 1.83mm,第二次刀具检查平均磨损量 20mm,第三次刀具检查平均磨损量 24.22mm。即认为 0~410 环刀具磨损量 1.83mm,411~705 环刀具磨损量 18.17mm,706~735 环刀具磨损量 4.22mm。

前三次检查刀具平均磨损量与每环刀具磨损量　　　表 4-5-63

环数	检查时刀具平均磨损量(mm)	平均每环刀具磨损量(mm/r)
0~410	1.83	4.45×10^{-3}
411~705	18.17	6.16×10^{-2}
706~735	4.22	1.41×10^{-1}

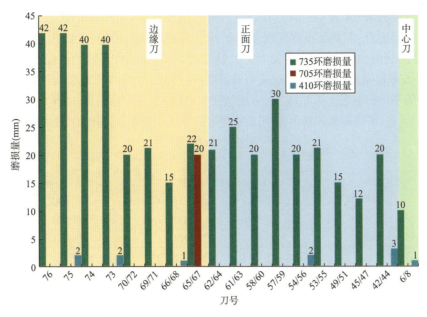

图 4-5-125　0～735 环前三次刀具检查磨损量汇总

(3) 砂层刀具磨损分析。

从刀具磨损的外观来看(图 4-5-126),第一次与第二次刀具检查发现,刀具合金齿磨损面较为平滑,无磕碰现象,属于正常磨损,第三次刀具检查刀具的磨损主要以正常磨损为主,同时出现较少磕碰现象。

a) 410环第一次检查

b) 705环第二次检查

c) 735环第三次检查

图 4-5-126　三次检查刀具对比

从刀具类型的角度来看,砂层使用的刀具包括齿刀和刮刀,根据已检查刀具的情况,刮刀的磨损量极小。究其原因,齿刀在刀盘上安装的刀具高度高于刮刀,起先行刀的作用。先行刀布置在面板和辐条上、刮刀切削轨迹之间,通常比刮刀高 40～50mm,不起直接切削作用,先于切刀接触地层,犁削软质岩石和土层。先行刀在切削刀切削土体之前先行切削土体,将土体切割分块,为切削刀创造良好的切削条件。采用先行刀,一般可显著增加切削土体的流动性,大大降低切削刀的扭矩,减小刮刀切削阻力,提高刀具切削效率,减少切削刀的磨损。齿刀作为先行刀承担了掘削、搅动土层的主要任务,齿刀的刀具承压与磨损要远大于刮刀。

从刀具在刀盘的排布位置来看,第一次刀具检查刀具的磨损与刀具在刀盘上的排布并无明显关联,第二次检查仅检查一把刀具,也无从探究刀具排布与刀具磨损关系。但第三次刀具检查可以看出,处在刀盘边缘位置的刀具磨损量远大于其他位置刀具磨损量,其他位置刀具未看出明显磨损量差异。

从刀具的几次检查次序来看,第一次刀具检查,刀具合金齿的磨损量基本低于 3mm,第二次刀具检查,仅检查同一刀桶内两刃齿刀,其磨损量达到了 20mm。第一次刀具检查前,盾构掘进主要在粉细砂乃至土层中进行,第一次刀具检查到第三次刀具检查期间,盾构掘进主要在中粗砂层中进行,第三次刀具检查后由砂层逐渐进入上软下硬地层。

从盾构机运行参数来看(表4-5-64),在刀盘转速维持在0.9~1r/min的状态下,随着扭矩、推力、推进速度以及贯入度的上升,刀具磨损程度也逐渐上升。扭矩增大,刀具所受的扭曲破坏程度就越大;推力越大,刀具所受的法向力就越大,越容易对刀具造成破坏;其他条件不变的情况下,推进速度越快,贯入度越高,说明掘进效率较高,地层阻碍小,相应刀具的磨损较为规律,极少出现影响正常运作的非正常磨损。三次刀具检查,间隔平均扭矩依次从4.2MN·m增加到5.8MN·m,推力从114.1MN增加到161.4MN,扭矩和推力的增加以及贯入度、推进速度的减小,证明盾构掘进的难度正在逐渐提升,刀具的磨损正在逐渐加剧。

盾构机运行参数　　　　　　　表4-5-64

环数	参数				
	扭矩(kN·m)	贯入度(mm/r)	推力(kN)	转速(r/min)	推进速度(mm/min)
0~410	4184.74	29.37	114110.20	0.9695	26.98
411~705	4388.97	25.43	155377.43	0.9739	23.73
706~735	5833.3	16.43	161437.73	0.8806	13.8

由表4-5-68可以看出,贯入度、推进速度与刀具每环磨损量呈强负相关性,推力、扭矩与刀具每环磨损量强正相关性,刀盘转速与刀具每环磨损量弱相关性。

2. 上软下硬地层刀具选型、使用与分析

本工程745~865环盾构隧道掘进主要穿越地层为上软下硬地层,上软下硬地质如图4-5-127所示。砂层与岩层的组合需要同时面对两种地层掘进的困难点,还有两种地层复合所带来的新问题。首先,砂层易于掘削,但使用掘削砂层的刀具并不一定适合掘削岩层,同样适宜在岩层中破岩前进的刀具不一定适合砂层使用。如先行刀、刮刀等适宜软土层的掘进的刀具,在岩层中可能会受到较大阻力,极易造成破坏。而滚刀等破岩刀具,在砂层中会面临摩擦力小导致启动扭矩无法达到的尴尬状况,滚刀若无法达到启动扭矩,就没有办法转动,最终会造成刀具偏磨。但复合地层与刀盘的转动使得刀盘上某些刀具不可避免地要经历两种地层的考验。第四次至第五次换刀,从刀盘最外周至中心逐步由齿刀更换为滚刀,其中第四次安装38号刀具以外的26刃滚刀,第五次全部更换为滚刀。

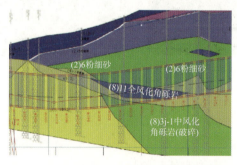
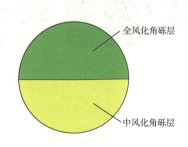

图4-5-127　上软下硬地层地质断面图

如图4-5-128所示,上软下硬地层中上部为中粗砂层、下部为风化岩层,该段工程使用刀具有新型齿刀、30颗帽形镶齿滚刀、固定刮刀如图4-5-128所示。

a)镶齿滚刀　　　　　　　　　　b)新型齿刀

图4-5-128　复合地层刀具选用

764 环处进行第四次停机检查,盾构机掘进 736~764 环、共计环数 29 环,盾构截面范围内从上到下地层依次为粉细砂、中粗砂、全风化角砾岩、强风化角砾岩。

879 环处进行第八次停机检查,盾构掘进 842~879 环、共计掘进 38 环,其中,25 环位于上软下硬地层,盾构截面范围内从上到下地层依次为粉细砂、中粗砂、全风化角砾岩、强风化角砾岩。此次检查刀具 46 刃,全部更换为 30 个帽形镶齿滚刀以及 46 个楔形齿滚刀。

(1)刀具掘进参数概况。

第四次至第八次换刀期间掘进参数如图 4-5-129 所示。

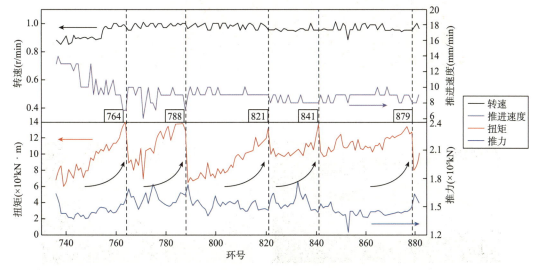

图 4-5-129 第四次至第八次换刀期间掘进参数变化图

第四次至第八次换刀期间,每次换刀间隔掘进参数的变化趋势与变化量级基本相同。刀盘转速处于 (1 ± 0.1) r/min,掘进速度从 740 环的 14mm/min 逐渐降低,在 760 环达到稳定,保持在 (8 ± 2) mm/min 的速度。扭矩在每次换刀前会逐渐上升至 14MN·m,换刀后大幅下降。764 环换刀后,扭矩下降至 9MN·m;788 环换刀后,扭矩下降至 6MN·m;821 环换刀后,扭矩下降至 10MN·m;841 环换刀后,扭矩下降至 10MN·m;879 环换刀后,扭矩下降至 8MN·m。

(2)刀具磨损情况。

上软下硬地层掘进段共使用两种可更换刀具。在掘进的前半段,使用了重型齿刀,重型齿刀在上软下硬地层磨损情况统计如图 4-5-130、图 4-5-131 所示,部分刀具磨损状况如图 4-5-132 所示。

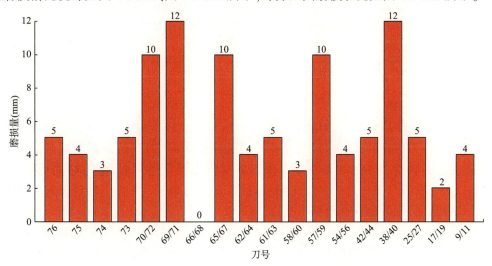

图 4-5-130 736~764 环第四次检查齿刀合金齿磨损统计

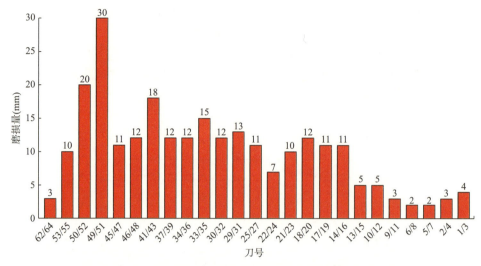

图 4-5-131　765～788 环第五次检查齿刀合金齿磨损统计

a)第四次检查69号、71号齿刀刀具磨损状况

b)第五次检查49号、51号齿刀刀具磨损状况

图 4-5-132　第四次、第五次刀具检查部分齿刀表现图

镶嵌了硬质合金刀齿的镶齿滚刀,刀齿发生正常磨损的情况较少,刀齿发生磕碰、破碎的情况较多。在上软下硬地层中,所使用刀具主要为帽形镶齿滚刀,滚刀上镶嵌 30 颗帽形齿。自 841 环第七次换刀开始,盾构掘进逐渐进入风化岩层,帽形镶齿滚刀逐渐被楔形齿滚刀代替,楔形齿滚刀一刃刀具镶嵌的齿数为 46 齿。

(3)刀具磨损原因分析。

在上软下硬地层中使用齿刀时,刀具切削下部岩层会受到较大阻力,对于岩层破岩的效果较差,同时下部岩层对于齿刀刀具的破坏也较为严重。当使用滚刀时,刀具转动到上部砂层时,会因砂层摩擦力较小而使滚刀转动达不到启动扭矩。滚刀启动扭矩无法达到时,滚刀转动受限,其受力、摩擦、砂层切削只集中在刀具某一处或多处,于是刀具容易产生偏磨(弦磨),转到下部岩层时,产生冲击荷载,易导致合金崩齿和偏磨,甚至轴承损坏。

部分镶齿滚刀刀具磨损如图 4-5-133 和图 4-5-134 所示,该种镶齿滚刀在复合地层中的表现以合金刀齿的损坏为主。合金刀齿的损坏主要表现磕碰、破碎,通过正常磨损使合金齿破坏的情况较为少见。合金刀齿主要材料为碳化钨基硬质合金,有非常良好的硬度与耐磨性。不过从其在地层中的表现来看,其抗冲击韧性与塑性较低,遇到冲击时刀齿容易崩碎、断裂。

a)69号、71号　　　　　　b)61号、63号　　　　　　c)72号

图 4-5-133　第五次刀具检查部分镶齿滚刀刀具磨损

a)58号、60号　　　　　　b)62号、64号　　　　　　c)53号、55号

图 4-5-134　第六次刀具检查部分镶齿滚刀刀具磨损

此外，上软下硬地层中的上部黏性颗粒进入刀筒，导致刀筒内堆积了大量的黏土和碎石，黏土和碎石挤压密实后无法排出，对刀圈产生了二次磨损，甚至卡死刀具，进而发生了偏磨。

3. 岩层复合地层刀具选型、使用与分析

本工程866~1476环盾构隧道掘进主要穿越地层为风化岩层。岩层相对于砂层与上软下硬地层，特点是岩石坚硬、难以破碎，基于此种特点，岩层的掘进相较于前两种地层，刀具磨损更为严重。针对岩层掘进，主要使用滚刀作为掘削刀具。滚刀破岩时，依靠盾构机产生的推力，使刀刃侵入岩体内部，使岩体以刀刃侵入部为中心，向四周展开裂纹。相邻滚刀各自对岩体侵入并产生裂纹后，各自中心扩散裂纹相交，使岩体脱落，岩体破碎完成。在此过程中，可以看出滚刀受力复杂，且受力较大，同时受冲击较频繁，冲击力也较强。由此，岩层掘进对刀具的破坏严重，破坏形式多样，特别是在岩石抗压强度较高的地层，盾构掘进与刀具破岩承受着巨大压力。

针对岩层难以掘削的特点，选用滚刀作为破岩刀具。本工程岩层掘进段较长，在866~1040环进行了详细的数据分析，并根据盾构参数变化和刀具磨损状态，进行了刀具优化，后在1040~1476环掘进中得到了有效的应用。

（1）刀具掘进参数概况。

第八次至第二十次换刀期间掘进参数如图4-5-135所示。

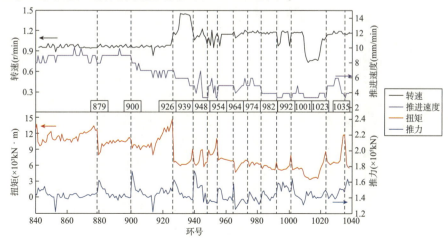

图 4-5-135　第八次至第二十次换刀期间掘进参数变化图

刀盘转速在926环换刀前处于1r/min的速度,926环换刀后,刀盘转速升至接近1.5r/min,在939环换刀后降至1.2r/min的速度。而从939~1035环,转速基本维持不变。掘进速度从840~900环的9mm/min逐渐降低,后稳定在4mm/min。扭矩在879环、900环与926环换刀前会逐渐上升至超过10MN·m,换刀后大幅下降。926环换刀后,扭矩大幅下降至6MN·m,并维持到1000环换刀前,每次换刀前略有上涨。

在1000~1023环换刀期间,各项数据包括扭矩有一段较大的下落,扭矩大约降至4MN·m,而在1035环换刀前,扭矩大幅涨至12MN·m,换刀后回落至6MN·m。盾构推力的变化趋势基本符合换刀前逐渐上涨、换刀后立即回落的规律。第八次至第二十次换刀掘进参数的变化规律较为明晰,此段使用的可更换刀具基本为镶齿滚刀,伴随着换刀的参数变化比较明显。

第十九次至第三十一次换刀期间掘进参数如图4-5-136所示。

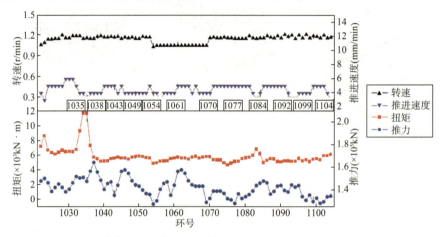

图4-5-136 第十九次至第三十一次换刀期间掘进参数变化图

刀盘转速与推进速度均保持较为稳定的状态,其中刀盘转速维持在1.1~1.2r/min的速度,推进速度基本维持在(4±1)mm/min。扭矩在1035环换刀后下降至6MN左右,且临近换刀前扭矩的增长不明显,换刀后扭矩的减少也不明显,整体平稳。掘进推力的规律更为复杂紊乱,基本在120~160MN范围内振荡,并且由于换刀次数过多,且换刀间隔环数较少,基本不符合临近换刀前推力增长明显、换刀后推力下降明显的规律。

(2)刀具磨损情况。

镶齿滚刀中,合金刀齿的破坏是其刀具磨损乃至破坏的主要多发形式,于是镶齿滚刀磨损问题的统计主要针对刀齿的破坏情况。由于不同厂家生产滚刀刀齿数量不一,因此统计刀齿破坏占所检查刀具总齿量的百分比,如图4-5-137所示。

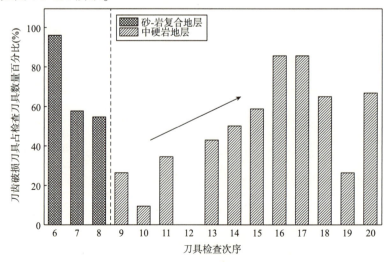

图4-5-137 刀齿损坏刀具占检查刀具数量百分比

光圈滚刀在岩层中磨损主要表现为正常磨损与非正常磨损。由于换刀频繁,正常磨损的刀具磨损量微小,而非正常磨损则表现较为突出,如图 4-5-138、图 4-5-139 所示。

a)69号偏磨、刀圈断裂　　　　b)70号刀体全部剥落　　　　c)71号偏磨、刀圈断裂

图 4-5-138　第十七次刀具检查部分光圈滚刀

a)34号刀圈断裂　　　　b)44号多处偏磨　　　　c)60号刀圈断裂

图 4-5-139　第十六次刀具检查部分光圈滚刀

(3) 刀具磨损原因分析。

部分镶齿滚刀刀具磨损如图 4-5-140 所示,该种镶齿滚刀在岩层中的磨损主要表现为以合金刀齿损坏为主。合金刀齿的损坏主要表现磕碰、破碎,通过正常磨损使合金齿破坏的情况较为少见。合金刀齿主要材料为碳化钨基硬质合金,有非常良好的硬度与耐磨性。不过从其在地层中表现来看,其抗冲击韧性与塑性较低,遇到冲击时合金齿容易崩碎、断裂。

a)整刀破坏　　　　b)散落零件　　　　c)轴承

d)刀齿磕损严重,且母体受损　　　　e)偏磨磨损至母体部分

图 4-5-140　第十八次刀具检查部分镶齿滚刀

岩层刀具的破坏主要源于岩层的强度。尽管有国内外学者提出磨蚀系数衡量岩层对刀具磨损能力评价的概念,但对于刀具的非正常磨损,相关研究较少。刀具的非正常磨损往往来自冲击与刀具自身结构的破坏。岩层中岩石的成分与抗压强度以及磨蚀性在空间层面上具有非均匀性,刀具在长期工作疲劳效应下,突然的冲击会对刀具产生相应损坏。

盾构在岩层掘进时由于受到的冲击力较强,对刀具的影响更为强烈,此时刀具的破坏不只存在于切削岩层所使用的部分,也存在于整个刀具的刀体。常见的非正常磨损除了偏磨(弦磨)以外,也包括刀体端盖偏移、液压油泄漏、压力平衡装置破坏、母体破坏等。

4. 断裂带及冲槽叠加段刀具选型、使用与分析

本工程870~930环盾构隧道掘进主要穿越断裂带及冲槽叠加段。本区段具有覆土浅、水压高、开挖面与长江水连通性强、地层破碎等特点,因此,大大提高了本区段刀具选型、换刀难度与风险。经地质条件分析与现场前期施工经验,经过合理的刀具选型,可以实现一次性穿越本区段。刀具需要具有较高的耐磨特性,磨损量不超标,以保证一次穿越;刀具还应具有较高的耐冲击性能,保证不被破碎岩体冲击破坏。综合前期施工经验与镶齿滚刀特性,穿越前全部更换为镶齿滚刀。

穿越前在900环停机检查,共检查更换刀具76刃,均为镶齿滚刀。盾构机上次掘进880~900环,掘进环数21环,主要掘进地层为岩层,盾构穿越地层为中风化角砾岩层。

盾构穿越完成后在926环停机检查,此次共检查刀具76刃,均为镶齿滚刀。盾构机掘进901~926环,掘进环数26环。其中49号、69号、71号、70号、72号五把刀具发生偏磨,73号刀合金全部脱落,其余刀具磨损6mm以内。

(1)刀具掘进参数概况。

第九次至第十一次换刀(870~939环)期间掘进参数如图4-5-141所示。

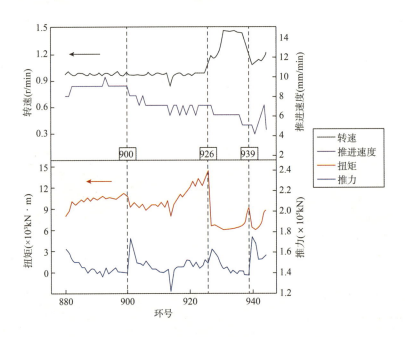

图4-5-141　第九次至第十一次换刀(870环~939环)期间掘进参数变化图

第九次至第十一次换刀期间,900环换刀时,推力增加峰值增大到170MN。926环换刀时,扭矩峰值增加到15MN·m。926环前,刀盘转速处于(0.9±0.1)r/min,926环换刀后,刀盘转速升至(1.2±0.1)r/min,掘进速度从880环时的(8±1)mm/min逐渐降低至926环的(6±1)mm/min。

(2)刀具磨损情况。

冲槽破碎带段刀具情况如图4-5-142所示。镶齿滚刀出现了部分偏磨、合金崩齿等现象,刀座出现磨损和压溃现象。

图 4-5-142　冲槽破碎带段刀具情况图

(3)刀具磨损原因分析。

镶齿滚刀在本区段中的表现主要以合金刀齿的损坏为主。合金齿的损坏主要表现为磕碰、破碎,其抗冲击韧性与塑性较低,遇到冲击时刀齿容易崩碎、断裂。

断裂带及冲槽叠加段地层中夹杂了黏土颗粒,导致刀筒内堆积的大量的黏土+碎石,黏土+碎石挤压密实后,对刀圈和刀体产生了二次磨损,甚至阻碍刀具旋转,进而发生了偏磨。

随着刀具的旋转,砂石将磨损刀座,超过限定量后,刀座失去使用性能。在冲击荷载下刀座也会发生塑性变形,强大的压力下,致使刀座压溃。

5. 总结

（1）换刀点的选择与掘进参数。

表4-5-65统计了0～1104环盾构掘进过程中,共计31次刀具检查和换刀时刀盘扭矩、总推力、推进速度、刀盘转速等参数。在砂层掘进过程中第一次换刀时,刀盘扭矩为8MN·m,此时盾构掘进入上软下硬地层,推进速度降低至10mm/min。在上软下硬地层掘进过程中,共换刀5次。掘进过程中,刀盘扭矩增长至13～14MN·m时,进行换刀。在岩层掘进的初始阶段,刀盘扭矩达到11～15MN·m时,进行换刀;在岩层后续掘进阶段,刀盘扭矩在3～9MN·m时进行换刀。

换刀时的参数对比　　　　　表4-5-65

刀具检查次序	环数	地层	扭矩（MN·m）	总推力（MN）	推进速度（mm/min）	刀盘转速（r/min）
1	410	砂层	7	150	20	0.95
2	705		7	180	20	0.95
3	735 换刀		8	180	10	0.95
4	764 换刀	上软下硬地层	14	165	7	0.95
5	788 换刀		14	165	7	0.95
6	821 换刀		13	150	9	0.95
7	841 换刀		13.5	150	8	0.95
8	879 换刀		13	150	8	0.95
9	900 换刀	断裂带及冲槽叠加段	11	140	9	0.9
10	926 换刀		15	150	7	1.0
11	939 换刀	全断面岩层	9	150	5	1.0
12	948 换刀		7	130	3	0.9
13	954 换刀		7	140	3	1.1
14	964 换刀		7	140	5	1.1
15	974 换刀		7	140	5	1.1
16	982 换刀		6	140	5	1.1
17	992 换刀	破碎带	7	150	4	1.1
18	1001 换刀		8	150	3	1.1
19	1023 换刀		5	143	4	1.0
20	1035 换刀	全断面岩层	8	145	5	1.2
21	1038 换刀		6	159	5	1.2
22	1043 换刀		6	149	5	1.2
23	1049 换刀		6	150	4	1.2
24	1054 换刀		4	136	4	1.1
25	1061 换刀		4	142	4	1.0
26	1070 换刀		4	144	4	1.0
27	1077 换刀		4	135	5	1.2
28	1084 换刀		4	138	4	1.2
29	1092 换刀		4	142	5	1.2
30	1099 换刀		3	137	4	1.2
31	1104 换刀		4	132	4	1.2

综上,在砂层掘进时,刀盘扭矩较小,可以根据推进速度、推力、扭矩的变化来判断换刀时机,在推进速度降至 10mm/min 时,盾构开始进入上软下硬地层,此时进行换刀。在上软下硬地层掘进时,当刀盘扭矩增长至 13MN·m,应进行换刀作业。在岩层掘进时,当刀盘扭矩增长至 7MN·m,应进行换刀作业。

(2)刀具监测系统与刀具更换。

刀具温度监测曲线如图 4-5-143 所示,以 1134 环为例,本环出现了 69 号刀具旋转速度降低为 0,69 号/71 号刀具的温度急速上升至 60℃。停机换刀,发现 69 号刀具出现了偏磨现象(图 4-5-144)。由此证明,通过刀具监测装置的正常使用和参数分析,可以指导刀具更换。但是受监测装置工作环境的影响,易出现监测装置失效和数据传输失败等问题,因此,应多方位分析刀具监测装置的数据,并结合掘进参数变化和前期刀具磨损情况,对刀具磨损情况进行综合性评价,确定换刀时机。

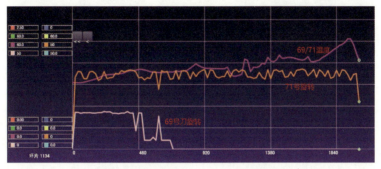

图 4-5-143　69 号、71 号刀具温度监测曲线

图 4-5-144　1134 环刀 69 号、71 号刀具监测与使用情况

(3)刀具结构与耐磨。

本工程盾构机掘进至上软下硬地层后,将齿刀逐步更换为帽型镶齿滚刀,滚刀更换数量较多,对滚刀进行了一系列的优化。初装滚刀采用了帽形镶齿滚刀,如图 4-5-145 所示。

图 4-5-145　帽形镶齿滚刀使用前后对比

通过对帽形齿滚刀的使用情况进行分析发现,帽形齿结构形式和合金安装方式不尽合理,刀具掉齿情况较为严重,无法满足本项目地层施工需要,故对其进行优化,采用楔形齿滚刀(30齿),如图4-5-146所示。楔形齿滚刀通过镶嵌的合金柱,实现破岩和耐磨的需求。

图4-5-146　楔形齿滚刀(30齿)

通过对30齿的楔形齿滚刀的使用情况进行分析发现,部分刀具出现了合金齿崩齿现象,分析认为合金柱之间间隙过大,刀具耐冲击性较差,导致崩齿。

针对间隙过大的问题进行优化,在满足合金齿镶嵌强度条件下适当增加合金柱数量,以减小合金柱的间隙。合金柱由原来的30颗增加到46颗,如图4-5-147所示,合金柱间隙由原来的28mm减小为12mm,合金柱露出的高度约6mm,减少切削岩石与合金直接接触面积,在侧向撞击时,韧性较好的刀圈承受直接撞击,可以避免合金受强力撞击导致合金破碎。合金齿大埋深设计,可以避免合金受到撞击时因受力过大出现合金齿脱落的问题。

图4-5-147　楔形齿滚刀(46齿)

从楔形齿滚刀的使用情况(图4-5-148)可以看出,合金柱耐磨性较强,但因刀圈母体耐磨性较差,会出现母体磨损严重致使合金柱脱落的情况,需对刀圈母体的耐磨性进行优化。

图 4-5-148　楔形齿滚刀(46 齿)使用情况

现场对母体堆焊碳化钨层和陶瓷耐磨层的刀具进行对比,如图 4-5-149 所示,陶瓷耐磨层刀具的使用情况优于碳化钨耐磨层刀具。

　　　　a)焊碳化钨层　　　　　　　　　　　　　b)陶瓷耐磨层

图 4-5-149　刀圈母体耐磨层

经过实践验证,楔形齿滚刀适用于本工程的上软下硬、岩层、破碎带等地层,通过减小合金间距,母体敷焊陶瓷耐磨层,可以有效提高刀具使用寿命。

第六章 中风化砂岩地层盾构接收

第一节 概 述

左右线盾构分别于1290环、1325环完成岩溶区掘进,进入中风化含砾砂岩地层直至盾构接收。根据地质纵断面图,接收段地层自上而下依次为(1)2素填土、(3)3粉质黏土、(7)1sl全风化含砾砂岩、(7)2sl强风化含砾砂岩、(7)3sl-1中风化含砾砂岩(破碎)、(7)3sl中风化含砾砂岩,如图4-6-1所示。

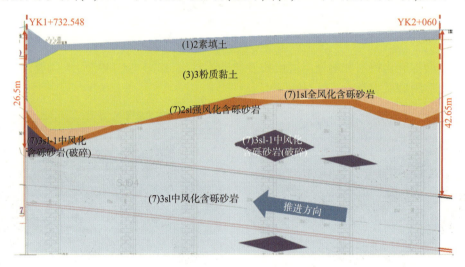

图4-6-1 地质纵断面图

接收段隧道埋深26.5m。盾构穿越地层为(7)3sl中风化含砾砂岩,在接收段拱顶处存在(7)3sl-1中风化含砾砂岩、含砾砂岩(破碎),根据设计以及工作井开挖情况(基坑开挖所揭露,洞门范围内地质条件较好基本无地下水),对拱顶采取超前小导管注浆加固措施后,盾构接收采用干接收的方式。

接收区范围内地面主要构筑物有燕子矶中学、燕子矶初级中学、珠江路及酒店,其位置分布如图4-6-2所示。

图4-6-2 接收区范围内地面主要构筑物

(1)燕子矶中学:隧道侧穿操场下部地下车库,里程 ZK2+050~ZK1+954,结构为混凝土结构。覆土深度为 35.4~40.3m。该学校正常使用。

(2)燕子矶初级中学:盾构隧道在里程 ZK1+914.4~ZK1+805.2 段正穿燕子矶初级中学,学校内建筑物主要为混凝土结构,已经停止使用。隧道顶部覆土深度为 29.9~35.9m。

(3)珠江路:盾构穿越段宽度约 5m,为普通沥青路面。

(4)酒店:距离隧道开挖面最外侧约 1m,为混凝土结构,已停止使用。

通过对施工现场的实地考察,接收段盾构掘进过程中,主要存在的重要管线如图 4-6-3 和表 4-6-1 所示。

图 4-6-3 接收段管线分布示意图

接收段管线信息　　　　　　　　　　　　表 4-6-1

管路类型	直径(mm)	材质	埋深(m)	位置分布
给水管	300	铸铁	1.3	主干道下方
	500			
	700			
排水管	1000	铸铁	2.5	两侧非机动车道下方
路灯及视频监控	500	铜	0.4	主干道路两侧
弱电管路	200	光纤	0.6	非机动车道路下方
燃气管道	200	PE 管	1.0	非机动车道路下方

盾构机接收段流程如图 4-6-4 所示。

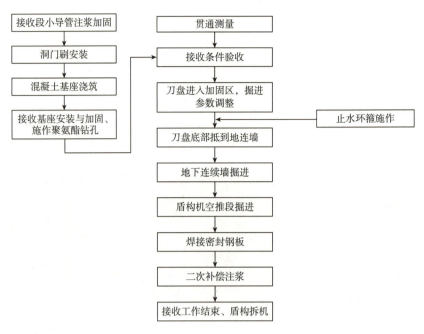

图 4-6-4 盾构接收流程示意图

第二节 接收前准备工作

一、盾构接收施工测量监测

1. 监测准备

在盾构接收的 50m 范围内,需对地表沉降监测点进行加密,每 10m 布设一个地表沉降监测断面,两个断面之间布设一个线路中线地表沉降监测点(间距 5m)。

盾构接收前,对接收井周边构筑物和地表布置监测点,在盾构机抵近至 5D[D 为盾构法隧道开挖直径(m)]距离以外采取监测初始值。

监测频率:

开挖面距量测断面前后 <2D 时,1 次/d;开挖面距量测断面前后 <5D 时,1 次/2d;开挖面距量测断面前后 >5D 时,1 次/周。

2. 接收洞门复测

接收前对接收井洞门安装精度进行复测,确定洞门安装与设计线路的偏差,左、右线复测结果见表 4-6-2。

左、右线接收井洞门复测结果　　　　　　　　　　表 4-6-2

线别	实测值(m)			设计值(m)			偏差(mm)		
	X	Y	Z	X	Y	Z	ΔX	ΔY	ΔZ
右线	157501.398	133000.885	-14.857	157501.346	133000.841	-14.834	52	44	-23
左线	157492.897	132979.164	-14.863	157492.896	132979.160	-14.860	1	4	3

3. 接收前测量

(1) 接收前100环时,对始发井及接收井附近首级控制网进行一次全球定位系统(Global Positioning System,GPS)联测,根据最新测量结果指导后续陀螺定向测量;进行一次江南、江北水准联测,闭合差4.7mm,根据测量结果,对洞内水准点进行2次往返水准测量,确定隧道内水准点高程。

(2) 接收前50环进行一次陀螺定向测量(陀螺仪定向精度为±5″,陀螺全站仪测角精度为±2″),使用江南首级控制点寻找真北方向,同时进行3次洞内导线测量,测量出隧道内控制点方位角与陀螺方位角差值为右线13.25″,左线 −3.84″,满足测量规范≤15″的要求,如图4-6-5所示。

图 4-6-5　陀螺定向测量及隧道内导线控制点示意图

(3) 接收前50环内,每隔10环进行一次盾构姿态人工测量复核。人工复核与盾构导向系统测量误差不应大于$2\sqrt{2}M$(M为点位测量中误差),盾体内参考点尽量多测(不少于5个),采用VMT盾构姿态复核软件进行检核,数次测量结果均在误差范围内,保证了盾构机方向准确。

4. 盾构机贯通姿态

根据接收井洞门复测结果,确定盾构机贯通姿态(表4-6-3),盾构机进入加固区前完成盾构姿态调整。

盾构机掘进最后一环姿态　　　　　　　　　　　　　　　表 4-6-3

线别	位置	水平偏差(mm)	高程偏差(mm)
右线	刀盘切口	−30	+20
左线	刀盘切口	−31	+18

注:水平偏差为"−",则水平偏左;高程偏差为"+",则高程偏高。

根据接收井洞门钢环复测结果(表4-6-4),对盾构机贯通姿态进行微调,对盾构出洞门时的盾构姿态以及后续推进进行更精细的控制,接收基座轴向匹配盾构接收轴线偏差,避免接收基座与盾构形成夹角,对引轨造成较大的损伤。

盾构机到达拆机位置姿态　　　　　　　　　　　　　　　表 4-6-4

线别	位置	水平偏差(mm)	高程偏差(mm)
右线	刀盘切口	−37	+13
左线	刀盘切口	−32	+13

注:水平偏差为"−",则水平偏左;高程偏差为"+",则高程偏高。

5. 周边构建筑物监测数据

盾构接收施工期间,各项监测数据均稳定正常,见表4-6-5。双线盾构接收完成后地表沉降最大为3.1mm,周边管线沉降最大为3.3mm,工作井主体结构墙变形量最大为1.4mm。

盾构贯通过程中监测数据(右线) 表4-6-5

阶段	最大变形量(mm)		
	地表沉降	周边管线沉降	工作井主体结构墙变形
掘进加固体	3.1	2.4	-1.1
刀盘破出洞门	2.9	3.3	-0.7
抵达拆机位	2.8	-2.2	-1.4

二、接收端头加固

盾构隧道接收端头采用水平超前注浆的方式进行加固,加固断面如图4-6-6所示。

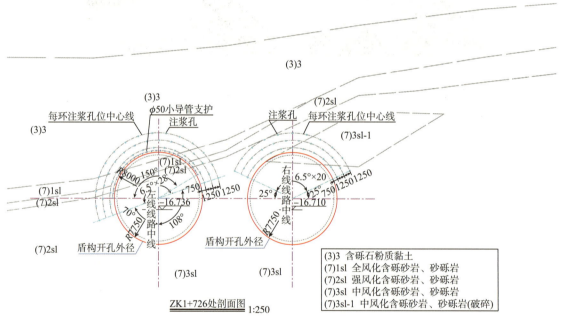

图4-6-6 隧道加固断面图(尺寸单位:mm)

由于左、右线隧道开挖面地质结构的不同,左线设置一排超前小导管支护+3排44个注浆孔,右线隧道洞门设置3排共32个注浆孔,扇形分布于洞门上方,注浆孔环向夹角6.5°,注浆范围为隧道外侧5m,注浆长度为20m。注浆钻孔过程中,未出现渗水情况;钻孔完成后,孔内较为干燥,未出现渗水情况。

盾构接收段加固完成后,在洞门底部进行水平钻孔,判断加固区是否满足接收条件。水平钻孔设置在盾构开挖面下部,钻孔直径ϕ80mm,钻孔长度为2.5m。钻孔位于隧道线路中线处两侧各一个,距离盾构开挖范围1m。钻孔完成后,无明显水流。

三、洞门钢丝刷安装

在盾构机出洞的过程中,由于工作井洞门钢环与盾构外径间存在一定的间隙(右线刀盘开挖直径

15.03m,左线开挖半径15.07m,洞门圈内径15.5m),为了防止盾构出洞时土体流失,同时保证盾构机出洞过程中的同步注浆充足,在盾构接收洞门钢环内焊接1道洞门刷密封。

洞门钢丝刷长度为406mm,垂直高度为332mm,倾斜角度为60°。

四、接收基座

1. 钢基座+混凝土基座

左线接收采用钢基座+混凝土基座,右线采用混凝土基座,本篇着重介绍钢基座+混凝土基座的接收形式。

为保证接收的安全性,在距离洞门1m处制作一处混凝土基座,如图4-6-7所示;沿掘进方向紧连混凝土基座安装钢基座,如图4-6-8所示。混凝土基座高度较盾构开挖设计轴线高100mm,混凝土基座宽度为10m,沿掘进方向长度为2m。

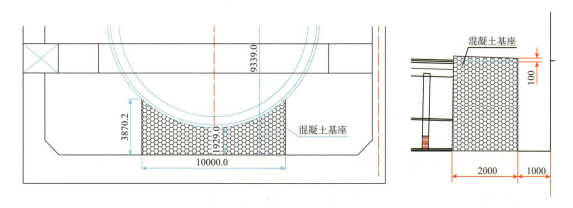

图4-6-7 接收井混凝土基座示意图(尺寸单位:mm)

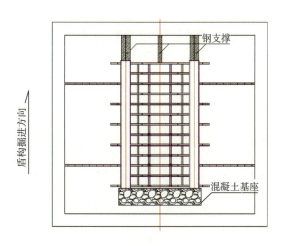

图4-6-8 钢基座结构平面图

为保证基座满足受力要求,混凝土基座整体采用强度等级为C30的混凝土浇筑,纵向及横向配筋均采用HRB400 φ14mm的钢筋,间距为200mm。

钢基座设计长度15m,宽11.98m,整体坡度为2.4%,托架中间位置采用20号工字钢梁进行有效连接。经受力验算分析,满足本项目要求。

盾构机接收过程中,根据盾体角度合理设置钢轨2根,并顺延至洞门钢环处。钢基座两侧与结构侧墙、中隔墙采用20号工字钢进行有效加固,设置2道通长横撑;钢基座与底板之间采用三角斜撑进行加固,每侧设置3道斜撑;钢基座尾部与结构端墙利用壁厚1.5cm、直径500mm无缝钢管进行对顶支撑。

考虑接收基座导轨,按照角度为75°进行安装焊接,大于底部盾体、盾尾分块角度。具体情况如图4-6-9所示。

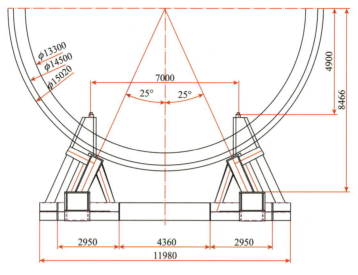

图4-6-9　接收基座盾尾处横剖面图(尺寸单位:mm)

2.接收基座测量

盾构设计接收坡度为2.96%(接收基座实际坡度按2.96%考虑)。

(1)复测接收井底板顶面高程,为确定接收基座高度提供依据。

(2)接收基座角点放样,平面偏差控制在±10mm以内。

(3)控制混凝土基座内预埋型钢及焊接方钢的水平位置与高程,偏差均控制在±5mm以内(实测最大偏差为-3.7mm)。

第三节　接收段掘进

一、盾构接收步序

根据现场盾构接收过程,其步序主要见表4-6-6。

盾构接收步序　　　　　　　　　　表4-6-6

顺序	盾构到达环号		施工内容
	右线	左线	
1	推进1471～1478环	1465～1472环	止水环箍制作
2	推进1481、1482环	1476环推进至2487mm	穿越地下连续墙
3	1482环推进至2032mm	推进1477环	刀盘停止转动
4	推进1483环	1478环推进至2215mm	空推
5	推进1484、1485环	推进1478、1479环	顶推素混凝土基座(空推)
6	推进1486～1489环	推进1480～1483环	空推
7	推进1490～1492环	推进1484～1486环	空推
8	推进至拆机位	推进至拆机位	进行洞门密封

二、止水环箍施作

盾构接收采用干接收的方式,为防止接收过程中出现涌水,危及盾构接收安全,盾构机刀盘底部接触到地下连续墙前,利用管片二次注浆(右线管片环号:1471~1478 环,左线管片环号:1465~1472 环)形成环箍来保证加固区止水效果。

(1)注浆浆液配比。

注浆浆液采用双液浆(水泥-水玻璃),水泥采用 PO42.5 普通硅酸盐水泥,水泥浆水灰比为1:1,水泥浆:水玻璃=1:1。

(2)注浆压力及注浆量。

注浆压力为 1.0MPa,使浆液能沿管片外壁较均匀渗流,而不至劈裂土体、损伤管片。

具体注浆量按照注浆压力确定,到达浆液注浆压力后停止注浆。

止水环箍制作完成后,刀盘底部接触地下连续墙时开舱检查确认止水环箍止水效果,未发现后方涌水,说明止水效果较好,满足要求。

三、穿越加固区

盾构刀盘位置到达右线 1471 环、左线 1465 环处,开始进入接收加固区域,加固区掘进参数为表 4-6-7。掘进原则为:匀速、小推力、合理的切口压力和及时饱满的壁后注浆。

加固区掘进参数   表 4-6-7

里程	刀盘转度(r/min)	掘进速度(mm/min)	密度(g/cm³)	黏度(s)
YK1+755.548~YK1+735.548	0.8~1.0	5~10	1.10~1.20	18~20
ZK1+749~ZK1+729	0.8~0.9	5~10	1.08~1.13	18~20

盾构进入加固区域后,加强接收井的观察、沉降监测、接收井结构的监测。根据现场监测结果,数据均正常,无报警值。根据地表监测及管片上浮情况,径向注入克泥效及二次注浆。管片拼装中加强管片螺栓的安装控制,严格按照要求三次紧固螺栓。

四、穿越地下连续墙

盾构刀盘位置到达右线 1481 环、左线 1476 环处,刀盘底部接触地下连续墙(玻璃纤维筋)。该段范围内掘进参数为表 4-6-8。

穿越地下连续墙掘进参数   表 4-6-8

里程	刀盘转度(r/min)	掘进速度(mm/min)	密度(g/cm³)	黏度(s)
YK1+735.548~YK1+734.048	0.8~1.0	3~5	1.15~1.20	18~20
ZK1+729~ZK1+727.5	0.8~1.0	2~3	1.10~1.20	18~20

(1)泥水压力及泥水环流控制:在该里程段掘进过程中,切口压力最初设置为 0.5bar。刀盘顶部完全进入地下连续墙后,将切口压力降为 0bar,保证开挖仓为满舱液位进行推进。

刀盘底部刀具露出地墙后,气泡仓压力降为 0bar,同时停止掘进,利用泥水环流系统对开挖仓及气泡舱内的泥浆进行抽排,将液位降至最低处,之后恢复盾构掘进。

掘进过程中,在接收井对洞门处地下连续墙情况进行观察,未发现地下连续墙出现渗水情况。如出现渗水情况需将切口压力降低,减少泥浆流失。

(2)刀盘切削地下连续墙之前,对预埋洞门钢环上的预留管路进行检查,并连接注浆管路。掘进过程中,未发生涌水现象。加强对洞门钢丝刷(开挖中轴线以下)的保护,采用覆盖石棉布及木模板等方式进行保护。对洞门前方1m位置的通道,采用木板等进行覆盖,便于后期清理。

(3)刀盘在切削地下连续墙的过程中,时刻关注扭矩变化,刀盘扭矩持续增大时,及时停机,进行洗仓,待扭矩恢复正常后,再进行推进。

五、盾构工作井空推段

1. 同步注浆控制

盾构机在空推段掘进时,加强盾构同步注浆施工,缩短浆液凝固时间。

2. 二次注浆控制

空推段同步注浆较难保证饱满度,需二次注浆辅助注浆,注浆量根据注浆压力来确定(注浆压力超过1MPa停止注浆)。该里程段对应的管片,除F块以外接收环每块管片预留2个二次注浆孔,沿环向均匀分布。

注浆浆液采用双液浆(水泥-水玻璃),水泥标号为PO42.5,水泥浆水灰比为1:1,水泥浆:水玻璃=1:1。注浆压力为1.0MPa。

3. 千斤顶推力控制

空推段掘进过程中,由于刀盘前方不存在土体,因此遵循低速度、低推力的原则。在混凝土基座上推进时,严禁转动刀盘。

(1)千斤顶推力设置左右均匀推进,避免对引轨造成较大损伤。

(2)盾构机总质量为2700t,后部台车质量为1300t,盾构机空推段阻力为4000×0.15=600t(盾构机与轨道的摩擦因数取0.15)。盾构推进时,为克服上坡及其他阻力影响,盾构推力需要留出一定的余量,盾构总推力应为计算阻力的1.3~1.5倍,即7800~9000kN;设ϕ20mm的HRB400级热轧带肋钢筋,其设计拉拔值为314.16×360=113.098kN,则接收基座总拉拔值为8708.5kN。

(3)管片拼装过程中,在刀盘前部焊接挡块,台车行走轮位置增加楔形垫块,防止拼装过程中千斤顶油缸压力过大,造成盾构机移动。

4. 连接铁焊接

盾构隧道在贯通后,由于刀盘给予反力减小,掘进过程中千斤顶对管片的挤压力偏小,采用焊接连接铁的方式对最后10环管片的整体性进行加强。

在管片拼装完成后,将预埋铁敲出,利用加工好的T形连接铁进行焊接。焊接时要确保焊缝饱满,焊渣清除干净。整环连接铁焊接完成后,开始下一环的掘进工作。

5. 其他事项

(1)盾构掘进过程中,安排专人观察混凝土基座的稳定情况以及刀盘与轨道的接触情况。当发生混凝土基座变形或开裂、刀盘啃轨等严重情况时,及时停机处理。

(2)该里程段掘进过程中,管片选型应以F块位于上半环位置为主,此时,先行拼装底部管片,保证施工安全。

六、密封钢板焊接

右线第1489环管片(左线1483环)外弧面已预埋钢板,盾构机推到最终停机位置后,开始焊接密封钢板(厚度2cm),将末环管片外弧面与洞门钢环连接为一体,防止洞门出现渗漏水。

施工前在盾构机盾尾位置焊接工作平台由下向上逐步焊接密封钢板,保证焊缝饱满无渗漏。

密封钢板焊接完成后,及时通过预留口及管片上的二次注浆孔,对接收段壁后进行二次注浆,如图4-6-10所示。

图4-6-10　洞门钢板焊接以及二次注浆孔

第七章　内部结构同步施工

第一节　概　　述

隧道内部结构为三层结构，分为上部风道层、中部车道层及下部廊道层。下部廊道层为三腔通道，分别为电缆廊道、疏散通道及楼梯滑梯间，如图 4-7-1 所示。施工内容主要包括预制箱涵安装及底部砂浆填充、预制箱涵内部管沟浇筑、现浇弧形内衬、现浇车道板、现浇防撞侧石、现浇牛腿、安装预制烟道板、现浇直墙、路面垫层等。

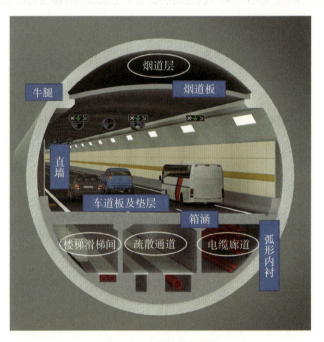

图 4-7-1　内部结构布置图

内部结构施工应尽可能地与盾构掘进同步。为减小盾构机掘进对内部结构施工的影响，盾构配套设施采取如下设置：

（1）风筒布设置在箱涵内部，悬挂于箱涵顶板底部。
（2）隧道内电缆线安置高于直墙顶部且低于烟道板牛腿底部，居中布置。
（3）盾构机泥浆管及水气管设置在隧道两侧，高度不低于防撞侧石顶部以上 40cm。

盾构隧道内部结构施工流程如图 4-7-2 所示。

盾构隧道内施工作业空间有限，主要工序之间存在前后置关系，因此根据各部位的施工工效合理配置资源是内部结构施工的关键。结合各环节预制与安装的施工周期及工效统计数据，确定了合理的资源配置方案，见表 4-7-1。

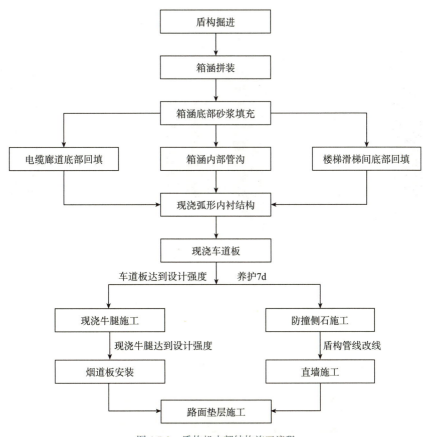

图 4-7-2 盾构机内部结构施工流程

内部结构资源配置及工效表 表 4-7-1

序号	部位	单位	施工周期(d)	资源配置	工效
1	箱涵预制	块	2	4套钢模板(每套模具含2个底座1套侧模)	4块/d
2	烟道板预制	块	3	7套钢模板(每套模具含3个底座1套侧模)	7块/d
3	楼梯滑梯间底部回填	流水段(40m)	4	2套钢模板	1个流水段/2d
4	电缆廊道底部回填	流水段(40m)	3	—	1个流水段/2d
5	箱涵内部管沟	流水段(40m)	7	2套模板	1个流水段/3.5d
6	弧形内衬	流水段(40m)	4	4套钢模板	1个流水段/d
7	车道板	流水段(40m)	9	6套模板支架	1个流水段/1.5d
8	防撞侧石	流水段(40m)	4	4套钢模板	1个流水段/d
9	直墙	流水段(20m)	4	4套钢模板	1个流水段/d
10	现浇牛腿	流水段(16m)	10	10套模板支架	1个流水段/d

第二节 预制结构生产

一、预制箱涵

预制箱涵分为 A 型、B 型两种型号,单节长度2m。A 型箱涵为标准型箱涵,侧墙无预留孔洞;B 型箱涵侧墙预留 0.9m×2.1m 门洞作为从楼梯滑梯间进入疏散通道的入口,如图 4-7-3 所示。

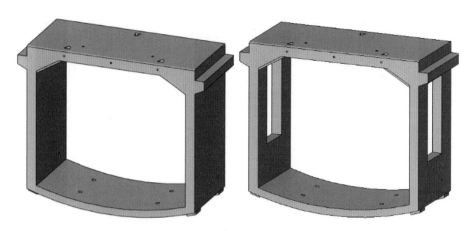

图 4-7-3　A 型预制箱涵与 B 型预制箱涵

1. 预制箱涵施工工艺

预制箱涵生产工艺流程如图 4-7-4 所示。

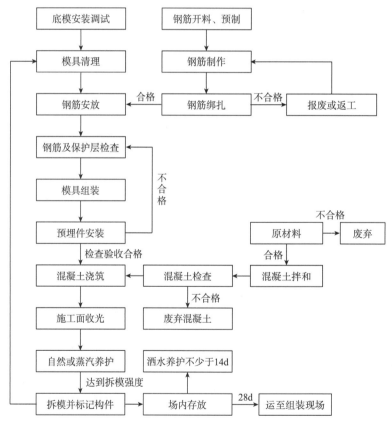

图 4-7-4　预制箱涵生产工艺流程

2. 预制箱涵钢筋保护层控制

从钢筋笼胎膜架、钢筋笼吊具、垫块三方面进行精细化控制,保证预制箱涵钢筋保护层厚度合格率。

(1)箱涵钢筋笼胎膜架。

箱涵钢筋笼制作精度的优良,决定箱涵钢筋保护层合格率的高低。为了提高箱涵钢筋笼的制作精度,项目设计了专用箱涵钢筋笼胎膜架,如图 4-7-5 所示。

图 4-7-5　箱涵钢筋笼胎膜架

①定制胎膜架底座，尺寸与箱涵钢模具底座相同，保证钢筋笼断面尺寸符合设计要求，确保顺利入模。底座安装时，应对底座进行调平，保证胎膜架中钢筋笼整体保持水平，避免吊装过程中磕碰导致钢筋笼轻微变形。

②在钢筋笼胎架底座内外两侧焊接定位钢管，将各面主筋紧贴钢管有效控制墙厚以及弧面弧形主筋形状尺寸。

③在钢管上焊接挂耳，控制同一面墙内钢筋间距。

（2）预制箱涵钢筋笼吊具。

根据箱涵钢筋笼尺寸及重心位置，定制专用吊具进行辅助吊装，如图 4-7-6 所示。共设置 8 个吊点，通过试吊调节钢丝绳长度，使得钢筋笼平稳吊装，避免偏心吊装导致钢筋笼变形。

图 4-7-6　箱涵钢筋笼吊具

（3）垫块。

预制箱涵钢筋保护层设计值为 30mm，工后钢筋保护层厚度在 27～39mm 之间判为合格。为了保证成品箱涵钢筋保护层合格率 95% 及以上，选用高度为 35mm 同标号垫块，且每平方米设置不少于 5 个垫块，呈梅花形布置。

3. 预制箱涵外观质量控制

预制箱涵外观质量控制从脱模剂与密封条的选用、浇筑方式和箱涵养护措施四方面进行。

(1) 脱模剂的选用。

脱模剂对模板表面气泡排除、避免混凝土粘模尤为重要。箱涵生产前选用不同品牌水溶性脱模剂进行试验比选,选择脱模效果好且混凝土成品气泡较少的脱模剂用于后续预制件生产。脱模剂的涂抹方式为喷洒+滚涂相结合,如图4-7-7所示,模具表面脱模剂厚度均匀、无明显积液,保证有良好的脱模效果。

图4-7-7 脱模剂喷洒、滚涂

(2) 密封条选用。

密封条对模具拼缝的密封性起到关键性作用。箱涵生产前,通过对不同厚度密封条进行试验对比,选择对模具拼缝密封效果好、成品边角无漏浆、底部无烂根的密封条。

(3) 浇筑方式。

箱涵浇筑过程中混凝土需分层布料,每层不超过50cm,采用插入式振捣器进行振捣,做到"快插慢拔",振动时间为2~3min,直至混凝土中的气泡完全散尽,混凝土停止下沉,表面出现平坦、泛浆为止。

(4) 箱涵养护措施。

燕子矶长江隧道工程中通过制作箱涵保温棚(图4-7-8),内置自动温控系统,提高构件周围环境温度,降低表面收缩裂缝,避免混凝土构件早期强度提升慢,影响施工进度。根据实际气温设定保温棚内温度,使保温棚内温度控制在30℃左右。待同条件试块强度达到设计强度的50%后移除保温棚进行拆模,保证箱涵拆模时构件的外观质量。

箱涵为口字形结构,体积大、高度高,内部净空有限,难以采用人工喷淋养护,因此研制了喷淋小车,如图4-7-9所示。

图4-7-8 箱涵保温棚

图 4-7-9　箱涵养护喷淋小车

箱涵养护喷淋小车由行走系统及喷淋系统两部分组成,跨度为 11m,行走行程为 80m,高度为 6.3m,可完全覆盖箱涵养护区域。通过遥控器控制,可根据现场需求在全自动和点动之间切换。

箱涵自动喷淋养护小车大大节省了人工,提高了效率,同时自动化喷淋可喷到人工喷淋时无法喷到或者忽略的死角,保证全方位养护。

二、预制烟道板

预制烟道板分为 A 型、B 型、C1 型及 C2 型四种型号,单节长度 2m。A 型烟道板为标准型箱涵,B 型烟道板中间预留 5m×1.25m 预留孔作为隧道内排烟口,C1 型、C2 型烟道板底部预埋钢板为隧道风机提供焊接位置。

1. 预制烟道板钢筋保护层控制

预制烟道板钢筋保护层控制从钢筋笼胎架、钢筋笼骨架制作、吊装三方面进行。

（1）烟道板钢筋笼胎架。

预制烟道板为弧形薄壁结构,对钢筋笼加工精度要求高,特制烟道板钢筋笼胎架,如图 4-7-10 所示。

图 4-7-10　烟道板钢筋笼胎架

①定制烟道板钢筋笼胎架基座,弧度与烟道板设计弧度相同,保证钢筋笼成形与设计弧度一致,防止入模后发生钢筋笼端头曲翘。

②胎膜架底部设置卡槽来控制主筋、箍筋间距,端部一侧设置挡板保证钢筋笼主筋端部平齐,侧面一侧设置卡槽,保证箍筋位置安装准确。

(2)钢筋笼骨架制作。

①烟道板钢筋批量加工前,应先进行样板制作,并进行入模试验,保证样板入模后钢筋保护层满足设计要求。后续批量生产钢筋按样板钢筋进行加工,确保钢筋加工的精度。

②为了增强钢筋笼骨架整体刚度,对箍筋与主筋的交叉点均进行焊接,增强主筋与箍筋之间的连接;所有拉钩均采用焊接的方式安装在钢筋笼上;在上、下排主筋之间设置支撑钢筋,根据主筋与箍筋的节点,隔一放一,支撑钢筋不仅提高钢筋笼整体的刚度,且对钢筋笼厚度有控制作用。

(3)吊装。

烟道板钢筋笼吊装选用原设计吊耳进行吊装,采用四点吊装,吊装过程中注意起吊速度,平稳起吊,避免钢筋笼与周边物体碰撞导致钢筋笼变形,如图4-7-11所示。

图4-7-11 烟道板钢筋笼吊装

钢筋笼入模后应对钢筋笼位置进行调整,调整合格后在四周安装垫块,保证侧面及端面的保护层合格率。

2. 预制烟道板外观质量控制

外观质量控制从脱模剂及密封条选用、收面平整度控制、裂缝控制四方面进行。

(1)烟道板两侧均为斜面,其中一侧与底面成锐角,气泡极难排除。烟道板生产前进行脱模剂比选,选用脱模效果好且侧面气泡少的脱模剂用于后续生产。

(2)烟道板模板拼缝长,对密封的要求更高。选用不同厚度的密封条进行试验,选择成品边角无漏浆、底部无烂根的密封条。

(3)烟道板跨度及收面面积大,控制收面平整度尤为重要。

粗抹面:使用铝合金压尺刮去多余混凝土,使混凝土表面平顺。

中抹面:待混凝土表面收水后使用小型手持磨光机进行收光,使表面平整光滑。

精抹面:以手指轻按混凝土有微平凹痕时用灰匙精工收光。

(4)裂缝控制:混凝土中掺加聚丙烯纤维(掺入量1.5kg/m³),控制混凝土和易性、黏聚性和保水性。拆模后冬天使用薄膜加棉被覆盖进行保温保湿养护,夏季主要采用盖土工布洒水保持湿润的方式养护。成品堆放最多五层。

3. 结构性能检测

承载力检测不同型号每 500 块检测一次,不足 500 块承载力检测不少于一次。预制板在全面进行预制前进行结构性能检验,检验内容包括承载能力、挠度及裂缝宽度。

第三节　预制结构拼装

一、箱涵拼装

1. 箱涵拼装施工工艺

箱涵拼装流程图如图 4-7-12 所示,对箱涵的拼装检查需符合表 4-7-2 要求。

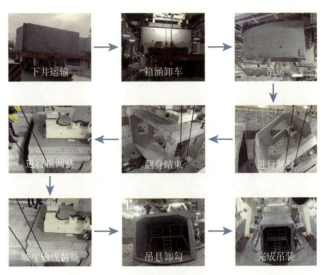

图 4-7-12　箱涵拼装流程示意图

箱涵拼装检查指标要求　　　　表 4-7-2

序号	检查项目	规定值或允许偏差	检测方法和频率
1	螺栓与螺母连接率(%)	100	全部检查
2	构件轴线位置(mm)	±100	水准仪或其他测量仪器;每 5 块检查一处
3	相邻块顶面高差(mm)	±3	

2. 箱涵拼装质量控制

箱涵拼装需重点控制竖向错台和水平错台。

(1)竖向错台控制。

①提高箱涵竖直断面和顶面平整度检测及预制模板检测的频次,确保箱涵预制精度。

②加强对管片错台的控制,确保管片拼装质量,进而提高箱涵竖向错台控制。

③通过在箱涵底部垫钢板的方式调整箱涵拼装倾角,减小箱涵之间的竖向错台。

④对照设计坡度计算调整箱涵顶部纵坡。

⑤及时浇筑填充箱涵底部空隙,防止产生二次错台。

(2)水平错台控制。

①拼装定位:拼装前需利用全站仪对其进行定位测量,即在管片底部放样出线路中线与其两侧的箱涵边线。

②平曲线段箱涵拼装时,通过在箱涵曲线外侧长边的部位粘贴丁腈软木橡胶板调整间隙,以实现箱涵端面与设计轴线垂直。

(3)充分考虑成型隧道轴线对箱涵拼装轴线的影响,根据现场情况调整箱涵姿态。

二、烟道板拼装

1. 烟道板拼装工艺

烟道板拼装流程如图 4-7-13 所示,烟道板拼装实测项目见表 4-7-3。

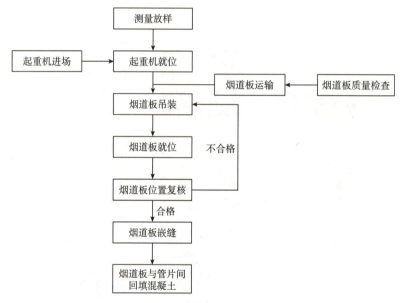

图 4-7-13 烟道板拼装施工流程

烟道板拼装实测项目　　　　表 4-7-3

序号	检查项目	允许偏差	检查方法和频率
1	相邻两板之间拼缝宽度(mm)	6	尺量:每 5 块检查一处,每拼缝检查 3 处
2	相邻两板高差(mm)	≤10	尺量:每 5 块检查一处,每相邻两板检查 3 处
3	构件轴线位置(mm)	±100	全站仪、尺量:每 5 块检查一处,每块检查 3 处
4	高程(mm)	±100	水准仪、尺量:每 5 块检查一处,每块检查 5 处

2. 烟道板拼装起重机选择

预制烟道板横向跨度为 9.566m,厚度 0.25m,纵向宽度为 2m,重 5t 左右。

预制烟道板拼装采用门式起重机,起重机主要分吊具、拉杆、压杆、小车、门架、大车运行和电气部分。门式起重机技术特征及主要参数详见表 4-7-4。

门式起重机技术特征及主要参数　　　　表 4-7-4

额定起重量(t)	跨度(m)	起升速度(m/min)	起升高度(m)	大车运行速度(m/min)	钢丝绳型号	工作级别
25	6	5.6	5.94	2~20	DSR-826SC-12-2160,2×4支	M5

3. 烟道板拼装质量控制

（1）烟道板测量。

烟道板装车前,应对烟道板拱高进行测量,选择拱高接近的烟道板进行相邻拼装。

（2）烟道板吊装。

烟道板拼装前,应进行试吊,通过调节吊具下部钢丝绳长度,使烟道板纵向坡度与隧道坡度趋于一致,有利于烟道板与前一块烟道板更好的贴合,减小拼缝宽度。

（3）隧道曲线段烟道板拼装控制。

根据烟道板几何尺寸结合隧道曲线进行模拟拼装,计算曲线段烟道板左右侧张开量。根据实际工况调整烟道板竖向和纵向位置。

第四节　现浇结构施工

一、植筋质量控制

盾构隧道牛腿、弧形板、现浇直墙等主要构件均涉及植筋作业。植筋的质量直接关系到结构受力状况与耐久性,植筋是现场关键控制工序。植筋质量主要从材料及工艺两方面控制,其具体控制措施如下。

1. 材料选用

（1）植筋胶需达到 A 级胶要求,必须采用改性环氧类或改性乙烯基酯类,必须进行安全性检验。

（2）植筋胶材料除满足轴向拉拔测试以外,还必须具备相关认证：抗震性能报告、抗疲劳性能试验报告、室温下的长期性能、高温下的长期性能、孔中湿度的影响、钢筋焊接等试验报告、耐久性报告。

（3）植筋胶满足潮湿环境下可以施工而不降低技术性能的要求,具备相应认证报告。

（4）采用的植筋胶必须具有耐腐蚀性能试验评价报告,证明植筋材料本身不对钢筋产生腐蚀性,同时植筋材料的吸水率不得超过 0.06%,以免渗入的水分腐蚀钢筋。

2. 工艺控制

植筋钻孔前,应采用钢筋探测仪核对管片主筋位置。在达到设计钻孔深度前如遇管片结构主筋,应在附近重新选择孔位,原孔位以相当于原混凝土强度的无收缩混凝土填实。

植筋钻孔的垂直度偏差应小于 2%。钻孔完成后应采用压缩空气配合毛刷的方法进行三次清孔,确保孔壁无尘。

植入钢筋必须立即校正方向,并要在规定的初凝时间（30min）内完成安装。胶黏剂固化前应静置养护 48h,不得扰动钢筋进入后续工序。

植筋实测项目及具体要求见表 4-7-5。

植筋实测项目及具体要求　　　　表4-7-5

序号	检查项目		允许偏差	检查方法和频率
1	植筋（mm）	钻孔深度	+5,0	量角规、靠尺、钢尺量测：每种规格植筋随机抽查5%，且不少于5根
2		孔径	+1.5,0	
3		位置	5	
4		拉拔力	符合设计要求	按设计要求进行检查

二、现浇车道板施工质量控制

现浇车道板施工质量控制要点包含箱涵凿毛质量控制、机械连接质量控制和钢筋保护层质量控制。

1. 箱涵凿毛质量控制

车道板施工前应对与箱涵结合面进行凿毛处理。凿毛须将混凝土表面的浮浆凿掉，露出石子，凿完后用风枪先吹掉混凝土残渣，再用高压水冲洗干净，保证凿毛面清洁。

2. 机械连接质量控制

车道板主筋与中间箱涵预留接驳器相连。连接时用管钳扳手拧紧，钢筋丝头应在套筒中央位置互相顶紧，单侧外露螺纹不超过2个螺纹的螺距。安装完成后应用准确度10级扭力扳手校核拧紧扭矩。最小拧紧扭矩符合表4-7-6的规定。

直螺纹接头安装时最小拧紧矩值　　　　表4-7-6

钢筋直径(mm)	≤16	18~20	22~25	28~32	36~40	50
拧紧扭矩(N·m)	100	200	260	320	360	460

3. 钢筋保护层质量控制

车道板底部钢筋保护层采用定制同强度垫块控制；车道板顶部钢筋保护层靠定位筋控制，定位筋高出钢筋骨架35mm，混凝土浇筑面以定位筋顶部为基准，保证在钢筋保护层合格范围内。

车道板实测项目及具体要求见表4-7-7。

车道板实测项目及具体要求　　　　表4-7-7

序号	检查项目	允许偏差	检查方法和频率
1	混凝土强度(MPa)	符合设计要求	抗压报告/每模取样
2	横坡(%)	±0.15	水准仪：每200m测2个断面
3	顶面高程(mm)	±20	水准仪、全站仪：每10m测1点
4	平整度(mm)	8	2m靠尺检查：两个垂直(水平)方向每10m测2点

三、现浇防撞侧石施工质量控制

现浇防撞侧石质量控制要点包含钢筋保护层、线型与外观。

1. 钢筋保护层质量控制

车道板施工过程中，应对防撞侧石预埋钢筋进行定位。根据隧道设计轴线及车道净宽，定位防撞侧石外边线,进而确定防撞侧石预埋钢筋位置。

防撞侧石钢筋保护层设计值为50mm,工后钢筋保护层厚度在45~65mm之间判为合格,因此选用55mm混凝土垫块。垫块布置3横排,间距1m,呈梅花形布置。

防撞侧石模板采用定型钢模板,钢模板外侧采用三角背撑进行加固,防止模板后倾;钢模底部采用限位钢筋进行限位,防止模板后移;上部采用钢管支撑顶在管片螺栓孔上,防止模板上浮。通过上述措施降低浇筑过程中模板位移情况。

2. 线型控制措施

应以设计轴线确定的成型隧道中线作为两侧防撞侧石定位的依据。防撞侧石顶部高程应严格以设计高程为准。

3. 外观质量控制

防撞侧石施工采用定型钢模板,模板拼缝小,且错台控制效果好。脱模剂应进行比选,选择成品表面气泡少且脱模效果好的脱模剂。底部需采用密封条进行密封,避免出现烂根现象。

由于防撞侧石结构特殊性,在两个不同竖向角斜面处气泡不易排出。浇筑时应分3层进行浇筑,第一层浇筑至第一个斜面底部,第二层浇筑至第二个斜面底部,第三层浇筑至防撞侧石顶部,每层振捣时间在2~3min之间。

防撞侧石裂缝控制也是外观质量控制重中之重。防撞侧石每流水段长度为40m,一次浇筑长度过大,裂缝不易控制。将每流水段防撞侧石分为两段进行施工,中间设置施工缝。防撞侧石采用土工布加洒水养护效果较差,人工投入较多,本项目采用涂刷养护剂的养护措施取得较好效果。

防撞侧石实测项目及具体要求见表4-7-8。

防撞侧石实测项目及具体要求   表4-7-8

序号	实测项目	允许偏差	检查方法和频率
1	混凝土强度(MPa)	符合设计要求	抗压报告/每模取样
2	平面偏位(mm)	≤4	全站仪、钢尺:每道防撞侧石每200m测5处
3	断面尺寸(mm)	满足安全带宽度	尺量:每道防撞侧石每200m测5处
4	竖直度(mm)	≤4	铅锤法:每道防撞侧石每200m测5处
5	预埋件位置	≤5	尺量:每件

四、现浇牛腿施工质量控制

1. 现浇牛腿模板支架

现浇牛腿施工采用移动式盘扣支架体系进行钢筋绑扎、支模、混凝土浇筑等工序,此支架体系提高了现浇牛腿的施工质量和施工效率。

2. 现浇牛腿质量控制

(1)高程控制。

现浇牛腿施工采用移动式盘扣支架体系进行钢筋绑扎、支模、混凝土浇筑等工序,此支架体系提高了现浇牛腿的施工质量和施工效率。

(2）外观质量控制。

现浇牛腿采用定尺钢模，由于管片存在错台，底模与管片接触位置存在缝隙，采用密封条进行密封，防止浇筑过程中出现漏浆和烂根现象。

牛腿顶面平整度影响烟道板拼装的质量，顶面收面极其重要。收面控制要点可参考本篇第七章第三节第二部分。

现浇牛腿由于高度较高，人工养护效果差，且喷淋养护不利于现场文明施工管理，因此采用涂刷养护剂进行养护。涂刷养护剂要涂刷均匀，避免因养护剂涂刷不均匀产生混凝土色差。

牛腿实测项目及具体要求见表4-7-9。

牛腿实测项目及具体要求 表4-7-9

项次	检查项目	规定值或允许偏差	检查方法和频率
1	混凝土强度（MPa）	≥40	抗压报告/每模取样
2	高程（mm）	≤10	水准仪或拉线、尺量：每段测左右共4点
3	截面尺寸（mm）	+10，-5	尺量：每段测左右共4处

五、现浇直墙施工质量控制

1. 直墙模板

右线直墙模板体系采用钢模与侧模架组合形式。钢模板面板采用5+1mm不锈钢复合面板，背楞采用[10号槽钢，肋板采用8mm钢板，拼接板采用12mm钢板。模板高度为2.5m和2.616m，每块宽度1.5m和0.75m，1.5m宽模板为标准块，0.75m宽模板作为边缘块。侧模架的支撑架采用[14号槽钢，辅助支撑架采用[10号槽钢。靠近防撞侧石侧设置高度350mm支腿，远离防撞侧石侧设置高度约1000mm支腿并配有可调节丝杆，用于调节三脚架高度，如图4-7-14所示。

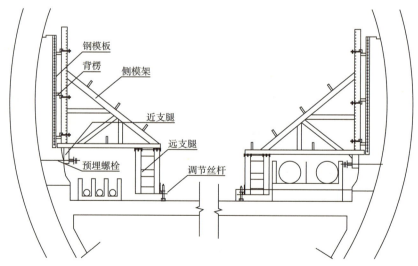

图4-7-14 右线侧墙模板图（尺寸单位：mm）

左线侧墙台车主要由行走机构、台车架、钢模板、模板垂直吊运侧向伸缩支撑机构等部分组成，如图4-7-15所示。台车设计跨度6.25m，内高4.5m，架体长度为10.5m，宽度为11.75m，台车共设置6榀门架，行走轨道采用P43重轨，行走系统为电机+减速机的方式。模板采用高强度钢模板，由手拉葫芦吊在横向导轨上，侧部支承丝杠支撑到位并将限位销插好、下部施工方需要填充东西并固定，底纵梁侧面运用花篮螺栓与事先预埋好的预埋件拉紧。

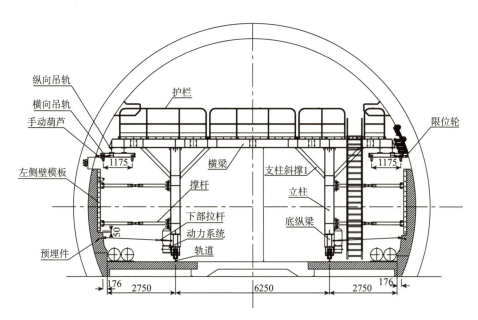

图 4-7-15　左线侧墙台车(尺寸单位:mm)

2. 左右线模板工效对比

内部结构侧墙在设计阶段要求每隔 20m 设置一道变形缝,变形缝宽度为 10mm,因此两个隧道内的模板和每幅施工直墙长度均不超过 20m。对左右线直墙施工工效进行对比,结果见表 4-7-10。

侧墙模板工效对比　　　　　　　表 4-7-10

序号	部位	单位	施工周期(d)	资源配置	工效
1	右线直墙	单侧 20m	4d	4 套钢模板	单侧 20m/d
2	左线直墙	双侧各 10m	2d	2 架台车	双侧各 10m/d

3. 现浇直墙质量控制

现浇直墙施工质量控制要点包含钢筋保护层质量控制、外观质量控制。

(1) 钢筋保护层质量控制。

施工防撞侧石时,应根据隧道设计轴线及直墙间设计净宽,定位直墙外边线,进而准确定位直墙预埋钢筋。

直墙钢筋保护层厚度为 30mm,工后钢筋保护层厚度在 27~39mm 之间判为合格。为了保证直墙钢筋保护层在合格范围内,选用高度为 35mm 同标号垫块,且每平方米设置不少于 5 个垫块,呈梅花形布置。

为防止直墙涨模导致钢筋保护层合格率降低、装饰板与机电设施侵入建筑限界,当采用三角侧模架施工时,直墙施工时采用套丝钢筋,一端与防撞侧石预埋接驳器相连,另一端用紧杆螺纹套筒加固在侧模架底部,防止模板底部发生后移。

(2) 外观质量控制。

直墙为薄壁结构,高度为 2.5m、2.616m。为保证混凝土振捣充分,直墙分 5 层浇筑。每次振捣时间控制在 2~3min 之间,并通过在振捣棒上进行标记控制振捣深度,防止混凝土过振。

直墙实测项目及具体要求见表 4-7-11。

直墙实测项目及具体要求　　表4-7-11

项次	检查项目	规定值或允许偏差	检查方法和频率
1	混凝土强度(MPa)	40	抗压报告/每模取样
2	板厚(mm)	符合设计要求	尺量:每构件8~10处
3	顶面高程(mm)	±20	全站仪或水准仪测量:每构件8~10处
4	预埋件、预留洞、变形缝中心位置(mm)	±10	全站仪测量:每件

六、其他构件施工质量控制

弧形内衬属于弧形薄壁构件,钢筋保护层合格率低,混凝土浇筑难度大,气泡不易排出且底部易发生烂根现象。施工过程中应采用以下控制措施:

①弧形内衬钢筋保护层设计值为30mm,工后钢筋保护层厚度在27~39mm之间判为合格。为了保证钢筋保护层达到合格范围值内,选用高度为35mm同标号垫块,且每平方米设置不小于5个垫块,梅花形布置。采取垫块的同时,在钢筋主筋交叉点设置定位筋,控制钢筋保护层的同时对弧形内衬结构尺寸进行控制。

②脱模剂应选用易使模板表面气泡排除的脱模剂。

③浇筑前,应在旧混凝土结合面处均铺混凝土同标号水泥砂浆,在模板底部拼缝应用泡沫胶填充密实,防止出现烂根。

④混凝土浇筑时应由下而上分层对称灌注,每层灌筑高度不超过30cm,每次振捣时间控制在2~3min,振捣上层混凝土应插入下层5~10cm。浇筑前在振捣棒上每隔30cm做一道记号,防止出现漏振和过振现象。

高程控制应采用统一的高程基准网,通过运用里程和轴线偏移量计算当前位置的绝对高程值,并相应控制其误差冗余量。实际施工中,疏散楼梯和逃生通道的高程按低于设计高程10mm。若因此导致盖板高程低于设计值,则通过添加焊接钢板找回高程。通过此种方法严密控制也将减小横、纵坡的误差。疏散楼梯台阶宽度不宜出现负误差,以满足隧道消防验收的要求。

隧道路面垫层施工应重点控制高程、平整度与混凝土收面质量,避免对沥青铺装施工造成影响。路面垫层顶面高程须严格按照设计高程进行施工,通过调节路面垫层的厚度来保证成形隧道路面的坡度,但其厚度不应小于8mm。

第五篇
PART 05

测量监测与试验检测

第一章 测量监测

第一节 技术方案

为有效管控施工测量工作,在项目建设中以相关技术标准、规范为依据,结合盾构隧道施工工程实际,优化测量与监测技术设计方案、强化技术要素控制,破解关键技术难题,严格实施技术方案,确保质量控制技术措施有效落实,为全面完成技术目标任务提供系统性保障。

一、技术体系

1. 技术目标

燕子矶长江隧道首级平面控制网测量精度达到国家二等;地面水准和跨江水准测量精度达到国家二等;地面控制测量、联系测量、地下控制测量对横向贯通误差的联合影响小于50mm;地面水准、隧道洞内水准测量对高程贯通误差的联合影响小于35mm。除此之外,测量与监测工作还需为工程施工质量、安全及进度提供测控技术保障,确保燕子矶长江隧道的(隧道盾构段、工作井、暗埋段和敞开段)平面、纵断面线形符合设计要求,最终达到燕子矶长江隧道高质量、高标准的精品工程标准。

2. 关键技术及保障措施

(1)关键技术。

燕子矶长江隧道沿线地质条件复杂,风险源多,监测项目多,需建立及时有效的预警应对机制。

测量工作中,因燕子矶长江隧道盾构段线路长,地面控制测量、联系测量、地下控制测量会对隧道横向贯通误差产生耦合影响,因此需对此作出专项分析。地面控制测量时,因长江水面宽,运输船只往来频繁,易形成大气湍流团,折光复杂,因此跨江水准测量需保证精度;联系测量是地面控制数据向地下隧道传递的关键一环,其传递方案和精度需重点关注;地下控制测量作业面小,受施工干扰影响大,地下控制检核条件少,定位定向精度要求高,为确保盾构实时导向掘进姿态准确,需研究针对洞内控制的技术措施,同时对地下控制的布网形式及陀螺定向边的选取作专门分析。

在分部分项施工工序中有诸多技术要点需要严格把控,具体如图5-1-1所示。

(2)保障措施。

为保障以上技术环节的实施精度,主要从技术要素和质量控制两方面进行。

①技术要素。

a. 对首级施工控制网点、加密点采取保护措施,保证测量控制点的精度、可靠性和稳定性。

b. 保证测量仪器的精度与可靠性。

c. 保证原始测量数据的真实性、可靠性以及测量数据处理软件的可靠性。

d. 保证测量作业人员的资历和技术水平。

e. 保证施工放样方法的合理性以及关键部位放样的精度。

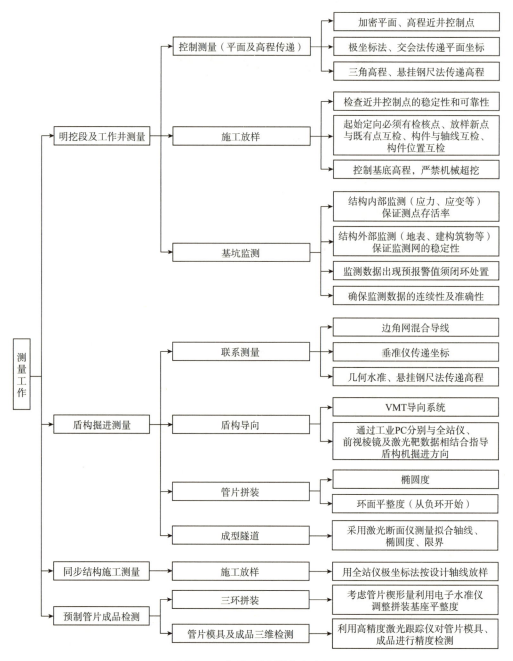

图 5-1-1　分项工程测量技术要点

②质量控制。

a. 内部控制技术措施。

本项目建设单位聘请第三方测量单位成立测量中心,建立测量管理制度,对人员组织、设备资源配置、技术方案设计、技术问题解决、技术资料管理等多方面进行质量管控,强化内部质量体系管理,确保技术方案的有效实施。质量控制技术措施如图 5-1-2 所示。

b. 外部控制技术措施。

内部控制是实现目标的前提,外部控制是实现目标的保障,测量中心通过对各施工标段的方案审核、组织和设备核查、资料核查、独立抽测及月度例会等措施,做到事前有方案、事中有控制、事后有总结,实施外部质量控制过程的全要素保障。外部质量控制技术措施如图 5-1-3 所示。

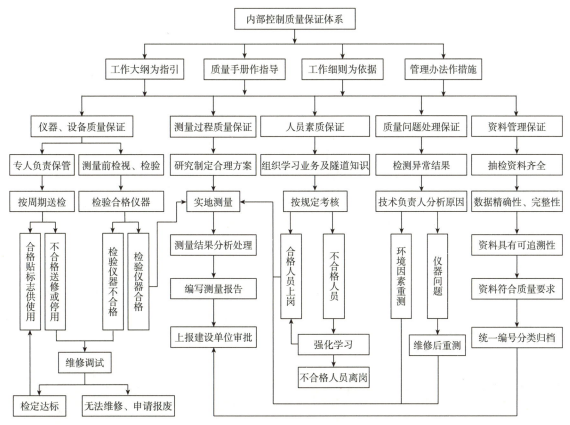

图 5-1-2　质量控制技术措施

3. 技术标准

测量与监测工作主要依据以下标准、规范及文件资料进行：

《国家一、二等水准测量规范》（GB/T 12897—2006）、《公路全球定位系统（GPS）测量规范》（GB/T 18314—2009）、《盾构法隧道施工与验收规范》（GB 50446—2017）、《公路隧道施工技术规范》（JTG F60—2009）、《工程测量规范》（GB 50026—2007）、《高速铁路工程测量规范》（TB 10601—2009）、《城市轨道交通工程测量规范》（GB 50308—2008）、《城市轨道交通工程监测技术规范》（GB 50911—2013）、《建筑变形测量规程》（JGJ 8—2016）、《测绘成果质量检查与验收规定》（GB/T 24356—2009）、《和燕路过江通道南段工程专项质量检验评定标准》、《和燕路过江通道南段工程施工图设计》、《南京市公共工程建设中心跨江桥隧建设工程施工测量管理办法》。

二、首级网测量技术方案

1. 首级全球卫星导航系统（GNSS）平面网测量技术方案

首级控制网点沿过江隧道工程轴线方向布设，控制网作业范围：轴线两侧（东西向）宽度约为 3.5km，轴线方向（南北向）约为 7km。

（1）平面坐标系。

采用 GNSS 技术复测平面控制网，复测精度达到国家二等平面网精度，坐标系与建网时系统一致，采用 92 南京地方坐标系统，中央子午线为 118°50′。

（2）仪器设备及软件。

GNSS 平面控制网复测采用 6 台天宝系列接收机，接收机的精度指标见表 5-1-1。接收机均经测绘仪器计量单位检定合格,在年检有效期内。

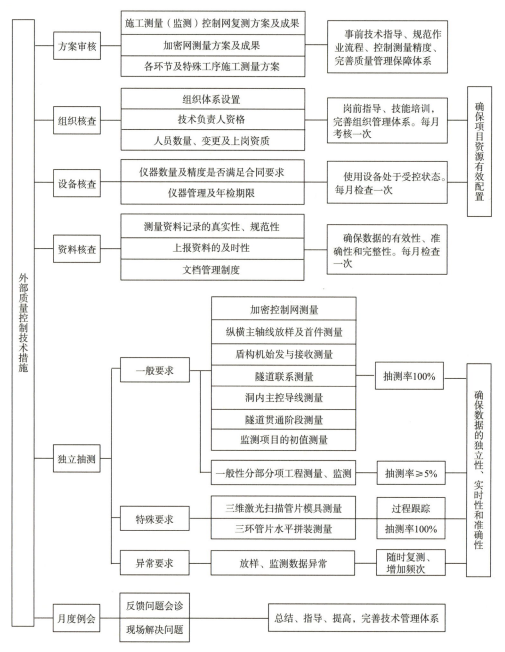

图 5-1-3　外部质量控制技术措施

接收机精度指标及计算软件　　　　　　　　　　　　　　　　　　　　表 5-1-1

序号	仪器类型	仪器型号	精度指标	数量
1	双频 GPS	天宝（R8 系列）	±5mm + 0.5ppm	5 套
2	双频 GPS	天宝（R7 系列）	±5mm + 0.5ppm	1 套
软件:武汉大学 COSA 软件包、中海达 HGO 软件包				

（3）GNSS 平面控制网的主要技术要求。

①GNSS 作业方法按静态定位测量方法实施,控制网采用边、网联接的方式构网。

②观测组在作业前,编制 GNSS 卫星可见性预报表。其内容包括可见卫星号、卫星高度角、最佳观测卫星组、最佳观测时间、点位图形几何图形强度因子等。

③GNSS平面控制网的主要精度指标见表5-1-2。

主要精度指标　　　　　　　　　　　　　　　表5-1-2

测量等级	固定误差 a(mm)	比例误差 b(mm/km)	最弱相邻点点位中误差 m(mm)	最弱边相对中误差
二等	5	1	≤10	≤1/100000

注：当基线长度小于500m时，边长中误差应小于5mm。

GNSS控制网基线长度中误差按式(5-1-1)计算：

$$\sigma = \sqrt{a^2 + (b \times d)^2} \tag{5-1-1}$$

式中：σ——基线长度中误差(mm)；

　　　a——固定误差(mm)；

　　　b——比例误差系数(mm/km)；

　　　d——基线或环的平均边长(km)。

(4)GNSS接收机作业技术要求。

GNSS接收机测站观测控制参数应符合表5-1-3规定的技术要求。

测站技术参数　　　　　　　　　　　　　　　表5-1-3

等级	二等
观测模式	静态观测
卫星高度角	≥15°
有效观测卫星总数	≥4
时段中任一卫星有效观测时间(min)	≥30
独立观测时段数	≥2
时段长度(min)	≥120
采样间隔(s)	15
空间位置精度因子(Position Dilution of Precision, PDOP)	≤6

(5)外业数据处理。

GNSS控制网采用随接收机配备的商用软件或解算精密基线的专用软件进行数据处理，计算结果中包括相对定位坐标和协方差阵等平差所需的元素。

基线外业预处理时采用广播星历，基线解算采用双差固定解。基线解算按同步观测时段为单位进行，按多基线解时，每个时段须提供一组独立基线向量及其完全的方差-协方差阵；按单基线解时，须提供每条基线分量及其方差-协方差阵。

外业数据质量检核必须满足以下技术要求：

①当用M台接收机同步观测时，每一时段解算出$M(M-1)/2$条GPS观测基线边，并得到该时段的同步环坐标分量闭合差。

a. 当各基线的同步观测时间超过观测时间段的80%时，其闭合差应符合式(5-1-2)要求。

$$\begin{cases} W_x \leq (\sqrt{n}/5) \cdot \sigma \\ W_y \leq (\sqrt{n}/5) \cdot \sigma \\ W_z \leq (\sqrt{n}/5) \cdot \sigma \\ W = \sqrt{W_x^2 + W_y^2 + W_z^2} \leq (\sqrt{3n}/5) \cdot \sigma \end{cases} \tag{5-1-2}$$

式中：W——同步环坐标分量闭合差（mm）；
σ——弦长标准差（mm）；
n——同步环中的边数。

b. 当各基线同步观测时间为观测时间段的40%～80%时，其同步环坐标分量闭合差可适当放宽；当各基线同步观测时间少于观测时间段的40%时，应按异步环处理。由独立边组成的异步环的坐标分量闭合差应符合式(5-1-3)的规定：

$$\begin{cases} V_x \leqslant 3\sqrt{n} \cdot \sigma \\ V_y \leqslant 3\sqrt{n} \cdot \sigma \\ V_z \leqslant 3\sqrt{n} \cdot \sigma \\ V = \sqrt{V_x^2 + V_y^2 + V_z^2} \leqslant 3\sqrt{3n} \cdot \sigma \end{cases} \quad (5\text{-}1\text{-}3)$$

式中：V——异步环坐标分量闭合差（mm）；
σ——弦长标准差（mm）；
n——异步环中的边数。

②同一条边任意两个时段的成果互差应小于GNSS接收机标称精度$2\sqrt{2}$倍。

③无约束平差中基线向量各分量改正数的绝对值应符合式(5-1-4)的规定：

$$\begin{cases} V_{\Delta X} \leqslant 3\sigma \\ V_{\Delta Y} \leqslant 3\sigma \\ V_{\Delta Z} \leqslant 3\sigma \end{cases} \quad (5\text{-}1\text{-}4)$$

式中：ΔX、ΔY、ΔZ——x、y、z坐标差值。

④约束平差基线分量的改正数与经粗差剔除后的无约束平差结果的同名基线改正数的绝对值应符合式(5-1-5)的规定：

$$\begin{cases} \mathrm{d}V_{\Delta X} \leqslant 2\sigma \\ \mathrm{d}V_{\Delta Y} \leqslant 2\sigma \\ \mathrm{d}V_{\Delta Z} \leqslant 2\sigma \end{cases} \quad (5\text{-}1\text{-}5)$$

⑤对于网中有两个或两个以上已知点时，计算已知点间的附合闭合差应符合异步环的坐标闭合差的规定。

⑥当检查或数据处理时发现观测数据不能满足要求时，需对成果进行全面的分析，并对其中部分数据进行补测或重测，必要时全部重测。

（6）平差计算。

控制网复测的目的是检查网点的稳定性，保证本工程控制点间的相对精度，同时满足与相邻工程衔接的相对关系。建网时与国家高级网点联测，并转换至92南京地方坐标系统。控制网复测不再联测高级点，以免引入外部数据后导致控制网变形。选定首级网中3～4个点位稳定、相对精度高的点作为固定点进行二维网约束平差，其计算结果作为92南京地方坐标系统的复测成果。

2. 首级高程网测量技术方案

（1）首级高程网测量。

高程控制网测量分地面水准测量和跨江水准测量，测量等级为二等。水准测量将八卦洲不同的施工区域各自组成环线，江南水准点组成独立一环，江南江北地面水准网通过跨江高程网（大地四边形）联测组成整体高程网，高程网总里程约35km，跨江长度在1.4～1.8km之间。

①地面水准测量。

a. 仪器设备及软件。

地面水准测量使用天宝数字水准仪进行观测,观测仪器经测绘仪器计量单位检定合格,并在年检有效期内。二等水准网观测仪器及精度指标见表5-1-4。

二等水准网观测仪器　　　　　表5-1-4

序号	水准类型	仪器类型	仪器型号	精度指标	数量	备注
1	地面水准	数字水准仪	天宝(Trimble DiNi03)	0.3mm/km	1套	配套铟瓦条码尺
2	跨江水准	智能全站仪	徕卡TM50	0.6mm+1ppm 0.5″	1套	配套棱镜
3	跨江水准	智能全站仪	徕卡TM30	0.6mm+1ppm 0.5″	1套	配套棱镜
软件:武汉大学COSA软件包						

二等水准测量采用单路线往返观测,每一个区段内,先连续进行所有测段的往测(或返测),随后再连续进行该区段的返测(或往测)。每一测段的往测与返测,测站数均为偶数。由往测转向返测时,两标尺互换位置并重新整置仪器。二等测量的测站观测限差符合表5-1-5的规定。

测站观测限差　　　　　表5-1-5

水准仪等级	水准尺类型	视距(m)	前后视距差(m)	测段前后视距累积差(m)	视线高度(m)	两次读数高差(mm)
		数字	数字	数字	数字	数字
DS_1	条码尺	≥3且≤50	≤1.5	≤6.0	≤2.8且≥0.55	0.6

b. 观测数据的验算。

每一区段结束后,及时进行外业观测数据的检验,往返测高差不符值、附合路线或环线闭合差、检测已测段高差的限差不超过表5-1-6的规定。

外业数据检验之限差　　　　　表5-1-6

数据	往返测不符值	附合路线或环线闭合差	检测已测段高差之差
限差(mm)	$\pm 4\sqrt{L}$	$\pm 4\sqrt{L}$	$\pm 6\sqrt{R}$

注:L为往返测段、附合或环线的水准路线长度;R为检测段长度(km)。

c. 观测成果的重测与取舍。

若在迁站前发现测站观测限差超限可立即重测,若迁站后发现则从高程点重新起测。

往、返观测高差较差超限时应重测。二等水准重测后,应选用两次异向合格的结果。重测结果与原测结果分别比较,其较差均不超限时,应取三次结果的平均数。

②跨江水准测量。

跨江水准测量组成大地四边形网图,使用一台徕卡TM50、一台徕卡TM30智能全站仪进行测距三角高程测量。跨江水准场地选择参照《国家一、二等水准测量规范》(GB/T 12897—2006)要求。

a. 跨江水准观测要求。

跨江水准的工作量由相应的水准等级及跨江距离的长度而定,依据观测视线与江面水位的高度限差要求,八卦洲至燕子矶选定Ⅰ、Ⅱ位置,跨江长度在1400~1800m的范围内,相应的作业观测测量要求应符合表5-1-7的规定。

测距三角高程跨江水准观测要求　　　　　表5-1-7

跨江水准等级	跨江位置	跨河视线长度(m)	最少时间段数	单测回数
二等	Ⅰ	1001~1500	6	24
二等	Ⅱ	1501~2000	8	32

垂直角、距离观测、测站观测顺序严格依照《国家一、二等水准测量规范》(GB/T 12897—2006)执行。距离测量、垂直角观测限差应符合表5-1-8、表5-1-9的要求。

距离测量技术要求　　　　　　　　　　　　　　　　表5-1-8

跨河水准等级	测距仪精度等级	观测时间段		一个时间段内测回数	一测回间读数较差(mm)	测回中数间较差(mm)	往返(或时间段)测距中数的较差
		往	返				
二等	Ⅱ	1	1	6	≤10	≤15	$\leq 2(a+b \cdot D^{-6})$

注：a、b 为测距标称参数值；D 为所测距离的千米数。

垂直角观测限差(单位:″)　　　　　　　　　　　　表5-1-9

项目	指标差互差	同一标志垂直角互差
指标	≤8	≤4

b. 观测数据的验算。

(a) 各测回的互差限差 dH$_限$ 应不大于式(5-1-6)计算的限值：

$$dH_限 \leq 4 \times M_\Delta \sqrt{N \times S} \qquad (5\text{-}1\text{-}6)$$

式中：M_Δ——每千米水准测量的偶然中误差限值(mm)；
　　　N——单测回数；
　　　S——跨江视线长度(km)。

(b) 大地四边形组成三个独立闭合环，用同一时段的各条边高差计算闭合差。各环线的闭合差 W 应不大于式(5-1-7)计算的限值：

$$W \leq 6 \cdot M_w \cdot \sqrt{S} \qquad (5\text{-}1\text{-}7)$$

式中：M_w——每千米水准测量的全中误差限值(mm)；
　　　S——跨江水准长度(km)。

(c) 由大地四边形组成的三个独立闭合环，用各条边平均高差计算闭合差，各环线的闭合差 W_m 应不大于式(5-1-8)计算的限值：

$$W_m \leq \pm 2 M_w \sqrt{2S} \qquad (5\text{-}1\text{-}8)$$

式中：S——跨河视线长度(km)。

c. 观测成果的重测和取舍。

(a) 测回间互差超限，首先应重测孤立值。若无孤立值应测一大一小。如出现分群现象，则应分析是否因时间段不同而分群，并应计算环线闭合差加以分析，若确属时间不同而产生分群，同时环线闭合差无超限现象，该成果可不重测。如有环线闭合差超限的测回，此测回应重测。重测后仍有分群，应结合观测条件进行综合分析，而后判断对成果进行重测和取舍，直到所测成果全部符合要求为止。

(b) 环线闭合差超限，而测回间互差较小，如无其他情况，此成果可以采用。若测回互差大或超限，则该成果应重测。

(2) 首级高程网计算。

①外业观测成果的检验。

水准测量外业数据采集结束后，应对测量成果进行观测精度评定：根据测段往返测高差不符值(Δ)，按式(5-1-9)计算每千米高程测量高差中数的偶然中误差 M_Δ，当高程路线闭合环较多时，还须依据环闭合差(W)，按式(5-1-10)计算每公里高程测量高差中数的全中误差 M_w。

$$M_\Delta = \pm\sqrt{\frac{1}{4n}\left[\frac{\Delta^2}{R}\right]} \tag{5-1-9}$$

$$M_W = \pm\sqrt{\frac{1}{N}\left[\frac{WW}{F}\right]} \tag{5-1-10}$$

式中：Δ——测段往返测高差不符值(mm)；

R——测段长(km)；

n——测段数；

W——经各项改正后的水准环闭合差或附合路线闭合差(mm)；

F——计算各 W 时，相应的路线长度(环线周长，km)；

N——附合路线或闭合环个数。

计算出的 M_Δ 和 M_W 的绝对值应不大于表 5-1-10 的规定。

二等水准测量精度指标(单位：mm) 表 5-1-10

测量等级	每千米高差测量偶然中误差 M_Δ	每千米高差测量全中误差 M_W
二等	≤1.0	≤2.0

注：当网中闭合环线太少时，可以不计算每公里高程测量高差中数的全中误差 M_W。

②联合平差计算。

当外业观测成果检验合格后，对跨江测距三角高程网与八卦洲、和燕路的地面水准网组成整体网进行联合平差计算。对网中地面几何水准测量与跨江测距三角高程测量两类不同观测值权值的确定，可以采用距离定权方法，也可以根据观测质量的概率密度分布函数赋予权值进行平差计算，综合评估平差精度确定二等水准网平差结果。

三、工作井水平位移监测网测量技术方案

1. 基准网的建立

江南盾构接收井基坑开挖深度达 45m，工作面窄，靠近城市道路，周围居民楼房林立、交通复杂，基准点之间易被障碍物遮挡无法通视或无法安置仪器，无法采用传统方法在地面或楼顶布点架站观测建网。应用高精度智能全站仪自动目标识别与跟踪(Automatic Target Recognition，ATR)技术，采用对边测量方法，构成由棱镜中心为间接边的监测基准网，如图 5-1-4 所示。图中 J1、J2、J4、J5 是固定在建筑墙面上的棱镜(各点可以互不通视)，J3 设置在楼顶女儿墙上的混凝土强制对中观测墩，测量时架设棱镜，该点是 GNSS 施工控制点，并经连续三年复测，J3 点稳定。JK 为设置在冠梁附近的工作基点(观测墩)，JK 至 J3、J4 的水平距离分别为 178m、155m，距离是基坑深度的 3 倍以上位置。

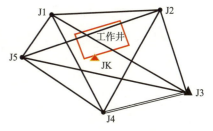

图 5-1-4 水平位移监测基准网

2. 间接边基准网观测

Leica TM50(测距中误差 0.6+1ppm×D，测角中误差 0.5″)全站仪安置在 JK 点上，使用全站仪 ATR 技术自动测量任意两点间的对边，观测 10 条由棱镜中心构成的独立间接边长。间接边盘左、盘右观测一个测回，测站输入温度、气压参数对直接边测量值施加改正。如 JK 点与墙上棱镜不通视，仪器可以移位任意架设，直到观测到间接边的两个棱镜即可。

3. 基准网平差计算

根据附有约束条件的间接平差数学模型：

$$N_{BB}\hat{x} + C^TK - W = 0 \tag{5-1-11}$$

$$\hat{C}x + W_x = 0 \tag{5-1-12}$$

式中，$N_{BB} = \boldsymbol{B}^T\boldsymbol{PB}$；$W = \boldsymbol{B}^T\boldsymbol{Pl}$。$\boldsymbol{P}$ 是权阵，$\boldsymbol{P} = \dfrac{m_0^2}{m_D^2}$，$m_0$ 是可以任意选定的单位权中误差，m_D 是由式(5-1-13)估算得到的间接测边中误差。

$$m_D \approx \pm \sqrt{(1+\cos\beta^2)}\, m_S \tag{5-1-13}$$

式中：m_S——直接测边精度，可用仪器标称精度加、乘常数及边长计算；

β——两条直接边方向的测站交会角。

间接测边网选取 J3 为已知点，J3—J4 为固定方向(约束条件)，联合式(5-1-11)、式(5-1-12)平差计算获得各基准点的独立坐标系坐标。

4. 基准网点稳定性分析

基准网稳定性分析采用平均间隙法和单点 t 检验法，首先对两期或多期复测数据进行整体性网形检验，如果检验通过，则认为所有基准点稳定，否则认为监测网中存在不稳定点。

根据两期单位权方差估值计算综合单位权方差估值：

$$\mu^2 = \frac{V_1^TP_1V_1 + V_2^TP_2V_2}{f} \tag{5-1-14}$$

根据两期平差结果可得到两期形变位移量：

$$d = X_1 - X_2 \tag{5-1-15}$$

按照误差传播定律计算得到间隙 d 的协因数阵 Q_d：

$$Q_d = Q_2 + Q_1 \tag{5-1-16}$$

通过两期测量所得的位移量与相应的协因数阵构成另一个方差估值：

$$\sigma_d^2 = \frac{d^TQ_d^+d}{f_d} \tag{5-1-17}$$

式中：f_d——独立的位移量 d 的个数，Q_d^+ 是 Q_d 的广义逆。

假设 $H_0: \mu^2 = \sigma_d^2$，$H_1: \mu^2 \neq \sigma_d^2$，统计量 F 服从自由度为 f_d、f 的 F 分布：

$$F = \frac{\sigma_d^2}{\mu^2} \sim F_\alpha(f_d, f) \tag{5-1-18}$$

若统计量 $F < F_\alpha(f_d, f)$，则基准点时稳定，反之基准点发生了变动，则使用单点 t 检验法：

$$t = \frac{X_{2A} - X_{1A}}{\sigma_0 \sqrt{Q_{X_{1A}X_{1A}} + Q_{X_{2A}X_{2A}}}} \sim t_{\alpha/2}(f) \tag{5-1-19}$$

式中：X_{1A}、X_{2A}——A 点一、二两期网平差后的坐标分量；

σ_0——两期的综合单位权中误差。

$$\sigma_0 = \sqrt{\frac{f_1\sigma_1^2 + f_2\sigma_2^2}{f_1 + f_2}} \tag{5-1-20}$$

式中：f_1、f_2——一、二两期平差的自由度；

σ_1、σ_2——一、二两期平差后的单位权中误差。

如经 t 检验为动点，则可剔除或更新动点坐标，为水平位移监测提供可靠的基准数据。

第二节 测量控制分析

针对长盾构隧道施工测量,须借助一些新的手段和方法进行专项设计与分析,分析地面控制测量、联系测量及地下控制测量对贯通误差的联合影响。通过将隧道近井点纳入首级 GNSS 地面控制网观测计算,增强联系测量图形强度等手段,提高隧道起始定向边的精度,为隧道洞内控制测量精度提供充分保证,为精准控制盾构姿态、确保盾构隧道准确贯通提供强有力的技术支撑。

一、隧道贯通测量误差与影响因素分析

燕子矶长江隧道贯通长度约 3km,隧道测量控制以保证盾构隧道精确贯通及满足设计线形要求为目的,参照《盾构法隧道施工与验收规范》(GB 50446—2017),对于隧道长度小于 4km 的公路隧道,其横向贯通测量限差不大于 100mm;高程贯通限差不大于 70mm。测量中误差按测量限差的二分之一加以控制,则有横向贯通测量中误差≤50mm,高程贯通测量中误差≤35mm。

横向贯通误差来源可分为三类,假设三类误差对盾构隧道横向贯通的影响相互独立,即有:$m_G^2 = m_G^{I\,2} + m_G^{II\,2} + m_G^{III\,2}$,其中 m_G 为地下平面贯通总横向中误差;m_G^{I} 为地面控制测量引起的横向中误差;m_G^{II} 为盾构进洞竖井联系测量中误差及盾构出洞处洞门中心坐标测量中误差;m_G^{III} 为地下导线测量中误差及盾构姿态定位测量中误差。三类测量误差依据各自的仪器精度、优化方案等测量手段进行合理有效的分配,达到有效精准贯通的目的。

高程贯通误差可分为地面高差与洞内高差测量误差,燕子矶长江隧道以八卦洲 SNC03 为起算点,到隧道口长度为 4.5km,地面水准测量每公里高差中数的偶然中误差按 1mm/km 计。隧道口(含明挖暗埋段)至贯通面约 3.5km,洞内每千米高差中数的偶然中误差以 2mm/km 计,则洞内外高差误差对贯通面的高程误差影响为 $M_h = \sqrt{M_{\Delta1}^2 L_1 + M_{\Delta2}^2 L_2} = 4.3\text{mm}$($L_1$ 为起算点八卦洲 SNC03 到隧道口的水准线路长度,L_2 为隧道口(含明挖暗埋段)至贯通面的水准距离),水准测量对贯通面的高程误差是容易达到的,但并未考虑接收井高程传递误差、南北两岸高程是否存在系统性偏差,而是取决于跨江水准联测的精度。

二、地面控制网测量分析

1. 平面控制网

燕子矶长江隧道工程地面首级网采用 GNSS 定位技术进行布网及复测,复测网坐标系与建网时一致,坐标系采用 92 南京地方坐标系统,中央子午线为 118°50′,复测精度达到国家二等平面网精度要求。

(1)扩展平面控制网。

原建首级控制网重点考虑为燕子矶长江隧道提供施工基准,将盾构隧道与八卦洲(B1 标段)和和燕路(A4 标段)引线标段整体设计为一个 GNSS 地面网。控制网南北长约 7km,东西宽约 3.5km。为了提高测量传递精度,在原建网的基础上进行了扩展,将 M1、M2、M4、M3X 四个近井加密点纳入至首级网复测中,扩展网图如图 5-1-5 所示。

GNSS 平面网每隔半年复测一次,依据施工情况,需检核左、右线隧道明挖暗埋段内联系测量点的稳定性,在两期 GNSS 网复测之间,将近井点附合到离施工区相对较远的首级网点组成附合导线进行复测,如图 5-1-6 所示。计算后,将各点的坐标分量误差及定向边的方位误差与 GNSS 网复测的精度相比较,其结果见表 5-1-11、表 5-1-12。

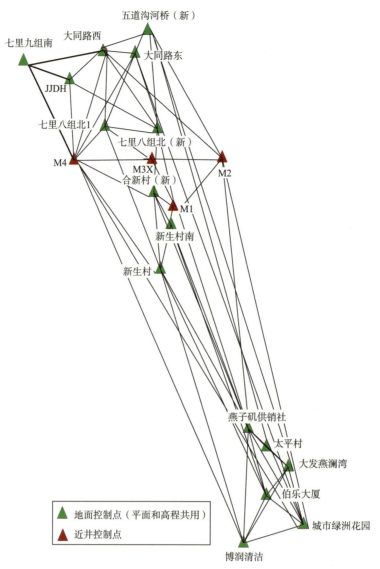

图 5-1-5 扩展平面网图

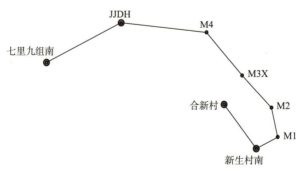

图 5-1-6 附合导线图

导线点与 GNSS 网点坐标误差比较(单位:mm)　　　　表 5-1-11

点名	导线精度		GNSS 网精度	
	x 坐标中误差	y 坐标中误差	x 坐标中误差	y 坐标中误差
M1	2.1	3.6	0.8	0.9
M2	2.9	3.3	0.7	0.8

续上表

点名	导线精度		GNSS 网精度	
	x 坐标中误差	y 坐标中误差	x 坐标中误差	y 坐标中误差
M3X	2.4	2.7	0.7	0.8
M4	1.8	2.1	0.6	0.9

定向边方位精度比较（单位："）　　　　表 5-1-12

定向边	导线中误差	GNSS 网中误差
M3X—M4	2.36	0.27
M3X—M2	2.40	0.22

从表 5-1-11、表 5-1-12 中的数据可以看出，近井点用导线加密方法去传递检核隧道联系测量点，相比 GNSS 网，导线的精度不高。将近井控制点纳入首级控制网中进行联测与平差计算，可以有效提高近井控制点平面坐标精度及定向边的方位精度，为后续联系测量提供更加精确的起算数据。

（2）贯通平面控制网。

随着燕子矶长江隧道 B1、B2 标段完成交工验收，首级网点的重点服务内容及精度要求随之变化。为确保盾构隧道的贯通精度，对 GNSS 扩展平面网进行优化设计，设计原则为"重中间，顾两头"，即重点保证盾构隧道施工精度，为盾构隧道贯通构建高精度的独立网，同时适当兼顾隧道江南段引线施工控制。将八卦洲原有控制网中被破坏的点（如 M3X）及孤点 M4、M1 去掉，同时也将观测条件不佳及不用的点剔除。精简优化后的贯通控制网起算点与原网保持一致，即以大同路西、新生村和城市绿洲花园作为起算数据进行二维约束平差。将八卦洲始发工作井附近的 M2、M3XX、JJDH 三个观测墩点纳入贯通网中，M3XX 与 M2、JJDH 点相互通视，作为地下控制测量的起始方向，以提高隧道联系测量精度；将江南和燕路接收井附近的太平村、燕子矶供销社保留在贯通网中，确保能满足陀螺仪常数测定精度要求，同时将 A4 标段加密点 JM4 纳入网中，以满足接收井坐标传递精度要求。精简优化后的贯通平面控制网如图 5-1-7 所示。

为提高基线解算质量，以提高贯通平面网南北两岸控制点的相对精度，同时将接收机观测时段长度由原来的 120min 提高至 240min。在左、右线隧道贯通前，两次分别复测贯通平面网，其定向边的方位精度见表 5-1-13。

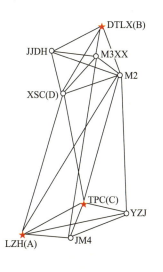

图 5-1-7　GNSS 地面贯通网示意图

贯通网定向边精度（单位："）　　　　表 5-1-13

定向边	左线隧道	右线隧道
M3XX—JJDH	0.20	0.22
M3XX—M2	0.20	0.25

由地面控制测量引起的横向中误差估算公式 $m_G^I = \sqrt{m_{YJ}^2 + m_{YC}^2 + (L \cdot m_\alpha/\rho)^2}$ ❶ 可知，进出洞口的地面点横向坐标误差对贯通面的影响较小，仅为一个平移量，定向边的方位误差与隧道长度成正比。依据表 5-1-11～表 5-1-13，不妨设坐标分量误差为 1mm，隧道始发井起始边方位角中误差为 0.3"，则可得 GNSS 地面控制测量在贯通面的横向中误差为 6.0mm。GNSS 平面网复测精度为隧道施

---

❶ 公式中 m_{YJ}、m_{YC} 为隧道进、出洞口起算点在隧道坐标系中的横向坐标中误差（单位为 mm）；L 为隧道总长度（单位为 mm）；m_α 为洞口起算边的方向中误差（单位为"）；ρ 为常数 206265。

工时空基准的统一,并降低盾构隧道贯通误差的影响提供了坚实的技术保障。

2. 高程控制网

(1)高程网联测。

高程网与建网时基准一致,采用吴淞高程基准,高程网复测达到国家二等水准精度要求。

施工前期(左线隧道贯通前),高程控制网由地面几何水准测量与跨江水准(测距三角高程)测量组成南北联测网,如图5-1-8所示。左线隧道贯通后,高程控制网通过左线隧道洞内直接采用几何水准测量方法测至接收井,再通过悬挂钢尺法将高程传递至地面,组成南北水准联测网,如图5-1-9所示。

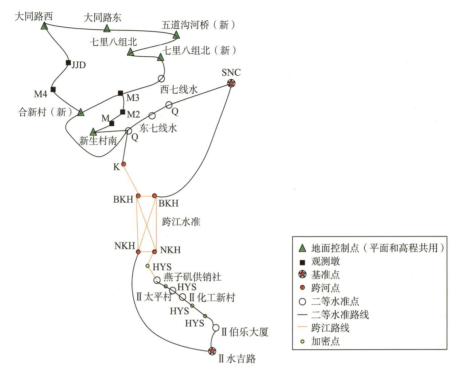

图 5-1-8 高程网跨江水准联测示意图

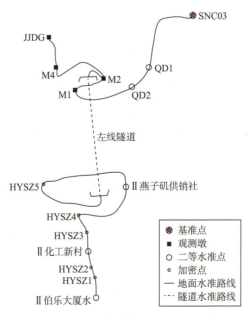

图 5-1-9 高程网左线隧道洞内水准联测示意图

(2)跨江水准联测高程网平差计算。

地面水准测量与跨江测距三角高程测量数据平差中涉及两种不同类型的高差观测值,通常情况高程网平差采用距离的倒数定权,若仅考虑以距离定权进行初始权值的选择,平差精度必然会受到影响,这是混合网平差中的一个难点。跨江测距三角高程测量尽管采用多时段、多测回同时对向观测方法,但大气折光对观测高差的影响仍然无法彻底消除,且随着跨江长度的增加,这种系统误差的影响越来越显著。因此,在燕子矶长江隧道项目中提出按分布定权的方法,以减小系统误差影响。应用信息扩散估计理论对水准网各测段的往返较差值子集信息采用概率密度函数分布赋予权值,然后再进行最小二乘法进行联合平差,可以得到更为合理的平差结果。水陆水准测量数据采用距离倒数定权与密度分布赋权联合平差精度比较结果如图5-1-10和表5-1-14所示。

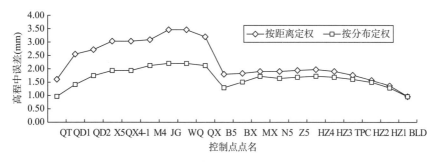

图5-1-10 高程控制点误差分布

单位权中误差　　　　　　表5-1-14

权值选取法	按距离定权	按分布定权	陆地水准估值
σ_0(mm)	1.48	0.97	0.45

从图5-1-10和表5-1-14可以得知,依据各观测值(往返较差)的概率密度分布(观测质量)赋予权值的精度整体高于距离定权精度,而且概率密度分布赋权的高程点精度更加均匀;分布赋权的单位权中误差更趋近于陆地二等水准偶然中误差的估算精度,表明高程网分布赋权的抗差性更优。在大型跨江盾构隧道施工中,隧道高程数据缺少必要的检核条件,其贯通精度除取决于地面水准和跨江水准的严格观测以外,还需要进行观测数据融合处理。

(3)洞内水准联测与跨江水准联测结果对比。

隧道左线于2021年10月贯通,为南北水准点以几何水准测量方式进行联测提供了条件。2021年6月,在左线隧道贯通前进行了全线水准复测,水准南北以跨江水准测量方法进行联测,并作整体网平差计算。2022年3月,从左线隧道洞内施测二等几何水准进行南北联测,并作全线网平差计算,两期复测相差9个月,对两期网中离施工区相对较远(相对稳定)的高程控制点进行比较,其结果见表5-1-15。

几何水准与跨江水准南北联测结果对比　　　　　　表5-1-15

点号	2021年6月跨江水准联测高程(m)	2022年3月左线洞内水准联测高程(m)	相较差(mm)
燕子矶供销社	21.9124	21.9108	1.6
Ⅱ等化工新村	14.9751	14.9738	1.3
HYSZ4	20.5525	20.5513	1.2
HYSZ5	24.9968	24.9962	0.6
JJDG	6.8745	6.8744	0.1

从表5-1-15中的数据得到验证,虽然跨江水准测量受到大气折光的影响,观测质量会受到较大影响,但只要严格依照《国家一、二等水准测量规范》要求施测,并通过对观测高差定权方法的改进,跨江水准联测高程网整体平差结果是可靠的。

三、盾构隧道联系测量分析

为保证地面控制网数据的时效性,在地面控制网复测完成后,紧随其后进行联系测量工作。联系测量根据工程实际地形环境条件,对联系测量方法(小三角法、投点法+陀螺仪、导线直传法)进行精度估算和比较,选择最优方案。

投点法+陀螺仪测定坐标与方位的方法,不仅成本高,在精度上也不占优势,一般较少用。八卦洲隧道始发井、明挖暗埋与光过渡段连接线上采用小三角法与导线直传法都可实施。联系测量方案如图 5-1-11 所示。

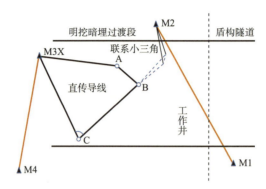

图 5-1-11　联系测量方案图

对两种方案定向边方位误差估算结果见表 5-1-16。

两种联系测量方法精度比较　　　　　　　　　　表 5-1-16

联系测量方法	地下导线边一次定向精度	联系测量方法	地下导线边一次定向精度
小三角联系测量	2.9″	导线传递法	2.2″

考虑燕子矶长江隧道长度约 3km,必须进一步提高联系测量定向边的方位精度,为增强联系测量几何图形强度,以右线隧道为例(左线隧道网形一致,略),将 M3X、Y1、Y2、Y3、Y4 组成全边角网,Y1、Y2、Y3、Y4 为设置在明挖暗埋段的强制对中观测墩,由 M2、M4 为定向点组成的边角网混合导线如图 5-1-12 所示。

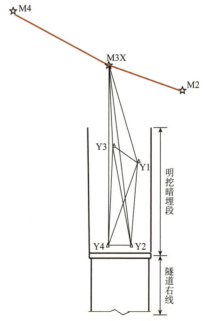

图 5-1-12　联系测量边角网混合导线示意图

混合导线网采用 Leica TM50(标称精度:测角 0.5″,测距 0.6mm +1ppm ×D)进行自动边角观测,角度观测六个测回,2C 互差设置 6″,测回互差 4″,归零互差 4″由仪器自动控制;边长往返与方向同步观测,边长观测值经加常数、乘常数及气象元素改正,边长往返差限差 2mm。

左右线隧道各进行了三期联系测量,经统计混合导线网平差后,坐标分量中误差在 2mm 以内,定向边方位精度可提高到 0.7″。右线隧道三期复测的定向边方向中误差及站点坐标误差见表 5-1-17、表 5-1-18。

定向边方向中误差(单位:″)　　　　　　　　　　　　　　　表 5-1-17

定向边边名	第一期	第二期	第三期
Y2—Y1	0.62	0.57	0.62
Y2—Y3	0.55	0.51	0.55
Y4—Y1	—	0.58	0.62
Y4—Y3	—	0.51	0.55

注:第一期 Y4 观测墩未建。

站点坐标误差(单位:mm)　　　　　　　　　　　　　　　　表 5-1-18

点名	第一期		第二期		第三期	
	X 中误差	Y 中误差	X 中误差	Y 中误差	X 中误差	Y 中误差
Y2	0.7	0.8	0.6	0.7	1.0	1.2
Y4	—	—	0.6	0.7	1.0	1.2

联系测量对隧道贯通面的横向中误差与地面控制测量一致,在隧道长度一定的情况下,对贯通面的影响取决于传递点的点位横坐标分量误差和方向精度。点位误差对贯通误差的影响为固定常数,方位误差的影响与贯通面的长度成正比,所以其关键是必须提高定向边的方向精度。从表 5-1-17、表 5-1-18 中可得,不妨设坐标横向误差为 2mm,方向误差为 0.7″,隧道长度以 3km 计,联系测量在隧道贯通面的横向中误差为 10.2mm,如考虑接收井洞门钢环中心的测量误差 5mm(设计允许误差 10mm),则第二类联系测量在贯通面的中误差 $m_C^{II} = \sqrt{10.2^2 + 5^2} = 11.4\text{mm}$。对联系测量网型的改进,有效提高了联系测量精度,为盾构隧道洞内施工过程控制提供强有力的数据支撑。

四、盾构隧道地下测量分析

1. 交叉导线布设

为避免受旁折光的影响,左、右线隧道内均采用交叉的单导线延伸布网,至最前端两条导线形成闭合。以先导盾构标段(A2 标段)左线隧道为例(右线略),导线点编号以盾构管片环号与掘进方向的左(Z)右(Y)侧字母组成,管片每环宽度 2m,将地面控制点 M3XX、M2、JJDH 观测数据传递至结构上的联系测量点 Z3 和 Z5,再与隧道内的导线点连接构成交叉导线,在 1185Z～1290Z 边设置陀螺方位观测,以校核地下导线边方位,如图 5-1-13 所示。

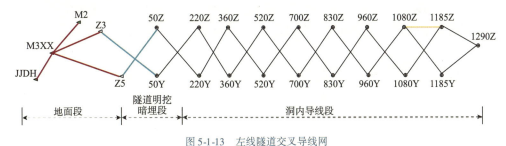

图 5-1-13　左线隧道交叉导线网

2. 测角精度的验证

地下导线控制测量及盾构姿态定位测量中误差引起贯通面的横向中误差允许值 $m_G^{Ⅲ} = \sqrt{m_G^2 - m_G^{Ⅰ2} - m_G^{Ⅱ2}} = \sqrt{50^2 - 6.0^2 - 11.4^2} = 48.3\text{mm}$,即三类观测误差对横向贯通误差影响的配比 $m_G^{Ⅰ}:m_G^{Ⅱ}:m_G^{Ⅲ} = 6:11.4:48.3 = 1:2:8$。要减小地下控制对贯通误差的影响,必须提高导线的测角精度 m_β。导线采用 Leica TM50(标称精度:测角 $0.5''$,测距 $0.6\text{mm} + 1\text{ppm} \times D$)进行自动边角观测,观测六个测回。为消除棱镜中心与旋转轴中心的偏差,观测三个测回后,所有观测棱镜翻转 $180°$ 重新瞄准仪器再观测后三个测回,边长往返与方向同步观测,边长观测值经加常数、乘常数及气象元素改正。在盾构先导标段(A2 标段)对交叉导线同时对左、右角观测六个测回,实测 21 组导线左右角闭合差,并估算方向中误差 $m_\beta = \pm\sqrt{1/4[\Delta\Delta/n]} = \pm 0.51''$。计算结果表明,方向中误差在盾构隧道复杂的施工环境下无法达到仪器的标称精度,而需观测六个测回,半周期测回后旋转棱镜 $180°$,方能有效消除方向观测值误差,达到仪器标定的精度。如 3km 隧道按导线平均边长 200m 计,则地下直伸导线对横向贯通误差的估值 $m_G^{Ⅲ'} = \frac{L_{m_\beta}}{\rho}\sqrt{\frac{n+1.5}{3}} = 23.9\text{mm} < 48.3\text{mm}$,即三类观测误差对横向贯通误差的配比给予地下控制测量精度较大的充裕量,为隧道贯通提供了充分的技术保障。同时,通过测角精度验证,为交叉导线平差计算先验误差的设定提供了依据,也为右线隧道贯通前的地下导线控制测量积累了经验。

3. 交叉导线观测精度

以左、右线隧道贯通前复测的洞内交叉导线计算为例,左线隧道贯通前导线复测至 1290 环,在 1290～1185 环导线边进行了陀螺方位测定;右线隧道贯通前导线复测至 1280 环,在 1280～1174 环导线边进行了陀螺方位测定。导线的坐标与方位误差随导线边的增加逐渐传递与增加,左右隧道交叉导线实测精度见表 5-1-19。导线边方位角与陀螺仪测定的方位角比较结果见表 5-1-20。

交叉导线平差精度 表 5-1-19

隧道线路	最弱点点名	点位中误差(cm)	最弱边边名	方向中误差(″)	边长相对中误差
左线	1290Z	1.54	1080Z—1185Z	1.68	1/470000
右线	D1280	1.60	Z1189—D1280	1.72	1/419000

导线边方位与陀螺方位对比 表 5-1-20

隧道线路	导线边名	导线方位角	方位中误差	陀螺方位角	方位较差
左线	1290Z—1185Z	338°49′54.64″	1.72″	338°49′50.06″	4.58″
右线	D1280—Y1174	337°03′24.30″	1.72″	337°03′11.05″	13.25″

从表 5-1-19 中可以看出,左、右隧道导线贯通前复测的交叉导线精度较高,导线平差后验后中误差与验前中误差(实测评估)趋于一致,交叉导线网平差的结果可靠。由表 5-1-20 可知,陀螺仪测定的方位角与导线边计算的方位角仍有一定的偏差,虽然陀螺仪测定导线边方位角没有误差积累,为独立观测值,但因陀螺仪的标称精度仅为 $5''$,并且陀螺仪观测受外界环境的干扰较大,综合考虑左右线隧道测定的陀螺方位角仅作为地下导线边方位的检核,未参与交叉导线的约束平差计算。由前述的分析,燕子矶长江隧道由 GNSS 地面控制网及联系测量高精度数据的支撑,以及洞内交叉导线的高精度测量结果,最后确定左右线隧道均由导线边方位角作为隧道贯通定向的依据。

五、关键部位的测量与控制结果

1. 盾构钢环形态复测

(1)测量方法。

以右线始发井洞门钢环测量为例,在钢环上每隔 $15°$ 布设一个点,即在钢环内侧均匀粘贴 24 个反光贴(反光贴与洞门钢环内侧钢环壁严格相切)。在平面坐标和高程已知的地下控制点上架设 TCA2003 高精度全站仪(测角精度 ±0.5″,测距精度 1+1ppm×D,D 代表实测距离),测量反光贴中心点获取三维坐标。

(2)数据处理。

空间平面圆没有特定的拟合方程,其一,将钢环看作一个球体与过球心的空间平面相交形成的圆,其球心即为洞门钢环平面的圆心。其二,将洞门钢环看作是一个轴线为隧道中心线的圆柱体与空间平面相截得到的空间圆。以右线隧道始发进洞门钢环为例,其盾构钢环设计直径15.76m。因 x、y 平面坐标值与 z 高程值相差较大,为防止拟合计算中出现病态方程,将所有测点工程坐标转换成重心坐标,经拟合计算后,将重心坐标转换到工程坐标系中,得到的拟合圆心坐标见表5-1-21,两种拟合方法三维坐标与设计值差值见表5-1-22。

洞门钢环圆心拟合结果　　　　表5-1-21

拟合方法	$x(m)$	$y(m)$	$z(m)$
球体截面圆法	160017.9550	131460.6289	-8.8008
圆柱截面圆法	160017.9570	131460.6250	-8.7938
设计值	160017.9523	131460.6265	-8.8019

洞门钢环圆心拟合结果与设计值差值　　　　表5-1-22

与设计值差值	球体空间圆法	圆柱体空间圆法
x(mm)	2.7	4.7
y(mm)	2.4	-1.5
z(mm)	-1.1	-8.1

从表5-1-21、表5-1-22中可以看出,两种拟合方法得出的平面坐标 x、y 值较为接近,差值在2mm左右,但圆柱截面法拟合出的高程与设计值相差较大,与设计值相差8mm。球体截面圆拟合精度0.9mm,圆柱体截面圆拟合精度为1.2mm,球体截面圆拟合精度略高于圆柱体截面圆拟合精度。依据球体截面圆法对右线隧道接收井、左线隧道始发井及接收井洞门钢环复测,拟合结果见表5-1-23。

洞门钢环圆心坐标拟合值　　　　表5-1-23

钢环位置		坐标					
		$x(m)$	$y(m)$	$z(m)$	Δx(mm)	Δy(mm)	Δz(mm)
左线始发井	实测值	160005.0848	131443.7132	-8.8218	9.1	-7.6	9.2
	设计值	160005.0757	131443.7208	-8.8310			
左线接收井	实测值	157492.9000	132979.1640	-14.8632	4.0	4.0	-3.2
	设计值	157492.8960	132979.16000	-14.8600			
右线接收井	实测值	157501.3980	133000.8850	-14.8570	52.0	44.0	-23.0
	设计值	157501.3460	133000.8410	-14.8340			

注:因右线接收井洞门钢环安装过程中临时发生设计变更,变更线路中线(洞门钢环中心)与原中线水平位移9.2cm(掘进方向向右),高程不变,钢环安装已来不及纠偏,造成施工误差。

2. 盾构姿态复测

盾构掘进导向以 VMT 为主,但为防止 VMT 出现假姿态现象影响盾构定位与掘进,需定期对盾构机掘进姿态进行人工复测校核。一般在地面测量、联系测量、地下导线测量完成后,用新的控制数据之前必须对盾构姿态进行复核,在贯通前适当增加复核次数。盾体上有精确标定全断面隧道掘进机(Tunnel

Boring Machine,TBM)坐标系的 21 个参考点,如图 5-1-14 所示。人工复测使用棱镜法,至少复测 3 个的参考点,根据三维坐标转换、几何转换等方法确定盾首、激光标靶中心三维坐标,并与里程设计坐标进行比较,得到人工复测计算的盾首、激光标靶坐标与隧道设计轴线坐标的偏差值,比较该偏差值与自动导向系统显示的结果是否趋于一致。

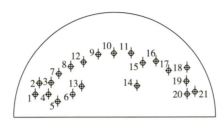

图 5-1-14 左线盾构机参考点的布置

以 A2 标段隧道贯通前,地面控制、联系测量、地下控制测量完成后对盾构姿态的复测为例,因观测条件的限制,仅观测到盾构腰部以上 13 个参考点(1、3、4、6、8、9、10、11、12、14、16、17、19)。依据盾构刚体坐标系及施工坐标系下的 13 个公共点,引用了反对称矩阵和罗德里格矩阵的性质,采用最小二乘迭代计算大角度三维坐标转换参数的方法,计算了两个坐标系的转换参数,并与 VMT 所算结果进行对比,结果见表 5-1-24。得到的三维转换参数和转换坐标结果基本一致,单位权中误差为 0.0012mm,表明该算法的坐标转换数据可靠。再与盾首、激光标靶所在里程设计轴线的三维坐标进行对比,计算出轴线偏差,获取盾构水平方向和垂直方向偏差,结果见表 5-1-25。

三维转换参数及转换坐标对比　　　　表 5-1-24

转换坐标及转换参数		VMT 软件计算成果	人工复核计算结果	差值(mm,10^{-3}gon)
转换 X(m)		157552.603	157552.6025	0.5
转换 Y(m)		132956.645	132956.6443	0.7
转换 Z(m)		−16.759	−16.7600	1.0
滚动 X(gon)*		2.01320	2.009857161	3.3
滚动 Y(gon)		0.73170	0.733114589	−1.4
滚动 Z(gon)		−177.47860	−177.47971	1.1
比例尺		0.9996880	0.9996984	0.0
盾头坐标	X(m)	157552.603	157552.6035	−0.5
	Y(m)	132956.645	132956.6452	−0.2
	Z(m)	−16.759	−16.7600	1.0
激光靶坐标	X(m)	157559.795	157559.7952	−0.2
	Y(m)	132953.989	132953.9893	−0.3
	Z(m)	−17.0020	−17.0021	0.1
单位权中误差(mm)		$\sigma = 0.0012$		

注:gon 是欧洲通用的百分度制角度单位:400^g = 360°,为与盾构机自动导向系统参数单位一致,表中采用了 gon 单位。

左线盾构盾首及激光标靶姿态复核对比表　　　　表 5-1-25

盾构姿态	vmt 测量数据(mm)		人工复测数据(mm)		差值(mm)	
	盾首	激光标靶	盾首	激光标靶	盾首	激光标靶
水平偏差	−18	−30	−16	−25	2	5
垂直偏差	−31	−32	−34	−31	3	1
刀盘里程	K2+829.09		K2+829.09		0	

以同样方法,人工复核右线隧道盾构贯通面前50m的姿态,结果见表5-1-26。

右线盾构盾首及激光标靶姿态复核对比表　　　　表5-1-26

盾构姿态	VMT测量数据(mm)		人工复测数据(mm)		差值(mm)	
	盾首	激光标靶	盾首	激光标靶	盾首	激光标靶
水平偏差	-11	-26	-23	-27	12	1
垂直偏差	5	24	13	21	-8	3
刀盘里程	K1+783.700		K1+783.686		14	
滚动角	-0.15mm/m		-2.50mm/m		2.35mm/m	
俯仰角	30.60mm/m		31.80mm/m		-1.2mm/m	

当确定盾构人工复测姿态与自动导向系统姿态一致后,表明自动导向系统数据有效,可依据自动导向系统显示的数据继续指导施工。

第三节　分项工程监测分析

燕子矶长江隧道工程规模大,轴线南、北两段地质条件差异大,北段以粉砂为主,南段以中风化角砾岩为主。从八卦洲明挖段及工作井基坑开挖施工,再由盾构机从工作井始发,沿轴线穿越粉砂层、长江防洪大堤、江底浅覆土冲槽段、江南溶岩发育段直抵深基坑接收井,整个施工过程监测项目多,风险源多。为了实施对施工过程的动态监控,及时掌握地层、地下水、围护结构与支撑体系的状态,以及施工对既有建筑物的影响,必须进行现场实时监控量测,并通过对量测数据的整理和分析,及时了解基坑及隧道结构所处的状态,采取相应的控制措施,确保施工工期和周边既有建筑的安全。

一、八卦洲明挖段及工作井监测分析

八卦洲明挖段部分,包括工作井(ZK4+691～ZK4+715.5)和区间段(ZK4+715.5～ZK5+131),基坑最大开挖深度为25.7m,全长440m,整体形状较为规则。地处八卦洲七里村七东线以北农田范围,场地开阔,场区西邻双柳河(距基坑最近距离150m),南邻新生河(距工作井距离约50m),周边建筑物离工作井基坑最近距离约60m。土层以粉砂为主,透水性极强,尽管围护结构采用地下连续墙或SMW(Soil Mixing Wall)工法桩,兼做止水帷幕,但止水帷幕深度有限,未能完全阻断承压水层,存在一定的安全隐患。

ZK4+691～ZK4+900段基坑安全等级为一级,ZK4+900～ZK4+995基坑安全等级为二级,ZK4+995～ZK5+131基坑安全等级为三级。基坑围护结构监测的内容包括深层水平位移监测、围护结构顶部竖向位移、围护结构顶部水平位移、混凝土支撑轴力、钢支撑轴力、支撑挠度测点竖向位移、立柱竖向位移;基坑周边环境监测的内容包括地表竖向位移和建筑物竖向位移。各项监测数据及状态统计结果见表5-1-27。

监测项目变形最大值及预警值　　　　表5-1-27

监测类型	监测项目	累计变形最大值	预警值	是否报警
基坑围护结构	深层水平位移	39.51mm	±50mm	否
	围护结构顶部竖向位移	-20.2mm	±22mm	否
	围护结构顶部水平位移	25mm	±42mm	否
	混凝土支撑轴力	5447.8kN	15060kN	否
	钢支撑轴力	1573.5kN	2263kN	否
	支撑挠度测点竖向位移	23.3mm	±25mm	否
	立柱竖向位移	23.6mm	±25mm	否

续上表

监测类型	监测项目	累计变形最大值	预警值	是否报警
基坑周边环境	地表竖向位移	-196.1mm	±60mm	是
	建筑物竖向位移	-57.4mm	±30mm	是

从表5-1-27中可看出,基坑围护结构、支撑体系各项监测项目都在安全指标范围内,只有地表、建筑物周边环境监测项目预报警。依据断面监测点的累计沉降量绘制地表沉降等沉降线,等值线间距设置5mm,等沉降线如图5-1-15所示。

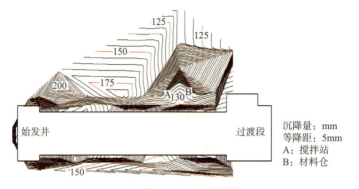

图5-1-15 地表等沉降线图

由于开挖期间大量降水,导致地表快速沉降,主沉降区约在一倍基坑深度范围内。另基坑西侧建有搅拌站和堆料库,在动、静荷载作用下形成一个显著沉陷区,依据地表变形特征,控制静载,加强对搅拌站及周边高塔式起重机的监测,实时控制变形趋势,确保施工安全。结合现场测斜、轴力和桩顶监测数据位移分析,围护结构、支撑体系均无安全问题,地表沉降与地下水位变化趋于一致,表明坑外地表沉降量大主要原因是坑外水位下降量大引起土体固结沉降,而非基坑开挖导致。

工作井南侧约60m处有几幢1~3层砖混结构建筑物,有部分建筑物的沉降量超过控制值(30mm),其最大值为57.4mm,房屋周边没有其他施工机械干扰,主因是坑内降水过大引起周边地下水位下降,导致地基固结沉降。通过基坑周边回灌井加压回灌监测水位变化趋势,有效减小建筑物的沉降速率。虽然建筑物的绝对沉降量超过控制值,但其差异沉降量、局部倾斜率(2‰)等相对指标均未超限,建筑结构基础安全,工作井南侧沉降量最大的建筑物沉降量分布如图5-1-16所示。

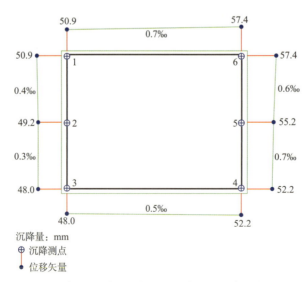

图5-1-16 建筑物沉降量分布图(尺寸单位:m,沉降量单位:mm)

二、江防大堤监测分析

八卦洲盾构始发井距离长江干堤约460m,长江干堤与新生河之间分布有大量湖塘,主要是岛上居民水产养殖用地,江堤也兼作八卦洲的环岛公路,又称环洲路。

盾构掘进通过长江堤岸的施工监控中,堤岸沉降控制尤为重要,一方面可以预防堤身变形影响其长期效用,另一方面可以借此规避隧道上方塌落拱、地层的损失。根据《南京和燕路过江通道工程(南段)防洪工程专项设计报告》的要求,在长江防洪堤岸上设置监测点,对盾构施工穿越长江堤岸全过程进行监控。江防大堤监测点布置(左线隧道,右线略)如图5-1-17所示。

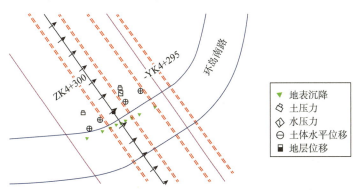

图5-1-17 江防大堤测点布置图

左线隧道盾构(先行盾构)穿越大堤时,各项监测数据见表5-1-28。

监测项目变形值及预警值 表5-1-28

监测项目	累计变形最大值	预警值	是否报警
地表沉降	−21.6mm	+10mm,−30mm	否
土体深层沉降	30.9mm	—	否
土体深层水平位移	16.6mm	—	否
土压力	84.14kPa	—	否
孔隙水压力	19.16kPa	—	否

从表5-1-28中可知,各项监测数据都属正常范围,大堤路面沉降也未达到预警值,大堤背水面坡顶断面沉降数据及形成的沉降槽见表5-1-29和图5-1-18。

大堤坡顶断面沉降值 表5-1-29

至中线距离(m)	−35.2	−25.5	−10.5	−5.6	−3.0	0.0	3.0	12.9	18.5	28.6	37.2
沉降量(mm)	−2.0	−4.5	−15.7	−17.2	−19.9	−20.5	−19.8	−14.2	−11.5	−4.1	−2.0

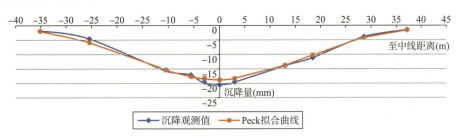

图5-1-18 江堤沉降槽及拟合图

当盾尾脱离江堤时,在堤面上出现了两条裂缝,裂缝距左线隧道轴线约30mm,两条裂缝方向与左线隧道轴线平行且对称,右侧裂缝正位于右线隧道轴线上方。为了及时掌握盾构穿越江堤时的沉降规律及影响范围,对沉降曲线进行了拟合分析,拟合得到的Peck公式:$S(X) = 19.1\exp\left(-\dfrac{X^2}{2\times 16.7^2}\right)$,可得沉降槽宽度系数为16.7,即堤面裂缝出现在沉降槽宽度的1.7倍位置。

掌握盾构掘进对大堤的变形规律和影响范围,依据地层损失率,对后行盾构(右线隧道)掘进加强控制,做好预判,提前优化盾构掘进施工参数,减小盾构穿越江堤时土层损失的叠加影响。

右线盾构通过优化施工方案,调整了以下掘进参数:考虑长江大堤超载作用,上调切口泥水压;保证泥膜质量,采用双液浆施工,稳定开挖面;采用低稠度、低坍落度的砂浆配比浆液及时进行盾尾同步注浆,减少管片上浮及地表沉降;控制好盾构姿态,快速均匀地顺势穿越长江大堤,减少对附近土体的扰动。通过优化,右线盾构平顺地穿越江防大堤,大堤路面、防浪墙等无新裂缝产生,旧裂缝宽度、长度均未增加。

三、隧道结构监测分析

1. 隧道结构拱顶位移监测

为掌握盾构掘进施工过程中隧道结构竖向位移趋势,左、右线隧道每5环(10m)布设一个断面,在拱顶位置设置贴有反射片的监测标志,采用全站仪非接触式测量,即用全站仪测距三角高程中间观测法测得拱顶高程,与初值做差求得拱顶的竖向位移量(上浮为正,下沉为负),其控制值±30mm。左、右线隧道各设295个拱顶沉降点,断面从八卦洲始发井沿掘进方向依次编号。监测结果如图5-1-19、图5-1-20所示。从隧道拱顶竖向位移监测图中可知,左、右线盾构隧道位移趋势较为一致。冲槽段以北区段地质松软、透水性强,多为粉细砂、中粗砂,管片在脱出盾尾后快速上浮,其后,当脱出盾构台车的隧道拱顶相对初值都有所回落。

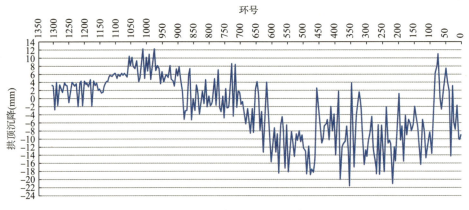

图5-1-19 左线盾构隧道拱顶位移曲线图

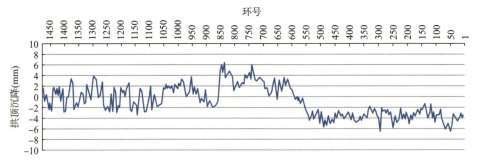

图5-1-20 右线盾构隧道拱顶位移曲线图

冲槽段以南区段为全断面硬岩,虽有岩溶区和断裂带,但经岩溶区处理后,围岩稳定,因此管片在脱出盾构台车后隧道拱顶竖向位移量较小。

2. 隧道净空收敛监测

为监测成型隧道的管片收敛变化趋势,左、右线隧道每50m布设1个监测断面,每个断面设置三个收敛监测点,在拱顶、左、右腰位置设置专用反射贴,拱顶位置的收敛监测点与沉降监测点共点。在任意自由坐标系下同时测得三个收敛监测点的坐标 $P_1(x_1,y_1,z_1)$、$P_2(x_2,y_2,z_2)$、$P_3(x_3,y_3,z_3)$,通过坐标反算得到任意两点间 P_1P_2、P_1P_3、P_2P_3 的直线距离,与初值之差值即为断面收敛值(净空减小为正,净空增大为负),其控制值在 ±30mm 内。左线隧道共设 59 个断面、177 个点;右线隧道共设 60 个断面、180 个点,断面从八卦洲始发井沿掘进方向依次编号。其监测结果如图 5-1-21、图 5-1-22 所示。从净空收敛监测曲线图中可得知,左、右线隧道水平方向净空收敛变化趋势趋于一致。冲槽段以北区段地质条件为软地层和上软下硬地层,地层稳定性差,隧道的净空收敛变化较大。冲槽段以南区段地质条件为全段面硬岩和处理过的岩溶区,地层相对稳定,管片受力较均匀,隧道的净空收敛变化较小。

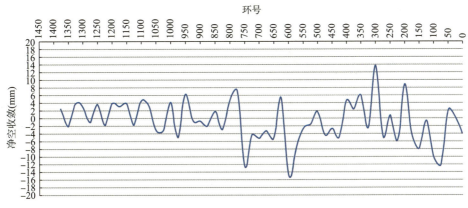

图 5-1-21 左线盾构隧道水平收敛曲线图

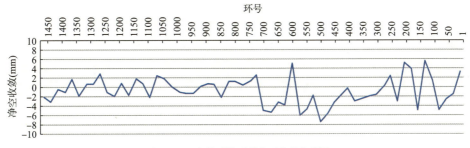

图 5-1-22 右线盾构隧道水平收敛曲线图

四、江南工作井监测分析

江南工作井(盾构接收井)土层主要位于(3)-2 粉质黏土、(3)-3 粉质黏土、(2)3-2 粉质黏土与粉土互层,其基底位于(7)1sl 全风化含砾砂岩、(7)2sl 强风化含砾砂岩中。基坑平面尺寸为 21m×24m×50m,基坑围护结构为 1500mm 地下连续墙,入土深度 49.5m,六道混凝土支撑体系,基坑开挖深度 45.4m,监测等级为一级,监测项目包含基坑围护结构和基坑周边环境两类。工作井监测点布置如图 5-1-23 所示。

1. 监测数据采集

深基坑接收井结构内部形变监测数据采集采用传感仪直读法,简单易读,结构外部及地表隆沉一般采用几何水准测量,数据采集也比较简单,而深基坑水平位移监测数据采集是基坑监测中最大的难点。对于深基坑水平位移监测,基准网的网形及稳定性直接影响监测数据的精度。由于城市深基坑施工受环境限制,无法用传统方法建立工作井水平位移监测基准网。因此借助全站仪技术,采用间接测边网进行建网。其建网观测及数据分析方法如下。

(1)间接测边基准网观测。

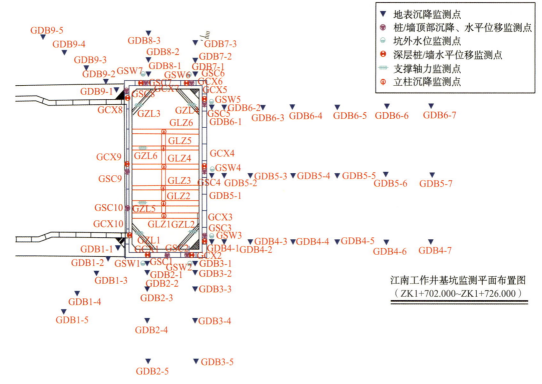

图 5-1-23　工作井监测点布置图

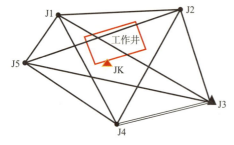

图 5-1-24　接收井间接边基准网

接收井间接测边网如图 5-1-24 所示，J1、J2、J4、J5 是固定在建筑墙面上的棱镜，J3 为楼顶混凝土强制对中观测墩，测量时架设棱镜，该点也为 GNSS 施工控制点，并经连续三年复测，J3 点稳定。JK 为设置在冠梁附近的工作基点（观测墩），Leica TM50（测距中误差 0.6+1ppm，测角中误差 0.5″）全站仪安置在 JK 上，使用全站仪 ATR 技术自动测量 10 条由棱镜中心构成的独立间接边长。间接测边网选取以 J3 为已知点，J3—J4 为固定方向进行间接平差计算获取各基准点的坐标。坐标轴 X 方向与深基坑长边平行的独立坐标系，JK 点测站仪器使用 ATR 技术对各基准点进行边角后方交会获取测站坐标，然后依次测量冠梁上的监测棱镜，同时实现监测基准网到监测点一站式自动测量。

（2）基准网稳定性分析。

获取准确的水平位移监测量，必须以稳定的基准点坐标为前提，基准网稳定性分析采用平均间隙法和单点 t 检验法，首先对两期或多期复测数据进行整体性网形检验，如果检验通过，则认为所有基准点稳定，否则认为平面网中存在不稳定点，使用单点 t 检验法找出动点。

当接收井开挖深度至 23m 时，监测网整体性检验被拒绝，表明网中有动点。此时监测处于第 117 期、第 118 期，该相邻两期平差结果见表 5-1-30。从表 5-1-30 的平差计算结果可知，监测网的精度较高，最弱边相对中误差满足一级基坑监测网精度要求（1/200000）。采用单点 t 检验法查找动点。

两期测量精度　　表 5-1-30

各项精度	第 117 期	第 118 期
单位权中误差	0.146	0.237
最弱边相对中误差	1/700000（J3—J4）	1/43 万（J3—J4）
最弱点中误差	0.37mm（J1）	0.60mm（J1）
最弱相对点位中误差	0.38mm（J1—J4）	0.62mm（J1—J4）
平均边长	170m	170m

①两期观测精度的一致性检验：

$$F = \frac{\hat{\sigma}_1^2/f_1}{\hat{\sigma}_2^2/f_2} = 0.379$$

取显著水平 $\alpha = 0.05$，可得 $F = 0.379 < F_{0.05}(f_1, f_2) = 3.79$，表明两期观测精度一致。

②整体检验。

计算两期的联合单位权方差估值 $\mu^2 = 0.0388$，坐标差的均方差估值 $\sigma_d^2 = 32.335$，构成统计量 $F = \frac{\sigma_d^2}{\mu^2} = 833.372$。取显著水平 $\alpha = 0.05$，可得 $F_\alpha(f_d, f) = 3.87 < F$，即基准网中存在发生显著位移的基准点。

③单点检验。

通过基准点点位变化量以及坐标差的协因数阵，计算出各基准点 X 方向与 Y 方向的统计量 t，见表5-1-31。以显著水平 $\alpha = 0.05$，自由度 $f = 6$ 可得 $t_{0.025}(6) = 2.447$。

单点检验结果　　　　　　　　　　　　　　　　　　　　　　　　　　　　　　表5-1-31

点号	坐标	统计量 t	分位值	结果	点号	坐标	统计量 t	分位值	结果
J1	X	1.926	2.447	接受	J4	X	8.0196	2.447	拒绝
	Y	1.856	2.447	接受		Y	47.0122	2.447	拒绝
J2	X	2.1772	2.447	接受	J5	X	2.9601	2.447	拒绝
	Y	2.3758	2.447	接受		Y	3.7378	2.447	拒绝

由表5-1-31的检验结果可以看出，J1与J2点通过了单点检验，而J4与J5未通过，表明基准点J4、J5发生了显著位移。结合施工现场分析，J4、J5两点位移并非基坑施工所致，而是由邻近J4东侧的地下连续墙施工所致。

(3) 一站式自动化监测。

通过观测、计算模块化编程，实现深基坑水平位移自动化监测。对检验出的J4、J5动点进行剔除，从计算模块中计算出观测站JK的坐标，也可以从观测模块中更新J4、J5两点坐标，重新观测交会出观测站JK点坐标，然后由全站仪自动照准基坑冠梁上埋设的棱镜，完成一站式自动监测。

2. 监测数据分析

数据采集后，各监测项目数据及状态统计结果见表5-1-32。从表5-1-32的监测数据可看出，江南工作井所有监测项目都在可控范围内，基坑结构体系安全，周边环境稳定。

江南工作井监测项目变形最大值及预警值　　　　　　　　　　　　　　　　表5-1-32

监测类型	监测项目	累计变形最大值	预警值	是否报警
基坑围护结构	深层水平位移	20.7mm	±50mm	否
	围护结构顶部竖向位移	-8.2mm	±20mm	否
	围护结构顶部水平位移	15.1mm	±30mm	否
	混凝土支撑轴力	9098.4kN	14417kN	否
	立柱竖向位移	-4.2mm	±25mm	否
基坑周边环境	地表竖向位移	-22.2mm	±30mm	否
	建筑物竖向位移	-17.2mm	±30mm	否
	管线竖向位移	-11.4mm	±15mm	否
	坑外水位	-63cm	±100cm	否

第二章 试验检测

第一节 技术体系与方法

在项目管理上,试验检测通常是对进场材料、施工半成品、成品的质量检测。随着工程质量要求的不断提高,试验检测已经渗透到整个施工过程的各个环节。试验室必须利用专业的检测人员、合理的检测方法和专业检测设备进行全面检查,提供详尽数据,确保质量、工期、成本。将试验检测和工程管理相结合,使项目做到精细化质量管理。

一、体系建设背景

作为工程质量最直接的管控部门,从工程初始的原材料选择到施工过程中混凝土等质量控制再到已完工程的实体检测,工地试验室提供的试验数据均是工程质量的重要保证。通过施工过程中积累的数据,优化原材料的配合比,可提高工程质量,降低工程成本,节约工程造价。工地试验室服务的项目特定且唯一,所以对现场的检测较为及时。当有新工艺推行时,试验室可及时检测相关质量,提供检测数据,为新工艺的推行提供准确的数据支撑。

根据项目特点和招标要求,燕子矶长江隧道工程设置项目部工地试验室、总监办工地试验室、质安中心试验室。其中主线土建监理 HYJL-1 和 HYJL-2 现场不设试验室,试验检测工作由质安中心试验室来完成。燕子矶长江隧道项目先后共设立 8 个试验室,包括质安中心试验室、HYJL-3(互通区)试验室、A1、A2、A3、A4、B1、L1 标段试验室,如图 5-2-1 所示。

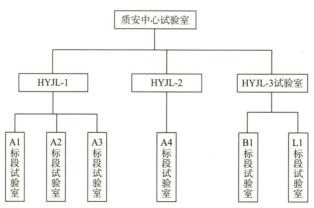

图 5-2-1 试验室管理框架图

质安中心协助建设单位负责项目全线隧道、桥梁、路基、路面、交通安全设施、交通工程、机电、景观绿化和环保等全部工程的试验检测管理工作,包括协助建设单位负责全线桩基检测的管理;承担建设单位负责抽检的工程原材料、混合料、结构物成品、半成品、工程实体的试验检测与现场检测工作(包括取样);承担隧道土建监理单位负责抽检的工程原材料、混合料、结构物成品、半成品、工程实体的试验检测与现场检测工作,并协助建设单位对整个项目的试验检测工作进行统一规划和协调,收集本项目试验检测技术标准、规范、规程,统一试验记录表格、试验检测报告表格、试验检测台账、档案资料管理要求等。

二、工地试验室建设

工地试验室建设以"因地制宜、务求实效、经济适用"为基本原则,以满足招标文件、合同文件、工程检测以及标准化管理为基本要求,具备相应的技术力量、检测能力、仪器设备、业务水平,并符合《公路水运工程试验检测管理办法》(交通运输部令 2016 年第 80 号)、《交通运输部关于印发工地试验室标准化建设要点的通知》(质监字〔2012〕200 号)、《公路工程工地试验室标准化指南》等上级主管部门相关文件的规定。

为实现燕子矶长江隧道项目品质工程创建要求,工地试验室建设的技术保障措施如下:

人员保证。组建注重实效的试验检测专业团队。管理人员技术水平高、管理能力强、工作经验丰富,技术人员技术精、责任心强、吃苦耐劳,并且有一整套行之有效的管理体系和制度。注重专业技术能力的提升,试验检测人员熟练掌握业务范围内的试验检测标准、规范、规程。

工地试验室所有持有公路工程试验检测人员证书的在岗人员均在授权母体机构进行信息登记注册。工地试验室对试验室持证人员年度信用评价的自评进行管理。

设备保证。试验检测仪器设备不仅性能良好,量程、精度符合要求,而且通过设备管理制度明确规定了量值溯源(计量检定)、使用、保养、维修的制度要求。有专门的设备管理人员和责任人,以确保设备始终处于良好的状态,确保数据的准确性。

为响应品质工程及智慧工地创建号召,实现试验检测工作标准化,燕子矶长江隧道项目各工地试验室安装了苏交科试验检测云系统。

试验检测方法保证。通过对技术标准、规范等受控文件的管理,确保采用的标准、规范的有效性,及时进行技术标准和规范检索查新,保证规范及标准采用最新版本。

1. 工地试验室人员管理

(1)建立试验检测人员管理制度,加强人员考勤管理,确保人员实际在岗相对稳定。有特殊情况需要变动的,先履行变更手续经建设单位批准后再离岗。

(2)人员档案管理。按人管理,实行一人一档。人员基本档案资料由以下部分组成:

①(总体)在岗人员清单台账(动态):包括人员的姓名、出生年月、性别、学历、技术职称、资格证书、进出场时间等信息。

②个人档案:包括目录、人员身份证影印件、履历(简历)表、资格证书、学历证书、职称证书、劳务合同(或协议)影印件、培训(再教育)记录等。

2. 仪器设备的验收、管理

(1)仪器设备的检定、校准。

①强制性检定仪器由符合条件的计量检定测试部门检定。

②列入公路工程专业设备清单的仪器设备由公路专门设备计量检定部门进行校准。

③其他设备、器具应按要求进行自检自校。自检自校具备专人、专门器具及编制有检校规程等基本条件。

④检校周期未超过规定时限。

(2)仪器设备标志管理。

所有检测配置的仪器、设备、量具均具有唯一性编码标识,并实施"绿、黄、红"三色标志管理,绿、黄、红三色标志的使用及定义如下:

①绿色标志:经验收后检定/校准/验证后达到使用量值和功能要求的仪器设备、量具。

②黄色标志:某一功能或某一指标达不到仪器本身要求,但又可以限制使用的。

③红色标志:仪器设备损坏,经检定/校准/验证技术指标达不到使用要求的、超过检定/校准/验证

周期的、怀疑仪器设备有失准问题的、封存备用的。

(3) 设备档案管理。

设备档案资料是设备使用、管理、维修的重要依据。档案按设备进行管理，主要设备均执行一机一档制。

①(总体)仪器设备清单台账(动态)：包括仪器设备的名称、规格型号、精度(量程)、厂家、购进日期、计量日期、计量有效期、进出场时间等信息。

②单台(套)仪器设备档案资料的组成：包括目录、设备履历表、设备说明书、合格证、操作规程、历年历次检定校准/自校证书或记录、维修保养记录、收集的仪器设备运行记录等。

3. 工地试验室备案申报阶段的检查

工地试验室备案申报阶段对试验室建设进度和规模、检测人员资质和数量、仪器设备以及质量管理体系进行检查。

(1) 试验室面积满足工程质量的自检需要，各试验功能室布置合理，满足《公路工程工地试验室标准化建设指南》的要求。

(2) 试验室负责人具有试验检测工程师资格，试验检测人员数量满足自检工作需要，并持有试验检测资格证。

(3) 各试验室及时配备土工类、水泥类、砂石料类、钢材料、水泥混凝土、沥青和沥青混合料类(路面施工单位)、现场检测类的仪器设备；各种试验设备及时检定、校准、检测，编制试验操作规程并上墙公示，各种标准物质建立出入库制度。

(4) 工地试验室是否建立健全的规章制度，包括人员岗位职责、仪器使用制度、仪器保管维护制度、仪器设备登记和期间核查制度、不合格品处理制度、试验室安全制度和安全预案，并需根据统一的试验检测表格资料格式建立试验资料系统。

(5) 工地试验室备案的基本程序：工地试验室按照合同条件和《公路工程工地试验室标准化指南》等相关规定进行试验室驻地建设，完成人员、仪器设备、体系制度等技术准备工作，按照下列程序进行工地试验室备案：

①母体试验室自查及授权：母体试验室指导工地试验室建设，在工地试验室备案前组织人员自查，包括试验人员的资质、数量、能力；仪器设备的配置、管理；试验室房建设施；试验室环境控制有效性；样品管理规范性；记录、台账及报告规范性；试验检测的规范性、标准运用的有效性；外委管理规范性；授权项目和参数的有效性；工地试验室管理制度等。母体试验室在自查完成并确认整改后，向工地试验室印发授权书，授权范围必须在其等级证书核定的业务范围内进行授权。

②监理单位复查：施工单位试验室在备案过程中，专业监理工程师对备案所需的资料、试验室建设予以指导、检查，对存在的问题限期整改，直至满足备案条件。

③建设单位复核检查：工地试验室将备案资料报送建设单位，建设单位对工地试验室进行复核检查，复核内容包括试验检测人员、仪器设备配置及合同履行情况，试验室房建设施及外委试验检测管理等。

④质量监督机构备案核查：质量监督机构在收到建设单位工地试验室备案申请及相关材料后，完成资料核查以及现场核查，待存在问题整改完成后，下发《公路水运工程工地试验室备案通知书》，试验室可以开展试验检测工作。

4. 运营阶段工地试验室管理一般要求

(1) 建设单位组织质安中心根据检查计划或下发的任务通知单，对承包人工地试验室进行检查，并形成书面检查结果全线进行通报。

对工地试验室检查的主要内容包括：检查人员资质、检测项目是否与工地试验室备案登记信息一致；检查原材料和工程实体的自检频率、试验数据的准确性和真实性、样品抽取方法、仪器操作、设备管理、报告格式、档案管理、留样方式、结果评定等;检查不合格品处理、标准物质出入库、外委试验等记录是否准确、及时、全面。

(2)各工地试验室每月对试验室运营管理情况进行自查自纠,主要是试验台账、仪器设备使用记录填写是否及时;试验环境是否满足规范要求;样品检测是否及时、规范;样品留存是否规范等,对存在问题及时进行整改,并留有整改记录。各工地试验室制定学习计划,培训对象为备案检查人员及辅助人员,培训频率不少于每月一次,并做好培训记录。各工地试验室至少每月对原材料质量、混凝土强度、钢筋保护层、混凝土碳化深度等耐久性质量数据进行统计分析,及时了解质量波动,每半年或一年形成质量分析报告。

三、试验检测与质量控制体系

1. 试验检测包含原材料、半成品以及工程实体检测

为了规范燕子矶长江隧道建设项目试验检测管理工作和试验检测资料与工程质量管理的有效衔接,指挥部对本项目试验检测参数、检测依据、自检频率、抽检频率进行了统一规定,并明确了试验室各类台账表格。各单位根据招标文件、合同要求编制了《试验检测细则》,在施工过程中用于指导规范、管理试验检测工作。

对于原材料、半成品和实体检测,常用的规范、规程包括:《公路土工试验规程》(JTG E40—2007);《公路路基施工技术规范》(JTG F10—2006);《公路桥涵地基与基础设计规范》(JTG D63—2007);《公路工程集料试验规程》(JTG E42—2005);《公路桥涵施工技术规范》(JTG/T F50—2011);《公路沥青路面施工技术规范》(JTG F40—2004);《建设用砂》(GB/T 14684—2011);《建设用卵石、碎石》(GB/T 14685—2011);《盾构隧道管片质量检测技术标准》(CJJT 164—2011);《混凝土强度检验评定标准》(GB/T 50107—2019);《建筑基桩检测技术规范》(JGJ 106—2014);《公路工程质量验收评定标准》(JTG F80/1—2017);《混凝土结构工程施工质量验收规范》(GB 50204—2015);《砌体结构工程施工质量验收规范》(GB 50203—2011);《盾构法隧道施工与验收规范》(GB 50446—2017)。

2. 质量控制体系

施工质量控制是在明确的质量方针指导下,通过对施工方案和资源配置的计划、实施、检查和处置,进行工程质量目标的事前控制、事中控制和事后控制的系统过程。质量控制遵循相应的法律、法规,规范、规程和建设单位的管理文件。

为全面保障燕子矶长江隧道建设为一座"优质耐久、安全舒适、经济环保、社会认可"的隧道工程,自项目伊始到项目结束,由燕子矶长江隧道项目指挥部牵头、质安中心协助先后编制了多项质量保证体系文件:

(1)《和燕路过江通道南段工程"品质工程"创建行动计划》;
(2)《和燕路过江通道南段工程"品质工程"创建实施方案》;
(3)《和燕路过江通道南段工程"品质工程"创建考核细则》;
(4)《南京和燕路过江通道(南段)工程品质工程质量创优指南》;
(5)《和燕路过江通道工程南段"首席质量官"制度实施方案》;
(6)《和燕路过江通道南段工程混凝土管片检测指标控制标准》;
(7)《和燕路过江通道南段工程钢筋混凝土耐久性质量检测实施方案》;
(8)《和燕路过江通道工程(南段)质量通病治理手册》;
(9)《南京和燕路过江通道工程(南段)专用质量检验评定标准(第一册)》。

这些体系文件的建立用于指导全过程工程质量的推进,确保各项工作落实到位,为燕子矶长江隧道赢得"百年品质工程"打下了坚实基础。

四、试验检测与质量控制程序

试验检测分为原材料及半成品的室内试验检测、工程实体的现场检测、现场施工质量的巡检查工作以及人员考核、试验比对等形式。

1. 试验检测程序

（1）原材料抽检程序。

为加强材料质量控制，建设单位结合省内类似工程的材料管理情况，对材料供应企业进行资格审查。通过对材料供应企业的生产能力、工艺设备、质量体系、运输情况、资信状况、类似工程业绩等方面进行调查，结合现场取样检测结果，依据相关资格审查标准择优确定本工程材料供应企业建议名单。

原材料进场实行"施工单位自检、监理单位复检和质安中心抽检"的三级控制制度。工程施工单位是质量责任主体，对材料的质量负全部责任；监理单位是材料质量检验的监督主体，对材料从进场、保管和使用进行全过程监督并负监理责任；项目指挥部对材料质量进行全面、统一管理，并根据需要组织定期和不定期抽检。

施工单位须按行业规范和本项目专用技术标准规定的频率，对每一批进场物资设备进行自检。确认合格后，做好进场物资设备的临时保管工作，妥善整理保管好自检资料，报监理单位复检。自检不合格的物资设备必须马上清退出场。

图 5-2-2 所示为原材料、构配件、成品、半成品抽检流程。

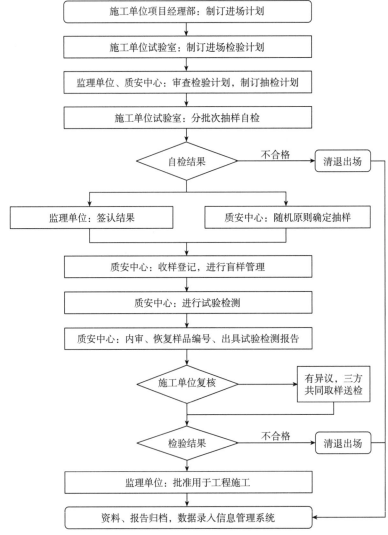

图 5-2-2　原材料、构配件、成品、半成品抽检流程

监理单位在施工单位自检合格的基础上对施工单位报检的材料进行复检工作。试验检测工程师应掌握各种物资的进场计划,按照复检频率不低于施工单位自检频率10%的要求制订复检计划,并认真对照实施。监理试验检测报告由监理机构存档,并据此进行检测质量统计分析。

质安中心按照抽检计划或建设单位专项检查通知,在监理送检合格的基础上组织人员进行抽样。抽样过程严格按照抽样程序进行,抽样完毕后填写《现场取样单》。抽检检测结果需及时归档并进行统计分析,不合格的检测结果须及时报送建设单位。

（2）现场检测程序。

施工单位按规定频率自检,自检合格后上报监理单位。

监理单位检查施工单位自检频率是否满足规范要求,并现场查看报验信息的准确性,及时与质安中心实验室现场检测组取得联系并填写《监理现场委托单》。

现场检测过程中监理必须全程参与,并负责指定检测段落或位置。对分项工程中的关键项目和结构主要尺寸,监理委托抽检频率不低于规定施工检验频率的20%。

监理委托试验检测报告由监理机构存档,并进行检测质量统计分析。

质安中心在监理抽检合格的基础上,代表建设单位抽检不少于5%,随机取样无须对每个段落或结构部位进行抽检,可以重点控制薄弱环节和部位。

图5-2-3所示为现场检测工作流程。

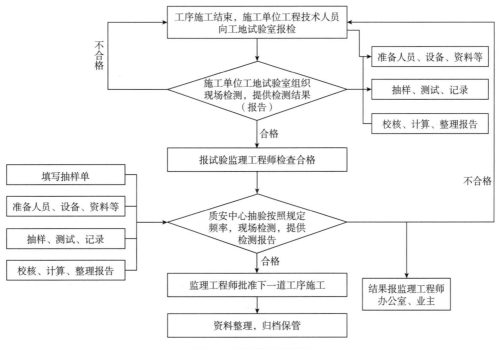

图5-2-3 现场检测工作流程

（3）委外试验的管理。

①工地试验室不具备条件(无相应项目的试验资质,或相应试验检测设备)的试验检测项目,可委托其他(由建设单位批准)具有相应资质的试验单位完成。

②委外试验前,施工单位必须考察委外试验检测机构的资质、信誉、检测能力、服务质量等,并按建设单位下发《试验检测管理办法》的规定履行审查手续。

③施工单位的委外试验在监理单位的见证下自行完成,监理单位应对其取样、封存、送样等进行监督,签字确认其送检委托单,监理单位、质安中心对检测报告及时跟进并对检测结果进行确认。

④各项委托试验采用的试验方法和评定标准必须符合燕子矶长江隧道项目规定的技术标准要求。

试验报告至少一式三份,施工、监理、质安中心均有原件存档。

⑤对资质不符、能力低下、弄虚作假的委托试验检测机构,一经发现,必须立即停止委托试验,并在内部通报。

⑥各工地试验室必须建立外委试验台账,对委外试验报告要单独管理。

⑦对于所有的委外试验项目,各工地试验室应留样以备复验,直至各方对委外试验结果没有争议,方可对留样进行处理。

2. 工地试验室信息化管理

(1)信息化系统。

燕子矶长江隧道项目各工地试验室安装的苏交科试验检测信息化系统(图5-2-4)主要包含记录报告标准化系统、试验工作日常管理子系统、重点数据采集系统、试验检测数据库、远程视频监控系统,实现了检测工作标准化、信息化。

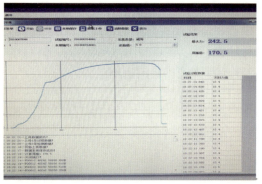

图5-2-4　苏交科试验检测信息化系统

全线工地试验室使用检测云系统进行试验和出具报告,通过对压力机、万能材料试验机、微型计算机控制恒应力压力机等安装自动采集设备,实现对水泥混凝土(抗压强度、抗折强度)、砂浆(抗压强度)、钢筋原材(屈服强度、抗拉强度、最大力总延伸率)、钢筋焊接、钢筋机械连接(抗拉强度)、水泥(抗压强度、抗折强度)等检测项目参数的试验检测数据自动采集及上传,确保了数据的原始性和真实可靠。

各试验区均安装了视频监控,监测试验人员试验过程的规范性,以及试验环境是否满足规范要求。

依托该信息化系统,结合试验检测过程视频实时采集,对全工程的试验检测工作进行管理。各工地试验室将试验数据上传至试验检测云系统数据库,并将信息反馈至建设单位,建设单位可通过试验检测云系统查看全工程试验情况,同时对试验数据进行分析,协助建设指挥部对施工单位工地试验室进行监督管理,提升工地试验室试验检测工作的规范性检测数据的可靠性。

(2)电子标签的应用。

工地试验室检测项目众多,包括:水泥、矿物掺合料、砂、石料;钢筋以及半成品;混凝土拌合物性能检验(试验仪器外壁张贴);混凝土力学性能检验;土的常规物理力学试验等,特别是混凝土抗压试块,数量庞大。电子标签是突破物体识别、数据录入、数据采集瓶颈的有效手段,对物体的自动识别较统一的认识就是对物体加装电子标签。

目前工地试验室对样品的管理通常采用盲样样品标签,采用纸张粘贴或在样品袋上进行直接编码,但纸张或直接编码一旦受到脏污容易模糊。而采用电子标签(条形码)用于检测样品的识别后,射频识别技术(Radio Frequency Identification,RFID)对水、油和药品等物质均有强力的抗污性,并且RFID在黑暗或脏污的环境中,也可以读取数据。同时,由于条形码即为密码,可直接与盲样管理对接,充分避免样品在流转过程中,被人为调换及样品人为识别错误,极大方便了对样品的监督管理。图5-2-5所示为样品二维码盲样管理示意。

3. 质量控制程序

材料进场以及工程实体的检测实行"施工单位自检、监理单位复检、质安中心抽检"的三级控制制度。施工单位及时对进场材料、工程实体进行自检,自检合格后报监理复检,质安中心在监理复检合格后进行抽检。同时,质安中心代表建设单位承担工程质量的巡检以及大检查工作。以下为质安中心质量控制内容。

图 5-2-5 样品二维码盲样管理示意

(1)现场巡查。

为确保项目质量平稳可控,质安中心每日对全线各标段各工程施工质量进行巡查,并结合各阶段现场施工重点,对关键部位、关键项目、关键工序、隐蔽工程以及钢筋加工厂、混凝土搅拌站等进行巡查、检查。重点关注预制厂、钢筋加工厂、拌和站材料的堆放、半成品加工质量、仪器设备、操作人员的持证情况以及预制构件的养护、成品保护,工前钢筋保护层的控制、混凝土质量、钢筋笼加工、混凝土凿毛、防水施工、路基路面施工等。

对质量隐患问题、整改要求、整改期限当日以"质安中心质量巡检日报"的形式实时上传至"和燕通道"App,要求施工单位及时整改到位,同时每周汇总质量巡查报告(质量问题整改闭合情况)上报项目指挥部,并在月度生产例会中对各标段施工过程质量问题及整改情况进行点评。

(2)专项检查、季度质量大检查。

为深入贯彻落实各级主管部门质量工作的要求,进一步提升现场施工质量工作水平,质安中心每月至少组织一次专项检查,如:管片预制厂、工地试验室、现场施工及冬季施工等专项检查;每季度协助项目指挥部开展一次质量综合大检查,涵盖全标段内外业、工地试验室、搅拌站、钢筋加工厂、管片预制厂等。

①质安中心每月会根据当月施工重点不定期开展专项检查。检查通知由质安中心下发,受检单位做好检查配合工作,检查问题通报由质安中心下发施工单位、监理单位并抄送建设单位。

质安中心全面配合由建设单位组织开展的季度质量综合大检查,检查通知由建设单位下发,全线各施工单位、监理单位做好迎查准备,检查通报由建设单位下发。

②对施工单位的检查内容主要包括质量保证体系文件的建立及运行、施工准备阶段、施工阶段的质量控制措施、质量活动的开展情况、现场控制情况等方面。

③对监理机构的检查内容主要包括质量保证体系文件的建立及运行、质量监理活动的开展、监理文件、组织召开工地会议等方面进行检查。

④检查结果的处理:在检查结束的48h内上报检查结果。专项检查由质安中心下发检查通报;季度质量大检查由建设单位下发检查通报,质安中心跟踪问题整改闭合情况。

⑤在某种特定情况下,比如对特别重要的工序或工程部位进行检查,当建设单位有关部门在现场检查过程中发现施工现场存在质量隐患或薄弱环节时,通知质安中心进行专项检测。在接到书面通知后,质安中心在24h内开展相关的试验检测工作。有关试验检测的不合格结果,质安中心在检测工作完成后24h内书面通知建设单位,由建设单位牵头,质安中心跟踪整改结果。

4. 人员考核及比对试验

(1)试验检测人员考核。

为规范试验检测工作,提高检测人员业务水平,使试验人员满足燕子矶长江隧道试验检测工作需要,项目指挥部每年对全线试验检测人员进行一次考核,考核内容为检测技术理论考试及试验能力实操。针对试验检测人员考核成绩没有通过的人员,要求所在标段督促该人员加强学习,在限期内进行补考,若补考仍不及格,结合实际工作能力,将下发人员更换通知,限期内进行同岗位人员更换。项目建设过程更换两次试验室主任和三次试验人员。

通过考核管理,促使全线检测人员不断学习专业知识,提高自身业务水平和试验操作的规范性,为工程质量保驾护航(图5-2-6、图5-2-7)。

图5-2-6　对技术人员的知识考核

图5-2-7　对试验人员的实操考核

(2)工地试验室比对试验。

为验证各参建单位的试验检测能力,根据燕子矶长江隧道试验检测实施细则要求,编制比对试验计划,准备试验样品,确定比对试验的时间、人员安排,每半年组织全线工地试验室开展1次比对试验,项目建设过程共组织了9次比对试验。

质安中心对各试验室比对试验结果进行统计分析,编写《比对和验证试验分析总结报告》,报建设单位核备。对评判为离群结果或可疑结果的工地试验室,要求立即采取纠正措施,在规定时间内完成整改,以确保试验结果的准确性;同时重新安排盲样测试,如评判仍为不满意结果,则责令该试验室停止试验活动进行整改,直至能力满足要求。

通过比对试验,用客观数据识别检测人员试验结果的差异,发现各工地试验室在检测工作过程中存在偏差的原因,并制定相应的改进措施,纠正自身缺陷,消除试验室的系统误差,提高试验室检测能力,以确保试验室工作的有效性和可信度,进一步提高了各单位对试验检测规范性的重视程度(图5-2-8、图5-2-9)。

图 5-2-8 比对试验样品的发放及比对操作过程

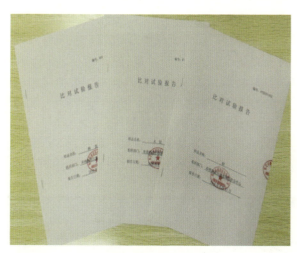 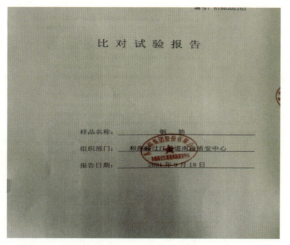

图 5-2-9 比对试验报告

5. 建立信息网络和信息传递制度

建设单位、质安中心、总监办、施工单位建立信息沟通机制,保持沟通顺畅。

(1)周报。

由标段工地试验室统计本周填写具体时间段试验完成情况、不合格项目、委外情况等,上报下周工作计划,工作计划包括下周准备进场的材料及根据施工进展准备进行的检测工作;质安中心收到施工单位的周报后,填写抽检内容,跟进试验完成情况,安排下周工作计划。质安中心对质量和安全检查情况进行汇总分析,并以周报、月报形式上报建设单位,使建设单位能够及时掌握工程质量和安全情况。

(2)月报。

①质安中心每月按时向建设单位报送试验检测工作月报,并对其完整性、正确性负责,以满足施工质量和进度控制要求。

②工地试验室要根据工程进展及原材料进场情况,按要求及时向建设单位、质安中心、总监办报送试验检测工作月报,并对其完整性、正确性负责,以满足施工质量和进度控制要求。监理人督促施工单位试验室及时向总监办、质安中心提交试验检测月报,试验检测监理必须在工地试验室月报上签名认定。

③质安中心、工地试验室对完工实体工程进行质量检测,发布质量检测情况通报。

④各参建单位报送月报必须同时提交电子版。

⑤月报内容包括当月重点工作进展情况、下月工作计划、工作建议、存在的主要问题及解决方案。

第二节　试验检测结果及质量分析

一、原材料、半成品检测

原材料质量是保证工程质量的关键。为强化原材料质量控制和管理，优质、安全、高效地将本项目建成精品工程，根据《江苏省交通建设工程物资设备采购及使用管理办法》及《江苏省交通建设工程材料质量管理（暂行）规定》，对工程物资材料建立供应企业准入管理制度，对用于永久性工程的主要材料实行源头考察并履行审批程序。在原材料进场使用质量控制中，由建设单位、监理、施工单位组成三级质量管理体系，并建立原材料、半成品质量管理办法、检测程序及不合格品处理流程，保证工程建设中原材料质量持续可控。根据本项目建设内容，原材料、半成品主要检测内容包括混凝土原材料、钢筋原材料及钢筋接头、管片防水材料、机电材料等，具体主要包括水泥、粗集料、细集料、粉煤灰、矿渣粉、外加剂、钢筋原材、钢筋焊接接头、钢筋机械连接接头、三元乙丙橡胶弹性密封垫、电线电缆。在原材料抽样检测过程中，按照现行试验检测规范、规程、标准规定的检测频率、方法进行抽样，施工单位、监理单位、质安中心检测频率分别为100%、10%、5%。实行盲样管理，样品标识采用二维码管理。根据工地试验室备案检测能力范围开展各类原材料检测工作，对于超出工地试验室备案检测能力的检测项目，如各类原材料型式检验、粉煤灰、矿渣粉、外加剂及钢筋接头工艺检验等均采用委外检测，确保各类原材料、半成品检测项目齐全，能够有效控制、指导工程施工质量。

1. 主要原材料、半成品检测结果与分析

本项目对主要原材料、半成品抽检4194次，合格率99.3%，具体各类检测项目及合格率情况见表5-2-1、图5-2-10。

检测数量汇总表　　　　表5-2-1

序号	材料分类	材料名称	质安中心抽检数量（组/次）	监理检测数量	合格总量（组/次）	合格率（%）
1	原材料	水泥	106	299	405	100.0
2		细集料	133	235	360	97.8
3		粗集料	124	241	353	96.7
4		粉煤灰	30	123	153	100.0
5		矿渣粉	25	105	130	100.0
6		外加剂	26	104	130	100.0
7		钢筋原材	515	1074	1587	99.9
8		电线电缆	41	41	41	100
9	半成品	钢筋焊接接头	114	276	385	98.7
10		钢筋机械连接接头	229	353	580	99.7

根据抽检结果，对检测不合格情况统计及分析：本项目抽检累计出现10次不合格，见表5-2-2、图5-2-11，主要分布在混凝土原材料（碎石、砂）、钢筋焊接、钢筋机械连接接头检测项目。

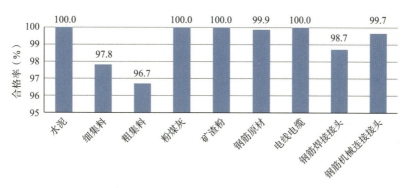

图 5-2-10　原材料、半成品检测结果分析图

不合格检测项目统计表　　　　　　　　　　　　　　　　表 5-2-2

序号	材料名称	不合格次数
1	细集料	3
2	粗集料	4
3	钢筋焊接接头	2
4	钢筋机械连接接头	1
	合计	10

（1）混凝土原材料（碎石、砂）检测不合格指标主要为碎石级配、含泥量、泥块含量。

分析原因：石料塘口或筛孔发生变化、除尘措施控制不到位或雨天生产，进场质量检测把关不严。

建议措施：施工及监理单位按照质量管理制度要求，加强对各类混凝土原材料进场检测相关资料及台账的检查，同时对进场材料加强巡查，采用配合比试验时留集料样品进行生产过程比对，发现问题及时与物资部门联系，必要时采取暂停使用等手段督促整改，提升原材料质量控制水平。

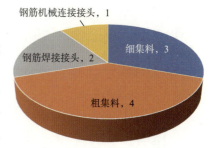

图 5-2-11　不合格检测项目统计图

（2）钢筋接头不合格指标为机械连接接头、电弧焊（搭接焊）接头。

原因分析：钢筋电弧焊接头不合格因焊接工艺控制不到位，出现脆断导致抗拉力值不满足规范规定要求。机械连接接头不合格常表现为直螺纹丝头在连接件（套筒）破坏，即丝头从套筒拉脱，力值不满足规范规定要求。其原因主要为直螺纹丝头加工或安装质量不够稳定。

建议措施：钢筋焊接及机械连接加工作业人员应持证并经过专业培训和技术交底，同时需保证稳定。做好工艺检验及检验批抽样检测工作，淘汰作业水平或责任心差的作业人员，加大日常钢筋接头加工及安装过程巡查、检查力度，同时建立激励机制等手段促进质量提升。

针对检测不合格项目，均按照原材料、半成品管理办法按照不合格品处理流程，及时进行整改闭合。对不合格批次的砂、石材料进行退场处理，对不合格批次的钢筋接头进行全部切除。

2. 管片防水材料见证检测

盾构管片弹性橡胶密封垫是目前用于拼装式隧道管片密封止水的主流材料，它由单一的多孔性三元乙丙橡胶或多孔型三元乙丙橡胶与膨胀橡胶复合而成。该材料在特定的接缝张开量范围内，接触面应力几乎不变。如果三元乙丙密封垫漏水，缓膨型膨胀橡胶条遇水缓慢膨胀，以水止水，起到二道防水的作用。

为了从源头确保材料质量，管片防水用橡胶密封垫等防水材料在材料进场之前，质安中心、监理、施工单位相关人员结合设计及规范要求在厂家试验室见证了T缝耐水压试验和压缩应力性能的模拟试验,验证产品结构是否满足防水性能、断面结构是否满足设计要求。同时质安中心还组织施工监理单位对聚醚型聚氨酯弹性体、螺栓孔密封圈进行水压试验和装配力试验,检测结果均满足设计要求。

管片防水用橡胶密封垫等防水材料在厂家型式检验合格后出厂,到场后的材料按照设计及规范要求的频率、检测参数进行委外检测。

二、工程实体检测

根据《公路工程质量检验评定标准》(JTG F80/1—2017)、《南京和燕路过江通工程(南段)专用质量检验评定标准》,并结合《江苏省公路水运工程钢筋混凝土耐久性关键控制指标》(简称"《钢筋混凝土耐久性关键控制指标》")、《南京和燕路过江通道(南段)工程品质工程质量创优指南》(简称"《创优指南》"),对本项目主要分部分项工程混凝土现浇结构及预制构件关键项目及耐久性指标进行实体抽检,并进行阶段性分析评价,促进施工过程精细化管理,提升钢筋混凝土工程耐久性,确保工程内在质量。

1. 工程实体检测内容、方法

根据本项目混凝土工程关键项目及耐久性控制要求,主要对混凝土现浇结构及预制构件进行了实体回弹强度、碳化深度、钢筋保护层厚度、盾构隧道管片壁后注浆密实度等进行实体检测,采用的仪器设备精度及功能均满足现行行业技术规程和标准要求,确保了检测结果的准确性。

2. 工程实体检测结果与分析

(1)回弹强度、碳化深度检测结果与分析。

回弹强度、碳化深度检测结果见表5-2-3。

回弹强度、碳化深度检测结果分析表 表5-2-3

序号	结构名称	设计强度等级(MPa)	平均回弹强度推定值(MPa)	平均混凝土强度换值变异系数(%)	碳化深度测值范围(mm)	检测数量(构件)
1	预制管片	60	69.1	5.2	0~0.5	243
2	预制箱涵	40	46.2	6.5	0~1.0	339
3	预制烟道板	40	47.0	6.9	0~1.0	94
4	车道板	40	47.4	9.6	0~1.0	67
5	弧形板	40	47.2	9.0	0~1.0	75
6	侧墙	40	46.7	7.8	0~1.0	89

混凝土实测强度均满足设计要求,混凝土强度推定值、最大值均未超出设计强度的1.5倍,满足混凝土耐久性控制指标要求;平均混凝土强度换值变异系数均控制在10%以内,混凝土强度匀质性较好。

28d混凝土碳化深度均为0mm,365d混凝土碳化深度为0~1.0mm。满足《钢筋混凝土耐久性关键控制指标》和《创优指南》中混凝土28d碳化深度值应不大于0.5mm、365d碳化深度值应不大于1.5mm的控制标准,混凝土实体耐久性较好。

混凝土强度检测结果如图5-2-12所示。

(2)钢筋保护层厚度检测结果与分析。

钢筋保护层厚度检测结果见表5-2-4。通过严格工前控制,强化施工过程精细化管理,应用一体化智能设备应用做到钢筋下料准确,采用优质保护层垫块,设置措施筋和定位筋,预制构件工厂化施工管理,制作钢筋定位胎架,做好工后及时检测与反馈等措施。本项目钢筋保护层厚度合格率远高于《江苏省公路水运工程钢筋混凝土耐久性关键控制指标》中钢筋保护层规定控制要求,同时也满足《创优指南》目标要求。

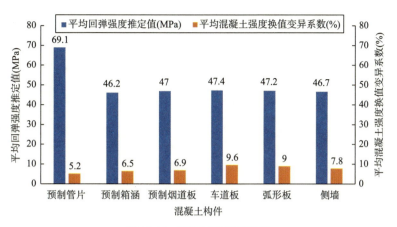

图 5-2-12　混凝土强度检测结果

钢筋保护层厚度检测结果与分析表　　　　　　　　　　　　　表 5-2-4

序号	结构名称	品质工程钢筋保护层厚度要求(%)	平均合格率(%)	检测数量（构件）
1	预制管片	≥98	98.9	306
2	预制箱涵	≥95	98.5	636
3	预制烟道板	≥95	98.1	171
4	车道板	≥90	94.1	75
5	弧形板	≥90	95.3	74
6	侧墙	≥90	94.6	94

钢筋保护层检测结果如图 5-2-13 所示。

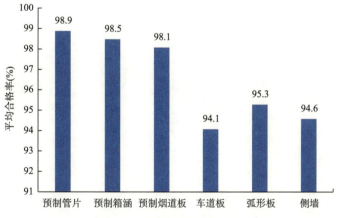

图 5-2-13　钢筋保护层检测结果

（3）盾构隧道管片壁后注浆密实度检测结果与分析。

根据盾构掘进地质情况，对同步注浆、二次注浆配合比适时进行调整。研发超早强硫铝酸盐和普通硅酸盐水泥混合料代替水泥浆与水玻璃混合的双液浆作为二次注浆浆液。同时，采用地质雷达对壁后注浆质量进行跟踪检查，根据检测结果对注浆欠密实部位进行及时处理。经项目交工检测，双线隧道壁后注浆密实度均达到100%（表 5-2-5）。

405

盾构隧道管片注浆密实度检测结果分析表　　　　表 5-2-5

位置	检测参数	技术要求	盾构隧道管片壁后注浆密实度		检测长度
			累计密实占比(%)	累计欠密实占比(%)	
左线	壁后注浆密实度	密实	100	5.4	1483 环
右线	壁后注浆密实度	密实	100	1.7	1488 环

第六篇

PART 06

过江隧道建养一体化平台建设

利用三维地质参数建模、全周期一体化编码等，实现地质-土建-机电设计阶段一次建模、动态更新属性；以全周期一套模型为载体，以建养多源数据及融合分析方法为驱动，开展设计、施工、运维创新，重点包括管片质量三维数字化检评、掘进风险三维可视预警、结构安全 4D 推演、交通智慧管控，最后借助平台进行集成应用，实现"模型 + 数据"双驱动的全周期建养一体数字管控。燕子矶长江隧道数字化建养管理平台架构图如图 6-0-1 所示。

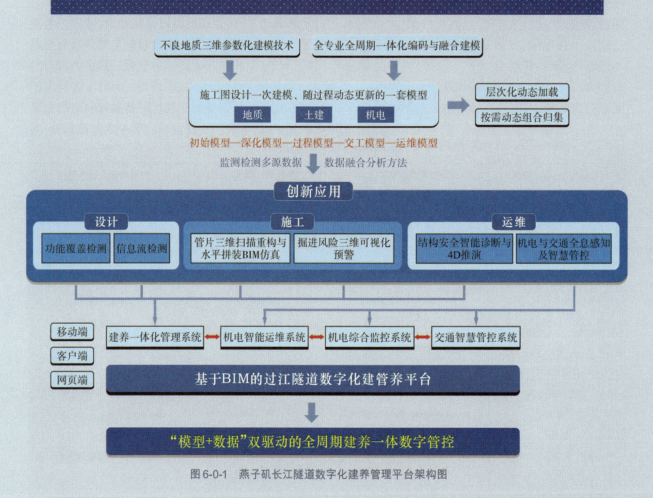

图 6-0-1　燕子矶长江隧道数字化建养管理平台架构图

第一章　全专业全寿命周期一体化编码与数字建模

在交通运输部品质工程建设要求下,认真调研梳理了水下盾构隧道的建养需求,提出全寿命周期一体化编码及编码映射规则、全专业(地质、土建、机电)融合建模的理念,指导燕子矶长江隧道 BIM 建养一体化创新应用。

第一节　地质-土建-机电全寿命周期一体化编码

为实现建养多源数据的有效整合、高效服务于建养一体管理尤其是运营期健康状态评估和养护决策,结合燕子矶长江隧道工程特点与管养需求,梳理制定了土建(含地质)、机电构件的划分标准,建立了可服务于建设(工序报验、质检评定等)、运营管理(病害及故障巡查、健康诊断、养护维修等)的统一工程系统分解结构(Engineering Breakdown Structure,EBS)六级编码体系,同时建立其与施工期工作分解结构(Work Breakdown Structure,WBS)的映射关系,辅助施工期质检报验等数据融合。

一、土建(含地质)编码

土建(含地质)编码字段采用六级结构,第一~六级分别对应项目标段、单位工程对象、分部工程对象、分项工程及地质对象、结构单元对象、构件单元对象。

第一层级(项目标段):用 A1、A2、A3、A4 分别表示项目的四个标段。

第二层级(单位工程对象):用 01~99 分别表示明挖段隧道、工作井、风亭及风塔、盾构隧道等。

第三层级(分部工程对象):用 01~99 分别表示具体分部工程的对象,如盾构管片、路面工程、装修装饰、现浇结构、预制构件、洞内附属设施等。

第四层级(分项工程及地质对象):用 01~99 分别表示具体分项工程及地质对象,如现浇防撞侧石、预制烟道板、预制箱涵、烟道板安装、中间箱涵安装等。

第五层级(结构单元对象):用 0001~9999 分别表示具体的结构单元对象,此层级可定位至分项工程对象的具体编号,如第 1 环管片、41~80m 现浇防撞侧石、1 号疏散楼梯等。

第六层级(构件单元对象):用 01~99 分别表示构件单元对象,主要对上一层级单元对象的顺序、位置、状态等附加属性做补充描述,如管片中的 F 块、L1 块、B1 块等以及各层高程范围内岩土体。除管片与地质外,其他结构单元的第六级编码均以 00 标识。

在上述编码中,统一用 00 标识"无"属性。

为实现地质信息的有效管理,将地质编码与结构编码融为一体。将地质赋予第四层级编码,自上而下进行岩土体分层标识,并将岩土体层别赋予第六层级编码,实现了地质"切片化"管理,为施工期地质风险评估以及运营结构安全诊断、病害成因分析提供信息溯源的便捷渠道。

表 6-1-1 为土建(含地质)编码示例,图 6-1-1 为盾构结构编码与模型对应关系示例。

土建(含地质)编码示例 表 6-1-1

一级		二级		三级		四级		五级		六级		模型编码
A2	左线	04	盾构隧道	02	盾构管片	09	成型隧道管片	0001	第1环	01	F块	A2-04-02-09-0001-01
A3	右线	04	盾构隧道	02	盾构管片	09	成型隧道管片	1488	第1488环	02	L1块	A2-04-02-09-1488-02
A3	右线	04	盾构隧道	04	现浇结构	07	现浇牛腿	0187	第41~80m现浇牛腿	00	无	A3-04-04-07-0187-00
A2	左线	04	盾构隧道	02	盾构管片	20	地质	0003	第3环	01	自上而下第一层岩土体	A2-04-02-20-0003-01
……	……	……	……	……	……	……	……	……	……	……	……	……

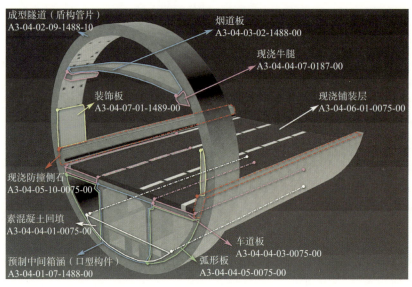

图 6-1-1 盾构隧道结构模型编码示意

二、机电编码

机电编码同样采用六级结构,分别为一级(项目标段)、二级(隧道机电工程单位工程对象)、三级(照明、供配电、给排水、通风等隧道机电分部工程)、四级(工作井负一层、工作井负二层等区域或分项工程)、五级(照明系统中配电箱、应急照明配电箱、照明主机、4 路 10A 调光箱等不同设备对象)、六级(具体传感器、部件等构件单元对象)。详细示例本书不再展开。

三、建养编码映射

隧道运营管养工作可基于上述的编码体系(EBS 编码)开展,但施工阶段的质检评定、工序报验等涉及工作流程的分解,需基于 WBS 开展。

两者在分部分项层级的结构上是相同的,区别是 WBS 的"子分项工程编码 + 质检资料编码"和EBS 的"结构单元对象 + 构件单元位置"层级指向,如图 6-1-2 所示。实际运用时,通过接口函数,只需按模型或数据关联需求从低层级开始逐级读取到对应层级即可实现 EBS 到 WBS 的映射,具体示例即,由 EBS 中 1~10 环管片的钢筋检测、混凝土检测、成品管片检测等数据表单映射汇聚为 WBS 中第 1 批次预制管片的质检报验资料。

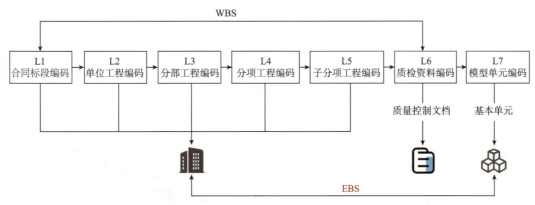

图 6-1-2 模型编码与 WBS 映射关系图

第二节 地质-土建-机电全专业融合数字建模

燕子矶长江隧道 BIM 创新应用了全专业融合数字建模、全周期一套模型的技术理念：在梳理各对象特点的基础上，进行地质、土建设施、机电设备数字建模，并将各专业模型进行耦合，形成地质-土建-机电全专业融合的数字模型；实际建模时依据施工图构建 L3.0（L 指 level of Definition，模型精细度，后同）初始模型，随施工、运营过程动态更新属性数据，逐步形成施工阶段的 L3.5 模型（服务于机电深化设计）、L4.0 模型（服务于施工阶段的管片预制拼装、盾构掘进、监测检测管理）、L5.0 模型（服务于交工验收、交付工作）以及运营阶段 L6.0 模型（服务于养护巡检、健康诊断、交通运行管控），实现水下大直径盾构隧道的管片高精度质量控制、盾构掘进智能监控、全周期结构安全综合定量诊断、机电设备智能运维、交通运行智慧决策与建养一体化管控，全面提升工程设计、建造、养护、运行管理等数字化水平，助力水下交通隧道数字转型、智能升级。

一、隧道三维地质建模

考虑不同地质三维可视化表达、耦合分析等应用需求，采用同济大学自主研发的三维地质建模软件与表面建模方法、地质体参数化建模算法，依据初勘、详勘及施工期补勘数据进行地质建模。

如图 6-1-3 所示，建模对象除隧址范围内的一般三维地层外，还包含断层、溶洞等不良地质体单元。建模范围轴向覆盖隧道全线、两侧自中线各向外延伸至钻孔处。并实现了地质模型与地表地形地貌的融合。

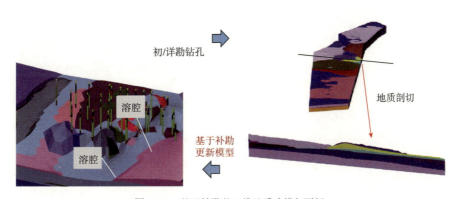

图 6-1-3 基于钻孔的三维地质建模与更新

借助地质剖切功能,使用人员可方便地查看不同部位地层分布、不良地质发育情况,如图 6-1-4 所示。

渲染后的三维地质模型如图 6-1-5 所示。

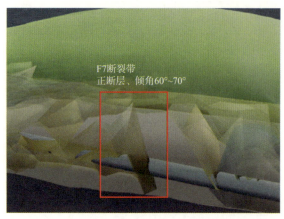
图 6-1-4　基于地质剖切的断层带影响范围提示

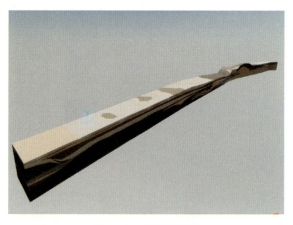
图 6-1-5　三维地质模型

二、土建设施、机电设备与管线精细化建模

1. 土建设施建模

土建设施模型采用 Revit 2018 + Civil 3D + Dynamo 创建,以施工图设计阶段数字模型为初始模型,精度不低于 L3.0。各构件模型精细度详见表 6-1-2。为满足隧道结构施工安全、质量控制以及运营期养护巡检、维修等工作需求,管片结构需进行精细化建模,拆分至管片块、受力钢筋、螺栓、注浆孔及健康监测元件等。

主要土建设施构件模型精细度　　　　　表 6-1-2

序号	对象	构件名称	模型颗粒度
1	盾构段	管片	L3.0
		侧墙	L3.0
		口型件	L3.0
		回填结构	L3.0
		弧形板	L3.0
		车道板	L3.0
		盾构段侧墙	L3.0
		烟道板	L3.0
		牛腿	L3.0
		疏散楼梯	L3.0
		疏散滑梯	L3.0
2	明挖暗埋段	底板	L3.0
		侧墙	L3.0
		梁	L3.0
		柱	L3.0
		顶板	L3.0

续上表

序号	对象	构件名称	模型颗粒度
3	工作井	侧墙	L3.0
		底板	L3.0
		顶板	L3.0
		中隔墙	L3.0
		梁	L3.0
		柱	L3.0

经统计,燕子矶长江隧道土建设施合计模型族 207 种、建模构件 86312 项。图 6-1-6 展示了盾构管片结构建模情况,图 6-1-7、图 6-1-8 分别展示了盾构段内部结构、工作井的建模成效。

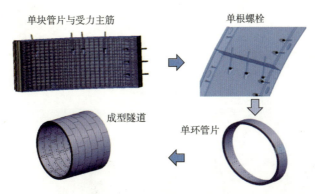

图 6-1-6　盾构管片结构建模成效

图 6-1-7　口型件模型

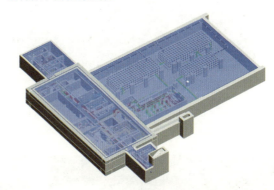

图 6-1-8　工作井部分结构数字模型

2. 机电设备及管线建模

机电设备建模范围包括隧道主体及附属工程中的供配电、照明、通风、消防、通信、监控设施。设备初始建模精度具体见表 6-1-3。

主要机电构件模型精细度　　　　表 6-1-3

序号	名称	模型颗粒度
1	水雾灭火组	L3.0
2	照明灯具、应急灯具	L3.0
3	车道信号灯	L3.0
4	扬声器	L3.0

续上表

序号	名称	模型颗粒度
5	监控摄像机	L3.0
6	点式火灾探测器	L3.0
7	线式火灾探测器	L3.0
8	给排水管道及阀门	L3.0
9	VI/CO/NO_2 检测仪	L3.0

为实现运营期机电设备的动态监控,针对信号传输、状态监控部件进行单独建模;对于风机等重要设备,同样进行了精细化建模,细分至叶片叶轮、电机、风筒等,如图 6-1-9 所示。

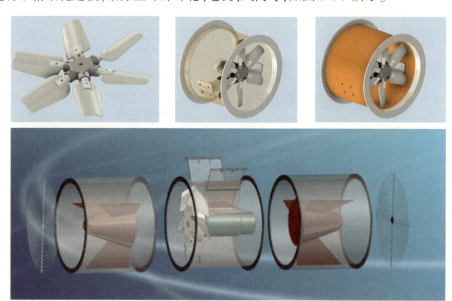

图 6-1-9 轴流风机精细化建模示意

燕子矶长江隧道机电建模合计制作模型族 332 种,建立机电设备模型 33169 项。部分机电模型示例如图 6-1-10、图 6-1-11 所示。

图 6-1-10 消防泵房模型　　　　　　　　图 6-1-11 变电所模型

三、全专业模型耦合

为实现地质、土建、机电模型的集成展示,借助地质与结构模型几何维度耦合表达、三维引擎与图像数据交换、空间坐标统一转换等技术,解决了不同类型模型差异化表达的难题,实现全专业模型的耦合。效果如图 6-1-12 所示。

图 6-1-12　地质-土建-机电模型融合

第三节　基于 BIM 的机电深化设计

在土建、机电模型融合的基础上,开展机电深化设计工作,在检查不同专业间模型碰撞问题的同时,进行各类探测探照传感器覆盖区域检测、业务信息流匹配检测(电流、电压、信号等)、工程量统计、三维实时漫游、出图等,以优化完善系统功能的设计。同时合理调整管线及设施的空间布局,为后续施工及运维养护的检修提供更大便利。

一、碰撞检查

通过碰撞检查,盾构段与工作井内共发现 78 处可能会导致施工期大范围拆改或无法弥补修复的问题,详细分类见表 6-1-4。

碰撞检查审核问题统计表　　　　表 6-1-4

土建专业问题	水专业问题	暖通专业问题	电气专业问题	合计
19	21	25	13	78

上述问题多为专业间设计考虑不充分导致的空间预留不足或版本修改过多造成的设计遗漏与冲突,如:

(1)八卦洲工作井、江南工作井与盾构段连接处的逃生平台处,均出现了加压送风管道较大的问题,安装后导致管底空间仅 1700mm,空间不足,如图 6-1-13 所示。经多次调整后,将风管下部区域变为检修区域,并设置扶手围栏、避免人员经过。

(2)初始设计方案中,送风机房南侧有两个结构加腋,但此处洞口为暖通排风和取风的预留口,导致该风道被阻挡面积超 60%、风速提升过大,严重影响后期设备运行寿命,如图 6-1-14 所示。

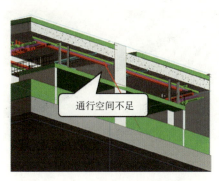

图 6-1-13　安装空间不足问题示意图

图 6-1-14　风机设备功能受限问题示意图

在检查不同专业之间碰撞问题的同时,现场检查结构实际预留预埋位置与设计方案的偏差以及工作井走廊、疏散平台通道等关键区域的实际净高。根据现场结构施工的实际情况,校验机电模型的细节、完整性与正确性,进一步优化机电管线布置方案,确保方案的可实施性,如图 6-1-15 所示。

图 6-1-15　基于土建实际施工情况的模型碰撞检测

二、设备功能覆盖区域检测

利用 Revit 软件构建各类探测器、摄像机、路灯的有效检测范围及最大照射区域、光域添加可见范围模型,如图 6-1-16、图 6-1-17 所示。

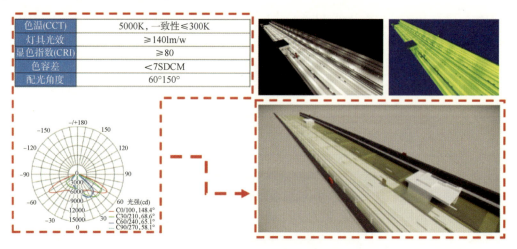

图 6-1-16　照明灯具照明范围模拟

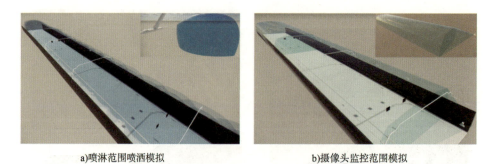

a)喷淋范围喷洒模拟　　　　　　　　　　b)摄像头监控范围模拟

图 6-1-17　喷淋范围喷洒模拟及摄像头监控范围模拟

模型检测区域绘制完成后放置在隧道中,利用检测区域为物理构件的特性做感知探测器探测范围模拟,如图 6-1-18 所示。利用 NAVISWORKS 软件设置允许碰撞值,自动检测重叠碰撞区域是否存在,如无重叠区域则判断存在盲区。随后通过人工手段调整传感器起始放置坐标或增加传感器,消除盲区。

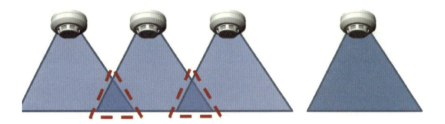

图 6-1-18　感烟探测器探测范围模拟

三、业务数据信息流匹配检测

借助模型上添加的电压、信号类型、传导路径等非几何属性信息,进行各专业业务数据信息流匹配检测,高亮显示异常区域,如图 6-1-19 所示,从而在同一系统清单内进行人为查看,进一步校核、完善设计方案。

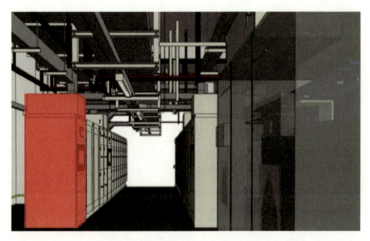

图 6-1-19　模型内高亮显示不匹配构件

四、三维实时漫游与进度模拟效果

图 6-1-20 展示了盾构内机电施工的漫游查看效果,后期运维单位可在此基础上进行联动、渲染、光影、天气等动态效果的完善,进一步提升仿真效果。

图 6-1-20　现场施工与 BIM 仿真效果

本项目还利用 BIM 模型进行了 4D 动态模拟展示（图 6-1-21）。

图 6-1-21　4D 动态模拟展示

第二章 土建设施数字化建养一体管理

基于"模型+数据"双驱动的理念,借助 Web 端管理系统、客户端漫游系统及移动端应用 App,积极开展燕子矶长江隧道建养阶段关键业务的数字化技术应用,辅助施工工艺交底、施工安全与质量精细化管控等,并实现了基于数字模型与统一编码的建养一体管理。

本章重点介绍管片高精度三维数字检测与 BIM 模拟检验、掘进安全实时监测与三维可视化预警、隧道施工质量在线评检与建养多源数据融合、数字化监测与巡检养护、融合多源数据的结构安全状态 BIM 4D 推演五方面的应用。

第一节 管片高精度三维数字检测与 BIM 模拟检验

管片预制和拼装环节的质量控制,事关隧道施工及长期运营安全,不容忽视。对于大直径盾构隧道更是如此,预制管片精度不佳和管片拼装空间位置存在偏转均有可能造成管片拼装后环间接触面存在局部脱空,导致千斤顶作用力下出现应力集中,诱发管片开裂、渗水。由此,提出了管片预制、拼装精度须全方位达到亚毫米级的精度控制要求。

传统人工尺量方式检测指标有限、检测误差高、效率低、检测结果直观表达能力差,已无法满足管片模具、成品及管片环端面平整度的高精度检测要求。中铁第四勘察设计院集团有限公司与中铁十四局集团有限公司联合创新研制了适用于管片预制、拼装各环节的国产化高精度三维可视快速检测技术体系与工装,结合点云重构模型、数据处理算法等,点云重构模型精度可达 0.1mm,用于高精度分析管片模具、管片成品几何尺寸的制作误差以及管片环端面的不平整度情况;结合 BIM 参数化建模技术,形成基于三维扫描的管片水平拼装 BIM 仿真模拟技术,高效、全面检测管片预制质量。

一、管片预制及拼装质量高精度数字检测

通过集成高精度三维激光扫描仪、人机协作机械臂、PLC 控制系统等关键硬件,自主设计研发了适用于管片及模具空间尺寸三维扫描检测的工装设备及配套管理系统。通过上位机软件控制下位机 PLC,驱动伺服电机传动系统实现自动扫描和数据的自动采集、传输、处理,输出检测成果报表。

下面以管片成品检测为例,介绍具体的操作步骤:

(1)通过移动小车将隧道管片放置在定位工装上,小车平移进入检测设备内部,到位后触发软限位电机制动,小车停止,进入检测待机状态。

(2)上位机软件系统发出扫描指令,机械部件在电机驱动下沿 PLC 和机械臂的规划路径开始进行扫描检测,带动三维激光扫描仪以一定的速度扫描管片成品和模具的三维点云数据,扫描完毕将扫描标号传递给 PLC 系统。

(3)三维激光扫描仪通过以太网将扫描的点云数据传送到上位机软件,上位机软件通过点云算法对数据进行处理,并将输出结果自动写入标准检测表格模板中。

管片三维点云重构成果如图 6-2-1 所示。

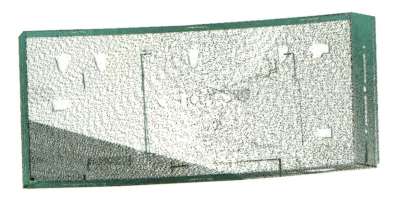

图 6-2-1　管片三维点云重构成果

二、管片水平拼装 BIM 仿真模拟检验

水平拼装试验是管片质量检测的又一重要手段,传统检测方法成本高、效率低,无法全面检验不同拼装点位下的管片环缝间隙,不便于施工人员直观掌握管片预制质量和拼装模拟信息。

为此,基于三维激光扫描技术获取的点云重构成果进行管片实体重构,并以硬接触为控制基准(不允许管片相互嵌入),进行单环管片的组合拼装,分析管片拼装后的纵缝和管片环内外径;在单环仿真拼装基础上,按不同点位组装 3 环管片,如图 6-2-2 所示,模拟分析不同拼装点位下的管片环缝宽度。

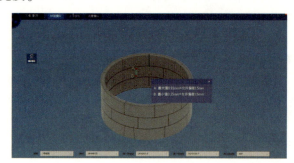 

图 6-2-2　三环实体管片的 BIM 拼装仿真模型

现场实际拼装的检测数据与基于 BIM 的模拟拼装数据进行同期对比,检测数据基本吻合。

通过 BIM 模拟拼装,有效检测了任意点位的管片内径、外径以及纵缝、环缝的间隙,不仅可以实现全面检测,还可用于分析不同拼装点位下的平整度误差叠加结果,使拼装环面平整度纠偏时,点位选择更加合理。

上述技术的应用,有效辅助了工程建设质量控制,避免了因管片几何尺寸控制不佳导致的结构开裂、漏水等问题,同时显著降低了管片模具、成品等环节的检测成本,提升了检测效率。经检验,燕子矶长江隧道管片模具、管片成品几何尺寸合格率左右线均达 100%。隧道进洞后管片拼装环面平整度严格控制在 1.5mm 以内。

第二节　掘进安全实时监测与三维可视化预警

开展基于不良地质可视化预报的盾构掘进参数监测与智慧化预警技术研究,结合盾构掘进参数深度学习智能决策模型和"远近结合"的岩溶预报技术等项目科研成果,研发集地层信息、参数监控、刀具磨损、施工预警、风险可视化提示于一体的盾构掘进智能监控系统,可视化提示前方地质信息异常、掘进指标预警信息,动态反馈掘进参数建议值。功能亮点介绍如下。

一、基于底层开发的掘进数据实时监控

通过底层开发与盾构机 PLC、VMT 上浮监测系统对接,实时监控泥水循环、盾尾密封、刀盘及管片上浮状态,及时掌握推力、扭矩、切口压力、贯入度、刀盘转速、注浆量、注浆压力、上浮量等关键参数的变化情况。

二、前方不良地质的三维可视化预警

借助盾构实时监控系统、不断更新的地质模型(二维、三维组合方式),动态提示前方的断裂带、溶腔分布位置及注浆处理情况,如图 6-2-3 所示。

图 6-2-3　基于三维地质模型的前方风险提示

三、掘进参数智能预警与优化建议反馈

通过嵌入基于深度学习的掘进参数智能决策模型,依据探测的地质信息自动预警并反馈推进速度、扭矩、转速等掘进参数优化建议,如图 6-2-4 所示。各关键指标初始预警基准依据理论值、施工经验确定,过程中结合试掘进数据、动态预警算法进行更新。

图 6-2-4　智能预警界面

四、管片上浮三维可视化预警

传统的管片上浮监测工作相对滞后且频率不足,无法实时掌握管片脱出盾尾后绝对上浮量与相对上浮量的动态演变过程。而大直径盾构隧道上浮带来的错台、上浮等问题尤为突出,因此有必要针对管片脱出盾尾后的上浮状态进行实时监测、动态预警超限情况,进而指导施工过程中采取控制措施,保障结构安全。

鉴于此，平台通过与 VMT 系统底层数据的对接，同步获取管片环上浮的实时监测数据，并开发三维可视化预警展示页面，如图 6-2-5 所示，分析单一管片环上浮的时程曲线、不同管片环的上浮与错台量分布特征。结合纵断面图，进行上浮超限可视化预警和二次注浆建议反馈。

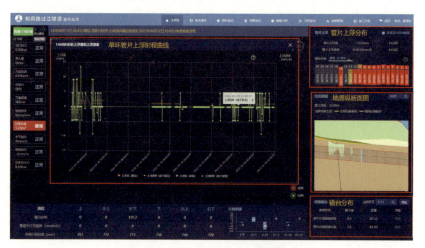

图 6-2-5 管片上浮监控信息集成展示

依据上浮监测的实时数据、嵌入的算法模型，针对脱出盾构后的 10 环管片 BIM 模型，参数化更新、调整管片环整体竖向位移，实现脱出盾尾管片错台的动态模拟以及上浮的三维可视化表达、预警（图 6-2-6），直观展示需进行二次注浆的区域以及实际已开孔处治的区域（图 6-2-7）。

图 6-2-6 管片上浮模拟

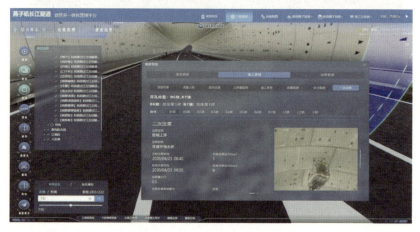

图 6-2-7 接入系统的二次注浆数据

通过应用上述技术,结合施工过程中的精细化管理、多方协作,精细化表达施工期新探测到的岩溶发育区约200m(沿隧道轴线)、岩溶区注浆处理93786m³,累计预警1223次(左线813次、右线410次)、指导74环管片掘进参数调整(左线48环、右线26环),左右线掘进阶段盾构停机、卡机等风险事故0起;本项目右线隧道1488环,施工过程中上浮量20mm以内保证率73.97%,30mm以内的保证率达到93.06%;左线隧道1483环,施工过程中上浮量20mm以内保证率65.9%,30mm以内保证率达89.9%。

第三节 施工质量在线检评与建养多源数据融合

在打通报审业务数据交互壁垒的前提下,开发基于数字化的管片质量在线检评功能模块,借助BIM模型、EBS与WBS映射关系,实现施工全过程BIM可视化动态跟踪管理。现场作业人员可通过APP发布已完成工序的质量三检,在线登记检查项目的实测结果与影像资料等,形成规范的工程质量检验数字档案。

实现的主要功能如下:

(1)根据分部分项工程质量检验报告单与施工过程记录表填报要求,针对不同工序预设相应的工作流程与检验项目字段,以保障工序检验的时效性与真实性,并实现检验数据的活化以及电子签章的线上签批;

(2)依据建设期WBS分解要求及其与EBS编码映射关系,自动抽取新完工工序的质量检查数据、生成制式的质检报表资料,通过标准接口动态推送至报验系统;

(3)动态接收报验系统反馈的工序资料、报验表单全套文档,并依据编码自动与BIM模型挂接,实现建设期多源信息的融合与可视化表达,如图6-2-8所示。

图6-2-8 基于BIM模型的地质、质检等多源信息融合

通过多源数据的集成与可视化表达,融合盾构掘进监控、施工监测、质检报验及隐患排查等信息,逐步形成施工过程模型以及运营初期的零状态模型,服务交工验收和运营管养,并借助二维码实现全过程信息的一键式查询,如图6-2-9所示。

本项目管理数据的载体、数据类型及获取方式如图6-2-10所示。

图 6-2-9 基于二维码的管片信息便捷查询

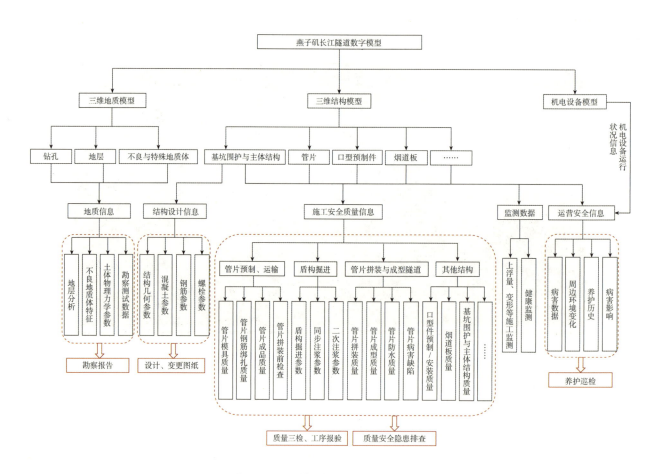

图 6-2-10 基于模型集成的全周期多源数据

第四节　数字化监测与巡检、评价

一、数字化健康监测

为支撑结构长期运营安全管控,搭建了基于光纤传感与物联网的健康监测系统,结合 BIM 模型实现监测设备、测点及监测数据的可视化管理,动态分析数据变化趋势,并依据嵌入系统的预警标准评价各测点超限情况、及时预警,如图 6-2-11 所示。

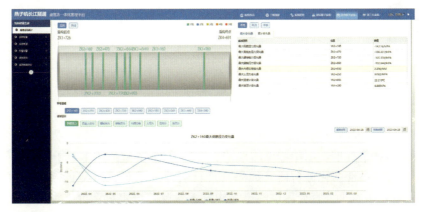

图 6-2-11　健康监测统计

二、基于 BIM 的数字化巡检

在分析水下大直径盾构隧道管养需求的基础上,编制了《燕子矶长江隧道养护手册》,明确检查类型、检查内容、重点部位、检查频次、维修建议等要求,开发基于 BIM 的巡检养护模块与配套无纸化移动巡检终端(含土建结构和机电设备),实现日常、经常、定期检查的数字化管理。借助 App 扫码查看 BIM 模型、接受巡检任务、调阅建设期信息与历史养护信息,如图 6-2-12、图 6-2-13 所示,基于 BIM 模型跟踪巡检病害,实现病害处理的闭环管理,并自动生成下一次检查的重点部位。

图 6-2-12　App 端 BIM 模型扫码查看建设期信息

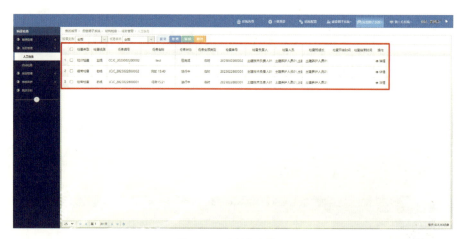

图 6-2-13　巡检任务管理

三、隧道结构"点-环-段"技术状况定量评价

当前隧道结构技术状况（即健康状态）聚焦于单一病害评估，较少涉及一环管片内多病害耦合工况下的评价，且既有病害评价标准适用于常见的地铁盾构隧道，无法直接用于燕子矶长江隧道。

为此，综合结构力学性能演化分析研究成果与现行规范要求等，融合施工期及运营期等多源数据（具体见表 6-2-1），制定了水下大直径盾构隧道结构技术状况综合定量评价体系（图 6-2-14），嵌入建养一体化管理系统；在定量诊断隧道施工期安全状态、运营初期安全状态的同时，实现长期运营过程中单点病害、单环结构、区段结构、隧道整体健康状态的分层量化评价，进而动态反馈重点巡查养护部位、指导病害处治决策。

隧道结构技术状况评定数据来源　　　　表 6-2-1

评估阶段	数据来源	具体数据
施工期	质量报验	管片外部荷载、混凝土应力、钢筋应力、螺栓轴力、接缝张开等监测数据；盾构掘进相关的注浆压力、同步注浆及管片预制拼装质量等检测数据
	施工监测	
	结构隐患巡检	
	二次注浆	
运营期	健康监测	有发展性的重大病害，如收敛变形过大、开裂显著、涌水或线状漏水等
	巡检机器人	
	养护巡检	隧道变形、渗漏水、管片错台、裂缝、剥落剥离、强度不足、螺栓锈蚀等结构病害

单点的技术状况评定标准见附录四。单环技术状况评价指标体系如图 6-2-15 所示，主要考虑 5 类病害问题，包含管片纵向变形、管片横向变形、管片裂缝、材料劣化、渗漏水。

上述 5 种类型病害的技术状况按下列方法确定：

（1）环缝变位（环缝张开量、环向错台、纵向螺栓轴力或接触压力）应至少有 2 处监（检）测点，根据技术状况等级较高者确定，管片纵向变形依据曲率半径与环缝变位技术状况等级较高者确定。

（2）结构横向变形依据收敛变形、纵缝变位、结构内力与外力技术状况等级的最高值确定，其中，纵缝变位（纵缝张开量、径向错台或环向螺栓轴力）应至少有 2 处监（检）测点的技术状况等级为较高值。

(3)管片裂缝应根据单条裂缝和该环裂缝密度技术状况等级的较高者确定。

(4)材料劣化依据强度不足、钢筋螺栓截面损失或锈蚀、剥落剥离、背后空洞技术状况等级的最高者确定。

(5)渗漏水根据渗漏水程度技术状况等级确定,必要时可结合pH值技术状况等级适当调整。

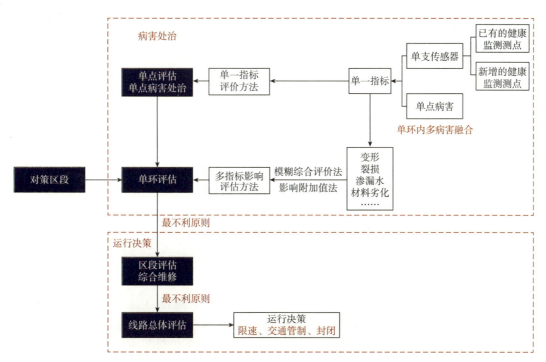

图6-2-14 隧道结构盾构段健康状态多层次综合评价体系

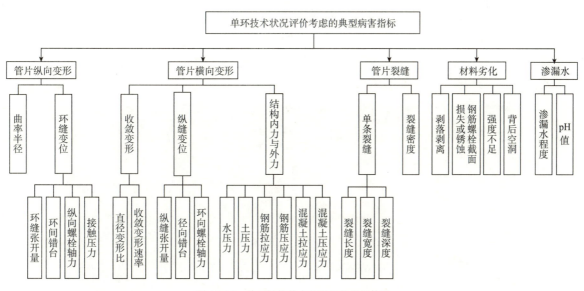

图6-2-15 单环结构技术状况评价指标体系

在确定上述各类型病害单点技术状况的基础上,单环技术状况可按照式(6-2-1)计算:

$$\mathrm{JGCI}_{1Ri} = \max(\mathrm{JGCI}_{1Pi}) + \sum_{j=1}^{n-1}(f_j) \tag{6-2-1}$$

式中:JGCI_{1Ri}——单环技术状况计算值,依据计算结果四舍五入确定,大于4时取4;

$JGCI_{1Pi}$——单一病害技术状况计算值；

f_j——单环其他类型病害的影响附加值，包括结构纵向变形、横向变形、结构裂损、材料劣化、渗漏水，按表6-2-2规定选取；

n——单环的病害类型数量。

其他类型病害技术状况等级对应的影响附加值　　表 6-2-2

其他类型病害技术状况计算值 $JGCI_{1Pi}$	影响附加值 f_j
0	0
1	0.1
2	0.3
3	0.5
4	—

第五节　融合多源数据的隧道结构安全 BIM-4D 推演

基于以上评价体系及方法，系统自动检索推送重点巡检养护区段，包括施工期上浮量与错台等指标超出预警值的区段、二次注浆区段、壁后注浆与理论注浆量偏差较大区段、盾构机掘进过程中水平垂直趋势过大或存在姿态急纠等潜在隐患区段以及运营期病害相对集中区段、技术状况 2 级及以上的区段、监测数据预警区段等；借助 BIM 模型实现重点养护巡检区段的历史追溯与时空可视化动态展示。通过模型可以回溯、分析各月重点区段变化情况，指导养护单位有针对性地制订养护巡检计划。

具体实例如下：隧道通车时，重点区段诊断结果为：进城方向明挖暗埋段 40m、盾构段 1650m；出城方向明挖暗埋段 60m、盾构段 1420m。基于重点区段数据有效指导初次检查工作开展，如图 6-2-16 所示。运营至 2023 年 3 月时，重点区段调整为：进城方向明挖暗埋段 20m、盾构段 428m；出城方向明挖暗埋段无重点区段、盾构段 300m，如图 6-2-17 所示。

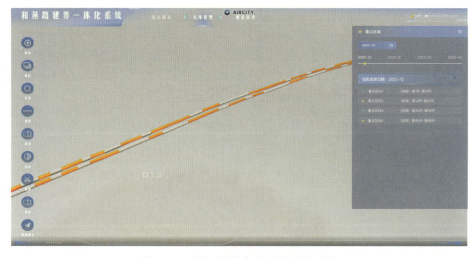

图 6-2-16　通车时系统自动生成的重点区段

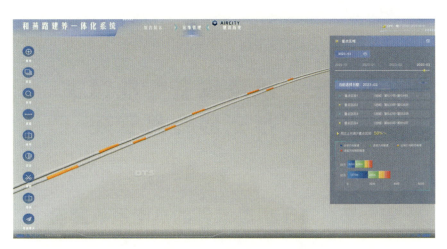

图 6-2-17　通车 3 个月后系统自动生成的重点区段

第三章 机电设备智能运维与交通智慧管控

第一节 基于组态软件的机电系统建设

隧道运营管控的核心是"人、事、物"的联动与管控。在本项目设计阶段,即明确了"事"与"物"的联动逻辑关系及相应的技术要求,如 FAS(Fire Alarm System)与交通监控系统联动、FAS 与 BAS 联动、FAS 与电力监控 SCADA(Supervisory Control and Data Acauisition)数据采集与监控系统联动等。各子系统均可通过中央计算机系统以数据融合的方式实现运营阶段的全系统的联动。同时,本项目通过数据融合的方式为运营阶段智慧化应用提供"人"与"事"的联动能力,如将感知融合的设备故障信息推送至养护管理系统,并通过养护管理系统下发养护作业指令,实现与养护人员的联动。

一、总体架构

基于组态软件开发构建隧道机电系统,实现各类机电系统的信息化管理,其总体架构如图 6-3-1 所示。组态软件分终端层、协议层、SCADA 层、平台层和应用层,通过应用层实现前端感知数据集成、对比、分析,指导机电设备运维、交通分析与调度、运行监控。

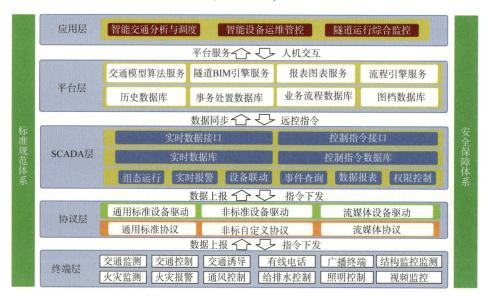

图 6-3-1 总体架构

二、组态软件的搭建

1. 终端层建设

终端层根据平台下发指令执行相应的动作,并将采集的数据发送至协议层,实时反馈设备的运行状态。终端设备包含交通监测、交通控制、交通诱导、有线电话、广播终端、火灾监测、火灾报警、通风控制、给排水控制、照明控制、视频监控设备,通过 PLC/ACU/RIO/协议转换器/交换机等实现终端设备的监控与数据采集、上报。

2. 协议层建设

采用通用标准协议、非标准自定义协议、流媒体协议等从终端层采集数据。其中,符合标准的终端通过标准协议来对接,非标且必须要接入的数据需对协议进行定制和适配:

(1)通用标准协议以 OPC UA Server 方式与中央计算机系统建立通信连接。

(2)各种非标通信设备通过基于以太网的 TCP/IP 或 UDP 协议方式与 SCADA 所在服务器实现通信连接,再由 SCADA 软件所在服务器将需要共享的非标通信数据以标准的 OPC UA 通信方式与上位机相关设备进行数据共享。

(3)流媒体协议由 SCADA 软件通过实时流传输协议(RTSP)方式获取隧道内各摄像机的视频流信息。

3. SCADA 层建设

SCADA 层通过逻辑过程来搭建最终的分布式计算机控制系统(DCS),包括选择控制系统的结构、数据采集模块的种类、信号的量程和转换、配置各种控制策略、绘制操作界面等,实现设备监控、数据存储、平台接口等功能。

(1)设备监控:SCADA 层可以根据需要选择被监控的硬件系统,与下层的硬件设备进行数据通信、数据采集、数据设定和控制。

(2)数据底座:SCADA 层可以实现对不同监控单元的数据采集和统一管理,使得各上层系统可以在一个统一的平台下获取不同来源、不同类型的数据。

(3)平台接口:SCADA 层提供平台接口,为其他应用软件推送数据,也可以接收其他应用软件推送的数据,从而将不同的系统关联和整合起来。

4. 平台层建设

平台层主要向系统提供交通模型算法、隧道 BIM 引擎、报表、流程引擎等服务,并支持历史数据库、事务处理数据库、业务流程数据库、图档数据库等数据处理应用。本项目采用 MySQL 数据库管理系统,系统的数据库分为元数据库和综合数据库两部分,其中综合数据库又分为监测数据库、业务数据库、系统数据库、基础信息数据库、空间数据库(结构图、位置分布)及多媒体数据库等。

借助 BIM 模型,燕子矶长江隧道综合监控系统根据监控的不同需求和特点,融合交通监控、设备监控、视频监控、电话广播等子系统数据,通过图形化综合展示描绘隧道信息。通过集成视频监控子系统,实时查看隧道雷视摄像机画面,并可支持事件及火灾联动;通过交通监控子系统实现交通信息采集、车道指示灯的控制、可变信息标志信息发布等,并支持不同工况下的联动;通过广播电话子系统展示隧道内紧急电话和广播的工作状态,并支持事件及火灾联动;根据不同运营需求,平台可监视并控制风机设备、照明设备、排水设备的运行。综合监控平台主界面如图 6-3-2 所示。

图 6-3-2　综合监控平台主界面

第二节 基于数字孪生的隧道综合监控系统

为保障运行安全,借助云计算、大数据及基于微服务容器的弹性系统架构等先进技术,搭建了燕子矶长江隧道综合监控系统(图6-3-3),统筹交通监控、BAS、FAS、闭路电视(CCTV)、信息发布等子系统,并通过标准数据接口实现与各机电设备子系统数据对接。

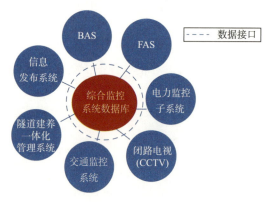

图6-3-3 综合监控系统关联图

下面重点介绍雷视一体视频监控、交通监控、设备监控子系统及联动管理实现方案。

一、雷视一体视频监控子系统

本项目在行业内首次大规模采用了雷视一体监控技术。该技术融合可见光视频、毫米波雷达等多元手段,实现隧道内车辆信息、车速、位置、交通事件的同步感知和车道级精度的目标轨迹数字孪生。雷视融合技术路线如图6-3-4所示,效果如图6-3-5所示。

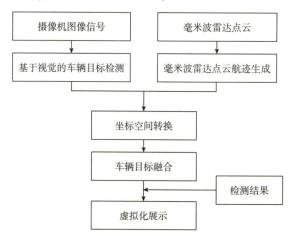

图6-3-4 雷视融合技术路线

图6-3-5 雷视融合效果

雷视融合技术在隧道中大规模应用面临三方面的问题,即摄像机与毫米波雷达的精确融合、动态覆盖跟踪检测以及交通事件检测。

1. 摄像机与毫米波雷达的精确融合

本项目采用毫米波与高清图像数据时空同步的方式解决该问题。具体如下:

(1)空间同步。

采用坐标系逐层转换的方式将毫米波雷达与视觉传感器的测量值转换到同一个坐标系。

首先,以雷达扫描平面建立坐标系(毫米波雷达扫射可以得到目标车辆的 x、y 坐标信息,但没有高度 z 坐标信息),通过平移和转换方式将毫米波坐标系 Or 转换至世界坐标系 Ow。

其次,基于世界坐标系转化为相机坐标系、相机坐标系转化为图像平面坐标系、图像平面坐标系转化为像素坐标系的逻辑,可得到最后统一的图像像素坐标。

(2)时间同步。

传感器需要在时间同步,采集雷达与相机获取数据的频率,以频率最低的传感器为时间基准为主(雷达传感器采样时间慢,以雷达为准)。图 6-3-6 为时间同步示意图。

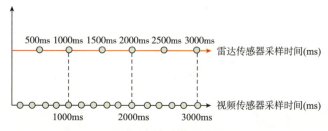

图 6-3-6　时间同步示意图

最后,通过关联门、相似性度量等方法,实现雷达扫描与视频图像的信息关联同步。

2. 动态覆盖跟踪检测

本项目采用视频接力方式解决问题,具体为:雷视上报的数据中含有当前雷视编号,且平台端自动关联当前雷视编号前后各 1 台雷视的视频画面。例如车辆在经过雷视 18 号时,通过"一键跟踪"即可播放雷视 17、雷视 18、雷视 19 的视频画面;车辆经过雷视 19 时,则会播放雷视 18、雷视 19、雷视 20 的画面,依此类推,实现视频接力效果,如图 6-3-7 所示。

图 6-3-7　实时同步视频接力效果

通过视频接力及雷达数据的实时同步,实现隧道内任意位置任意车辆的车牌、车辆类型、实时位置、车辆速度、交通事件数据的汇聚与研判分析,自动识别重点类型车辆、布控号牌车辆并进行弹窗告警;依托数字模型,以车辆轨迹跟踪与视频联动的形式跟踪重点车辆行驶全过程,并以上帝视角俯瞰整个隧道在途车辆的实时轨迹,如图 6-3-8 所示。

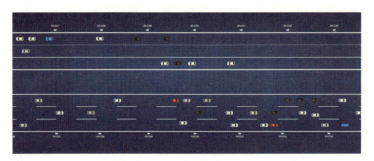

图 6-3-8 隧道车流量仿真展示

3. 交通事件检测

通过交通多事件融合与数据挖掘技术,整合天气、道路、交通状态、异常事件等全要素,实现路侧感知一体化分析,通过平台及时告警联动,如图 6-3-9 所示。

图 6-3-9 事件检测告警

以异常停车为例,如图 6-3-10 所示,检测研判流程如下:

(1)对图像帧进行图像检测,以检测出图像帧中的车辆和预设固定物体。

(2)基于持续获取的图像帧对车辆和预设固定物体进行跟踪,确定预设时间内车辆和预设固定物体之间的相对位置是否变化。

(3)若未变化,且在车辆的停放位置为禁停区时,判定车辆违章停车。

图 6-3-10 隧道实际违停抓拍图

二、交通监控子系统

交通监控子系统包括交通流检测设备和信息显示设备,其中交通流量检测设备包括微波车辆检测器及超高检测器等,信息显示设备主要包括可变信息标志、可变限速标志、车道指示灯、交通信号灯和声光报警器。检测数据通过通信系统及数据传输系统上传至隧道综合监控系统,为交通状态判断和交通控制方式选择提供数据支撑。交通流量检测和交通信号控制界面如图 6-3-11、图 6-3-12 所示。

图 6-3-11　交通流量检测

图 6-3-12　交通信号控制

三、设备监控子系统

1. 通风控制

隧道通风系统监控主要内容包含通风环境（CO 浓度、VI 能见度、NO_2 浓度、风向、风速等）和风机状态（风机开合闸动作和工作状态）。隧道通风系统根据检测到的大气环境 CO 浓度、能见度等数据，按预先设置风量挡对风机进行操作和调节风量，以保证隧道大气环境的良好状态，如图 6-3-13 所示。

图 6-3-13　通风系统监测与控制

2. 照明控制

照明系统由照度仪、照明回路等设备和控制装置组成。隧道照明系统监控主要内容包含洞外照度值、洞内照度值、照明回路开合闸动作和工作状态，监控界面如图 6-3-14 所示。

图 6-3-14　照明系统监测与控制

3. 给排水系统

给排水监控实时采集雨水泵、废水泵等设备的工作状态及相关水位状态，并对雨水泵、废水泵实施必要的控制，监控界面如图 6-3-15 所示。

图 6-3-15 给排水监控

四、联动管理

下面以 FAS、BAS 与相关子系统的联动管理为例进行介绍。

1. FAS 与交通监控子系统联动

当出现火情时,FAS 向中央计算机子系统报警;报警确认后,中央计算机子系统向交通监控子系统发送危险警报信息,平台通过视频弹窗的形式供值班人员确认,确认火警后联动设置交通标志、信号牌,发布火情警报,实施交通诱导和交通流量管理。

2. FAS 与设备监控子系统联动

火警确认后,BAS 根据实际情况,在预设的若干火灾模式中进行合理选择。BAS 优先执行对应的控制程序,统一调度着火区域前后的通风设备进行通风和排烟的气流组织,自动向相关设备发出灭火指令,并接受反馈信号。

第三节 基于泛在物联的机电设备运行状态全息感知

借助无纸化巡查、实时监控以及嵌入系统的故障诊断标准,自动评价机电设备技术状况,实现机电设备运行状态的全息感知。

一、机电设备无纸化动态巡查

与土建设施一样,借助智能终端与 Web 端系统,研发了机电设备的无纸化动态巡查与信息化管理技术。图 6-3-16 展示了手持端创建检查任务、新增病害的界面。

图 6-3-16 创建检查任务、新增病害界面

二、机电设备数据融合底座与故障动态诊断

从底层设备数据出发,通过定制开发的设备协议,将隧道场景中 FAS、BAS、通信系统、广播与电话系统、供配电系统、CCTV 和隧道结构健康监测系统的设备设施以及可变信息标志、交通指示器在内的共 70 余种设备数据全部接入,形成统一数据标准规则和数据出口的数据底座,搭建设备智能运维系统。隧道运营期间,建养一体化管理系统、交通智慧管控系统等通过既定的规则从本系统订阅数据、控制设备。

1. 基于物联网技术的设备状态数据融合

传统模式下,各机电监控子系统的数据独立,关联性低,不利于各机电系统的协调管控。为此,构建了基于物联网技术的机电设备统一数据底座,实现燕子矶长江隧道机电设备多源数据的融合与集成管理。

数据融合通过物联网连接服务和物联网消息服务实现。物联网连接服务用于支撑项目相关机电设备和传感器的接入、管理,以及对接入设备的数据处理;物联网消息服务为建养管理系统、节能系统、交通智慧管控系统等提供数据支撑,为其提供消息订阅、控制指令转发等服务。

连接服务核心的消息总线是一个星形的可扩展框架,如图 6-3-17 所示。中心有一个消息路由器核心,外面围绕着两类节点。南向设备驱动是与设备通信的节点,它是数据生产者;北向应用是数据消费者,处理或转发数据信息。每个节点(设备或应用)都由插件适配器和插件模块组成。

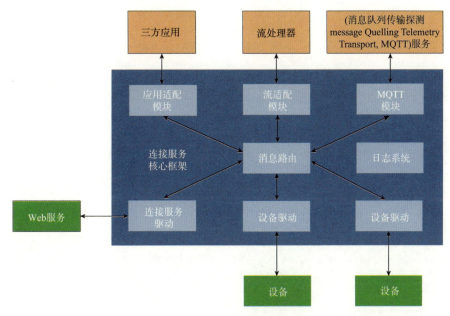

图 6-3-17　连接服务消息总线示意图

消息服务采用 MQTT5.0 协议,通过 topic + payload 数据格式,统一数据出口。获取设备数据或向设备发送控制指令,均须按照既定的数据规则执行。topic 结构规则为:namespace/group_id/message_type/edge_node_id/[device_id],见表 6-3-1。

规则示意表　　　　表 6-3-1

规则	含义
namespace	主题名的根元素,定义了剩余元素的结构和相关负载数据的编码
group_id	提供对 MQTT 边缘节点的逻辑分组
message_type	说明消息负载的处理类型
edge_node_id	唯一标识 MQTT 边缘节点,group_id/edge_node_id 必须是唯一的
device_id	标识一台关联到 MQTT 边缘节点的(物理的或逻辑的)设备

通过以上技术,将 BAS、FAS、交通监控、供配电、CCTV、照明、隧道结构健康监测、通信等子系统的数据融合至机电设备智能运维系统,并通过该系统为建养一体化管理系统、应急管理系统、公众号及其他智慧化应用提供统一的数据接口,提升各系统间的联动性。

2. 数据预处理(智能算法与逻辑实现)

借助数据采集窗口完成数据采集后,可利用嵌入的数据处理算法进行预处理,进而被建养一体化管理、交通智慧管控等系统调用,主要算法函数见表6-3-2。

算法函数表　　表6-3-2

函数算法	示例	用途及说明
avg	avg(col1)	组中的平均值,空值不参与计算
count	count(*)	组中的项目数,空值不参与计算
max	max(col1)	组中的最大值,空值不参与计算
min	min(col1)	组中的最小值,空值不参与计算
sum	sum(col1)	组中所有值的总和,空值不参与计算
collect	collect(*),collect(col1)	返回组中指定的列或整个消息(参数为*时)的值组成的数组
deduplicate	deduplicate(col,false)	返回当前组去重的结果。其中,第一个参数指定用于去重的列;第二个参数指定是否返回全部结果。若为false,则仅返回最近的未重复的项;若最近的项有重复,则返回空数组;此时可以设置sink参数omitIfEmpty,使得sink接到空结果后不触发
stddev	stddev(col)	返回当前组总体标准偏差的结果。其中,参数指定用于计算的列
stddevs	stddevs(col)	返回当前组样本标准偏差的结果。其中,参数指定用于计算的列
var	var(col)	返回当前组总体标准偏差的方差的结果。其中,参数指定用于计算的列
vars	vars(col)	返回当前组样本标准偏差的方差的结果。其中,参数指定用于计算的列
percentile	percentile(col,percentile)	返回当前组中表达式连续分布的百分位值。第一个参数指定用于percentile的列。第二个参数是您要查找的值的百分位数。百分位数必须是介于0.0和1.0之间的常数
percentile_disc	percentile_disc(col,percentile)	返回当前组中表达式离散分布的百分位值。第一个参数指定用于percentile_disc的列。第二个参数是要查找的值的百分位数。百分位数必须是介于0.0和1.0之间的常数

3. 基于性态参数监测的机电设备故障动态诊断

通过对设备指定寄存器数据监控、设备上传数据分析,运维系统可获得设备的状态信息和故障信息。其中,设备状态分为在线、离线,故障信息分为紧急故障、常见故障。

在实现数据融合的基础上,梳理制定了设备故障信息分类分级管理标准,根据故障诊断结果向建养一体化管理系统、应急管理系统推送处置建议,推送原则见表6-3-3。

故障分类表　　表6-3-3

报警类型	分类原则	处置建议	系统联动及处置方式
紧急故障	供电、通风、排水等系统故障对紧急通风排烟排水能力或隧道救援造成较大影响,存在安全隐患的严重故障	立即处理	信息推送至应急管理系统,该系统根据预案推送抢修信息、交通管控信息,自动联动相关人员、设备执行预案,并对预案流程及处置过程进行集中显示
常见故障	对当前运营无重大影响的设备故障	纳入养护	养护管理模块自动新增养护任务

对于一些不能上报故障信息的设备,可通过设定阈值(具体阈值结合项目真实情况设定)的方式对设备进行故障判定。

机电设备数据融合界面如图6-3-18所示,故障管理页面如图6-3-19所示。

图6-3-18　机电设备数据融合

图6-3-19　故障管理界面

三、机电设备技术状况智能化评定

根据日常检查、经常检修、定期检修资料以及设备智能运维系统推送数据,采用《燕子矶长江隧道养护手册》规定的分项标准与评价模型,建养一体化管理系统可自动计算各分项设备完好率,确定机电设备的技术状况等级。

各机电设备完好率按式(6-3-1)计算:

$$设备完好率 = \left(1 - \frac{设备故障台数 \times 故障天数}{设备总台数 \times 日历天数}\right) \times 100\% \tag{6-3-1}$$

式中,日历天数指设备出厂到当天日历的天数(d)。

机电设备名称及单位按表6-3-4确定。

机电设备名称及单位　　表 6-3-4

分项	设备名称	单位
供配电设施	高压断路器柜、高压互感器柜与避雷器柜、高压计量柜、高压隔离开关和负荷开关柜、电力变压器、箱式变电站、电力电容器柜、低压开关柜、配电箱、插座箱、控制箱、综合微机保护装置、直流电源、UPS、紧急电源（Emergency Power Supply，EPS）	台
	防雷装置、接地装置、变电所铁构件	个/处
	电力线处、电缆桥架	条
照明设施	隧道灯具、洞外路灯	个
	照明线路	条
通风设施	轴流风机、射流风机及离心风机	台
消防设施	双/三波长火焰探测器、火灾报警控制器、电动机、气体灭火设施	台
	点型感烟感温探测器、光纤光栅感温火灾探测系统、液位检测器、消火栓及灭火器、阀门、手动报警按钮、水泵接合器、水泵、消防水池、电光标志	个/处
	线型感温光纤火灾探测系统、水喷雾灭火设施、给水管	条
监控与通信设施	亮度检测器、能见度检测器、CO检测器、NO_2检测器风速风向检测器、车辆检测器、摄像机、编解码器、视频矩阵、监视器、硬盘录像机、视频交通事件检测器、本地控制器、光端机、路由器、交换机	台
	大屏系统、有线广播、紧急电话、可变信息标志、可变限速标志、车道指示器、交通信号灯、监控室设备	个/处
	光缆、电缆、桥架	条
电梯	基站锁、呼盒、轿内显示、指令按钮、厅门、轿门、防夹装置（光幕）、手动紧急操作装置、曳引机、制动器、编码器、限速器、导靴上油杯、轿厢照明、风扇、应急照明、轿厢检修开关、急停开关、轿内报警装置、对讲系统、位置脉冲发生器、耗能缓冲器、曳引绳、补偿绳、随行电缆、缓冲器	个/处
健康监测系统	传感器、采集仪、配电箱、工控机、传输系统、供电系统、存储系统、线缆、中心机房通信设备及系统	个/处

机电设备各分项技术状况按表 6-3-5 进行评定，其技术状况评定值分为 0、1、2、3。需注意，当机电设备各分项中任一关键设备的完好率为该分项各类设备完好率最低值时，该分项技术状况按该关键设备的设备完好率评定。

机电设备分项技术状况评定表　　表 6-3-5

分项	状况值			
	0	1	2	3
供配电系统	完好率≥98%	93%≤完好率<98%	85%≤完好率<93%	完好率<85%
照明系统	完好率≥95%	86%≤完好率<95%	74%≤完好率<86%	完好率<74%
通风系统	完好率≥98%	91%≤完好率<98%	82%≤完好率<91%	完好率<82%
消防及给排水系统	完好率=100%	95%≤完好率<100%	89%≤完好率<95%	完好率<89%
监控与通信系统	完好率≥98%	91%≤完好率<98%	82%≤完好率<91%	完好率<82%
健康监测系统	完好率≥98%	91%≤完好率<98%	81%≤完好率<91%	完好率<81%

机电设备技术状况评定方法按式(6-3-2)计算。

$$\text{JDCI} = 100 \cdot \left(\frac{\sum_{i=1}^{n} E_i w_i}{\sum_{i=1}^{n} w_i} \right) \quad (6\text{-}3\text{-}2)$$

式中：E_i——各分项设备完好率，0~100%；

w_i——各分项权重，见表6-3-6；

JDCI——机电设备技术状况评分，0~100。

机电设备各分项权重表　　　表6-3-6

分项	分项权重w_i	分项	分项权重w_i
供配电设施	17	消防设施	15
照明设施	15	监控与通信设施	13
通风设施	13	电梯	13
健康监测系统	14		

第四节　隧道交通运行智慧管控

在智慧物联的基础上，采用"数据采集—数据治理—业务应用"三层架构体系，搭建燕子矶长江隧道交通智慧管控系统，利用交通实时数据(如速度、流量、不规则驾驶行为、交通事故等)和历史数据(如速度、流量、事故数等)，预测拥堵度、事故率、排队长度、饱和度、不规则行为率等指标，按预设标准动态预警，并依据制定的预案控制情报板、限速板、车道指示器、交通信号灯、广播状态及内容，从而降低交通拥堵风险、事故风险，实现提高隧道通行能力、保障通行安全的目标。交通预警管控技术路线图如图6-3-20所示。

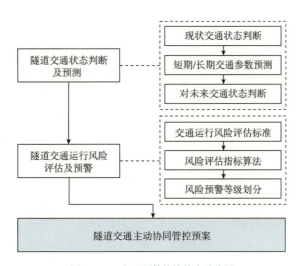

图6-3-20　交通预警管控技术路线图

本项目交通运行风险划分为四个等级，由高到低依次为一级、二级、三级、四级，不同场景下的预警等级及预案见表6-3-7。

不同场景下预警及预案分级情况 表6-3-7

场景		预警等级	预案等级
特定	节假日	一级、二级、三级、四级	一级、二级、三级、四级
	不良天气	一级、二级、三级、四级	一级、二级、三级、四级
	特殊任务	一级、二级、三级、四级	一级、二级、三级、四级
日常运行	非事件	一级、二级、三级、四级	一级、二级、三级、四级
	交通事故	一级、二级、三级、四级	一级、二级、三级、四级
	作业占道	一级、二级、三级、四级	一级、二级、三级、四级
	不规则驾驶行为	三级、四级	三级、四级

燕子矶长江隧道各场景的预警触发机制、管控预案见表6-3-8。运行过程中,根据实时交通状态进行动态调整。

预警触发机制与管控预案示例表 表6-3-8

场景	预警触发机制		管控预案(举例)
	交通参数	预警指标	
非事件	1.速度; 2.流量; 3.不规则行为数	1.事故率; 2.拥堵风险指数	1.可变信息标志:前方××m交通拥挤,请减速慢行; 2.广播:前方××m交通拥挤,请减速; 3.慢行; 4.可变限速标志:根据基本属性路段限速值表取下限值
事故	1.流量; 2.速度; 3.占用车道数; 4.事故持续时间; 5.事故时隧道剩余通行能力	排队长度	1.可变信息标志:前方××m事故,请注意安全; 2.广播:前方××m事故,请谨慎驾驶; 3.可变限速标志:根据基本属性路段限速值表取下限值; 4.车道指示器:必要时禁止通行; 5.信号灯:必要时禁止通行
不规则驾驶行为	1.流量; 2.速度; 3.不规则行为数	1.不规则行为率; 2.拥堵度	1.可变信息标志:全程监控,禁止违规换道、超速等行为; 2.广播:禁止违规驾驶行为
作业占道	1.流量; 2.速度; 3.占用车道数; 4.作业持续时间; 5.作业时隧道剩余通行能力	排队长度	1.可变信息标志:前方××m正在施工作业,请减速慢行; 2.广播:前方××m正在施工作业,请谨慎驾驶; 3.可变限速标志:根据基本属性路段限速值表取下限值; 4.车道指示器:必要时禁止通行; 5.信号灯:必要时禁止通行
节假日	1.历史事故数; 2.流量; 3.隧道通行能力	1.特定场景事故风险等级; 2.饱和度	1.可变信息标志:假日高峰,保持车距; 2.可变限速标志:根据基本属性路段限速值表取下限值; 3.信号灯:必要时设置

续上表

场景	预警触发机制		管控预案(举例)
	交通参数	预警指标	
不良天气	1. 历史事故数; 2. 流量; 3. 隧道通行能力	1. 特定场景事故风险等级; 2. 饱和度	1. 可变信息标志:××天气,谨慎驾驶; 2. 可变限速标志:根据基本属性路段限速值表取下限值; 3. 车道指示器:必要时禁止通行; 4. 信号灯:必要时设置
特殊任务	手动设置		可变信息标志:欢迎领导莅临检查; 信号灯:必要时设置

下面以非事件场景与事故场景为例,介绍预警判断标准与预案执行流程。

一、非事件场景

非事件场景指在非突发事故、非作业占道影响下隧道内正常流量变化的交通场景。日常运行模式下交通流量、速度、拥堵状态都是时刻改变的,此场景下预警触发多见于早晚高峰和因紧急施工等造成的交通拥堵,预案管控以可变信息标志提示、广播提醒、控制上游车流进入为主。预警执行流程如图6-3-21所示,触发机制和预案措施见表6-3-9。

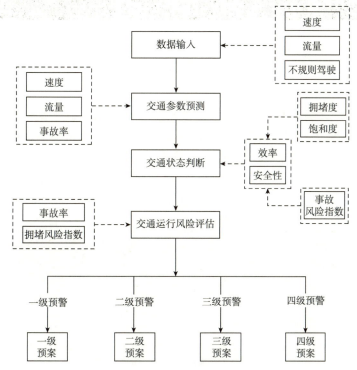

图 6-3-21 非事件场景预警流程图

非事件场景预警判定及预案执行表　　表6-3-9

预警判定条件 P:事故率 k:拥堵风险指数	预警等级	预案等级	预案执行示例
$k=4$ 且 $P \geq 0.5$	四级	四级	可变信息标志:违法抓拍、谨慎驾驶
$k=3$ 且 $P \geq 0.5$	三级	三级	可变信息标志:违法抓拍、谨慎驾驶 广播:违法抓拍、谨慎驾驶 可变限速标志:根据基本属性路段限速值确定表取下限值

表上续

预警判定条件 P:事故率 k:拥堵风险指数	预警等级	预案等级	预案执行示例
$k=2$ 且 $P<0.5$	二级	二级	可变信息标志:前方××m拥堵,请减速慢行 广播:前方××m拥堵,请减速慢行 可变限速标志:根据基本属性路段限速值确定表取下限值 信号灯:必要时设置
$k=2$ 且 $P\geqslant 0.5$	一级	一级	可变信息标志:前方××m拥堵,请减速慢行 广播:前方××m拥堵,请减速慢行 可变限速标志:根据基本属性路段限速值确定表取下限值 信号灯:必要时设置
$k=1$ 且 P 取任意值			

非事件场景预警触发效果如图6-3-22所示。

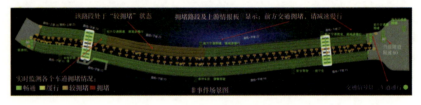

图6-3-22　非事件场景预警触发效果

二、事故场景

事故场景指隧道内部突然发生不可预见的交通事故,事故车辆占据一条或多条车道,降低了隧道通行能力,从而对道路交通效率和安全造成影响的情景。此场景通过算法模型计算出在事故处理期间的上游车辆排队长度,根据排队长度触发不同等级的预警。事故场景下的预案,除了可变信息标志提示外,还需增加对车道指示器、交通信号灯的控制措施,以确保在事故处理期间尽可能地缓解交通压力、降低事故率。事故场景预警流程如图6-3-23所示,预警触发机制与措施见表6-3-10。

事故场景预警判定及预案执行表　　　表6-3-10

预警判定条件 X:排队长度	预警等级	预案等级	预案执行示例
$0\text{km}\leqslant X<1.5\text{km}$	四级	四级	可变信息标志:前方××m事故,请注意安全 广播:前方××m事故,请谨慎驾驶
$0.5\text{km}\leqslant X<1.5\text{km}$	三级	三级	可变信息标志:前方××m事故,请注意安全 广播:前方××m事故,请谨慎驾驶 可变限速标志:根据基本属性路段的限速值确定表取下限值 车道指示器:必要时设置
$1.5\text{km}\leqslant X<3\text{km}$	二级	二级	可变信息标志:前方××m事故,请注意安全 广播:前方××m事故,请谨慎驾驶 可变限速标志:根据基本属性路段的限速值确定表取下限值 车道指示器:必要时设置 交通信号灯:必要时设置

续上表

预警判定条件 X:排队长度	预警等级	预案等级	预案执行示例
$X \geqslant 3\text{km}$	一级	一级	可变信息标志:前方××m 事故,请注意安全 广播:前方××m 事故,请谨慎驾驶 可变限速标志:根据基本属性路段的限速值确定表取下限值 车道指示器:必要时设置 交通信号灯:必要时禁止通行

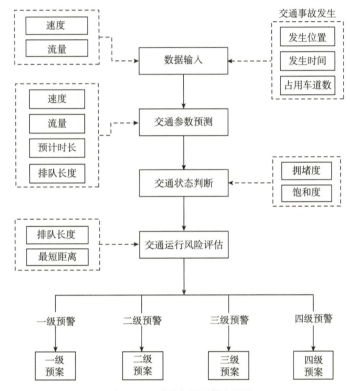

图 6-3-23　事故场景预警流程图

事故场景预警触发效果如图 6-3-24 所示。

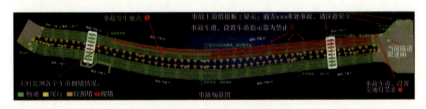

图 6-3-24　事故场景预警触发效果

交通智慧管控系统核心在于其先进的数据处理和分析能力。系统能够接收来自各种来源(包括但不限于雷视摄像机)的交通数据,对这些数据进行深入分析,识别交通流量模式、拥堵状态及所处场景,预测可能的拥堵路段与时段,从而制定有效的交通管理策略。该系统利用实时监控技术,能够快速响应各种交通事件,如事故、拥堵等。这不仅提高了道路安全性,还增强了交通管控的效率。系统集成了智能决策支持功能,能够根据实时和历史数据自动调整交通信号灯、变更道路使用策略等,从而优化整个隧道及周边路网的交通流动。智能交通流管理系统不局限于单一数据源,而是融合来自不同传感器、摄像头(包括雷视摄像机)和其他信息系统的数据。这种多源数据整合提供了更全面的交通状况视图。系统采用先进的算法,根据实时交通状况自动调整交通控制措施,如调整信号灯时序、启动交通疏导策略等,以此来减少交通延迟和提高道路容量。系统还提供了用户友好的界面,使交通管理人员能够直观、便捷访问关键信息,并结合系统推荐方案,快速做出决策。同时,它也为公众提供实时交通信息,帮助驾驶者做出更明智的路线选择。

附 录

附录一 不同地层盾构掘进参数曲线图

1. 同步注浆量

左右线各地层同步注浆量变化曲线如附图1-1所示。

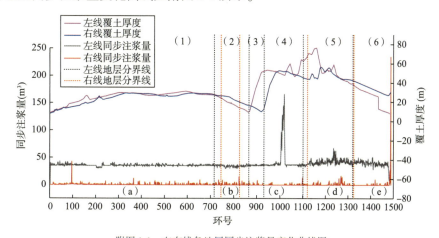

附图1-1 左右线各地层同步注浆量变化曲线图

注：图中(1)~(6)代表左线地层；(a)~(e)代表右线地层。各地层详见附表1-1。

左右线各地层情况　　　　　　　　　　　　　　　　　　　附表1-1

	(1)	(2)	(3)	(4)	(5)	(6)
左线	砂层	上软下硬地层	断层破碎带、冲槽叠加段	全断面硬岩	岩溶区	砂砾层、含砾砂层
右线	(a)	(b)	(c)	(d)	(e)	—
	软土层	上软下硬地层	硬岩层	岩溶区	硬岩层	—

2. 推进速度

左右线各地层推进速度变化曲线如附图1-2所示。

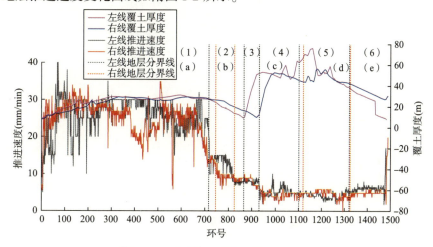

附图1-2 左右线各地层推进速度变化曲线图

注：图中(1)~(6)代表左线地层；(a)~(e)代表右线地层。各地层详见附表1-1。

3. 刀盘扭矩

左右线各地层刀盘扭矩变化曲线如附图 1-3 所示。

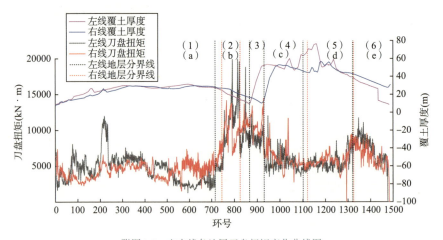

附图 1-3　左右线各地层刀盘扭矩变化曲线图

注：图中(1)~(6)代表左线地层；(a)~(e)代表右线地层。各地层详见附表 1-1。

4. 切口压力

左右线各地层切口压力变化曲线如附图 1-4 所示。

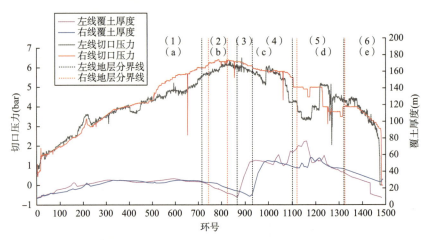

附图 1-4　左右线各地层切口压力变化曲线图

注：图中(1)~(6)代表左线地层；(a)~(e)代表右线地层。各地层详见附表 1-1。

5. 总推力

左右线各地层总推力变化曲线如附图 1-5 所示。

6. 刀盘转速

左右线各地层刀盘转速变化曲线如附图 1-6 所示。

7. 刀盘贯入度

左右线各地层刀盘贯入度变化曲线如附图 1-7 所示。

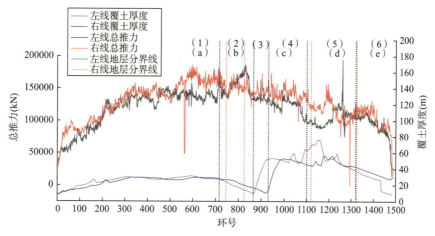

附图1-5　左右线各地层总推力变化曲线图

注:图中(1)~(6)代表左线地层;(a)~(e)代表右线地层。各地层详见附表1-1。

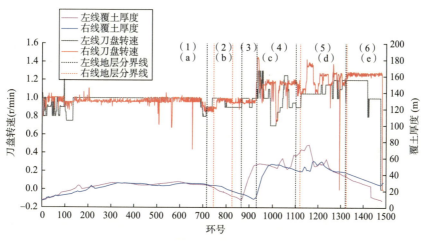

附图1-6　左右线各地层刀盘转速变化曲线图

注:图中(1)~(6)代表左线地层;(a)~(e)代表右线地层。各地层详见附表1-1。

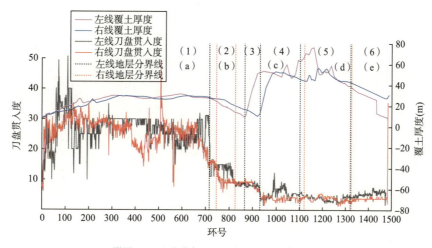

附图1-7　左右线各地层刀盘贯入度变化曲线图

注:图中(1)~(6)代表左线地层;(a)~(e)代表右线地层。各地层详见附表1-1。

附录二　不同地层盾构刀具磨损特征统计表

一、全断面砂层刀具更换情况

1. 左线隧道

左线里程 ZK3+261～ZK4+491（0～715 环），地层以粉细砂、中粗砂为主，地层疏松，透水性强。砂层所用刀具均为齿刀，更换刀具 4 次，共计更换 28 把。对更换刀具的磨损情况进行统计，结果见附表 2-1。刀具基本为正常磨损，个别出现偏磨或崩齿。刀具使用距离较长。

左线隧道砂层掘进刀具磨损统计　　　　　附表 2-1

刀具型号	刀具编号	刀具磨损情况					平均使用长度(m)	刀刃形式
		偏磨	崩齿	刀圈断裂	螺栓断裂	正常磨损		
双刃齿刀	34号/36号					1	1430	齿刀
	42号/44号		1				1430	齿刀
	45号/47号					1	1430	齿刀
	46号/48号					1	1430	齿刀
	49号/51号					1	1430	齿刀
	50号/52号					1	1430	齿刀
	53号/55号	1				2	475	齿刀
	54号/56号					1	1430	齿刀
	57号/59号	1					1430	齿刀
	58号/60号		1				1430	齿刀
	61号/63号		1				1430	齿刀
	62号/64号	1				1	715	齿刀
	65号/67号		1				1430	齿刀
	66号/68号	2					715	齿刀
	69号/71号	2					715	齿刀
	70号/72号	2					715	齿刀
单刃齿刀	73号					2	715	齿刀
	74号A					1	1430	齿刀
	74号B					2	715	齿刀

2. 右线隧道

右线里程 YK4+708～YK3+220（0～745 环），地层以粉细砂、中粗砂为主，地层疏松，透水性强。砂层所用刀具均为齿刀，更换刀具 3 次，共计更换 28 把。对更换刀具的磨损情况进行统计，结果见附表 2-2。刀具基本为正常磨损，未偏磨或崩齿。刀具使用距离较长。

右线隧道砂层掘进刀具磨损统计　　　　　附表 2-2

刀具型号	刀具编号	刀具磨损情况					平均使用长度(m)	刀刃形式
		偏磨	崩齿	刀圈断裂	螺栓断裂	正常磨损		
双刃齿刀	1号/3号					1	1528	齿刀
	6号/8号					2	1528	齿刀
	42号/44号					2	1528	齿刀
	45号/47号					1	1528	齿刀
	49号/51号					1	1528	齿刀
	53号/55号					1	1528	齿刀
	54号/56号					2	764	齿刀
	57号/59号					1	1528	齿刀
	58号/60号					1	1528	齿刀
	61号/63号					1	1528	齿刀
	62号/64号					1	1528	齿刀
	65号/67号					2	764	齿刀
	66号/68号					2	764	齿刀
	69号/71号					1	1528	齿刀
	70号/72号					1	1528	齿刀
单刃齿刀	73号					2	764	齿刀
	74号					1	1528	齿刀
	75号					2	764	齿刀
	76号					1	1528	齿刀
	S13B号					1	1528	刮刀
	S19B号					1	1528	刮刀

二、上软下硬地层刀具更换情况

1. 左线隧道

左线隧道上软下硬地层为 ZK2+960~ZK3+260，长度为300m，盾构开挖地层由砂层逐渐过渡到全断面中风化角砾岩，为典型的上软下硬地层。砂层以中粗砂为主，岩层主要为(8)2j 强风化角砾岩及(8)3j 中风化角砾岩属较软岩，饱和单轴抗压强度22.23MPa，较大值48.92MPa。上软下硬地层左线更换刀具5次，共计更换88把，刀具破损形式以偏磨、崩齿及正常磨损为主，见附表2-3。基本符合该地层下刀具的损坏特征。

左线隧道上软下硬地层掘进刀具磨损统计　　　　　附表 2-3

刀具型号	刀具编号	刀具磨损情况					平均使用长度(m)	刀刃形式
		偏磨	崩齿	刀圈断裂	螺栓断裂	正常磨损		
中心刀	1号/3号					1	300	镶齿滚刀
	10号/12号		1			1	150	镶齿滚刀
	2号/4号					1	300	镶齿滚刀
	5号/7号					1	300	镶齿滚刀
	6号/8号	1					300	镶齿滚刀
	9号/11号					1	300	镶齿滚刀

续上表

刀具型号	刀具编号	刀具磨损情况					平均使用长度(m)	刀刃形式
		偏磨	崩齿	刀圈断裂	螺栓断裂	正常磨损		
双刃滚刀	21号/23号		1				300	镶齿滚刀
	22号/24号					1	300	镶齿滚刀
	25号/27号					1	300	镶齿滚刀
	29号/31号		1				300	镶齿滚刀
	30号/32号	1					300	镶齿滚刀
	33号/35号					1	300	镶齿滚刀
	34号/36号		1				300	镶齿滚刀
	37号/39号					1	300	镶齿滚刀
	38号/40号					1	300	镶齿滚刀
	41号/43号			1		1	150	镶齿滚刀
	42号/44号	1					300	镶齿滚刀
	45号/47号		2				150	镶齿滚刀
	46号/48号		1				150	镶齿滚刀
	49号/51号		1			1	150	镶齿滚刀
	50号/52号		1			1	150	镶齿滚刀
	53号/55号		1			1	150	镶齿滚刀
	54号/56号		1				300	镶齿滚刀
	57号/59号		1			1	150	镶齿滚刀
	58号/60号					2	150	镶齿滚刀
	61号/63号		1			2	100	镶齿滚刀
	62号/64号		1			2	100	镶齿滚刀
	65号/67号	1				2	100	镶齿滚刀
	66号/68号	2	1				100	镶齿滚刀
	69号/71号	1	2			1	75	镶齿滚刀
	70号/72号	1	2			1	75	镶齿滚刀
	21号/23号		1				300	镶齿滚刀
	22号/24号					1	300	镶齿滚刀
	25号/27号					1	300	镶齿滚刀
	29号/31号		1				300	镶齿滚刀
	30号/32号	1					300	镶齿滚刀
	33号/35号					1	300	镶齿滚刀
	34号/36号		1				300	镶齿滚刀
	37号/39号					1	300	镶齿滚刀
	38号/40号					1	300	镶齿滚刀
	41号/43号			1		1		镶齿滚刀
单刃滚刀	73号		1			2		镶齿滚刀
	74A号		1					镶齿滚刀
	74B号		2			1		镶齿滚刀
	74C号		2					镶齿滚刀

续上表

刀具型号	刀具编号	刀具磨损情况					平均使用长度(m)	刀刃形式
		偏磨	崩齿	刀圈断裂	螺栓断裂	正常磨损		
刮刀	13L 号					1		普通刮刀
	15R 号		1					普通刮刀
	17L 号		1					普通刮刀
	17R 号		1					普通刮刀
	18L 号		1					普通刮刀
	18R 号					1		普通刮刀
	19L 号	1						普通刮刀
	19R 号	1						普通刮刀
	20L 号	1						普通刮刀
	20R 号	1						普通刮刀
	21L 号		1					普通刮刀
	21R 号	1				1		普通刮刀
	22L 号	1						普通刮刀
	22R 号	1						普通刮刀
	23L 号	1	1					普通刮刀
	23R 号	2						普通刮刀
	24L 号	1				2		普通刮刀
	24R 号					2		普通刮刀

2. 右线隧道

右线隧道上软下硬地层为 YK3+218～YK2+970 长度为 250m,盾构开挖地层由砂层逐渐过渡到全断面中风化角砾岩,为典型的上软下硬地层。砂层以中粗砂为主,岩层主要为(8)2j 强风化角砾岩及(8)3j 中风化角砾岩属较软岩,饱和单轴抗压强度 22.23MPa,较大值 48.92MPa。上软下硬地层左线更换刀具 5 次,共计更换 134 把,刀具破损形式以正常磨损为主,存在个别偏磨现象(附表 2-4)。从表中可知,基本符合该地层下刀具的损坏特征。

右线隧道上软下硬地层掘进刀具磨损统计   附表 2-4

刀具型号	刀具编号	刀具磨损情况					平均使用长度(m)	刀刃形式
		偏磨	崩齿	刀圈断裂	螺栓断裂	正常磨损		
中心刀	1-3					2	125	镶齿滚刀
	2-4					2	125	镶齿滚刀
	5-7					2	125	镶齿滚刀
	6-8					3	83	镶齿滚刀
	9-11					3	83	镶齿滚刀
	10-12					2	125	镶齿滚刀
双刃滚刀	13-15					2	125	镶齿滚刀
	14-16					2	125	镶齿滚刀
	17-19					3	83	镶齿滚刀
	18-20					2	125	镶齿滚刀
	21-23					2	125	镶齿滚刀

续上表

刀具型号	刀具编号	刀具磨损情况					平均使用长度(m)	刀刃形式
		偏磨	崩齿	刀圈断裂	螺栓断裂	正常磨损		
双刃滚刀	22-24					2	125	镶齿滚刀
	25-27					3	83	镶齿滚刀
	26-28					2	125	镶齿滚刀
	29-31					2	125	镶齿滚刀
	30-32					3	83	镶齿滚刀
	33-35					3	83	镶齿滚刀
	34-36					3	83	镶齿滚刀
	37-39					2	125	镶齿滚刀
	38-40					2	125	镶齿滚刀
	41-43					2	125	镶齿滚刀
	42-44					4	63	镶齿滚刀
	45-47					4	63	镶齿滚刀
	46-48					2	125	镶齿滚刀
	49-51					4	63	镶齿滚刀
	50-52					2	125	镶齿滚刀
	53-55					4	63	镶齿滚刀
	54-56					5	50	镶齿滚刀
	57-59					5	50	镶齿滚刀
	58-60					5	50	镶齿滚刀
	61-63					5	50	镶齿滚刀
	62-64					5	50	镶齿滚刀
	65-67	1				4	50	镶齿滚刀
	66-68					5	50	镶齿滚刀
	69-71	1				4	50	镶齿滚刀
	70-72					5	50	镶齿滚刀
单刃滚刀	73					5	50	镶齿滚刀
	74					5	50	镶齿滚刀
	75					5	50	镶齿滚刀
	76					5	50	镶齿滚刀

三、全断面硬岩刀具更换情况

1. 左线隧道

该地层在左线隧道的里程为 ZK2+537～ZK2+960,构造发育,岩性较为复杂,洞身围岩总体较为完整,部分地段受构造等因素影响,岩体较为破碎,主要为中风化角砾岩。全断面岩层更换刀具18次,共计更换388把,见附表2-5。刀具磨损形式主要以正常磨损、偏磨及崩齿为主。

左线隧道硬岩地层掘进刀具磨损统计

附表 2-5

刀具型号	刀具编号	刀具磨损情况					平均使用长度(m)	刀刃形式
		偏磨	崩齿	刀圈断裂	螺栓断裂	正常磨损		
中心刀	1号/3号		1			6	60	光面滚刀
	10号/12号	1	2			5	53	光面滚刀
	2号/4号		1			5	70.5	光面滚刀
	5号/7号	1				5	70.5	光面滚刀
	6号/8号	1				8	47	光面滚刀
	9号/11号	1	1	1		5	53	光面滚刀
单刃滚刀	74A号	2	1			3	70.5	光面滚刀
	74B号	1				7	53	光面滚刀
	74C号	1	1			5	60	光面滚刀
双刃滚刀	13号/15号	2	1			6	47	光面滚刀
	14号/16号		1			6	60	光面滚刀
	17号/19号		1			6	60	光面滚刀
	18号/20号	5	1	1			60	光面滚刀
	21号/23号	1	1			4	70.5	光面滚刀
	22号/24号		1			2	141	光面滚刀
	25号/27号		1	1		5	60	光面滚刀
	26号/28号		1			8	47	光面滚刀
	29号/31号	1	2			4	60	光面滚刀
	30号/32号		1			7	53	光面滚刀
	33号/35号		1			7	53	光面滚刀
	34号/36号		1			6	60	光面滚刀
	37号/39号	1	1	1	1	2	70.5	光面滚刀
	38号/40号		1		1	6	53	光面滚刀
	41号/43号		1	1		7	47	光面滚刀
	42号/44号	2	2	2		4	42	光面滚刀
	45号/47号	2	1			4	60	光面滚刀
	46号/48号	1	1			6	53	光面滚刀
	49号/51号		2	1		6	47	光面滚刀
	50号/52号		1			4	70.5	光面滚刀
	53号/55号	1	2	1		6	42	光面滚刀
	54号/56号		1		1	7	47	光面滚刀
	57号/59号		6			3	47	光面滚刀
	58号/60号	1	3			4	53	光面滚刀
	61号/63号		4	2	1	1	53	光面滚刀
	62号/64号	5	1			2	53	光面滚刀
	65号/67号	2	3			8	32	光面滚刀
	66号/68号	2	4			6	35	光面滚刀

续上表

刀具型号	刀具编号	刀具磨损情况					平均使用长度(m)	刀刃形式
		偏磨	崩齿	刀圈断裂	螺栓断裂	正常磨损		
双刃滚刀	69号/71号	2	2	1		7	35	光面滚刀
	70号/72号	3	3			5	38	光面滚刀
刮刀	10L号	1					423	普通刮刀
	10R号	1	1				212	普通刮刀
	11L号	1					423	普通刮刀
	11R号	1					423	普通刮刀
	12L号	1					423	普通刮刀
	12R号	1					423	普通刮刀
	13R		1				423	普通刮刀
	14L号		1				423	普通刮刀
	14R号					1	423	普通刮刀
	15L号		1				423	普通刮刀
	16L号		1				423	普通刮刀
	16R号	1					423	普通刮刀
	17L		2				212	普通刮刀
	17R		1				423	普通刮刀
	18L号					1	423	普通刮刀
	19L		1				423	普通刮刀
	1L号					1	423	普通刮刀
	1R号		1				423	普通刮刀
	20L号		1				423	普通刮刀
	20R号		1				423	普通刮刀
	21L号	1					423	普通刮刀
	21R号		1				423	普通刮刀
	22L号		3				141	普通刮刀
	22R号		1			1	212	普通刮刀
	23L号		4				106	普通刮刀
	23R号	1	3				106	普通刮刀
	24L号	2	3				84	普通刮刀
	24R号	1	2				141	普通刮刀
	2L号		1				423	普通刮刀
	2R号		1				423	普通刮刀
	3L号		1				423	普通刮刀
	3R号		1				423	普通刮刀
	6L号		1				423	普通刮刀
	6R号		1				423	普通刮刀
	7L号		2			1	141	普通刮刀
	7R号					1	423	普通刮刀
	8L号	1	2				141	普通刮刀

续上表

刀具型号	刀具编号	刀具磨损情况					平均使用长度(m)	刀刃形式
		偏磨	崩齿	刀圈断裂	螺栓断裂	正常磨损		
刮刀	8R 号	1					423	普通刮刀
	9L 号		2				212	普通刮刀
	9R 号	1					423	普通刮刀

2. 右线隧道

该地层在右线隧道的里程为 YK2+968~YK2+470,位于幕府山东端,构造发育,岩性较为复杂,洞身围岩总体较为完整,部分地段受构造等因素影响,岩体较为破碎,主要为中风化角砾岩。全断面岩层更换刀具 26 次,共计更换 441 把,见附表 2-6。刀具偏磨(9.3%)、崩齿(3.4%)、刀圈断裂(2.0%)、螺栓断裂(2.0%)等非正常磨损形式均有发生。

右线隧道硬岩地层掘进刀具磨损统计　　　　　　　　　　　　　　附表 2-6

刀具型号	刀具编号	刀具磨损情况					平均使用长度(m)	刀刃形式
		偏磨	崩齿	刀圈断裂	螺栓断裂	正常磨损		
中心刀	1/3					7	71	镶齿、光圈滚刀
	2/4					7	71	镶齿、光圈滚刀
	5/7	1			1	7	56	镶齿、光圈滚刀
	6/8	1	1		1	5	63	镶齿、光圈滚刀
	9/11	1				9	50	镶齿、光圈滚刀
	10/12	1				8	56	镶齿、光圈滚刀
双刃滚刀	13-15	1				7	63	镶齿、光圈滚刀
	14-16	1				6	71	镶齿、光圈滚刀
	17-19					8	63	镶齿、光圈滚刀
	18-20					8	63	镶齿、光圈滚刀
	21-23	1				7	63	镶齿、光圈滚刀
	22-24					8	63	镶齿、光圈滚刀
	25-27					10	50	镶齿、光圈滚刀
	26-28	1				6	71	镶齿、光圈滚刀
	29-31					9	56	镶齿、光圈滚刀
	30-32					9	56	镶齿、光圈滚刀
	33-35	1				6	71	镶齿、光圈滚刀
	34-36	1				7	63	镶齿、光圈滚刀
	37-39					9	56	镶齿、光圈滚刀
	38-40	1				7	63	镶齿、光圈滚刀
	41-43	1				8	56	镶齿、光圈滚刀
	42-44	1				11	42	镶齿、光圈滚刀
	45-47		1			9	50	镶齿、光圈滚刀
	46-48	1		1		7	56	镶齿、光圈滚刀
	49-51	1	1	1		7	50	镶齿、光圈滚刀
	50-52	1				9	50	镶齿、光圈滚刀
	53-55					10	50	镶齿、光圈滚刀

续上表

刀具型号	刀具编号	刀具磨损情况					平均使用长度(m)	刀刃形式
		偏磨	崩齿	刀圈断裂	螺栓断裂	正常磨损		
双刃滚刀	54-56	1				10	45	镶齿、光圈滚刀
	57-59	1	1	1	1	7	45	镶齿、光圈滚刀
	58-60	1	1	1	1	7	45	镶齿、光圈滚刀
	61-63					13	38	镶齿、光圈滚刀
	62-64		1			12	38	镶齿、光圈滚刀
	65-67	3	1			11	31	镶齿、光圈滚刀
	66-68	2	1			13	29	镶齿、光圈滚刀
	69-71	9	4	1	1	11	19	镶齿、光圈滚刀
	70-72	7	2	1	1	15	19	镶齿、光圈滚刀
单刃滚刀	73	1	1	1	1	15	26	镶齿、光圈滚刀
	74				1	14	33	镶齿、光圈滚刀
	75				1	14	33	镶齿、光圈滚刀
	76					14	36	镶齿、光圈滚刀

四、岩溶区段刀具更换情况

1. 左线隧道

岩溶区处理区域 ZK2+111～ZK2+537 段,根据地质纵断面图,盾构掘进范围内主要存在以下地层:(9)3 中风化灰岩、(8)3 中风化角砾状灰岩、(8)3j 中风化角砾岩,角砾成分主要为砂岩。

在全断面中风化角砾岩地层中掘进时,由于地层变化、掘进参数、加工工艺等原因,对刀具存在不同程度影响,刀具失效常见几种方式为:刀具偏磨、刀圈断裂、刀圈脱落。

在本地层施工过程中,采用梯度硬度的光面滚刀,即对普通光面滚刀,进行了优化改进,将刀齿部分合金硬度由原来的统一硬度,改为梯度分部,强化了刀齿表面合金的硬度,降低刀齿内部合金的强度,提高了刀具的韧性。本地层左线隧道刀具磨损情况见附表 2-7。

左线隧道硬岩地层掘进刀具磨损统计　　　附表 2-7

刀具型号	刀具编号	刀具磨损情况					平均使用长度(m)	刀刃形式
		偏磨	崩齿	刀圈断裂	螺栓断裂	正常磨损		
中心刀	1号/3号					3	142	梯度硬度的光面滚刀
	2号/4号					3	142	梯度硬度的光面滚刀
	5号/7号	1			1	3	85.2	梯度硬度的光面滚刀
	6号/8号	1				2	142	梯度硬度的光面滚刀
	9号/11号	1		1	3	3	53.25	梯度硬度的光面滚刀
	10号/12号		1		3	2	71	梯度硬度的光面滚刀
刮刀	22L号	1					426	梯度硬度的光面滚刀
	22R号	1					426	梯度硬度的光面滚刀
	23L号	1					426	梯度硬度的光面滚刀
	23R号	2					213	梯度硬度的光面滚刀
	24L号	1					426	梯度硬度的光面滚刀
双刃滚刀	13号/15号				1		426	梯度硬度的光面滚刀

续上表

刀具型号	刀具编号	刀具磨损情况					平均使用长度(m)	刀刃形式
		偏磨	崩齿	刀圈断裂	螺栓断裂	正常磨损		
双刃滚刀	14号/16号					1	426	梯度硬度的光面滚刀
	17号/19号				1	1	213	梯度硬度的光面滚刀
	18号/20号				1	1	213	梯度硬度的光面滚刀
	25号/27号	1			2	1	106.5	梯度硬度的光面滚刀
	21号/23号	1				1	213	梯度硬度的光面滚刀
	22号/24号					1	426	梯度硬度的光面滚刀
	26号/28号					1	426	梯度硬度的光面滚刀
	29号/31号	1				1	213	梯度硬度的光面滚刀
	30号/32号					2	213	梯度硬度的光面滚刀
	33号/35号	1			2		142	梯度硬度的光面滚刀
	34号/36号					1	426	梯度硬度的光面滚刀
	37号/39号			1		2	142	梯度硬度的光面滚刀
	38号/40号					2	213	梯度硬度的光面滚刀
	41号/43号			1		1	213	梯度硬度的光面滚刀
	42号/44号	2		1		1	106.5	梯度硬度的光面滚刀
	45号/47号	1			1	2	106.5	梯度硬度的光面滚刀
	48号	1	1	1	2	1	71	梯度硬度的光面滚刀
	46号/68号				1		426	梯度硬度的光面滚刀
	49号/51号				2	2	106.5	梯度硬度的光面滚刀
	50号/52号				2	2	106.5	梯度硬度的光面滚刀
	53号/55号	1				3	106.5	梯度硬度的光面滚刀
	54号/56号					3	142	梯度硬度的光面滚刀
	57号/59号	1				2	142	梯度硬度的光面滚刀
	58号/60号			1	1	1	142	梯度硬度的光面滚刀
	61号/63号			1	1	1	142	梯度硬度的光面滚刀
	62号/64号	2			2	2	71	梯度硬度的光面滚刀
	65号/67号				2	7	47.3	梯度硬度的光面滚刀
	66号/68号	3		1	3	3	42.6	梯度硬度的光面滚刀
	69号/71号	5				3	53.25	梯度硬度的光面滚刀
	70号/72号	3			1	3	60.8	梯度硬度的光面滚刀
单刃滚刀	73号	1	1			4	71	梯度硬度的光面滚刀
	74A号	1	2			3	71	梯度硬度的光面滚刀
	74B号	1		1		3	85.2	梯度硬度的光面滚刀
	74C号	1				4	85.2	梯度硬度的光面滚刀

岩溶区未处理区域里程 ZK2+186~ZK2+234 段,更换刀具 6 次,共计更换 18 把。对更换刀具的磨损情况进行统计,见附表 2-8。

岩溶区未处理区域里程 ZK2+186~ZK2+234 段更换刀具的磨损情况统计表　　附表 2-8

序号	类型	刀号	位置	磨损情况
1	双刃滚刀	6号/8号	中心刀	6号磨损1~2mm;8号磨损1~2mm
2	双刃滚刀	5号/7号	中心刀	5号磨损3~4mm,挡圈脱落;7号磨损2~3mm,断丝2颗
3	双刃滚刀	10号/12号	中心刀	10号磨损2~3mm,崩刃;12号磨损2~3mm,断丝2颗
4	双刃滚刀	9号/11号	中心刀	9号磨损8~9mm;11号磨损10~11mm,刀座后移,刀筒磨损
5	双刃滚刀	10号/12号	中心刀	10号磨损3~5mm;12号磨损3~5mm,断丝15颗
6	双刃滚刀	37号/39号	MA1	37号磨损3~4mm;39号严重偏磨
7	双刃滚刀	66号/68号	MA4	66号严重偏磨,轻微后退;68号磨损3~4mm,断丝6颗
8	双刃滚刀	70号/72号	MA3	70号磨损9~10mm;72号磨损16~17mm
9	单刃滚刀	74C号	MA4	74C号磨损10~12mm
10	双刃滚刀	13号/15号	MA1	13号磨损3~4mm;15号磨损8~9mm,断丝9颗
11	单刃滚刀	73号	MA6	73号磨损5~6mm,断丝3颗
12	双刃滚刀	69号/71号	MA5	69号磨损8~9mm;71号磨损7~8mm
13	双刃滚刀	65号/67号	MA3	65号磨损7~8mm;67号磨损8~9mm
14	单刃滚刀	74B号	MA2	74B号磨损7~8mm
15	双刃滚刀	34号/36号	MA6	34号磨损3~4mm;36号磨损8~9mm
16	双刃滚刀	22号/24号	MA6	22号磨损8~9mm;24号磨损3~4mm,断丝9颗
17	双刃滚刀	10号/12号	中心刀	10号磨损2~3mm;12号磨损6~7mm
18	双刃滚刀	9号/11号	中心刀	9号磨损3~4mm;11号磨损3~4mm,刀筒磨损,断丝6颗

岩溶区未处理区域里程 ZK2+050~ZK2+111 段,更换刀具 8 次,共计更换 50 把。对更换刀具的磨损情况进行统计,见附表 2-9。

岩溶区未处理区域里程 ZK2+050~ZK2+111 段更换刀具的磨损情况统计表　　附表 2-9

序号	类型	刀号	位置	磨损情况
1	双刃滚刀	70号/72号	MA3	70号严重偏磨;72号轻微偏磨5~6mm
2	双刃滚刀	2号/4号	中心刀	2号磨损0~1mm;4号磨损0~1mm,断丝3颗
3	双刃滚刀	57号/59号	MA5	57号轻微偏磨7~8mm;59号磨损4~5mm
4	双刃滚刀	69号/71号	MA5	69号磨损7~8mm,挡圈脱落;71号严重偏磨,断丝5颗
5	双刃滚刀	61号/63号	MA1	61号磨损5~6mm;63号磨损5~6mm
6	双刃滚刀	54号/56号	MA4	54号磨损2~3mm;56号磨损3~4mm
7	双刃滚刀	53号/55号	MA3	53号偏磨,刀圈断裂;55号轻微偏磨,断丝2颗
8	双刃滚刀	70号/72号	MA3	70号磨损11~12mm;72号磨损11~12mm,断丝6颗
9	双刃滚刀	65号/67号	MA3	65号磨损4~5mm;67号磨损5~6mm,断丝6颗
10	刮刀	15R号	MA3	15R号磨损10~15mm,崩齿一个
11	刮刀	9R号	MA3	9R号磨损15~20mm,崩齿一个
12	刮刀	3R号	MA3	3R号全部崩齿
13	刮刀	3L号	MA3	3L号磨损10~14mm,崩齿两个
14	刮刀	22R号	MA4	22R号磨损严重
15	双刃滚刀	49号/51号	MA1	49号偏磨;51号偏磨,断丝1颗

续上表

序号	类型	刀号	位置	磨损情况
16	双刃滚刀	50号/52号	MA2	50号偏磨;52号偏磨
17	刮刀	22L号	MA4	22L号磨损40~50mm
18	刮刀	16L号	MA4	16L号严重崩齿
19	刮刀	16R号	MA4	16R号磨损30~35mm,全部崩齿
20	刮刀	23L号	MA5	23L号严重偏磨
21	刮刀	23R号	MA5	23R号严重偏磨
22	刮刀	17R号	MA5	17R号全部崩齿
23	刮刀	24L号	MA6	24L号崩齿
24	双刃滚刀	46号/48号	MA6	46号磨损11~12mm;48号磨损11~13mm
25	刮刀	18L号	MA6	18L号磨损8~10mm,崩齿一个
26	刮刀	12L号	MA6	12L号严重崩齿
27	刮刀	12R号	MA6	12R号严重偏磨
28	刮刀	19L号	MA1	19L号磨损6~10mm
29	刮刀	19R号	MA1	19R号磨损30~40mm
30	刮刀	13R号	MA1	13R号严重偏磨
31	刮刀	24R号	MA6	24R号偏磨
32	刮刀	14L号	MA2	14L号偏磨
33	刮刀	14R号	MA2	14R号偏磨
34	刮刀	13L号	MA2	13L号偏磨
35	双刃滚刀	13号/15号	MA1	13号刀圈断裂;15号刀圈断裂,刀具磨损探头磨坏
36	双刃滚刀	9号/11号	中心刀	9号磨损0~1mm;11号磨损0~1mm
37	双刃滚刀	10号/12号	中心刀	10号磨损3~4mm;12号偏磨
38	双刃滚刀	17号/19号	MA3	17号磨损5~6mm;19号磨损5~6mm
39	双刃滚刀	14号/16号	MA2	14号偏磨,刀具后退;16号磨损7~8mm,刀具后退,断丝10颗
40	单刃滚刀	74C号	MA4	74C号磨损20~22mm
41	单刃滚刀	74B号	MA2	74B号磨损21~23mm
42	双刃滚刀	62号/64号	MA2	62号偏磨;64号偏磨15~16mm,断丝11颗
43	单刃滚刀	74A号	MA1	74A号严重偏磨,断丝2颗
44	双刃滚刀	69号/71号	MA5	69号磨损21~22mm;71号磨损17~18mm,挡圈断裂
45	单刃滚刀	73号	MA6	73号偏磨
46	双刃滚刀	70号/72号	MA3	70号磨损14~15mm;72号磨损11~12mm
47	双刃滚刀	29号/31号	MA3	29号磨损26~27mm;31号磨损30~31mm
48	双刃滚刀	26号/28号	MA2	26号磨损15~16mm;28号磨损16~17mm
49	双刃滚刀	65号/67号	MA3	65号磨损21~22mm;67号磨损25~26mm
50	双刃滚刀	37号/39号	MA1	37号磨损15~16mm;39号磨损13~14mm

2.右线隧道

岩溶区处理区域YK2+468~YK2+060段,根据地质纵断面图,盾构掘进范围内主要存在以下地层:(9)3中风化灰岩、(8)3中风化角砾状灰岩、(8)3j中风化角砾岩,角砾成分主要为砂岩。

岩溶处理区域全长410m,掘进过程中,刀具正常磨损数量为246把,刀具非正常磨损数量163把(不含刮刀),见附表2-10,其中主要损毁形式为刀具盖板螺栓断裂(偏磨72把,崩齿48把,刀圈断裂22把,刀具盖板螺栓断裂21把),后续在相似地层掘进过程中,刀具盖板应取特制的高强度螺栓,以延长刀具使用寿命。

右线隧道硬岩地层掘进刀具磨损统计 附表2-10

刀具型号	刀具编号	刀具磨损情况					平均使用长度(m)	刀刃形式
		偏磨	崩齿	刀圈断裂	螺栓断裂	正常磨损		
中心刀	1/3	1				9	47	镶齿、光圈滚刀
	2/4	1				12	35	镶齿、光圈滚刀
	5/7	1				10	42	镶齿、光圈滚刀
	6/8	1				8	52	镶齿、光圈滚刀
	9/11	4			2	4	109	镶齿、光圈滚刀
	10/12	4			1	4	108	镶齿、光圈滚刀
双刃滚刀	13-15					3	137	镶齿、光圈滚刀
	14-16	1				2	206	镶齿、光圈滚刀
	17-19					4	103	镶齿、光圈滚刀
	18-20					3	137	镶齿、光圈滚刀
	21-23		1			3	138	镶齿、光圈滚刀
	22-24					2	205	镶齿、光圈滚刀
	25-27					3	137	镶齿、光圈滚刀
	26-28					3	137	镶齿、光圈滚刀
	29-31					3	137	镶齿、光圈滚刀
	30-32					3	137	镶齿、光圈滚刀
	33-35		1			2	206	镶齿、光圈滚刀
	34-36	1				4	104	镶齿、光圈滚刀
	37-39					4	103	镶齿、光圈滚刀
	38-40					4	103	镶齿、光圈滚刀
	41-43					4	103	镶齿、光圈滚刀
	42-44	1	1			4	105	镶齿、光圈滚刀
	45-47	2	2			3	141	镶齿、光圈滚刀
	46-48	1				4	104	镶齿、光圈滚刀
	49-51	1				4	105	镶齿、光圈滚刀
	50-52	1				5	83	镶齿、光圈滚刀
	53-55					5	82	镶齿、光圈滚刀
	54-56					6	68	镶齿、光圈滚刀
	57-59	1				7	61	镶齿、光圈滚刀
	58-60	1				5	83	镶齿、光圈滚刀
	61-63	1	1			7	61	镶齿、光圈滚刀
	62-64	1	1			7	61	镶齿、光圈滚刀
	65-67	18	15	6	7	8	97	镶齿、光圈滚刀
	66-68	2	1		3	15	33	镶齿、光圈滚刀
	69-71	14	12	8	4	17	62	镶齿、光圈滚刀

续上表

刀具型号	刀具编号	刀具磨损情况					平均使用长度(m)	刀刃形式
		偏磨	崩齿	刀圈断裂	螺栓断裂	正常磨损		
双刃滚刀	70-72	11	9	8	3	20	52	镶齿、光圈滚刀
单刃滚刀	73		1			11	38	镶齿、光圈滚刀
	74	1				7	60	镶齿、光圈滚刀
	75	1				9	47	镶齿、光圈滚刀
	76	1	1		1	8	54	镶齿、光圈滚刀

注：表中 1/3 表示 1 号刀具和 3 号刀具，13-15 表示 13 号刀具和 15 号刀具，类似表示含义类同。

根据刀具轨迹判断，由刀盘中心刀刀盘外边缘，刀具更换频率都呈增加趋势，磨损形式也多以刀具螺栓断裂为主。

岩溶区未处理区域 YK2+436.4～YK2+396.4、YK2+250.4～YK2+150.4 段，根据地质纵断面图显示，盾构掘进范围内主要存在以下地层：(8)3 中风化角砾状灰岩、(7)3sl 中风化含砾砂岩、砂砾岩。

岩溶未处理区域全长 140m，掘进过程中，刀具正常磨损数量为 64 把，刀具非正常磨损数量 33 把（不含刮刀），主要损毁形式为刀具盖板螺栓断裂（偏磨 16 把，崩齿 10 把，刀圈断裂 6 把，刀具盖板螺栓断裂 1 把）。

根据刀具轨迹判断，由刀盘中心刀刀盘外边缘，刀具更换频率成增加趋势，磨损以偏磨和崩齿为主。

右线隧道岩溶未处理区掘进刀具磨损统计见附表 2-11。

右线隧道岩溶未处理区掘进刀具磨损统计　　　　附表 2-11

刀具型号	刀具编号	刀具磨损情况					平均使用长度(m)	刀刃形式
		偏磨	崩齿	刀圈断裂	螺栓断裂	正常磨损		
中心刀	1/3					1	150	镶齿、光圈滚刀
中心刀	2/4		1			2	50	镶齿、光圈滚刀
中心刀	5/7		1			1	75	镶齿、光圈滚刀
中心刀	6/8	1					75	镶齿、光圈滚刀
中心刀	9/11					2	75	镶齿、光圈滚刀
中心刀	10/12		1			1	75	镶齿、光圈滚刀
单刃滚刀	13-15					1	150	镶齿、光圈滚刀
单刃滚刀	14-16					1	150	镶齿、光圈滚刀
单刃滚刀	17-19					2	75	镶齿、光圈滚刀
单刃滚刀	18-20					1	150	镶齿、光圈滚刀
单刃滚刀	21-23							镶齿、光圈滚刀
双刃滚刀	22-24					1	150	镶齿、光圈滚刀
双刃滚刀	25-27					1	150	镶齿、光圈滚刀
双刃滚刀	26-28					1	150	镶齿、光圈滚刀
双刃滚刀	29-31					1	150	镶齿、光圈滚刀
双刃滚刀	30-32					1	150	镶齿、光圈滚刀
双刃滚刀	33-35	1					150	镶齿、光圈滚刀
双刃滚刀	34-36	1				1	75	镶齿、光圈滚刀
双刃滚刀	37-39					1	150	镶齿、光圈滚刀
双刃滚刀	38-40					1	150	镶齿、光圈滚刀

续上表

刀具型号	刀具编号	刀具磨损情况					平均使用长度(m)	刀刃形式
		偏磨	崩齿	刀圈断裂	螺栓断裂	正常磨损		
双刃滚刀	41-43					1	150	镶齿、光圈滚刀
双刃滚刀	42-44				1		150	镶齿、光圈滚刀
双刃滚刀	45-47					1	150	镶齿、光圈滚刀
双刃滚刀	46-48					1	150	镶齿、光圈滚刀
双刃滚刀	49-51					1	150	镶齿、光圈滚刀
双刃滚刀	50-52	1				1	75	镶齿、光圈滚刀
双刃滚刀	53-55					2	75	镶齿、光圈滚刀
双刃滚刀	54-56					1	150	镶齿、光圈滚刀
双刃滚刀	57-59					2	75	镶齿、光圈滚刀
双刃滚刀	58-60					1	150	镶齿、光圈滚刀
双刃滚刀	61-63			1		2	50	镶齿、光圈滚刀
双刃滚刀	62-64	1				1	75	镶齿、光圈滚刀
双刃滚刀	65-67	3	3	1		2	17	镶齿、光圈滚刀
双刃滚刀	66-68	1				5	25	镶齿、光圈滚刀
双刃滚刀	69-71	3	2	2		6	12	镶齿、光圈滚刀
双刃滚刀	70-72	3	2	2		4	14	镶齿、光圈滚刀
单刃滚刀	73					4	38	镶齿、光圈滚刀
单刃滚刀	74	1				2	50	镶齿、光圈滚刀
单刃滚刀	75					4	38	镶齿、光圈滚刀
单刃滚刀	76					2	75	镶齿、光圈滚刀

左线刀具编号如附图2-1所示。

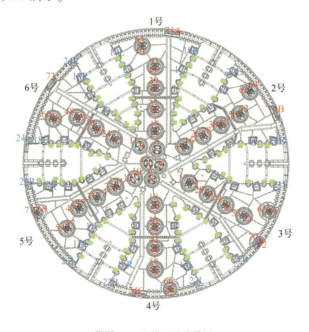

附图2-1 左线刀具编号图

注：1号~6号为刀盘辐条编号；图中红色为常压可更换滚刀/齿刀；蓝色为常压可更换刮刀；绿色为带压可更换刮刀。

右线刀具编号如附图 2-2 所示。

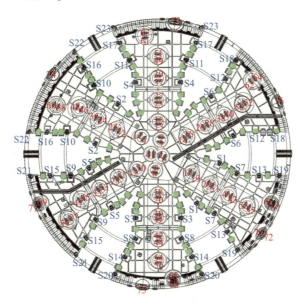

附图 2-2　右线刀具编号图

注:1 号~6 号为刀盘辐条编号;图中红色为常压可更换滚刀/齿刀;蓝色为常压可更换刮刀;绿色为带压可更换刮刀。

附录三 原材料、半成品检测内容及方法

原材料、半成品检测内容及方法见附表3-1。

原材料、半成品检测内容及方法 附表3-1

序号	名称	检测项目	检测依据	判定依据	施工单位自检频率
1~3	水泥	标准稠度用水量、凝结时间、安定性	《标准稠度用水量、凝结时间、安定性检验方法》(GB/T 1346—2011)	《通用硅酸盐水泥》(GB 175—2007)	按同一生产厂家、同一等级、同一品种、同一批号的水泥,袋装不超过200t为一批,散装不超过500t为一批,每批检测不少于一次。 注:当使用中对水泥质量有怀疑或水泥出厂超过三个月(快硬硅酸盐水泥超过一个月)时,应复查试验,并按其结果使用
4		胶砂强度	《水泥胶砂强度检验方法(ISO法)》(GB/T 17671—1999)		
5		密度	《水泥密度测定方法》(GB/T 208—2014)		
6		细度/比表面积	《水泥细度检测方法 筛析法》(GB/T 1345—2005)、《水泥比表面积测定方法 勃氏法》(GB/T 8074—2008)		
7~12		不溶物(普通硅酸盐水泥除外)、烧失量、SO_3、Cl^-、碱含量、MgO	《水泥化学分析方法》(GB/T 176—2008)		当出现以下情况之时检测: (1)配合比设计; (2)新选料源; (3)使用过程中每半年检测1次; (4)使用中对质量有怀疑时; (5)建设单位提出有必要的检测
13~19	碎石	颗粒级配、含泥量及泥块含量、针片状颗粒含量、压碎值、表观密度、堆积密度、空隙率	《建设用卵石、碎石》(GB/T 14685—2011)	《建设用卵石、碎石》(GB/T 14685—2011)	同产地、同规格分批验收,以400m³或600t为一验收批
20		含水率/掺配比例			混凝土每天施工前检测一次
21~24		坚固性、吸水率、有机物含量、硫化物及硫酸盐含量			(1)配合比设计; (2)任何新选料源; (3)使用过程中每半年检测一次; (4)使用过程中对质量有怀疑时; (5)建设单位提出有必要的检测
25~26		岩石抗压强度、碱集料反应			每料源一次

续上表

序号	名称	检测项目	检测依据	判定依据	施工单位自检频率
27~34	砂	颗粒级配、含泥量及泥块含量、氯化物含量、云母含量、有机物含量、堆积密度、空隙率、表观密度	《建设用砂》(GB/T 14684—2011)	《建设用砂》(GB/T 14684—2011)	同产地、同规格分批验收。以400m³或600t为一验收批,每批检测不少于一次
35		含水率			混凝土每天施工前一次
36~38		轻物质含量、硫化物及硫酸盐含量、坚固性			(1)配合比设计; (2)任何新选料源; (3)使用过程中每半年检测一次; (4)使用过程中对质量有怀疑时; (5)建设单位提出有必要的检测
39		碱集料反应			每料源一次
40~42	粉煤灰	细度、含水率、强度活性指数	《用于水泥和混凝土中的粉煤灰》(GB/T 1596—2017)	《用于水泥和混凝土中的粉煤灰》(GB/T 1596—2017)、《公路桥涵施工技术规范》(JTG/T F50—2011)(氯离子含量)	相同等级、相同种类每500t粉煤灰为一批;袋装和散装粉煤灰分别编号、取样,质量按干灰(含水率小于1%)的质量计算
43		需水量比	《水泥胶砂流动度测定方法》(GB/T 2419—2005)		
44		密度	《水泥密度测定方法》(GB/T 208—2014)		
45~46		烧失量、SO_3含量	《水泥化学分析方法》(GB/T 176—2008)		
47~50		游离氧化钙、三氧化二铝、三氧化二铁、二氧化硅、碱含量、氯离子含量	《水泥化学分析方法》(GB/T 176—2008)		(1)配合比设计; (2)任何新选料源; (3)使用过程中每一年检测一次; (4)使用过程中对质量有怀疑时; (5)建设单位提出有必要检测
51		安定性	《标准稠度用水量、凝结时间、安定性检验方法》(GB/T 1346—2011)		
52	矿渣粉	比表面积	《水泥比表面积测定方法 勃氏法》(GB/T 8074—2008)	《用于水泥和混凝土中的粒化高炉矿渣粉》(GB/T 18046—2008)	相同厂家、相同等级每200t矿渣粉为一批次
53		密度	《水泥密度测定方法》(GB/T 208—2014)		
54~55		烧失量、三氧化硫含量	《水泥化学分析方法》(GB/T 176—2008)		

续上表

序号	名称	检测项目	检测依据	判定依据	施工单位自检频率
56	矿渣粉	含水率	《用于水泥和混凝土中的粒化高炉矿渣粉》（GB/T 18046—2008）	《用于水泥和混凝土中的粒化高炉矿渣粉》（GB/T 18046—2008）	相同厂家、相同等级每200t矿渣粉为一批次
57		流动度比	《水泥胶砂流动度测定方法》（GB/T 2419—2005）		
58		活性指数	《用于水泥和混凝土中的粒化高炉矿渣粉》（GB/T 18046—2008）		
59~60		碱含量、氯离子含量	《水泥化学分析方法》（GB/T 176—2008）		（1）配合比设计；（2）任何新选料源；（3）使用过程中每一年检测一次；（4）使用过程中对质量有怀疑时；（5）建设单位提出有必要检测
61	水	pH值	《水质 pH值的测定 玻璃电极法》（GB 6920—1986）	《混凝土用水标准》（JGJ 63—2006）、《公路桥涵施工技术规范》（JTG/T F50—2011）	除生活饮用水外其他水源，1次/水源
62		不溶物	《水质 悬浮物的测定 重量法》（GB 11901—1989）		
63		可溶物	《生活饮用水标准检验方法 感官性状及物理指标》（GB/T 5750.4—2006）		
64		硫酸盐	《水质 硫酸盐的测定 重量法》（GB 11899—1989）		
65		碱含量	《水泥化学分析方法》（GB/T 176—2008）		
66		氯离子	《水质 氯化物的测定 硝酸银滴定法》（GB 11896—1989）		
67	混凝土外加剂	减水率	《混凝土外加剂》（GB 8076—2008）	《混凝土外加剂》（GB 8076—2008）《聚羧酸系高性能减水剂》（JG/T 223—2007）	聚羧酸系高性能减水剂：同品种每100t为一批，不足100t也作为一批；其他外加剂：掺量不小于1%同品种每一批号为100t，掺量小于1%的每一批号为50t
68 69		抗压强度比、凝结时间差	《混凝土外加剂》（GB 8076—2008）		
70		pH值	《混凝土外加剂匀质性试验方法》（GB/T 8077—2012）		
71~72		泌水率比、含气量（引气剂和引气外加剂）	《混凝土外加剂》（GB 8076—2008）		
73		含固量	《混凝土外加剂匀质性试验方法》（GB/T 8077—2012）		

续上表

序号	名称	检测项目	检测依据	判定依据	施工单位自检频率
74	混凝土外加剂	1h经时变化量	《混凝土外加剂》（GB 8076—2008）	《混凝土外加剂》（GB 8076—2008）《聚羧酸系高性能减水剂》（JG/T 223—2007）	(1)配合比设计；(2)任何新选料源；(3)使用过程中每一年检测一次；(4)使用过程中对质量有怀疑时；(5)建设单位提出有必要的检测
75~78		硫酸钠含量、氯离子含量、碱含量、密度	《混凝土外加剂匀质性试验方法》（GB/T 8077—2012）		
79		收缩率比	《混凝土外加剂》（GB 8076—2008）		
80		对钢筋锈蚀作用	《普通混凝土长期性能和耐久性能试验方法标准》（GB/T 50082—2009）		
81	混凝土膨胀剂	细度	《水泥细度检验方法 筛析法》（GB/T 1345—2005）、《水泥比表面积测定方法 勃式法》（GB/T 8074—2008）	《混凝土膨胀剂》（GB/T 23439—2017）	同一厂家,同一品种不超过200t为一批
82		凝结时间	《水泥标准稠度用水量、凝结时间、安定性检验方法》（GB/T 1346—2011）		
83		限制膨胀率	《混凝土膨胀剂》（GB/T 23439—2009）		
84		抗压强度	《水泥胶砂强度检验方法（ISO法）》（GB/T 17671—1999）		
85~90	混凝土	配合比设计	坍落度、1h经时坍落度、抗压强度、表观密度、凝结时间、含气量	《普通混凝土配合比设计规程》（JGJ 55—2011）、《公路工程水泥及水泥混凝土试验规程》（JTG E30—2005）、《普通混凝土拌合物性能试验方法标准》（GB/T 50080—2016）、《普通混凝土力学性能试验方法标准》（GB/T 50081—2002）	《公路桥涵施工技术规范》（JTG/T F50—2011）及设计文件	同一强度等级混凝土配合比设计至少采用3个不同的配合比,通过试验结果,选择经济的、合理的配合比。当料源变化、季节性施工、配合比停用半年及以上、质量波动比较大时,重新试配
91~92			弹性模量、抗渗等级			
93			氯离子含量	《混凝土中氯离子含量检测技术规程》（JGJ/T 322—2013）		
94			总碱量	《普通混凝土长期性能和耐久性能试验方法标准》（GB/T 50082—2009）		

续上表

序号	名称		检测项目	检测依据	判定依据	施工单位自检频率
95	混凝土	配合比设计	硫化物含量	《混凝土中氯离子含量检测技术规程》(JGJ/T 322—2013)	《公路桥涵施工技术规范》(JTG/T F50—2011)及设计文件	同一强度等级混凝土配合比设计至少采用3个不同的配合比,通过试验结果,选择经济的、合理的配合比。当料源变化、季节性施工、配合比停用半年以上、质量波动比较大时,重新试配
96			电通量	《公路桥涵施工技术规范》(JTG/T F50—2011)		
97			抗碳化性能	《混凝土中氯离子含量检测技术规程》(JGJ/T 322—2013)		
98			抗裂性能	《普通混凝土长期性能和耐久性能试验方法标准》(GB/T 50082—2009)		
99~102	混凝土	现场施工	坍落度、抗压强度、弹性模量、抗渗等级	《公路工程水泥及水泥混凝土试验规程》(JTG E30—2005)	设计文件	每一工作班或每一单元结构物不应少于2次
						按《公路工程质量检验评定标准 第一册 土建工程》(JTG F80/1—2017)附录D执行
					《公路桥梁设计通用规范》(JTG D60—2004)及设计文件	1组/工作台班
					《地下防水工程质量验收规范》(GB 50208—2011)及设计文件	(1)连续浇筑混凝土每500m³留置一组6个抗渗试件,且每项工程不少于两组;(2)地下连续墙每5个槽段制作抗渗压力试件一组
103			回弹法测强	《回弹法检测混凝土抗压强度技术规程》(JGJ 23—2011)	设计文件	10测区/结构物
104			钻芯-回弹法测强	《混凝土结构工程施工质量验收规范》(GB 50204—2015)	设计文件	建设单位提出有必要的检测
105			钢筋保护层厚度检测	《混凝土中钢筋检测技术规程》(JGJ/T 152—2008)、《混凝土结构工程施工质量验收规范》(GB 50204—2015)	(1)设计文件;(2)苏交检质[2009]76号文	《混凝土结构工程施工质量验收规范》(GB 50204—2015)
106			电通量	《公路桥涵施工技术规范》(JTG/T F50—2011)	设计文件	设计文件
107~109	砂浆	配合比设计	抗压强度、稠度、分层度	《砌筑砂浆配合比设计规程》(JGJ 98—2010)	《砌筑砂浆配合比设计规程》(JGJ 98—2010)及设计文件	同一强度等级砂浆配合比设计至少采用3个不同的配合比,通过试验结果,选择经济的、合理的配合比。当料源变化、季节性施工、质量波动比较大时,重新试配
110~111		现场施工	稠度、抗压强度	《建筑砂浆基本性能试验方法》(JGJ/T 70—2009)	设计文件	按《公路工程质量检验评定标准 第一册 土建工程》(JTG F80/1—2017)评定标准附录F执行

续上表

序号	名称	检测项目	检测依据	判定依据	施工单位自检频率
112~118	泥浆	相对密度、黏度、含砂率、胶体率、失水量、pH值、泥皮厚	《公路桥涵施工技术规范》（JTG/T F50—2011）	《公路桥涵施工技术规范》（JTG/T F50—2011）及设计文件	每结构检测不少于2次，钻孔过程中、清孔后泥浆指标满足要求
119	钢筋原材	拉伸	《钢筋混凝土用钢 第1部分：热轧光圆钢筋》（GB 1499.1—2017）、《钢筋混凝土用钢 第2部分：热轧带肋钢筋》（GB 1499.2—2007）、《金属材料弯曲试验方法》（GB/T 232—2010）	《钢筋混凝土用钢 第1部分：热轧光圆钢筋》（GB 1499.1—2017）、《钢筋混凝土用钢 第2部分：热轧带肋钢筋》（GB 1499.2—2007）	同一生产厂家、同炉号、同规格、同一交货状态，每60t为一验收批，不足60t时，按一验收批检测
120~121		弯曲、重量偏差			
122~124	碳素结构钢	拉伸、弯曲、冲击	《碳素结构钢》（GB/T 700—2006）	《碳素结构钢》（GB/T 700—2006）	同一生产厂家、同牌号、同炉号、同质量等级、同品种、同尺寸、同一交货状态，每60t为一验收批，不足60t时，按一验收批检测
125	钢筋机械连接	拉伸	《金属材料室温拉伸试验方法》（GB/T 228.1—2010）、《钢筋机械连接技术规程》（JGJ 107—2016）	《钢筋机械连接技术规程》（JGJ 107—2016）	同钢筋生产厂家、同强度等级、同规格、同类型、同型式接头每500个为一批
126		工艺检验			每个钢筋生产厂家、每种类型、每个形式、每个规格接头均进行工艺检验。接头技术提供单位变更，补充进行工艺检验
127~128	钢筋焊接	拉伸、弯曲（闪光对焊、气压焊）	《钢筋焊接接头试验方法标准》（JGJ/T 27—2014）	《钢筋焊接及验收规程》（JGJ 18—2012）	闪光对焊接头：同一台班、同一焊工、同牌号、同直径300个接头为一批；同一台班内焊接的接头数量较少时，可在一周内累计计算，累计不足300个接头，仍按一批计算。其他焊接件：同牌号、同形式300个接头为一批
129		工艺检验			每种牌号、直径、焊工进行焊接工艺试验；钢筋牌号、直径发生变更重新进行工艺试验
130	钢筋焊接网	拉伸	《金属材料 拉伸试验 第1部分：室温试验方法》（GB/T 228.1—2010）	《钢筋混凝土用钢 第3部分：钢筋焊接网》（GB/T 1499.3—2010）	由同一型号、同一原材料来源，同一生产设备并在同一连续时段内制造，以重量不大于60t为一批
131		弯曲	《金属材料 弯曲试验方法》（GB/T 232—2010）		
132		焊点抗剪力	《钢筋混凝土用钢 第3部分：钢筋焊接网》（GB/T 1499.3—2010）		

续上表

序号	名称	检测项目	检测依据	判定依据	施工单位自检频率
133	预应力孔道灌浆料（剂）	细度	《混凝土外加剂匀质性试验方法》（GB/T 8077—2012）	《公路桥涵施工技术规范》（JTG/T F50—2011）、《公路工程 预应力孔道灌浆料（剂）》（JT/T 946—2014）及设计文件	灌浆料：日产量超过500t，以不超过500t为一批；不足500t时，以日产量为一批。灌浆剂：日产量超过50t，以不超过50t为一批；不足50t时，以日产量为一批
134		含水率	《用于水泥和混凝土中的粒化高炉矿渣粉》（GB/T 18046—2008）		
135		氯离子含量	《水泥化学分析方法》（GB/T 176—2008）		
136		凝结时间	《水泥标准稠度用水量、凝结时间、安定性检验方法》（GB/T 1346—2011）		
137～139		流动度、自由泌水率、自由膨胀率	《公路工程 预应力孔道灌浆料（剂）》（JT/T 946—2014）		
140～141		抗压强度、抗折强度	《水泥胶砂强度检验方法（ISO 法）》（GB/T 17671—1999）		
142～144		现场施工	抗压强度、抗折强度、流动度	《公路桥涵施工技术规范》（JTG/T F50—2011）		每一工作台班留置不少于3组试件检测强度
					每工作台班检测不少于1次
145～148	钢绞线	拉伸试验	最大力、屈服力、最大力总伸长率、弹性模量	《预应力混凝土用钢绞线试验方法》（GB/T 21839—2008）	《预应力混凝土用钢绞线》（GB/T 5224—2014）	同一牌号、同一规格、同一生产捻制每批重量不大于60t/次
149		应力松弛性能试验			每合同批、每个规格检测1次
150	预应力混凝土用螺纹钢筋	拉伸	《金属材料 拉伸试验 第1部分：室温试验方法》（GB/T 228.1—2010）	《预应力混凝土用螺纹钢筋》（GB/T 20065—2016）	同一牌号、同一规格每批重量不大于100t/次
151～153	预应力混凝土用钢棒	抗拉强度、断后伸长率、弯曲	《预应力混凝土用钢材试验方法》（GB/T 21839—2008）	《预应力混凝土用钢棒》（GB/T 5223.3—2017）	同一牌号、同一规格、同一加工状态每批不大于60t
154	预应力锚具、夹具、连接器	硬度静载锚固性能试验	《金属材料 洛氏硬度试验 第1部分：试验方法（A、B、C、D、E、F、G、H、K、N、T 标尺）》（GB/T 230.1—2009）、《预应力筋用锚具、夹具和连接器》（GB/T 14370—2015）	《预应力筋用锚具、夹具和连接器》（GB/T 14370—2015）	同一种规格、同一批原材料、同一种工艺一次投料生产，锚具不超过2000件（套），夹具、连接器不超过500套为一批；每批抽检不少于3%且不应少于6套进行硬度试验
155					首次进场抽取3个组装件进行静载锚固性能试验

续上表

序号	名称	检测项目	检测依据	判定依据	施工单位自检频率
156~159	板式橡胶支座	极限抗压强度、抗压弹性模量、抗剪弹性模量、摩擦因数	《公路桥梁板式橡胶支座》（JT/T 4—2004）	《公路桥梁板式橡胶支座》（JT/T 4—2004）	同批号、同类型、同厂家、同规格为一批，取样一次，且不少于3块
160~162	盆式支座	竖向承载力、活动支座摩阻系数、转动性能	《公路桥梁盆式支座》（JT/T 391—2009）	《公路桥梁盆式支座》（JT/T 391—2009）	同批号、同类型、同厂家、同规格为一批，取样一次，外观抽检10%
163~167	金属波纹管	外观、尺寸、集中荷载下径向刚度、均布荷载下径向刚度、集中荷载下抗渗漏性能、弯曲后抗渗漏性能	《预应力混凝土用金属波纹管》（JG 225—2007）	《预应力混凝土用金属波纹管》（JG 225—2007）	同一个钢带生产厂生产的同一批钢带所加工的，每半年或累计5万m为一批，取产量最多的规格
168	塑料波纹管	外观	《预应力混凝土桥梁用塑料波纹管》（JT/T 529—2016）	《预应力混凝土桥梁用塑料波纹管》（JT/T 529—2016）	同一配方、同一生产工艺、同设备稳定连续生产的产品为一批，每批数量不超过1万m
169		环刚度	《热塑性塑料管材环刚度的测定》（GB/T 9647—2015）		
170~171		局部横向荷载、柔韧性	《预应力混凝土桥梁用塑料波纹管》（JT/T 529—2016）		
172		抗冲击性	《热塑性塑料管材耐性外冲击性能 试验方法 时针旋转法》（GB/T 14152—2001）		
173	声测管	外径、壁厚	《混凝土灌注桩用钢薄壁声测管》（GB/T 31438—2015）	《混凝土灌注桩用钢薄壁声测管》（GB/T 31438—2015）	同一尺寸、同一牌号、同一材质长度不大于3000m声测管为一批
174		耐压扁性能	《金属管 压扁试验方法》（GB/T 246—2017）		
175		抗弯曲性能	《金属管 弯曲试验方法》（GB/T 244—2008）		
176~177		抗拉强度、伸长率	《金属材料 拉伸试验 第1部分:室温试验方法》（GB/T 228.1—2010）		
178~184	土	颗粒分析、界限含水率（液塑限联合测定法）、标准击实（最大干密度、最佳含水率）、CBR（加州承载比）、天然含水率（仅限原地面土）、自由膨胀率、有机质含量	《公路工程土工试验规程》（JTG E40—2007）	《公路路基施工技术规范》（JTG F10—2006）及设计文件	1次/料场/部位（按照路床、路堤区分）或土质变化大时，原地面2处/km
					视料源情况而定
185~186	石灰	有效钙镁含量、未消化残渣含量	《公路无机结合料稳定材料试验规程》（JTG E51—2009）	《公路路面基层施工技术细则》（JTG/T F20—2015）	同一品种、同一时间进场，每100t或以下一次

续上表

序号	名称	检测项目	检测依据	判定依据	施工单位自检频率
187~193	施工过程检测	填土天然含水率、土方路基压实度、土方路基灰剂量、结构物台背填土压实度、结构物台背填土灰剂量、土方路基弯沉、平整度	《公路路基路面现场测试规程》（JTG E60—2008）	《公路工程质量评定标准》（JTG F80/1—2017）及设计文件	每天施工前 200m每压实层测2处《公路工程质量检验评定标准 第一册 土建工程》（JTG F80/1—2017） 每压实层每50m² 不少于1点 每一双车道评定路段（不超过1km）测定80~100个点，多车道与之比，相应增加点（路床顶） 每200m测2处×5尺
194	喷射混凝土	抗压强度	《公路工程水泥及水泥混凝土试验规程》（JTG E30—2005）	《公路隧道施工技术规范》（JTG F60—2009）及设计文件	按《公路工程质量检验评定标准 第一册 土建工程》（JTG F80/1—2017）评定标准附录E执行
195		喷射混凝土厚度	《锚杆锚固质量无损检测技术规程》（JGJ/T 182—2009）		1断面/10m，每个断面从拱顶中线起每3m检查1点
196		锚杆抗拔试验	《岩土锚杆与喷射混凝土支护工程》（GB 50086—2015）	《公路隧道施工技术细则》（JTG/T F60—2009）及设计文件	按锚杆数的1%且不少于3根做拉拔试验
197~203	土工布	纵横向抗拉强度、顶破强度、顶破强度、纵横向梯形撕破强度、纵横向拉断断裂伸长率、等效孔径、垂直渗透系数、有效孔径	《公路工程土工合成材料试验规程》（JTG E50—2006）	《公路工程土工合成材料 无纺土工织物》（JT/T 667—2006）、《公路工程土工合成材料 有纺土工织物》（JT/T 514—2004）	同一牌号的原料、同一配方、同一规格、同一生产工艺并稳定生产不超过500卷为一批
204~208	土工格栅	拉伸强度、标称抗拉强度下伸长率、2%伸长率时拉伸强度、5%伸长率时拉伸强度、标称伸长率	《公路工程土工合成材料试验规程》（JTG E50—2006）	《交通工程土工合成材料 土工格栅》（JT/T 480—2002）、《土工合成材料 塑料土工格栅》（GB/T 17689—2008）	同一牌号的原料、同一配方、同一规格、同一生产工艺并稳定生产不超过500卷为一批
209~210	经编玻纤土工格栅	断裂强度、断裂伸长率	《玻璃纤维土工格栅》（GB/T 21825—2008）	《玻璃纤维土工格栅》（GB/T 21825—2008）	同一牌号的原料、同一配方、同一规格、同一生产工艺并稳定生产不超过500卷为一批
211~213	伸缩缝	外形尺寸、外观质量、组装精度	《公路桥梁伸缩装置通用技术条件》（JT/T 327—2016）	《公路桥梁伸缩装置通用技术条件》（JT/T 327—2016）、《碳素结构钢》（GB/T 700—2006）、《低合金高强度结构钢》（GB/T 1591—2008）及设计文件	每道
214		总体性能			每批检测不少于2道

续上表

序号	名称	检测项目		检测依据	判定依据	施工单位自检频率
215~217	无机结合料	配合比设计	击实、无侧限抗压强度、灰剂量标准曲线	《公路无机结合料稳定材料试验规程》(JTG E51—2009)	设计文件	每处土源每5000m³测1次
218~220		现场检测	压实度、灰剂量			每200m测2点
			无侧限抗压强度			每2000m²或每工作班制备1组
221	三元乙丙橡胶弹性密封垫	硬度(邵尔A)、拉伸强度、热空气老化、压缩永久变形、防霉等级		《地下防水工程质量验收规范》(GB 50208—2011)	《高分子防水材料 第4部分：盾构法隧道管片用橡胶密封垫》(GB 18173.4—2010)	每月同标记的密封垫材料产量为一批；1组/200环
222	电线、电缆	20℃导体直流电阻、绝缘厚度、护套厚度、绝缘老化前机械性能、护套老化前机械性能		《额定电压1kV(U_m=1.2kV)到35kV(U_m=40.5kV)挤压绝缘电力电缆及附件 第1部分：额定电压1kV(U_m=1.2kV)和3kV(U_m=3.6kV)电缆》(GB/T 12706.1—2020)、《电缆和光缆在火焰条件下的燃烧 第12部分：单根绝缘电线电缆火焰垂直蔓延试验 1kW预混合型火焰试验方法》(GB/T 18380.12—2008)	《额定电压1kV(U_m=1.2kV)到35kV(U_m=40.5kV)挤压绝缘电力电缆及附件 第1部分：额定电压1kV(U_m=1.2KV)和3kV(U_m=3.6kV)电缆》(GB/T 12706.1—2020)、《电缆和光缆在火焰条件下的燃烧 第12部分：单根绝缘电线电缆火焰垂直蔓延试验 1kW预混合型火焰试验方法》(GB/T 18380.12—2008)/(TEC 60332-1-2)	同厂家各种规格总数的10%且不少于2个规格

附录四　盾构隧道结构单点技术状况评价标准

基于养护检查数据的盾构隧道结构技术状况评定标准及基于健康监测数据的技术状况评定标准分别见附表4-1、附表4-2。

基于养护检查数据的盾构隧道结构技术状况评定标准　　附表4-1

一级指标	二级指标	0	1	2	3	4
结构变形	直径变化量累计值 u(mm)	$0 \leqslant u < 30$	$30 \leqslant u < 60$	$60 \leqslant u < 120$	$120 \leqslant u < 180$	$u \geqslant 180$
	环缝张开量 e_c(mm)	$0 \leqslant e_c < 2.5$	$2.5 \leqslant e_c < 4$	$4 \leqslant e_c < 5$	$5 \leqslant e_c < 6.5$	$6.5 \leqslant e_c < 8$
	环间错台量 f(mm)	$0 \leqslant f < 4$	$4 \leqslant f < 7$	$7 \leqslant f < 10$	$10 \leqslant f < 14$	$f \geqslant 14$
	纵缝张开量 e_p(mm)	$0 \leqslant e_p < 2.5$	$2.5 \leqslant e_p < 4$	$4 \leqslant e_p < 5$	$5 \leqslant e_p < 6.5$	$6.5 \leqslant e_p < 8$
	径向错台量 f(mm)	$0 \leqslant f < 4$	$4 \leqslant f < 7$	$7 \leqslant f < 10$	$10 \leqslant f < 14$	$f \geqslant 14$
结构裂损	裂缝长度 l(m)	$l = 0$	未超出管片块范围	$l > 1$m，且裂缝跨2块管片	$l > 2$m，裂缝连续跨3块管片	$l > 3$m，裂缝连续跨3块管片
	裂缝宽度 b(mm)	$b = 0$	$0 < b < 0.2$	$0.2 \leqslant b < 1$	$1 \leqslant b < 2$	$2 \leqslant b < 5$
	裂缝深度 h(mm)	$h = 0$	$0 < h \leqslant 50$	$50 < h \leqslant 220$	$220 < h \leqslant 350$	$350 < h \leqslant 500$
	混凝土劣化	无劣化迹象	混凝土表面小范围起毛	混凝土表面小范围酥松	混凝土表面大范围起毛、酥松，伴有蜂窝麻面	混凝土表面大范围起毛、酥松，蜂窝麻面严重
	剥落剥离	无	满足下列之一：剥落剥离区域等效直径 $d < 50$mm；剥落剥离深度 $s < 10$mm	满足下列之一：压溃区域面积 $0\text{m}^2 < S < 1\text{m}^2$；剥落剥离区域等效直径 $50 \leqslant d < 75$mm；剥落块体厚度小于3cm；剥落剥离深度 $10 \leqslant s < 20$mm	满足下列之一：压溃区域面积 $1\text{m}^2 \leqslant S < 3\text{m}^2$；剥落剥离区域等效直径 $75 \leqslant d < 150$mm；剥落块体厚度大于3cm，小于管片厚度的1/4；剥落剥离深度 $20 \leqslant s < 30$mm	满足下列之一：拱顶压溃区域面积 $S > 3\text{m}^2$；剥落剥离区域等效直径 $d \geqslant 150$mm；掉块最大厚度大于管片厚度的1/4；剥落剥离深度 $s \geqslant 30$mm
	管片强度（q_i：实际强度；q：设计强度）	$0.9 \leqslant q_i/q < 1$	$0.75 \leqslant q_i/q < 0.9$，且轴向不超过3环	$0.75 \leqslant q_i/q < 0.9$，且轴向超过3环或 $0.65 \leqslant q_i/q < 0.75$，且轴向不超过3环	$0.65 \leqslant q_i/q < 0.75$，且轴向超过3环 或 $q_i/q < 0.65$，且轴向不超过3环	$q_i/q < 0.65$，且轴向超过3环
	螺栓孔、注浆孔填塞物脱落及已开孔注浆孔脱落	无脱落现象	螺栓孔、注浆孔填塞物少量脱落，脱落环数小于总环数的5%；已开孔注浆孔松动	局部螺栓孔、注浆孔填塞物脱落，脱落环数小于总环数的10%，且连续脱落长度不超过50m；已开孔注浆孔脱落	大范围螺栓孔、注浆孔填塞物脱落，脱落环数超过总环数的20%，或连续脱落长度超过100m	螺栓孔、注浆孔填塞物大量脱落

续上表

一级指标	二级指标	0	1	2	3	4
接头病害	螺栓截面损失率 $R(\%)$	截面损失率 $R=0\%$	截面损失率 $0\%<R<3\%$	截面损失率 $3\%\leq R<10\%$，且单环小于5处	截面损失率 $10\%\leq R<25\%$，且单环不少于5处	截面损失率 $R>25\%$，且单环不少于5处
	螺栓锈蚀	无锈蚀或非常轻微	表面存在轻微锈蚀	部分表面存在浅层锈蚀	部分断面因锈蚀导致截面减少或者大部分钢筋表面存在浅层锈蚀	全断面存在锈蚀，断面截面明显减少
	螺栓脱帽、断裂	螺栓完好	局部螺栓脱帽，脱落环数小于总环数的5%	局部螺栓脱帽，螺栓松动，脱落松动环数小于总环数的10%，且连续脱落长度不超过50m	大范围螺栓脱帽、松动，且局部发生断裂，脱落松动环数超过总环数的20%，或连续脱落长度超过100m	螺栓脱帽、松动严重，发生断裂
	接缝嵌缝材料脱落	无脱落现象	接缝嵌缝材料少量脱落，脱落环数小于总环数的5%	局部接缝嵌缝材料脱落，脱落环数小于总环数的10%，且连续脱落长度不超过50m	大范围接缝嵌缝材料脱落，脱落环数超过总环数的20%，或连续脱落长度超过100m	接缝嵌缝材料大量脱落
渗漏水	渗漏水程度	无渗漏	总湿渍面积应不大于总防水面积的2/1000；任意100m²防水面积上的湿渍不超过3处；单个湿渍的最大面积不大于0.2m²；平均渗水量不大于0.05L/(m²·d)；任意100平防水面积上的渗水量不大于0.15L/(m²·d)	介于1、3的其他情况	流水，不夹泥沙	流水、夹泥沙，或涌水
	S_{pH}	$0\leq S_{pH}<1$	$1\leq S_{pH}<2$	$2\leq S_{pH}<3$	$3\leq S_{pH}<4$	$4\leq S_{pH}\leq 7$
背后空洞	空洞深度 K_s (mm)	$K_s=0$	$0<K_s<20$	$20\leq K_s<100$	$100\leq K_s<500$	$K_s\geq 500$
	空洞纵向长度 L_s (m)	$L_s=0$	$0<L_s<1$	$1\leq L_s<3$	$3\leq L_s<5$	$L_s\geq 5$
	空洞环向长度 L_h (mm)	$L_h=0$	$0<L_h<1000$	$1000\leq L_h<2000$	$2000\leq L_h<4000$	$L_h\geq 4000$

注：$S_{pH}=|7-pH|$。

基于监测的技术状况评定标准

附表 4-2

监测类型	监测项目		健康监测指标技术状况等级				
			0	1	2	3	4
变形监测	绝对沉降 $s(mm)$		$0 \leq s < 20$	$20 \leq s < 50$	$50 \leq s < 70$	$70 \leq s < 90$	$90 \leq s < 120$
	沉降变形速率 $v(mm/年)$		$v = 0$	$0 < v < 1$	$1 \leq v < 3$	$3 \leq v < 10$	$10 \leq v < 20$
	环缝张开量 $e_c(mm)$		$0 \leq e_c < 2.5$	$2.5 \leq e_c < 4$	$4 \leq e_c < 5$	$5 \leq e_c < 6.5$	$6.5 \leq e_c < 8$
	纵缝张开量 $e_p(mm)$		$0 \leq e_p < 2.5$	$2.5 \leq e_p < 4$	$4 \leq e_p < 5$	$5 \leq e_p < 6.5$	$6.5 \leq e_p < 8$
	环间错台量 $f(mm)$		$0 \leq f < 4$	$4 \leq f < 7$	$7 \leq f < 10$	$10 \leq f < 14$	$f \geq 14$
	径向错台量 $f(mm)$		$0 \leq f < 4$	$4 \leq f < 7$	$7 \leq f < 10$	$10 \leq f < 14$	$f \geq 14$
	曲率半径 $\rho(m)$		$\rho \geq 15000$	$10000 \leq \rho < 15000$	$5000 \leq \rho < 10000$	$3000 \leq \rho < 5000$	$500 \leq \rho < 3000$
	管片收敛	直径变形 $c(‰D)$	$0 \leq c < 2$	$2 \leq c < 4$	$4 \leq c < 8$	$8 \leq c < 12$	$c \geq 12$
		直径变化量累计值 $u(mm)$	$0 \leq u < 30$	$30 \leq u < 60$	$60 \leq u < 120$	$120 \leq u < 180$	$u \geq 180$
	收敛变形速率 $v(mm/年)$		$v = 0$	$0 < v < 1$	$1 \leq v < 3$	$3 \leq v < 10$	$10 \leq v < 20$
受力监测	环向螺栓轴力 $\sigma_{bc}(MPa)$		$0 \leq \sigma_{bc} < 200$	$200 \leq \sigma_{bc} < 320$	$320 \leq \sigma_{bc} < 400$	$400 \leq \sigma_{bc} < 480$	$480 \leq \sigma_{bc} < 660$
	纵向螺栓轴力 $\sigma_{bs}(MPa)$		$0 \leq \sigma_{bs} < 200$	$200 \leq \sigma_{bs} < 320$	$320 \leq \sigma_{bs} < 400$	$400 \leq \sigma_{bs} < 480$	$480 \leq \sigma_{bs} < 660$
	钢筋拉应力 $\sigma_s(MPa)$		$0 \leq \sigma_s < 180$	$180 \leq \sigma_s < 290$	$290 \leq \sigma_s < 360$	$360 \leq \sigma_s < 450$	$450 \leq \sigma_s < 540$
	钢筋压应力 $\sigma_c(MPa)$		$-100 < \sigma_c \leq 0$	$-160 < \sigma_c \leq -100$	$-200 < \sigma_c \leq -160$	$-280 < \sigma_c \leq -200$	$-360 < \sigma_c \leq -280$
	混凝土拉应力 $\sigma_s(MPa)$		$0 \leq \sigma_s < 1.14$	$1.14 \leq \sigma_s < 1.71$	$1.71 \leq \sigma_s < 2.28$	$2.28 \leq \sigma_s < 2.85$	$\sigma_s \geq 2.85$
	混凝土压应力 $\sigma_c(MPa)$		$-20 < \sigma_c \leq 0$	$-30 < \sigma_c \leq -20$	$-38.5 < \sigma_c \leq -30$	$-46.2 < \sigma_c \leq -38.5$	$\sigma_c \leq -46.2$
荷载监测	水压力 σ_{wl}		$0 \leq \sigma_{wl} < 2H_w$	$2H_w \leq \sigma_{wl} < 5H_w$	$5H_w \leq \sigma_{wl} < 8H_w$	$8H_w \leq \sigma_{wl} < 10H_w$	$10H_w \leq \sigma_{wl} < 15H_w$
	土压力 σ_{sl}		$0 \leq \sigma_{sl} < H_s$	$H_s \leq \sigma_{sl} < 2H_s$	$2H_s \leq \sigma_{sl} < 3H_s$	$3H_s \leq \sigma_{sl} < 4H_s$	$4H_s \leq \sigma_{sl} < 5H_s$

注:D 为隧道外径;H_w 为实际水位,H_s 为隧道断面实际埋深;单位均为 m。

参 考 文 献

[1] 中华人民共和国住房和城乡建设部,中华人民共和国国家质量监督检验检疫总局.盾构法隧道施工及验收规范:GB 50446—2017[S].北京:中国建筑工业出版社,2017.
[2] 全国水泥制品标准化委员会.预制混凝土衬砌管片:GB/T 22082—2017[S].北京:中国标准出版社,2017.
[3] 全国建筑施工机械与设备标准化委员会.全断面隧道掘进机 泥水平衡盾构机:GB/T 35019—2018[S].北京:中国标准出版社,2018.
[4] 中华人民共和国交通运输部.公路水下隧道设计规范:JTG/T 3371—2022[S].人民交通出版社股份有限公司,2022.
[5] 国家铁路局.铁路隧道盾构法技术规程:TB10181—2017[S].北京:中国铁道出版社,2017.
[6] 道路隧道设计标准:DG/TJ 08—2033—2017[S].上海:同济大学出版社,2017.
[7] 中国铁建股份有限公司.盾构法水下交通隧道技术规程:Q/CRCC 33304—2020[S].北京:人民交通出版社股份有限公司,2020.
[8] 肖明清,张忆,薛光桥.盾构法隧道管片环缝面不平整对结构受力影响研究[J].隧道建设(中英文),2020,40(02):153-161.
[9] 肖明清,封坤,张忆,等.盾构隧道同步注浆浆液浮力引起的管片错台量分析[J].隧道建设(中英文),2021,41(12):10.
[10] 李拼,谢宏明,何川,等.基于有效接触应力的大张开量盾构隧道密封垫防水性能分析[J].隧道建设(中英文),2019,39(12):7.
[11] 薛光桥,郭志明,李拼,等.和燕路隧道盾构防水密封垫极限防水性能试验研究[J].隧道建设(中英文),2020,40(9):7.
[12] 张亚洲,姚占虎,魏驰,等.盾构隧道防水技术主要问题探讨及展望[J].隧道建设(中英文),2022,42(11):1832-1843.
[13] 张亚洲.考虑密封垫表面工作状态的盾构隧道接缝防水能力数值模拟研究[J].隧道建设(中英文),2020,40(06):813-820.
[14] 张亚洲,冯升明,由广明,等.考虑水压作用过程的盾构隧道接缝防水机制研究[J].隧道建设(中英文),2020,40(11):1594-1601.
[15] 薛光桥,郭志明,禹海涛,等.盾构隧道纵向抗震快速实用分析方法[J].现代隧道技术,2020,57(S01):8.
[16] 李思明,禹海涛,薛光桥,等.穿越土-岩变化地层盾构隧道地震响应分析[J].现代隧道技术,2021,58(05):65-72.
[17] 郭志明,李思明,袁勇,薛光桥.土-岩变化地层盾构隧道纵向地震作用试验研究[J].土木工程学报,2021(S01):054.
[18] Yuan Yong,Li Siming,Xiao Mingqing,Xue Guangqiao. Numerical seismic analysis of shield-driven tunnel crossing soil-rock interface under transverse excitation[C]//IOP Conference Series:Earth and Environmental Science. IOP Publishing,2021,861(5):052043.
[19] 张育杰,王媛,王志奎,等.粗粒材料粒径及含量对高渗透性地层泥浆成膜效果的影响[J].隧道建设(中英文),2020,40(07):1004-1010.
[20] 李安云,孙钰斌,胡增绪,等.超大直径盾构负环精细化拼装工艺研究——以南京和燕路过江通道工程为例[J].隧道建设(中英文),2020,40(S1):350-357.
[21] 周昆.盾构法预制拼装隧道超前地质预报研究与实践[J].中国铁路,2022,No.719(05):53-60.

[22] 古常友.隧道盾构设备全过程管理BIM应用方案[J].中国交通信息化,2018(S1):64-65.

[23] 王钰城,赵小鹏,周诗涵,等.地层渗透性差异对壁后注浆浆液固结特性影响研究[J].河南科学,2020,38(06):944-950.

[24] 胡新涛,徐树军,周昆,等.盾构法预制拼装隧道超前探水预报研究与实践[J].城市道桥与防洪,2022,No.275(03):205-208+22-23.

[25] 李安云,孙钰斌,胡增绪,等.超大直径盾构负环精细化拼装工艺研究——以南京和燕路过江通道工程为例[J].隧道建设(中英文),2020,40(S1):350-357.

[26] 闵凡路,吕焕杰,宋帮红,等.砂地层孔径分析及其对泥浆在地层中渗透性的影响[J].中国公路学报,2020,33(03):144-151.

[27] 闵凡路,宋航标,柏煜新,等.泥水盾构隧道开挖面被动破坏研究进展[J].隧道建设(中英文),2018,38(04):575-581.

[28] Jiwen Bai, Meng Wang, Qing-Song Zhang, Zhijing Zhu, Rentai Liu, Wei Li. Development and application of a new similar material for fluid–solid coupling model test[J]. Arabian Journal of Geosciences, 2020,13(18):913.

[29] 张连昊,张林.基于双光纤光栅的盾构刀盘滚刀载荷检测方法研究[J].建筑机械,2021(11):64-67.

[30] 毛家骅.砂土地层泥水盾构掘进泥浆动态成膜规律及开挖面稳定研究[D].北京交通大学,2022.

[31] 宫志群,唐聪,龚益军,等.基坑及隧道群施工对邻近建筑物的叠加影响研究[J].地下空间与工程学报,2020,16(S2):752-761.

[32] 吴志强.水下大直径浅埋盾构隧道施工风险分析与控制研究[D].衡阳:南华大学,2022.

[33] 张政.岩溶溶洞对盾构隧道掘进安全性的影响特征与处理方法研究[D].济南:山东大学,2021.

[34] X Ao, X Wang, X Zhu, Z Zhou, X Zhang. Grouting Simulation and Stability Analysis of Coal Mine Goaf Considering Hydromechanical Coupling[J]. Journal of Computing in Civil Engineering,2016,31(3):40-49.

[35] Ramoni M, Lavdas N, Anagnostou G. Squeezing loading of segmental linings and the effect of backfilling [J]. Tunnelling and underground space technology,2011,26(6):692-717.

[36] 叶扬春.岩溶地层邻近建筑物盾构隧道施工风险评估及控制研究[D].南宁:广西大学,2023.

[37] Kashima Y, Kondo N, Inoue M. Development and application of the DPLEX shield method: Results of experiments using shield and segment models and application of the method in tunnel construction[J]. Tunnelling & Underground Space Technology,1996,11(1):45-50.

[38] Farrokh E, Rostami J. Correlation of tunnel convergence with TBM operational parameters and chip size in the Ghomroud tunnel, Iran[J]. Tunnelling and Underground Space Technology,2008,23(6):700-710.

[39] 王伯芝,陈文明,谢浩,等.济南地区软硬复合地层下盾构掘进参数预测分析[J].隧道建设(中英文),2022,42(S2):36-43.

[40] Eisenstein Z D, Rossler K. Geotechnical criteria for double shield tunnel boring machines[J]. World-wide innovations in tunnelling, STUVA-Tagung '95, Stuttgart, Forschung,1995:192-201.

[41] 韩利涛.盾构机刀具智能选型与布置研究[D].石家庄:石家庄铁道大学,2017.

[42] 肖红菊,孙玉永.上软下硬复合地层中盾构隧道开挖面稳定性分析[J].中国铁道科学,2022,43(05):70-77.

[43] Zhao K, Janutolo M, Barla G. A completely 3D model for the simulation of mechanized tunnel excavation [J]. Rock mechanics and rock engineering,2012,45(4):475-497.

[44] 魏力峰,贾思桢,朱牧原,等.泥水盾构施工参数相关性及预测策略优化研究[J].地下空间与工程

学报,2022,18(06):1996-2004.
[45] 徐进,林良宇,章龙管,等.基于深度学习的盾构掘进姿态预测模型[J].地下空间与工程学报,2022,18(S2):813-821.
[46] 黄大维,石海斌,徐长节,等.盾构施工控制对刀盘扭矩及地表沉降影响试验研究[J].铁道学报,2022,44(11):154-160.
[47] 张稳军,张高乐,李宏亮,等.盾构隧道管片接缝密封垫防水性能及受施工荷载影响研究[J].中国公路学报.2020,33(12)
[48] Ramoni M,Anagnostou G. The interaction between shield,ground and tunnel support in TBM tunnelling through squeezing ground[J]. Rock Mechanics and Rock Engineering,2011,44(1):37-61.
[49] Farrokh E,Mortazavi A,Shamsi G. Evaluation of ground convergence and squeezing potential in the TBM driven Ghomroud tunnel project[J]. Tunnelling and Underground Space Technology,2006,21(5):504-510.
[50] Hasanpour R.,Rostami J.,Özcelik Y. Impact of overcut on interaction between shield and ground in the tunneling with a double-shield TBM[J]. Rock Mechanics and Rock Engineering. 2016,49(5):2015-2022.
[51] 任艺博.水下大断面盾构隧道结构健康评价方法研究[D].大连:大连理工大学,2023.
[52] 蒋宇静,张学朋.隧道衬砌自动化检测及健康评价技术研究[J].隧道建设(中英文),2021,41(03):341-348.
[53] 庞凤兰,宋焕生,闻江.一种基于视频的隧道火灾检测算法[J].电子设计工程,2015,(24):186-189.